# 죽음교육 교과서 III

죽음교육 교과서 Ⅲ.
실존론, 생애발달별 죽음교육, 죽음교육실천론

초판 1쇄 발행   2025년 3월 31일

| | |
|---|---|
| 지 은 이 | 죽음교육연구소 |
| 펴 낸 이 | 한국싸나톨로지협회 |
| 출 판 사 | 서로북스 |
| 출판등록 | 2014.4.30 제2014-141호 |
| 주     소 | 경기도 파주시 회동길 480 A-407호 |
| 전자우편 | minkangsan@naver.com |
| 팩    스 | 0504-137-6584 |
| I S B N | 979-11-87254-64-5 (03510) |

ⓒ 죽음교육연구소, 2025, printed in Paju, Korea

이 책은 저작권법에 따라 보호받는 저작물이므로 무단 전제와 복제를 금합니다. 내용의 전부 또는 일부를 재사용하려면 반드시 저작권자와 서로북스 양측의 동의를 받아야 합니다. 책값은 뒤표지에 있습니다.

# 죽음교육 교과서 Ⅲ

실존론 : 상실과 죽음의 한계상황
생애발달별 죽음교육
죽음교육실천론

죽음교육연구소

| 목 차 |

# 죽음교육 교과서 III
## 제7부 | 실존론_29
(박미연)

### 기본 1 **불안과 무_33**
- 실존의 시원: 불안 ········································· 35
- 불안과 죄 ···················································· 37
- 존재와 시간 ················································· 38
- 불안-자유의 가능성-양심 ································· 40
- 자유의 가능성 ·············································· 42

### 기본 2 **유한성과 한계상황_49**
- 의미의 발견 ················································· 51
- 의미형성을 위한 질문 '나는 어떤 존재인가?' ········ 53
- 한계상황에서 비로소 만나는 실존 ····················· 54
- 의미형성을 위한 로고테라피(logotherapy) ··········· 56
- 로고테라피의 임상 방법 ·································· 62
- 결론 ··························································· 70

### 심화 1 **인간다움, 실존의 가능성_73**
- 감정과 정서에 대한 과학적 탐색 ······················· 75

　　　　상실을 통한 정신의 역동성 ………………………………………… 78
　　　　불안과 몸 지각의 지향성 …………………………………………… 79
　　　　실존적 불안에서 체화로의 이행 …………………………………… 86

심화 2 **실존 치료의 중심_91**

　　　　상담의 기술: 공감 …………………………………………………… 93
　　　　내담자 '존재 강화'의 문제 ………………………………………… 96
　　　　질병에 대한 실존적 접근 …………………………………………… 98

심화 3 **상흔의 현상학적 해석_107**

　　　　들어가는 말 ………………………………………………………… 110
　　　　현상학의 주요 핵심 ………………………………………………… 115
　　　　기억의 구성 ………………………………………………………… 116
　　　　현상학-뇌과학-유식학의 기억 …………………………………… 118
　　　　기억과 시간 의식의 문제 ………………………………………… 133
　　　　기억과 시간 의식의 전변을 통한 감정치료와 상담 …………… 141

실천 1 **실존적 한계상황_147**

　　　　실존정신언어분석 …………………………………………………… 149
　　　　프로이트와 야콥슨의 언어학 ……………………………………… 151
　　　　실존정신언어분석가의 태도 ……………………………………… 157

실천 2 **상흔에 깃든 기억 관찰하기_161**

　　　　상실에서 비롯되는 상처 …………………………………………… 163
　　　　상처와 상흔 ………………………………………………………… 166

상흔과 실존 체험 ·············································· 171
상흔 : 자신을 되돌아 볼 수 있는 힘 ·············· 172
반복의 형식 : 재현과 사후성 ·························· 174
말하기에서 발화행위로 ···································· 179

실천 3 **한계상황과 실존의식_185**

융엘의 종말론적 실존성 ·································· 187
언어(발화)사건 ·················································· 193
은유와 비유적 진리 ·········································· 197
비유와 하늘나라 ················································ 202
실존의식 ······························································ 209
인의(認義) ·························································· 214
융엘의 해석학적 사유방법 ······························ 217
죽음의 한계상황과 실존의식 ·························· 219

## 제8부 Ⅰ 생애발달별 죽음교육론_225
(이윤주 · 이예종)

<유년기>

기본 **유년기의 아이들, 발달 과업과 죽음_229**

인간의 발달과정 ········································· 231
유년기 발달 과업과 죽음에 대한 이해 ·········· 236
유년기의 죽음 관련한 태도의 발달 ·············· 250

심화 **삶을 위협하는 질병과 죽어감에 대처하는 아이들_255**

질병과 죽어가는 아이들의 문제 ················································· 259
사별과 비탄에 대면하는 아이들 ··················································· 261
사별한 아동의 애도 과업 ···························································· 266
어른들은 죽음에 대해서 아이들에게 왜 이야기해주어야만 하는가? ··· 269

**실천 아이들이 죽음, 죽어감, 사별에 대처할 수 있게 하는 도움_275**

아프거나 죽어가는 아이들에 대한 도움 ······································· 278
사별한 아이에 대한 도움 ···························································· 280

## <청소년기>

**기본 청소년기 초기, 중기, 후기의 발달적 과업들_287**

청소년이 경험하는 다른 사람의 죽음 ·········································· 292
청소년기 죽음 이해 ··································································· 294
청소년들의 디지털 세상에 대한 참여 ·········································· 295
청소년과 죽음의 개인적 중요성 ·················································· 297

**심화 자살과 청소년_301**

사별과 비탄에 대처하는 청소년들 ··············································· 305
청소년기 사전 죽음 준비교육 ······················································ 313
죽음 이후의 사별 지원과 도움 ···················································· 315

**실천 청소년 인성변화를 위한 공부_319**

연구목적 ···················································································· 321
연구방법 및 관점 ······································································· 325
주자 인간론에서 기질의 의미 ······················································ 327

인성변화의 방법과 효과 ·················································· 353

격물과 궁리: 도덕적 인지 능력의 향상 ······························ 360

인지능력 함양 공부 ··························································· 375


&lt;청년기·중년기&gt;

기본 **청년기와 중년기 성인의 발달 과업과 죽음_379**

청년과 중년의 죽음에 대한 태도 ································· 385


심화 **중년의 대처_389**

다양한 상실(죽음)의 유형 ············································ 391

부모와의 사별에서의 죄책감 ········································ 403

부모와의 사별에서 성별과 역할 차이 ·························· 405

성인기의 대처 ······························································· 406


실천 **죽음의 은유: 비움과 마음을 가난히 함_409**


&lt;노년기&gt;

기본 **노년기의 발달적 과업과 죽음_429**

노년 성인의 죽음에 대한 태도 ····································· 433


심화 **노화와 죽음과의 대면에 대하여_437**

노화와 죽음 ··································································· 439

삶의 가치에 대한 재확신 ············································· 439

적절하고 적합한 보건 서비스 수용 ······························ 440

사별과 비탄에 대처하는 노인 ················································ 441

다양한 사별의 유형 ······························································ 442

노인의 자살 ········································································· 445

### 실천 나이 듦: 온전함으로의 여정, 웰-다잉_449

웰-다잉 : 본래적 자기 자신으로 돌아감 ································· 451

노년의 미학: 자신을 비우는 삶, 마음을 가난히 함 ··················· 452

'가난한 마음'의 정신적 자기-관계 ········································ 454

길 떠나는 그대 ···································································· 455

우리가 가지고 갈 수 있는 마지막 것은 ·································· 457

## <임종기>

### 기본 임종기의 호스피스와 돌봄에 대한 일고찰_461

전제된 생각과 질문 ····························································· 463

호스피스 완화 '의료'와 호스피스 완화 '돌봄' ························ 463

호스피스 의료(돌봄) 정의에 대한 숙고 ·································· 467

사별 가족 돌봄 ···································································· 482

더 깊이 내려가 숙고하기 ····················································· 484

### 심화 사전연명의료의향서 작성의 의미와 역할_487

인간이 인간일 수 있는 가능성, 존엄한 죽음 ··························· 489

우리사회의 죽음의 현실, '우리는 어떻게 죽어가는가?' ··········· 490

[연명의료결정법] 제정배경 및 안내 ····································· 494

존엄한 죽음과 [연명의료결정법]의 바른 정착을 위한 주요 쟁점들 ····· 501

연명의료결정제도 시행, 그 후 5년 ·················· 504

**실천 심리적·영적 돌봄을 위한 호스피스 서비스_521**

들어가는 말 ······························································ 523

영성의 의미 ······························································ 524

환자가 진정으로 바라는 것들 ··································· 526

면역 치유력이 생기게 하는 관심과 사랑 ··················· 533

임종기에서의 심리적 영적 돌봄의 방법 ···················· 536

심리적 영적 돌봄의 방법: 싸나톨로지 프로그램 ········ 540

영적 심리적 케어를 위한 호스피스제도의 보완: 싸나톨로지 프로그램 · 556

## 제9부 ǀ 죽음교육 실천론_567
(김기란 · 백미화)

**기본 1 죽음의 언어와 죽음교육의 의미_571**

죽음이라는 여정 ······················································· 573

죽음이라는 언어 ······················································· 574

죽음의 교육적 대비 ·················································· 577

죽음교육의 이해 ······················································· 579

죽음교육의 네 가지 차원 ·········································· 580

## 기본 2 **죽음교육의 목표** _585

죽음교육의 일반 목표 ······················································ 587

죽음교육의 행동 목표 ······················································ 588

죽음교육의 여섯 가지 목적 ················································ 589

죽음교육의 궁극 목표 ······················································ 591

## 심화 1 **죽음교육상담의 실제: 감정의 재구성** _595

관점의 이동 ································································· 597

언어정리 ···································································· 601

감정 지향적 상담 ··························································· 604

슬픔에 대한 개입 원리 ···················································· 616

애도 상담 실습 ····························································· 619

Role-Playing ································································ 629

## 심화 2 **죽음교육의 실제** _635

죽음교육 현장에서 말하기와 글쓰기 ······································ 637

말하기와 글쓰기 작업의 전제 ············································· 638

인지·의미화 과정 ··························································· 642

관찰하기의 대상 ····························································· 644

분석과 co-work ···························································· 647

임상 실천 ···································································· 648

## 심화 3 **자기만의 문법으로 말하기와 글쓰기** _653

자기만의 문법 창안하기 ··················································· 655

말하기와 글쓰기의 구조 ··················································· 658

말하기와 글쓰기 실천 ····················································· 661

### 심화 4  데리다의 말하기와 글쓰기_669

죽음교육과 데리다의 그라마톨로지 ································ 671

그라마톨로지 핵심 개념과 죽음교육 연관성 ···················· 671

데리다의 유령에서 자기만의 유령으로 ····························· 673

말하기와 글쓰기 훈련: 자기해체 과정 ······························ 686

### <실천>

### 실천 1  어린이의 상실 경험 이해와 돌봄 방법_693

아동의 죽음 이해 ·························································· 695

아동의 애도와 상실 경험에 대한 이해 ····························· 699

개입을 위한 구체적인 활동 ············································ 707

### 실천 2  유치원생을 위한 그림책 활용 수업사례_711

유아기 죽음 개념 ·························································· 713

유아 죽음교육 방법 ······················································· 715

창선어린이집 죽음교육 사례 ·········································· 719

유아 죽음교육의 결과 ···················································· 727

### 실천 3  초등학생을 위한 그림책 활용 수업 사례_731

죽음교육의 필요성 ························································ 733

그림책을 활용한 죽음교육의 실제 ·································· 735

그림책을 활용한 죽음교육 후 변화 ································· 744

### 실천 4  중학생을 위한 생명 존중 수업 들여다보기_751

생명의 소중함과 생명 존중의 범위 ································· 753

인간 생명의 시작점 ······························································ 755

인간 생명의 종결 선택권 ···················································· 760


### 실천 5  고등학생을 위한 죽음교육 수업 들여다보기_765

어떻게 죽음을 이해할까? ···················································· 767

어떻게 위로할 것인가? ························································ 772

어떻게 살 것인가? ································································ 779


### 실천 6  성인을 위한 죽음교육 수업 들여다보기_787

들어가는 말 ············································································ 789

<문학의 공간>은 어떻게 구성되어 있나? ························ 789

가능성으로서의 죽음 ···························································· 779

블랑쇼가 말한 문학 실천은? ·············································· 779


**참고문헌_805**

**색인_819**

# 죽음교육 교과서 I

**발간 인사말_5**

전세일_상실과 죽음을 마주한 인간의 지혜 : 죽음교육 교과서 ················· 7

신경원_죽음을 가르친다는 것 : 인간 이해의 심연을 향하여 ················ 11

김기곤_죽음학에 토대를 둔 죽음교육 교과서 ························· 17

변경희_상실의 시대, 우리는 어떻게 애도해야 하나 ···················· 19

**서 문_23**

(임병식)

한국에서 실천하는 죽음교육 ·································· 25

죽음교육의 필요성: 생애주기별 특성을 중심으로 ···················· 27

죽음교육 현황과 인식 ······································· 29

한국에서의 죽음교육 현황 ···································· 33

**죽음교육 교과서 집필의 구심성과 방향_39**

**해제_49**

## 제1부 죽음교육론_79
(신경원)

### 기본 1 **죽음학과 죽음교육의 관계_83**

교육은 치료이다 ········································· 85

죽음학과 죽음교육 ················································ 87
죽음학의 체계와 죽음교육의 구성 ····························· 91
생애 발달 단계 ······················································ 92
죽음교육상담 전문가의 기본 지침 ······························ 95
죽음교육상담 전문가의 다른 이들에 대한 책임 ············ 96
죽음교육 담당교사로서의 전문역량 강화에 대한 의무 ······ 97

기본 2 **죽음교육을 위한 죽음교육전문가의 역할_99**

왜 죽음교육인가? ················································ 101
죽음교육은 우리 사회에 무엇을 제공하는가? ············· 102
죽음교육은 한 개인의 가치관과 주체성을 정립시킬 수 있는가? ········ 103
누구에게 무엇을 어떻게 가르칠 것인가? ···················· 106
왜 교사가 죽음교육상담 전문가가 되어야 하나? ········· 107

기본 3 **죽음교육에 대한 역사와 현재적 관점_109**

죽음교육의 역사와 현재 ········································ 111
죽음교육의 정의와 명료화 ····································· 114
교육학과 죽음교육 ··············································· 118
보편적 지식체계로서의 죽음교육 ····························· 126

심화 1 **죽음교육 지식체계_127**

죽음교육 지식체계 ··············································· 129
연구 범주에 대한 기술적 관점(觀點) ························ 134
고통의 지형도 ····················································· 135

### 심화 2 **죽음교육 방법론과 교안 작성_151**

죽음교육 방법론 ·································································· 153

살펴보기 ·············································································· 153

죽음교육 교안 작성 시 유의할 점 ······································ 154

교안 작성의 관점 ································································ 165


### 심화 3 **죽음교육의 윤리_167**

들어가는 말 ········································································ 177

생명윤리의 관점 ································································ 182

윤리적 행위의 인정과 승인 ················································ 185

'상황 윤리' 실천 ································································ 187

'상황 윤리'의 중심어: '고통' ············································· 193

죽음학에서 바라본 생명윤리 ·············································· 196

죽음학의 윤리성 ································································ 199


### 실천 1 **죽음교육 지침_203**

'죽음학에 대한 교육'과 '죽음에 대한 교육'의 의미 ············ 205

죽음교육 내용 ···································································· 211

죽음교육과 윤리 ································································ 216


### 실천 2 **죽음교육상담 분석_219**

관찰 ···················································································· 221

의미화 여정 ········································································ 225

고통의 발생 ········································································ 228

분석 요소 ············································································ 229

실존정신언어분석 21 tips ························································· 235
실존은 본질보다 앞선다 ··························································· 323

**실천 3 동양의 죽음교육_329**

공자의 실존(命) ········································································ 331
맹자의 실존: 하늘이 정해준 명(天命)의 자각 ······················· 336
실존의 근거와 토대로서 성명(性命) ········································ 342
실존 치료: 올바른 성명관의 확립과 실천 ······························ 351

## 제2부 ǀ 문화·사회론_363
### (김경숙)

**기본 1 죽음이 금지된 사회의 죽음_367**

전통사회의 죽음 ······································································· 369
죽음에 대한 다섯 가지 유형 ···················································· 370
길들여진 죽음의 특징 ······························································ 378
죽음이 금지된 사회에서 품위 있는 죽음으로의 실천 ············ 379

**기본 2 상실과 죽음에 대한 문화·사회학적 관점의 차이와 다름_385**

문화·사회학적 관점 ································································· 387
죽음과 죽어감에 대한 문화·사회학적 관점의 차이와 다름 ··· 389
죽음과 상실 이후 문화·사회별 차이와 다름 ·························· 393
문화사회화에 대한 올바른 이해 ·············································· 397

### 심화 1 **차이와 다름의 고유성_403**

들어가는 말 ································································· 402

차이와 다름 ································································· 407

자기동일성: '범주 계열화' 착오의 오류 ······························ 410

분석의 기술 : 내담자 입장의 평가 ······································ 414

### 심화 2 **동양사상에서 바라본 죽음 해석_421**

죽음학의 요청 ······························································· 423

장자의 환각, 자아(自我)와 비아(非我) ································ 426

나라는 자아의 동일성은 있는 것인가? 없는 것인가? ············ 428

인지과학과 유식학 : 자아는 과거-현재-미래의 시간의식으로 구성된 것 ·· 429

유식과 하이데거의 자아 ·················································· 431

자아는 우리에게 어떤 영향을 주는가? ································ 432

자아의 특성 : 언어 집착/우리는 자아를 어떻게 치유할 수 있나! ········· 436

정신분석과 선 치료 ························································ 447

상처에서 평화로: 일상으로의 회귀 ····································· 449

죽음학과 선불교의 공통 핵심어: 없이함(죽음)과 무(공, 허) ······ 452

### 실천 1 **죽음 대처 방식에 대한 동·서 철학 분기(分岐)_465**

한계상황 ······································································ 467

서양철학에서의 죽음관 이해 ············································ 469

동양철학에서의 죽음관 이해 ············································ 480

삶의 완성 ····································································· 497

### 실천 2 **문화·사회화에서 본 『예기』의 비탄 해결 방식_499**

들어가는 말 ·················································································· 501
감정과 울음 : 체화된 인지로서의 치유의 과정 ···························· 402
비탄의 표출과 조절 ····································································· 506
비탄감정의 해소와 절차 ······························································ 514
비탄에서 인격적 함양으로의 재적응 ············································ 519
나가는 말 ···················································································· 528

## 제3부 ㅣ상실론_533
### (성정은)

### 기본 1 상실, 삶의 연속과정_537
들어가는 말 ················································································· 539
상실의 양태와 종류 ····································································· 541
상실 그 이후 ··············································································· 547

### 기본 2 증상의 지향성과 무늬_557
자아는 어떻게 형성되는가? ························································· 559
언어-표상적 자아 ········································································ 560
사물 표상과 단어(언어) 표상 ······················································ 562
인지도식의 변화 ·········································································· 568
생각함과 사유의 패턴 ································································· 576

### 심화 1 상실 이후 정서_581
상실에서 발견되는 영성 ······························································ 583

무의식(전반성적 의식)에서 의식(반성적 의식)으로 ·················· 584

　　　상흔과 증상의 치료 ······················································· 587

　　　고통에서 영성(실존적 현존)으로: 상흔이 성흔으로 ············· 593


### 심화 2 　**상실의 치유 기제 : 상상(想像)과 은유적 투사와 변환_599**

　　　상상과 은유 ································································· 601

　　　내입과 투사 ································································· 605

　　　언어 표상 ···································································· 608

　　　마음의 판형 ································································· 612

　　　분석 요소 ···································································· 615


### 심화 3 　**증상의 방문과 치유 기제_617**

　　　들어가는 말 ································································· 619

　　　기억흔적과 증상의 방문 ················································ 620

　　　심리적 가공 ································································· 625

　　　히스테리 구조 ······························································ 628

　　　치유 기제 ···································································· 630


### 실천 1 　**상실과 슬픔 치유_633**

　　　오늘이 마지막이라면 나는 무엇을 할 것인가? ·················· 635

　　　상실과 비탄에 대한 대처 : 도움 되지 않는 말들 ················ 638

　　　도움을 주려는 건설적 제안 ············································ 641

　　　애도 과정에서 사별한 사람에 대한 도움 ·························· 643

　　　비탄 상담(Grief Counseling) ········································· 647

### 실천 2  **반려동물 상실과 치유_655**

반려동물 상실 ·················································································· 657
반려동물의 상실 원인과 그에 따른 비탄의 형태 ···························· 657
반려동물 상실의 특징 ······································································ 658
반려동물을 상실한 반려인의 생애 발달 단계별 비탄 반응 ············ 660
반려동물을 떠나보낸 이들의 애도와 회복 과정 ····························· 661
반려동물의 호스피스와 의례 ··························································· 663
죽음교육전문가로서의 덕목: 역지사지 ··········································· 666

### 실천 3  **문학작품 속의 상실 치유_669**

시 속에 나타난 죽음의 숭고: 죽음, 본디 자리로의 회귀 ················ 671
시 속에 나타난 상실, 비탄, 애도: 현존의 사랑에서 부재 속의 사랑으로 ····· 676
죽음교육 도구로서의 '시 감상 활용법' 소개 ··································· 683

**참고문헌_687**

**색인_697**

# 죽음교육 교과서 II
## 제4부 비탄 감정론_29
(이대준)

기본 1 **비탄(Grief)_33**
    들어가는 말 ·············································· 35
    비탄 감정의 생리학적 해석 ···························· 42
    비탄의 단계 ·············································· 45
    복합적 비탄 반응(Complicated Grief Reaction) ······ 48

기본 2 **마음의 판형(인지 문법)_55**
    들어가는 말 ·············································· 58
    인지 도식 ················································ 60
    실존정신언어분석 ········································ 63
    말을 한다는 것 ·········································· 69
    결론 ······················································· 76

심화 1 **인지 도식과 비탄 감정발현_79**
    인지(정서) 도식과 지향성 ······························ 81
    인지 도식과 시간 의식 ································· 83
    인지 도식의 구조: 억압과 방어 ······················ 86
    감정발현의 실재 ········································ 87
    분석과 해석 ············································· 91

### 심화 2  감정 이미지(표상)의 체화과정_95

들어가는 말 ································································· 97

감정 작동방식 ······························································ 99

메를로-퐁티의 체화 ···················································· 100

메를로-퐁티의 증상 ···················································· 102

체화의 방법 : 공맹의 실천 모델 ································· 106

결론 ·············································································· 117

### 심화 3  정신의 사분면과 증상_121

의식의 시원 ································································· 125

심리적 가공 ································································· 127

프로이트의 사물표상과 단어표상 ······························ 130

감정발현과 인지 도식 ················································ 131

정신의 사분면 ····························································· 134

가학증과 피학증 ························································· 136

가학증과 피학증의 실례 ············································ 146

내가 서 있는 곳은 어디인가 ····································· 150

### 실천 1  비탄의 실존적 해석_153

상처를 대처하는 우리의 태도 ···································· 155

상처와 대면하는 힘 ···················································· 159

죄책감과 수치심 ························································· 161

자각과 알아차림 ························································· 164

상흔(傷痕 stigma)에서 성흔(聖痕 stigmata)으로 ·········· 167

**실천 2 슬픔의 직면과 대면_173**

    관찰 ································································ 175

    직면의 기술 ························································ 177

    대면의 기술 ························································ 179

    대처의 기술 ························································ 181

    변화의 과정 ························································ 182

    결론 ································································ 184

## 제5부 | 애도론_189
(박재연)

**기본 1 애도론 살펴보기_193**

    애도학(Mournology) 건립을 위해 ································ 195

    애도의 지향성: 의미화 ············································ 197

    애도학 방법론 ······················································ 199

    이해로서의 애도학 ················································· 201

    있는 그대로 존재 바라보기 ······································ 205

    새로 쓰는 애도학: 감정의 인지화 과정 ························ 210

**기본 2 애도의 다른 이름: 비탄, 우울, 죄책감_215**

    들어가는 말 ························································ 217

    비탄은 상실에 대해 정상적이고 건강한 반응인가? ·············· 220

    애도(Mourning): 우리 스스로 새롭게 위치하기 ················ 223

기본 3 **상실의 대처 : 공감형식_233**

　　공감과 감정 ········································································· 235
　　감정의 복권 ········································································· 237
　　감정(Emotion)과 정서(Feeling) ············································· 239
　　공감과 동정 그리고 인지 ······················································ 242
　　공감과 대화 ········································································· 246
　　공감의 형식 ········································································· 251

심화 1 **언제 애도는 완료되는가?_255**

　　들어가는 말 ········································································· 257
　　성숙과 변형을 위한 기회 ······················································ 264
　　애도의 과정 = 감정 변화의 특징 ·········································· 272

심화 2 **애도연습: 자각과 알아차림_281**

　　살펴보기 ·············································································· 283
　　지금 내가 서 있는 정위점(定位點) ········································ 284
　　자각과 알아차림 ·································································· 291
　　비탄에서 애도로의 이행 ······················································· 298

심화 3 **자기 동일시와 당위의 횡포_303**

　　'자기 동일시'와 '당위'의 친숙성 ············································ 305
　　마음속의 몸, 몸속의 마음으로 본 도표 설명 ························ 312
　　심리 현상 ············································································ 315
　　몸의 상황성 ········································································· 317
　　객체(타자의 문법)에서 주체의 문법으로 말하고 표현하기 ········ 00

### 실천 1  **우울증의 특성과 치유 기제_325**

들어가는 말 ·········································································· 327

애도와 우울증(Depression = Expectations – Reality) ·············· 330

우울증의 심적 기제: 동일시와 초자아 ······································ 333

우울증의 고유한 증상 ···························································· 335

우울증 치료 ·········································································· 339


### 실천 2  **평가와 개입_345**

평가와 개입 ·········································································· 347

비탄의 종류 ·········································································· 351

평가와 개입에 대한 죽음학적 관점 ········································· 355

분석가의 평가: <죽음학의 지식 체계적 관찰> ························· 356

분석가의 개입 실천 ······························································· 361


### 실천 3  **애도의 기술_363**

의미화를 위한 직면-대면-대처 ················································ 365

직면과 대면, 대처의 기술 ······················································· 367

공백의 발견 ·········································································· 376


## 제6부 | 외상론_381

(손주완)

### 기본 1  **감정과 외상_385**

들어가는 말 ·········································································· 388

외상의 의미화 ································································· 391
　　외상의 강도 ··································································· 393
　　의미화 과정의 신경생리학적인 관점 ······································· 400
　　외상 기억의 흔적 ····························································· 402

### 기본 2 **외상의 작동방식_407**
　　외상의 작동방식 ······························································ 409
　　말을 한다는 것 : 치유적 자아로의 재구성 ································ 413
　　외상치료의 메커니즘 ························································ 417
　　외상치료 ········································································ 420
　　외상 증상의 구조적 차이 ··················································· 423
　　증상의 발화행위 ······························································ 426

### 기본 3 **외상적 죽음과 트라우마_431**
　　외상적 죽음과 트라우마 ···················································· 433
　　가족, 사회 시스템과 외상적 죽음 ········································· 437
　　외상적 죽음과 재해(대규모 외상과 죽음) ······························· 444
　　외상적 죽음에 대한 윤리적 법적 문제들 ································ 448
　　외상적 죽음과 치유의 자리 ················································ 454
　　외상에 대한 불안감정의 관계와 치료 이론 ····························· 457

### 심화 1 **자살을 바라보는 몇 가지 시선과 제언_463**
　　자살에 대한 언어·철학적 정의 ············································· 465
　　자살에 관한 질문 ····························································· 475
　　자살론을 위한 제안 : 자극과 행위(반응)의 '사이'론으로 ··············· 479

**심화 2 자살 담론의 본질적 접근을 위한 시론_485**

**실천 1 자살-개별성(individuality)과 당혹(perplexity)_501**
    자살이란 무엇인가? ································································· 503
    자살 행위에 대한 이해와 설명의 노력 ····································· 506
    자살에 대한 심리학적 설명 ························································ 508
    자살에 대한 생물학적 설명 ························································ 509
    자살에 대한 사회학적 설명 ························································ 510
    자살: 많은 결정요인과 의미 수준을 가진 행위 ······················ 514
    자살의 여파 ··················································································· 515

**실천 2 자살 개입(Suicide Intervention)_519**

**실천 3 자살 현상과 유가족의 아픔 이해_529**
    자살 현상에 대한 이해 ································································ 531
    자살에 대한 예방적 접근 ···························································· 540
    자살유가족의 아픔 이해(자살유가족 돕기) ······························ 547
    어느 노인의 자살 이야기 ···························································· 551

**참고문헌_557**

**색인_571**

# 제7부 실존론

## 제7부 실존론

"죽음학에서 실존론의 지향성은 상실과 죽음을 경험한 내담자가 자신의 고통을 주체적 삶으로 전환하여 의미화된 삶으로 실천하는 것에 있다. 상실과 죽음 이전에 **실존**이 먼저 있었다. 실존은 상처를 표현하는 개별 고유한 **문양**이다. 죽음학에서 말하는 실존은 철학과 연계된다. 그러나 거기에는 확연한 차이가 있다. 죽음학에서 말하는 실존의 목표는 질병에 걸리는 내담자의 수동적 객체로부터 병환을 앓는 능동적 주체로 전환함에 있다. 그 실천이 곧 주체성 회복이다. 이 장에서는 실존의 기본이 되는 감정과 인지의 관계, 동일성과 차이와 다름의 문제, 직면과 대처의 문제를 다루면서 진정한 실존적 주체로 이행하는 것이 무엇인지 그 절차와 방법, 실천을 고찰해 본다."

기본 1

# 불안과 무

<내용 요약>

불안은 자아 성찰의 계기를 제공한다. 이를 통해 존재와 자유에 대해 깊이 성찰할 수 있다. 불안을 수용하고 정신적 성장을 끌어내는 과정은 개인의 자유를 확립하는 데 중요하다. 존재는 타인과의 관계 속에서 실현되며, 공동체 내에서 자아를 이해하는 과정이 필요하다. 죄와 자유는 실존적 질문에 대한 답을 제시하며, 개인은 그 관계를 통해 자기 책임을 깨닫는다. 이러한 실천들은 존재의 본질적 질문에 답을 찾고, 내면의 자유와 평화를 추구하는 길이 된다.

<핵심어>

불안(Anxiety), 자아 성찰(Self-reflection), 존재(Existence),
도덕적 자율성 (Moral Autonomy)

<학습 목표>
- 불안을 통해 자기 정체성을 인식하고 현존할 수 있다.
- 불안을 정신적 성장의 기회로 활용하여 자유를 확립할 수 있다.
- 타인과의 관계를 통해 존재의 의미를 이해하고 공동체 내에서의 역할을 인식할 수 있다.
- 죄와 자유의 관계를 탐구하여 도덕적 자율성을 구축할 수 있다.
- 양심의 목소리에 귀 기울여 진정한 자유, 존재론적으로 존재할 수 있다.

<적용 실천>

- 불안을 인정하고 수용하는 실천 : 일상적인 불안을 의식적으로 인식하고 이를 피하지 않고 수용하는 실천을 통해 내면의 성장을 도모할 수 있다.
- 자기 성찰을 통한 자유의 확립 : 정기적인 자기 성찰을 통해 자기 내면을 탐구하고, 개인의 자유와 선택에 대한 책임감을 키울 수 있다.
- 공동체에서의 관계 형성 : 타인과 깊이 있는 관계를 통해 존재의 의미를 발견하고, 공동체 내에서 상호 지원하고 이해하는 방식으로 삶을 실천할 수 있다.
- 도덕적 자율성의 실현 : 죄와 자유의 관계를 이해한 후, 도덕적 결정을 내리고 자신의 책임을 다하는 삶을 실천할 수 있다.
- 양심에 따른 의사결정과 행동 : 양심의 부름을 따르며, 일상적인 선택에서 자신의 본래성에 충실한 결정을 내리고 행동하는 실천을 통해 진정한 자유를 실현할 수 있다.

# 불안과 무

## I. 실존의 시원: 불안

불안 정서는 우주 속에 던져진 존재에서 발견된다. 이는 마치 자신의 자유의지와 관계없이 운명 속에 던져진 존재가 느끼는 전율과 같다. 이는 자신의 본래성(귀의처)을 찾고자 하는 가능성으로서 자유의 여정이다. "울지 마라. 외로우니까 사람이다. 살아간다는 것은 외로움을 견디는 일이다."(정호승, 수선화) 외로움과 서성거림은 살아가는 모든 존재들의 속성이며 불안, 외로움, 방황, 서성거림은 사랑의 속성이다. 하나님은 우리에게 방황과 서성거림을 주었다. 그래서 인간은 방황과 서성거림을 통해 영혼의 울림을 찾게 된다. "성문 앞 우물 곁에 서 있는 보리수 나는 그 그늘 아래 단꿈을 보았네." 슈베르트의 '겨울 나그네'는 혹독한 내면의 절망과 상실, 방황과 서성거림의 연속과정을 표현한다. 그러나 거기에는 단순히 절망과 상실, 방황과 서성거림만 있는 것이 아니라 혹독한 상실의 여정에서 피어나는 단꿈인 인간 본래의 모습을 발견한다.

키르케고르(S. Kierkegaard)의 경우 불안은 메타 정신의 자기 관계를 가리킨다. 따라서 불안은 어떤 특정 대상에 대한 직접적인 협의의 감정이 아니라, 존재 전반의 성격에 대한 자기반성의 계기를 제공하며 나아가서 세계 안에서 존재하는 자기 정체성에 관한 질문을 할 수 있게 한다. 불안한 실존은 자기 존재의 가장 깊은 심연을 마주 대하고 스스로 단련하는 자기 해부 과정을 갖는다. 그것은 인간이 근본적으로 영혼과 육체의 종합체인 정신적 존재로서 내적 불안정성의 극단적인 과정을 체험함으로써 비로소 인간적 성숙함을 달성하기 때문이다. 불안으로 인해 단련된 개별자는 스스로의 영원성, 무한성의 극단에 이르는 가능성을 획득할 실험에 내던져짐으로써 자신을 도야시킬 수 있다. 키르케고르에 따르면 죄는 음습한 부정적인 관념이 아니라, 인간이 스스로 실존에 대해 무한 책임을 지고 있음을 일깨워주는 내면적 초월의 계기이다.

키르케고르는 불안정서의 시원을 아담과 하와의 죄성에 기인한 것으로 본다. 그 죄성은 자기 정체성을 자각하지 못한 자연성으로부터 탈출하여 비로소 자신의 존재를 인식한 인류 최초의 자기 인식 사태로 규정한다. 그에게 있어 '죄'는 인간이 인간일 가능성으로서의 계기일 뿐이다.

하이데거(M. Heidegger)는 불안을 "현-존재의 탁월한 해석의 가능성"으로 설정한다. 이는 "존재 자체가 자기 자신을 고유한 존재의 가능성"을 드러내는 계기로 이해한다. 그에게 있어서 불안은 '근본적 마음 상태(Grundbefindlichkeit)'이다. 왜냐하면 불안은 일상적인 기분에서는 쉽게 일어나는 것이 아니라, 형이상학적인 큰 전기가 현-존재에게 닥쳐올 때 생기는 감정이기 때문이다. 그런 불안이 지닌 근본적인 스산한 감정(Unheimlichkeit)이 바로 현-존재가 가장 뚜렷하게 무(無)의 형이상학적인 이해에 접근하게 하는 방편이 된다. 공포와 불안, 두 감정의 가장 큰 질적 차이는 전자가 우리를 심리적인 궤멸의 상태에까지 이르도록 할 수 있음에 반하여, 후자는 전혀 그런 심리적 공황으로 우리를 이끌지 않는다는 것이다. 불안은 그러한 혼란을 일으키지 않고 오히려 하나의 독특한 평안으로 이끈다.[1]

---

[1] "불안은 현-존재가 이미 현시된 진리의 구조를 확인하게 하는 그런 개현(開現)의 의미를 지닌다. 현-존재는 이미 이 세상에 던져져 있는 그런 존재 양식을 갖고 있다. 그러므로

## II. 불안과 죄

불안과 죄는 인간이라는 존재가 개체적 존재로서 자신을 인식하는 과정에서 해명되어야 하는 긴박한 실존적 사태다. 내면의 깊숙한 곳에서 길러진 죄의 인식이 곧 자유의 본질이다. 필연적인 운명으로부터 자유로의 이행은 죄의 발견을 통해서만 가능하다. 죄에 대한 인식이 주체적인 실존의 자유를 찾게 되는 길이자 본질에 대한 체험이라면, 자유는 근본적인 의미에서 행위와 선택의 자율성으로만 설명되지 않는다. 한마디로 단독자로서의 실존적 체험이 아닌 자유는 성립하지 않는다. 키르케고르는 신 앞에 선 단독자야말로 진정한 인간의 모습이라고 말한다. 자유와 죄의 관계를 불안으로 간주할 수 있는 궁극적이며 '유일한' 근거는 이들이 곧 실존의 가능성이기 때문이다. 불안은 자유로운 실존이 죄와 맺고 있는 이중적 관계를 반영한다.

자유는 죄로부터의 해방을 추구함을 의미하지만, 죄의 가능성을 벗어날 수 없는 스스로에 대해 불안해한다. 죄의 가능성의 범주가 곧 실존을 엄습하고 실존의 자유를 불안정한 사태로 밀어 넣는다. 죄와 고통은 세상을 움직이는 힘이다. 마치 예수가 죄인이 됨으로써 세상의 모든 죄를 짊어진 것처럼, 세상은 인간을 죄인으로 만든다. 그리고 그로부터 인간이 인간으로서의 모습을 찾아간다. 왜냐하면 죄는 결코 외부의

---

현-존재는 그 던져져 있음에서 '근본적 마음 상태(Grundbefindlichkeit)'를 늘 기분, 또는 습기로서 느낀다. 그런 기분 가운데서 근본적으로 스산한 느낌, 또는 자기 존재에 있지 않음의 고독감을 느끼게 하는 것이 불안 정서다. 그러므로 불안은 현-존재의 근본적 마음 상태를 나타낸다. 또 다른 한편으로 현-존재는 자기-본래성으로 회귀하고자 하는 '가능 존재'이므로 불안 정서의 예기감은 기존의 일상으로부터 벗어나게 한다. 하이데거는 이처럼 현-존재가 과거의 마음 상태와 미래의 존재 가능성 사이에 있는 존재 구조를 이루고 있다고 본다." 하이데거, 『존재와 시간』, p.78, 서광사.

원인에 의해 촉발되지 않기 때문이다. 그렇다면 인간 심연에 자리한 이 불안의 잠재태는 무엇인가? 키르케고르의 독법에서는 무(無), 즉 죽음에서 찾아진다. 죽음은 인간이 자연과 맺은 즐거운 교환의식에서 주어지는 의식의 소산이다.[2]

## III. 존재와 시간

하이데거의 『존재와 시간』에서 무의 물음이 제기되는 지점은 바로 '불안'이다. 무에 대한 물음은 죄와 불안이 동일한 존재론적 지평 위에 드러난다. 무(Nichtigkeit: Nothingness, 무화, 없음, 죽음)는 현-존재의 고유한 존재적 가능성 혹은 능력(Selbstseinkönnen)을 통해서 드러난다. 무는 불안을 낳는다. 이는 무의 가장 심오한 비밀이다. 무는 동시에 불안이다. 무, 없음, 죽음은 불안을 낳는다.

그렇다면 아담의 원시 상태인 무죄의 상태에서 문명의 시작인 유죄 상태로의 이행이 어떻게 가능한가? 인간은 '질적 도약'을 통해서 무죄의 상태를 벗어나 비로소 죄의 상태에 놓이게 된다. 불안의 정서는 인간이 자연의 원초적 상태로부터 해방되어 가는 '현기증 나는 유혹'이다. 인간의 자유로운 삶의 가능성은 위기의식과 직결된 상황과 관련이 있다. 따라서 자유로운 실존의 두려움은 불안에 대한 공포의 또 다른 얼굴이며, 실존적인 도약의 계기를 제공한다.

---

[2] '즐거운 교환'이라는 용어는 다음 문헌에서 빌려옴. Stephan Grätzel, *Dasein obne Schuld: Dimensionen menschlicher aus philosophischer Perspektive*, (Göttingen: Vandenhoeck & Ruprecht, 2004), 227 이하 참조.

키르케고르는 죄의 불안에 대한 해석에서 성서의 관점, 즉 타락과 원죄의 맥락을 추종하지 않는다. 죄악을 통한 인간의 타락은 어떤 외부의 권위나 폭력의 개입이 아닌, 정신 자체의 자기 형성 과정에서 강제 없이 진행된 내적 사건이라는 것이다. 결국 무죄에서 죄로 옮겨감은 정신 자체의 질적 도약이다. 이 지점에서 키르케고르는 정신과 죄가 동일한 근원에서 발생한다는 점을 시인한다. 즉 죄의 불안이 결국 인간의 자기 관계, 정신의 자기 준거적 속성에서 비롯된다는 사실을 말해준다. 키르케고르는 무죄의 상태를 무지의 상태로 이해한다.

키르케고르가 말하는 무의 상태는 어떤 갈등이나 대립 자체가 존재하지 않는 상태이며, 이것이 무지의 가장 심층적인 비밀이라는 것이다. 무는 불안의 무이며 실존의 존재 상황에서부터 이해될 수밖에 없다. 불안 속으로 우리를 몰아가는 것이 바로 자유의 가능성이다.

무지의 상태에서 죄의 상태로의 이행은 불안이 모습을 드러내는 과정이다. 키르케고르는 인간의 정신 속에서 무가 모종의 무엇으로 이행해 가는 과정이 곧 죄가 형성되는 과정이라고 말한다. 이 점에서 불안의 유혹과 자유 의식의 대두는 동시적인 과정이다. 키르케고르에게 자유는 이성에 의해서 규정될 수 없다. 자유는 이성의 내적인 필연성이며 자율적 도덕법칙의 필연성이 아니다. 키르케고르에게 있어서 자유의 본래 의미는 불확실성을 직감하는 불안하고도 유한한 존재로서의 자각이 수반된 죄의 실존에서 드러난다.[3]

---

3) 최근 국내에서 소개된 싸나톨로지(Thanatology, 죽음학, 임종학, 생사학으로 번역됨)의 철학적 기초는 키르케고르와 하이데거, 그리고 야스퍼스((K. Jaspers)와 빅터 프랭클(Viktor Frankl)로 이어지는 실존주의의 세례에서 벗어날 수 없다. 특히 실존주의에서는 죽음이 비록 생명을 가진 모든 존재가 종국적으로 맞이해야 하는 불가항력의 사건이기는 하지만, 의지의미적 존재로서 사람의 죽음은 여타 사물(동식물)의 죽음과는 구별되어야 한다고 본다. 사람의 죽음은 사물의 죽음과 달리, '의지 활동의 종결' 또는 '의미 추구의 완결'을 의미하므로, 죽음 대신 '임종'이라는 표현이 더 적절하다고 말한다. '죽음'이라는 단어가 내포하는 수

## IV. 불안-자유의 가능성-양심

　실존과 현존[4]의 사태 이전에 선재하는 것이 불안이다. 불안은 모든 존재의 사태 이전에 선재하는 근본 정서(감정)이다. 그리고 이 불안은 기독교에서 말하는 죄(sin)와 불교의 사법인 고(苦)-집(執·集)-멸(滅)-도(道·渡) 가운데 모든 운동의 계기이자 핵심인 고(苦, duckha)의 공통적인 의미로서 '분리', '떨어져 있음'을 말한다.[5] 이러한 불안은 구체적 대상

---

동적이고 피동적인 어감과 달리, '임종'이라는 단어는 의지적 존재로서의 '준비된 죽음'을 표현하며, 임(臨)이라는 글자에는 '자기가 자기 주인이 됨(self-sovereignty)'의 의미가 강하게 들어있기에, 실존주의에서는 싸나톨로지(Thanatology)를 죽음학이라는 용어 대신 임종학으로 표현하는 게 더 적절하다고 본다. 싸나톨로지는 인류학, 종교학, 사회학, 의학, 철학, 심리학 등 다양한 관점에서 임종과 죽음을 연구하고, 어떻게 죽음을 맞이하고 받아들이는지를 제시해 주는 학문이다. 그리고 이를 연구하고 실천하는 사람을 싸나톨로지스트(Thanatologist)라고 한다. 이는 우리 사회에서 일어나고 있는 자살이나 죽음, 임종, 연명치료 중단, 사전 의료의향서, 상실과 슬픔 등으로 인한 여러 사회문화적 갈등과 모순을 조정하고 합일적 이해로 안내하는 죽음교육전문가를 말한다. David K. Meagher and David E. Balk, Editors, *Handbook of Thanatology*, 2nd edition, 2013, pp. 395-406.

4) 라틴어 'existentia(現存)'는 'essentia(本質)'과 대립하면서 전통적인 존재론의 두 축 중의 하나로 자리매김했다. 그리고 한자어 '現存'에서 '現'은 '지금'과 '드러남'이라는 뜻을 동시에 지닌다. 라틴어 'existentia'의 동사는 'exsistere'이다. 이는 'ex+sistere'인데, 'ex-'는 그리스어 '...밖에' 혹은 '...너머'라는 뜻을 지닌 'ἐξ-'(eks-) 혹은 'ἐκ-'(ek-)에서 온 것이다. 그리고 'sistere'는 '자리를 잡다'라는 뜻을 갖는다. 그러니까 'existere'는 '...밖에 자리하다' 혹은 '...너머에 자리하다'라는 뜻이다. 내가 현재 존재한다는 것은 현재 이 순간(극미의 순간)에 실존한다는 것이며 이 순간이란, 과거의 경험적 기억과 다가오지 않은 사태에 대해 예측되는 가능성과 희망, 기대, 예감이 종합된 지금 느낌을 말한다. 바꾸어 말하면, 현존은 과거 경험과 미래의 예감이 온축된 충만감(mindful-feeling)이다.

5) 질병의 단어인 'disease'는 'dis-'는 떨어져 나가다, 멀어졌다(distance)는 의미이다. 'ease' 심적으로 가장 편안한 상태이다. 극도의 감정을 표출하는 사람에게 마음을 가다듬으라는 말로 "Please take it easy."라고 표현한다. 따라서 'disease'의 원래 의미는 'ease'에서 떨어져 나간, 혹은 멀어진 심적 상태인 '불편하다(discomfort)'라는 뜻이다. 평안한 심적 상태에서 계속 멀어져 있으면 곧 실체인 질병이 된다. 죄(sin)와 고(苦, duckha)는 우리의 본성과 심적 평안함에서 멀어지고 떨어져 나간 심적 상태를 의미한다. 분리와 떨어져 나감에서 엄습하는 근본 정서가 바로 불안이다. 그러나 실존주의에서는 불안을 부정적으로 보지 않고, 자신의 본성을 성찰하고 회복하는 가능성으로 본다.

을 지향하는 감정이나 공포심과는 달리 '가능성의 가능성'이자 자유를 지향하는 구체적 현실성이다.

죄와 고의 감정은 인간이 욕망과 본능을 통제, 조절하는 거대한 심리적 기제로 간주할 수 있다. 죄와 고는 규범과 가치, 자기 정체성에 대한 일련의 '상징적인 해석'이며 동시에 삶의 세계를 직접 규정하거나 구속하는 심리적 힘의 정체를 이해할 수 있는 중요한 단서이다. 죄는 단순히 외적 행위의 인과관계를 초월하는 인간 존재 자체의 모든 것을 말해주는 본질적 사태이기 때문이다.

따라서 죄와 고에서 기인한 불안은 우리의 양심을 요청한다. 이 양심의 부름은 모두 현-존재의 세계 내 존재를 가리키는 근본 존재론의 지표이자 현-존재의 존재성이 드러나는 계기이다. 양심의 부름(Gewissensruf)은 인간이란 존재가 본래적으로 존재할 수 있는 하나의 움직일 수 없는 사태를 가리킨다. 이는 동시에 현-존재가 자신을 드러내 펼쳐 보이는 현상적 계기이기도 하다.

기분(Stimmung)과 목소리(Stimme)는 어원이 같다. 양심(Gewissen)이 목소리와 연관된다. 양심의 목소리는 일상적 인간의 수다스러운 언어(Gerede, 시장 언어, 구토증) 행위와 달리 침묵 속에서만 감지된다. 침묵을 통해 양심에 귀를 기울일 때, 현-존재는 자신이 스스로 존재할 가능성(Selbstseinkönnen)과 만나게 된다.

양심의 부름은 현-존재로서 인간이 실존적 상황에서 택하는 결단(Entschlossenheit)이나 자신의 본래성을 회복하는 존재의 가능성 혹은 능력이다. 이는 궁극적으로 죽음을 자신의 가장 본래적인 가능성으로 이해하는 존재의 불안을 통해서 드러난다.

양심의 부름은 필연적으로 현-존재를 낯설고 두려운 상태로 몰아넣는다. 일상적인 삶에 대한 '자기소외'의 정서가 낯선 느낌(Unheimlichkeit)의 차원을 넘어서 존재의 망각이나 고향의 상실과 같은 뿌리 뽑힌 현-존재의 존재 상황을 수반한다. 이런 양심의 요청은 근본 정서인 죄의 물음으로 확장된다.

양심의 부름에서 부름은 곧 현-존재의 내적인 목소리이다. 양심의 부름은 그 어떤 구체적인 행위를 촉구하기보다 현-존재가 가장 본래 의미의 죄의 가능성 속에 처해 있다는 인식을 전제한다. 이는 자신의 본래성으로 귀의하는 최초 자유의 여정이다.

## V. 자유의 가능성

의식의 상태는 곧 존재성이다. 인간의 실존은 자기반성적인 인식 활동보다 더 근원적인 존재 방식인 현재 의식에 의해 규정된다. 의식은 우리에게 생물학적인 본능적 행위인 무료함이나 구토증 나는 삶을 추구하게 할 수도 있지만, 또 한편으로는 우리를 끊임없이 절벽의 끝까지 몰아가 자기 존재성의 실재를 추궁하기도 한다.

이때 자신은 단순한 물리적인 의미에서 눈앞에 놓여 있다는 의미가 아니라 인격적 존재에 의해 체험된 현전성(présence en personne)을 의미한다. 의식은 근본적으로 인간이 자기 정체성을 스스로 확인할 수 있는 능력 때문에 발생한다. 자기 자신을 스스로 의식하는 것은 자신의 행위가 구체적으로 어떤 상황에서 어떤 의미를 지니는지에 대한 인식을 전제한다.

자기의식은 반성 그 자체가 아닌 의식의 활동성, 즉 능동적인 자아가 활성화되어 있는가에 달려 있다. 자아는 오직 현실 세계의 행위를 통해서 자신을 확인할 수 있다. 더 나아가 자신을 자기로 인정해야만, 자신의 행위에 대한 책임 주체가 성립할 수 있다. 즉 인간이 자율적이며 주권적인 존재라는 의식 자체는 현전이라는 사태에 앞서는 사태이다. 이 사태에 직면해서 결단할 수 있는 자가 진정한 자유인이다.

"두세 사람이 내 이름으로 모인 곳에는 나도 그들 중에 있느니라." (마태복음 18:20) 여기에서 두세 사람은 누구인가? 그들과 함께 있는 나인 그는 누구인가? '두세 사람'과 그들과 함께 있는 '나'의 관계 성립은 '내 이름으로 모인 모임'의 사태에서 생긴다. 그렇다면 '내 이름으로 모인 모임'의 사태는 무엇인가?

이 사태를 '실존' 혹은 '현존'이라고 규정할 수 있다. 실존은 자기 정체성에 대한 자각이며 자기성을 향한 가능성이다. 앞서 기술했듯이 이 가능성이 바로 불안이며 죄, 고(苦), 무이며 양심의 부름이다. '현존'은 하이데거가 말하는 그-세계-내-존재(Das-In-Der-Welt-Sein)[6]에서

---

6) 하이데거는 인식론에 치우친 기존의 형이상학으로는 존재론을 다룰 수 없다고 보았고, 주관과 객관을 분리하는 데 익숙한 형이상학의 언어는 개별존재자를 말할 수 있어도 존재 일반을 말할 수는 없다고 보았다. 그래서 그는 존재를 기술할 수 있는 유일한 언어를 詩에서 찾는다. 그에게 현-존재란 일종의 철학적 시어에 해당한다. 하이데거에 따르면 현-존재의 본래적인 존재 방식이 실존이다. 실존은 시간성 안에 놓여 있다. 이때 밝혀지는 현-존재의 본질은 죽음을 향하는 존재라는 것이다. 그러나 현-존재는 지금 존재한다는 사실로부터 죽음을 자신과 무관한 것으로 여기려 한다. 이것은 또 다른 비본래적인 존재 양식이다. 본래적인 존재 방식을 위해서 현-존재는 죽음이라는 실존적 본질에 대해 스스로 증명해야 한다. 이러한 현-존재의 본래성을 증명하는 현상이 바로 양심이다. 하이데거는 양심에 의해 본래적인 존재 방식이 선택되는 것을 결단성이라고 말한다. 이러한 결단성으로부터 현-존재는 본래 자기로서 존재하기 위해 자기 자신을 기투한다. 세계 안에 이미 놓여 있으면서 동시에 죽음을 향하며 또한 본래 존재 양식을 위해 기투하는 현-존재의 존재 구조는 시간성 안에 놓여 있다. 즉 현-존재의 존재는 시간성에서 현시된다. 하이데거는 이것을 과거, 현재, 미래라는 단절된 시간 계기가 아니라 통일적 현상으로서 역사에서 지속하는 생기로 바라본다.

상즉상입하는 생명 의식 활동의 장(인드라의 그물망, field)이다. 이 장에서는 너와 나의 개체적 구분이 하나의 리듬에서 그 활동이 펼쳐지면서 공명하게 되는 체계를 다룬다. 모든 존재는 입자, 파동, 위치, 속도-공간, 시간, 물질, 객체, 인과를 지니고 있다. 원자는 견고한 고체의 입자가 아니라 미세한 입자인 전자가 핵 주위를 돌고 있는 광대한 공간으로 구성되어 있다. 빛은 때로는 입자로, 때로는 파동으로 나타난다.

존재는 입자도 파동도 아니며, 어떤 상황에서는 입자처럼 보이고 다른 상황에서는 파동처럼 보인다. 소립자는 독립적으로 존재하는 분해할 수 없는 실체가 아니다. 그것은 본질적으로 다른 것과의 상관관계의 집합이다. 그 어떤 것도 그것 자체가 무엇이냐가 아니라 다른 것과의 유기적 관계로 정의되어야 한다. 객체로서의 분리가 아니라 전체로서의 동시성이 존재한다.

존재(Sein)는 존재가 아닌 다른 것으로 구성되며 서로 영향을 준다. 연못에 던진 돌로 인해 퍼지는 파동은 주변에 있는 다양한 사물에 영향을 주고, 그 영향은 반향되어 다른 사물에 다시 영향을 주는 끊임없는 연속의 영향 관계를 확인할 수 있다. 이처럼 존재는 영향을 주고받는 상즉상입(相卽相入, In)의 장(場, Welt)의 관계에서 존재한다. 즉 존재는 전체인 우주와 동시적 관계이다.[7]

나는 누구인가? 나는 무엇으로 구성되었는가? 내 안에 타자의 시선이 상존하는 나는 '나'라고 할 수 있는 실체가 있는가? 없다면, 그리고

---

7) 질량은 에너지의 또 다른 형태이다. 비록 정지해 있는 어떤 사물이라 하더라도 그것은 그 질량 속에 에너지를 축적하고 있으며, 이 질량과 에너지 두 관계가 $E=mc^2$이다. $c$는 광속도이다. S-행렬이론(S-matrix theory)에 의하면, 세계는 상호 연결된 관계의 그물이다. 자연은 물질의 기본 구성체와 같은 근본적인 실체로 환원될 수 없으며, 전적으로 자기 조화(self-consistency)를 통해서 이해된다. 아원자 입자의 모습은 "각 입자는 다른 모든 입자로 구성된다."라는 말로 요약된다. 아원자 입자는 독립된 실체가 아니나 진행 중인 역동적 과정 속의 상호 관련된 에너지 모형이다.

있다면 이를 판단하는 나는 누구인가? 화이트헤드(A.N. Whitehead)는 사물을 실체로써 파악하지 않고 사건(事件, event)으로 파악한다.[8] 들에 핀 이름 모를 꽃은 나와 무슨 관련이 있는가? 만물이 모두 나에게 갖추어져 있다(萬物皆備於我)는 맹자의 말이나, 천하의 어느 하나도 내가 아닌 것이 없다고 여긴다(視天下無一物非我)는 장횡거의 말, 그리고 인자는 천지 만물을 한 몸으로 보므로 나에게 속하지 않은 것이 없다(仁者以天地萬物爲一體 莫非己也)는 정명도의 말은 모두 우주 삼라만상이 내 속에 있음을 주장한다.

이와 관련하여 왕양명의 '산중관화(山中觀花)'라는 유명한 일화가 있

---

8) 화이트헤드는 운동, 속도, 운동량 같은 것으로 파악하지, 입자 같은 실체로 파악하지 않는다. 현대물리학은 단순 정위로서의 입자 개념을 포기하고, 시공간의 관계개념으로 사물을 파악한다. '나' 혹은 '너'가 입자라면 '우리'는 사건이다. 내가 너에게 인지되고 알려질 때 나와 너는 '우리'라는 사건 속에 서로 파악되고 인지된다. 이때 나와 너 사이에는 하나의 '일'이 생기는데 이러한 '일'과 같은 개념이 곧 '사건'이라고 할 수 있다. '일'은 명사(working)인 동시에 동사(work)이다. '일어나다', '이어지다', '있다' 등은 모두 '일'과 관계되는 개념이다. '있다-존재'의 '있'은 '存'과 '在'의 이어짐에서 나온 말이다. 현대물리학에서는 부분과 전체를 하나로 이어진 유기체적인 관계로 파악한다. 즉 전체(多) - 잇달아 - 일어나 - 이어져 - 이르러 - 어우러져 - 부분(一)이 된다. 이때 전체와 부분을 잇는 것이 바로 관계이며, 中이며 항상성으로서의 호미오스타시스(homeostasis)가 된다. 우리는 주어-술어의 문장 구조 속에서 주어를 고정 불변하는 실체로 상정하고 술어만이 변화하고 유동적인 것으로 파악한다. 그리고 나라는 실체를 가능하게 한 또 다른 그 위의 존재와 실체를 찾기 위해 대상을 찾아 나선다. 주어는 자기 동일성을 지속시키면서 변화를 겪지 않는다. 이는 이데아적 실체관이 만들어 놓은 실체성의 오류이다. 불교 교리 가운데 삼법인이 있는데, 諸行無常, 諸法無我, 涅槃寂靜이 그것이다. 제행무상이란 만물은 끊임없이 변한다는 것을 의미한다. 플라톤과 데카르트의 실체적 이원론은 주어를 늘 고정불변한 실체로 인식한다. 우주 변화의 신령한 기운은 일정한 장소가 없으며, 역은 하나의 본체를 가지고 있지 않다(神無方而易無體,《易》,〈계사전〉). 역은 한마디로 말해서 단순 실체, 입자 개념을 부정한다. 나와 너라고 하는 개별적인 존재는 곧 실체(substance)이다. 이런 실체는 '딱딱하게 굳어진' 존재로서 생명력이 없다고 보는 것이 동양의 보편적 사고의 틀이다. 나와 너의 존재는 개별적인 개성에서 주어지는 것이 아니라 나와 네가 관계하여 일어남, 즉 '이루는 것이 곧 본성'(成之者性也,《易》,〈계사전〉), '이룸'이란 '됨'이며, 본성은 고정된 것이 아니고 되어감 즉 '됨됨'에 의한 것이다. 어느 사람을 볼 때에 '됨됨'을 본다는 것은 그 사람 속에 이미 정해진 자아를 보는 것이 아니라, '性'이 '成'되는 것을 본다는 뜻이다. 본성이란 플라톤의 '이데아' 같은 것이 아니며, 되어가는 과정 속에서 이루어짐으로 있는 것이다.

다. 양명이 남진에 있을 때 한 제자가 바위에 핀 꽃나무를 가리키며 물었다. "하늘 아래에 마음 밖의 사물은 없다고 하셨지만, 이 꽃나무는 깊은 산 속에서 혼자서 피고 지니 내 마음과 또한 어떤 상관이 있습니까?" 이에 양명은 대답했다. "자네가 이 꽃을 보지 않았을 때 이 꽃은 자네의 마음과 더불어 고요한 상태로 돌아가 있네. 그러다가 자네가 이 꽃을 보았을 때는 이 꽃의 모습이 일시에 뚜렷하게 드러나네. 이로써 바로 이 꽃이 자네의 마음 밖에 있지 않다는 것을 알 수 있네."

여기서 '나'는 세계이다. 전체이다. 개체적 분리가 아니라 이어짐이며 하나이다. 인간(人間)은 사람과 사람과의 관계성에서 비롯되고 맺어지는 존재이다. 나는 나 자신으로 구성된 것이 아니라 타자와의 관계에서 구성된다. 나는 내가 아니고 너다. 너는 네가 아니고 나다. 나는 나의 개체성에만 머물지 않고 타자성으로 초월된다.[9] 너 또한 너의 개체성으로 머물지 않고 타자로 초월된다. 불가에서 말하는 없음과 비움, 무아, 무소주, 공, 열반은 무엇인가? 없이 계시는 하나님, 없이 계시

---

[9] 레비나스(E. Levinas)는 타인의 얼굴을 만날 때 자신은 비로소 책임 있는 주체가 된다고 말한다. 주체성은 '타인을 받아들임'에서 형성된다. 인간의 삶은 자신의 고유한 세계를 가지면서도 얼굴을 통해 드러나는 타인의 고통에 대한 연대책임을 통해 이루어진다. 타인의 얼굴은 하나님이 자신을 계시하는 장소이다. 주체성은 타인의 얼굴에 비친 하나님의 빛을 통해 발아되기 시작한다. 하나님은 타인의 얼굴 속에 자신을 은폐하는 방식으로 계시하신다. 타인의 얼굴은 그 속에서 하나님이 자신을 계시하시는 하나님의 가면이다. '가면'을 의미하는 라틴어 persona에서 알 수 있듯이 타인의 얼굴은 하나님의 가면이며 따라서 하나님의 인격(person)이다. 이것은 나의 얼굴에도 적용된다. 나의 얼굴은 하나님의 가면이다. 하나님은 나의 얼굴 속에 자신을 은폐하는 방식으로 계시하신다. 타인의 얼굴을 거부하는 것이 하나님을 거부하는 것이라면, 내가 얼굴을 감추고 얼굴이 없이 살아가는 것은 하나님 없이 살아가는 것일 것이다. 타인의 얼굴은 타인의 인격(person)이다. 따라서 인격적인 사람은 타인의 얼굴의 절대성을 인정해 준다. 이런 의미에서 인격적이라는 개념과 윤리적이라는 개념은 동의어이다. 타인과의 만남은 언제나 인격적이어야 하며, 이런 만남이 이루어질 때 비로소 하나님과의 인격적 만남이 이루어진다. 진정한 윤리적 주체성은 얼굴을 가지고 타인의 얼굴을 대할 때 형성된다. 그리고 여기에 사랑의 본질이 있다. 진정한 윤리적 주체성은 사물 속에서 세계를 보고 타인의 얼굴에서 하나님의 얼굴을 보는 사랑에서 완성된다.

는 붓다님은 무엇인가? 무아는 자신 자체를 부정한 것이 아니라, 개체적 자아(ego)를 부정함으로써 진정한 자기성을 확보하려는 방편이다. 타타가타(thatagttha, 여래장, 불성)는 자기성의 다름 아니다. 이는 "I am the Way, I am the Truth, I am the Life."에서 말하는 "I"이다.[10]

"누가 하늘을 보았다 하는가. 누가 구름 한 송이 없이 맑은 하늘을 보았다 하는가. …… 아침 저녁 네 마음속 구름을 닦고 티 없이 맑은 영원의 하늘을 볼 수 있는 사람은 외경(畏敬)을 알리라." (신동엽, '누가 하늘을 보았다 하는가?) 나는 진정 하늘을 보았는가?

---

10) "I am the Way, I am the Truth, I am the Life." 존재(있음 being)는 실천(doing)에서 비로소 그 의미가 주어진다, 주어인 자신(I)의 존재적 상태가 곧 동사인 술부 그 자체이다. 내가 그 무엇이 되는 것이 아니라, 자신이 곧 실천(동사) 그 자체가 된다. 깨달아 가는 것이 아니라, 깨침 그 자체가 되어야 한다. 성철은 돈오점수를 말하지 않고 돈오돈수를 말한다. 진정 돈오가 되면 점수가 아닌 돈수가 된다는 것이다. 그러나 현실은 그렇지 않다. 머리로는 아무리 깨달았다고 하더라도, 실천에 있어서는 엉터리일 수 있다. 여기에 신이 요청된다.

기본 2

# 유한성과 한계상황

### <내용 요약>

유한성과 한계상황은 실존적 의미와 삶의 목적을 이해하는 데 중요한 역할을 한다. 이를 통해 실존주의적 접근을 바탕으로 인간 존재의 본질과 삶의 의미를 찾는 데 도움을 준다. 유한성은 생명에 의미와 우선순위를 부여하며, 한계상황은 인간의 진정성과 성장의 기회를 제공한다. 인간은 외로움, 슬픔, 불안 등과 같은 감정을 통해 자신의 존재와 의미를 찾으며, 이는 결국 자기 초월과 존재의 성찰로 이어진다. 로고테라피는 이러한 실존적 문제를 해결하고 삶의 의미를 재구성하는 방법론으로, 사람들에게 자신의 존재와 삶의 목적을 찾도록 돕는 중요한 역할을 한다.

### <핵심어>

유한성(Finitude), 한계상황(Limit Situation),
실존주의(Existentialism), 인간 존재(Human Existence),
삶의 의미(Meaning of Life), 자기 초월(Self- Transcendence),
존재의 성찰(Reflection on Existence), 로고테라피 (Logotherapy)

### <학습 목표>

- 유한성과 한계상황을 이해하고 이를 통해 인간 존재의 본질과 삶의 의미를 탐구한다.
- 실존주의적 접근을 통해 인간이 직면하는 존재적 문제들을 인식하고 해석할 수 있다.

- 인간의 감정, 특히 외로움, 슬픔, 불안 등을 통해 삶의 의미를 이해한다.
- 로고테라피의 개념을 학습하고, 이를 통해 삶의 목적을 재구성하는 방법을 익힌다.
- 인간 존재의 성찰과 자기 초월을 통한 진정한 성장과 변화의 기회를 찾을 수 있다.

### <적용 실천>

- 자기 성찰을 통한 삶의 의미 찾기: 자기 삶의 목적과 존재의 의미를 깊이 성찰하여, 일상에서 더욱 진정성 있게 살아가는 방법을 모색한다.
- 불안과 슬픔의 감정을 이해하고 수용하기: 감정적 어려움을 경험할 때 이를 부정하지 않고 받아들여, 성장의 기회로 삼는다.
- 로고테라피를 통한 상담 활용: 로고테라피의 원칙을 적용하여, 타인에게 삶의 목적과 의미를 찾도록 돕는 상담 활동을 한다.
- 한계상황을 극복하는 전략 개발: 자신의 한계상황을 인식하고, 이를 극복하기 위한 계획과 방법을 세워 삶을 발전시키는 전략을 실천한다.
- 공감과 진정성 있는 대인 관계 형성: 타인의 존재와 감정을 이해하고 공감하며, 깊이 있는 관계를 형성하는 데 실존적 접근을 적용한다.

## 유한성과 한계상황

### I. 의미의 발견

누군가 외로움을 느낄 수 없다면 그는 사람이 아니다. 외로움을 느낄 때 인간의 영혼은 더욱 또렷하게 빛나며, 자신의 본성을 인식하게 된다. 외로움과 슬픔은 영혼의 정화 과정이다. 우리는 사람이기에 외로움과 슬픔을 느낄 수 있다. 깊은 외로움은 실존이 자기 자신과 만나는 절체절명의 순간이 될 수 있기 때문이다.

인간은 관계의 종합성으로 형성된다. 개체적 실체가 아니다. 인간이 관계의 종합체가 아니라면, 인간은 결코 외로움을 느끼지 않을 것이다. 인간은 외로움의 존재이고 외로움은 본래 자기를 찾는 의지이다. 실존은 어떻게 본래 자기가 되는가? 자기라는 자기 자신과 관계하는 관계, 즉 자기를 객관적으로 성찰할 수 있는 거리를 둠으로써 가능해진다.

외로움의 근본 동기인 불안은 현재의 일상적 삶을 반성하게 한다. 만약 그 반성이 고원한 이상을 찾아 나서기를 하거나 어느 한쪽에 치우치게 된다면 극복의 길은 멀어진다. 불안 극복의 출발점은 '지금 여기'라는 일상적 현재에서 시작한다. 왜냐하면 불안 그 자체로서 현재의 자기 정체성을 스스로 확인할 수 있기 때문이다.

빅터 프랭클(Viktor Frankle)은 아우슈비츠 수용소에서 "의미는 운명보다 더 강하다."고 외쳤다. 인간의 존재성은 자유의지가 박탈당한 한계상황에서도 부단히 의미를 생성해 내며 정신의 자유를 찾고자 하는 데서 찾아진다. 그 자유의 여정에 깃드는 것이 외로움이고 그 외로움의 궁극적 지향은 의미의 발견에 있다.

유한성은 삶의 의미와 목적을 부여한다. 생명에 있어서 종의 젊어지기와 진화는 유한성이 지닌 '결핍'과 '제한'이 있기에 가능하다. '결핍'과 '제한'이 없는 무한성은 지향성과 욕망, 의지를 무화시킨다. 인간은 유한성을 인식하는 존재이다. 다가올 죽음을 미리 지금에 앞당겨 옴으로써 미래를 예비하고, 이를 통해 오늘에 충실하게 된다. 생명은 유한함[11]이 있기에 삶에 집중할 수 있다. 끝이 있기에 삶의 우선순위를 정할 수 있다. 끝이 있기에 현재 삶이 의미가 있다. 만약 인간의 삶이 끝이 없이 무한하다면 의미도, 목적도, 우선순위도 정할 수 없을 것이다.

의미는 자신의 반성적 성찰에서 주어진다. 여기서 반성적 성찰이란 자신이 자신을 대상으로 본질적인 물음을 던지는 고민이자 존재의 방식을 말한다. 이는 자아정체성의 확인이자 점검이며 물음이다. 의미는 자기 자신을 자각하고 아는 것에서 시작한다. 자신이 본질적으로 누구인지 깨달을 때, 자기 지배와 절제를 할 수 있다.

음미할 수 없는 삶은 살 만한 가치가 없다. 의미를 잃은 삶은 목표와 방향 없이 표류하는 난파선과 같다. 우리 자신이 누구이며 무엇이 의미 있는 삶인지를 모른다면 삶은 이내 생기를 잃는다. 의미의 출발은 자신

---

11) 생명은 유한성의 막(membrane)이 있다. 이 막은 '죽음'이라는 형식을 통해 진화 성숙한다. 생명의 작은 단위인 막은 다른 세포와 소통하는 채널이다. 天地人의 삼재와 삼간은 모두 막이라는 멤브레인을 통해 유지되며 소통된다. 막은 한계를 말하며 유한성을 말한다. 유한성이야말로 바로 번식의 창진적 동기가 된다. 몸을 이루는 최소 단위인 세포도 막으로 이루어져 있으며 그 세포를 이루는 세포핵도 막으로 이루어져 있으며 그 세포핵을 이루는 리보솜이나 뉴클레오이드도 막으로 형성되어 있다. 그리고 몸을 둘러싼 모든 환경도 모두 막으로 이루어져 있다. 집과 마을, 도시, 민족, 지구, 태양계, 은하계도 막으로 형성되어 있으며 양자물리학에서 연구되는 우주론은 모두 유한성의 한계를 지닌 막으로 되어있다. 막은 모든 생명의 기초 단위이며 생존의 방법이며 틀이다. 생명계의 막은 고립된 체계가 아니라 유기적인 관계를 맺으며 상호 소통하는 관계이다. 만약 유기적인 관계가 끊어지고 소통이 되지 않는다면 그것은 생명계가 아니다. 모든 질병의 형태는 소통의 단절을 의미한다. 따라서 막은 유기적인 관계와 소통을 생명으로 하는 한 사회적인 성격을 가지고 있다. 그리고 생명의 속성은 철저히 삼간(三間=時間-空間-人間)의 '관계성'에서 그 존재적 의의를 확보한다.

의 성찰, 곧 주의를 기울이는 것에서 시작된다. 이 주의는 자기 자신에게 시선을 돌려 자신을 점검하는 것이다. 그리고 자기 삶에 집중하며 자신의 가장 깊은 곳까지 들어가 자신의 본질이 무엇인지 발견한다.

정직과 소통은 영성의 기초를 이룬다. 솔직하고 진실하게 말하는 것은 영혼 정화의 필수적인 항목이다. 솔직함은 모든 진리가 자신에게 임하게 하는 계기가 된다. 두 마음이나 위선 그리고 불통은 자기분열과 불안, 고립감을 낳게 한다. 타자와의 소통은 영혼 치유에 필수적이다. 자신의 존재를 타자의 신뢰에서 확인하기 때문이다.

한계상황은 자기 삶에서 가장 소중한 것이 무엇인지 우선순위를 결정하게 한다. 그리고 남아있는 삶에 집중함으로써 자신의 본래성을 찾도록 무한한 여행을 하게 한다.

## II. 의미 형성을 위한 질문 '나는 어떤 존재인가?'

홍시는 홍시가 아닌 것으로 이루어져 있다. 모든 존재는 입자, 파동, 위치, 속도-공간, 시간, 물질, 객체, 인과를 지니고 있다. 원자는 견고한 고체의 입자가 아니라 미세한 입자-전자가 핵 주위를 돌고 있는 광대한 공간으로 구성되어 있다. 매크로한 고리형의 목성과 같다.

빛은 입자로 때로는 파동으로 나타난다. 존재는 입자도 파동도 아니며 어떤 상황에서는 입자처럼 보이고 다른 상황에서는 파동처럼 보인다. 소립자는 독립적으로 존재하는 분해할 수 없는 실체가 아니다. 그것은 본질적으로 다른 것과의 상관관계의 세트이다. 그 어떤 것도 그것 자체가 무엇이냐가 아니라 다른 것과의 관계로 정의되어야 한다. 객체로서의 분리가 아니라 전체로서의 유기적 동시성이 존재한다. 의식과 마음이 세계에 영향을 준다. 개체는 전체로서의 우주와 동시적 관계이다.

질량은 에너지의 또 다른 형태이다. 비록 정지해 있는 어떤 사물이라 하더라도 그것은 그 질량 속에 에너지를 축적하고 있으며, 이 질량과 에너지 두 관계가 E=mc²이다. c는 광속도이다. S-행렬이론(S-matrix theory)에 의하면[12], 세계는 상호 연결된 관계의 그물이다. 자연은 물질의 기본 구성체와 같은 근본적인 실체로 환원될 수 없으며, 전적으로 자기 조화(self-consistency)를 통해서 이해된다. 아원자 입자의 모습은 '각 입자는 서로 다른 모든 입자로 구성된다'라는 말로 요약된다. 아원자 입자는 독립된 실체가 아니나 진행 중인 역동적 과정 속의 상호 관련된 에너지 모형이다.

## III. 한계상황에서 비로소 만나는 실존

인간은 유한하고 역사적이며, 시간에 던져진 존재로서 상황에 제약

---

12) S-행렬이론은 1943년 하이젠베르크(W. Heisenberg)에 의해 입자 상호 작용의 원리로 제시되었다. 행렬을 사용하여 소립자(素粒子)의 산란(散亂)·발생과 다른 입자로의 붕괴 등의 현상을 연구하는 이론. 소립자의 여러 가지 반응을 양자론적(量子論的)으로 기술하려면 이들 반응이 일어나기 훨씬 이전의 상태(초기 상태)가 주어졌을 때 반응 후 시간이 경과하고 나서 어떠한 최종상태로 변화했는지를 알면 된다. 이것은 여러 가지 초기 상태를 가능한 여러 최종상태로 변환하는 행렬을 구하는 것과 같다. 가장 간단한 반응은 입자의 산란이므로 이것을 산란행렬이라고 할 때도 있다. 상태의 운동방정식을 풀면 S 행렬도 알지만, 상태의 시간적 추이의 상세한 양자론적 기술에 의하지 않고 유니터리 연산자일 것, 반응이 인과율(因果律)을 따를 것, 상대성이론에 반하지 않을 것 등 S 행렬이 일반적으로 만족시켜야 하는 조건만으로도 소립자의 반응에 관한 몇 가지 유용한 관계식이 유도된다. 광학정리(光學定理)나 분산공식(分散公式) 등이 그 예이다. W. Heisenberg, "Die „beobachtbaren Größen" in der Theorie der Elementarteilche'". In: Zeitschrift für Physik, 120(7) (July 1943), pp. 513-53, 참조.

받는다. 일상적인 삶에서 인간이 한계상황으로 만나게 될 경우는 다음의 세 가지다.

첫째, 명확한 이유 없이 불안과 절망 등의 감정에 동요하는 경우다. 둘째, 명백한 동기, 즉 사랑하는 사람이 죽었거나 자신이 죽어가는 경우다. 셋째, 지금까지 살면서 한 번도 의심해 보지 않았던 일상적 평범함이 하루아침에 불확실하게 여겨지면서 산산이 부서지는 경우다.

이 경우 우리는 '한계상황을 어떻게 맞이하는가?'에 따라 영성의 의미가 달라진다.

실존은 한계상황에서 '자기 됨으로 발전'한다. 실존은 의미적 자아 정체성의 확립이며 '자기됨으로 발전'은 영성을 말한다. 실존의 근거에는 세 가지 비약(초월)이 수반된다.

첫 번째 비약: '자기 이탈(Selbstdistanz)'로서 인간이 자기 자신과 거리를 둠으로써 자신의 개별성을 인식하게 되는 단계로, 자신의 현실 존재를 객관적으로 바라보게 된다.

두 번째 비약: '자기 자신을 의식'하는 이 단계는 자기의식(Selbstbewusstsein)과 자기 초월(Selbsttranszendenz)을 통해 수행된다. 인간은 상황에 대해 스스로 책임을 진다는 의미에서 자신의 고유한 가능성과 부족함을 의식하게 된다. 이러한 고통스러운 난파를 경험함으로써 자신이 결코 해결할 수 없는 한계상황이 존재한다는 사실을 자각한다. 그리고 이와 같은 상황은 결코 피할 수 없으며 그대로 존속한다는 사실 또한 의식하게 된다. 역설적으로 이러한 파국이 삶의 발판을 다시 획득하는 도약판으로 작용한다.

세 번째 비약: '실존적 결단과 실존의 장악(Ergreifen der Existenz)'으로의 비약은 실존적으로 반성하게 된 가능성을 개별적인

것으로 이해해 자신의 것으로 만들 때 발생한다. 그리고 의식적으로 자기 행위의 길을 결단함으로써 실존을 장악하게 된다. 이런 비약을 통해 인간은 비로소 진정한 의미의 자기 자신이 되며, 자신의 행위를 개별적 요구로 경험하게 된다. 세 번째 '실존으로 비약'의 단계에서 각 개인은 자기 삶의 의미를 스스로 설정하게 된다. 무미건조하게 보였던 외부 세계의 객체가 자신에게 들어와 비로소 충만한 의미망으로 형성된다. 이 의미망의 형성은 비합리적이지만 불합리하지는 않으며, 비논리적이지만 반논리적이지는 않다. 이제 개인은 자신의 실존을 위해 결단할 수 있는 자유 속에서 스스로 선택할 기회를 얻게 된다.

## IV. 의미 형성을 위한 로고테라피(logotherapy)

생물학적 관점의 심리치료는 인간의 근본 요소인 개방성을 고려하기 힘들다. 심리치료의 한계는 ① 환자와 의사가 하나가 되어 신뢰성이 이루어질 때 치료가 일어나는데, 환자와 거리를 두는 방식인 실험적 대상과 그에 대한 인과론적 분석으로 인한 한계가 있을 수 있다. ② 인간을 전체로서 객관화하고 진료의 대상으로 만드는 것은 근본적으로 불가능하다. 인간이 객관화되는 순간 그는 더 이상 그 자신이 아니기 때문이다. 그래서 신경증 치료의 본질은 '한 사람이 그 자신이 된다'라는 것이 전제되어야 한다. 누군가 그 자신이 될 때, 즉 실존적 해명이 이루어질 때 치료가 가능하다.

심리치료는 인간을 대상화함으로써 인간 전체를 온전하게 다룰 수 없다. 따라서 이를 극복하기 위해서는 의사와 환자의 관계에서 모든 치료를 넘어서는 '실존적 상호소통'이 있어야 한다. 그리고 그 실존적 드러남(Offenbarwerden)을 통해 환자가 자기 정직성을 온전히 찾을 수 있게 되는 것이다.

이를 정리하면 다음과 같다:
① 자기 관찰(Selbstbeobachtung): 내 안에서 일어나는 과정, 내 지각이나 기억, 느낌 등의 방식을 알게 되는 것이다. 내가 살펴본 나와, 낯선 대상으로 관찰했던 내 안의 나 사이에는 거리가 있다. 이 거리는 객관화이며 소외이다.
② 자기 이해(Sichselbstverstehen): 내 안의 동기나 연관성에서 일어난 것을 해석하고 나 자신을 밝히는 것이다. 내가 어떤 존재인지, 내 안에서 나의 활동을 주관하고 있는 것은 누구인지, 어떤 동기가 본래적으로 중요한 것인지 이해한다.
③ 자신을 드러냄(Sichoffenbarwerden): 자신을 변화시키는 내적 행위를 통해 스스로 드러낼 수 있는 것으로, 자신을 파악하고 자신을 선택하며 제 것으로 만드는 것이다. 이는 자기 자신이 되는 '자기 존재'에서 주어진다.

프로이트(S. Freud)의 정신분석이 환자가 자신의 깊은 내면에서 바라고 있는 것(무의식적 충동)을 스스로 의식하게 만드는 것이라면, 로고테라피는 무엇인가를 의식하게 함으로써 환자의 진정한 희망을 본능적 무의식의 영역에 제한하지 않고 정신적 열망으로 돌리는데, 즉 삶의 의미를 찾는데 관심을 끌게 한다.[13] 정신분석에서는 인간이 충동과

---

13) 프로이트와 프랭클의 차이: 프로이트가 무의식의 기제나 충동개념을 통해 정신적 삶의 인과관계를 분석했다면, 프랭클은 인간의 정신성과 삶의 의미에 중심을 두고 개체적 자아의식의 초월성을 강조하였다.

본능을 채우는 존재이거나 이드, 자아, 초자아의 갈등적 주장을 단순히 절충시키는 존재, 또는 사회와 환경에 그저 순응하고 적응하는 존재로 본다면 로고테라피는 의미를 충족시키는 데 관심이 있는 존재라고 본다. 정신분석이 무의식적인 것을 의식화하는 것을 중요하게 여긴다면, 로고테라피는 정신적인 것을 의식화하는 데 초점을 맞춘다. 정신분석이 장애나 과거에 기반을 두고 있다면, 로고테라피는 현재와 미래에 초점을 두고, 환자가 앞으로 채워야 할 의미에 중심을 두는 심리치료이다. 로고테라피는 삶의 의미에 중심을 둠으로써 신경증을 발달시키는 데 결정적 역할을 하는 모든 악순환의 형성과 피드백의 구조를 해체한다. 즉, 신경증 환자의 전형적 자기중심성 지속, 강화 작용 및 보상을 깨트리는 것이다.

로고테라피는 환자가 자기 삶의 의미와 대면하고, 그 의미를 향해 삶의 방향을 다시 설정하는 것을 도와줌으로써 신경증을 극복할 수 있도록 한다. 프랭클은 인간의 원초적 동기의 힘이 '삶에서 의미를 찾는 노력'에 있다고 본다. 인간의 근본적인 관심은 일차적 욕구의 충족이나 자아의 실현이 아니라, 인간의 정신적 차원의 의미 추구, 즉 가치 실현이나 의미 가능성의 충족에 있다.

이는 인간 현-존재의 최고 목적이 '자아실현'이 아니라 '의미충족'과 '자기 초월성'에 있음을 의미한다. 이는 권력이나 힘에의 의지에서 의미에의 의지로의 이행이며, 정신의학, 철학, 심리학, 인간학의 경계를 통섭한 의미 중심의 심리치료이다.[14]

---

14) 자연주의의 항상성의 동기이론은 인간을 폐쇄적인 인격으로 취급, 인간 존재의 가장 중요한 요소는 개방성과 초월성에 있다. 인간이란 무엇인가? 하는 칸트류의 이런 질문을 다음과 같이 바꿀 필요가 있다. '인간은 어디에 있는가?' '어떤 차원에서 인간 존재의 인간다움이 발견되는가?' 인간은 생물학적 동물에 지나지 않는다는 전제를 가지고 환원론에서 논의를 시작한다면 우리는 아무것도 발견할 수 없다.

프랭클이 보는 인간학의 기본 전제는 "모든 존재는 관계적 존재이다. 인간이 된다는 것은 의식 있는 존재가 되는 것이며, 책임 있는 존재가 되는 것"이다. 이 명제 아래 로고테라피의 세 가지 구성 범주를 정초한다.

### 1. 실존적 정신역학

인간은 삶에서 내적인 갈등과 실존적 좌절, 공허를 겪는다. 삶에서 의미를 찾고자 하는 노력이 벽에 부딪힐 때 신경증이 생겨난다. 이때의 신경증은 '심인성 신경증(psychogenic neurosis)'과 구별되는 '정신인성 신경증(noögenic neurosis)'이다. 그 원인이 심리적 요인이 아니라 인간 실존의 근원에 뿌리를 두고 있기 때문이다. 이때 우울증, 절망, 자살 충동을 경험한다. 그러나 삶의 의미와 이유를 발견한 사람은 어떤 상황에서도 그것을 이겨낼 수 있는 내적 능력뿐만 아니라, 그 방법도 찾아내게 된다.

### 2. 자유

인간의 자유란 어떤 상태로부터의 자유가 아니라 상태에 대해 어떤 태도와 선택을 하느냐의 자유이다. 자유는 홉스(T. Hobbes)가 정의하듯 장애의 부재 상태가 아니라[15] 주어진 상황 속에서 자신의 견해를 정

---

15) 홉스는 자유를 '외부적 장애물의 부재'로 정의한다. 그의 정의에 따르면, 사람들은 외부의 장애물이 그들이 하고자 하는 것을 방해하지 않을 때 자유롭다. 홉스는 자유를 물리적 결정론과 양립 가능한 것으로 보았으며, 자유가 필연성과 대립하는 개념이 아니라고 주장했다. 이러한 홉스의 자유 개념은 '소극적 자유' 개념의 기초가 되었는데, 이는 외부의 간섭이나 제약이 없는 상태를 자유로 보는 관점이다. 그는 자유를 의지에 귀속시키는

할 수 있는 능력이다. 프랭클은 범결정론을 비판하며 인간은 스스로 운명을 결정하는 존재라고 말한다. "정신적 자유는 결코 빼앗을 수 없으며, 이것은 인간이 의미 있고 목적 있는 삶을 살게 만들어 준다." 인간은 자유를 통해 스스로 삶을 끊임없이 선택하고 자신의 선택에 대한 책임을 지는 존재이기에 자기 삶을 완성할 수 있다. 인간은 자신을 만들어가는 과정에서 비로소 성숙한 인간으로 완성된다.

### 3. 책임성

프랭클의 주목하는 인간 존재의 의미 가운데 또 하나는 책임성이다. 로고테라피는 인간 존재의 핵심이 책임성에 있다고 봄으로써 인간이 자기 책임 아래 삶을 유지해야 한다는 점을 강조한다. 중요한 것은 우리가 삶에서 무엇을 기대하고 있느냐가 아니라, 삶이 우리에게 무엇을 기대하고 있느냐 하는 것이다. 책임감은 우리가 의미에 대한 의지를 추구하며 이를 통해 삶의 의미를 찾게 만든다.

자유가 전제되지 않는 책임은 자기 삶에 대한 물음에 공허한 대답을 줄 수밖에 없으며, 책임이 수반되지 않는 자유는 방종으로 흐를 위험이 있다. "인간은 의미를 추구하는 지향성을 지니고 있으며, 의미와 가치를 통해 자신을 초월하고자 하는 의지를 발현한다. 지향성은 인간 현-존재의 본질에 속하며, 초월성은 의미와 가치 같은 어떤 것의 본질에

---

일반적인 생각을 비판하고, 대신 외부적 억압이나 강제의 부재로서의 자유 개념을 제시했다. 홉스의 자유 개념은 후대의 자유주의 사상에 영향을 미쳤지만, 동시에 그의 절대 주권론과 결합하여 논쟁의 여지를 남겼다. 이러한 홉스의 자유 정의는 그의 정치철학과 밀접하게 연관되어 있으며, 후대의 자유 개념 발전에 중요한 기초를 제공했다.
Thomas Hobbes, Leviathan, ed. Richard Tuck (Cambridge: Cambridge University Press, 1991), 91; 김용환, "토마스 홉스의 자유 개념", 철학 연구 제95집 (2011): 31-56.

속한다."

　가치에 대한 태도는 인간이 자기 삶을 자유롭게 선택하고 책임지는 인간학적인 조건이다. 가치에 의해 자기 삶의 의미를 선택하고 그 의미를 고양하며 자신을 초월할 수 있다. 가치와 의미 그리고 자신을 초월할 수 있어서 인간이 인간일 수 있다.[16)]

　이러한 정초 위에 로고테라피에서 치유 도구는 ① 인격적 존재로서의 인간, ② 실존해명, ③ 의미를 향한 인간의 의지로 구성되며, 그 치유 과정은 ① 자기 삶을 선택하는 자유의 능력, ② 자기 책임감, ③ 의미와 가치를 통한 자기 초월 과정이다.[17)] 우리는 여기에서 프랭클이 심리치료에서 철학적 사유 작업으로 전환한 동시에[18)], 실존분석을 '심리치료적 인간학'의 시도로 보았으며, 실존철학을 심리치료의 영역으로 가져왔다는 것을 알 수 있다. 그는 심인성 신경증 환자의 치료뿐만 아니라 정신인성 원인에 의해 고통받는 사람의 문제를 해결하는 데 로고테라피를 정초하였다.[19)]

---

16) 프랭클은 인간은 사랑을 통해서만 구원받을 수 있다는 것을 수용소 경험을 통해 말해준다. "이 세상에서 아무것도 가진 것 없는 사람이라도 자신이 사랑하는 사람을 생각할 수 있다면, 행복하다는 것을 알게 된다. 어떠한 고통과 억압, 고문의 상황에 처해 있어도, 가슴속에 간직된 사랑하는 이의 모습을 떠올리는 것만으로도 충만함을 느낄 수 있다."
17) 야스퍼스와 프랭클의 실존분석에는 많은 공통점이 있다. 프랭클의 실존분석은 다양한 철학적 개념(야스퍼스, 하이데거, 부버, 마르셀, 키르케고르, 니체)에서 영향을 받았는데, 그 가운데 야스퍼스의 인간학적 구상은 프랭클의 인간학의 본질을 구성한다. 다만 이들 양자에는 다음과 같은 차이가 있다. 야스퍼스의 실존해명이 존재를 향한 해명이라면, 프랭클의 실존해명은 '의미해명'으로 이해된다. 프랭클이 삶의 '목적'에 중점을 두었다면, 야스퍼스는 '무엇으로 나는 사는가 Wodurch ich lebe?'라는 물음에 맞추었다.
18) 로고테라피의 철학적 실천 가능성의 요소는 다음과 같다. ① 치료사와 환자 사이의 실존적 상호소통, ② 고통받는 인간의 정신세계에 대한 전인적 접근과 이해, ③ 자기 성찰과 내적 자기 변화를 통해 야기되는 자기 존재에 대한 자각, ④ 본래 자기를 찾고자 하는 삶의 기술, ⑤ 한계상황에서 실존해명적 사유를 통해 자기 자신을 초월하는 실존적 의지
19) 심리치료와 로고테라피의 차이: 심리치료는 과거의 인과성에 대한 분석이라면, 로고테라피는 현재-여기의 현실에서 인성 발달의 살아 있는 과정에 참여하는 것에 관심을 둔다. 즉 의지를

## V. 로고테라피의 임상 방법

키르케고르와 쇼펜하우어(A. Schopenhauer)의 정신적 연원, 니체(F.W. Nietzsche)와 프로이트의 탄탄한 생물 심리학적 훈습의 기초 위에 하이데거와 야스퍼스(K. Jaspers)의 영적 세례를 톡톡히 받은 프랭클의 사유 범주는 참으로 넓다. 그 가운데 빅터 프랭클이 말하는 의미는 개인적인 것으로, 그 사람의 유일무이한 것이며, 의미에는 삶의 보편성이라는 것이 없다. 오로지 어떤 개별적인 상황이 지닌 유일한 의미만이 있을 뿐이라고 그는 말한다.

의미의 발생은 자기 정체성의 정립에서 나온다. 자기 정체성은 타자성을 기반으로 성립한다. 객관과 주관의 긴장 자기장이 성립할 때 생긴다. 즉 자각과 자주, 자율적 능동성, 세계와 나의 관계 정립, 삶의 가치와 목적 분명, 개체적 초월성에서 주어진다. 타자성, 객관성을 유지한다는 것은 객관과 주관 사이에 조성된 긴장을 유지한다는 것을 의미한다. 이 긴장은 '나'와 '내가 해야 하는 것', 즉 현실과 이상 사이에 조성된 긴장과 같은 것이다. 긴장은 '거리', '소외' 즉 존재와 일정한 보폭을 유지하는 것이다.

로고테라피에서 '로고'는 로고스, 말, 뜻, 의미, 이성, 지성, 영혼, 영적인 의미를 포함한다. 프랭클은 이를 'noological'이라는 용어로 표현하는데, 이는 생물 심리학적 질료 개념을 극복하고자 하는 의도에서 만든 것이다. 사람은 자신을 성찰하거나 필요에 따라 자신을 부정할 때 noological 차원을 통과한다.

---

긍정적으로 조직하고 활성화하는 일, 인성의 긍정적인 측면을 강화하고 창조성을 찾는 일, 부정적인 의지를 긍정적이고 창의적인 의지로 변화시키고 창조적 자아를 갖도록 하는 데 초점을 맞춘 의지 치료를 강조한다.

로고테라피는 인간에게 의미를 부여하는 것이 아니라, 구체적인 상황에서 구체적인 의미를 찾도록 돕는다. 의미 추구의 구체성은 모든 사람의 유일성과 모든 상황의 일회성과 관련된다. 프랭클이 말하는 의미는 자신의 본래성으로 회귀하는 자유의지(Freedom of Will)이다. 이 의지는 유한한 존재로서의 의지이다. 의지의 본질은 자유이다. 그는 자유의 세 가지 양태 단계에 상응하는 의지를 다음의 세 가지 형태로 구분한다.

① 우선 다만 즉자적으로 자유로울 뿐인 의지는 직접적이고 자연적인 의지이다. 그 내용은 충동, 욕망, 경향이다. 이와 같은 의지는 여전히 유한하고 형식적일 뿐이지만, 자유로운 의지의 자연적 기초로서의 의의를 지닌다.

② 다음으로 다만 대자적으로 자유로울 뿐인 의지는 임의로 '선택할 가능성'인 '자의'이다. 그것은 서로 모순되는 충동들 가운데 무언가를 우연히 선택하여 그것에 그 외의 다른 것을 종속시키는 주관적 능력에 지나지 않는다. 그런데도 그것이 지닌 행위의 현실적 동인으로서의 의의를 보지 못하고 빠트려서는 안 된다. 그러나 자연적 의지 또는 자의가 불가결한 계기이긴 하지만 그것만으로는 여전히 참으로 자유로운 의지라고 할 수 없다.

③ 전자의 직접성과 후자의 특수성이 후자에 뿌리박고 있는 자기 내 반성 때문에 사유의 보편성으로 지양되어 구체적 내용으로 나타나게 된 의지가 즉자적 대자적으로 인식할 때는 자유의지, 곧 본래의 절대정

신이 된다. 그것은 자기 자신을 규정하는 보편성으로서 무한하고 지성적이며 절대정신으로 전개된다.

로고테라피에서 행복 추구는 삶의 의미를 찾으려는 의지와 그 의미의 충족에서 행복할 이유가 드러나며 그것이 곧 행복이다. 삶을 움직이는 원동력이자 동기는 인간이 왜 살아가야만 하는지에 대한 실존적 자각에서 드러나는 의미의 발견에 있다.

상담자는 내담자가 감정을 교류하여 자기 공감 능력을 발전시키며, 이를 내재화하여 정서를 스스로 조절하는 법을 배우게 한다. 상담자는 내담자가 현재 일어난 사태를 명확하게 인지할 수 있도록 한다. 인지는 사태에 대한 알아차림, 깨어있음을 의미한다. 인지는 어떤 사태에 대해 희로애락 하는 자신의 감정으로부터 한 발짝 물러나, 자신의 감정을 주시(알아차림, 거리, 객관화)하는 것이다. 자신을 감정과 동일시하는 상황이라면(검속하지 못한다면) 그 감정은 어디로 튈지 모르는 럭비공이 되기 때문에 중절을 이룰 수 없게 된다. 인지는 마땅히 행해야 할 것을 당연하게 해야 하는 판단과 선택, 조화와 절제, 균형을 결정하는 심적 작용이다. 이를 위해서는 다음의 순서를 밟아야 한다.

① 느낌을 이야기한다.[20] → ② 상징화한다 → ③ 명확하게 표현[21] →

---

[20] 과거의 이상이나 고통스러운 경험 때문에 고통받는 사람도 이를 언어로 전환하면서 외상을 자기 안에 동기화해가는 재구성 과정을 밟아가게 된다. 정서적인 외상 경험을 이야기하면서 이전에는 말로 분명하게 표현할 수 없었던 경험에 의미가 부여 된다. 외상적인 기억을 안전한 환경에서 활성화하고 이야기함으로써 통제력을 회복하고 희생자가 아닌 주체가 되어가는 것이다.

[21] 정서를 언어적으로 내러티브화하면서 자신이 느끼는 감정이 어떤 것인지 알게 되고 감정을 볼 수 있는 새로운 위치와 관점이 만들어진다. '내'가 '이것을' 느낀다고 말할 때, 이것은 나로부터 분리되어 존재한다. 그리고 이때 자기를 감정의 수동적인 희생자가 아닌 책임지는 '주체'로, 즉 응집력 있는 자기(coherent self)로 경험하게 된다. 감정과 자기 간의 관계가 확립됨으로써 응집력과 주체성이 확보된다. 따라서 내담자가 고통에도 불구하고 "나는 실패한 것 같이 느껴져."

④ 정서를 허락하고 수용[22]→ ⑤ 정서적 경험이 전달하는 메시지 확인 → ⑥ 각기 다른 상황에서 다른 혹은 모순된 정서를 통합 → ⑦ 공감적 조율 → ⑧ 새로운 의미 발견(자각) → ⑨ 새로운 정서 도식과 변화, 자신에게 나타난 감정을 주시(인지, 깨달음)한다.

로고테라피 임상 방법의 기초는 자기 초월성(Selbst-Transzende-nz)과 자기 거리두기(Selbstdistanzierung)인 특별한 인간적 능력에 있다. 여기에 동원되는 임상 방법이 역설 지향의 방법(강박과 불안에 대해 사용), 탈 성찰의 방법(자기 자신에 대한 병적 순환에 대해 사용), 입장 조정의 방법(병을 만드는 정서 도식의 변형에 대해 사용)이다.

**역설 지향:** 신경증 증상의 악순환 고리를 끊음으로써 자기 거리두기 능력을 강화한다. 이 방법은 악순환 고리가 발생하는 것을 처음부터 제거하려고 시도하는 인지적 치료 기술이다.[23]

---

라고 이야기할 수 있다면 그 내담자는 자신의 의지가 견고해지며 대응 능력이 촉진되는 과정을 밟아 나갈 수 있다. 자기 비난에서 자기 지지로 넘어가는 변화에는 이렇게 나쁜 감정을 먼저 경험하고, 감정을 이야기하며, 그런 다음 자신의 관점을 반성적으로 재검토하는 과정이 수반된다.

22) 환자가 두려워하고 있는 바로 그 일을 환자가 스스로 하도록 하거나 혹은 그런 일이 또 일어나기를 바라도록 하면 환자의 의도가 다른 방향으로 전환된다. 병적인 공포가 역설적인 소망으로 바뀌는 것이다. 여기에는 사태를 객관화하여 그 사태를 인지한 상태에서 그 사태에 의도적으로 빠짐으로써 자신의 감정이 사태와 동일시하는 자연감정에서 벗어나 사태를 주목하는 인지 감정으로 변해있음을 스스로 자각되고, 앞으로 그 사태에 빠지더라도 자연감정이 아닌 인지 감정을 유지하게 된다. 우리는 자신의 감정 상태가 어떤지 표현을 해봄으로써(정서의 재처리) 새로운 의미와 통제감을 획득한다.

23) 스피노자(B. Spinoza)의 '수동 정서', '능동 정서'는 '감각적인 인식'과 '지성(이성)으로서의 인식'으로 연장된다. 감각적인 인식은 일차적인 인식이다. 이는 우리의 감각을 통해서 외부의 사물을 인식하는 것으로, 사물의 본성을 꿰뚫어 아는 인식이 아니다. 따라서 감각을 통해서 무질서하게 인상되는 인식은 오류의 유일한 원인이며 부당하고 혼란스러운 모든 관념이 여기에 포함된다. 인간이 혼란스러운 관념, 어떤 사건의 결과에 관해 그 원인을 정확하게 알지 못할 때 인간은 수동적인 상태에 놓이고 이는 곧바로 수동적인 정서와 연결된다고 할 수 있다. 둘째는 지성(이성)으로서의 인식은 이차적인 인식이다. 그것은 사물들의 성질과 인과관계를 꿰뚫

신경증 환자에게서 흔히 볼 수 있는 예기불안의 특징은 환자가 두려워하는 바로 그 증상을 불러일으킨다는 점에서 불안에 대한 불안[24]이 계속 일어나는 악순환이 지속된다. 많은 사람 앞에서 발표하는 것이 떨리고 얼굴이 빨개지지 않을까 걱정하는 사람은 실제로 그 상황이 닥치면 얼굴이 빨개지면서 떨리고 불안에 빠지는 것과 같다.

아직 나타나지 않은 1차 고통에 대한 두려움으로 2차 고통이 유발된다. 고통이 나타날 가능성에 대한 공포(예기불안)는 1차 고통이 일어나기 전에 2차 고통을 일으킬 뿐만 아니라 고통이 유발되었을 때, 고통을 극복하기 위해 반드시 겪어야 할 고통을 마주하는 것 자체에 대한 장애가 된다.

역설 지향을 통해 자기 거리감의 능력을 강화해 불안이나 강박증 같은 비합리적 부정적 관념이 중성화된다. 역설 지향은 환자에게 그가 두려워하는 것을 의도적으로 추구해 보라고 요구한다. 이 과정에서 거리를 두고 자기를 바라볼 수 있는 자기 거리두기 능력이 생긴다. 자기 거리두기 능력 가운데 가장 중요한 것은 유머 감각이다. 유머는 사람이 초연한 상태에서 자기 자신을 바라보게 함으로써 자신의 곤경을 초월하도록 돕는다. 동물은 자기 자신을 볼 수 있는 능력이 없지만, 인간은

---

어 보는 능력이다. 이러한 인식은 사물들을 '우연'이 아니라 '필연'적인 인과의 법칙으로 이해한다. 즉, 과거와 현재 그리고 미래에 관하여 사물을 우연으로 모호하게 인식하는 것이 아니라 시간과 무관한 자연(신)의 필연적인 법칙을 통해 명료하게 인식한다. 이러한 인식에서 정신은 필연성 속에서 인과의 고리들을 명확하게 인식하고 그것을 통해 사물들의 운동을 이해한다. 이차적인 인식에서 인간은 자기 행동에 대해서도 내적인 인과성을 파악하게 되고 이를 통해 적합한 원인을 갖게 되며 결과적으로 능동적인 상태가 된다. 스피노자, 강영계 옮김, 『에티카』, 서광사 (2008), pp. 356-367 참고.

24) '불안에 대한 불안', 앞에 있는 불안은 실존적 인간이 느끼는 근본 정서(Grundstimmung)로의 불안으로 이는 인간의 본래성을 찾고자 하는 정서이다. 뒤의 불안은 실존적 인간이 느끼는 불안 정서가 인간의 본래성을 찾고자 하는 정서임을 인지하지 못하고, 반성적 성찰이 탈색된 채, 단순히 이를 회피 또는 연기하는 것에서 오는 감정이다.

자기 자신에 대해 거리를 두고 초연하게 바라볼 수 있다. 유머나 웃음은 환자가 자신의 신경증 증세에서 스스로 거리를 두고 두려움을 상대화하여 발생을 약화한다. 유머 감각은 자기 자신으로부터 이탈하고 거리를 두는 능력으로 작용한다. 유머의 근저에는 인간 존재에 대한 기본적인 신뢰의 회복이 자리하고 있으며, 이는 결국 감정유형의 변화, 즉 실존적 전환을 가져온다.[25] 인간은 최악의 상황에 처해 있음에도 불구

---

[25] 환자가 두려워하고 있는 바로 그 일을 환자가 스스로 하도록 하거나 혹은 그런 일이 또 일어나기를 바라도록 하면 환자의 의도가 다른 방향으로 전환된다. 병적인 공포가 역설적인 소망으로 바뀌는 것이다. 여기에는 사태를 객관화하여 그 사태를 인지한 상태에서 그 사태에 의도적으로 빠짐으로써 자신의 감정을 사태와 동일시하는 자연감정에서 벗어나 사태를 주목하는 인지감정으로 가고 있음을 스스로 자각하고, 앞으로 그 사태에 빠지더라도 자연감정이 아닌 인지 감정을 유지하게 된다. 우리는 자신의 감정 상태가 어떤지 표현을 해봄으로써(정서의 재처리) 새로운 의미와 통제감을 획득한다. 역설 지향은 감정을 통솔하는 내러티브이론과 관련이 깊다. 우리는 내러티브를 통해 감정을 수정한다. 친구에게 "외톨이가 된 기분이야."라고 말할 수 있는 내담자는 이미 "힘들지만 계속하려고 노력하고 있어, 하지만 때로는 흥미가 없어."라고 말할 수 있는 능력이 있다는 뜻이다. 또 다른 내담자는 이전의 상급자 때문에 고생했던 이야기를 하면서 "그 사람에게 짓눌려 있는 것 같이 느껴져, 나는 결코 그 사람이 될 수 없는데."라고 이야기하면서 "그 사람이 한 것은 그 사람이 한 것이고, 나는 못 해, 나는 그와 다르고 나는 내가 생각하는 장점을 사용할 거야."라는 의지의 표현이기도 하다. 내러티브는 이렇게 새로운 의미의 생성을 촉진한다. 감정에 내러티브가 부여되면서 감정으로부터 자신을 분리하고 강한 자기감이 촉진된다. 정서를 언어적으로 내러티브화하면서 자신이 느끼는 감정이 어떤 것인지 알게 되고 감정을 볼 수 있는 새로운 위치와 관점이 만들어진다. '내'가 '이것을' 느낀다고 말할 때, 이것은 나로부터 분리되어 존재한다. 그리고 이때 자기를 감정의 수동적인 희생자가 아닌 책임지는 '주체'로, 즉 응집력 있는 자기(coherent self)로 경험하게 된다. 감정과 자기 간의 관계가 확립됨으로써 응집력과 주체성이 확보된다. 따라서 내담자가 고통에도 불구하고 "나는 실패한 것 같이 느껴져."라고 이야기할 수 있다면 그 내담자는 자신의 의지가 견고해지며 대응 능력이 촉진되는 과정을 밟아 나갈 수 있다. ① 자기 비난에서 자기 지지로 넘어가는 변화에는 ② 이렇게 나쁜 감정을 먼저 경험하고, ③ 감정을 이야기하며, ④ 그런 다음 자신의 관점을 반성적으로 재검토하는 과정이 수반된다. 한 내담자가 승진에서 떨어진 후 이상 직장에서는 가망이 없을 것 같다며 절망감을 털어놓았다. 한참 자기비판을 한 후 그는 자신 내부에 초점을 맞추었고 "승진하지 못해 다행이네요, 최고가 되지 않아도 될 좋은 기회가 생긴 것 같군요."라고 경쾌하게 말했다. 이런 인식의 전환 후 안도감과 평온함이 찾아왔다. 이제 조기 은퇴와 이전부터 하고 싶었지만 못했던 일들에 대해 말하기 시작했다. 삶의 우선순위가 재조정된 것이다. 과거의 이상이나 고통스러운 경험 때문에 고통받는 사람도 이를 언어로 전환하면서 외상을 자기 안에 동기화해가는 재구성 과정을 밟아가게 된다. 정서적인 외상 경험을 이야기하면서 이전에는 말로 분명하게 표현할 수 없었던 경험에 의미가 부연 된다. 외상적인 기억을 안전한 환경에서 활성화하고 이야기함으로써

하고 그것을 자신과 분리해 볼 수 있는 능력이 있다. 유머는 인간만이 가지고 있는 능력이며, 신적인 특성이다. 자기 초월은 인간에게만 고유한 능력이다. 인간은 자신에게 어떤 태도를 보일 것인가를 선택할 수 있는 능력이 있다. 불안 상황 극복의 과정은 다음과 같다:

> 불안 상황으로 들어감 → 그 상황에 부닥쳐 있는 자신을 주시함(거리화) → 불안해하는 자신을 주시함(인지화) → 웃음과 유머 → 인식능력의 확장 → 불안 극복

역설 지향을 적용하는 데는 개인차가 크다. 치유사는 환자 고유의 상황에 따라 그 적용 한계를 알고 있어야 한다. 즉, 환자의 인지 능력이나 심적 태도, 묶인 감정, 그리고 정신적 길항작용의 관계 등을 파악하고 그 기준을 세우는 것이 바람직하다.

> [적용 치료: 광장 불안, 틱(Tics), 폐소공포증, 발한 공포증, 발작적 심계항진, 수면장애, 강박신경증, 불안신경증, 자율신경 증후 등 심인성 치료에 75.7% 효과가 있다.]

**탈 성찰(Dereflexion):** 과잉 의도를 약화해 자기 초월을 할 수 있는 전 단계로 이행하게 한다. 과도한 자기관찰이나 자기 집중은 삶의 문제를 경직되게 만들고, 이에 따라 문제를 제대로 풀지 못하거나 그 결과로 실패나 신경증 증상을 만들게 된다. 탈 성찰은 주목하지 않음으로써 (억압하지 않음) 증상을 약화하는 방법이다. 이것은 '과도한 지향'의 결과로 오는 경직성이나, '과잉 성찰'의 결과로 오는 장애를 완화하는 방

---

통제력을 회복하고 희생자가 아닌 주체가 되어가는 것이다.

법이다.

 탈 성찰은 증상을 무시함으로써 과도한 성찰을 없애며 자신을 넘어서도록 하는 자기 초월의 전단계에 해당한다. 탈성찰은 인간이 자기 삶을 살아가는 태도의 변화를 요구하며(집착에서 무심의 마음으로), 인간이 자기 삶을 조형하는 데 근본적으로 자유롭다는 것에 눈을 뜨게 만든다.

 [적용 치료: 성장애, 수면장애, 불안장애]

 **입장 조정(Einstellungsmodulation), 혹은 입장 변경:** 부정적인 태도에서 긍정적인 태도로의 조정 혹은 변경이다. 이런 변경의 기저에는 삶의 의미와 가치에 관한 판단이 기초해 있다. 입장 조정은 삶의 입장이나 실존적 태도를 변경하여 실존적 위기나 좌절에서 오는 정신적 고통에서 해방될 가능성을 찾도록 돕는다. "환자가 자기 삶을 의미 있고 가치 있는 것으로 만들어 주는 어떤 것을 의식의 전면에 세우게 될 때, 그 자신의 고유한 인성이나 고난이 이차적인 것으로 물러나게 된다." 입장 조정은 되돌릴 수 없는 육체적 질병이나 극한의 상황이 변할 수 없다는 사실, 즉 현실적으로 변화의 가능성이 제한되어 있을 때 적용할 수 있다.

 입장 조정은 정신의 저항력을 증진하고 부정적인 것에 대한 견해를 전환하게 하며, 그것을 극복할 수 있도록 하는 데 무게를 둔다. 입장 변경은 '의미에의 의지'를 촉진하고 긍정적인 그것에 대한 견해를 향상시킨다. '삶을 긍정하는' 입장은 정신적 질병(부분적으로는 암과 같은 질병)에 대한 면역력을 높여주며 위기 상황에서 그것을 견딜 수 있는 능력을 강화해 준다.

정신적 존재인 인간은 결정의 자유를 가지며 특정 상황에서 자신의 견해를 변경시킬 가능성, 때로는 긍정적인 태도를 보일 가능성을 갖는다. 프랭클에 있어서 인간의 자유란 어떤 상태로부터의 자유가 아니라, 상태에 대해 어떤 태도와 선택을 하느냐의 자유이다.

인간은 결정된 존재가 아니라 부단히 변화하는 존재다. 따라서 인간은 현실성과 가능성 사이에 있는 중간자적 존재이다. 중간자로서 인간은 완결되지 않은 완전성을 향해 부단히 이행하는 존재이자 가능한 존재이다. 가능한 존재로서 인간의 삶은 불안과 고통을 겪게 된다. 그러나 인간은 실존적 한계에 대해 부정적인 가치 평가 대신에 긍정적이고 적극적인 마음가짐을 통해 고통의 수동적 대상이 아니라 능동적인 주체로 자리매김할 수 있다. 따라서 불안과 고통을 제거해야 할 위험한 암세포가 아니라, 삶에 자연스럽고 긍정적이며 건강한 신호로 해석할 수 있다.

## VI. 결론

오늘날 한국 사회의 특징 중 하나는 인간과의 소통이 단절된 채, 군중 속의 고독과 소외를 느끼며 살아가는 것이다. 그 소외와 고독의 돌파구를 향정신성 약물이나 게임 중독에서 찾거나, 인간 대신 반려동물에서 감정적 공유와 안정을 찾고자 한다. 이런 물질문명 속에서 탐욕과 삶의 무의미함은 실존적 좌절과 공허함을 낳으며, 그 공허함을 물신주의가 대체하고 삶의 내적 의미나 가치에 관심을 두지 않는 악순환을 만들어 낸다. 즉 의미를 추구하는 의지가 좌절되면, 가장 원시적인 형태의 권력인 돈과 쾌락을 병리적으로 추구함만이 자리 잡는다. 이는 다음과 같은 악순환을 끊임없이 양산한다.

> [실존적 좌절 → 우울증, 공격성, 중독성, 집단 신경증 → 실존적 공허, 운명론적 태도, 동조 주의적 집단사고, 인격 부정 현상, 삶의 가치 상실, 삶의 불안과 피로, 우울증, 강박증, 수동적 의존감, 인간관계의 위기, 상실감 → 삶의 무의미성, 공허감, 권태감의 악순환]

인간은 의지를 가진 생명체, 즉 목적을 가진 생명체이다. 목적은 삶에 의미를 부여한다. 사람은 모든 가치를 창조하고 싶어 한다. 더 나아가 인간은 창조와 가치를 향한 기본적이고 선천적인 지향성을 지니고 있다. 이 지향성은 어떤 조건을 바꾸거나 피할 수 있는 것으로서의 자유가 아니라, 그가 어떤 조건에 처해 있든 그것에 대해 자신의 태도를 결정할 수 있는 자유이다.

인간은 이상과 가치로 세상을 살아간다. 인간 존재가 자기 초월을 이루지 못한다면 진정한 존재라고 할 수 없다. 이 모든 밑바탕에는 '의미'가 자리한다. 의미는 개인의 유일무이함과 초월성을 전제로 한다. "만약 내가 그 일을 하지 않는다면 누가 그 일을 하겠는가? 그리고 지금 당장 그 일을 하지 않는다면 언제 그 일을 할 수 있을 것인가? 그리고 만약 나 스스로기 때문에 그 일을 한다면 나라는 존재는 과연 무엇인가?" 이 문장에서 '만약 내가 그 일을 하지 않는다면'은 자신의 유일무이함을 가리키며, '지금 당장 그 일을 하지 않는다면'은 의미 성취를 위한 순간들의 유일무이함을 말한다. 그리고 '나 자신이기 때문에 그 일을 한다'라는 말은 인간 존재의 자기초월적 특성을 가리킨다. 이러한 질문과 의심은 자신의 존재적 의미를 자각하는 계기인 동시에 치유의 시작이다.

심화 1
# 인간다움, 실존의 가능성

<내용 요약>

인간에 대한 정신의 역동성과 감정, 상실, 불안에 대해 많은 탐색이 이루어졌다. 카타르시스는 억압된 감정을 해소하는 방식으로, 인간의 감정은 방어기제를 통해 발전하며, 이를 통해 감정의 해소와 변화를 끌어낼 수 있다. 프로이트는 슬픔을 부정적으로 보고 상실된 대상을 잃고 리비도를 철회하는 것이 치유의 핵심이라고 주장했다. 상실은 인간의 본질을 드러내고, 이를 통해 진정한 자신을 회복할 기회를 제공하며, 치유는 단순히 질병을 고치는 것이 아니라 존재 방식을 다룬다고 본다. 하이데거는 불안을 인간 실존의 가능성으로 해석하며, 메를로-퐁티는 감정과 정서를 신체적인 지각과 연결지어 인간의 실존을 구체적 실천을 통해 강조했다. 이 두 관점은 정서와 감정의 통합을 통해 인간의 진정한 존재와 실존적 건강을 찾을 수 있음을 시사한다.

<핵심어>

상실(Loss), 카타르시스(Catharsis), 방어기제(Defense Mechanism),
치유 (Healing, )실존(Existence), 불안(Anxiety),
신체적 지각(Bodily Perception)

<학습 목표>
- 상실과 감정의 관계를 이해하고 이를 적절하게 표현하는 방법을 배운다.
- 프로이트의 이론을 바탕으로 감정과 무의식의 상호 작용을 탐구한다.
- 감정이 개인의 신체적, 심리적 상태에 미치는 영향을 분석한다.

- 상실 경험을 통해 감정 조절 및 치유 과정에 대해 학습한다.
- 실존적 불안과 그것이 개인의 삶에 미치는 영향을 이해하고, 이를 극복하는 방법을 모색한다.

<적용 실천>
- 감정 해소 및 카타르시스 활용: 상실이나 스트레스 상황에서 감정의 발산을 통해 내면의 억압된 감정을 해소하고, 이를 통해 정서적 안정감을 되찾는 방법을 사용할 수 있다. 예를 들어, 환자나 내담자에게 감정을 자유롭게 표현하도록 유도하는 방식이다.
- 애도의 과정 중 지원: 상실을 경험한 사람에게 애도와 감정의 수용을 지원하면서, 그들의 슬픔을 부정하거나 억압하지 않고, 자연스럽게 감정을 표출하게 도와주는 치료법을 실천할 수 있다. 슬픔의 표현을 장려하고, 새로운 의미를 찾도록 돕는다.
- 불안의 이해와 심리적 돌봄: 하이데거의 불안 개념을 활용해, 내담자가 불안감을 느낄 때 이를 자기 실존을 회복하는 기회로 삼을 수 있도록 도와주는 방식이다. 불안을 단지 회피하는 감정으로 보지 않고, 삶을 성찰하고 성장할 수 있는 계기로 활용한다.
- 신체적 감각과 지각 훈련: 메를로-퐁티의 신체 지각 개념을 토대로 신체 의식을 높여내는 연습을 통해 감정의 체화적 변화를 도울 수 있다. 이는 불안이나 스트레스 상황에서 신체적인 안정감을 찾도록 돕는 방법이 될 수 있다.
- 심리적 역동성 활용: 상실을 통한 성장의 가능성을 강조하고, 사람들 내면에서 새로운 자아를 발견할 수 있도록 돕는 심리적 돌봄을 실천할 수 있다. 상실을 치유의 기회로 삼아 내담자에게 깊은 성찰과 영적 성장의 길을 안내한다.

# 인간다움, 실존의 가능성

## I. 감정과 정서에 대한 과학적 탐색

심리 치유의 풀리지 않은 신비 중 하나가 바로 카타르시스(정화) 개념이다. 카타르시스는 리비도 집중의 철회인데, 이 또한 억압의 한 표현이다. 불쾌와 위험의 느낌인 불안을 극복하기 위해 정신 기관은 다양한 방어기제를 발달시켰다. 방어기제는 다양하게 변주되면서 불안을 극복한다.

주로 의식의 상태에서는 외재적 요소에서 쉽게 발견할 수 있는 것(주로 위험한 요소)을 억압하는데, 이는 방어-거부-부정-거절의 형태로 나타난다. 무의식 상태에서는 내재적 요소에서 쉽게 발견할 수 있는 것(주로 불쾌한 요소)을 없애려 하는데, 이는 억압-억제-저항의 형태로 나타난다. 정신의학과 심리학의 대상이 되는 방어기제는 대부분 의식과 무의식의 중간 형태인 전의식에서 나타나는 '회피-도피-연기-대체물 형성-증상-퇴행-투사-카타르시스-승화'이다.

그러나 BNPT(뇌생리 체질)에 의하면, 전의식에서 나타나는 이러한 메커니즘이 체질에 따라 달리 나타나는 경향이 있다.

카타르시스는 억압(리비도 철회)의 효과적인 해소 방식이다. 특히 카타르시스의 메커니즘은 나르시시즘적 투사와 승화가 결합하여 있다. 인간이 희-노-애-락의 감정을 다양하게 변주하면서 발산(카타르시스)할 수 있는 능력은 진화생물학의 결과이다. 따라서 감정은 위험과 불쾌를 해소하고 안정성을 찾고자 하는 방어기제에서 발달한 것이다.

한의학에서 말하는 汗法(한법)-吐法(토법)-下法(하법)-和法(화법)

은 인체 생리의 균형과 안정을 도모하고자 하는 처방인데, 이는 또 다른 카타르시스의 한 방편이다. 카타르시스를 통해 감정이 해소되고, 변화의 물꼬가 터지기 시작한다.

하지만 프로이트는 카타르시스를 통해, 고통스러운 감정을 허락하고 수용하면서 생체의 방출 능력이나 신경 화학적 복원력이 작동하기도 하지만(고통으로 막혀 있던 것을 '흘러가도록' 하는), 방출(철회-decathexis)만으로 진정한 변화가 유발되는 것은 아니라는 점도 분명히 한다.

일반적으로 프로이트 학파 학자들은 우울을 상실된 대상에 대해 리비도를 철회하지 않고 계속 집착하는 것에서 나타나는 현상으로 해석한다. 즉, 여전히 상실의 대상과 자아가 분리되지 않고 동일시되는 일종의 나르시시즘적 질병의 형태로 본다. 이는 상실이 일으키는 내면의 분노가 외부로 표출되지 않아 자아를 공격하고, 가학과 자학을 거쳐 결국 자애심의 급격한 훼손으로 이어진다고 보는 것이다. 그래서 프로이트 학파는 근본적으로 슬픔을 부정적으로 보고, 대상에 집중했던 에너지를 철회하는 것이 치료의 관건이라고 본다.

그들에 따르면, 비탄은 다음과 같은 특성이 있다: ① 상실과 대상과의 해체와 분리를 성취하는 일과 관련된 과업이다. ② 잃어버린 대상을 간직하고자 하는 욕망과 한때 사용 가능했던 대상을 더 이상 그럴 수 없다는 사실을 점점 더 인정하는 과정에서 나타나는 생리적 반응이다.

이런 재적응을 위한 과업은 매우 복합적이며, 많은 시간과 에너지가 소요된다. 궁극적으로 그 목적은 상실된 대상으로부터 리비도(폭넓게 보자면, 인간 에너지라고 이해되는)를 회수하여 새롭고 건강한 접촉을 위해 자아를 자유롭게 하는 것이다. "애도는 수행해야 할 정확한 정신적 과업을 가지고 있다. 그것의 기능은 산 자의 기억과 희망을 죽은 사람으로부터 분리하는 것이다."

그래서 이들이 주장하는 "정역학적(hydrostatic, 靜力學的)" 관점에서 보면, 슬픔(비탄)에 대한 제로섬(zero-sum)의 개념이 적용된다. 즉, 쏟아내야 할 눈물과 슬픔이 있다면 그것을 모두 쏟아부으면 이전의 상실 경험에서 온 슬픔을 더 이상 맞이할 필요가 없다고 주장한다.

따라서 흘려야 할 눈물과 슬픔이 있어 이를 억압하거나 회피, 도피, 연기, 저항하지 않는다면 그 슬픔은 정상적인 슬픔이 되어 자아의 성숙으로 이어진다. 반면, 슬픔을 억압하거나 도피, 연기시킨다면 그 슬픔은 우울증으로 변환된다고 본다.[26] 그런데 정말 프로이트는 그렇게 말한 것일까?

---

26) 프로이트에 따르면, 애도는 ① 상실한 대상과의 해체와 분리를 성취하는 일과 관련된 작업이며, ② 대상을 간직하고자 하는 욕망과 한때 사용할 수 있었던 대상을 더는 그럴 수 없다는 사실을 점점 더 인정하는 과정 둘 다를 반영하는 작업으로 본다. 여기에는 많은 시간과 에너지(리비도)가 들어간다. 즉 리비도(폭넓게 보자면, 인간 에너지라고 이해되는)를 상실된 대상으로부터 회수하여 새롭고 건강한 접촉을 위해 자아를 자유롭게 하는 것이다. 『Totem과 Taboo』(1912-1913/1961a, p.65)에서 프로이트가 쓴 것처럼, "애도는 수행해야 할 정확한 정신적 과업을 가지고 있다: 그것의 기능은 산 자의 기억과 희망을 죽은 자로부터 분리하는 것이다." 후대 프로이티안들은(예컨대, 발달심리학의 대표로 추앙받는 멜라니 클라인은 대표적인 초기 프로이트 이론의 후계자이다.) 상실된 대상으로부터 분리(detachment) 그 자체가 치료의 목적으로 본다. 그러나 란도(T. Rando)나 린드만(E. Lindemann)에 따르면, 슬픔은 ① 자신을 죽은 사람에의 속박으로부터 해방하고, ② 죽은 사람이 사라진 환경에 재적응하며, ③ 새로운 관계를 형성하려는 노력에 관련된다. 비탄의 경험에 관련된 격렬한 고통을 억압하거나 회피한다면 재적응을 방해하고, 복잡하게 만들 뿐만 아니라, 병적이고 건강하지 못한 형태의 비탄을 만들어 낸다고 하였다. Lindemann(1944), *Symptomatology and Management of Acute Grief.* American Journal of Psychiatry, 33, 673-683.

## II. 상실을 통한 정신의 역동성

상실을 통해 우리는 진정한 자신을 회복할 기회를 얻게 된다. 상실은 우리가 인간으로서의 본질을 되새기게 하고, 존재의 의미를 깊이 성찰하게 한다. 이런 점에서 상실은 치유와 밀접한 관련이 있다. 치유의 본질은 단순히 질병을 고치는 것이 아니라, 환자의 삶의 질과 존재 방식을 깊이 있게 다루는 것이다.

상실의 순간에 사람은 마음의 본질을 드러낸다. 모든 것이 무너지고 신마저 멀게 느껴질 때, 비로소 자기 실존이 드러나 바람에 깃발처럼 흔들린다. 습관적으로 쌓인 가식과 집착이 상실의 바람에 흩어질 때, 사람은 자신이 지닌 진실한 본성을 만날 수 있다. 이에 따라 상실은 영적인 성장을 위한 소중한 기회가 된다.

상실을 겪으면서 애도하는 과정은 고통 속에 있는 사람의 자각과 존재 방식, 그리고 죽음에 대한 자세에 더욱 집중하게 만든다. 이에 따라 우리는 내담자에게 다가가는 태도에 대해 깊이 성찰해야 한다. 내담자의 마음이 고요함을 유지하도록 돕는 것이 중요하다. 상실을 통해 삶의 의미를 깨닫게 하고, 생을 진정성 있게 마주하도록 하며, 그가 결코 혼자가 아님을 느끼게 함으로써 새로운 관계와 영적 성장을 이끌어야 한다.

삶은 문제의 연속이다. 문제는 인간이 가능성을 발견할 수 있는 통로이다. 누군가를 사랑하거나 친밀함을 경험한 사람은 그 대상을 잃었을 때 고통을 느끼게 된다. 이는 사랑의 대가이다. 사랑은 타인과 삶을 나누고 풍요롭게 만드는 것이다. 친밀함(attachment)은 인간의 근본적 필요를 채우며, 특별하고 지속적인 관계를 형성한다.

우리는 언제든 모든 것을 잃을 수 있다. 우리가 소중히 여기는 것들과 분리될 수 있으며, 사랑했던 모든 것이 멀어질 수 있다. 그러나 상실을 두려워하며 아무것도 가지지 않는다면, 우리는 진정한 삶을 살 수 없다. 사랑을 두려워하는 사람만이 슬픔을 피할 수 있다. 살아간다는 것은 때때로 사랑 때문에 연약해지고 슬퍼지는 일이다.

살면서 우리가 외롭고 아픈 것은 누군가를 사랑하기 때문이다. 누군가를 사랑할 수 있다는 것, 아파할 수 있다는 것, 외로워할 수 있다는 것은 오직 인간에게만 주어진 특별한 능력이다. 외롭고 아플 때 인간의 영혼은 더욱 깊이 울리며, 그 존재가 빛난다. "우리가 모두 떠난 뒤, 내 영혼이 당신 옆을 스치면, 설마라도 봄 나뭇가지 흔드는 바람이라고 생각지는 마."라고 노래한 마종기 시인의 '바람의 말'은 단순한 바람의 속삭임이 아니다. 이는 떠남과 상실 이후에 찾아오는 영성의 울림이다.

## III. 불안과 몸 지각의 지향성

프로이트의 진의를 파악한 사람은 하이데거이다. 하이데거는 불쾌와 위험으로부터 발생하는 불안을 '현-존재의 이해'[27], 즉 자기 자신으로 되돌아가는 가능성(자기 자신으로 존재할 가능성)으로 설정한다.[28]

---

27) 서양철학에서 '이해'의 개념은 복잡하고 지난한 역사가 있다. 단순히 타자를 이해하기 위한 개념으로 쓰이지 않는다. 이해는 인식론적 개념을 넘어 형이상학적 개념에서부터 시작한다. 플라톤의 『국가』에서 보면 이해(앎), 곧 에피스테메는 진리 인식을 말한다. 서양철학에서의 이해는 공동체나 습관에 의한 의식이 아니라 절대적 앎에서 비롯된다. 플라톤의 필레보스에서의 신적 지혜(앎)에서의 즐거움은 절대 선, 행복으로 설명된다. 하이데거에서의 이해 개념은 현-존재의 비본래성에서 본래성으로 나아가면서 발생하는 개념이다. 여기서 이해는 말로 설명되는 것이 아니다. 이해는 비본래성에서 본래성으로 나가며, 기호나 상징과 같은 언어를 뛰어넘는 해석학의 기초가 되는 개념을 의미한다.
28) 키르케고르는 불안정서의 시원을 아담과 하와의 죄성에서 기인한 것으로 본다. 그 죄성은 자기 정체성을 자각하지 못한 자연성으로부터 탈출하여 비로소 자신의 존재를 인식

이는 프로이트가 진정 말하고 싶었던 인간의 조건, 즉 억압을 "존재 자체가 자기 자신의 고유한 존재의 가능성"을 드러내는 계기로 이해한다.

하이데거에게 불안은 단순히 위험과 불쾌감을 피하려는 생물학적 몸부림이 아니다. 불안은 인간 실존의 가능성을 성찰하게 하는 '근본적 마음 상태(Grundbefindlichkeit)'이다. 불안은 일상에서 느끼는 소소한 마음 상태와는 다르며, 형이상학적인 전환의 순간에 현-존재에게 닥쳐오는 강렬한 감정이다.

이 불안은 한계상황에서 느끼는 심리적 파국과 비슷하다. 그동안 익숙하게 느껴지던 일상의 모든 것이 상실을 통해 '전혀 낯선 것(소외)'으로 다가온다. '소외'는 '낯섦'이며, 이러한 낯섦은 사물을 새로운 시각에서 바라보게 한다. 그 결과, 이전에 잊고 지냈던 사물의 본질을 다시 온전하게 직시할 수 있게 된다. 막다른 한계상황에 이르렀을 때, 삶은 우리를 낯선 곳으로 이끌며, 하이데거는 이러한 '소외'와 '낯섦'을 부정적 현상이 아닌, 자기 삶을 회복하는 순기능적 기술로 해석한다.

하이데거가 말하는 불안은 형이상학적 원리가 아니라 몸의 감각으로 구체화한다. 감각은 본질적으로 안정성을 지향한다. 외부 자극에 감각이 반응한다는 것은 이미 감각 속에 지각적 요소가 포함되어 있음을 전제한다. 지각은 몸의 안정성을 추구하며, 이에 따라 지각의 대상은 호·오(好·惡)와 쾌·불쾌(快·不快)로 나타난다. 정서와 감정은 모두 호·오와 쾌·불쾌라는 생리적 느낌에서 비롯된다. 하이데거가 언급한 불안은 곧 오(惡)와 불쾌의 감정을 의미한다. 하이데거와 메를로-퐁티(M. Merleau-Ponty)의 관점은 여기서 분기점을 보인다. 하이데거는 불안을 통해 인간이 인간일 가능성을 실존으로 표현하지만, 메를로-퐁티는 인간의 가능성을

한 인류 최초의 자기 인식의 사태로 규정한다. 그에게서 '죄'는 인간이 인간일 가능성으로서의 계기일 뿐이다.

형이상학적 차원이 아닌 구체적 실천을 통해 강조했다.

메를로-퐁티의 관점에서는 하이데거의 불안이 신체화로 귀결되지 않는 한, 그 불안은 뿌리 없는 신경증적 환각에 불과하다. 따라서 불안이 자기성으로 회복되려면 신체적 감각, 즉 체화의 과정을 반드시 거쳐야 하며, 이를 통해서만 실존적 건강을 되찾을 수 있다. 구체성이 없는 추상성은 공허하고, 추상성이 없는 구체성은 맹목적일 위험이 있다.

과연 정서와 감정은 형이상학적 실존과 구체적 실천성을 확보할 수 있는가? 하이데거의 불안 개념은 정서에 가깝고, 메를로-퐁티의 몸의 지각은 감정에 가깝다. 그렇다면 불안과 지각, 정서와 감정을 어떻게 통일시킬 수 있을까? 이제 집필자는 두 양자의 논리를 몸의 느낌(체화)으로 통일해서 보하고자 한다.

정서는 기본적으로 동기와 행위에 관한 것이며, 목표를 설정하고 개체가 행위 할 수 있도록 준비시키는 것이다. 반면 인지는 지식에 관한 것이며, 상황을 분석하고 행동을 결정하는 것이다. 정서는 인지에 앞서 작동하지만, 현대의 진화적 단계에서는 인지적 기능이 정서의 경험에 필수적으로 연관되어 있다. 정서는 본질적으로 무엇이 중요한지를 가르쳐주며 행위를 하도록 우리를 조직화한다. 따라서 정서는 어떤 형이상학적 직관보다도 더 '완벽한 이성'으로 규정할 수 있다. 물론 상황을 분석하고 우리의 자동적 평가나 걱정이 옳은지 혹은 수정할 필요가 있는지, 어떤 행위를 정확히 수행해야 하는지 계획하고 결정하는 데는 일반적인 사고와 이성이 필요하다.

신경과학에 따르면, 정서와 감정은 이성과 인지보다 **빠르다**. 외부 감각 때문에 뇌에 입력된 자극은 외부 세계의 사물이나 사건을 처리하는 신피질에 도달하기에 앞서 정서를 다루는 피질하 부위(편도체와 시상)에 먼저 도달한다. 이런 초반의 '인지적 혹은 인지에 앞서 일어나는 (precognitive)' 정서적 처리 과정은 매우 적응적일 수밖에 없다. 이는 복잡하고 시간이 소요되는 과정을 기다리거나 거칠 필요 없이 중요한 사건을 신속하게 처리하고 반응하기 때문이다. 인간의 뇌는 의식하기에 앞서 낯설거나 위험한 상황을 먼저 정서적으로 평가하고, 그다음에 인지가 낯선 것의 정체가 무엇이고 위험하지는 않은지 평가하여 어떤 행위를 해야 하는지 판단한다.

이런 관점에서 볼 때, 메를로-퐁티의 지각 개념은 자극-감각-지각-연합-종합-통합-행위로 관통한다. 지각은 사물의 속성(차이와 다름)을 구별해내는 능력이다. 지각의 기준은 안정성(중립·쾌락·항상성)이다. 지각은 체내의 안정성을 유지하기 위한 목적 지향성으로 일어난다. 현-존재는 현실을 살아가는 주체인 몸을 지니고 있다. 그리고 이 몸은 세계(사물, 대상)를 드러낸다. 따라서 몸이 세계(대상)에 지향한다는 것은 다른 것들과의 유기적 관계와 상호 작용 속에서 작동하고 있다는 의미이다.[29]

메를로-퐁티의 지각, 즉 신체적 느낌은 개별적 자기 동일성을 유지

---

[29] 후설에 의하면 지향성은 의식 그 자체를 넘어서 있는 무엇인가를 '겨냥한다(aim toward. 指向)'라거나 '지향한다(intends)'라는 의미에서의 지향 개념이다. 이는 한자의 지향(志向, 마음의 속에 목적을 품고 있음)과 혼동해서는 안 된다. 지향(志向)은 지향(指向)의 한 종류에 지나지 않는다. 오히려 지향성(intentionality)은 의식 그 자체의 고유성을 넘어서서 그 너머의 지평을 가리키는(초월하는) 포괄적 개념이다. 지향성은 활을 당겨서 과녁을 겨냥함을 지시하는 라틴어 intendere에서 유래한다. 좁은 의미에서 그들은 지향성을 '대상으로 향해 있음'으로 정의한다. 넓은 의미에서 지향성은 세계로 열려있음으로, 혹은 다른 것(타자성)으로 열려있으므로 정의한다. 어느 경우든 강조점은 의식이 자체에 갇혀 있다는 것을 부정하는 데에 있다. 대상을 향해 있는 경험은 우리가 무언가를 의식하는 경험이다. 우리의 의식은 항상 무언가를 지향하고 있다. 그 무언가는 우리 앞에 놓여 있는 대상이다. 이 대상은 항상 눈앞에만 있는 것이 아니라 우리의 내면도 또 다른 정신의식도 모두 대상이다. 의식의 구성은 대상 지향성으로 구성된다. 대상적 의식-타동사적 의식이 바로 감정이다. 그리고 즉자적 의식-자동사적 의식이 바로 정서이다.

하면서 세계로 열려있다. 그리고 자동사적 존재의 방식(정서, 분위기, 기억, 정동, 성향, 바라봄)에 따라 사물을 드러낸다. 이렇게 드러난 사물은 곧 그 사물을 인식하고 바라본 사람의 의식구성 작동 방식에 의해서 나타난 것이다.[30]

또한 신체의 내부지각은 외부 세계와 접촉하는 자신의 내부 장기, 즉 오장육부의 감각을 의미한다. 생리학적으로 말하면 이는 체성신경계가 지배하고 통제하는 사지의 근육·건·관절 등에 부수적인 내수용기(intro-receptor)에 의해 말단에서 중추로 전해지는 운동기관의 상태에 관한 내부감각이다. 생리학적으로 이것을 피부 표면감각(촉각·압각·온각·냉각·통각)의 저층에 위치하는 '심부감각'이라 부른다. 외계와 접하고 있는 피부감각의 바로 앞에는 이러한 체성계의 내부지각이 표출된다.

이 내부지각은 넓은 의미에서 자기 '의식'의 일부로 볼 수 있다. 예를 들어, 내가 탄 기차가 목적지에 도착하여 브레이크를 밟을 때, 나는 기차의 흔들림을 느끼며 자리에서 일어난다. 이 과정에서 바닥을 강하게 딛고 있는 다리 근육의 긴장 상태를 어디선가 의식하고 있다. 이러한 상황에서는 일반적으로 의식의 표층에서 외부 세계로 향하는 목표에 대한 지각과 그 목표가 지니는 의미를 사고적으로 판단하는 작용이 두드러지게 나타난다.

몸의 공간적 지각은 단순히 몸의 범위에 국한되지 않고 외부 환경의 사물로 확장된다. 예를 들어, 노트북 자판의 위치는 눈으로 확인할 때보다 실제로 자판을 두드릴 때 더 명확히 파악된다. 마찬가지로, 자동

---

[30] 후설은 이 관계를 지향성의 상관 관계적 구조라고 부른다. 이 두 극은 '노에마(noema, 주어짐 속의 대상)'와 '노에시스(noesis, 모종의 방식으로 대상을 지향하고 개시하는 심적 작용)'이다.

차를 운전할 때 기어, 브레이크, 핸들의 위치를 눈으로 확인하지 않으며, 자동차가 어떤 신호에 멈추고 출발해야 할지, 어떤 방향으로 어떤 속도로 움직여야 할지도 눈에만 의존하지 않는다. 이러한 과정에서 외부 교통상황과 차량의 부속들은 내 몸 전체를 통해 내 몸으로 통합되고, 동시에 내 몸의 공간감, 방향감, 가속도 등은 외부로 확장되어 사물들에 전이된다.

이렇게 몸의 지각은 결코 물리적이거나 객관적인 것에 머무는 것이 아니라, 오히려 몸스러운 것임을(신체적인 감각-corporelle) 알려준다. 그래서 메를로-퐁티는 우리는 공간 '속에' 있는 것이 아니라, 공간에 '거주한다'라거나 혹은 공간'으로 향해' 있다고 말한다. 이런 몸스러운 공간성은 우리의 현상 속에 근본적으로 열려있다.

메를로-퐁티는 이 내부지각에서 실존적인 신체의 존재 방식의 본질적 기반을 추구함과 더불어 그것을 외계 지각과 연속된 것으로 본다. 그는 자기 신체를 '보는 자(le voyant)'인 자신에게 '보이는 것(le visible)'으로 인식한다.[31] 물론, 보이는 것은 나의 신체만이 아니라 외부의 모든 사물도 포함된다. 다시 말해, 신체는 가장 가까운 보이는 것이지만, 보이는 것이라면 자기 신체와 외부 사물은 현상학적으로 동일

---

31) '보는 것'은 주체가 대상을 바라보는 것이다. 즉 주체가 어떤 의도와 목적을 가지고 대상을 바라보는 것이다. 이때 대상은 주체의 의도와 목적을 위한 수단과 도구로 전락 된다. 그러나 '보이는 것'은 주체의 의도와 목적이 탈색된 채, 대상이 제공하는 자극에 대해 어떤 인위적인 조작이나 강제함이 없이 있는 그대로(自然而然) 받아들여지는 것을 의미한다. 즉 주체가 해체되어 객체로 연결되는 것을 의미한다. 보는 것에서 보이는 것으로의 이행이 왜 치료적 기전이 되는가? ① 능동이 수동으로, ② 주체가 객체로, ③ 주체와 대상의 이분법적 분리가 하나로, ④ 주체가 객체에 의해 용해되며, ⑤ 내외의 경계가 없어진다. ⑥ 대상화가 즉자화로, 주체가 없어지고 대상과 연결, ⑦ 객체(타자성)는 자신의 실존적 삶으로 초대된다. ⑧ 주체성의 진정한 확립은 타자성(객체성)으로의 요청에서 확보된다. 메를로-퐁티의 용어로 설명하면, ⑨ 주체와 객체는 동시적 관계인 '주름'으로 잡혀 있는 존재이다. 실체인 동시에 연결된 존재이다.

한 지각적 명증성 속에서 나타난다.

보는 주체(대자존재 對自存在)와 보이는 객체(즉자존재 卽自存在)는 서로의 관계 맺음 속에 깊게 체화되어 있다. "만약 내가 손에 파이프를 쥐고 서 있다고 할 때, 내 손의 위치는 내 손이 내 팔뚝과 이루는 각도를 근거로 논리적으로 추론되는 것이 아니다. 다시 말하면, 내 팔뚝은 내 팔 전체와의 각도로, 내 팔은 내 몸통과의 각도로, 내 몸통은 땅바닥과 이루는 각도를 근거로 각기 그 위치가 추론되는 것이 아니라는 말이다. 나의 신체는 오래 훈습된 자동적인 습관의 기억으로 파이프가 어디에 있는가를 안다. 그리고 그것에 의해서 내 손과 내 몸이 어디에 있는가를 안다. 이는 마치 사막에 있는 원시인이 출발하고 난 뒤에 매 순간 걸어온 거리와 방향각을 상기하거나 합산하지 않고도 단번에 방향을 잡는 것과 같다. 내 몸에 적용되는 '여기'는 다른 위치들과의 관계나 외부의 좌표와의 관계 때문에 결정되는 위치를 지시하지 않는다. 내 몸의 '여기'는 최초의 좌표가 설립되는 곳이고, 몸이 그의 과업에 직면하여 맞이하는 상황이다."[32]

이것은 동시에 세계가 나의 신체를 중심으로 하여 원근법적으로 구성된 '전망(perspectivisme)'으로 다루어진다는 것을 의미한다. 이 경우, 메를로-퐁티에 따르면 나의 신체는 "자신의 주위에 대상을 모으는 것이다. 그들 대상은 이른바 신체 그 자체의 부속품이나 연장이며, 그 안에 인지화 되어 넓은 의미로 신체의 규정 일부를 이룬다."

즉, 신체에 있어서 자기가 객체적 존재 연관 중에 체화된 것을 역으로 객체적 존재 연관이 동시에 전체적으로 주체화된다는 양의성을 메를로-퐁티는 제시한다. 공간이란 그 안에 모든 사물이 배치되는 곳의

---

[32] 메를로-퐁티, 류의근 옮김, 『지각의 현상학』, pp. 116-117, 문학과 지성사(2015).

환경이 아니라, 신체에 의해, 신체의 연장과 확장을 위해 모든 사물이 의식적 상황으로서 배치된 것이다.[33]


## IV. 실존적 불안에서 체화로의 이행

 실존적 불안이 체화로 이행되는 과정을 구체적으로 설명하면 다음과 같다.

 1) 인간은 언어와 문자를 사용하는 동물이다. 문자와 언어를 사용한

---

33) 메를로-퐁티는 신체를 베르그송(H. Bergson)이 말하는 습관화된 '감각-운동기구'와 매우 유사한 '감각-운동회로(un circuit sensori-moteur)'라는 표현으로 설명한다. 더욱이 메를로-퐁티는 생리적 메커니즘으로서의 감각-운동회로(그의 다른 표현을 빌리면 현세적/現勢的)의 저변에 습관적 신체(le corps habituel)의 존재를 가정한다. 습관적 신체란 생리적 신체에 있어서 구심적-원심적인 감각- 운동적 메커니즘으로 신체의 가장 밑바닥에 살아있는 신체감각이다. 이 '습관적 신체'의 가정은 베르그송이 생리적인 감각-운동기구의 저면에 배치한 신체의 '운동적 도식'과 거의 같은 것이다. 메를로-퐁티는 현세적 신체의 저면에 있는 습관적 신체의 층에 신체적 도식(schéma corporel)이 작용하고 있다고 생각하고 있다. 신체적 도식(body schema)은 고유수용지각, 즉 공간에 있어서 신체의 위치감각을 말하는 것이다. 이는 생체 내부에 한정된 신체의 공간적 위치감각이다. 메를로-퐁티가 말하는 신체적 도식은 신체 작용이 외계 대상에 표출하는 잠재적 지향작용의 체계이며 생리학적인 '현세적 신체'의 저층에 잠재하고 있다. 메를로-퐁티가 베르그송에 비해 앞선 점은 그가 신체의 내부지각이 가지는 의미에 주목한 데 있다. 베르그송은 내부지각에 관하여 어느 정도 들고 있다. 그는 지각의 내용을 '이미지'로 보고 외계 지각이라는 이미지 바로 전에 내부로부터 감정에 의해 알려지는 '자기의식'의 이미지가 있는 것을 인정한다. 그는 이미지에 의해 외계 지각과 신체의 내부지각의 차이를 철폐한다. 이 이미지라는 개념은 당시 상당한 파문을 일으킨 것이나 베르그송이 이런 개념을 설정한 의도는 인식론상의 관념론과 실재론이 모두 다 외계 지각만 제기하고, 그것을 지각내용의 모든 것으로 착각하여 의식(뇌)의 판단 기능에 직접 관계시킨 방식을 비판하는데 있었다. 그러나 베르그송은 이와 같이 내부지각이 가지는 의미에 주목했음에도 불구하고 그 이상으로 진전시키려 하지 않았다. 특히 지각과 기억의 상호침투에 있어서도 그는 더욱 내부지각은 고려하지 않고 단순히 외계 지각만 문제 삼는다.

다는 것은 인과적 법칙에 따라 대상 사물(사건)을 이해한다. 따라서 내담자가 어떤 사건에 대해 말을 한다는 것은, 이미 내담자 주체가 대상 사건을 객관화해서 이해하고 분석한 것을 전제로 기술하는 것이다.

2) 따라서 인간은 인과적 이해에 대한 욕구가 있다. 인과적 이해가 차단되는 것도 억압 기제로 작동해서 외상성이 된다.

3) 말을 한다는 것은 곧, 자신의 이해를 바탕으로 한 것을 재구성한 것이다. 여기서

4) 재구성은 지금 관점에서 과거 사건에 대한 기억을 미래의 소망으로 투사한 것을 전제로 한 것이다.

5) 재구성(말을 한다는 것)에는 자아가 과거 경험의 부정적 요소(예컨대, 억압, 회피, 도피, 연기, 저항, 결핍, 상실, 불쾌 등)로부터 긍정적 요소(예컨대, 개방, 대면, 대처, 수용, 충족, 연합, 쾌감 등)로 이행하고자 하는 지향성이 이미 내함해 있음을 의미한다.

6) 말을 하는 것은 이미지나 유희적 관념이 체화되어 나가는 과정이다. 즉 구강구조의 울림을 통해 위로는 전전두엽으로 공명하고, 횡으로는 외간으로, 횡적 상향으로는 뇌하수체가 자극된다. 이 자극은 말을 하는 사람이 전전두엽의 자극으로 더욱 명석 판단하게 인지할 수 있도록 하는 동시에, 뇌간과 뇌하수체를 자극하여 이미지화된 관념이나 환상이 체화(시간과 공간 감각, 즉 외부와 내부지각과 감각을 활성화)되

는 과정이다. 따라서 말을 하는 행위는 소쉬르(F. Saussure)나 촘스키(A.N. Chomsky)가 이야기하는 랑그(langue)와 빠롤(parole)의 음성학이나 기호학으로 귀결될 수 없는 생명 본능의 문제이며 치료의 기전이다.[34]

7) 내담자는 말을 통해 막연한 이미지나 관념을 인과적 질서(문법적 어순의 배열)로 환원하여 이해한다. 이 과정을 통해 화자는 스스로 자기 생각과 사유의 패턴을 검열하고 바로 잡아간다.

8) 그래서 우리는 말을 하면서 저절로 깨달아지고 또 말을 하면서 그 길을 새롭게 내기도 한다. 말을 하는 것, 그것은 치료이다.

9) 말을 하는 것은 감정을 표현하는 것과 같다. 즉 내부에 잠재해 있던(억압해 있던) 감정을 발산하는 작용이 있다. 실컷 말하면 가슴이 시원해진다. 말을 한다는 것은 이미지(관념)의 신체화의 과정이다. 말해야 할 것이 있다면 모두 말해야 한다. 그때 비로소 찾아오는 후련함이 있다.

---

[34] 인지적 요소인 언어는 소리가 지닌 음향적 특성으로 인해 인간 체내의 기와 감응하게 된다. 급박한 소리는 체내의 거스르는 기가 감응하게 되고, 유장한 소리는 체내의 순한 기가 응하게 된다. 인간은 거스르는 기가 활성화되면 그의 행동은 사회적 가치에 대해 거역하는 방향으로 흐르게 되며 순한 기가 활발해지면 사회적 가치를 따르는 올바른 행동을 하게 된다. 그렇다면 소리의 음향적 공명은 어떻게 체내의 기에 영향을 미칠 수 있는가? 인간은 소리의 의미를 언어적이라기보다는 오히려 신체적으로 느낀다. 즉, 인간의 지각은 소리를 신체적 경험의 형태로 받아들인다. 이런 이유로 특정한 감정을 표현하는 언어를 들은 사람은 신체적이고 정서적으로 감동을 하는 것이다. 특히 중국 순자는 인간이 지속적인 음악적 자극을 통해 사회적 가치를 실현할 수 있는 감정들을 내재화하게 된다고 주장한다. 인간은 사회적 가치를 실현할 수 있는 감정들을 내재화함으로써 행동의 변화를 끌어내게 된다. 이렇게 외부 자극에 의한 소리나 사건(사태)이 직접 신체에 자극됨으로써 감정이 발생하게 되고, 그 감정은 철저히 신체를 통해서만 해결된다.

10) 이는 밖으로 나갔던 감정(체화되지 못하고 신체로부터 유리된 것=이미지=표상)이 신체로 돌아오게(체화) 하는 과정이다.

11) 체화는 내담자 자신이 '지금-여기'라는 구체적 현실성을 자각하는 출발이다. 이는 곧 지금-나라는 주체의 확인을 통해 외상의 사건을 인지할 수 있는 인식적 공간이 부여되며 그때 비로소 의식이 정상으로 돌아온다.[35]

12) 말을 할 때, 상대방으로부터 자신이 말한 것이 인정되거나 공감이 되면 그 말은 직접적인 감정표현 그 이상의 효과가 있다.

13) 말을 하는 것은 사태를 기술한다는 것이다. 사태를 기술할 때는 기술할 내용에 대해 일정한 거리를 두고 자신이 처한 상황을 주시하고 표현한다. 이때 내담자는 자기 동일시에서 벗어나 자신의 감정을 객관적으로 바라보고 제어할 수 있다.

14) 말을 할 때는 모두 어떤 사건에 이미지(기억)를 부여하여 상징화(기호화)한다. 이는 감정을 언어화할 때 비로소 새로운 의미와 통제감을 획득한다. 언어화는 감정을 다루는 손잡이와 같다. 우리는 언어를

---

[35] 체화의 과정 없이 생각이나 관념으로 머문다면 치료는 한계가 있다. 이는 감정과 직접 대면하지 못하고 억압하거나 회피의 또 다른 변용일 뿐이다. 이러한 변용은 외상을 해결할 수 없다. 이러한 변용은 일종의 해리(dissociation)일 뿐이다. 해리의 감정은 충격을 받은 일부 자아가 전체 자아 생존을 위한 희생양이 되어 영원히 멈춰진 상태로 일정한 심리 공간으로 보내진다. 그것은 봉쇄, 분리, 차단되어 침묵 속에 던져진다. 직접 대면(체화)하지 못한 감정은 트라우마가 된다. 해리된 부분은 해결되지도 탐색 되지도 않은 채, 늘 뒤에서 도사린다. 그러면 자아는 해리된 부분이 의식에 떠오르는 것을 저지하기 위해 많은 에너지를 소비한다.

통해 감정을 수정한다.

15) 감정을 언어적으로 상징화하면서 자신이 느끼는 감정이 어떤 것인지 알게 되고, 감정을 볼 수 있는 새로운 위치와 관점이 만들어진다. 그래서 언어는 새로운 의미의 생성을 촉진한다. 감정에 명칭이 부여되면서 감정으로부터 자신을 분리하고 강한 자기감이 촉진된다.

16) '내'가 '이것을' 느낀다고 말할 때, 이것은 나로부터 분리되어 존재한다. 그리고 이때 자기를 감정의 수동적인 희생자가 아닌 책임지는 '주체'로, 즉 체화된 자기(embodied self)로 경험하게 된다. 감정과 자기 간의 관계가 확립됨으로써 응집력과 주체성이 확보되는 것이다.

심화 2

# 실존 치료의 중심

<내용 요약>

이 글은 실존 치료와 상담에서 공감의 중요성을 다룬다. 질병과 병명은 고정된 실체가 아니며, 삶과의 유기적인 관계 속에서 발생하는 증후들이다. 야스퍼스는 의학이 철학적 관점에서 삶과 고통을 다루어야 한다고 강조하며, 질병을 단순한 신체적 문제로 보기보다 존재적 차원에서 이해해야 한다고 주장한다. 상담에서 공감은 내담자의 체험을 이해하고 감정적 반응을 통해 내담자가 자기 문제를 극복하도록 돕는 중요한 과정이다. 상담자는 도덕적 판단을 중지하고, 내담자와 대등한 관계에서 인격적 대화를 통해 내담자의 '존재 강화'를 지원해야 한다. 또한 질병은 몸의 증상만이 아니라 삶과 환경과의 관계 속에서 발생하며, 이를 이해하기 위해서는 현상학적 접근이 필요하다.

<핵심어>

실존 치료(Existential Therapy), 공감(Empathy),
존재론적 관점(Ontological Perspective),
신체적 문제(Physical Problem), 현상학(Phenomenology),
존재 강화 (Existential Empowerment)

<학습 목표>

- 실존 치료의 기본 이론과 원리를 이해하고 적용할 수 있다.
- 공감과 존재론적 관점을 활용하여 상담 내담자에게 적합한 치료 방법을 제시할 수 있다.
- 질병과 병명에 대한 이해를 바탕으로 존재론적 관점에서 신체적 문

제를 분석할 수 있다.
- 현상학적 접근을 통해 내담자의 경험을 존중하며 상담을 진행할 수 있다.
- 존재 강화의 개념을 통해 내담자가 스스로 삶의 의미를 발견하도록 돕는 방법을 습득할 수 있다.

### <적용 실천>

- 존재론적 상담 기법 활용: 상담 세션에서 내담자 삶의 의미와 목적을 탐구하고, 실존적 갈등을 해결하는 방법을 제시할 수 있다.
- 공감적 대화 기법: 내담자와의 대화에서 공감적 태도를 적용하여, 그들의 감정과 경험을 이해하고 반영하는 방법을 실천할 수 있다.
- 신체적 문제에 대한 접근: 존재론적 관점에서 내담자의 신체적 문제를 이해하고, 이를 상담 과정에 통합하여 다루는 실천이 가능하다.
- 현상학적 상담 기법: 내담자의 주관적인 경험을 존중하고, 그들이 경험한 현실을 바탕으로 상담을 진행하는 접근법을 실천할 수 있다.
- 삶의 의미 회복: 내담자가 삶의 의미를 발견하도록 돕고, 이를 통해 내담자의 자아실현을 지원하는 실천을 할 수 있다.

# 실존 치료의 중심

## I. 상담의 기술: 공감

의학에서의 질병이나 병명은 형이상학적 전통의 실체관에서 비롯된다. 그러나 질병은 몸이라는 신체에서 나타나며 몸은 삶을 살아가는 주체이며 외부 환경과 유기적인 소통을 통해서 생명을 이루어가는 생명체이다. 따라서 질병과 병명은 고정된 실체로 정할 수 없다.

야스퍼스는 철학은 단순히 개념적인 지식을 다루는 추상 학문이 아니라 현실과 삶의 고통 문제를 다루는 구체적인 철학으로서의 의학으로 다루어져야 한다고 말한다.[36] 그에 따르면 "삶이란 살아 있는 몸일 뿐만 아니라 매일 관계를 맺는 내적인 세계와 환경적 세계와 더불어 현존하는 것이다."[37] 우리 몸이 매일 관계를 맺는 세계란 슬픔과 기쁨, 권태와 희열, 의무와 책임, 투쟁과 고난, 탄생과 죽음이 함께 얽혀 있는 삶의 세계이다.[38]

---

36) 이 글에서 언급할 야스퍼스의 소위 '정신병리학적 현상학'은 후설의 철학적 현상학과 방법론적 차원에서뿐만 아니라 인간론적 차원에서도 공통점이 있다. 실존에 주목하는 현상학적 시선이 과학적으로 파악할 수 없는 인간존재의 고유성을 조명할 때, 그것을 '실존 정신현상학'이라 칭할 수 있을 것이다. 실존 정신현상학은 인간의 실존과 정신을 현상학적인 관점으로 탐구한다. 이때 현상학적 연구는 연구 대상이 되는 개인들이 무엇을 어떻게 경험했는지 경험한 그대로 기술한 후, 그들 경험이 지닌 공통성과 의미를 찾아내려 한다. 야스퍼스는 정신병리학 연구자로 출발해서 철학자가 되었다. 의대학생들이 수업에 사용할 수 있는 교재로 1913년에 초판이 나온 『정신병리학 총론(Allgemeine Psychopathologie)』에 야스퍼스는 소위 기술적 정신병리학의 체계와 개괄적인 내용을 담았다.(K. Jaspers, *Allgemeine Psychopathologie*, Berlin: Springer Verlag, 1913 1. Auflage, 4. Auflage, 1946.

37) Karl Jaspers, Was ist der Mensch?, Munchen, 2000. p. 304.

38) 삶은 세계, 존재, 우주, 시간, 천지, 기혈, 혼백, 음양의 상대적 극성을 함유한 관계이다. 世-世者時間之世紀也, 時間之世曰世間, 世間之事曰世事. 界-界者空間之限界也, 空間之界曰界間, 界間之物曰物界. '有', '存在'라는 말은 시공간의 연속체적 표현임을 알 수 있

지금까지 형이상학적 전통에 근거한 실체관에서 비롯된 병명의 규명을 통해 치료의 프로토콜이 정해진 치료 방법은 환자의 삶의 문제, 존재의 방식, 내적 고통의 관계, 삶의 소통 문제 등 환자의 생활사와 정서적인 문제, 그리고 삶과 질병을 바라보는 환자의 인식과 태도, 의미의 문제를 기피하고 물화적인 측면에서 치료의 강조를 둔 것이 사실이다.

공감은 상담 과정에서 대화의 원활한 소통과 이해를 위한 기본적인 토대를 제공한다. 공감대화는 궁극적으로 자기 초월을 통해 의미의 발견으로 나아가는 내담자의 자기 치유 과정이다. 이때 내담자에게 주어진 첫 과제는 자기를 벗어나 타자와의 관계를 통한 자기 설정이다. 이는 먼저 객관적으로 '자기 살피기'를 위한 자기초월적 반성에서 출발해 그런 자기를 타자와의 관계를 통해 재정립하는 과정으로 이어진다.

내담자가 자기 안에서 자기 문제를 인식하는 순간, 이미 자기 안에서 자기를 넘어서는 초월이 일어난다. 자기를 넘어 타자에게 다가서는 이 초월적 행위를 통해 내담자는 비로소 타자를 자기 문제의 중심으로 끌어들일 수 있게 된다. 공감은 대화를 이성 중심적 성찰보다 감정과 느낌이 개입하는 체험적 성찰이 되도록 돕는다. 즉, 이런 공감적 행위를 통해 사변적인 이성적 활동에서 벗어나 내담자를 직접 체험하고 느끼는 상담 실천의 면모를 갖추게 된다.

공감 대화는 '타인의 경험에 접근할 수 있게 만드는 중요한 요소'로서, 특히 상담에서 타인을 이해하는 데 핵심적 소임을 수행하는 훌륭한 도구이다. 내담자의 경험 세계는 단순한 지식으로 이루어진 정태적 세계가 아니라 고유한 '인격-중심'에서 느낌이 역동적으로 요동치는 체

---

다. 즉 시간상으로 생멸, 변화하면서 시간에 있는 현상을 '存'이라 하고, 공간적으로 생멸 변화하면서 공간에 있는 상태를 '在'라고 한다. 그래서 '有'라는 말은 '存'과 '在'의 이어짐의 합칭이다.

험의 현장이다. 그만큼 타인을 이해하는 데는 상대에게 직접 다가서는 지식 이상의 공감 능력이 요구된다.

타인의 체험을 이해하는 방식은 다양할 수 있다. 순수한 반성이 내담자의 체험과 느낌을 본질적으로 파악하기 위해 객관화하려는 시도라면, 공감은 일체의 '판단 중지'를 통해 내담자의 고유한 체험에 직접 참여하여 함께 느끼고 체험하는 감정적 이해 과정이다. 공감적 대화에서 상담자가 먼저 주의를 기울여야 할 점은 공감의 본질에 근거해 내담자가 자신의 체험과 느낌에 보다 솔직해질 수 있도록 내담자에게 적극적으로 반응하는 일이다.

공감은 상대의 체험과 느낌에 긍정적으로 반응하는 일에서부터 시작된다. 이를 위해 상담자가 먼저 취해야 할 태도는 내담자에 대해 일체의 판단을 중지하고 그의 이야기에 주의 깊게 경청하는 것이다. 상담자를 처음 찾아온 내담자의 대부분은 일반적으로 자신의 감정을 주체하지 못하는 경우가 많다. 내담자의 주체하지 못한 감정 상태는 한편으로는 내담자가 스스로 넘어서야 할 과제이지만, 다른 한편으로는 문제 해결을 위한 실마리를 제공하는 내담자의 고유한 실존적 체험이기도 하다.

슬픔과 분노, 두려움과 절망, 아픔과 고통 등 어두운 감정의 기저에는 내담자의 실존적 상황이 배경으로 자리 잡고 있으면서 내담자의 인격에 지대한 영향을 끼친다. 다양한 감정을 드러내는 내담자의 체험은 그 자체가 내담자의 실존적 상황을 대변하는 엄연한 현실이요 실재의 세계이다.

## II. 내담자 '존재 강화'의 문제

상담자는 어떤 도덕적 잣대를 갖고 내담자를 판단해서는 안 된다. 상담자는 자칫 우월한 지위에서 도덕적 잣대로 내담자를 판단하기 쉽다. 내담자는 자기 문제로 인해 심리적으로 불안하거나 공포를 느낄 수 있는데, 이런 심리적 상태에서는 내담자가 자기 주체성을 상실하고 수동적이거나 의존적으로 되기 쉽다. 이런 상태에서 상담자의 태도나 말은 내담자에게 권위적으로 다가올 수 있으므로, 상담자는 무엇보다도 이를 경계해야 한다.

상담의 궁극적 목적은 내담자가 자기 문제 해결에 있어서 주체적인 존재가 될 수 있도록 하는 것이기 때문이다. 인간이 주체적 존재가 되는 길은 우선 자기를 억압하는 불안, 공포, 두려움을 극복하고 사태를 직시하는 안목과 자기 자신에 대한 긍정에서 출발한다. 그리고 이런 과정은 상담자의 공감에서 비롯된다.

내담자는 단지 치료만 받아야 할 병자나 환자가 아니다. 오히려 인격적 관계를 통해서 새롭게 자기 자신을 정립해 가야 할, 상담자와 대등한 관계에 있는 고유한 인격체이다. 그런 만큼 상담자가 내담자에 대해 일체의 도덕적 가치 판단을 중지하고 내담자의 체험에 공감하는 일은 내담자의 '존재 강화'를 위해 매우 중요하다.

내담자의 '존재 강화'를 위한 첫 단계로서 내담자에 대한 공감은 감정적으로 동요되어 있는 내담자를 정서적으로 안정시키기 위해 매우 훌륭한 방법이다.[39]

---

39) 공감대화는 타인의 체험을 함께 느낌으로써 타인과 정서적으로 교감할 수 있게 도와주는 직접적인 도구이다. 내담자 문제의 핵심에 들어가 내담자 스스로가 자기 문제를 해결하도록 도움을 줄 수 있는 것도 대화이다. 그런데 왜 상담에서 이성적 추측이 아닌 감정

공감은 상담자에 대한 신뢰를 불러일으켜 내담자가 자유롭게 자기 자신을 개방하는 실마리가 될 뿐만 아니라, 내담자가 자신의 불안한 감정을 극복하고 이성적으로 판단할 수 있는 계기가 된다. 그러나 내담자가 자기의 인격적 고양을 통해 '존재 강화'를 할 수 있는 근본 계기는 인격에 상응한 행위를 통해서이다. 이에 기초한 공감적 대화를 우리는 '인격적 대화'라 부른다.

인격적 대화 안에서 상담자는 내담자와 특별한 관계 맺음을 갖게 되는데, 이 관계 맺음은 다름 아닌 상호 인격의 주고받음을 통해 인격의 변화가 수반되는 매우 역동적이며 개방적인 인격적 관계이다. 자기를 전적으로 투신하는 헌신을 통해 인간은 긍정적으로 변화될 수 있다.

'존재 강화'는 자기상의 확립, 자기지각의 증진, 의지력의 강화, 자기조절 및 자기통제와 더불어, 기질 변화를 위해 요구되는 마지막 사항인 '인지 체계'의 개선을 포함한다. 인지 체계는 밖으로부터 받아들이는 정보의 선택, 분석, 해석, 추론을 통하여 종합적으로 판단을 내리는 정보처리 과정의 소재지를 말한다. 인지 체계가 충분히 발달하지 못하면, '자기상'과 관련된 장기적인 목표를 수립하는 일이 불가능해질 뿐

---

적 느낌으로서의 공감이 중요한가? 또 감정이입(Einfühlung)보다 공감(Mitgefühl)이 되어야 하는 이유는 무엇인가? 내담자의 아픔과 고통에 주의를 기울여야만 하는 상담 영역에서 공감은 상담자와 내담자 사이의 긴밀한 교감을 위해 요구되는 필수적인 요소이다. 상담 과정에서 공감은 상담자와 내담자 사이의 상호 이해를 위한 단순한 교감의 차원을 넘어 상처받은 내담자의 마음을 효과적으로 치유하는 적극적 수단이 되기도 한다. 상담에서 공감의 이런 역할 수행이 가능한 것은 기본적으로 인간 마음의 치유가 공감처럼 인간을 긍정적으로 바라보고 이해하는 정서적 태도에 기인하고 있다는 사실 때문이기도 하지만, 무엇보다도 소외로 인해 고통받는 인간의 마음에 용기와 격려해 줄 수 있는 실질적인 힘의 원천이 바로 공감에 있기 때문이다. 오늘날 내담자가 겪고 있는 문제 중 대부분은 현대 사회에 만연된 소외 현상에 기인하는 것으로서 사람 간의 철저한 '감정적 단절'을 불러일으키는 공감의 부재에서 비롯된다고 해도 과언이 아닐 것이다. 심리상담 분야에서 공감의 역할을 강조한 대표적인 심리분석학자로서 로저스(Carl Rosers 1902~1987)와 코헛(Heinz Kohut 1913~1981) 등이 있다. 김영란, Rogers 및 Kohut가 정의하는 공감의 비교, 상담 및 심리치료, 제16권, 제4호, 한국심리학회, pp. 553~569 참조.

아니라, 나아가 기질로부터 연유하는 정서적 요동과 감각적 유혹에 효과적으로 대응하지 못하게 된다.

이상적인 목표를 수립하고 효과적인 전략을 산출할 수 있는 정보처리 능력이 취약하므로, 인지 체계를 개선하고 정보처리 능력을 증진하기 위해서는 사물(事物) 및 사리(事理)에 대한 이해력과 분석력, 그리고 해석력과 판단력의 계발이 종합적으로 요구된다.

인격 주체가 사물을 바라보는 관점과 사물에 대한 이해력을 증진하는 일, 즉 '인지 체계'의 개선이 필요하다. 사태를 (기질의 영향에 의해) 왜곡되게 바라보지 않고 투명하게 바라보려면 '널리 배우고(博學)', '깊이 있게 질문을 던지고(審問)', '신중하게 숙고하며(愼思)', '사태를 명확하게 판단하는(明辯)' 능력이 요구된다.

오늘날 심리치료의 한 분과인 인지치료(cognitive therapy 또는 logotherapy)에서는, 내담자의 왜곡된 정서를 유발하는 잘못된 인지 체계를 교정하기 위하여, 내담자와의 상담을 통해 그릇된 신념의 발견, 정보처리 과정에서 일어나는 오류의 수정, 그릇된 추론을 조장하는 핵심 신념의 수정, 합리적 추론 능력의 증진 등과 같은 치료기법을 도입한다.[40]

## III. 질병에 대한 실존적 접근

병은 몸이라는 자연에서 일어나는 증후이다. 이러한 증후, 증상, 성격을 실체관에 입각하여 명명한 것이 병명이다. 따라서 몸이라는 생명

---

40) Aaron T. Beck, Cognitive Therapy(New York: Penguin Books, 1979), pp. 213-225 참조.

과 생리의 자연현상을 바라보고 인식하는 해석의 방식은 이성 또는 언어의 측면에서 이루어진다. 모든 질병의 해석과 병명은 기호논리와 언어 해석에 기반한다.

어떻게 보면 오늘날의 모든 병명은 실재와 관계없이 인간의 윤리와 도덕, 규범이 반영된 언어에 기초한 인식관의 해석일 뿐일지 모른다. 과학자가 자연에 물음을 던지고 실험이나 관찰을 통해 어떤 대답을 얻었을 때, 그렇게 해서 얻은 대답의 타당성을 결정하는 것은 바로 자기 자신이다. 실험이나 관찰의 결과들을 수용 또는 거부하기 위해 사용하는 기준을 선택하는 것도 과학자 본인이다.

관찰자 본인이 타당하다고 받아들이는 것의 타당성을 결정하는 사람이 또 자기 자신이라는 사실을 인지할 때, 모든 개념 규정과 병명은 언어의 한계를 벗어날 수 없다는 것을 알 수 있다. 이는 질병에 대한 우리의 이해와 접근 방식이 언어와 인식의 틀에 의해 제한될 수 있음을 시사한다.[41]

언어를 통해 어떤 개념적 인식을 하느냐에 따라 그 인식하는 틀이 달라진다. 예를 들면 질병(disease)과 병환(illness)의 개념을 살펴볼 때, 질병은 병이 주체이고 사람이 객체인 질병 중심의 의학을 말하고, 반면 병환은 인간이 주체가 되고 병은 이해와 해석의 대상이 된다. 병환을 통해 그 주체자인 사람은 자기 삶을 돌아보고, 반성하고 회복해 나가는 '앎'과 '깨달음'의 과정을 겪으며, 이것이 바로 인간중심의 의학이다.

---

41) 언어의 실재와 비 실재를 논한 문구로 우리는 장자의 '得意忘象'이나 노자의 '道可道 非常道'라는 문장에서 그 의미를 찾아볼 수 있다. "道를 道라고 말하면 그것은 常道가 아니다." 이것은 분명히 인식론적 명제이며 이 명제가 현상적 일원론의 범위를 벗어나지 않는 중국 문명의 틀 속에서 발견되는데 언어를 바라보고 인식하는 다음의 두 가능성으로 요약될 수 있다. 첫째, 可道之道는 인간의 언표를 빌린 개념적 세계이며, 常道는 항상 그러한 존재의 실상을 말하는 것이라 할 때, 可道之道가 常道를 나타내지 못한다는 판단은 곧 언어와 논리 세계의 불신을 뜻한다.

여기서 병을 앓는 사람이 경험하는 것은 '아픔'이다. 아픔은 우리 몸을 구성하고 있는 신체들과 밀접한 관계가 있으며, 이 신체, 몸은 '아픔'을 통해 무너진 우리의 본성이나 삶, 또는 인간관계를 회복하고자 하는 몸의 지혜를 보여준다.

따라서 어떤 사람이 병을 앓고 있다고 할 때, 어원적인 의미에서 보면 그가 지금 삶을 앓고 있다고 말할 수 있다. 이처럼 앓음의 대상은 신체에 국한된 것이 아니라 삶과 인생, 인간관계, 환경 관계 등의 모든 분야에 걸쳐 있다. 이는 인간의 존재가 환경과 유기적인 관계를 맺고 있기 때문이다.

그렇다면 우리는 왜 질병을 육체적인 것에 한정을 짓고 객관적이고 고립적 실체로 보는가? 여기에는 언어기호 학적인 과학적 논리와 수학적 법칙이라는 물리학적 이성이 자리하고 있다. 아픔을 단지 인체의 신경계가 물리적, 화학적 자극을 전기신호로 받아들여 뇌에 전달하는 하나의 회로에 불과한 것으로 인식하기 때문이다.

따라서 '앓음(지각, 깨달음, 본성 자각, 삶의 성찰)'은 아픔(통증)으로, 그리고 아픔은 다시 전기적인 신호로 환원되고 삶을 앓는 인간은 실종된다. 삶의 유기적 관계의 실종에서 비롯되는 '앓음'은 차가운 유리와 금속성 기구가 즐비한 실험실로 이동하게 된다. 진실은 병환을 앓고 있는 인간이 아닌 실험실에서 나온다고 여겨지며, 이렇게 실험실에서 관찰된 지식은 신체에만 적용되는 것이 되었다.

이러한 단선적인 의학에서 인간의 아픔과 병환은 자리할 곳이 없어졌다. 질병을 통해 깨닫고 이해되고 의미 되는 생명의 전관적(全觀的)이고도 유기적인 통찰은 실종되고, 그 자리를 객관화된 과학적 논리와 법

칙, 그리고 실험실의 기호학들이 대신 차지하게 되었다.[42]

질병을 전관적인 인간 이해의 관점에서 보고자 한 야스퍼스는 인간을 '사례'나 분석 대상이 아닌 전체로서의 인간으로 보고자 했다. 그에게 있어서 환자는 사례로서 다루어질 수 있는 대상이 아니라, 이해의 대상이다. 환자가 의사에게 있어서 이해의 대상이라는 것은 의사에게 단순한 과학기술자의 역할을 넘어서서 해석학적 이해의 과정을 완수하라는 책임을 지운다.

야스퍼스는 존재의 전체에 관한 인식과 지식이 없이는 몸을 치료하는 것이 불가능하다고 보았다. 이는 존재란 전체, 즉 홀레 우시아(hole ousia)이기 때문이다. 홀레 우시아는 '정정하고 건강한 존재' 또는 '통합적이고 유기적인 관계'라는 의미를 내포한다.[43]

---

[42] 아리스토텔레스에게 있어서 '몸과 영혼'에서 몸은 하나의 질료인, 동력인이며 영혼은 목적인, 형상인 이기도 하다. 그리고 이 둘은 서로 떨어져 있는 관계가 아니라 하나로 연결된 관계이다. 그에게 있어서 몸을 경험하지 않았다면 영혼의 존재에 대한 물음이나 영혼에 관한 말들이 생겨날 수 없었으며 그리고 영혼이란 신체의 살아있음 이외에 아무것도 아니었다. 아리스토텔레스가 말하는 '엔텔레케이아(entelecheia, 목적)'는 몸의 충만한 상태를 말하며 살아 있는 존재의 충분한 완성과 실현을 표현한 것으로 이 단어를 썼다. 즉 '엔텔레케이아'라는 목적인은 몸이라는 질료인을 벗어날 수 없으며 이 두 양자는 불가분의 관계임을 알 수 있다. 영혼은 몸의 가장 충만한 상태로 이끌며, 몸은 영혼을 실어서 구체적인 역동작용을 실현하는 구현체로서의 역할을 한다. 그리고 몸이 더 이상 질료인, 혹은 동력인으로 작용을 못 할 때, 영혼은 새로운 동력인을 찾아 나서는 것이며 이를 죽음의 현상으로 보고 있다. 따라서 죽음은 더 높은 영적 성장과 새로운 개체의 진화를 위한 과정으로 해석할 수 있을 것이다.

[43] 플라톤의 『파이돈』에서 소크라테스는 젊은 동료들에게 다음과 같이 말한다. "우리가 전체에 대해, 즉 자연의 홀론(holon)에 대해 이미 어떤 것을 알고 있지 않는 한 인간의 영혼이나 심지어 인간의 신체에 대해 아무것도 알 수 없다." 그리스어의 'holon'은 특별한 울림이 있다. 이 단어는 전체나 총체를 의미하는 이상의 뜻을 칭하는 것으로 완전하고 손상되지 않은 의미, 건전하고 건강하다는 뜻을 내함하고 있다. 현대영어 healing은 바로 holon에서 나왔는데 이는 건강과 전체, 신성 그리고 구원이라는 의미가 함께 포함되어 있다. 즉 건강이란 몸, 마음, 영혼이 어우러진 전체성을 말하며, 질병이란 부분 부분으로 나눠지고 분리된 것을 의미하였다. 건강(health) 이란 단어는 전체성(wholeness)을 의미하고 wholeness라는 음운은 holiness와 동일한 음성적 음운을 가지고 있어 신성을 의미하기도 하였다.

야스퍼스의 실존 정신의학의 계보는 니체와 키르케고르, 브렌타노(F. Brentano), 후설과 하이데거로 이어진다. 그는 죽음 앞의 한계상황에 직면하며 선택하고, 결단하고, 저항하는 실존적 삶의 태도를 견지하며 끊임없이 자기 존재의 온전함을 향해 변신하였다. 특히 『정신병리학 총론(Allgemeine Psychopathologie)』을 쓰던 당시에는 하이데거와 교류하며 실존적인 사유를 성숙시켰다.

인간은 '실존'하는 유일한 존재이다. 실존이란 단순히 존재함을 의미하는 것이 아니라, '자신의 존재를 문제 삼는 태도'를 가리킨다. 동물은 자신의 존재를 문제 삼거나 의문을 제기하지 않는다. 오직 인간만이 실로 실존한다.

이런 맥락에서 보았을 때, 야스퍼스는 과학적으로 평가할 수 없는 환자들 개개인의 고유한 존재인 실존을 현상학적인 시선으로 주목한다. 그는 실존 철학적인 내용을 명시함으로써 의사의 선입관이나 이론적 지식을 배제하고 각 개인이 자신의 실제로 체험한 것을 조명할 때 실존 현상의 실재들이 비로소 밝혀진다고 보았다. 야스퍼스는 다음과 같이 말한다.

> "따라서 어느 때이건 작용할 수 있는 우리 내부의 이론적 선입견을 제거하는 것을 배우는 것, 그리고 순수하게 있는 그대로의 모습(현상)을 바라보는 연습을 하는 것이 항상 우리들의 과제라고 할 수 있다. 그러나 '모든 사실(현상) 속에는 이미 이론(진리성)이 있다'라는 것을 의식하는 것이 필요하다. 이렇게 할 때, 우리는 현실을 보는 법을 배우면서 동시에 현실이 더 이상 현실이 아닌 현실 너머의 진실성을 찾을 수 있으며, 또한 그 어디에서도 그것이 또 온전한 진리 그 자체도 아님을 배우게 된

다."[44]

사람은 사태를 사태 그대로 바라보지 않는다. 늘 자신이 바라보고 싶은 것으로 바라보고 듣고 싶은 것으로 듣는다. 즉 자신이 경험한 과거의 체험과 기억으로 현재의 사태를 재구성한다. 이 재구성은 자신에게서 결핍된 그 무엇을 복구하고 재적응하기 위한 장치로서 큰 장점이 있기도 하지만, 또 때로는 외부 사태를 왜곡해서 바라보는 단점도 있다. 특히 의사가 환자의 증상을 해석하고자 할 때는 무엇보다도 있는 그대로 바라보는 현상학적 이해가 요청된다.

치료는 환자의 체험과 느낌에 긍정적으로 반응하는 일에서부터 시작된다. 이를 위해 의사가 먼저 취해야 할 태도는 내담자에 대해 일체의 판단을 중지하고 그의 이야기에 주의 깊게 있는 그대로 경청하는 일이다.[45] 슬픔과 분노, 두려움과 절망, 아픔과 고통 등 어두운 감정의 기저에는 내담자의 실존적 상황이 배경으로 자리 잡고 있으면서 내담자의 인격에 지대한 영향을 끼친다. 다양한 감정을 드러내는 내담자의 체험(현상)은 그 자체가 내담자의 실존적 상황을 대변하는 엄연한 현실이

---

44) 『총론』, p.59.
45) 판단 중지는 세계로 향한 우리의 시선을 우리 자신/주관/자아로 향하게 한다. 판단 중지는, 세계의 존재를 세계의 '현상'으로, 나아가 세계에 관계하는 의식의 활동 영역(의식 현상)으로 전환한다. 후설은 판단중지를 통해 드러난 의식 현상의 본질을 다름 아닌 의식의 지향성에서 찾고 있으며, 지향적 의식에 대한 지향적 분석을 수행하고자 한다. 인간이 사용하는 언어의 의미는 경험적인 것으로 바꾸어 설명할 수 없다. 거꾸로, 의미를 구성하는 마음 작용이 있으면, 의미는 마음 작용으로 소급시켜서 설명할 수 있지만, 이 마음 작용을 의미로 소급시켜서 설명할 수는 없다. 거꾸로 마음 작용을 사실적인 것으로 소급시켜서 설명할 수도 없다. 마음을 설명하는 다양한 논리가 있을 수 있지만, 후설이 보기에 우리의 마음의 조건은 기존의 인식론적 구도나 형이상학적 구도로는 설명될 수 없다. 후설의 의도는 기존의 인식론자도 형이상학자도 보지 못했던 의식의 한 지평을 설명하는 것이며 이를 드러내는 방법이 판단 중지다. 판단 중지를 통해 우리는 '선험적 영역에 이르는 길'을 밟게 된다.

요 실재의 세계이다.

"우리는 환자에게 실제로 일어나는 것, 그가 체험하는 것, 그의 의식 속에 무언가 주어진 것, 그의 기분을 생생하게 묘사한 것을 통해 있는 그대로 바라봤을 때, 그가 체험한 것이 무엇과 연관되어 있는지, 그리고 그가 한 말이 사실이 아니라 덧붙여서 만든 것이라는 것과 또 그가 말해지는 것이 그의 기본 성향이나 과거 기억의 재구성 때문에 말해진다는 것, 그리고 이러한 모든 것들이 체험자의 추측과 상상에 의해서 행해졌다는 것을 알아챌 수 있게 된다. 따라서 환자가 말하는 실제의 의식 속에서 구성되는 것만이 생생하게 그려져야 하고, 실제로 의식 속에 주어지지 않는 것은 모두 존재하지 않는 것이다. 따라서 지금까지 우리가 훈습하고 물려받은 온갖 과학적 이론과 심리학적 구조에 의해 평가하고 해석한 것들을 무시하고, 환자의 현실적인 존재에서 이해하고, 구분하며, 묘사할 수 있는 것에 순수하게 관심을 기울여야 한다. 이는 참으로 어려운 과제이다. 이처럼 사물을 있는 그대로 바라볼 수 있는 것은 처음부터 그렇게 할 수 있는 것이 아니라, 치열한 비판적 작업과 잦은 실패를 겪고서야 비로소 힘겹게 얻을 수 있는 것이다. 어릴 적 사물을 처음 그릴 때 보이는 대로가 아니라 생각하는 대로 그리듯이, 정신병리학자인 우리도 정신에 대해 우리의 의견을 가지는 단계를 지나 점진적으로 정신적인 것을 있는 그대로 선입견 없이 직접적으로 파악하는 단계로 들어서게 된다. 개별사례로 깊이 들어가 보면, 그것이 단지 개별적 사물의 특성으로 독립된 것이 아니라, 다른 사물들과의 연관 관계 속에서 발생했다는 보편성을 발견할 수 있다. 이는 한 번 발견하게 되면 금방 다른 모든 것들도 그렇다는 것을 발견하게 된다. 현상학에서는 수많은 사례를 쌓는 것이 아니라 개별사례들을 되도록 철저히 내적으로 살펴보는 것이 중요하다. 왜냐하면 개별사례에 이미 진리가 숨겨져 있기 때문이다."[46]

---

46) 『총론』, p. 131.

현상학의 제1 원리는 사물을 있는 그대로 바라보는 것에 있다. 그러나 우리는 사물을 바라보는 것에 있어서 늘 주관적인 체험과 기억에서 벗어날 수 없다. 야스퍼스는 프로이트의 정신분석이 정신적 삶에 대한 '인과적 설명'과 '성욕 결정론'에 있다고 비판한다. 이는 인간의 다양한 가능성과 개방성을 무시하고 인과적 설명과 결정론으로 심적 기제를 단순화시켰다는 점을 비판한 것이다. 따라서 그는 실험심리학의 환원주의적 사고와 결정론적 인간학적 구상을 극복하고, 인과적 설명에 기초를 둔 설명심리학 대신 인간 존재의 의미 지향적 이해로부터 출발하는 이해심리학이 필요함을 강조한다. 인과적 해석 체계는 인간의 자유의지가 애초부터 생략되어 있다. 자유의지의 가능성을 이미 결정론적 인과 설명으로 환원 해석함으로써 상담자는 사건에 합리적이고 예측할 수 있게 개입할 수 있다고 생각하였다. 이는 엄밀히 말하면, 인간의 가능성(자유)을 결정론적 질료화로 귀결시키는 인식이다.[47)]

모든 이해는 편견으로부터 시작된다. 편견은 이해로 가는 지평(horizon of understanding)이다. 인간의 세계 이해가 모두 일정한 역사적 지평 위에서 가능한 것이기 때문에 선입견으로부터 완전히 자유로운 이해란 있을 수 없다. "선입견이 없는 이해는 없다.", "모든 이해는 선입견(언어)을 통해 이루어진다." 이렇게 선입견을 강조함으로써 우리가 얻을 수 있는 결과는 일차적으로 근대이성주의의 독단을 경계할 수 있다는 점이다. 그리고 자신의 이해가 자신의 선입견에 바탕을 두고 있다는 것을 인정함으로써 우리는 좀 더 유연한 태도를 보일 수 있고 다양한 의견에 귀를 기울일 수 있는 태도를 보일 수 있다.

---

47) 인간에 대한 철학적 성찰, 즉 초월을 통해 본래 자기를 찾을 수 있는 길이 프로이트에게는 막혀있다. 정신분석의 실습 역시 내면적 자기 통찰이나 자기화의 실존 과정, 내적 자유를 보여줄 수 없다. 정신분석을 극복하는 길은 사유하는 인간 그 자체에 속하는 철학의 공간 안에 있다.

이해로서의 현상학은 인간 회복의 가능성을 실험심리학의 폐쇄적 구조가 아닌, 인접 학문의 경계를 허물고 열린 가능성으로서의 인식을 확장하고자 하는 융·복합 학문을 지향한다. 이제 실존 정신의학은 다시 인간학(Anthropology)으로 귀결되어야 한다.

현상학적인 방법을 이해하기 위해서는 현상학적 시선이 각자 인간 존재에 주목하여 인간존재 고유의 특성을 밝히는데 어떻게 적용되는지를 살펴봐야 한다. 실존에 주목하는 현상학적 시선이 과학적으로 파악할 수 없는 인간존재의 고유성을 조명할 때, 그것을 '실존현상학'이라 칭할 수 있을 것이다. 실존현상학은 인간의 실존을 현상학적인 관점으로 탐구한다. 이때 현상학적 연구는 연구 대상이 되는 개인들이 무엇을 어떻게 경험했는지 경험한 그대로 기술한 후, 그들 경험이 지닌 공통성과 의미를 찾아내야 한다.

## 심화 3
## 상흔의 현상학적 해석

**<내용 요약>**

후설은 의식을 독립적인 실체로 보지 않고, 사물의 현상 속에서 드러나는 것으로 이해한다. 의식은 외부 자극을 받아들이고 이를 감각적으로 지각한 후, 감각을 연합하고 종합하여 행동으로 이어진다. 이 과정에서 의식과 사물은 유기적인 관계를 형성하며, 현상 세계는 의식과 사물의 상호작용 결과로 나타난다. 또한, 후설은 의식의 지향성, 즉 의식이 항상 무엇인가를 지향한다는 특징을 강조하며, 이는 기억과 감정의 관계에서 중요한 역할을 한다. 기억은 의식의 연속적인 변형 과정에서 중요한 기능을 하며, 감각 기억과 추억, 회상 등의 형태로 나타난다. 현상학을 통해 의식의 활동성과 구성이 사물과 어떻게 관계 맺고, 그 관계 속에서 감정과 기억이 어떻게 작용하는지를 더 명확히 이해할 수 있다.

**<핵심어>**

의식(Consciousness), 현상학(Phenomenology), 감각(Sensation),
기억 (Memory), 지향성(Intentionality), 자극(Stimulus),
연합과 종합(Association and Synthesis)

**<학습 목표>**
- 후설의 현상학적 관점에서 의식과 사물의 관계를 이해할 수 있다.
- 의식의 지향성과 감각, 기억, 감정의 상호작용을 설명할 수 있다.
- 의식의 지속적인 변형 과정에서 기억이 어떤 역할을 하는지 이해할 수 있다.
- 현상학적 접근을 통해 의식의 작동 방식을 구체적으로 설명할 수 있다.

- 감각과 기억이 의식의 활동성과 구성에서 어떻게 작용하는지 설명할 수 있다.

<적용 실천>
- 의식의 지향성과 감각을 통한 교사와 학습자의 상호작용 개선에 활용할 수 있다.
- 감각과 기억의 연관성을 고려하여 학습자의 의식이 어떻게 구성되는지 그 전략을 개발할 수 있다.
- 의식 작동 방식에 대한 이해를 바탕으로 효과적인 상담 기법을 적용할 수 있다.
- 후설의 현상학적 관점을 활용하여 학생들의 학습 경험을 분석하고 개선할 수 있다.
- 감각적 경험과 기억을 연결하여 종합적인 학습 활동을 계획하고 실행할 수 있다.

# 상흔의 현상학적 해석

### 끌림과 당김

황혼, 서녘 바람에
붉은 장미가 떨어졌다.
빈 가지에 어둠이 흔들린다.
떨어져 나간 자리에는 체온이 잠시 남아있다
이내 아무 일이 없었던 것처럼 주변이 고요해진다.

근데 거기, 그 자리에 아무것도 없는 것일까?
비운 자리, 여전히 초록 상흔으로 어룽진다.

함께 내려온 장미들, 서로 이마를 맞대고 마지막 온기를 나누고 있다.
땅이 장미를 아래로 당기고, 장미가 이끌려 땅이 된 것이다
끌림과 당김, 서로가 서로에게로 초대한 거다
결코 아무것도 없는 게 아니다.
장미가 잠시 자리를 비운 것은 그냥 비운 것이 아니다.

누군가에게로 이끌려 다가간다는 것,
이것만큼 황홀하고,
자신이 비로소 있음을 느끼는 유일한 방식도 없다.
누군가에게로 갈 때는 항상 머문 자리를 비워야 한다.
그러니 장미가 떨어지는 것은, 누군가에게로 가는 길이며
머문 자리를 비우는 용기다.

- 임 병식, 상흔에서 성흔으로

## II. 들어가는 말

후설 현상학의 핵심은 의식과 의식이 만들어 낸 사물 세계와 관계를 연구하는 학문이라고 해도 과언이 아니다. 즉 사물은 의식이 만들어 낸 구성물이다. 마찬가지로 의식은 독립된 실체가 아니라, 환경과 사물의 현상에서 소여된 것이다. 따라서 의식과 사물 세계는 분리된 것이 아니라 서로 작용하는 관계이다. 따라서 현상 세계는 의식과 사물의 작용 결과로 볼 수 있다.

예를 들어,「내가 지금 책상을 만져보고(감각) 그 질감이 어떤지를 느끼며(지각), 다른 사물 속성과의 차이와 다름을 구분하고(연합) 나무의 질감을 판단(종합)해서 어떤 모양으로 리모델링할 것인가를 생각하고(통합) 작업을 한다(행위).」라고 가정해 보자. 하나의 현상, 즉 눈에 보이는 어떤 한 사람의 행위가 나타나기까지 의식에서는 여러 단계의 의식 변형이 일어난다. 이들의 순서는「자극-감각-지각-연합-종합-통합-행위」로 이루어진다. 거기에는 뇌(대뇌와 간뇌)의 작동 원리에 의해 이루어진다. 이를 개별적으로 나누어서 설명해 보자.

자극 → 감각 → 지각 → 연합 → 종합 → 통합 → 행위 : 귀납적 인식

행위 → 통합 → 종합 → 연합 → 지각 → 감각 → 자극 : 현상학(연역)적 인식

**자극**: 외부 자극과 내부 자극, 즉 자극에는 시간감과 공간감이 있다. 시간감은 파동과 리듬, 잔상, 과거(기억)-현재(느낌, 감각)-미래(예감, 예기), 공간감은 깊이와 넓이와 높이와 낮음, 상하좌우, 위치감각을 의

미한다. 울림은 시간감과 공간감을 동시에 지닌 전형적인 속성이다.

**감각**: 대체로 자극의 요소는, 색-소리-냄새-맛-촉각이다. 이 자극을 받아들이는 감각기관은 안-이-비-설-신, 오감(오온)이다. 오감은 자아의식을 구성하는 요소이다. 자아란 결국 외부, 내부감각으로 구성된 의식이다. 오감이 지향하는 것은 쾌와 불쾌의 중립이다. 억압과 콤플렉스는 감각이 주는 불쾌를 쾌로 전환하는 능력의 표현이다. 원시 감각은 온도와 냄새와 소리의 차이와 다름을 분별하는 능력이다. 차이와 다름을 구분한다는 것은 이전의 경험에 비추어서(선-후 경험에 의한 기억을 토대로 현재 경험되고 있는 것을 비교, 이것과 저것의 차이를 구분, 분석, 해석해서 판단하고 결정한다. 따라서 인지주의자들은 감각에 이미 지각 능력이 있음을 인정한다) 판단한다.

**지각**: 사물의 속성(차이와 다름)을 구별해내는 능력이다. 지각의 기준은 안정성(중립·쾌락·항상성)이다. 지각은 체내의 안정성을 유지하기 위한 목적으로 지각운동이 나타난다.

**연합**: 지각은 인접한 신경(언어)과 사물들과의 관계망을 통해(연합)서 지각된다. 자신의 체계만으로 외부 자극을 분별할 수 있는 능력이 없다. 모든 지각 능력은 반드시 인접한 신경과 언어체계와 사물 관계망의 연합에서 주어진다(烘雲托月法). 1차 지각 능력인 신경의 정보 능력은 신경 그 자체의 감수 능력에서 주어지는 것이 아니라, 연합되어 있는 다른 신경과의 소통(연대, 비교, 연역, 추측, 종합)에서 주어진다.

**종합:** 종합은 자아의식이 주어졌을 때 가능하다. 이는 마치 유식에서 말하는 육식(마나스-자아의식, 주체)과 동일한 의식을 말한다. 이때 주체는 자기 동일성(항상성-항온성)을 계속 유지하는 것을 목표로, 분리된 대상(객체)을 자기 동일성 안으로 적응되도록 판단하고 비교하고 강요하는 것을 말한다.

**통합:** 통합의 주체도 자아이다. 종합과 다른 점은 통합은 자기성이 타자와 수평적 관점에서 연대하고 참여함을 의미한다. 통합은 현상학이 말하는 '현존의 실재'를 나타내는 것을 말한다. 생명은 통합을 지향한다. 그리고 통합에서 생의가 발현한다. 이는 마치 화엄경의 이사무애법계(理事無礙法界, 본체와 현상은 둘이 아니라 하나이며, 서로 걸림 없는 관계 속에서 의존하고 있으므로 모든 존재는 평등 속에서 차별을 보이고, 차별 속에서 평등을 나타내고 있다는 화엄학의 관점)와 같다.

**행위:** 행위는 지향성이다. 지향은 본래 상태(제자리)로 돌아가는 것이다. 돌아가기 위해서는 누군가에게 작용을 미쳐야 한다. 즉 행위에는 반드시 상대가 있어야 한다. 그러니까 제자리로 돌아가기 위해서는 반드시 상대가 있어야 한다는 말이다(연기-업-까르마). 행위(업-까르마)의 원래적 속성은 제자리로 돌아가는 데(귀의) 있다. 행위는 누군가에게 작용을 미치는 것이다. 여기에는 책임과 의무가 따른다. 내가 누군가에게 다가선다는 것, 누군가가 나에게 왔다는 것은 모두 끌림과 당김의 상호작용에 의한 것이다. 이것을 좀 더 윤리학적으로 말하면, 상대방이 자신에게 끼친 영향(욕, 거짓말, 사랑, 덕 등….)도 상대방이 그렇게 한 것이 아니라, 자신의 요청에 따라서 그렇게 한 것이다(육구연은

존재를 존재하게 하는 것은 곧 내 마음이 그렇게 한 것(心卽理)이라고 하며, 六經은 나의 주각(註脚)에 불과하다).

위의 오감에 의해 자아는 만들어진다. 자아의 특성에는 두 가지가 있다. 그것은 유한성과 생명이 지닌 항온성이다. '유한성'은 사람이 두 가지 방향으로 살아가게 한다. 그 하나는 유한성이라는 한계상황에서 인생의 의미와 가치가 무엇인지를 탐색하게 한다. 또 하나는 삶을 영속하고자 종교와 내세를 만들게 했다. 삶을 영속하고자 한 것은 심리학에서는 '자아의 동일성'을 계속 유지하고자 하는 욕구지향으로 나타난다.[48]

---

[48] 자기 동일성은 생리에 있어서 항상성으로 환원 해석할 수 있을 것이다. 항상성은 1932년 미국의 생리학자 캐넌이 생물의 생존을 위해 체내에서 유지되는 안정상태를 표현하기 위해 만들어 낸 용어이다. 그는 항상성 이론에 의해 세포의 항상적 활동은 특수한 단백질인 조절단백질에 의해 수행된다는 것이다. 그중에서 가장 잘 알려진 것이 알로스테릭 효소이다. 그는 알로스테릭 단백질이라는 새로운 개념으로 세포가 스스로 화학반응을 조절하고 통합한다고 설명했다. 세포막으로 둘러싸여 내부의 환경을 적절한 상태로 유지할 수 있는 생물이라면 외부 환경이 최적이 아니더라도 생명은 그 환경에 스스로 적응하며 생명활동을 할 수 있다. 바로 이것이 변이와 진화 그리고 유전이라는 안정성의 확보이다. 따라서 이런 생물은 점차 생활 범위를 넓혔고 진화함으로써 더 복잡한 몸을 갖게 되면서 호르몬이나 자율신경계 등 몸속의 환경을 유지하기 위한 특별한 시스템을 발달시켜서 환경으로 인한 변화를 더 철저하게 조절할 수 있게 되었다. 또 내분비기관을 포함해서 운동기관과 감각기관을 발달시킨 동물은 외계의 정보를 재빨리 분석해 운동기관에 전달함으로써 몸을 적절하게 움직여 그 정보에 대응하고 있다. 예를 들면 체액의 염분농도를 일정하게 유지하기 위해서는 먼저 뇌에 염분농도를 감지하는 시스템이 있어야 하고, 그 시스템이 자극으로 분비한 호르몬이 농도를 조절하는 것이다. 실제로 몸이 탈수 상태가 되면 염분농도 감지 시스템이 간뇌의 시상하부에 신호를 보내 여기서 신경분비세포로부터 바소프레신(항이뇨호르몬)이라는 아미노산 물질이 방출된다. 그 바소프레신은 혈류를 타고 신장에 도달하여 물이 배설되는 것을 억제한다. 한편 체액의 염분농도가 묽어지면 농도 감지 시스템이 시상하부에 억제 신호를 보내 바소프레신의 방출이 억제된다. 나트륨을 세뇨관에서 회수하여 체내에 저장하는 지령을 전달하는 역할을 하는 것은 신장의 피질에서 분비되는 스테로이드호르몬인 코르티코이드이다. 이 호르몬의 분비도 체액의 염분농도에 의해 조절되고 있어서 염분농도가 낮으면 분비가 촉진되고 높으면 억제된다. 따라서 체액은 언제나 일정한 염분농도를 유지할 수 있는 것이다. 혈당이나 체액 역시 호르몬에 의해 조절된다는 것이 널리 알려져 왔다. 아마도 이런 조절작용에는 피드백 메커니즘이 관여하고 있는 것일 것이다. 물질은 돌고 돌며 분해와 새로운 합성에 관여하는데 그때마다 에너지

인간은 끊임없이 무언가로 지향한다. 무엇인가로 되고자 한다. 그것은 인간의 본래 자기성이 지닌 본능이다.

우리는 때로 우연적이고 불가항력적 사건이 벌어질 때, 현실을 부정하거나 회피하거나 억압하기도 한다. 이 회피와 부정과 억압을 하는 주체는 자아이다. 그러면서 자아는 또 한편으로 억압을 통해서 다시 헤어나고자 하는 꿈을 꾼다. 그러니까 자아는 이중모순을 지닌 존재다.

자기 동일성을 유지하고자 하는가? 자기 동일성은 항온성에 기초한다. 현상적 사태는 분절적(불연속적)이다. 그러나 자아는 이를 연속적인 것으로 느낀다. 이는 자기 동일성(자아정체성)을 유지 시키고자 하는 욕구에서 비롯된다.

처음 의식의 구성은 감각에 의한다. 감각은 동물의 생존 연장의 본능에 기초한다. 감각은 일차적으로 자신과 외재적 환경과의 '차이'를 느끼고 구별하는 것에서 자기 동일성을 지키고자 한다. **'자기 동일성'과 '차이'는 감각이 지니는 본성**이다. 일상의 반복과 습관, 관성의 법칙은 '자기 동일성'을 유지하고자 하는 감각의 발현일 수 있다. 갈등과 스트레스는 '차이'에서 오는 감정이다. 감정 중에서도 기쁨과 즐거움은 외재적 환경과의 일치에서 오는 감정이며, 분노와 슬픔은 '차이'와 '구별'에서 오는 감정이다. 감정과 정서는 감각에 기초한다. 뜨거움, 차가움, 따뜻함, 서늘함의 감각은 근육의 수축과 이완에 관계한다. 분노와 슬픔, 기쁨과 즐거움은 근육의 수축과 이완에 의한 신경전달물질과 상관성을 가진다. 또한 뜨거움, 차가움, 따뜻함, 서늘함의 감각적 느낌은 다양한 감정과 정서를 형성한다. 의식은 감각과 느낌, 정서와 감정, 이에 기반한 외부 환경의 차이와 구별, 인지능력이 의식을 형성하게 된다.

---

의 출입이 일어나 기기묘묘한 현상을 나타낸다. 그런 물질로 구성된 생명체의 특징은 활동성과 항상성이며, 생명체의 행동 그 자체를 생명현상이라 부른다.

이러한 감각은 모두 시간 감각과 공간 감각을 제공한다.

대체로 감각은 그 감각을 있게 한 객관적 자극이 없어져도 한동안 더 지속된다. 이 현상이 감각기관에 관한 생리학에서 잘 알려진 '잔상'의 근거이다. 우리가 눈을 뜨고 한순간 어떤 풍경을 본 다음 눈을 가려 완전한 어둠 속에 있게 하면, 어두운 스크린을 통하여 굉장히 밝게 그 광경을 보는 것과 같을 것이다. 우리는 그 속에서 눈을 폈을 동안에는 주목하지 못했던 세부적인 것들도 읽어낼 수 있다.

간헐적 자극도 모든 감각 영역에서 충분히 자주 반복되면 계속 감각을 산출한다. 이는 막 사라진 인상의 잔상이 들어오고 있는 새로운 인상과 혼합되기 때문이다. 따라서 자극 효과들이 여러 단계의 깊이로 서로 중첩되어 의식에 미친 전체 결과는 감성의 강도를 증가시켜 시간 경과를 느끼게 하는 기본 감각이 될 충분한 가능성이 있다.

유식에서는 자아 형성의 구조를 다음과 같이 보고 있다.

자극 → 오식(오감, 신식) → 육식(마나스, 자아의식, 표층 의식) → 칠식(말라식, 의지) → 팔식(아뢰야식-잠재의식-심층 의식) → 자극 → 오식(오감, 신식) → 육식(마나스, 자아의식, 표층 의식) → 칠식(말라식, 의지) → 팔식 ; 무한 소급 순환 생장


## II. 현상학의 주요 핵심

현상의 본질은 무엇인가? 현상학에서는 다음 세 가지 주요 개념과 범주로 요약할 수 있겠다.

1) 현상-실재-여여함(자연, 있는 그대로)-늘 변함(무상)-서로 유기적인 관계(무아)
2) 지향성-무엇이 되고자 함-욕구(보기에 좋았더라.)-생의-제자리로 돌아가는 과정-안정성-즐거움
3) 의식(자아-에고, 마음, 감정-정서, 생각, 숙고, 의지, 감성)은 무엇인가(어떤 대상)를 '늘-항상' 지향하는 것을 그 속성으로 한다.

집필자는 이 글에서 '기억(회상)'이라는 키워드가 위에서 언급한 세 주요 개념과 범주를 아우를 수 있는 것이라 본다. 그래서 또한 기억과 의식의 관계는 감정론 연구의 핵심 키워드로 본다. 따라서 집필자는 기억과 의식의 문제를 불교의 유식학과 후설의 의식과 지향성의 관점에서 살펴보고자 한다.

## III. 기억의 구성

현재의 의식은 감각에 의한 잔상이 뒤끝과 앞 끝이 있는 몇 초의 폭을 가지고 있다. 자극의 최초 신경 진동이 아직 종식하지 않고 있는 모든 자극은 이 현재라는 느낌을 얻게 하는 조건일 것이다. 그러한 자극들은, 방금 과거 사건으로서 정신에 나타나는 대상을 불러일으킨다. 예컨대 꽉 낀 구두를 신고 벗으면 계속 감각이 남아있는 것을 경험한다. 이와 같은 감각기억은 어떤 주기적인 성질을 갖고 있다. 감각기억은 새로운 국면에서 재조정되고, 재조정과 새로운 균형으로 점차 안정되는 일이 신경 물질 속에서 진행된다는 것을 보여준다. 그리고 그 기억은 그 사물에 대한 인상이 충분히 오래 계속되어 그 사물에 대한 심상이

반복 재현될 수 있게 한다. 따라서 기억은 함께 관계되는 부분들을 합성하여 지각, 상상, 비교, 추리 등의 형식을 통해 복합 대상을 만든다. 이들 중 어떤 능력을 불러일으키는 대상이나 신념을 일깨울 수도 있고 일깨우지 못할 수도 있을 것이다. 그러나 기억 대상은 오직 과거 속에서 상상되고 어떤 지향성에 따른 정서가 부착된 대상이다.

그렇다면 기억 현상은 어떻게 생기는지 그 메커니즘에는 다음의 두 가지 조건이 전제되어야 한다.

1) 기억된 사실의 파지(把持, retention)[49]
2) 추억 (reminiscence), 회상(recollection), 재생(reproduction) 또는 상기(recall)[50]

---

[49] 1차 기억의 신경 조직에 있는 물리적 조건을 '기본 기억(elementary memory)'이라 부른다. 이는 습관이 토대가 되는 것으로 볼 수 있다. 습관은 변화에 적응하지만, 즉각 적응하지 않는다. 따라서 기본습관이란 말은 기본 기억으로 불려도 무방하다. 이제 기본 습관은 처음 신경 물질에 찍혀진 운동이 서서히 소멸해 가는 것으로 표출되며 기본 습관이 처음 의식에 미친 결과가 이른바 기본 기억이다. 그러나 기본 기억이 우리에게 알려주는 것은 바로 지나간 과거이다. 이 직접 직관되는 과거 속에서 우리가 느끼는 대상은 회상되어 얻는 대상과는 다르다. 회상된 대상은 그 말의 진실한 면에서 보면 의식에서 완전히 없어지고 이제 새롭게 재생된 대상이다. 그런 대상은 무수히 많은 다른 대상들과 더불어 파묻히고 시야에서 사라진 저장고로부터 다시 돌아온 것이다.

[50] 2차 기억은 사건이나 사실에 관한 지식으로서, 이전에 그것들을 사고한 일이 있다거나 또는 경험한 일이 있었다는 의식이다. 이는 원래 사건에 대한 심상이나 복사가 정신 속에 재생하는 것과 같다. 따라서 우리는 과거의 한 사건을 기억하려면 어떤 이름이나 다른 상징을 사고해야 한다. 그렇지 않으면 그 이름이나 상징과 연합된 어떤 구체적 사건을 사고해야 한다. 과거 시기를 적절하게 사고하려면 이름이나 상징과 구체적 사실 또는 이 둘을 모두 사고해야 한다. 그리고 어떤 특정 사실을 과거 시기에 참조하게 하는 것은 그 날짜를 특정 짓는 이름과 사건과 함께 그 사실을 사고하는 것이다. 요약하면 많은 접촉 연합물들과 더불어 그 사실을 사고하는 것이다. 이 관념은 아주 복잡한 관념이어서, 현재 순간 회상하고 있는 나에 대한 관념과 과거 순간을 개념적으로 사고하는 나에 대한 관념 그리고 이것들을 회상하는 나 자신과 개념적으로 사고하는 나 자신 사이에 끼어 있는 전체 의식 상태 계열을 포함하고 있다.

이제 파지와 회상의 원인은 '관념 연합'에서 작용한 것과 같이 작용하는 신경 계통의 습관 법칙이다.

## IV. 현상학-뇌과학-유식학의 기억

### 1. 노에시스와 노에마

감정은 언제 발생하는가? 감정의 성격은 이를 발생시킨 사건과 밀접한 관계가 있다. 그뿐만 아니라 비록 동일한 사건이라고 하더라도 그 사건을 바라보고 이해한 당사자의 '바라봄'과 '이해'에 따라 감정의 반응은 달라진다. 또한 당사자의 성품과 성향, 기질과 인식 태도, 대상과의 관계 방식, 내담자의 환경(가족 체계의 역학관계뿐만 아니라, 과거 경험과 질병 등)에 따라 비탄의 반응은 달리 나타난다. 후설은 이를 '의식의 주관성'-사고함, 지각함, 행위를 함, 느낌이 경험되는 방식-으로 규정한다. 의식과 감정은 홀로 구성되지 않는다. 의식과 감정은 지향적 대상에 의해서 만들어진다. 현상학은 만들어지는 경험(만들어지는 몸-인지화 된-체화된 몸)에 대한 주의 깊은 기술, 분석, 해석의 닻을 내리고 있다.

현상학은 사물이 무엇인가가 아니라, 사물이 '주어지는 방식'에 초점을 맞춘다. 이는 사물이 우리에 대해 지니는 현상(나타남)과 의미에 초점을 맞춘다. 그런 다음 이런 의미를 지니는 현상이 어떻게 구성되었는지(알아차림)를 묻는다. 그리고 현상학은 의미를 지니는 세계를 구성하기 위해 경험을 필연적으로 작동하게 하는 본질적인 형식적 법칙을 밝히려고 한다.

예컨대 사건에 대해 작동하는 '감정 작동방식'은 곧 그 사람의 '의식구성'과 '의식구성의 작동방식'과 동일하다. '감정 작동방식', 곧 '의식구성의 작동방식'을 분석하지 않고 단순히 드러난 내담자의 행위나 행태만을 가지고 비탄을 규정한다면 본질에서 벗어난 이야기가 될 것이다. 따라서 우리는 내담자의 행위나 행태를 보기 전에 이를 가능하게 한 내담자의 '감정 작동방식', 곧 '의식구성의 작동방식'을 분석할 것이다. 하이데거와 메를로-퐁티는 의식의 구성을 '세계-내-존재/In-Der-Welt-Sein', (-)하이픈은 '존재', '내', '세계'가 존재론적으로 분리 가능하지 않고, 환원 불가능한 서로 유기적인 관계 맺음의 개방구조를 형성한다는 것을 의미한다.

현-존재는 현실을 살아가는 주체인 몸을 지니고 있다. 그리고 이 몸은 세계(사물. 대상)를 드러낸다. 따라서 몸이 세계(대상)에 지향해 있다는 말은 다른 것과의 유기적 관계와 교섭 속에서 작동하고 있다는 의미이다. 신체적 느낌이란 자체에 갇힌 것이 아니라 세계를 향해 열려 있다는 것이다. 자동사적 존재의 방식(정서, 분위기, 기억[51], 정동, 성

---

51) 사물을 바라보는 의식구성의 핵심은 기억에 있다. 이 기억은 과거 경험으로 훈습 된 것으로 간뇌에 저장되어 있다. 알라이다 아스만은 기억을 활성기억으로서의 기능 기억과 단순 암기로서의 저장 기억인 기술 기억으로 구분한다. 암기는 인간 기억의 특수한 기능으로 종교적 의전, 시, 수학적 공식이나 사료 같은 지식 대상들을 암기하는 기억으로, 저장과 인출이 동일하게 나타나는 것을 목표로 하는 기계적 처리 절차라고 본다. 이는 마치 브라흐만의 구전 전승에서 내려오는 완전한 암기에 해당한다. 그러나 활성기억(여기서 아스만 활성 기억을 회상으로 설명한다.)은 저장과 인출 사이에 근본적인 불일치가 발생한다. 즉 저장 기억인 암기에서는 저장과 인출이 정확하게 일치해야 하지만, 회상에서는 차이가 일어난다. 회상은 의도적 행위가 아니다. 암기는 지식과 동일한 것으로 볼 수 있지만, 회상은 개인적 경험과 관계가 있다. 회상은 삶과 인간관계에 있어서 정서와 감정, 느낌이 종합적으로 작용한 심리적 기억을 함유하고 있다. 회상은 근본적으로 재구성된 것이며 그것은 항상 현재에서 출발한다. 그래서 기억을 회상할 시점에서 기억된 것이 치환, 변형, 왜곡, 가치전도가 불가피하다고 하다. 회상은 개인의 심리적 억압이나 새로운 욕구로 쉽게 잊어버리거나 조절 당할 수 있으며 새로운 기억을 만드는 계기가 되기도 한다. 암기로서의 저장

향, 바라봄)에 따라 사물이 드러난다. 이렇게 드러난 사물은 곧 그 사물을 인식하고 바라본 사람 의식구성의 작동 방식에 의한 것이다. 후설은 이 관계를 지향성의 상관 관계적 구조라고 부른다. 이 두 상관성은 '노에마(noema, 주어짐 속의 대상)'와 '노에시스(noesis, 모종의 방식)'로 대상을 지향하고 개시하는 심적 작용이다.

애도학에서는 비탄 감정을 사물 그 자체가 아니라 비탄감정이 주어지는 방식에 초점을 맞춘다. 이것을 후설의 관점에서 말한다면, 사물이 우리에 대해 나타남(현상)과 의미에 초점을 맞추며 이런 의미를 지니는 현상이 어떻게 구성되었는지(알아차림, 인식함)를 묻는 것을 의미한다. 의미를 지니는 세계를 구성하기 위해 경험을 필연적으로 작동하게 하는 본질적인 형식적 법칙을 밝혀야 한다. 우리 망막에 맺혀 나타난 사물(현상적 사물)은 의식의 한 변용이다. 즉 의식이 없다면 세계가 존재하지 않는다는 것이 아니라, 오히려 우리 의식의 변용으로 나타나는 것 없이는 사물이 무엇을 의미하는지 파악할 수 없다는 것이며, 그러한 개시(나타남, 현상, 사물)는 필연적으로 의식의 지향적 활동성을 수반한다는 것이다. 애도학의 핵심은 의식이 수행하는 활동성과 구성이 사물과 어떤 관계 맺음으로 구성되는가를 밝히고 그 드러남에서 애도 치유가 적용될 수 있도록 하는 데 있다.

비탄의 성격이 명료하게 이해되지 않는 상태에서 애도 과정이 진행되는 것은 무의미하다. 많은 경우 애도를 슬픔(grief)으로 규정하고 논의를 진행한다. 이 두 사태에서 빚어지는 명료한 차이와 구분이 없다면 애도 상담은 엉뚱한 지점으로 안내될 뿐이다. 애도는 슬

---

기억은 의도된 것으로 망각의 장애를 넘어서서 특정한 기술을 동원하여 시간에 의한 망각과 장애가 일어나지 않도록 하지만, 회상은 지금 관심과 선택, 사회적 관련 가치, 목적의식에 따라 조장될 가능성이 있다. 이상은 알라이다 아스만 지음, 『기억의 공간』, 변학수·백설자·채연숙 옮김, 경북대학교 출판부(1999) 참고.

픔과 분명히 다르다. 애도는 슬픔의 감정을 함유하고 있지만 '슬픔을 표현하고 처리해 나가는 과정'이며 '감정 분화의 형식'이다. 즉 '슬픔의 동사화 과정'이다. 여기에는 감정이 분화되어 가는 그 자체만 아니라 그 감정을 표현하는 형식적 절차, 예컨대 의례, 상례, 제례, 종교적 예배나 조문 등의 기념적인 절차도 애도에 속한다.

상담의 궁극적 지향은 내담자의 자율성에 기초한 치유적 회복(재적응과 성장)에 있다. 그동안 프로이트의 해석적 이론의 그늘에서 벗어나지 못한 오늘의 심리학과 상담학은 여전히 폐쇄적 실험생리학의 인간관으로 내담자를 대하고 있다. 인간은 물질적 한계를 초월한다.

## 2. 유식에서의 기억

기억은 유식학에서 종자의식(種子意識), 장식(藏識)으로 불린다.[52] 유식학에서 말하는 종자의식(장식, 무의식, 잠재의식)은 시간 의식의 동적 변용(現行熏種子-種子生現行) 때문에 형성된다.[53] 물론 뇌과학에서

---

52) 장식의 장을 뜻하는 ālaya에는 '저장한다'라는 의미와 '집착한다'라는 의미가 함께 있다. 저장의 의미는 그 안에 저장되는 종자와의 관계에서 성립하며, 집착의 의미는 아뢰야식이 말라식에 의해 자아로 집착된 식이라는 점에서 성립된다. 이러한 의미의 '아뢰야식'이라는 용어로써 우리의 근원적 마음을 나타낸 최초 경전은 『解深密經』이다.
53) 인간의 의식구성은 어디에서 기인하는가? 이에 대한 논의는 베르그송과 후설 등 여러 현상학자의 연구에서도 찾을 수 있지만, 집필자는 불교 유식론에서 그 본원의 실마리를 찾을 수 있다. 물론 불교의 유식론은 오늘날 분석심리학의 종주인 융의 정신분석에 절대적 영향을 끼쳤다는 사실을 우리는 이미 잘 알고 있다. 특히 융이 말하는 원형집단 무의식은 아뢰야식의 종자의식일 뿐이다. 그러나 그는 여전히 다윈과 프로이트의 생물 진화론의 거친 이원론적 시각적 한계에서 '종자'를 원형집단 무의식으로 환원 해석하는 우를 범하고 있다. 아뢰야식은 무한량의 창고 같은 무의식으로, 無始 이래 억겁 세월의 우리 행위와 경험을 씨앗(種子) 형태로 저장하고 있다. 우리는 아뢰야식을 통해 모든 경험을 나의 경험으로 종합하고 경험된 세계를 나의 세계로 종합하여 알 수 있게 된다. 이러한 점에서

는 기억의 구성을 뇌 신경 자극의 역동적인 피드포워드(feedforward)

아뢰야식은 맹목적 자의식인 말라식보다 더 근원적인 자기의식이라 할 수 있다. 그래서 아뢰야식을 本識이라 부르기도 한다. 아뢰야식이 경험의 종자들을 차곡차곡 저장만 하는 것은 아니다. 아뢰야식에 저장된 종자들은 원인과 조건(因緣)이 닿으면 언제든 모든 의식 활동의 수면 위로 자신을 떠 올린다. 과거의 경험으로부터 만들어진 종자들은 계속 변화하고 現行한다. 그렇다면 아뢰야식이 우리의 의식 과정에 어떤 영향을 미치는 것일까? 우리가 어떤 행위를 할 때, 그 행위는 반드시 결과를 낳게 된다. 우리의 행위와 조작을 業이라고 하는데, 업은 반드시 報를 낳는다. 결과를 낳기 전까지 그 행위(業)의 여력은 없어지지 않는데, 그것이 저장된 것이 種子이다. 이와 같은 업의 작용을 '現行薰種子'라 하는데, 이때 종자는 현상의 결과(果相)라고 칭해진다. 또한 종자는 현상의 원인으로 작용한다. 즉 종자는 인식 주체의 현행의식에 영향을 준다. 종자들은 정지해 있거나 수동적이거나 간헐적으로 작동하지 않는다. 종자들은 잔존하는 업의 세력이라는 점에서 강한 자화력(Magnetizing Power)을 가지고 활동한다. 종자는 인연을 만나기만 하면 즉시 활성화되고 또한 다른 종자들을 강력하게 동반하여 현행으로 드러난다. 이를 '種子生現行'이라 하는데, 이때 종자는 현상의 원인(因相)이다. 우리의 의식 활동에서는 매 찰나 잠장되어 있던 종자가 되살아나 영향을 준다. 어떤 업을 짓고 어떤 종자를 가지고 있느냐에 따라 같은 사물을 봐도 그것을 달리 보게 된다는 것이다. 이와 같은 종자의 활동은 다음과 같이 요약되기도 한다. 즉 ① 종자는 찰나에도 그 모습을 유지하지 않고 변화하고(刹那滅), ② 원인이 결과를 함께 갖추고 있는 것처럼 종자는 필연적으로 현행으로 드러나며(果俱有), ③ 종자는 원래 상태로 머물지 않고 인연이 닿을 때까지 현실태가 될 준비를 하면서 자라난다(恒隨轉). 또한 종자는 현행하기 위해 반드시 그것이 현실화할 수 있는 제반 원인과 조건을 갖추어야 하고(待衆緣), 선과 악, 無記의 종자 특성은 그대로 유지되며(性決定), 각각의 종자는 각각의 특성을 갖춘 현행결과를 만들어 낸다. 유식은 세계가 주관과 독립하여 실재한다는 주장을 부정했을 뿐 아니라 의식이 물질세계를 창조한다는 믿음을 갖지 않는다. 유식은 단지 주체의 의식에 나타나는 세계에 주목했을 뿐이다. 위의 언급된 식이 전변하여 신체와 자연 세계를 산출한다는 것도 그러한 의미이다. 신체는 개체들의 개별적인 종자(不共相種子)가 반영되어 현상하는 대상들이고 자연 세계는 개체들의 공통적인 종자(共相種子)가 반영되어 현상하는 대상이라는 것이다. 신체와 자연 세계라 할지라도 그것들은 식의 전변 때문에 재구성되어 주체 의식에 현상하는 세계인 것이다. 이러한 점에서 유식학은 이 세계가 실재하는 것이라고 말하지도 않고 이 세계가 虛幻일 뿐이라고 말하지도 않는다. 다만 이 세계는 각자의 혹은 공통의 식의 전변 때문에 우리에게 그렇게 나타날 뿐이라고 주장한다. 이렇게 볼 때, 유식에서 말하는 세계는 오직 아뢰야식이 현현한 세계일 뿐이다. 이것은 달리 말해, 세계는 오직 주체의 의식(뇌의 의식)에 의해 구성되고 규정된 세계라는 것으로, 이것 외에 다른 세계(즉 주관에서 독립하여 객관적으로 존재하는 실재계)는 없다는 뜻을 함축한다. 지금까지 우리는 인지과학을 바탕으로 한 뇌과학과 진화생물학 그리고 후설의 현상학과 불교의 유식이 감정 형성에 어떤 영향을 미치는지 그 정합적 일치점을 찾아보았다. 불교의 종자는 뇌과학의 간뇌 의식의 형태와 일치하고, 종자가 만들어 내는 현상의 식은 대뇌 의식과 동일하다. 그리고 현재 의식은 종자의식의 반영이며, 이는 외부대상을 지향한다. 반면에 종자의식은 해마에 암장 된 무의식으로 미래의 예지력에 반영된 의식이다. 이는 내부 생명 균형을 지향한다. 한자경 지음,『유식무경』,「식

혹은 상향식 처리 과정과 역투사(back-projection) 혹은 높은 영역에서 낮은 영역으로 향하는 피드백의 교호작용으로 설명할 수 있다. 그러나 인지과학의 최신 이론인 창출 행위적 견지에서 보면 사정이 아주 다르다. 뇌 기능은 재귀적이고 재진입적이며 자가 생성하는 것이기에, 기억이 뇌의 특정 국소 부위에 저장되어 발출하는 것이 아니라 임의적 어느 장소에서나 시작되고 멈추며 재구성된다. 창출 행위적 접근법은 기억을 해마의 감각 단계나 수용기 분석을 통해 이해하지 않는다. 오히려 기억 활동을 뇌의 자가 생성적이고 내생적인 활동인 지각과 정서의 지향적 행위에서 찾는다.[54] 이 활동은 전두엽, 변연계, 측두피질과 연합피질 감각기관의 자극과 유기체의 예지적 시간 의식인 기대, 준비, 정동적 톤, 주의 등에 의해 재구성된다.[55] 그러나 지금까지 뇌과학과 심리학 그리고 상담학은 기억의 구성에 대한 깊은 이해에 그동안 관심을 소홀히 했다. 기억의 구성은 개인의 성향과 기질[56] 그리고 사물의 인식 태

---

과 경의 관계」, 예문서원(2002년).

54) 이와 관련한 문헌으로는, 『몸의 인지과학』, 프란시스코 바렐라 외 지음, 석봉래 옮김, 김영사, 참고하기 바람.

55) 기억의 작동은 뇌의 '운동회로'와 '고유(내부) 수용 감각 회로' 두 가지의 역동 방향에서 재구성되어 자가 생성되어 이루어진다. '고유(내부) 수용 감각 회로'는 근육과 관절 속의 감각수용기로부터 척수, 소뇌, 시상, 체성감각 피질에 이르는 경로로 이루어져 있다. 이는 내장만이 아니라 신체 전체의 생리학적 조건으로 이해될 수 있다. 특히 무의식이라고 불리는 정서의 뇌(간뇌)는 유입된 정보를 맨 처음 해석할 권리를 갖는다. 눈, 귀, 말초신경의 감각기관 등을 통해 전해지는 환경과 몸 상태(내부지각)에 관한 정보는 시상에 모이고, 이곳에서 가공된 후 편도체로 전달되어 정서적인 중요성이 어느 정도인지 해석한다. 이 과정은 번개처럼 **빠른** 속도로 이루어지고, 만약 편도체가 위협을 감지하면 시상하부에 스트레스 호르몬을 분비하라는 메시지를 보내 위협으로부터 신체를 방어한다. 이를 근원적 생명 본능의 길이라고 말할 수 있다. 또 다른 길은 시상에서 해마로 다시 전측 대상회를 거쳐 이성적 뇌인 전전두엽 피질로 이어져 이곳에서 의식이 관여하고 훨씬 더 정교한 해석이 이루어진다. 이 경로는 몇 밀리초(4/1초) 정도 시간이 더 걸린다. 월터 프리먼, 『뇌의 마음』, 「뉴런들과 뉴런 집합들의 동역학」, 부글(2007).

56) 기질은 한 개인이 지닌 고유한 심적, 정서적 상태나 물리적 상태 혹은 경향성을 나타낸다. 기질의 토대 위에서 구체적 대상이나 사건에 접촉되었을 때 나타나는 것이 감정이다.

도, 삶의 존재 방식, 타자와의 관계 맺을 방식, 정서와 감정, 훈습된 환경과 밀접한 관계가 있다. 이를 전제로 하지 않은 어떠한 기억의 담론도 공허하다. 기억의 구성은 현재 의식의 상태를 반영한다. 그리고 현재 의식은 미래를 예지하고 예감하고 상상한다. 꿈은 과거 의식의 반영이면서 현재 의식의 투사이다. 이는 또 다가올 미래에 대한 바람을 나

---

따라서 기질은 감정이 나타나는 물리적 토대를 말하고 감정은 물리적 토대가 제공하는 경향성에 의해 구체적 대상이나 사건의 원인에 의해 촉발되는 현상이다. 감정은 기질의 심적, 정서적 상태나 경향성에 의해 영향을 받는다. 수양론에서 기질을 변화시킨다는 말은 물리적 토대인 질료를 변화시킨다는 것이 아니라 심적, 정서적 경향성을 바꾼다는 의미이다. 심적, 정서적 상태에 따라서 감정은 얼마든지 조절, 완화할 수 있으며 반대로 더 악화시킬 수 있다. 물리적 토대는 이미 주어진 것이라 바꿀 수 없지만, 심과 정서는 얼마든지 변화시킬 수 있는 것이기에 자신의 책임의 범주에 속한다. 사상의학을 창시한 이제마는 四象人의 臟腑生理의 특성을 발견하여 기질이 가지는 생리적 경향성을 네 부류로 나누어 생리에 따라 정서와 감정이 수반되며, 喜怒哀樂의 中節과 不中節이 온다고 밝혔다. 즉 太陽人 臟理는 肺大肝小로 폐 기능이 항진되고 간 기능이 상대적으로 기능 저하로 가는 체질로 哀性은 중절하지만, 怒情은 급박(부중절)하고, 少陽人 臟理는 脾大腎小로 비장 기능이 항진되고 신장 기능이 상대적으로 기능 저하로 가는 체질로 怒性은 中節하지만 哀情이 급박(不中節)하고, 太陰人 臟理는 肝大肺小로 간장 기능이 항진되고 폐 기능이 상대적으로 기능 저하로 가는 체질로 喜性은 중절하지만, 樂情은 부중절하고, 少陰人 臟理는 腎大脾小로 신장 기능이 항진되고 비장(소화) 기능이 상대적으로 기능 저하로 가는 체질을 말하는데, 樂性은 중절하지만, 喜情이 부중절 하다고 한다. 결국 네 기질 모두 장부의 大小로 편색 되어있어 비록 부중절을 면치 못하지만 끊임없는 수양을 통해 기질을 변화시킬 수 있음을 말하고 있다. 「性命論」,『동의수세보원』, 행림출판사. 내경 경락체계에서 이목비구와 폐비간신의 관계를 정립해보면 다음과 같다. 耳-肺, 目-脾, 鼻-肝, 口-腎으로 연결되어 있다. 耳(듣는 작용)-肺의 작용은 사물의 종합적인 분석(전체성에 대한 인식), 인격에 대한 가치판단, 최고의 선의 추구와 선악의 판단, 4차원적인 시공간의 인식, 추상적-논리적-추리적-연역적 사고, 예측-판단-직관할 수 있는 객관적 통찰력과 관계한다. → 아세틸콜린, 아민계 H:GABA, 도파민, 노르아드레날린의 작용과 유사하다. 目(보는 작용)-脾의 작용은 눈앞에 보이는 규범, 예의, 사건 해결의 방법론에 대한 인식과 사리 판단의 능력이며, 규율의 틀 내에서 형식에 대한 비교본능이라 할 수 있다. → 펩티드계 H의 작용과 유사하다. 鼻(냄새를 맡는 작용-肝의 작용은 타인의 재주와 행동, 타인과 어울림, 근면성과 게으름, 일의 진행 과정을 중시하여 평가하는 능력이다. 동물성 감각에 가깝고 대뇌변연계가 쾌감, 분노, 공포와 같은 희로애락을 조절하는 기능과 유사하다. 口(맛을 보는 작용)-腎의 작용은 가장 1차적인 물질의 이익에 관한 판단 능력, 보존, 생식본능의 원초적인 능력이다. 이 기능은 감정, 식욕, 성욕, 체온조절중추 등을 조절하는 뇌간에 속하는 시상하부의 기능과 유사하다.(이는 스테로이드계 H, 난포호르몬, 부신피질호르몬)의 작용과 유사하다. 임병식,『바울과 이제마의 만남』,「사상의학의 심성과 장기의 배열 관계」, 가리온출판사(2001).

타낸다. 꿈은 기억의 재구성을 나타낸다.

후설은 의식의 구성을 개인의 성향과 기질, 사물의 인식 태도, 삶의 존재 방식, 타자와의 관계 맺을 방식, 정서와 감정, 훈습 된 환경과 밀접한 관계가 있다고 분석한다. 의식은 늘 대상을 지향한다. 즉 의식은 외부 대상뿐만 아니라 자기의식의 구성 원인이 되는 과거 경험과 기억도 대상으로 삼는다. 의식의 잠재의식인 무의식도 대상을 지향한다. 무의식의 반영인 꿈은 과거와 현재 미래를 지향한다.[57]

기억에는 이성이 개입된 단순 암기 기능(주도적/주체적 저장기능)으로서의 기억과 이성의 개입 없이(의도하지 않는) 외재적 사건에 의해 수동적으로 경험되는 기억이 있다. 우리는 이를 단순 암기 기억과 활성 기억이라고 지칭한다. 애도의 대상은 활성 기억에 있다. 활성 기억은 과거에 경험된 '기억'을 오늘의 관점에서 '회상'하는 기억이다. 회상에 의한 기억 방식은 사람마다 모두 차이와 다름이 있다. 이 차이와 다름에는 회상하는 사람의 인식능력이나 경험을 받아들이는(소여) 능력(예컨대 트라우마 여부, 양육환경), 성향, 정서, 습관적인 사고나 감정의 패턴, 관계 맺음의 방식 등에 따라 달리 나타난다.

회상에서 단순 저장된 암기 기능으로서의 기억을 회상하는 것과 의도하지 않은 외재적 사건으로 경험된(수동적으로) 기억을 회상하는 것에는 어떤 차이가 있을까? 먼저 여기에는 주체성과 객체성의 개입 여부가 있다. 이 차이는 객체화로 떨어져 나가 경험된 외상과 그렇지 않은 일반경험이다.

기억과 회상의 차이는 무엇인가? 기억은 과거 어느 시점에 발생한 정위적 사건에 대한 경험 그 자체이며, 회상은 오늘의 관점에서 과거의

---

[57] 하루히데 시바 지음, 박인성 옮김, 『유식사상과 현상학』, 「후설의 생활세계와 역사의 문제」, 도서출판b(2014).

사건을 불러들이는 주체자의 실존적 경험이다. 애도의 대상은 기억에 대한 '회상'에 더 초점을 둔다.

회상은 어떤 방식으로 이루어지는 것일까? 보통 사물을 바라보고 해석하는 의식의 작동 패턴은 "X를 Y로 인식한다."이다. 여기서 X는 객관 대상이며 Y는 회상하는 사람의 의식구성 때문에 집적된 정보(언어나 인식패턴)이다. 예를 들어 누군가가 산길을 가다가 길가의 무엇인가를 보고 뱀으로 알고 도망쳤다고 하자. 그는 무엇을 보았는가? 그 순간 그는 뱀을 보고 도망친 것이다. 그러나 거기에는 뱀이 존재하지 않는다. 그가 본 뱀은 그의 마음이 그려낸 것이지 실재하는 것(reality)이 아니다. 즉 그가 본 것은 거기 실재하는 것이 아니다. 그렇지만 그는 무엇인가를 보긴 보았다. 즉 그가 본 것은 거기 실제로 존재하는 것(fact)이다.

그렇다면 그가 본 것은 과연 있는 것인가, 없는 것인가? 그가 본 것은 과연 무엇인가? 그가 본 어떤 것 X는 분명히 있는 것이지만, 그는 그 X를 X가 아니라 Y인 뱀으로 보았다. 그렇게 해서 그는 뱀을 보았지만, 그가 본 뱀 Y는 거기 존재하지 않는다. Y는 그의 마음이 그린 것(그림자, 이미지, 이마고, 표상, 가현)일 뿐 거기 실재하는 것이 아니다.

이렇게 해서 우리는 의식이 어떻게 구성되는지 알게 된다. 무엇인가를 보면서 그 무엇(X)을 무엇(Y)으로 보는 것이 바로 의식이다. 따라서 의식은 본래 그가 본 X 와 그가 본다고 생각한 Y의 두 항목으로 구성된다. 그 둘 다 의식의 대상이다. 그러므로 의식에는 서로 구분되는 대상이 있게 되는데, 있는 무엇인가의 X는 의식 대상이고, 그것에 대한 분별 결과로서의 Y는 인식 결과로서 의식구성이다. 뱀을 보는 순간 그 의식은 바로 이전의 경험으로 구성된 것으로 뱀을 본 것이다.

따라서 오늘의 관점에서 바라보는 회상은 과거 경험의 기억 그 자체를 있는 그대로 순수하게 바라보지 않는다. 그렇다면 과거 경험은 어떻게 구성되는가? 일정한 시점에서 발생한 사건의 과거 경험은 그 순간의 주관적 관점에서 재구성된 경험이다. 따라서 우리가 경험하는 오늘의 회상은 과거의 주관적 경험을 오늘의 주관적 관점에서 구성한 것이다.

이렇게 구성된 기억에는 몇 가지 유형이 있다. 첫째는 사건이 발생하지 않음에도 불구하고 의식 스스로 무엇인가를 생각하거나 상상하여 기억할 수 있다. 즉 의식 스스로 홀로 기억을 만들어 낸다. 이렇게 의식에 의해서 상상화된 의식의 대상은 이미 사라지고 없지만, 이전에 발생했던 과거 경험의 기억으로 그 의식을 재생해 내는 의식의 기억이다. 다른 하나는 감각 대상이 없는 상태에서, 그리고 과거 경험과 무관하게 의식 스스로 독립적으로 활동하여 의미의 표상을 만들어 내는 의식이다. 이 의식은 다시 셋으로 분류된다. 하나는 본 적도 없고 일어나지도 않은 일을 떠올리는 상상이나 환상, 몽상의 의식이다. 둘째는 꿈속(무의식)에서 벌어지는 의식 활동이다. 셋째는 마음을 집중해서 발생하는 의식이다.

그렇다면 우리는 어떻게 우리의 의식이 주관적 경험으로 재구성된 기억이라는 것을 알아챌 수 있을까? 이에 대해 후설은 의식의 지향성 개념인 시간 의식으로 의식을 탐색했다.[58]

---

58) 아뢰야식 종자설에 따르자면, 주체가 인식하는 대상은 이미 대상 그 자체의 모습과는 다를 수밖에 없다. 달리 말해 주체에게 인식된 대상은 이미 대상 그 자체의 표상이 아니라 주체의 아뢰야식과 종자에 의해 형성된 대상이라는 것이다. 주체와 독립된 대상이 어떻게 실재하는가와 상관없이 우리가 인식하는 것은 오직 우리의 의식에 나타나는 대상일 뿐이다. 이를 유식학에서는 "오직 우리의 인식만 있을 뿐 대상 세계는 없다(唯識無境)."라고 말한다. 아뢰야식에서 생성된 대상(所緣)은 종자와 신체에 체화된 이미지일 뿐이다. 세계는 주체 의식의 대상으로서의 세계이며 주체 의식의 능동적 작용으로 구성된 세계이다. 주체가 어떤 대상을 인식하고자 할 때 종자는 주체의 능동적 인식(見分)을 구성하는 동시에 객관 대상에 종자의 색을 덧입혀서 대상과 비슷하지만 다른 양상으로 주체의 인식에 모습을 드러낸다(相分). 따라서 주체가 대상을 인식한다고는 하지만, 사실은 종자로부터

예를 들어, 들에 핀 꽃을 내가 지금 바라보고 있다고 하자. 내가 꽃을 볼 때는 보인 꽃과 꽃을 보는 내가 있을 뿐이다. 그렇다면 꽃을 보는 나의 인식 태도를 어떻게 발견할 수 있을까? 다시 말해 인식함에 정말 객관성(인식객관)을 확보할 수 있는가?

이에 답하기 위해서는 인식자 스스로 자신의 인식 자체를 주목해야 한다. 우리는 언제나 바깥 세계만을 인식 대상으로 삼는 것이 아니라, 그렇게 인식하는 나 자신을 객관화하여 인식 대상으로 삼을 수 있다. 이는 꽃을 인식할 뿐만 아니라, 그렇게 꽃을 보던 나 자신을 다시 대상화하여 인식할 수 있음을 의미한다.

그런데 이처럼 이전 순간의 인식 주관인 견분(대상을 바라보는 나)

---

비롯된 견분과 상분이 서로 만나고 있다. 주체는 대상에 덧입혀진 자신의 의식 현상(相分)을 보고 있는 것일 뿐이다. 예를 들면, 뱀에 대한 기억이나 경험이 전혀 없는 사람이 밤길을 걷다가 발에 물컹하고 밟히는 새끼줄을 뱀으로 착각하여 소스라치게 놀라는 경우, 이는 아뢰야식의 무의식 차원에서 생성된 종자의식에서 발원한 것으로 볼 수 있다. 인식의 대상인 현상적 존재는 識의 변화에 의해 일어난 존재인 셈이고, 실질적으로는 識이외에 아무것도 존재하는 것이 없다. 나아가 유식의 사분설에서는 自證分과 證自證分에 대해 언급한다. 자증분이란 견분과 상분의 분화를 만들어 내는 원천이자 견분과 상분 사이에서 일어난 인지 과정의 결과를 의미하기도 한다. 즉 견분의 인식 결과를 종합하고 판단하며 개념화하는 것이 자증분이다. 그리고 자증분을 다시 한번 증명하는 것이 증자증분이다. 유식학의 차원에서 설명하자면, 어떤 대상은 상분이고 그것을 인지하는 것은 견분이며 인지의 결과를 산출하는 것은 자증분이다. 증자증분은 개인의 인식에 대한 사회적 동의이자 집단적 자아로서, 개인의 인식이 타당하거나 타당하지 않음을 뒷받침해 주는 불교의 중심 개념인 순야타 sūnyatā는 실체와 반대되는 개념이다. 실체는 가득 찬 것으로, 자기로, 자신의 고유한 것으로 빈틈없이 채워져 있다. 그와 반대로 순야타는 '있다'라고 하는 고유한 것을 제거하는 운동을 의미한다. 순야타는 불변하는 존재자 혹은 자기를 고집하거나 자기를 자기 안에 가두는 존재자를 비워 제거한다. 순야타는 그런 존재자를 개방성, 즉 드넓게 개방된 곳으로 가라앉힌다. 경계를 없애면서 고유한 것을 제거하는 순야타는 홀로 있는 개체를 상호관계 속으로 들어 올린다. 그렇지만 순야타는 모든 존재자와 모든 형체를 '생성시키는' 생성원칙, 즉 제일 '원인'이 아니다. 공에는 결과(작용)를 일으키는 '실체적 힘(권력)'이 없다. 그리고 공에는 더 높게 질서를 부여하는 '존재론적' 단절도 없다. 공은 현상하는 형태에 선행하는 어떤 '초재성'도 나타내지 않는다. 그리하여 색과 공은 동일한 존재 영역에 자리한다. 인식 기반을 의미한다. 유식이 궁극적으로 지향하는 것은 비움(空, 비어있음, 순야타 sūnyatā)이다. 한자경 지음, 『유식무경』, 「식의 심층구조」 참조, 예문서원(2002년).

을 대상화하려면 나는 우선 이전 순간의 견분을 기억해야 한다. 또한 현재 무엇인가를 기억할 수 있으려면 그 무엇인가가 이미 인식되어 있어야만 한다. 인식하지 않은 것을 어떻게 기억할 수 있겠는가? 즉 이전의 견분을 기억하려면 이전에 무엇인가가 그 견분을 인식했어야 하는 것이다.

이렇게 견분을 인식했기에 지금 그 견분을 다시 기억할 수 있는 것이 자증분이다. 자증분은 견분을 인식하는 의식 작용으로, 우리의 인식 과정에서 중요한 역할을 한다. 이를 통해 우리는 자신의 인식 과정을 객관적으로 바라볼 수 있게 되며, 더 나아가 인식의 객관성에 관해 탐구할 수 있는 기반을 마련하게 된다.[59]

그렇다면 인식을 바라보고 기억하는 자증분을 확인하는 것은 무엇인가? 이것이 증자증분이다. 자증분이 상분에 대한 견분을 확인하는 것이라면, 증자증분은 대상 세계에 대한 견분을 다시 인식하는 자증분을 확인하는 것이다.

대상을 인식하는 견분으로서의 나와 그 견분을 인식하는 자증분으로서의 나 사이에는 시간적 간격이 있다. 이는 이전 순간의 주관으로서 꽃을 보던 나(견분)를 지금의 내(자증분)가 기억하여 인식하기 때문이다. 견분을 대상으로 삼아 인식하는 순간에는 기억되는 견분과 기억하는 자증분 사이에 이전의 나와 현재의 나라는 시간적 간격이 놓여 있는데, 증자증분은 바로 이 시간적 간격을 매개한다.

다시 말해 자증분이 대상의 인식에서 견분(주관)과 상분(객관)을 매개하는 공동 근거라면, 증자증분은 반성의 순간에 자증분(현재)과 견분(과거 기억)을 매개하는 공동 근거이다. 견분과 상분으로서의 주객 이

---

59) 하루히데 시바 지음, 박인성 옮김, 『유식사상과 현상학』, 「유식 4분의와 자기의식의 문제영역」, 도서출판b(2014).

원화가 의식의 공간적 이원화, 즉 공간화라면, 자증분과 견분, 즉 기억 주체(현재 주관)와 기억 대상(과거 주관)으로의 이원화는 의식의 시간적 이분화, 즉 시간화이다.

이렇게 보면 증자증분은 의식 자체가 가지는 시간화의 부분, 다시 말해 현재와 과거의 시간적 간격을 포괄하는 것이라고 할 수 있다.

| 견분(이곳=주관) → 상분(저곳=객관)<br><br>자증분(의식의 공간화) | 자증분(현재 순간의 주관) →<br>견분(이전 순간의 주관)<br><br>증자자증분(식의 시간화) |
|---|---|
| 도표 1. 현재 이 시간의 주체적 자각의 시점 | 도표 2. 현재 이 시간의 주체의 절대적 자각 |

우리는 마음의 내용(뜻)을 반드시 언어를 사용해서(의타기성[60]) 그 의미를 전달한다. 그러나 모든 의미를 언어로 담기에는 한계가 있다. 다만 그 의미를 일정한 부분만 전달할 뿐이다(변계소집성[61]). 따라서 우리는 언어가 지닌 한계를 넘어 그 진실성(원성실성[62])을 헤아려야 한다.

변계소집성과 의타기성은 대상 사물 A를 기술하기 위해 B라는 용어

---

60) 산스크리트어: paratantra-svabhāva): 문자 그대로의 의미는 "다른 것에 의지하여 일어나는 성질"이며, 영어로는 "other dependent (다른 것에 의존하는)"라고 직역되며 "dependent nature (의존성)"라고 번역된다. 즉, 연기(緣起)의 성질을 말한다.

61) 산스크리트어 parikalpita-svabhāva 삼성(三性)의 하나. 온갖 분별로써 마음속으로 지어낸 허구적인 대상이나 온갖 분별로 채색된 허구적인 차별상을 의미한다. 동의어로는 허망분별상(虛妄分別相), 편계소집성(遍計所執性), 변계소집상(遍計所執相), 망계자성(妄計自性), 망분별성(妄分別性), 망상분별성(妄想分別性), 망상자성(妄想自性), 분별상(分別相), 분별성(分別性), 분별성상(分別性相)이다.

62) 산스크리트어: pariniṣpanna-svabhāva): 문자 그대로의 의미는 "원만히 성취한 실재하는 성질"이며, 영어로는 "fully accomplished (완전히 성취한다)"라고 직역되며 "absolute nature (절대성)"라고 번역된다. 존재의 진실한 상태를 말한다.

를 사용한다. 그렇다면 B라는 용어가 A라는 대상보다 앞서 있는 것인가, 아니면 A라는 대상 사물이 있기에 B라는 용어가 생겨난 것인가? A와 B의 관계는 무엇인가? A와 B의 관계는 선후가 있는 것인가? 종속적인 인과관계인가? 주체와 대상의 관계인가? 유식에서는 이 두 관계가 동시성 즉 '즉(卽)' 해있는 관계, 연기(緣起)적 관계로 본다. 우리는 습관적으로 어떤 문제를 해결하기 위해서나 대상 사물을 파악하기 위해 문제와 사물을 밖에 두고 객관화해서 바라보고 이를 처리하고자 한다. 그런데 그 문제와 사물은 진짜 밖에 있는 것인가? 과연 밖에 문제와 사물을 두고 사건을 처리할 수는 있는 것인가?

　의타기성의 현대적 의미는 다음과 같이 해석할 수 있다. :
　① 자신의 주체적 의지를 발현할 수 있는 일상의(구체성) 현재적 삶, ② 의지해서 분별할 수 있는 언어의 세계, ③ 자기 한계성을 인정(인지)-정의와 범주, ④ 통나무, 방법과 도구(수단)일 뿐이라는 의식, ⑤ 인간의 모든 실천행위; 합목적성으로 이르는 길, ⑥ 'A는 B이다'라는 관계가 전제, ⑦ 인과적, 필연적, 논리적, 연결-유기적-연합, 과정적, ⑧ 동시적-교호적/人間, 空間, 時間의 '間'-'사이', 관계(relationship), 협력과 공생, ⑨ 변계소집성과 원성실성의 가교, 이행의 전변, ⑩ 의식의 구성과 전변; 상분-견분-증자분-증증자분, ⑪ 합목적성을 향한 자유의지, ⑫ 자기 동일성에서 분별 의식으로, 다시 분별 의식에서 원성실성으로 가는 운동의 계기, ⑬ 인연과 연기(緣起) 등이다.

　분명한 것은 원성실성으로의 이행을 위해서는 반드시 의타기성에 의지해야 한다는 점이다.

긍정적 의타기성의 예를 현대 심리학적 관점에서 보면 다음과 같다. 예컨대 양희은의 노래 "슬픔이 슬픔을, 눈물이 눈물을, 아픔이 아픔을 안아 줄 수 있죠."라는 가사로 설명하면:

① 슬픔을 '통해서', ② 있는 그대로(허용), ③ 재귀적 실존방식, 자내적, 내재화(Intrapsychic), Gelassenheit(그대로 놓아둠, letting-be), so-itself; 내가 나를 마신다. ④ 결단과 규정, 알아감, 명료성, ⑤ 주체적 행위(능동성, 자율성), ⑥ 미래적 소망 투여; 감정은 이미 '그곳'을 지향한다. ⑦ 신체적 감각(신체에 깃드는 후련함(쾌,快), 의미 확인, 재 적응력).

부정적 의타기성의 예는 다음과 같다.:

① 과거의 습관 그대로 의식이 작동 - 자동적 사고, ② 대면하지 못하고 회피, 도피, 연기, 억압, 대체물 형성, ③ 비난, 비교, 판단, ④ 권리박탈, 객체화 및 수동태, ⑤ 밖에서 도움을 찾음.

부정적 의타기성은 변계소집성을 강화하며 다음과 같은 특징을 보인다.:

① 듣고 싶은 대로 듣고, 보고 싶은 대로 보고, 말하고 싶은 대로 말하고, ② 의식의 고착화, ③ 슬픔과 아픔과 고통이 증가, ④ 의미를 발견하지 못함, 재 적응력 어려움, ⑤ 신체의 불쾌감(둔함, 멍함, 무거움, 이인증, 不快).

의타기성을 통한 원성실성으로의 이행은 다음과 같이 나타난다.:

① 비로소 보이는 것들; 자각과 깨달음, 알아차림, ② 열림과 개시, ③ 양태의 질적 변화, ④ 숭고미, 엄숙미, 장엄미, 비장미, 자아 존중감, 골계미로 전변, ⑤ 미(美) → 후련함, 안정감, 재적응의 능력, 합목적적, 균제미로의 변화 등이다.

상담자는 기억 그 자체보다 '기억'을 재구성하는 내담자의 방식에 더 귀를 기울인다. 이는 '기억'을 불러오는 내담자의 의식구조와 지향성의 구조와 성격이 내담자의 비탄 성격을 나타내며, 사람마다 차이와 다름을 보이기 때문이다. 애도와 상담은 그 다름과 차이에서 출발해야 한다.

과거 경험의 기억으로 훈습 된 현재 의식의 모습을 자각하기 위한 훈련과 방법은 있는가? 그 방법은 어떻게 구성되는가? 자각적 의식은 시간(과거-현재-미래)과 공간(대상-바라보는 나-바라보는 나를 의식하는 나-의식하는 나를 바라보는 절대적 나) 의식의 확장이며, 이러한 확장이 내담자의 병리적 외상을 치유할 수 있음을 후설의 시간 공간 의식의 사례를 통해 증명하고자 한다.

## V. 기억과 시간 의식의 문제

시간 의식은 현상학에서 특별한 자리를 차지한다. 후설의 지향성에는 반드시 시간적 의식이 개입되어 있다. 대상은 지속적인 변화와 변형을 거친다. 이 과정은 시간 속에서 전개되고 발전한다. 메를로-퐁티가 말하듯이 "지각적 종합은 시간적 종합이다." 우리는 과거의 대상들과 사건들을 기억하고 미래의 대상들과 사건들을 예감한다. 후설(E. Husserl)에 따르면, 시간 의식은 삼중 구조이다. 즉 근원 인상, 파지, 예지라 부르는 세 지향적 과정들은 모든 지향적 작용에서 함께 작동하고 서로 분리되어 기능할 수 없다. 후설은 의식의 시간적 구성은 과거-현재-미래가 동시성으로 작동되는 예를, 멜로디를 통해서 우리에게 예시한다. 멜로디에 대한 근원 인상은 파지와 예지가 수반되어 있다.

즉 파지[63]는 현재 들리고 있는 음과 방금 지나간 들린 음을 지향한다. 지나간 음이 더 이상 들리지 않지만, 심상은 지나간 음을 기억하며 그 기억을 통해 현재 들리는 음을 들으며, 또 앞으로 들리는 음을 예상(예감)한다. 이렇게 현재 들리는 음과 앞으로 들릴 것을 예상하는 것은 지난 과거 음의 기억을 파지함으로써 가능하다. 이와 대조적으로 예지는 즉각적인 미래이다. 이는 곧 다가올 음을 예상하며 미규정적으로 열려있는 방식으로 향해있다. 예지는 아직 충족되어 있지 않고 미규정적이다. 그러나 열려있음은 예기의 감각을 수반한다.

예컨대, 멜로디가 갑자기 중단되거나 엉뚱한 음이 울린다면 우리는 놀라고 말기 때문이다. 현재 경험의 내용이 무엇이건, 우리의 의식은 열려있고 앞을 향해 내다보는 지평(예상, 추측, 추리)을 수반한다. 근원 인상은 연속적으로 울리는 음의 경우처럼 과거의 인상을 바탕으로 새로운 것을 연속적으로 지향하는 기능이다. 파지는 과거의 기억에 해당하지만, 현재를 연속적으로 지향하는 기능이며 예지는 미래를 향해 열려있는 것으로서 현재를 연속적으로 넘어서 가는 기능이다.

이 삼중 구조의 시간 의식은 동시적으로 현존한다. 파지와 예지에는 내담자의 고유한 지향적 작용의 과정이 있다. 파지와 예지는 기억과 기대와 어떤 차이가 있을까?

---

63) 파악한다는 뜻이다. 체성신경인 구심성 감각으로 외부 대상에 대해서 파악(이해-선택-판단-결정) 행위 할 수 있도록 원심성 감각에 명령을 준다. 이 과정은 동시성으로 이루어진다. 그러나 신경생리학에서는 구심성 감각이 먼저 외부 사태를 먼저 지각한 후 원심성 감각에 행위 하도록 하는 시간의 순차로 설명하지만, 현상학에서는 체성신경을 지배하는 대뇌피질의 사태 파악에 앞서 간뇌에서 먼저 사태를 파악하고 대뇌에 명령을 내리면, 그때 대뇌에서 구심성 감각으로 사태를 파악하고 원심성 감각으로 행위 하도록 한다. 후설, 이종훈 옮김, 『현상학적 심리학』, 「아프리오리한 학문인 보편적 세계구조에 관한 학문」, 한길사(2013).

예를 들어, 방금 연주된 멜로디 음을 들은 파지적 의식과 지나간 이 멜로디 음을 기억하는 것 사이에는 분명한 차이가 있다. 마찬가지로 곧 연주될 음에 대한 예지적 의식과 미래의 어떤 시간에 이 멜로디 음을 들으리라는 기대 사이에도 분명한 차이가 있다. 파지와 예지는 모두 현재 일어나는 경험의 구조적 특징이고, 기억(과거의 기억을 기억함)과 기대(미래의 경험을 예기함) 그 자체는 파지와 예지의 작용을 전제로 한다.

이런 이유로 후설은 파지를 일차적 기억(primary memory), 기억을 이차적 기억(secondary memory)이라 부르고, 예기를 일차적 예기(primary anticipation), 기대를 이차적 예기(secondary anticipation)라고 부른다. 이차적 유형의 지향적 작용은 재현화적(representational)인 반면, 일차적 유형은 현재화적(presentational)이다.

파지와 예지는 우리가 현재를 지각적으로 경험할 때, 과거와 미래 의식이 즉각적(동시적)으로 지향된다. 기억과 기대는 부재한 어떤 것에 대한 지각적 경험을 현재의 심적으로 환기함으로써 나타난다. 우리는 한 멜로디의 과거 연주에 대한 이전 경험을 회상함으로써 기억하고, 멜로디의 다가올 연주를 우리의 미래 경험으로 예기한다.

기억과 기대는 우리가 의도적으로 시작할 수 있는 지향적 작용인 반면, 파지와 예지는 연속적으로 작동하는 수동적이고 비의지적인 과정이다. 도표3은 근원 인상-파지-예기의 연속적인 작동을 예시한다. 수평선 ABCD는 친숙한 멜로디의 펼쳐지는 것과 같은 시간의 흐름을 나타낸다. 수직선은 의식이 작동하는 순간의 한 시점을 나타낸다.

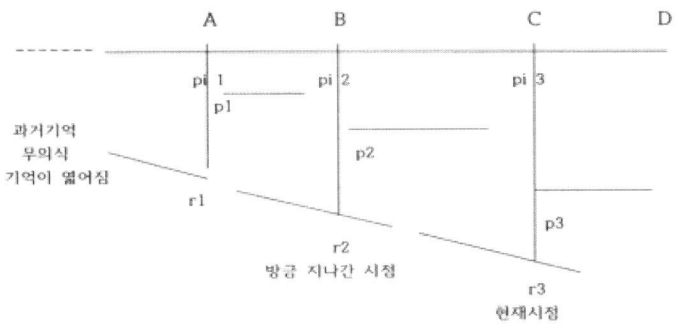

도표 3. 후설의 시간 의식

각 시점은 근원 인상(primal impression-pi), 파지(retention-r), 예지(protention-p)의 시간 지향의식으로 구성된다. 만약 시점3을 현재적 국면이라고 한다면, 지금 울리는 음 C의 근원 인상(pi 3), (음 D에 의해 충족될) 의식이 다가올 다음 시점의 예지(p3), 그리고 방금 지나간 시점2의 파지(r2) - 이 파지의 근원인 상은 음 B의 것이다 - 가 있다.

이 도표에서 예시하듯이, 각 시점의 시간 의식은 방금 지나간 시점의 근원 인상, 파지, 예지를 보유하고 있다. 방금 지나간 시점은 또 바로 이전의 시점 전체를, 이 이전의 위상은 바로 이전의 시점 전체를 등등, 이렇게 해서 과거의 경험을 덮으며 뒤로 뻗어나가는 파지적 연속체가 존재한다. 이 뻗어나감은 실재적인 것이 아니라 의식의 지향적 구성이다. 과거는 오직 지향적으로만 현재 속에 담겨있다. 현재의 시점은 과거의 시점을 지향하여 이 시점들을 계속 마음속에 보이는 상태로 놓이게 한다. 그렇지만 과거의 시점은 끊임없이 미끄러져 나가고 기억 속에 서서히 사라져 간다. 동시에 새로운 내용으로 충족되며 매 순간 갱신된다.

반면에 오래된 내용은 최종적으로 무의식적인 침전의 층으로 쌓인다.

파지는 방금 지나간 경험을 암묵적으로 붙잡음으로써 방금 지나간 내용을 파악한다. 따라서 시간 의식의 삼중 구조는 전반성적 자기의식을 수반한다. 우리는 시간의 3중적 의식구성으로 멜로디를 듣는 동시에 이 멜로디가 전개되는 것을 암묵적으로 알아차린다.

위에서 살펴보듯이 인간의 시간 의식은 순수객관의 시간을 알아차리는 것이 아니라 마음의 주관적이고 내재적인 시간 의식이다. 이를 달리 표현하면, 시간과 공간 속에서 전개되는 일과 사건의 경험방식 또한 순수객관의 일과 사건이 아니라, 경험자의 인식 태도나 과거 경험의 인상(일반경험과 외상)과 의식작동의 성향과 습관 패턴, 기질적 요소와 환경, 대상과 관계 맺음의 방식 등에 따라 일과 사건을 주관적으로 또는 내재적으로 경험하게 된다.

후설은 이를 절대적 의식, 혹은 내적 시간 의식이라 부른다. 그는 시간과 공간에서 발생하는 사건 경험의 구성을 4가지 요소로 본다. 즉 멜로디와 같은 외적 시간 대상들, 이 대상의 경험, 이 대상을 향하는 지향적 작용, 그리고 이 지향적 작용 그 자체를 경험함이다. 이 네 가지 요소는 시간 속에서 경험된다.[64]

이들 네 가지 요소는 시간을 인식하는 인간의 의식 스스로 구성하는(self-constituting) 것이다. 즉 근원 인상에 대한 현재적 의식은 과거 경험에 대한 파지를 통해 다가올 사태인 미래를 예지한다. 다가올 미래적 사태에 대한 예지는 또다시 과거 경험을 파지(규정)한다. 이렇게 의식은 사건을 시간 의식으로 구성하고 스스로 구성한 것을 스스로 또 경험한다. 사태에 대한 시간적 의식구성은 시간 **속에서** 전개되거나 시간

---

[64] 후설, 이종훈 옮김, 『현상학적 심리학』, 「현상학적 심리학의 한계설정」, 한길사(2013).

을 **통해서** 움직이는 것이 아니라 스스로 조직화하는 의식의 흐름이다.

예컨대 우리는 A라는 객관적 사건을 경험하기 위해서는 우리의 경험 이전인 과거 경험 B에 대한 파지를 통해서 A를 경험하지만, 그 A의 경험은 A 그 자체가 아니라 과거 경험으로 덮인 A이다. 또 A의 경험에는 과거 경험의 파지만 있는 것이 아니라, 파지 될(인식될) C에 대한 예지도 A의 경험에 내재하여 있다. 여기서 우리가 주의해야 할 것은 'B 이전의 A'라는 시간적 경험이 반드시 A의 경험이 B의 경험에 선행하지 않는다는 것이다. 예컨대 천둥소리를 듣기 전에 반드시 정적의 경험을 가져야 나중 천둥의 경험을 가지는 것은 아니다. 오히려 천둥소리 그 자체의 지각으로 이전의 정적의 알아차림이 지금 들리는 현재 의식의 시간으로 들어가서 천둥소리가 들리는 것이다. 우리가 듣는 천둥소리는 순수한 천둥이 아니라 정적을 깨며 정적과 대조를 이루는 천둥이기 때문이다. 어떤 사태가 나타나기 위해서는 그 사태는 사태 자체로 구성되지 않는다. 사태는 사태를 바라보고 인식하고 해석하는 사람의 의식 구성과 그 사태가 일어나는 다양한 인과관계의 유기적 관계 맺음의 방식에서 구성되기 때문이다.[65]

---

[65] 사물은 모두 '저것' 아닌 것이 없고, 동시에 모두 '이것' 아닌 것이 없다. 이쪽에서 보면 모두가 저것, 저쪽에서 보면 모두가 이것이다. 스스로 자기를 저것이라 한다면 알 수 없지만, 스스로 자기를 이것이라고 본다면 알 수 있다. 그러므로 저것은 이것에서 생겨나고, 이것 또한 저것에서 비롯된다. 삶이 있으면 반드시 죽음이 있고, 죽음이 있으면 반드시 삶이 있다. 됨이 있기에 안 됨이 있고 안 됨이 있기에 됨이 있다. 옳음이 있기에 그름이 있고 그름이 있기에 옳음이 있다. 그래서 성인은 일방적 방법에 의지하지 않고 전체를 동시에 볼 수 있는 절대적인 조명에 비추어 본다. 이것이 바로 '있는 그대로 그렇다 함(因是)'이다. 이것은 동시에 저것이고, 저것은 동시에 이것이다. 성인의 저것에는 옳고 그름이 동시에 있고, 이것에도 옳고 그름이 있다. 『장자』, 「제물편 2:10」. 이것이라는 말은 저것이라는 말이 없을 때는 의미가 없다. 이것이라는 말은 반드시 저것이라는 말을 전제로 한다. 즉 이것이라는 말에는 저것이라는 말이 이미 내포되어 있다. 이것이 없으면 저것이 없고, 저것이 없으면, 이것도 없다. 그런 의미에서 이것은 저것을 낳고 저것은 이것을 낳는다. 아버지만 아들을 낳는 것이 아니라 아들이 없이는 아버지도 있을 수 없으니, 아들도 아버지를 낳는 셈이다. 아버지도 원인인 동시에 결과이고, 아들도 결과인 동시에 원인이다.

인간 의식의 구성은 구성되는 것(the constituted, 경험에 주어지는 것)과 구성하는 것(the constituting, 그런 경험을 가능하게 하는 것)의 동시성으로 이루어진다. 즉 수동과 능동의 종합인 동시성(Synchronicity)으로 이루어진다. 현재의 시 개념도 과거와 미래의 종합인 동시성으로 작동한다. 즉 현재 의식은 과거 경험 기억으로 현재의 의식을 나타내며 이 현재 의식은 또다시 아직 다가오지 않은 미래를 예감, 예지 투사한다. 예컨대 멜로디의 들음에는 다음의 예시처럼 들리는 것과 듣는 것의 수동과 능동이 동시에 작동한다.

들음   **들리는 것-자동사 : 전반성적(수동적) - 내적 시간 의식**
       **듣는 것-타동사[66] : 반성적(선택적) - 지향적 의식, 의미적 절대시간**

그렇다면 이제 이러한 시간과 공간 의식이 어떻게 감정(정서)에 영향을 주는가? 즉 과거 의식인 파지와 미래의식인 예지는 감정(정서)과 어떻게 서로 강한 유대를 지니는가에 대해 고찰해 보자. 예지는 지향적으로 '충족되어 있지 않은데', 이는 예지가 겨냥하는 것이 부재하거나 혹은 현존하지 않고 있다는 것을 의미한다. 예지는 '아직 아닌 것'을 지향한다. 그래서 내용이 아직 규정적으로 채워져 있지 않다. 이와 대조적으로 파지는 '충족되어' 있다. 왜냐하면 파지는 방금 거기에 있었던 것을 겨냥한다. 그래서 내용이 규정적(인과관계 및 논리적 결과)이다.

---

[66] 타동사적 의식은 반성과 어떤 일정한 종류의 기억에서만 발생한다. 반성이나 기억에 선행하는 모든 경험은 전반성적이고 자동사적인 자기 알아차림이다. 우리는 멜로디를 들을 때, 멜로디를 듣거나(타동사적 의식) 들음(자동사적 의식)을 통해서 살고 있다. 들음은 대상적 의식인 관찰이나 추리 없이 그 자체를 자신의 즉자적인 경험(주관적인)의 성격을 갖고 있다. 예컨대 우리의 시각에 들어온 사물의 붉은 색은 그 자체가 붉은색이 아니다. 인간의 망막에만 맺혀진 주관적인 붉은 색일 뿐이다. 강아지에게나 개구리에게 맺어진 색은 과연 어떤 색일까? 이처럼 경험되는 것은 경험과 동일한 것이 아니다.

감정(정서)은 예지에 필수적이다. 예지는 항상 동기부여, 정동적 톤, 그리고 행위 경향성 혹은 행위를 위한 준비 태세를 제공한다. 그렇다면 감정(정서)은 어떻게 예지와 관련되어 있는가? 파지는 예지를 동기부여 한다. 더 정확히 말해 파지적 내용은 예지적 내용을 동기부여 한다. 예지는 방금 일어난 것에 대한 파지에 기초하기 때문이다. 예를 들어, 한 떼의 새들이 하늘을 날아가는 것을 보는 내 현재의 경험은 이 새들이 방금 있었던 곳에 대한 나의 연속적인 파지에 기초해서 그들이 날아갈 어떤 방향을 연속적으로 예지한다. 다른 한편으로 예지는 파지를 동기부여 한다. 예지 되는 것은 파지 되는 것에 영향을 미치기 때문이다. 나는 이 새들이 날아가는 길을 예지하고, 이 예지는 (만약 날아가는 길이 내가 예기하는 대로 존재한다면) 충족되는 대로 기억된다. 따라서 파지는 방금 일어난 것에 대한 파지뿐만 아니라, 또한 방금 있었던 예지함(protentioning)에 대한 파지도 포함한다. 파지는 예지의 파지 그리고 예지가 충족되거나 충족되지 않는 방식의 파지를 항상 포함한다.[67] 따라서 예지와 파지의 동기부여적 관계는 순환적이다. 의식의 자기 조직화 방식은 파지는 예지를 동기부여하고, 동기부여된 이 예지는 파지에 영향을 미치고, 영향을 받은 이 파지는 예지를 동기부여 한다.

행위 경향성에 있어서 예지의 '아직 아님'은 정서의 성향(동기부여, 평가, 정동적 톤, 행위 경향성)에 의해 조건 지어져 있다. 생물학적 시간은 근본적으로 앞을 내다보며, 자가 생성과 의미 형성에서 생겨난다.

---

[67] 파지가 예지를 동기부여 하지 못하는 병리적인 경우는 어떤 경우인가? 그리고 예지의 충족 여부에 따라 예지는 파지에 어떤 경험을 하게 하는가? 우리가 의식적으로 기억하지 못하는 일도 무의식과 뇌는 분명하게 기억한다. 나쁜 경험은 무의식의 기억으로 저장되고 위협 상황이 닥쳤을 때, 뇌는 이 무의식의 기억을 불러내 판단을 내린다. 나쁜 경험이 지속되면 위험 상황을 담당하는 신경세포 네트워크는 유사한 상황에 대해 동일한 방향으로 해석을 내린다. 이러한 선 체험에 대한 기억의 저장은 시간 의식인 파지와 예지 그리고 정서와 유기적 관계에서 작동된다.

자가 생성적 조직화는 끊임없는 신진대사적 자기 갱신을 요구하기 때문에 생명은 미래로 향해있다. 생명의 이 내재적 목적성은 의식의 시간적 지향성에서 재연된다.

그렇다면 이제 지금까지 논의한 감정의 내적 작동 원리의 하나인 기억(무의식)의 시간·공간 의식의 구도를 감정치료에 적용해 보자.

## VI. 기억과 시간 의식의 전변을 통한 감정치료와 상담

기억은 '무의식'의 문제와 깊은 관련이 있다. 기억과 무의식의 공통분모는 '시간 의식'이다. 그리고 그 시간 의식은 바라보는 사람의 인식관이나 인식 태도 또는 그 자신의 고유한 성향과 정서, 더 나아가 기질에 따라 '고유한' '차이'와 '다름'으로 나타난다. 고유한 차이와 다름은 내담자에 대해서 상담자가 가장 깊이 인식해야 할 요소이다.[68] 차이와 다름을 전제하지 않고 집단 사례의 동일한 사례로 다뤄진다면 애초에 상담과 관련이 없이 미끄러지게 된다.

차이와 다름은 내담자의 고유한 성향이자 정서이며 특장이자 습관

---

68) "환자는 대상에 대한 심상을 한순간 이상으로 파지할 수 없다. 소리나 문자나 그림이나 인쇄된 단어에 대한 그의 기억도 마찬가지로 축소된다. 쓰인 단어나 인쇄된 단어 위에 조그만 창구가 뚫어진 종이를 얹어 첫 번째 문자만 그 창구를 통하여 볼 수 있게 하면 환자는 이 문자를 읽는다. 다음 단어 위에 덮은 종이를 움직여 첫 번째 문자는 덮고 두 번째 문자가 보이도록 하면 그는 이 두 번째 문자도 읽지만, 첫 번째 문자는 잊어버리고 첫 번째와 두 번째 문자를 합쳐서 읽지는 못한다. 만약 그가 눈을 감고 잘 알고 있는 칼이나 열쇠 같은 것을 손가락으로 탐색하여 더듬으면, 그때 얻는 개별 인상으로 그는 어려움 없이 그 물건의 이름을 부른다. 그러나 손에 물건을 동시에 놓고 여러 손가락으로 그 물건에 접촉할 수 있게 하면 이 환자는 연속적 인상들을 한데 묶어 개별적인 감각을 결합해서 그 물건을 알아차리지 못한다." (심리학의 원리, 윌리엄 제임스, 정양은 옮김, 아카넷(2014), p.1160 원주 재인용).

이며 능력이다.[69] 상담자는 내담자의 특성을 통해서 치유의 길로 안내할 수 있다. 만약 이를 놓친다면 내담자의 주체적 능동성과 자율성은 감소한다. 주체적 능동성과 자율성이 기반되지 않은 상담은 상담자 그들만의 유희가 될 뿐이다.

지나간 사건에 대한 과거 경험-기억을 회상해서 지금-현재 자신이 처한 실존의 문제와 앞으로 다가올 사태에 대해 어떻게 예감하고 행위하는가의 문제는 내담자의 고유한 성향과 정서 그리고 인식 태도와 밀접한 관계가 있다. 후설은 성향, 정서, 인식 이 세 가지를 '의식의 구성' 요소로 보았고 그 기능의 특성을 '지향성'으로 규정하였다.[70] "의식을 구성하는 성향과 정서, 인식은 대상을 지향한다. 그리고 그 지향성은 시간 의식을 수반한다. 따라서 성향과 정서, 인식은 시간 의식이라고 변형이라고 할 수 있다."[71]

---

69) 습관이란 일반적이고 영속적으로 존재하는 방식이다. 습관에는 '획득된 습관'과 '형성된 습관'이 있다. 이 차이는 수용성과 자발성, 수동(passion)과 능동(action), 또는 감각과 지각의 차이이다. 생명은 수용성과 자발성의 대립을 내포한다. 이것은 생명의 조건인 동시에 습관의 조건이기도 하다. '획득된 습관-다른 곳으로부터 받아들인 변화'란 수동적으로 받아들이게 된 습관을 말하고, '형성된 습관-자신 속에 원천을 가지고 있는 변화'란 적극적으로 자발성이 개입되어 노력한 결과로 이루어진 습관을 말한다. 이 양자는 근본적인 차이가 있는 것이 아니라 어떤 공통의 생명의 밑바닥을 지니며, 능동성과 수동성이 불가분적으로 결합하여 성립한다. 한편 습관이 생긴다는 말은 동시에 병이 '걸린다'라는 의미와 병이 '낫는다'라는 의미도 함께 지니고 있다. 따라서 습관은 단지 어떤 상태인 것만이 아니라 어떤 소질(disposition), 어떤 능력(vertu)이 있음을 말해준다. 여기서 소질이나 능력은 가능적인 것에 관여한다. 'vertu'는 단순한 도덕적 덕목이 아니라 능력을 의미한다. 습관은 변화 가능성, 변화하는 것의 불변성, 그리고 그 불변적인 것이 능력을 갖춰야 한다는 삼대 요소가 있어야 이루어진다. 이때 능력이란 '불가능한 것을 뚫고 가능하게 할 수 있는' 어떤 것이다. 생명은 변화하지만 변하지 않는 모순적 존재이다. 그 모순을 지양해서 뚫고 나가는 것이 능력이다. 습관에서 수용성이 감소하고 능동성이 증가하는 것이 생명의 방향이며 진화와 같은 방향이다. 이상, 라베쏭 지음/최화 역주『습관에 대하여』, 누멘(2010), pp. 75-77 참조.
70) 후설, 이종훈 옮김, 『현상학적 심리학』, 「아프리오리한 학문인 보편적 세계구조에 관한 학문」, 한길사(2013).
71) 임병식, 「공감 애도 프로그램」, 한국싸나톨로지협회 2017년 공감 프로그램 5강 자료집.

기억에 대한 시간 의식을 달리 표현하면 심상(마음먹음)의 변화 과정이다. 감정치료의 목표는 내담자의 마음 먹음, 즉 사건(대상)에 대한 의식과 인식의 차원적 변화를 통해 재적응을 넘어 인간적인 삶을 영위하도록 하는 데 있다. 그렇다면, 사건(대상)에 대한 의식과 인식의 차원적 변화는 무엇을 말하는가? 그것은 심적 내재화·내면화의 과정을 말한다. 감정론에서는 감정치료는 감정의 심적 내재화(내면화)에 있다. 그 일단을 제시하면 다음과 같다.

심리의 내재화 과정은 주체적 능동성과 자율성 강화(자아 강화)의 과정이다. 이는 자아(ego) 강화에서 본래 자기성(Das Selbst)으로의 이행 과정이며 재적응의 과정이다. <심리의 내재화>는 다음의 과정을 거치며 구성된다.

1) 표현: 비탄 감정의 표현 /자신의 감정에 솔직해지기
2) 후련함: 상실과 결핍으로부터 감정 회수(충족)하기, 표현 후 찾아오는 감정의 후련함
3) 깃들기: 감정 해소 후, 안정감이 회복되는 생리적 항상성과 평형성 (homeostasis, equilibrium, harmony, balance), 억압과 저항(외상)이 아닌 자연스레 스며듦/리비도의 철회와 집중
4) 비로소 보이는 것들: 인식 차원의 질적 변화(의도함이나 강제가 아닌 저절로)/자신의 실존적 상태 발견하기/보는 것과 보이는 것, 듣는 것과 들리는 것/판단 중지
5) 수용하기: 맞이하기/ 수용하는 주체, 실존으로 살기
6) 이해하기: 인과관계를 넘어, 보이지 않는 그 너머의 지평으로 가기/의식의 확장
7) 의미망 형성: 객관 대상과의 관계 맺음/너는 내게 나는 네게로, 주관과 객관세계의 교감하기/우리는 무엇으로 살아가는가-생명의 의지

와 동기(Lebenthrieb)
  8) 화해: 하나 되기, 주관과 객관의 합일화 / 우리는 사람이다
  9) 그 너머로 가기: 재적응과 누리기

　위에서 말한 전체 과정의 성격은 '의미화의 과정'으로 규정할 수 있다. 여기에서 가장 중요한 점은 모든 치유의 첫 출발인 '표현함'에 있다. 무엇을 표현한다는 것인가? 표현한다는 것은 무엇을 의미하는가? 억압과 저항, 회피와 도피, 연기도 생명 충동 하나의 표현이 아닌가? 주의해야 할 것은 '후련함'이라는 신체적 자각이다. 즉 자신에게 직접 깃드는 생리적 작용이다. 만약 신체적 감각을 대면하지 못하고 회피하고 억압한다면 의식은 병리적 현상을 겪는다. 이 말은 신체적 감각인 감정, 예컨대 분노와 슬픔, 우울, 거부 자체가 치유의 과정임을 반증한다. 생리적 감각에 대한 직접적 소여가 없다면, 출발점도, 이를 곳도, 도달할 곳도, 머물 곳도 없고 그 너머 인식의 지평으로 이어갈 수 없다. 인식의 지평을 향한 동기와 지속은 신체적 경험 감각에 기반해야 한다. 경험 감각은 구체적 현실성을 제공한다. 감각에 의지하지 않은 관념적 인식은 온전한 자각을 이루지 못할 뿐만 아니라 멀리 갈 수 없다. 감각경험인 심적 후련함이 없다면 우리의 심상에는 또다시 억압과 저항의 병리적 기제로 변환된다. 억압과 저항은 비탄을 해소하지 않을 때 회피, 도피, 연기가 일어난다. 이는 또 다른 외상과 복합 비탄을 양산한다. '깃들기'는 저절로 스며드는 생리적 현상이다. 생리의 세계는 융(C.G. Jung)이 말한 자기성으로서의 세계이다. 자기성으로서의 세계는 자아를 넘어 외계와 소통하는 개방체계이다. 거기에는 자아의식이 제공하는 억지와 강제, 의도함이 없다. 즉 자아가 탈색된, 수동적 상태(판단 중지)에서 생리의 자연적 상태가 회복되는 과정이다. 내면화의 과정

에는 시간의 지속성과 인식 확장의 차원인 공간성이 개입되어 있다. 심적 내재화의 과정은 '감각의 체화 → 자아(ego)의 강화 → 인식의 확장 → 자아(ego)의 무화 → 절대적 인식의 확장'의 시간과 공간의 변화를 통해 본래적 자기성(Das Selbst)으로 이행하는 과정이며 이것이 곧 감정치료이자 재적응의 과정이다.

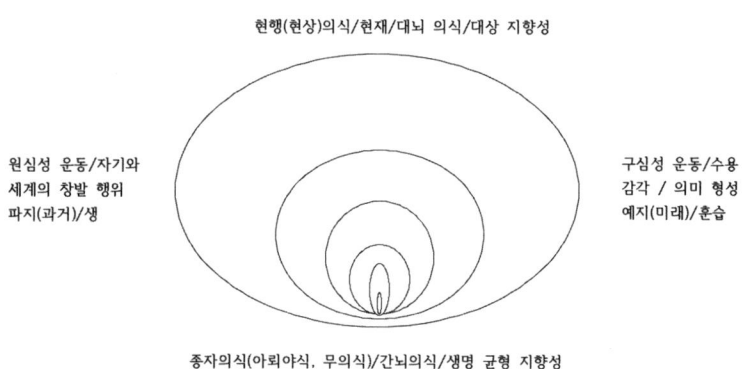

도표 4. 뇌과학-생물학-심리학-현상학-유식학-감정학의 정합적 일치성

## 실천 1
# 실존적 한계상황

**<내용 요약>**

실존정신언어분석은 죽음학에서 상실과 죽음을 경험한 사람들을 평가하고, 개입 및 치료하는 방법론으로, 인간 존재의 본질을 회복하는 것을 목표로 한다. 실존은 한계상황에서 자기 자신을 소외시키며, 증상을 자신의 본질로 돌아가려는 의도로 해석된다. 언어는 욕망의 표현으로, 증상은 실존을 향하는 몸의 언어로, 이를 통해 인간은 의미와 의지를 회복한다. 발화가 "진실하다" 또는 "맞다"가 아닌, "무엇이 그로 하여금 그렇게 말하게 하는가?"를 파악하는 것이 중요하다. 프로이트와 라캉은 주체의 확실성이 타자의 언어가 중지되는 곳에서 발현된다고 해석하며, 이를 통해 내담자는 자신만의 고유한 자기성을 회복할 수 있다고 본다.

**<핵심어>**

실존정신언어분석(Existential Psycholinguistic Analysis),
죽음학 (Thanatology), 증상(Symptoms), 실존 (Existence),
주체적 자기(Subjective Self), 언어(Language),
무의식(Unconscious), 야콥슨(Jakobson)

**<학습 목표>**
- 실존정신언어분석의 기초 개념과 이론을 이해한다.
- 죽음학과 상실의 개념을 언어와 심리적 관점에서 분석할 수 있다.
- 프로이트의 정신분석 이론과 야콥슨의 언어 이론을 비교하고 적용할 수 있다.

- 언어가 주체적 자아 형성에 미치는 영향을 탐구한다.
- 무의식과 의식의 상호작용을 분석하여 인간의 실존을 이해한다.

**<적용 실천>**
- 죽음과 상실에 대한 심리적 대응 방안을 언어적 관점에서 상담에 적용할 수 있다.
- 실존정신언어분석을 활용하여 개인의 무의식적 갈등을 탐구하고 치료적 접근을 시도할 수 있다.
- 프로이트와 야콥슨의 이론을 기반으로 심리상담 및 치료에서 언어의 역할을 더 효과적으로 이해하고 활용할 수 있다.
- 언어 분석 기법을 통해 사람들의 내면적 자아와 감정 상태를 더 깊이 이해하고 돕는 실천을 할 수 있다.
- 실존정신분석을 바탕으로 실존적 위기나 정신적 고통을 겪고 있는 개인에게 더 적합한 언어적 치료 방법을 제공할 수 있다.

# 실존적 한계상황

## Ⅰ. 실존정신언어분석

'실존정신언어분석'은 죽음학(Thanatology)에서 상실과 죽음을 경험한 사람들을 평가(진단)-개입(상담)-분석(치료)하기 위한 방법론적 도구이다.[72] 이는 한계상황에 놓인 한 인간의 존재 문제를 치유하는 방편이기도 하다. '실존정신언어분석'이 지향하는 궁극적인 목적은 '주체적 자기'를 회복하는 것에 있다. 실존은 한계상황에 처했을 때 자신을 소외시켜 생경하게 느끼는 존재 의식이다. 우리가 증상을 지니고 있다는 것, 그것은 부정성이기보다는 자신의 본질(존재)로 회귀하고자 하는 사건이다. 그래서 죽음학에서는 증상을 긍정성으로 본다. 증상은 실존을 향한다. 실존이란 자신이 '있음'에 대한 전면적인 자각이다.

'실존정신언어분석'이 지향하는 궁극적인 목적은 '주체적 자기성'으로 온전히 타자와 현존함에 있다. 환자의 고통과 증상은 협의의 생리-심리-병리학적인 문제로 해결될 문제가 아니다. 인간이 증상을 지니고 있다는 것, 그것은 곧 자기성으로 회귀하고자 하는 몸의 메시지이기 때문이다. 증상은 몸의 언어이다. 언어는 욕망의 표현이다. 욕망은 결핍에서 시작해서 채움을 지향한다. 결핍과 채움 사이에는 수많은 심리적

---

72) '실존정신언어분석'에서는 신체와 유리된 언어기호를 신체로 돌려놓고자(putting the mind back into the body) 한다. 타자의 문법을 폐기하고 자신만의 인지 문법을 다시 창안하고자 함에 목적을 둔다. 자신의 언어가 아닌 한 모든 언명은 우화이다. 우화가 아닌 실재를 출현하기 위해서는 신체가 언어-기호를 규정할 수 있도록 해야 한다. 그래서 '실존정신언어분석'에서는 먼저 담화를 분석한다. 신체를 포획하는 언어-기호는 누가 만든 것인가? 즉 말해지고 명명된 시점, 명명되기 이전의 사태는 어떠했는가? 이는 기존 기표 담론구조를 해체해서 최초의 기표가 어떻게 은유했는지, 그 기표의 자리를 찾아야 한다. 먼저 존재(실재)를 표지하는 첫 번째 기표인 증상에서 출발한다.

기제가 역동적으로 작동한다.

분석의 최종 목적은 실존으로 귀결된다. 그래서 인간이 보인다. 인간은 여타 동식물과 달리 의미-의지적-실존의 존재이다. 의미-의지적-실존에서 멀어질 때 비로소 나타나는 것이 증상이다. 증상은 의미-의지적-실존의 존재로 회복하고자 하는 몸의 언어이다.

'실존정신언어분석'에서 내담자의 발화 내용이 '진실하다, 진실하지 않다, 맞다, 맞지 않는다'라는 문제는 부차적이다. 더 중요한 것은 "무엇이(누가) 그로 하여금 그렇게 말하고 행위를 하게 하는가?"이다. 즉 그의 말과 행위가 어떤 문법에 지배받고 있는지, 그가 하는 말과 행위가 그가 하는 것인지, 아니면 그 너머에 있는 다른 초자아의 지배를 받고 있는지 그것을 파악하는 것이 더 중요하다. 자아와 초자아의 갈등이 증상이 시작하는 곳이기 때문이다.

프로이트와 라캉(J. Lacan)은 '주체의 확실성'이 타자의 언어가 중지된 곳에서 발생한다고 해석한다. '타자의 언어가 중지된 그곳'은 바로 '무의식'적으로 말할 때이다. 즉 타자가 만들어 놓은 문법에서 벗어난 때이다. 현실에서 사용되는 언어는 이미 타자가 만들어 놓은 지배 질서 체계의 언어이다. 언어가 중지된 곳(내담자의 발화가 중지된 곳)은 다름 아닌 꿈이나 농담·말실수·침묵·혼돈·선명하지 않음(불확실함)·무지(모름)·의심·질문·의문 등이다. 이곳에서는 타자의 지배가 멈추고 자신만의 고유한 실재가 도래하는 곳이다. 그곳에서 타자의 언어나 욕망이 아니라, 바로 우리 자신이 자신일 수 있는 가장 고유한 자기성(Selbst)이 나타나는 곳이다. 그곳은 타자의 지배 언어가 균열하기 시작한 지점이다.[73]

---

73) 지그문트 프로이트, 윤희기 · 박찬부 옮김, 위의 책, pp. 267-342, 참조. 자크 라캉, 자카-알랭 밀레 편 『세미나 11, 정신분석의 네 가지 근본개념』, 맹정현·이수련 옮김, 새물결,

## Ⅱ. 프로이트와 야콥슨의 언어학

모든 문자는 소리로 전환-음성화-되어야만 의미가 발생한다. 예컨대 압도될 만큼 강력한 외부 자극(시각)을 받을 때 우리는 자동으로 음성으로 외치게 된다. 이는 강력한 시각의 사물 표상 발화를 통해 해소하고자 하는 유기체의 자연스러운 반응이다. 그래서 프로이트는 무의식의 언어를 사물 표상으로, 전의식의 언어를 단어 표상이라고 명한다. 전자와 후자의 차이는 '시각적 언어'와 '청각적 언어'라는 점에서 무의식의 전 의식화는 시각언어를 음성언어로 바꿈으로써 음성화하는 과정이다. 프로이트는 이미 『과학적 심리학 초고』(1895)에서 기억 이미지는 언어 이미지와 결합함으로써 의식의 특수한 '질적인 징후'를 획득할 수 있다고 말하면서, 단어 표상이라는 개념을 언표화와 의식화를 연결하는 개념으로 도입하고 있다. 한마디로 단어 표상은 언어학에서 말하는, 기호내용을 포함하는 음성언어, 즉 말이다. 사물 표상의 의미작용은 그것을 통해서만 일어난다. 사물 표상은 단어 표상과 결합함으로써만 의식화되고 의미화될 수 있다. 그래서 프로이트는 "사고의 질적 변환을 위해서는, 그 과정이 언어의 기억과 연결되어야 한다."라고 하는 것이다.

내담자가 어떤 사건에 대해 말을 한다는 것은, 이미 내담자가 대상 사건을 객관화해서 이해하고 분석한 것을 전제로 기술하는 것이다. 따라서 말을 한다는 것은 곧, 자신의 이해를 바탕으로 한 것을 재구성한 것이다. 실험실에서의 결과는 이미 관찰자가 어떤 질문과 의문을 지니고 바라보느냐에 따라 산출한 것이다.

---

2008), pp. 71-86.

질문과 의문은 이미 무엇을 안다는 것을 전제해서 성립하기 때문이다. 여기서 재구성은 현재의 관점에서 과거 사건에 대한 기억을 미래의 소망으로 투사한 것을 전제로 한 것이다. 그러니까 재구성(말을 한다는 것)에는 자아가 과거 경험의 부정적 요소로부터 긍정적 요소로 이행하고자 하는 욕구의 지향성이 이미 개입해 있음을 의미한다.

'실존정신언어분석'의 담화는 야콥슨(R. Jakobson)의 언어학에 기초를 둔다. 야콥슨에 따르면 의사전달이 이루어지기 위해서는 다음과 같은 여섯 가지 요소가 동시에 기능해야 한다.

상황
발신자 --- 메시지 --- 수신자
접촉
코드

위의 여섯 가지 요소는 담화에서 각각 자신의 자리를 차지하고 있으며, 그 자리는 서로 다른 기능을 맡고 있다. 야콥슨은 다음과 같이 말한다.
언어의 다양한 기능에 대한 윤곽을 얻으려면, 모든 발화, 모든 언어 행위를 이루는 구성 요소들을 개관해야 한다. 발신자(destinateur, addresser)는 수신자(destinataire: addressee)에게 메시지를 보낸다. 하나의 메시지가 발동하려면, 언급되는 상황(contexte, context)이 필요하다(이는 지칭물(référent)>이라는 술어로 불리기도 한다). 이것은 수신자가 이해할 수 있는 것이라야 하고, 언어라는 형식을 취하든지 아니면 언어화할 수 있는 것이라야 한다. 다음에 필요한 코드는 완전하게, 아니면 적어도 부분적으로 발신자와 수신자(다른 말로, 메시지에 대해 코드화하는 사람(encodeur: encoder))와 코드를 해독하는 사람(décodeur: decoder)에게 공통된 것이라야 한다. 끝으로 필요한 것은 발신자와 수신자 간의 물리적 회로 및 심리적 연결이 되는 접촉(contact)으로서 양자가 커뮤니케이션을 시작하여 이를 계속할 수 있게 하는 요소이다.[74]

여기서 우리가 기억해야 할 것은, 이들 서로 다른 여섯 가지 기본 요소 중에서 어느 한 가지 기능만을 가지고 성립할 수 있는 메시지는 없다는 점이다. 어떠한 메시지도 그것이 메시지로 성립하려면 여섯 가지 기능이 필수적으로 참여해야 한다. 그러함에도 불구하고 커뮤니케이션의 양상은 다양하게 나타난다. 그것은 앞의 여섯 가지 기능 중에서 어느 하나만으로 이루어졌기 때문에 생기는 현상이 아니라, 그것 중에서 어느 하나가 다른 기능들보다 더 강조되었기 때문이다. 이렇듯 이 기능들은 커뮤니케이션의 양상에 따라 어느 한 기능이 다른 것보다 더 우월한 계층성을 보일 수 있다.

구조주의적 언어모델에서 중요한 것은 자리와 기능이다. 위의 모델도 자리들의 관계로 이루어져 있고, 각각의 자리는 이름과 기능이 있다. 그것은 마치 <주어+동사+목적어>라는 기능을 가진 자리들의 결합으로 문장이 이루어지는 것과 같다. 커뮤니케이션의 자리도 각각의 기능이 있다.

우선 **<상황>**은 <지시적 기능>을 가지고 있다. 가령 "너 거기 어디니?"라는 메시지가 있다고 하자. 그 메시지에서 <거기>가 어디인지 알려면, 말을 한 상황이 연루되어야 한다. "나, 여기 있어."라는 말도 마찬가지이다. 그 말은 발신자가 처한 상황이 개입되지 않으면 수신자에

---

[74] 로만 야콥슨, 「언어학과 시학」, 『일반언어학 이론』, 권재일 역, 민음사, pp. 215-16.

게 이해될 수 없다. 이렇게 상황이 지시적 기능을 지닌 것은, 특별히 상황이 개입되어야 무엇을 의미하는지를 알 수 있는 메시지에서 가장 극명하게 드러난다.

<코드>는 기호의 관습성 및 기호들을 연결하는 관계의 엄격한 법칙성을 말한다. 따라서 우리는 발신자를 코드의 관점에서 메시지를 코드화하는 사람(encodeur)이라고 말할 수 있다. 역으로 수신자는 발신자가 코드화한 메시지를 탈-코드화하는 사람(decodeur)이다. 발신자와 수신자가 서로 통신이 되려면, 코드가 맞아서, 다시 말하면 서로의 코드를 알고 있어서 상대방의 메시지를 해독할 수 있어야 한다. <메타언어(métalangage)>는 코드가 알려지지 않아서 번역 불가능함을 의미한다. 가령 "잘 모르겠습니다. 무슨 말씀입니까?"라는 말은, 상대방이 한 말이 무슨 말인지 모르니까 그 말의 코드를 다시 설명해 달라는 뜻이다. 따라서 코드의 자리가 강조될 때는 어김없이 <메타언어>가 요구된다. 가령 <책상이다>라고 말하면 그것은 그냥 대상 언어이다. 그런데 <책상이라는 말이 무슨 뜻이야?>라고 말하면 그것은 메타-언어이다.

다음으로 <접속>에서는 교환 기능이 강조된다. 접촉을 확인하는 말은 대개 말을 걸고, 말을 시작하기 위한 말이다. 가령 <여보세요 들립니까?>라든지, <듣고 계십니까?>와 같은 말은 통화의 회로를 확인하고, 상대방의 주의를 확인하는 기능을 하고 있다. 그것들은 접촉을 지향하는바, '친교적 기능'이라고 하는 것을 갖고 있으며, 주로 의례화되어 버린 인사를 주고받는다든가, 그저 이야기를 길게 끌고 가기 위해 주고받는 대화 등에 나타난다.

다른 한편, 발신자의 자리는 <감정 표시적> 기능이 지배직이다. 가령 '에고~~!'과 같은 감탄사는 화자(즉 발신자)의 감정이나 태도를 직접적으로 표현하려는 목적을 갖는다. 따라서 발신자의 자리에 초점이 맞추어져 있는 말에는 감정표현이 지배적으로 나타난다.

반면에 메시지가 수신자를 특히 지향하고 있으면, 그것은 주로 명령적으로 나타난다. 즉 명령문은 오직 수신자만을 지향하고 있다. 따라서 수신자의 자리에서 두드러진 기능은 **<명령적 기능>**이다. 가령 <마셔라!>라는 명령문은 그 명령을 받는 이인칭 단수인 <너>를 지향하고 있다.

마지막으로 야콥슨은 <메시지> 자체가 강조될 때는 **<시적 기능>**이 우세하다고 말한다. "시적 기능은 등가성의 원리를 선택의 축에서 결합의 축으로 투영한다."라는 야콥슨의 유명한 명제가 있다. 가령 '해가 알코올 속으로 진다'를 읽을 때, 우리는 <알코올 속으로>라는 표현의 자리에 들어가는 일상적인 표현, 즉 <서산으로>라든지, 또는 <수평선으로>라든지를 무의식적으로 떠올리며 그 시 구절을 투사한다. 그것은 <서산으로>와 <알코올 속으로>를 등가로 놓는다는 것을 의미하며, 동시에 그 등가성을 그 문장에 삽입함으로써 인접한 문장으로 상상(想像)성이 번져나가게 한다. 여기서 <서산으로>와 <수평선으로> 그리고 <알코올 속으로>의 관계는 등가로 연결되어 있기에 그중의 하나를 선택할 수 있다는 의미에서 선택의 축을 형성하며, <해>, <알코올 속으로>, <진다>는 결합하여 문장을 형성하고 있기에 그것들은 결합의 축을 형성하고 있다.[75]

---

75) <하나의 기표 A가 또 다른 하나의 기표 B로 대체되는 것>이 은유이다. 그런 점에서 마음(심상, 인지, 의식, 정신, 감정, 영혼)은 은유로 작동된 것이다. 만일 은유가 작동되지 않으면, 즉 하나의 기표만 주어진다면 마음(인지, 의식, 정신, 감정, 영혼)이 무엇인지 알 수 없다. 반드시 은유로 작동되어야 마음을 알 수 있다. 그렇다면 하나의 기표가 또 다른 하나의 기표로 대체되거나 작동하기 위해서는 두 기표 사이(간극)가 필요하다. 간극에서 무슨 사건이 일어난 것일까?

그래서 야콥슨이 <등가성의 원리를 선택의 축에서 결합의 축으로 투영한다>라고 말한 것이다. 이때 시의 감흥이 일어난다. 예컨대 <생각하는 갈대>라는 말을 할 때, <사람> 대신 <갈대>라는 단어를 선택해서 <생각하는>이라는 수식어와 결합한 것에 불과한데 시적인 영혼의 울림이 일어난다. 그래서 야콥슨은 메시지의 자리를 <시적 기능>의 자리, 즉 은유(이미지, 영상)로 보았다. 담화에 관여하는 여섯 가지 기능을 종합하여 정리하면 다음과 같다.

지시적 기능
감정 표시적 기능 --- 시적 기능 --- 명령적 기능
친교적 기능
메타 언어적 기능

야콥슨의 커뮤니케이션 모델을 라캉의 담화와 비교해 볼 때, 그것은 의미작용과 그것의 전달을 전제로 하고 있다. 그것은 논리 실증적으로 증명할 수 있을 뿐만 아니라, 합리적인 차원에서 약속된 것이다. 그것은 랑그에 기반을 두고 있는 소통이기 때문이다. 따라서 야콥슨의 언어학에서는 언어 즉, 기호 형식은 의미작용 또는 기호내용을 나르는 수단에 불과하다. 그것은 기호내용을 기호 형식의 우위에 두고, 그것들의 안정적인 결합을 전제하고 있는 소쉬르(F. Saussure) 언어학의 전통을 이어받고 있다.[76]

**분석자(발화 주체) ⇒ 간극[77](무의식) ⇒ 분석가(듣는 주체)**

---
76) 『소쉬르 일반언어학 강의』, 최승언 역, 민음사, p. 137 참조.
77) '실존정신언어분석'에서는 간극을 심적 기제가 재구성되어 발현하는 '심상의 공간'으

그러나 라캉은 야콥슨에게 소리 높여 외친다. 기호 형식은 기호내용의 수단도 아니며, 그것의 의미작용이 언어학에서 말하듯이 안정적이지도 않으며, 그것은 기호내용을 표상하는 것이 아니라 주체를 표상하며, 또한 말하는 주체가 그렇게 통일되어 있지 않고 분열되어 있기에, 그의 담화는 무의식적이고 비합리적이라고 말한다. 이제 기호 형식(S)은 라캉에 이르러 기호내용(s)보다 우위에 있는 것은 물론이려니와, 무의식의 주체를 결정하면서 그를 분열시킨다. 한마디로 기호 형식이 주체(S)를 지배하는 것이다.[78]

## Ⅲ. 실존정신언어분석가의 태도

정신분석과 언어학의 접목은 여러 차원에서 문제를 안고 있다. 일차적으로 기호 형식은 의미작용을 그 기능으로 하지만, 라캉이 말하는 기호 형식은 기호내용을 배제한다는 점에서 언어학의 기호 형식과 다르다. 언어학의 기호 형식은 의미작용을 목적으로 한다는 점에서 기호내용의 수단이며, 기호내용이 기호 형식에 우선하고 우위에 있다고 본다. 그러나 라캉은 기호내용에 대한 기호 형식의 우위를 강조한다. 그에 따르면, 기호내용은 기호 형식의 효과에 불과하다. 예컨대 영어 문법 5형식에서 각 품사(주어+동사+직접목적어+간접목적어+보어+부사+형용

---

로 규정한다. 이 공간에서 대상 지향성과 투사, 내사가 이루어진다.
78) 소쉬르의 도식은 기호내용을 기호 형식의 우위에 놓고, 그것들의 안정적인 결합을 강조하기 위하여 원으로 비유하고 있는 것에 반해, 라캉은 그것들의 관계를 뒤집어 기호 형식을 우위에 둘 뿐 아니라, 그것도 모자라 기호내용의 자리에 분열된 주체를 놓음으로써 기호 형식의 결정과 지배를 강조하고 있다. 또 그는 그 둘 사이를 실선(횡선)으로 갈라놓음으로써 그들의 직접적인 관계가 영원히 차단(또는 억압)되어 있음을 보여준다.

사)가 어디에 어떻게 결합하고 위치하느냐에 따라 지향하는 의미가 다르게 나타나듯이, 라캉은 의미가 기표의 형식구조에 따라 형성되기에 기의(기호내용)보다 기표의 구조와 변환에 더 중점을 둔다.

'실존정신언어분석' 방법이 프로이트와 라캉의 언어학을 수용하는 이유도 여기에 있다. 증상(신경증, 도착증, 정신증)의 생성과 감소는 발화자가 어떤 관점과 위치에서 사물(대상 또는 사건)과 관계를 맺는가에 따라 증상의 속성과 특성이 달라지기 때문이다. '실존정신언어분석'에서는 의미화를 통한 증상치료를 위해, 증상을 유발한 인지 도식으로부터 다른 관점의 인지 도식으로 변환할 수 있도록 안내한다. 이것이 '실존정신언어분석'적 치료 개념이다.

원활한 분석을 위해서는 분석가와 내담자 사이의 문자적 의미나 지칭 관계가 아닌, 언어 사용자들의 자연적·문화적 조건과 상황, 그리고 그에 따른 총체적 경험과 이해가 필요하다. 이를 위해 과거 다른 시대 상황과 공간에서 경험한 개인을 그들이 처한 특수한 시점과 존재 방식으로 이해해야 한다.

분석가는 자신의 시대와 일상생활의 지평에 제약받는다. 상실자의 과거 경험이 분석가의 인식 관심 속에서 읽히는 것은 상실자 자신이 아닌 제3의 의미화 과정임을 직시해야 한다. 모든 인간의 감정은 과거 경험의 부분이며, 삶의 체험에서 설명되어야 한다. 일상생활 속 인간의 경험은 시대와 공간에 따라 다른 특성이 있으므로 추상적으로 이해해서는 안 된다.

분석은 인간 삶의 비탄을 단순한 물리적 사건의 불연속적 집합이 아닌 '의미의 체계'로 파악하고, 그 의미의 세계는 경험이 일어나는 삶의 체험 지평 속에서 이해해야 한다. 우리의 삶의 경험은 주관적이며 시공적이고 역사적이며 상황적이다.

    죽음학 임상 실천에서는 상실자의 세계관(Weltanschauungen)의 다원적 수용을 요구한다. 즉 이러한 다원성의 인식, 그리고 모든 해석과 평가의 상대적 상황성의 용인이야말로 우리의 정신을 개방성으로 안내하고 그 지점에서 비로소 상실자의 치유는 시작된다.

## 실천 2
# 상흔에 깃든 기억 관찰하기

### <내용 요약>

이 글은 상흔과 관련된 심리학적, 철학적 이해를 다룬다. 상처와 상흔의 관계를 실존적 체험과 연결하여 설명한다. 이를 통해 상처를 넘어서는 치유와 자기 이해의 과정이 강조된다. 적용 실천으로는 자기 인식 훈련이 포함된다. 또한, 말하기와 발화 활동을 통해 상흔을 성흔으로 전환하는 경험을 활성화한다. 상처의 상징화와 통합을 통해 자기의식의 재구성을 시도한다.

### <핵심어>

상흔 (Scar), 상처(Wound), 실존적 체험(Existential Experience),
자기 인식 (Self-awareness), 발화 활동(Verbal Activity),
심리적 자기결정(Psychological Self-determination),
창조적 존재(Creative Existence), 상징화(Symbolization),
자기 재구성(Self-reconstruction)

### <학습 목표>
- 상흔과 상처의 관계를 이해하고 실존적 체험을 통해 상처를 치유하는 방법을 학습한다.
- 자기 인식 훈련을 통해 내면적 응시와 자아 성찰을 촉진하여 상흔을 이해하는 능력을 기른다.
- 말하기와 발화 활동을 통해 감정적 고통을 언어로 풀어내고 치유의 과정을 경험한다.
- 심리적 자기결정 훈련을 통해 외부 자극에 대한 반응을 인식하고 삶

의 방향을 결정할 수 있다.
- 상흔을 창조적 존재로 활용하여 긍정적인 변화와 성숙을 추구하는 방법을 습득한다.

<적용 실천>

- 자기 인식 강화: 일상적인 자아 성찰을 통해 내면의 상처를 인식하고, 그것이 자기 성장에 어떻게 기여하는지 지속해서 점검한다.
- 말하기 및 발화 활동 활용: 상처를 이야기로 풀어내는 세션을 통해 고통을 치유하고, 감정적 상처를 재구성하여 자기 이해를 높인다.
- 심리적 자기결정 실천: 일상에서 외부 자극에 대한 반응을 관찰하고, 이를 재해석하여 자신만의 긍정적인 대응 방식과 삶의 방향을 설정한다.
- 상흔을 창조적 기회로 활용: 개인적인 상흔을 예술적 또는 창의적 활동에 적용하여 그 경험을 성장과 발전의 기회로 삼는다.
- 상처의 상징화 및 통합: 안전한 환경에서 상처의 기억을 활성화하고 상징화하여, 자기 재구성을 통해 주체적인 삶을 살아간다.

## 상흔에 깃든 기억 관찰하기

공간지각의 주체는 누구인가? 지각은 몸이 느끼는 감각이다. 몸이 공간과 시간을 지각한다(느낀다)는 것은 무엇을 의미하는가? 몸의 '전후좌우, 상하 출입 내외'는 몸이 지닌 방향(지향)감각이다. 이는 지금 여기 자신이 있다는 위치, 존재, 정체 감각이기도 하다. 언어는 몸의 감각에서 비롯된 은유와 환유의 연쇄 기표이다. 동양의학에서는 이 감각의 연쇄를 경락으로 설명하였고, 정신분석에서는 '이드-자아-초자아'를 공간적 위상에서, '무의식-전의식-의식'을 시간적 위상으로 설명하였다. 내가 '지금 여기 있다'라고 하는 체성감각이 없다면, 발화행위가 불가능하다. 따라서 정신분석에서는 '말하기'가 핵심과제이다. 우리는 진정 말하는가? 자기 정체성, 자아 통합감, 자기 감각, 자아는 몸의 감각이 느끼는 위치감각이다. 반면에 이인증, 해리증, 둔감증은 위치감각의 부재에서 나타난 증상이다. <실존정신언어분석>에서는 발화행위를 통해 몸의 감각을 되찾을 수 있다고 본다. 상처(傷處)-상흔(傷痕)-성흔(聖痕)은 불교 사성제, '고(苦)-집(執)-멸(滅)-도(渡)'의 이행구조와 유사하다. 상처가 성흔으로, 고통이 진리의 사건으로 전환되는 방법은 도대체 무엇일까?

### I. 상실에서 비롯되는 상처

불안은 자신의 의지와 상관없이 운명 속에 내 던져진 느낌과 전율이다. 이는 자신이 누구인가를 묻는 가능성으로서의 여정이기도 하다. 불안은 어떤 특정 대상에 대한 직접적인 협의의 감정이 아니라, 존재 전반의 성격에 대한 자기반성의 계기가 되는 것이며 세계 안에서 존재하는 자신의 정체성에 대한 물음이기도 하다. 불안이 지닌 실존은 곧 자기 존재의 가장 깊은 심연을 마주 대하고 자신을 스스로 단련하는 자기 해부의 과정이기도 하다. 그것은 인간이 정신적 존재로서 내적 불안을 겪으면서 비로소 인간적 성숙함에 도달하기 때문이다. 불안으로 단련된 단독자는 스스로 영원과 무한의 극단에 이르는 가능성의 실험에 내던져짐으로써 자신을 도약시킬 수 있다. 불안, 외로움, 방황, 서성거림은 살아가는 모든 존재들의 속성이다. 신은 우리에게 귀의처를 찾지 못하는 방황과 서성거림을 주었다. 인간은 불안과 서성거림을 통해 비로소 영혼의 울림이 있게 된다. 방황과 서성거림이 없는 인간에게는 예감이 없다.

 삶은 상실의 연속이다. 상실은 우리의 의지와 관계없이 주어지는 운명 같다. 인간 그 자체가 상실과 상처의 존재이다. 상실에서 나타나는 신체의 직접성이 상처이다. 상처는 그동안 유지했던 안정성이 외부 자극과 충격으로 인해 금이 가고 무너진 상태이다. 프로이트는 이를 근친 상간의 거세로 표현했다. 라캉은 기표의 결여로 상징했다.

 기독교에서는 상실과 상처의 원인을 에덴으로부터의 떨어져 나감과 떠남으로 은유했고 이를 '죄(sin)'로 상징했다. 그러니까 죄의 의미는 떠남과 분리, 상실, 상처이다. 그리고 상실-상처-분리-죄책감-수치심-고통으로 이어지는 이야기의 연쇄는 구속과 은혜로 이어진다. 그 표지를 그리스도가 '상실-상처-분리-죄-고통'을 자신의 주체적 삶으로 전환했기 때문이다. 따라서 기독교 논리에서는 '상실-상처-분리-죄책감-수치심-고통'과 '구속과 은혜'가 대립하지 않는다. 오히려 '상실-상처-분리-죄-고통'이 '구속과 은혜'의 통로가 된다.[79] 그리스도는 외부 대상을 자신과 하나로 인식했기에 대상이 제공하는 상처가 더 이상 상흔으로 머물지 않고 성흔으로 비약하게 되었다.[80] 스피노자는 상흔에서 치유(성흔)로의 관건을 존재와 생명이 '무한한 인과적 질서'로 연결됨을 자각하는 것에 있다고 보았다. 즉 자신의 존재(실재)는 독립된 실체가 아니라 '인과의 무한한 사슬(chain), ad infinitum'에 의해 연결된 존재임을 자각한다면 이내 평화가 깃든다고 보았다. 평화는 자신의 현재적 감정이 왜 발생했는지 그 원인을 추론하는 과정(지성)에서 경험되며, 그 경험이 바로 행복과 기쁨, 평화로운 상태이다. 이렇게 얻는 즐거움이란 상대적 즐거움을 넘어선 즐거움이기에 즐거움이라기보다 평화라고 해야 한다. 들뜨지 않고 가라앉지 않는 평화로운 의식의 지속이 바로 자유이다. 그러므로 구속과 은혜의 발생은 외부적인 사태가 아니라 '자기원인(cause-self)'적이다. 이는 마치 우리가 신을 사랑하는 것이 곧 신이 우리를 사랑하는 것과 동시적임을 의미한다.

---

79) 이유와 원인은 다르다. 원인은 주체의 의지와 관계없이 외부에서 주어지는 필연적이고 결정 불가항력적 객관적으로 주어지는 것이지만, 이유는 주체의 결단에 의해 사태가 결정된다. 치유는 주체의 심적 기제의 전환을 통해 이루어진다. 그래서 치유는 개별 주관적이다.

80) 타자와 대상에 있어서 그리스도의 실존은 언제나 대상과 하나였다. 그의 실존 의식에는 대상 분리가 일어나지 않았다. 예컨대, 요셉과 마리아가 아들 예수를 잃어(상실) 찾아 헤매다 성전에 있는 것을 발견한다. 그리고 왜 이곳에 있느냐는 질문에 "내가 아버지 집에 있었음을 알지 못하셨는지요?"라고 답한다. 그는 그 스스로 '아버지-의-이름'과 동일시한 상태로 살았다. 그에게는 분리, 상실, 결핍이 없었다. 더 무엇을 채워야 할 이유가 없었다. 그는 온전히 스스로 즐거워했고 들에 핀 백합화처럼 완전무결했다. 심지어 그는 그 스스로 길과 진리 생명 그 자체가 되었다. "I am the Way, I am the Truth, I am the Life". 그리고 그 스스로 전체로 이어지는 통로가 되었다. 그 통로의 계기적 실천은 언제나 저들의 '물신적 대상' 그 자체가 되어 주는데 있었다. "나를 먹고 마셔라, 기억하라, 그리고 실천하라"

## Ⅱ. 상처와 상흔

상흔은 상처와 다르다.[81] 상처는 외부적 자극에 의해 유기체 내부의 안정성이 균열(손상)된 사건 그 자체를 의미한다. 그러나 상흔에는 유기체가 자신의 내부 안정화를 위해 외부적 자극에 대해 어떻게 반응하고 대처했는지에 대한 (무의식적) 기록이 남아 있다.[82] 따라서 우리가 고고학적 심층 인지심리학에서 이를 탐사해 본다면, 상흔에는 상처에 대한 유기체 나름의 고유한 대처방식과 지향성의 무늬(기억의 흔적, 기표)가 남아 있다. 거기에 주체가 없다고 말할 수 없다. 상흔에는 외부 자극에 대해 자신만이 이해할 수 있는 방식으로 상처를 재해석하는 유기체의 능동적 사태가 기록(기억)되어 있다. 즉 상흔에는 자극으로부터 주어진 조건들 속에서 자신이 궁극적으로 무엇이 될 것인지를 선택하고 결정하는 결단이 배어있다. 어쩌면 상흔은 유기체의 자율적인 자기

---

81) 명대의 양명은 한바탕 대성통곡을 한 후에야 비로소 마음이 슬픔에서 비롯되는 불안감을 넘어서 안정되고 편안해지며 이것이 곧 마음의 본성인 즐거움이 제대로 구현된 것이라고 역설한다. 만일 심리학의 관점에서 보자면, 이때의 즐거움은 부모의 상에 직면하여 마음에 나타나는 일종의 회한과 참담함 때문에 발생한 울결(鬱結)을 한 차례 대성통곡을 통해 해소함으로써 그 반대급부로 구현되는 '후련하고 시원한' 감정일 것이다. 실제로 어떤 사태와 관련하여 발생한 고통이나 불안의 강도가 점차 후련함과 안정으로 이행하는 과정은 뇌과학에서 말하는 동화(assimilation)와 동일하다. 동화는 생명이 '안정성'을 추구하는 지향성을 말한다. 이 안정성은 신체의 안정성, 곧 항상성이나 질료의 형평성을 의미한다. 몸은 이를 바탕으로 쾌적함, 곧 즐거움을 느낀다.

82) 유기체의 기호체계는 자극-감각-지각-연합-행위의 연쇄 과정으로 이루어진다. 여기서 지각은 과거 경험과 기억에 의한 차이와 다름을 식별, 비교 구별해내는 능력이다. 즉 개별적 자기동일성을 유지하면서 외부로 열려있다. 즉 인접한 신경(언어)망을 통해(연합)서 지각된다. 자신의 체계만으로는 외부 자극을 분별할 수 있는 능력이 없다. 지각은 반드시 인접한 신경과 기호체계(축삭돌기-수상돌기)의 연합에서 주어진다. 1차 지각 능력인 신경정보능력은 신경 그 자체의 감수 능력에서 주어지는 것이 아니라, 연합되어 있는 다른 신경(대뇌의 구심성신경-간뇌의 원심성신경)과의 소통(연대, 비교, 연역, 추측, 종합)으로 주어진다. 즉 (과거) 경험이나 기억에 기대어 앞으로 전개될 것 같은 예감과 예기(미래)로 (현재) 사건을 종합, 통합, 판단 선택한다.

결정(self-determination)이 만든 세계이다. 이 결정에는 정태적 동일성으로부터 이탈하여 유기체 개별 고유의 차이와 다름을 만든 메타-인지(형이상학적 필연성과 창진성)가 필연적으로 작동된다. 망각(무의식)은 억압과 부인에 의해 형성된다. 그 망각(무의식)이 곧 기억의 흔적, 상흔이다.

우리가 상처를 입을 수 있다는 것, 그것은 곧 누군가를 사랑할 수 있다는 가능성이자 능력이다. 현재 자신의 마음이 고요하다면, 그것은 곧 사건을 온전히 이해하고 화해했다는 뜻이다. 상처는 우리 안에 있는 그것(실재, 생의, 리비도, 자기초월적 주체)이 끊임없이 반복, 재현되면서 다시 안정화(즐거움의 상태)를 추구한다. 유기체에서 안정화는 죽음(완결)이다. 그래서 붓다는 죽음을 열반(니르바나, Nirvana)이라고 했다. 라캉은 이를 죽음충동이라는 개념으로 설명한다.

기억은 다음의 네 가지 요소로 이루어진다. ① 분리된 대상, ② 두 가지 이미지 ③ 하나의 사건 이미지(사물표상) A를 인과적 이해의 이미지(단어표상) B로 전환 반복, ④ 반복과 재현의 시각적 이미지(충동)로 작동. 이 작동의 기원은 보(알)지 않으려는 욕동에서 기인한다. 즉 "아무 것도 아닌 것처럼, 마치 아무 일이 없었던 것처럼" 즉 부인과 부정, 거부의 욕망이다. 실재의 사태를 대면하지 않고 회피하고 도피하려는 태도이다. 우리가 말하고 알고자 하는 욕망은 궁극적으로 '잊고자 함(망각)'이다. 망각이야말로 창조를 위한 새로운 이성이다. '무의식'의 형성이 그렇다.[83] 기억의 흔적(상흔)은 주체의 경험적 산물이다. 그런 의미

---

83) 무의식의 심리적 지향성은 외상적 사건으로부터 도피(회피)하고자 하는 것이다. 프로이트는 <꿈의 해석>에서 무의식을 묘사하기 위하여 공간적(위상학·토폴로기,topologie) 은유를 사용한다. 그는 꿈속에서의 행동 장면이 각성상태에서의 생활 장면과 다르다는 페히너의 주장을 인용하면서 '정신적인 장소'라는 개념을 제시한다. 프로이트는 이 개념이 순전히 지형학적인 개념이므로 해부학적인 신체적인 장소와 혼동되어서는 안 된다고 설명

에서 상흔은 창조적 실존의 가능성이다. 이 경험은 외부적 조건을 자기화(appropriation)하는 과정이기도 하다. 그렇기에 자기화에는 내부 환경의 안정성에 의해 외부적 조건(타자)을 재구성하는 과정이 있다.[84]

상흔의 속성은 마치 언어구조와 같다. 즉 하나의 기표에 머물지 않고 다른 기표를 초대해서 번역 해석하고자 한다. 이 과정에서 앞의 기호는 다른 기호의 대체로 없어지고, 대체된 기표는 또다시 다른 기표를 찾아 나선다. 자신을 잃어버리는 방식으로 타자에게 초대되어 가는 '존재의 결여(a lack-of-being)'와 같다.[85] 이는 우리가 자신을 없이하는 방식

---

한다. 그는 '첫 번째 지형학'에서는 정신을 세 가지 체계(이드-자아-초자아)로 나누고, '두 번째 지형학'에서는 정신을 세 가지 층위(무의식-전의식-의식)로 구분하였다. 즉 '이드-자아-초자아'를 수직계열인 공간적 위상으로, '무의식-전의식-의식'을 수평계열인 시간적 위상으로 설명하였다.

84) 언어 이전에 몸의 느낌이 먼저 있었다. 비교언어학에서는 동사를 언어의 지배적인 요소로 간주하였고 그로부터 명사를 파생시킨 것으로 해석한다. 그러나 생성언어학에서는 명사를 심층구조의 본질적인 구성 인자로 간주하기에 명사를 재평가하고 있다. 한편 동사는 본질적인 또 하나의 다른 구성 인자인 술어 속에 포함되어 있다. 그렇지만 몇몇 언어학자들은 명사가 언표에게 구체적인 지시 대상을 부여하면서 언표를 개별화하는 한에서, 명사에게 결정적인 역할을 부여하고자 한다. 이러한 관점에서의 술어 기능은 오직 언술 행위에 관해서만, 그리고 명사에 의해 보완되었다는 조건에서만 결정적인 것이 된다. 다른 학자들에게 있어서 명사는 항상 술어의 결점에서 발견되는데, 이것은 논리학자들(러셀, 라인)의 명제를 답습하는 것이다. 논리학자들에게는 '특수항(particular)'이 존재량화(存在量化) 내에 연결된 변항(variable)으로 치환된다. 이러한 관점에서 우리가 기억해야 할 것은, 술어 기능은 모든 명명 행위(actede nomination)와 공외연적(coextensif)임을 인정한다는 사실이다. 우리가 문법적 기능이라고 부르는 것은 다름 아닌 '구' 또는 '절'을 통한 화자주체의 언술 행위의 조정에 지나지 않는다. 명사/동사 등의 구별은 이 기능 다음에 일어나는 것이고, 그것은 몇몇 언어의 표면 구조에만 관계된다. 그러나 집필자가 강조하고 싶은 것은, 이 구별에(논리적으로) 앞서서, 언술 행위는 그것이 사용된 구의 형태가 어떤 것이든 정립적이라는 사실과, 언술하는 주체의 행위를 온갖 다른 개별화가 있기 이전에 타자와 관련하여, 그리고 시공 속에 위치시킨다는 의미에서 '술어적'이라는 사실이다. 이 정립적(술어적) 행위는 단순히 모든 명사적 언표의 전제(présupposé)이고, 이 명사적 언표가 이번에는 고유한 술어 형태를 선택하게 된다. 인간의 언술 행위 이전에 몸의 위치감각, 몸의 느낌, 몸의 상황이 먼저 있음을 유의해야 한다. C. E. Bazell, <통사 관계와 언어 분류 Syntactic Relations and linguistic Typology), in *Cahiers Ferdinand de Saussure*, N° 8, 1949, p.5-20 참조.

85) 프로이트가 『꿈의 해석』(1900)에서 존재의 핵심으로 '소원'을 해석하고, 라캉은 존재의 핵심을 '말하는 존재, 존재의 결여(a lack-of-being)'로 본다. '존재의 결여'로서의 욕망은

(죽음, 종결)으로 '자기초월성(self-transcendence)', 즉 객체적 불멸성(objective immortality, 동일성으로의 회귀)을 획득하는 과정을 의

'소원'이 아니라, 존재의 결여 또는 공백을 추구한다. 소원은 욕망의 간극을 메우고자 한다면, 욕망은 대상 없이 결여를 열어 둔다. 주체는 '대타자 안에서' 또는 '존재의 외관으로서의 대상 a 안에서' 존재를 찾는다. 그러나 대타자도 대상도 주체를 '존재의 현존'으로 만들 수 없다. 신비로서의 은폐 또는 미공개는 실재에 가장 고유한 진리를 보존한다. 실재에 남아 있는 반-진리(the half-truth)는 본질적인 공백과 주이상스의 신비이다. 진리의 다른 반은 존재의 외관으로서 기표에 따른 허구적 존재이다. 존재의 본질은 '탈존 ek-sistence'이며, 따라서 우리는 현실의 존재를 통해서가 아니라 이전의 존재('탈존재'였던 '탈자태(탈존하는ek-statis)' 또는 '주이상스(jouissance)'를 통해 존재로 현존하게 된다. 소원 성취의 대상은 오이디푸스적 대상의 구조적 상실로 인해 남겨진 결여를 채우려 하지만, 이는 궁극적으로 불가능하다. 오직 가능한 것은 결여를 열어 두거나 대신 결여를 찾는 것이다. 그런 결여나 공허(공백)는 주이상스의 지표가 된다. 대타자 안에 존재가 없거나, 존재가 비어 있거나, 미-존재(inexistent)로 나타나기에 존재는 플로티누스, 헤겔, 하이데거, 라캉에 이어 '일자 자신의 비-존재(the One's own non-being) 또는 존재론과 반존재론, 철학과 반철학에서 '비존재의 존재(the Being of non-being)'로 정의된다. 존재의 본질은 약물로 인한 행복감이 아닌 '탈자태(탈존하는)' 또는 주이상스로서의 비움(공백)이기 때문에 존재는 존재자가 아니다. 하이데거(1947)가 '탈존ek-sistence'이라고 부르는 것-라캉은 'ex-sistence'라고 철자 화한 것-은 존재의 진리로서 공허 위에 서는 것을 의미한다. 비존재의 존재는 '탈존'의 '탈자태(탈존적) 측면이며, 존재들 사이에서 불확정적인 진리의 위치이다. 존재의 비움은 우리를 존재에 현존하게 한다. 또한 일자 자신의 비존재는 요구의 환유적 대상들-이러한 대상들에 혼동되거나 '던져지지 않고'-사이에 남아 있는 욕망에 대한 라캉의 정의와, 기표들 사이에 위치한 주이상스의 정의(탈자태로서의 주이상스는 기표들의 심장 내부와 외부 모두에 존재한다)를 모두 지시한다. 욕망의 존재는 결여 또는 그것 자체의 비존재이기 때문에, 욕망은 충동과 그 대상들의 다양한 형성을 통해 현시한다. '탈자태 Ekstase, Ekstase(Ecstasy)'는 통상적으로 '망아', '황홀'을 의미하는데 이는 '시간'적 의미를 규정하는 개념으로 간주한다. 탈자태가 가리키는 것은 시간성을 특징짓는 '장래Zukunft', '기재성(있어왔음) Gewesenheit', '현재 Gegenwart'의 세 가지 현상이다. 시간의 세 가지 계기가 탈자태라고 불리고, 또한 시간성이 본질적으로 탈자적이라고 생각되는 것은 예를 들면 '장래'가 '자기 자신에로의 도래'와 같은 형태로 현상하듯이 그 자신의 외부를 보여주고 있기 때문이다. 이러한 '자기의 바깥'이라는 성격에 대한 착안은 시간의 세 가지 계기를 연속하는 점들의 전후관계로서 표상하는 것을 물리치고 시간성의 지평적인 성격을 드러내는 것인바, 하이데거는 탈자태의 지평구조에서 세계를 가능하게 하는 것으로 본다. (Kida, Noe, Murata, Washida, 1994/2011, pp. 398-399).「현대철학사전 V: 현상학사전』, 이신철 옮김, 도서출판, 2011. 참조.

미한다. 즉 주체의 결단에 의해 우리 자신이 그가 되어 주는 과정이다. 이는 우리가 또 다른 상처에 대해 성흔으로 맞이할 수 있는 조건의 가능태(potentiality)가 된다.

상흔은 상처를 맞이하는 유기체가 외부적 조건(타자)을 수용하고 조정하여 통합한다는 의미에서 창진적(創進的)이다. 그리고 외부적 조건(타자)에 대해 주체적으로 반응하는 가운데 스스로를 재정립해 나간다는 의미에서 자유롭다. 주체는 또한 외부적 조건(타자)에 의해 규정되고 객체화됨(제어됨)으로써 동일성으로 귀속되기도 한다. 동일성으로부터의 이탈에서 동일성으로의 회귀는 반복운동의 상호관계성으로 작동된다. 이렇게 우주는 반복 또는 영원회귀를 통해 생명을 진화시킨다.

상흔은 외부 자극인 상처를 체내의 최적 환경을 만들고자 한 억압과 부인의 문법으로 각인된 것이다.[86] 따라서 말을 하는 과정에 주체가 형성된다. 주체는 본래부터 있는 것이 아니라 사건에 반응하는 과정에서 형성되는 것이다. 더 깊이 들어가서 말하면, 주체는 억압과 부인의 절차를 통해 형성된다. 만약 이 과정이 없다면 주체도 없다. 상처도 말을 하는 행위를 통해서 자기 안에 동화해 가는 재구성 과정을 밟아 가게

---

86) 억압에 관한 프로이트의 논의는 1915년 「억압」에서 설명되고, 같은 해 집필된 「무의식」에서 더 상세히 논의된다. 억압은 의식의 불쾌와 관련된 거부 행위로 '리비도 집중의 철회'이다. 프로이트는 두 논문에서 메타심리학(경제적, 지형학적, 역동적) 관점에서 억압을 상세히 논의한다. 그에 따르면, 억압은 첫 번째 단계로 '원초적 억압 Urverdrängung, a primal repression'이 있고, 이 원억압으로 '고착'(p.148)이 발생한다. 두 번째 단계로 우리가 '고유한 억압 repression proper'으로 삼는 억압은 사실상 '후압박an after-pressure'이다. 이는 전의식적인 리비도 집중의 철회로서 ① 의식적인 거부 행위와 ② 억압된 표상의 흡입력이 함께 작용하면서 발생하는 것이다. 중요한 점은 '리비도 반대 집중(역투여, anticathexis, countercathexis)'의 역할이다. 프로이트는 리비도 반대 집중이 원억압의 영속성을 보장해 주는 메커니즘으로 설명한다. 일종의 자아의 리비도 집중(the ego's cathexis)인 역투여는 주체로 하여금 억압을 영속적으로 지속시키도록 한다는 것이다. Freud, S. (1915). Repression. The Unconscious, SE, Vol, 14, In J, Strachey (ed, and trans.) London: Vintage Books, 1957/2001, pp. 141-204.

된다. 감정적 상처를 상징화하면서 이전에는 말로 분명하게 표현할 수 없었던 경험들에 명시화가 허락되고 의미가 부여된다. 상처의 기억을 안전한 환경에서 활성화하고 상징화함으로써 통제력을 회복하고 희생자가 아닌 주체가 되어가는 것이다.

### Ⅲ. 상흔과 실존 체험

실존적 전율은 자신을 외화(소외)해서 바라볼 수 있는 사람에게만 나타난다. 이 느낌은 응시와 바라봄(시선)에서 발원된다. 인간은 자신을 객관화할 수 있는 존재이다. "거울 속에 비추어진 내 모습이 굳어진다, 마음 깊이"(김광석) / 이상의 시 <거울>에는 "거울 속에는 소리가 없소(무의식), 저렇게까지 조용한 세상은 참 없을 것이요, … 거울이 아니었던들 내가 어찌 거울 속의 나를 만나보기라도 했겠소. 나는 지금 거울을 안 가졌소마는 거울 속에는 늘 거울 속의 내가 있소"라고 표현했다. 응시는 내면적이고 내부감각이라면, 시각은 외부적이고 표피적인 감각이다. 시각이 타자의 눈길을 느끼는 것이고, 응시는 자신의 존재에서 느껴지는 것이다. 눈을 감으면 응시가 느껴진다. 눈을 뜨면 사물이 보인다. 응시는 내면의 목소리와 같다. 응시와 시선은 무엇(누구)을 찾으려 하는가? 무얼 찾아 헤매는가, 찾아지는 것이 있기는 있는 것일까?

이상의 시 <오감도>에는 다음의 시문이 나온다. "13인의 아이가 모두 무섭다 하오, 그중 누가 무서운 아이고 누가 무서워하는 아이라도 좋소, 13인의 아이가 막다른 골목으로 질주하오." 여기서 막다른 골목이란 한계상황을 의미한다. 한계상황이란 상실과 죽음이 주는 극단의 심리적 상태를 의미한다. 질주는 공포와 두려움, 응시로부터 달아나고자 하는 회피, 도피, 억압의 심리적 상태이다. '무서운 아이'와 '무서워하는 아이'는 한 마음(의식) 안에 있는 자기분열의 두 양태이다. 두 양태는 한 마음 안에서 서로가 서로에게서 물들어 가고 영향을 미친다. 이는 사르트르의 '타자(他者) 이론'과 같다. 즉, 내가 타자(他者)를 바라본다는 것은 나의 시선 속에 타자(他者)를 구속하고 정복한다는 것이 된다. 그러나 동시에 타자(他者)가 나를 볼 때에는 나의 존재가 그의 응시 속에서 포획된다. 남을 본다는 것은 곧 그 대상을 자신의 의식 속에 흡수해 버리는 것이다. 우리는 보고, 동시에 보임을 당한다. 즉, 우리는 무서워하는 아이이면서 동시에 무서운 아이의 역할을 한꺼번에 하고 있다. 불안정서의 기원이 되는 '수동적 응시'와 자기 보호를 위한 '능동적 시각'의 변증법적 전환과 지양은 개체의식의 한계를 벗어나 객체적 불멸성으로 진입하는 능력이 된다. 그 계기적 동력은 기억의 반복, 이미지의 시각화, 사물표상의 단어화, 하나의 이미지(S1)에서 다른 이미지(S2)로의 전환, 곧 언어표상에 있다.

## Ⅳ. 상흔: 자신을 되돌아 볼 수 있는 힘

상처의 속성은 반복에 있다. 반자도지동(反者, 道之動, 반복해서 제자리로 돌아오는 것이 자연의 이치이자 움직임이다), 불원복(不遠復 멀지 않아 다시 돌아오리), 겨울이 깊으면 어찌 봄이 멀 수 있으리오(Shelley). 반복의 주체는 누구인가? 반복을 일으키는 중심축은 무엇인가? 반복의 지향성(목적, 목표)은 무엇인가? "세상에서 제일 아름다운 것은 제자리로 돌아가는 풍경"(하덕규, 풍경), 나돌아가리, 우리가 진정 돌아가야 할 그곳은 어디인가.

유기체에 있어서 반복은 유기체 개개의 차이(동일성으로부터의 일탈과 위반, 변이)와 객체의 동일성을 전제로 나타난다. 즉 이들 유기체의 반복(현전)은 외부의 객관적 환경인 동일성을 자신의 내부 환경을 최적화하고자 하는 방식(목적)으로 끌어오기도 하고 객체적 동일성이 이끄는 힘에 의해 당겨져 동일성으로 귀속되는 접점이다.[87] 이 접점이 바로 반복되는 '현재'라는 느낌(의식, 인상, 끌림과 당김의 긴장)이다. 이 느낌(feeling)은 유기체의 내부 환경적 요소와 객관적 환경 사이에서 발생하는 긴장되는 감각만을 의미하지 않는다.

감각은 일차적으로 자신과 외재적 환경과의 '차이'를 느끼고 구별하는 것에서 자기동일성을 유지하고자 한다. '자기동일성'과 '차이'는 감각이 지닌 본성이다. 일상의 반복과 습관, 관성의 법칙은 '자기동일성'을 유지하고자 하는 감각의 발현일 수 있다. 갈등과 스트레스는 '차이'에서 오는 감정이다. 감정 중에서도 기쁨과 즐거움은 외재적 환경과의 일치에서 오는 감정이며, 분노와 슬픔은 '차이'와 '구별'에서 오는 감정이다. 감정과 정서는 감각에 기초한다. 뜨거움, 차가움, 따뜻함, 서늘함의 감각은 근육의 수축과 이완에 관계한다. 분노와 슬픔, 기쁨과 즐거움은 근육의 수축과 이완에 의한 신경전달물질과 상관성을 가진다. 또

---

[87] 프로이트는 반복을 '강박'이라는 말로 표현한다. 이는 과거(대부분은 유아기)의 외상적 체험이 의식에 의해 억압되지 않고 행위의 형태로 무의식으로 반복해서 나타나는 것을 의미한다. 즉 사건에 대한 이미지가 자신의 의지와 상관없이 저절로 나타나기에 그는 '강박'이라는 용어로 표현한 것이다. 프로이트는 이미지가 반복적으로 나타나는 것은, 불안을 극복하고 조절하여 새로운 정신 구조의 변형과 성숙을 일으키고자 하는 충동의 한 과정으로 본다. 그런 의미에서 프로이트에게 있어서 반복은 오히려 능력이다.

한 뜨거움, 차가움, 따뜻함, 서늘함의 감각적 느낌은 다양한 감정과 정서를 형성한다. 의식은 감각과 느낌, 정서와 감정, 이에 기반한 외부 환경의 차이와 구별, 인지능력이 의식을 형성하게 된다. 이러한 감각은 모두 공간 감각과 시간 의식을 제공한다.[88]

## V. 반복의 형식: 재현과 사후성[89]

왜 말하는 것이 치료가 되는가? "말함의 행위에는 과거-현재-미래의 시간 의식이 재구성되기 때문이다." 이 과정에서 지각의 감각이 발달한다.[90] 프로이트의 사상적 세례를 받은 라캉(1966)은 '말 행위'의 시

---

88) 생명에 필요한 시간 분절의 재현 속도는 유기체마다 다르다. 시간의 종합은 과거와 미래가 현재로 개입되어 있다는 의미이기도 하다. 재현은 다른 의미로 표상을 의미한다. 재현과 표상에는 이미지, 상상, 시선, 환각, 환상의 의미가 내재하여 있다. 재현은 시간 구성의 종합을 지니고 있다. 장자에 나오는 하루살이의 시간과 팽조의 시간은 개별 유기체의 완전한 구현을 의미한다. 하루살이의 시간 의식이나 팽조의 천년의 시간 의식은 물리적 시간인 크로노스적 시간이 아닌 카이로스적 시간개념이다. 따라서 하루살이의 하루의 시간이 팽조의 시간보다 짧거나 부족하다고 할 수 없다. 유기체에 있어서의 시간은 카이로스적 의미의 시간으로 비교할 수 없는 상대적 시간으로서 시간의 완전한 종합을 의미한다. 임병식, 『감정치료』, 가리온(2018) 참조.

89) 사후(의) 작용(Nachträglichkeit[nachträglich]은 프로이트가 심리적 시간, 인과성의 개념과 관련하여 자주 사용한 용어이다. 경험, 인상, 기억 흔적(memory-traces)은 사후에 새로운 경험과 관련을 맺으면서 수정되어 다른 차원으로 발달한다. 그리하여 그것은 새로운 의미와 동시에 심리적 효과를 부여받는다. The Language of Psycho-Analysis, trans. D. Nicholson-Smith, NY: W. W. Norton & Company, 1973, p. 111.

90) 이에 대한 논거로 프로이트의 <신비스런 글쓰기 판>에 대한 소고 「A Note upon the 'Mystic Writing-F-Pad'」(Freud, 1925) 논문을 참고할 수 있다. 프로이트는 이 논문에서 인간의 정신 기관이 '무한한 수용 능력'과 '영원한 기억 흔적'을 유지하는 두 가지 배타적인 능력을 동시에 갖추고 있음을 논한다. 이처럼 우리의 기억 흔적의 기록은 마치 아이들이 갖고 노는 '신비스런 글쓰기 판(the Mystic Writing-Pad)'과 유사하다. 신비스런 글쓰기 판은 '외부 방패 역할을 하면서 유입되는 자극의 강도를 낮추는 것(셀룰로이드)'과 '자극을 받아들이는 표면 층(밀랍 종이)'이 외부와 내부로 한 체계를 이루면서 인간의 '지각 의식과

간 사이의 차이(층위)를 논리적 시간(the logical time)과 연대기적 시간(the chronological time)으로 설명한다. 즉 논리적 시간은 다음과 같은 상호 관련된 요소로 구성된다. 1) 응시의 순간, 2) 이해를 위한 시간, 3) 결론의 순간[91]. 이 개념적 도구는 일상적인 말과 연관된 자아의 식과는 다른 시간적 차원에 따라 무의식의 소멸하는 박동을 다루는 작동 양식을 설정하는 데 사용된다. '응시의 순간'은 분열적인 말실수나 착오 행위에서 드러난 것처럼 무의식의 놀라운 열림과 닫힘을 나타낸다. 이런 점에서 라캉은 '결론의 순간'이 소급적으로 '이해를 위한 시간'을 촉발한다고 설명한다. 무의식은 이해를 위한 시간이 시작되기 전에 열리고 닫혀야 한다. 이는 분석의 현장에서 일어나는 역동적인 사건을 파악하는 주요한 순간이다. 분석 세션이 종료된다고 해서 세션이 종결되는 것은 아니기에, 세션 내부와 외부에서 이해를 위한 시간의 촉발과 동일한 효과를 가져오는 작업을 분석 세션에서 재현하는 것이 중요하다.

---

같은 무한한 수용 능력'을 갖는다. 동시에 신비스런 글쓰기 판에서 '영원한 기억 흔적을 유지하는 층(밀초 평판)'은 인간의 '무의식과 같이 영원한 기억 흔적을 유지한다. 이는 "지각, 의식, 조직 기능의 불연속적인 방법"(Freud, 2001, p. 231)을 설명한다. 즉 프로이트의 논의에 따라, 우리는 리비도가 집중되어있는 한, 의식을 동반한 지각을 받아들이고 그 자극을 무의식적 기억 조직에 전달한다. 그러나 리비도 집중이 중단되는 순간 의식은 꺼져버리고 그 조직의 기능은 정지 상태에 이른다. 마치 무의식이 '지각 의식'의 조직을 매개로 해서 외부 세계를 향해 더듬이를 뻗쳤다가 그곳에서 오는 자극의 견본을 채취하는 순간 바로 그것을 철회하는 것과 같다. 프로이트는 신비스러운 글쓰기 판에서 발생하는 접촉의 단절을 인간의 지각 조직의 주기적 비흥분성으로 대치한다. 접촉의 단절이 신비스런 글쓰기 판의 경우 외부에서 비롯되지만, 인간의 정신 과정의 경우 신경적 흐름의 정지 현상으로 내부에서 비롯되는 것의 차이가 있다. Freud, S. (1925 [1924]). A Note upon the 'Mystic Writing-Pad', ed, and trans. J. Strachey, SE, Vol, 19, London: Vintage Books, 1961/2001, PP.225-232.

91) The instant of the Glance, the Time for Comprehending, and the Moment of Concluding (Lacan, 1966/2006: 167), Lacan, J. (1966). Logical Time and the Assertion of Anticipated Certainty, Écrits, trans, B. Fink, NY:W.W.Norton & Company, 2006, pp. 161-175.

세션을 종료하는 행위를 통해 분석가는 이해의 순간에 내기를 건다. 확실히, 그러한 내기는 분석가가 세션을 종료하기 위해 잘못된 순간을 선택했을 수 있는 위험을 수반한다. 그럼에도 이 실천에서 파생된 이점은 이 수준의 실수로 인해 발생할 수 있는 부정적인 결과보다 훨씬 크다. 반대로 표준 세션 길이로 이러한 위험을 중화할 때의 이점은 표준 프레임 하에서 행해지는 정체된 분석의 위험에 비해 적다. 피분석자의 담론에서 분출된 무의식적 앎에 구두점을 찍는(punctuating) 한 방법으로서 세션의 분절은 실수나 착오 행위와 같이 메시지가 대타자로부터 발생하는 의미를(그리고 분석가의 자아 방어에서 나온 것이 아님을) 재-확인한다.

하나의 행위로서 세션의 분절은 분석적인 장면이나 상황을 포기하는 것이 아니라, 일반적으로 행동을 정의하는 방식으로 오히려 대타자의 담론을 가리킨다. 또한 분석가는 개인 분석을 통해 자신의 주체적 상태를 알게 되어 방어적 반응과 피분석자의 무의식에 따른 반응적 행동을 충분히 구별할 수 있게 된다. 세션의 분절에서 질문은 무의식적 형성이 단어나 단어의 그룹을 통해서만이 아니라 행위(다발 행동)를 통해 드러날 수 있는 것과 같은 방식으로 행위를 무언적 해석의 존엄으로 격상시키고 활용하는 문제가 된다. 세션의 분절은 행위의 수준에서 무의식의 열림과 닫힘을 명백히 드러낸다.[92] 더욱이 분석가는 피분석자

---

[92] 라캉학파의 분석적 치료의 목표는 "피분석자가 자신의 욕망에 대한 진리를 말할 수 있도록 인도하는 것"(Evans, 1996, p. 53)이다. 분석의 종결에 관한 질문은 "분석적 치료의 과정이 정신분석적 목표를 성취하는가에 관한 것 이상의 것으로, 치료가 그것의 논리적 종점에 도달하는가에 관한 것"(p.33)이다. 라캉 정신분석의 종결 지점에 대한 정의는 그의 이론적 변화에 따라 "1950년대 초 '진실한 말의 출현과 자신의 역사에 관한 주체의 자각' 1960년 '불안과 포기의 상태로서 유아의 비유', 1964년 '환상의 횡단' 1976년. '생톰과의 동일시'(p. 54)로 다양하게 변주된다. 라캉의 분석은 본질적으로 치료적 과정이 아니라 진리 탐구(p.55)이고 진리가 자아의 강화, 현실에의 적응, 행복처럼 항상 이로운 것만은 아니다. Evans, D. (1996). An Introductory Dictionary of Lacanian Psychoanalysis. New York:

가 해석을 말하고 수용할 때까지 자신이 말한 내용이나 해석의 효과 여부를 알지 못하듯 세션을 분절하는 행위의 적절성은 오직 사후적으로만 알려진다.[93]

그렇다면 무엇이 반복되는가? 반복의 주체와 내용은 무엇인가? 그것은 유기체에 자극된 사건의 인상(느낌), 이미지이다. 이 인상(이미지, 일명 표상)은 시간의 종합화로 구성된 기억으로 반복 회상된다. 이 이미지는 미각, 후각, 청각, 시각에서 나타나는 맛, 냄새, 소리, 색이다. 이들 요소는 감정(슬픔, 분노, 미움, 공포, 두려움 등)과 뒤섞여 종합된다. 특히 인간에게 있어서 맛, 냄새, 소리는 시각으로 종합된다. 시각은 진화생물학적으로 최후에 발달한 것으로, 이전에 발달한 감각을 종합 재구성한다. 시각은 언어발달과 밀접한 관계가 있다. 맛, 냄새, 소리로 표상되는 이미지가 시각적 이미지로 전환되는 것이 언어작용과 같다. 예컨대 먹어'봐', 맡아'봐', 들어'봐', 해'봐', 가'봐', 와'봐', 심지어 본 것을 다시 한번 확인 종합하는 의미인 봐'봐'라는 신체화된 이미지

---

Routledge, pp. 53-55 참조.
93) 유기체는 자기 생존의 본능 의식으로 외부적 자극의 '지향적 대상'을 내부 환경의 안정화를 위해 변환(재적응)하는 데 시간이 소요된다. 이 시간은 과거-현재-미래의 연대기(크로노스)적 시간의 흐름이 아니라, 현재 속에 재구성되는 느낌(카이로스, 의미-자신의 내부 환경에 일치가 되는)으로 '현재적 영원성'의 시간에 머물러 있는 소요이다. 카이로스적 시간은 시간적으로 인식하기 위해 의식이 스스로 시간화 하는 과정이다. 요컨대 '의식의 시간화'는 유기체가 대상 세계의 객관적 시간성을 자기화하는 과정이다. 의식이 '시간을 종합화'한다는 의미는 이미 지나간 인상을 보유(기억, 파지, retention)하고 있어야 하며, 또 한편으로 새로 다가올 인상을 예견(예지, protention)해서 현재라는 인상(느낌)에서 재구성(회상)됨을 말한다. 다시 말해 인상(느낌)의 촉발은 과거 인상을 여전히 붙잡고 있는 활동과 앞으로 올 인상을 예견하는 활동과 동시성으로 시간 의식을 구성, 종합화한다. 외부 대상은 이 의식의 활동을 통해 시간화(의식의 재구성으로 인지)가 된다. 즉 어떤 객관적 대상을 파악하고 인지가 되기 위해서는 객관대상은 늘 현재라는 의식의 현전에 귀속되어야만 한다. 곧 외재적 대상은 언제나 현재/의식의 현전에, '의식의 시간화'에 귀속하는 한에서만 출현할 수 있다. 그러니, 객관대상은 곧 유기체 의식의 시간화(종합화-재구성-회상-노에시스)의 작용에 나타난 것이다. 후설, 『현상학』 한길사(1998), 참조.

가 언어로 표현된 예이다. 이렇게 수동적 감각(맛, 냄새, 소리, 응시)이 능동적 감각인 시각으로 전환하는 것이 언어작용이라면 그 작용의 구심점에는 생명의 자기보존욕구가 있다. 따라서 시선(바라봄)은 쾌락과 안정성을 확보하고자 하는 욕망의 출구가 된다.

시각에는 시각을 가능하게 한 응시라는 수동적 감각이 먼저 전제되어 있다. 응시는 반성적 성찰의 시원이 되기도 한다. 누군가의 시선(눈길, 응시당함)을 느끼는 것은 자기 자신을 외화(소외)해서 바라볼 수 있는 능력이 된다. 응시의 전율은 인간실존의 시원이기도 하다. 자신보다 더 큰 위대한 사물이나 대상 앞에 공포와 두려움을 느낀다는 것은 자기보호본능에서 비롯된다. 고양이나 강아지가 자기보다 몇 배나 큰 인간을 바라볼 때는 공포와 두려움을 느끼기도 하고 자기를 안위해 줄 큰 바위나 날개로 느껴지기도 한다. 오토는 이런 전율에서 느껴지는 감정을 외경과 신비로운 떨림(mysterium tremendum)으로 말한다. 이는 슐라이에르마하가 말하는 우주에 내던져진 피투성으로서의 피조물이 느끼는 '절대적 의존의 느낌'(the feeling of absolute dependence)으로 응시의 전율과 맞닿아 있다.

이렇게 수동적 감각인 응시는 거울 이론, 눈길, 인정의 욕구로, 모두 시각과 관련이 있다. 시각은 응시, 바라봄, 보여짐, 노출, 관음증, 감시, 이미지, 표상, 부모의 눈길, 하나님의 눈, 양심, 죄책감과 수치심, 가위눌림, 장자의 나비 꿈, 눈이 있는 자는 보라, 귀가 있는 자는 들으라 등으로 다양하게 확장된다. 시각은 감각 욕망의 최종이다. 이제 상처에 대한 기억은 시각의 이미지로 반복 나타난다. 우리가 과거의 사건을 기억하는 것은 이미지로 기억하는 것이다. 이미지는 아주 모호하면서도 개연성이 있다. 따라서 내담자로 하여금 사건에 대한 기억을 '적합한

용어'로 '상징화'해서 '의미화'를 할 수 있도록 해주는 것이 치료의 관건이 된다.[94]


## VI. 말하기에서 발화행위로

상처와 기억은 물질과 정신의 관계와 같다. 기억은 새로움을 낳는 능동성의 함수이며, 상처의 물질성은 과거를 반복하는 수동성의 함수이다. 전자는 과거(동일성 유지)로부터의 연속성을, 후자는 과거(동일성 유지)로부터의 일탈을 의미한다. 그래서 상처에 대한 시간의 종합화(프로이트와 라캉은 이를 '무의식적 기록'이라고 한다)의 결과인 상흔은 과거로부터의 연속성과 일탈의 반복 재생인 시간의 종합화가 기록되어 있다. 기억은 동일성으로부터 일탈(차이와 다름)하고자 하는 유기체가

---

94) 프로이트와 라캉에게 있어 외상(트라우마)은 언어표상적이다. 즉 사건에 대한 '적합한 단어(표상)'를 지니지 않은 채 자극만 주어진다면, '의미가 부재한 기호', '시니피에 없는 시니피앙'이 되어 외상이 된다. 그래서 그들에게 있어서 치료는 항상 한 이미지가 다른 이미지를 소환하는 방식 즉 단어표상이 사물표상을, 또는 사물표상이 단어표상을 불러오는 방식(소급, 재현하는 방식, 사후성)을 동원한다. 거기에는 적합한 단어표상과 올바른 이해와 의미화, 그리고 이를 재현(소급, 소환, 재구성)하는 주체의 여부가 결정적이다. 따라서 프로이트는 ① 흥분되고 긴장된 자극을 해소하거나, ② 사물표상으로서의 이미지(무의식)를 적합한 단어표상으로 상징화, 의미화(의식화)하는 것, ③ 불쾌한 사물표상을 좋은 이미지로 연관시키거나 대체, 환기시키는 것을 치료의 방법으로 제시한다. 그러나 만일 ①,②,③의 요소를 온전히 대면(직면)할 수 없다면(즉 주체의 부재) 외상이 된다. 정신분석에서 말하는 주체는 사건이 주는 자극과 이미지에 대해 저항(대면, 직면)하는 의미에서의 주체이다. 증상, 회상, 반복 강박, 재현하는 것도 엄밀히 말하면 무의식적 성충동(자아의 의지와 상관없이 실재가 도래하는, 즉 사물표상이 단어표상으로 연결하고자 하는 충동)이 자신을 드러낸다는 의미에서 주체라고 말할 수 있다. 만일 사건에 대해 회피와 도피, 연기, 금지와 억압, 대체물로만 이루어진다면(→그래서 성충동이 의식으로 드러나지 못하고 무의식으로 남겨진다면), 더 이상 주체가 들어설 자리가 없고 치료와 더욱 멀어진다. 따라서 정신분석의 요체는 '무의식의 의식화'에 있다. '무의식의 의식화' 과정은 ①적합한 단어표상, ②올바른 연결(이해와 의미화), ③주체의 재현 작업 과정이다.

갖는 자율성의 함수이다. 이제 이 기억은 상처의 이미지를 재구성하는 과정에서 동일성(타자)의 제약에서 벗어나 자유를 구현한다. 기억-반복-이미지는 인간에게 있어서 시각의 언어로 종합된다. 이 종합은 자신을 부단히 대상화, 거리화 시킬 수 있는 능력이 된다. 여기에는 부정성의 의식이 반드시 그리고 필연적으로 개입된다.[95]

상흔은 사건의 기억 흔적이다. 이는 사건의 자극이 남긴 물리적 기록인데 일명 '표상'(이미지)이라고 명명한다. 표상은 뇌에 의해 외부 정보(자극)에 대한 정보가 일련의 해석 체계인 기호로서 입력된 것이다. 그래서 라캉은 "기억 흔적의 집적소인 무의식은 언어처럼 구조화되어 있다"라고 말한다. 일단 경험이 시냅스를 통과해서 기억이 형성되면 이때부터 유기체는 안정화를 위해 그 이미지(표상)를 다른 이미지로 소환하

---

[95] 프로이트(1925)에게 부인denial은 방어이자 부정'의 한 형태로서 무의식적이다. 무의식적 억압은 부인을 활용하고, 부인은 부정의 한 형태이지만, 부인에서 억압은 의식적으로 긍정되는 동시에 무의식적으로 부정된다. 자아는 자신의 분할과 억압의 존재를 인식할 수 있지만, 특정 상황에서 자아에 적용되는 것을 부인할 수 있다. 부인에서, 부정은 숙고하는 행동/결정, 주체에 의한 판단 또는 선택이 필요하기에 무의식적이지 않다. 자아는 다음과 같이 말한다. "나는 괜찮고, 나는 어떠한 것도 결여되지 않았으며, 아무것도 혹은 누구도 상실하지 않았으며, 나는 ~보다 이하가 아니며, 그리고 나는 내가 소유할 수 없는 것을 원하지 않는다" 등의 부정은 논리나 담론의 한 형태일 수 있고, 동시에 정신적 방어의 지적인 형태로 기능한다. 지적 방어는 상상적 자아 또는 대타자에 해당한다. 자아 또는 상상적 대타자는 현상 안에 더 이해할 수 있는 무언가가 있을지도 모른다는 것을 알고 있지만, 첫 번째 (충동의) 자극으로 일단 사태를 부인한다. 그것은 궁극적으로 주요 쟁점이 아니므로 일단 그것을 무시하거나 연기(회피)함으로써 조정의 시간을 벌려고 하는 심리적 기제이다. 여기서 우리는 부정과 부인이 지닌 심리적 기제의 섬세한 차이를 구분할 필요가 있다. 예컨대, 분석상담실에서 말하는 주체가 분석상담가와 함께 억압된 욕망, 사고, 감정을 탐색하는 과정에서 나타나는 부정(Verneinung, (dé)négation, negation)은 "주체가 지금까지 억압된 욕망이나 사고나 감정을 표현할 때, 계속해서 그것을 방어하면서 그것이 자기 것임을 부정하는 방식"을 의미한다. 이에 비해 부인(Verleugnung, déni, disavowal(denial))은 "프로이트가 특수한 의미로 사용한 용어로, 주체가 트라우마적으로 지각되는 현실-특히 여성의 페니스 부재의 지각을 인정하는 것을 거부하는 방어 양식을 지시한다. 프로이트는 특히 페티시즘과 정신증을 설명하기 위해 이 메커니즘을 설명한다." Laplanche, J.and Pontalis, J.-B. (1967). The Language of Psycho-Analysis, trans. D. Nicholson-Smith, NY: W. W. Norton & Company, 1973, pp. 118, 261 참조.

여 자극을 이해, 해석한다. 이 과정에서 첫 사건의 이미지와 두 번째 해석의 이미지 사이에 결여가 생긴다. 이 결여(결핍)는 완전한 해석을 위한 또 다른 기표를 욕망하는데 이것이 충동(Trieb)이다.[96] 욕구와 달리 충동(욕망)은 항상 기억 흔적을 동반한다. 기억은 감각에 의한 이미지(표상, 상상력, 관념 등)로, 주변의 다른 감각기관(시냅스)과 연합해서 기능한다. 이 이미지는 자극과 욕망에 의한 의식이자 리비도이다. 충동은 결여를 해소하기 위해 다른 대체물을 불러오는데, 이렇게 계속해서 불러오는 방식이 마치 언어구조와 같다.[97] 그래서 프로이트는 이를 '사물표상의 언어표상화'로 말하였다. '언어표상화'는 무슨 뜻인가? ① 의식에 기록된 자극을 언어의 의미화 작업으로 해소하는 과정이다. ② 자극을 언어-상징체계로 의미화한다는 것은, 억압과 부인의 과정을 거친다는 의미이다. ③ '억압과 부인의 과정을 거친다는 의미'는 곧 의미화의 과정이며, 자극은 언어 의미화의 과정을 통해서 해소된다. 인간은 동물과 달리, 자극(첫 이미지)을 언어로 전회(표상, 재현)해서 받아들인다.[98]

---

96) Freud, S 전집 11권, 354, GW XIII 1940, 244.

97) 라캉의 담론의 연쇄, 의미화 연쇄는 일련의 기표를 지칭한다. 의미화 연쇄는 엄밀히 완성될 수 없는 것으로서 욕망의 영원한 특성을 표현하는 방식으로 기표들은 무한히 첨가되기 때문이다. 라캉은 의미화 연쇄(signifying chain)를 어떤 경우에는 단선형으로, 다른 경우에는 순환형으로 언급한다. "단선형linearity은 단지 시간에 따라 전개되는 방향으로만 작용하는 담화의 연쇄에 적용된다. 순환형circularity 의미화 연쇄는 목걸이의 고리에 비유되는데, 이 목걸이의 고리들은 고리들로 만들어진 또 다른 목걸이의 고리이다."(Evans, 1996, p. 188), 순환형의 의미화 연쇄는 "자유 연상에 의해 연결된 일련의 기표들이고, 주체의 상징적 세계를 구성하는 기표의 그물망으로 통하는 한 가지 경로이다."(p.188). 사실상, "의미화 연쇄는 두 측면의 요소를 모두 포함한다. 즉 통시적 차원에서는 단선적, 통합적, 환유적이고, 공시적 차원에서는 순환적, 연상적, 은유적이다."(p.188). Evans, D. (1996). An Introductory Dictionary of Lacanian Psychoanalysis. New York: Routledge, 참조.

98) 언어는 억압과 부인을 은유와 환유의 방식으로 나타낸다. 상징어는 억압적이다. 일정한 문법 체계로 이루어진 것, 그 자체가 억압적이다. 이 문법 체계에서 벗어나면 이해되지 못한다. 소위 정신증자들의 문법은 이미 정해진 문법(상식과 정상이라고 하는)에서 이탈

따라서 부서지고 파편화된 외상의 이미지를 다시 세우기 위해서는 상징화된 언어로 말해져야(표현되어야) 한다. 한번 말하고 두 번 말하고 세 번 말하고 계속 말해야 한다.[99] 말한다는 것은 억압적 체계로부터 미끄러져 새로운 언어와 문법을 찾아 나서는 여정이다. 이 여정에 쾌락이 생긴다. 말함의 행위는 즐거움이 되고 앞으로 무엇을 할지를 스스로 예감하며 결단하게 한다. 응시(초자아)가 주는 무정형의 불안으로부터 사태를 확인하고 바라봄으로써 안정성을 찾고자 한 시각의 욕망처럼, 말의 발화행위를 통해 무정형의 상처(사태)를 일정한 인과적 문법 체계 속에서 적합한 용어로 이해하고 의미화하게 한다.[100] 이러한 생성의 과

---

한 자들이다. 신경증자들과 강박증자들이 언어에 집착한다면, 정신증자에게는 언어적 억압 체계가 없다. 부인은 주어진 사태를 거부(부정)하는 방식으로 내부 환경을 보호 방어하는 체계이다. 생명은 억압과 방어체계 시스템에서 자신을 보호한다. 그리고 또 한편으로 그 보호의 질식으로부터 또다시 일탈(창조, 새로움으로 비약)하고자 한다.

99) 사람은 말함으로써 말 속에서 스스로 자각하고 깨닫게 된다. 말, 언어는 곧 배움이다. 분석가는 분석가의 말이 아닌, 내담자 스스로 그의 문법 체계에서 새로운 말이 나타나도록 안내하는 것에 분석가의 소임이 있다. 응당 내담자가 말할 주권마저 분석가가 가로채지 않도록 주의해야 한다. 더 나아가 분석가는 분석 상황에서 더 이상 타자의 말과 욕망이 내담자의 말을 사로잡지 않도록 보호하여 내담자 주체의 말과 욕망이 나오도록 해야 한다.

100) 이때 싸나톨로지스트 분석가의 위치는 주체의 위치를 포기하고 대신 주체의 위치에 내담자가 설 수 있도록 해야 한다. 즉 전이의 부성 위치에서 '대상 a의 부재' 또는 '공백의 위치'로 이동해야 한다. 라캉 학파에서는 '대상 a의 부재' 또는 '공백의 위치'는 피분석자의 꿈, 환상, 말실수와 같은 무의식의 형성물에서 나온 말들을 진리를 나타내는 무엇인가를 말하기 위한 것으로 간주하면서, 그것이 가능하도록 하는 한 원인이 되는 것을 의미한다(Fink, 2002, p.76). 분석가가 피분석자의 무의식의 형성물을 초래한 원인으로 간주되면, 그는 피분석자의 일종의 '실재적인' 대상이 되고 그러한 장소에 있는 것을 의미한다. 이러한 원인으로서의 분석가, 대상의 위치인 분석가는 내담자의 '욕망의 원인으로서 어떤 대상'이다. 분석가 담론에서 볼 수 있듯, 행위자로서의 분석가(a)는 타자로서의 피분석자가 분열된 주체로서 자신의 무의식에 대한 분석 작업을 하도록 전이를 마련해야 한다. 분석에서 주체가 되는 피분석자는 자신의 무의식에 대한 질문을 통해 생산물로서 자신의 주인 기표를 스스로 발견해야 한다. 이러한 분석 작업을 인도하는 분석가의 행위는 진리로서 정신분석의 지식에 근거해야 한다. Fink, B. (1997). A Clinical Introduction to Lacanian Psychoanalysis: Theory and Technique. 맹정현 옮김. 「라캉과 정신의학」, 민음사, 2002, pp. 75-80 참조.

정을 통해 우리의 신경 시냅스는 탄력을 더해간다. 말한 그 자리에 말만 지나간 것이 아니라 말과 함께 이미지도 함께 지나간다. 그렇다고 이미지만 헛되이 바람처럼 지나가지 않는다. 이내 뿌리 없는 이미지는 신체 현실의 구체성을 띤 이미지로 전환된다. 우리의 욕망이 '존재의 결여(a lack-of-being)'와 '존재의 현존'으로 개방하는 한, 비록 그 마음이 부서지고 파편화된 이미지일지라도, 말하는 현재 시점에서 과거의 기억과 미래적 예감이 재구성되기에 치유가 깃든다.

실천 3

# 한계상황과 실존의식

<내용 요약>

융엘의 이론에 따라 예수와 바울의 "종말론적 실존 의식"은 언어적 해석과 인간 존재의 실존적 경험을 강조한다. 신앙의 실존적 경험을 표현하기 위해 언어적 접근법을 활용하고, 은유와 비유로 기존 신학적 교리를 새롭게 해석하는 것이 중요하다. 한계상황에 대한 인식을 통해 죽음과 고통 속에서 실존적 깨달음을 찾는 접근이 필요하다. 바울과 예수의 사유 체계를 바탕으로, 현실에서 하늘나라를 경험하고 영적 성장을 추구하는 실천이 요구된다. 공동체 내에서 언어의 한계를 인식하고 상호작용을 통해 실존적 의미를 나누는 활동이 필요하다. 또한 기존 신학적 해석에 의문을 제기하고, 창의적인 방식으로 하나님의 도래하는 나라를 묘사하는 진리 탐색이 이루어져야 한다.

<핵심어>

종말론적 실존 의식(Eschatological Existential Consciousness),
언어적 해석 (Linguistic Interpretation),
실존적 경험(Existential Experience), 한계상황(Limit Situations),
영적 성장(Spiritual Growth),
창의적 진리 탐색(Creative Truth Exploration)

<학습 목표>

- 종말론적 실존 의식을 이해하고, 예수와 바울의 신앙적 경험을 실존적 관점에서 분석할 수 있다.
- 언어적 접근을 통해 신앙의 깊이를 재구성하고, 기존 신학적 교리를

새로운 시각으로 해석할 수 있다.
- 한계상황에서 실존적 깨달음을 찾고, 그것을 개인의 삶과 신앙 실천에 적용할 수 있다.
- 공동체 내에서 상호작용을 통해 실존적 의미를 공유하고, 신앙 공동체의 성장에 기여할 수 있다.
- 은유적 언어를 사용하여 진리 탐색을 창의적으로 시도하고, 신앙의 실천적 적용 방법을 모색할 수 있다.

<적용 실천>
- 종말론적 실존 의식을 바탕으로 각자의 삶에 실존적 의미를 찾고, 이를 통해 서로의 신앙을 격려하는 활동을 전개할 수 있다.
- 한계상황을 직면한 사람들과의 상담이나 대화에서 실존적 깨달음을 활용하여, 고통과 죽음에 대한 심리적, 영적 지침을 제공할 수 있다.
- 신념의 언어적 재구성을 통해, 습관화된 가치체계를 새롭게 이해하고, 다양한 신념적 표현 방식을 모색하여 인식 확장을 도모할 수 있다.
- 예수와 바울의 사유 체계를 실천적으로 적용하여, 일상생활에서 영적 성장을 추구하고, 개인의 삶 속에서 '하늘나라'의 은유적 의미를 실천할 수 있다.

# 한계상황과 실존의식

## Ⅰ. 융엘의 종말론적 실존성

에베하르트 융엘(Eberhard Jüngel)[101]은 바울과 예수에 대한 '종말론적 실존 의식'을 언어학적 도구를 빌려와 해석한다. 본 글에서는 은유와 비유로 말한 예수의 '종말론적 실존 의식'이 바울에 의해 어떻게 해석되고 번역되었는지, 그리고 역사적 예수가 어떻게 바울에 의해 그리스도적 '신앙의 대상'으로 전환되었는지에 대한 고찰을 융엘의 해석학적 관점에서 살펴보고자 한다. 이 해석의 키워드는 '한계상황'과 '실존 의식'이다. 이 두 개념은 예수와 바울에게만 체험되는 것이 아니라, 2천 년이 지난 오늘 우리에게도 동일하게 느껴지는 공통감각이기도 하다. 이 공통감각은 2천 년 전의 사건이 오늘 우리에게 동일하게 재현되어 살아가게 하는 힘이기도 하다. (이런 점에서 융엘의 해석학은 우리에게 적실한 죽음학 분석 도구의 한 방법이 될 수 있다.) 이 공통감각의 발현은 언어(발화)에서 시작한다. 본 글의 논의는 융엘이 쓴 『바울과 예수』의 텍스트에 제한된다.[102]

---

101) 에베하르트 융엘은 1934년 12월 5일 작센의 말데부르크에서 태어났다. 베를린, 브란덴부르크 복음주의 교회에 속했고 1955~59년까지 베를린의 교회설립대학에서 수학(신학박사, 대학교수 자격획득), 1961년부터 동 교회의 동베를린시학교에서 신약학을, 1963년부터는 교의학과 해석학을 강의했다. 그 후 취리히의 교수를 역임, 1969년 10월부터는 튀빙겐대 조직신학과 종교철학 교수와 해석학연구소장직을 겸직하다가 99년 정년 퇴임했다. 그리고 「Theologische Literaturzeitung」, 「Zeit Schrift fur Theologie und Kirche」 등의 잡지에 논문을 발표했고, 「Evangelisch Theologie」의 편집자로 활약하다가 2021년 9월 별세했다.
102) 이 저서는 <예수는 자신을 무엇으로 생각(자의식)하며 어떻게 실존했는가에 대해 언어-기호학적 관점에서 기술한 책이다. 또한 바울이 예수에 대해 또 어떤 관점으로 어떻게 해석했는가?>라는 문제의식에서 분석한 해석학적 논문이기도 하다. 융엘은 이 책에서 바

"바울은 예수를 어떻게 바라보고 인식했는가?"의 문제는 곧바로 신약 해석의 골간이 될 수 있다. 문제는 과연 바울이 역사적 예수를 역사적 예수로써 '있는 그대로' 바라봤는가이다. 바울에게 있어서 유일무이하게 중요한 것이 예수에게는 상대적으로 전혀 아무것도 아닌 것일 수도 있다. 왜냐하면 바울 인식의 중심은 전 인류에게 완성된 구원을 전하는 성육신(成肉身)과 죽음, 부활이기 때문이다. 바울에게는 전적으로 인간 예수와 무관하게 발생한 그리스도의 이념에 의해 예수의 현상을 파악했다.

따라서 바울의 사유 체계 속에 속해 있는 예수의 존재는 실존사적 인간인 예수가 아니라 다른 사람이다. 역사적 예수가 단지 신앙의 매개체에 불과했다면 바울에게서는 인간 예수에 관한 관심이 전적으로 사라지고 그에게 있어서 그리스도의 본질은 지극히 이념적이며 하늘적인 (추상적인) 것이 되었다. 바울은 예수를 역사적인 실존 의식자로서가 아니라, 교회 선포를 위한 목적으로 기술했다. 바울은 예수는 누구여야만 하는가를 말했지, 누구였는가를 말하지 않았다. 역사적 예수 대신에 케리그마적 예수로 이념화한 것이다. 예수의 선포(주어적 2격)와 바울이 말한 예수 그리스도의(목적적 2격) 선포 사이에는 큰 틈새가 있다.

---

울의 인의론(認義論)이 예수의 선포에 대해 맺는 관계를 다룸으로써 그리스도론의 기원에 관한 문제를 규정하고 있다. 이 책은 바울과 예수 개인의 관계에서 종말론적 성격을 인정하고, 양자를 역사에 대한 종말 관계의 역사로 간주, 예수와 바울의 상위를 대립적인 것으로 포착하는 데 우리에게 많은 시사를 제공할 뿐 아니라 그리스도론의 기원에 관한 문제에 있어서 선명한 길잡이 역할을 해준다. 여기에는 예수를 어떻게 바라보고 인식했는가에 대한 바울의 인식(사유) 체계가 해석의 관건이 된다. 융엘은 이를 신약의 비유와 은유의 담론으로 파헤쳐 들어간다. 옮긴이 허혁은 감리교 신학대학, 독일의 뮌스터대학 신학부(Dr. theol)를 졸업하고, 이화여자대학교 기독교학과 교수를 역임하였다. 주요 역서로서는 볼트만의 『공관복음서전승사』, 『예수』, 『기독교 초대교회 형성사』, 예레미야스의 『예수의 비유』, 보만의 『히브리적 사유와 그리스적 사유의 비교』, 코호의 『성서주의의 제방법』, 폰 라트의 『구약성서신학 I, II, III』, 에벨링의 『신앙의 본질』, 보른캄의 『바울-그의 생애와 사상』 외 다수가 있다.

바울이 선포한 것은 예수의 신앙이 아니라, 예수에 대한 신앙이다.

한마디로 말해서, 바울은 역사적 예수[103]-종말론적 한계상황에 처한 실존의식-를 구현하지 못하고 케리그마의 교의학적 언어의 사슬에 묶어 장차 도래할 메시아로 기술하였다. '종교성'과 '영성'의 기원은 '종말론적 한계상황에 처한 실존 의식'에서 발원한다. 그러나 바울은 실존적 체험으로서의 역사적 예수를 이념화된 목적적 기술로 표현한 나머지 예수의 '종교성'과 '영성'을 이념의 언어로 살해했다.[104]

융엘은 바울의 인식체계, 즉 '인의론'으로 집약될 수 있는 그의 사유

---

[103] 역사적 예수라는 말에는 케리그마화(그리스도가 선교와 복음을 위해 교의학적 이론체계로 들어온 )한 예수를 전제로 한 단어이다. 오늘 우리는 역사적 예수를 알 수 없다. 다만 역사적 예수를 오늘 우리에게 재현하기 위해서는 성경의 언어에 묻어있는 파편화된 이미지에서만 고찰할 수 있을 뿐이다.

[104] 기호(말, 언어)의 사용은 현실의 상황을 반영한다. 소쉬르가 말한 기호의 자의성(arbitraire)은 어떠한 방식으로도 언어는 실재 사물을 가리키지도 의미하지도 않는다는 뜻이다. 비록 그것이 언어 바깥의 세계를 참조할지라도, 그것은 결코 물적 세계와 직접적인 관계가 없다. 라캉은 말한다. "상징은 사물의 살해로서 나타난다." 그러나 이 말을, <말은 사물을 지칭하지 않는다>라는 뜻으로 받아들이든지, 아니면 말이 있기 이전에 사물은 <없다>라는 식으로 해석해서는 안 된다. 예컨대, 고양이라는 말이 있기 이전에도 고양이는 실재했고, 그 말이 생긴 이후에도 고양이는 있다. 고양이라는 말은 분명 실재하는 고양이를 가리키고 있다. 그럼에도 고양이라는 말이 고양이의 죽음과 등가를 이룬다는 것은, 고양이가 <고양이>라는 말로 지칭되는 순간, 고양이라는 말은 그 말이 속해 있는 언어체계 속의 다른 말들과의 관계에 의해 가치를 부여받게 되고 의미가 발생하는데, 그러한 의미가 사물 자체와 관계가 없다는 뜻이다. 다시 말해 고양이라는 말의 의미작용은 고양이가 아닌 다른 말(동물)들과의 차이에 의해서 이루어진다. 따라서 고양이라는 말은 다른 동물들의 명명을 전제하고 있다. 그러한 명명과의 차이를 통해서만 고양이라는 말은 비로소 의미를 띨 수 있다. 그 반대도 마찬가지이다. 즉 동물들이 의미 효과를 나타내기 위해서는 반드시 다른 동물의 명명을 그 밑에 숨기고 있어야 한다. 그러한 관계는 비단 고양이와 다른 동물들에게만 국한되는 것은 아니다. 그것은 모든 사물로, 심지어는 인간에까지 확대된다. 예를 들어 <저 여자는 고양이 같다>라는 비유에서 사물로서의 고양이는 네 발 가진 동물로서 지금 여기에 분명히 있는 데 반해, 고양이라는 말은 그 말이 아닌 다른 모든 말 속에 있으면서, 동시에 아무 데도 없다. 그것은 다른 말 속에 부재의 형태로 존재하면서 기능하며, 또한 그 말속에 부재하면서 그것의 의미를 나타내는 이치와 같다. 종말적 한계상황에 처한 실존적 예수는 이념적 케리크마로 박제화되어 겨우 그 흔적을 문자의 표상으로서만 가늠하게 되었다. 임병식, 죽음학강좌, <상실-비탄-애도-실천>Ⅲ, 「공간지각과 시간의식」, 한국싸나톨로지협회(2024) 참조.

체계로부터 예수의 **'종말론적 실존성'**을 복권시키기 위해, 예수와 바울의 사유 체계(히브리적 사유와 그리스적 사유)[105]와 언어를 해석학적 차원에서 분석한다. 먼저 그는 해석학적 언어의 정당성을 해명하기 위해 크게 두 가지 주장을 강조한다. 첫째로, 하나님에 대한 언어는 본래적으로 인간의 언어이다. 하나님에 대한 언어가 분명 '인간적 발화의 구조'를 넘어서는 힘을 지닌다고 하더라도, 그 언어가 '인간적 언어성'을 넘어서는 것은 아니다. 그는 하나님에 대한 언어가 인간의 언어에 대한 중지나 폄하가 아니라는 것을 동일한 확신을 가지고 단언한다. 하나님에 대한 언어는 덜 인간적이기보다는 더 인간적이다. 둘째로, 하나님에 대한 언어를 단순히 말을 부적절하게 사용한 결과로 이해해서는 안 된다. 오히려 하나님에 대한 언어는 기존 언어가 사용되는 고정된 방식을 깨부수어 세계에 대한 우리의 이해를 확장한다. 인간이 언어와 발화로는 진리의 실재를 정의할 수 없다. 언어가 진리와 실재를 기술하려 해도, 그 의미는 이러한 한계를 극복하기 위해 더 완벽한 기표를 동원하여 그 언어가 진리와 실재를 기술하더라도 완전하게 포획되지는 않는다. 포획되지 않는 지점에서 진리와 실재가 드러나기 때문이다. 그래서 인간은 더 완벽한 기표를 동원해서 또 다른 언어와 발화를 통해 언어와 사태의 관계에 대한 우리의 이해의 확장을 고무시킨다. 융엘의 해석관은 언어 사건으로 집약할 수 있겠다.

융엘은 불트만(R.K. Bultmann) 해석학에 많은 세례를 받아왔다. 해석 행위에서 반드시 요청되는 주관적 실존 의식은 곧 전-이해 개념이다. 불트만은 다른 논문에서도 꾸준하게 피력한 바이지만 "전제 없는 주석이 가능한가?"에서 이 문제를 집중적으로 다루고 핵심적으로 주장

---

[105] 토를라이프 보만 저, 허혁 옮김, 『히브리적 사유와 그리스적 사유의 비교』, 분도출판사(1975) 참조.

하고 있다. 어떤 텍스트를 다룰 때 어떤 결론을 전제하고 접근하면 안 된다는 말은 옳지만, 그 텍스트를 이해하려면 그것에 대한 선(先)이해가 필요하다. 예컨대 현대회화를 감상하려면 미술에 대한 선이해가 필요하며, 현대 무용을 이해하려면 무용 예술 장르에 대한 전이해가 필요한 것과 같다. 성서를 해석하는 경우에도 종교에 대한, 혹은 성서의 세계에 대한 사전 지식이 전혀 없는 상태에서는 불가능하게 마련이다. 물론 불트만이 말하는 전-이해는 이런 역사학적 정보에 머무는 게 아니라 인간의 실존론적 깊이에 닿아 있는 의식을 가리킨다.

불트만이 주장하는 탈신화화[106]는 본문을 정확하게 이해하기 위해서는 신화적 표상에서 인간 실존을 읽어야 한다고 주장한다. 이 인간 실존은 곧 해석의 토대이기도 하다. 2천 년 전의 신화에도 인간 실존이 담

---

[106] 불트만의 해석학은 '이해'(Verstehen)와 '탈신화화'(Entmythologisie-rung)에 집중된다. 이미 쉴라이에르마허가 해석학의 문제를 이해의 기술이라고 천명한 이후 딜타이와 하이데거를 거쳐 불트만에 이르기까지 이 이해의 문제는 그 중심에 놓여 있었다. 이런 이해가 가능하기 위해서 전이해, 탈신화화, 역사성 문제가 거론될 수밖에 없는데, 불트만의 이런 전반적인 해석 작업은 '실존론적 해석'이라고 규정될 수 있다. 그가 1950년대에 발표한 네 편의 논문 "해석학의 문제"(1950)에서는 '이해'를, "전제 없는 주석이 가능한가?"(1957)에서는 '전이해'를, "그리스도교적 희망과 탈-신화화 과제"(1954)에서는 '탈신화화' 개념을, "예수 그리스도와 신화"(1958)에서는 '역사성' 문제를 해석학적 입장에서 다루었다. 비신화화(Demythologization)는 신화를 제거하는 것이 아니라. 신화에 담겨있는 인간의 논리를 해석하는 것이다. 즉 실존적 의미를 묻는다. 그 실존적 의미를 성경의 언어를 통해서 분석한다. 불트만은 현대의 남성과 여성에게 우주의 외계인을 그리게 하는, 하늘의 도시나 삼층적 우주 같은 신화적인 용어를 버려야 한다고 주장했다. 불트만은 그런 신화적 용어들 때문에 많은 현대인들이, 성서와 성서에 나오는 이야기에 나타나는 고유한 구원의 메시지를 함께 거부하는 경향을 보인다고 생각했다. 그가 보기에 이런 상황을 해결하는 방법은, 그리스도의 구원을 현대적이고 철학적이며 심리학적이고 과학적인 언어로 다시 쓰는 것이었다. 그럴 때 비로소 현대의 남성과 여성은, 신화적인 용어가 더 이상 전달하지 못하는 진리를 확인할 수 있다고 여겼다. 그래서 불트만은 그의 신학적 저술에서 기독교 메시지의 신화적인 표현을, 새롭고 실존적인 해석으로 교체시키려고 시도하였다. 성서의 역사적 관점은 그에게 중요하지 않았다. 조직신학자 폴 틸리히도 성서의 '비신화화(demythologization)'를 요청하는 불트만의 메시지에 영향을 받았다. Bultmann, R.,Reich Gottes und Menschensohn, Theol. Rundsch. N.F. 9, 참조.

겨있고 그것을 읽는 오늘의 독자들에게 실존 경험이 있기 때문에 해석이 가능하다. 이런 점에서 인간 실존은 탈-신화화 논의가 지향하는 목표점이기도 하고 그 출발점이기도 하며, 더 나아가 그것은 해석학적 선(先)이해의 토대다.[107] 2천 년 전에 살았던 예수, 그리고 그가 사용했던 아람어는 공중에 사라져 없어졌다. 그의 흔적은 그를 기억했던 사람들의 기억과 설화의 전승으로 재구성되어 조각 난 파피루스에 파편화되어 반짝이고 있을 뿐이다. 그 모자이크화된 언어에서 우리는 어떻게 역사적 예수를 오늘로 재현할 수 있을까?[108]

---

107) 양식비평(Form criticism) : 성경의 본문들을 문학적인 패턴(장르와 각 장르가 가진 다양한 양식)으로 분류하고 각각의 형태들을 구전 시대까지 추적하는 성경비평방법이다. 양식비평은 성경이 아직 문헌으로 작성되기 전, 구전으로 전해져오던 형태를 복원하는 데 목표를 둔다. 전승(tradition)의 역사를 추적하는 한에서 전승비평이라고도 한다. 양식비평은 텍스트에서 비유, 속담, 편지, 시 등의 장르 혹은 전통적인 문학 형식을 식별함으로써 시작된다. 계속해서 각 텍스트의 장르 및 사회학적인 관점에서 '삶의 자리'를 설정한다. 텍스트의 장르를 식별하고 분석한 후, 이들이 텍스트 전체의 목적에 어떻게 기여하는지 분석한다. Bultmann, R. Jesus and Paulus, Beiheft zur Ev. Theol. 2. 참조.

108) 기억의 흔적은 사건의 자극이 남긴 물리적 기록인데 이를 '표상'(이미지)이라고 명명한다. 표상은 뇌에 의해 외부 정보(자극)에 대한 정보가 '무의식적'으로 일련의 해석 체계인 기호로서 입력된 것이다. 그래서 라캉은 "무의식은 언어처럼 구조화되어 있다"라고 말한다. 일단 경험이 시냅스를 통과해서 기억이 형성되면 이때부터 쾌락원칙은 안정화를 위해 그 이미지(표상)를 다른 이미지로 소환하여 자극을 이해, 해석한다. 이 과정에서 첫 이미지와 두 번째 이미지 사이에 충동이 발생하게 된다. 본능과 달리 충동은 항상 기억 흔적을 동반한다. 신체적 감각에 의한 이미지(표상, 상상력, 관념 등)는 주변의 다른 감각기관(시냅스)과 연합해서 구성된다. 이렇게 이미지는 자극과 욕구에 대한 의식의 표현이자 기억 흔적에 대한 리비도의 집중으로서, 그 자극을 해소하기 위해 쾌락적 충동을 언어적 충동으로 전환한다. '언어적 충동으로의 전환'은 무슨 뜻인가? ①의식에 기록된 자극을 언어의 의미화 작업으로 해소하는 과정이다. ②자극을 언어-상징체계로 의미화한다는 것은, 억압과 부인의 과정을 거친다는 의미이다. ③'억압과 부인의 과정을 거친다는 의미'는 곧 언어 의미화의 과정이며, 인간은 언어 의미화의 과정을 통해서만 자극이 해소된다. 즉 인간은 동물과 달리, 자극(첫 이미지)을 언어기표의 연쇄로 전회(표상, 재현)해서 받아들인다. 임병식 외 『죽음교육교과서』, 한국죽음교육학회(2024) 참조.

## Ⅱ. 언어(발화)사건

융엘은 '언어-발화 사건(speech-event)'이라는 개념을 바탕으로 신약성서에 접근한다. 신약성서가 말하고자 하는 '내용'은 신약성서의 언어적 '형식'과 분리되지 않는다. 신약성서의 언어는 단순한 정보 전달을 위해서가 아니라, 실재를 발화 속으로 데려오기 위해서 사용되기 때문이다. 실재는 언어 너머에 놓여 있는 대상이라기보다는, 언어를 통해 발생하는 발화 사건 속에서 우리에게 주어진다는 것이다. 신약성서가 말하는 실재는 그것의 텍스트적 형식으로서 현존한다. 그리고 그 형식 없이는 현존하지 않는다. 따라서 신약성서를 단순히 과거의 역사를 재구성하기 위한 수단으로 삼는 태도는 거부된다. 텍스트가 말하고자 하는 내용을 텍스트 바깥의 사실에서 찾으려는 시도는 언어가 발화 사건의 실존적 측면을 지닌다는 점을 놓칠 우려가 있다.

그래서 융엘은 언어를 실존사적 관점에서 살펴볼 것을 주문한다. 실존사적 관점은 우리의 언어를 '징발(commandeering)'하여 그 자신을 끊임없이 '해석(interpret)'하도록 한다. 이러한 해석의 과정은 '언어의 진화'를 가져온다. 하나님에 대한 언어는 우리의 언어가 세계-내적 존재자의 언어에 종속되지 않도록, 곧 도래하는 존재를 향해 자신을 확장할 가능성을 사유하도록 자극하는 것이다. 따라서 그에게 있어 하나님의 존재는 말하는 과정에서 되어가는 과정에 있다.

인간은 말하는 존재이다. 언어는 인간의 의식(정신, 존재)을 감금한다. 그러나 한편으로 언어를 통해서 자신의 존재를 드러낸다. 언어는 말하는 사람의 것이 아니다. 타자가 만들어 놓은 기표를 빌려서 사용한다. 이미 만들어진 기표를 사용하지 못하면 소통 불가능하게 된다. 그래서 언어가 없다면 자신을 드러낼 수도, 진실이 무엇인지 알 수 없다. 언어가 인간을 옥죄는 역할을 하지만, 한편으로 옥죄는 구조와 역할이 무엇인지를 알 수 있도록 하는 것도 언어다. 언어가 진리를 가로막지만, 신의 말씀도 언어기호로 구성된다. 아이러니하게도 인간은 그 기호로 진리의 사건을 만나게 된다. 어떻게 언어-기호가 진리의 사건이 되도록 하는가? 이는 언어를 사용하는 사람의 심적 표상(언어표상)의 결단으로 이루어진다.

이 글에서 하늘나라를 선포한 실존적 예수가 바울에 의해 신앙의 대상인 피선포자로 된 과정을 이해할 수 있다면 많은 통찰을 얻을 수 있을 것이다. 바울이 예수의 역사를 '인의론'으로 전혀 새롭게 언어-사건화한 것처럼,[109] 오늘의 우리 상황에서도 신의 말이 진리의 사건으로 된다는 것이 어떤 것인지를 문제 제기함으로써 다시 한번 '진리의 사건'을 우리 자신의 것으로 삼지 않으면 안 된다. 아마도 이것은 전통적인 표현형식에 이끌리지 않고 전혀 새로운 언어를 낳게 하도록 요구하는 것도 될 것이다. 신은 말씀하고 있다. 즉 스스로 언어가 되는 것이다. 하나의 기표는 다른 기표로 이행하기 위해 말하는 인간으로 하여금 표상하게 한다. 말하는 인간(주체)은 언어기표의 연쇄를 통해 형성된다.

해석학의 핵심은 '언어 사건'에 있다. 이것은 단지 정보가 아니라, 인격체로서 하나님 자신과 소통하는 것을 의미한다. 이것은 새로운 자기-이해(self-understanding)를 낳는다. 그래서 해석학자들은 사상

---

[109] 바울의 복음은 '예수의 복음'이 아닌 '그리스도의 복음'이다. 바울의 신학체계 내에서는 '그리스도의 복음'이 있을 뿐 '예수의 복음은 있을 수 없다. 다시 말해서 살아있는 역사적 인간 예수의 복음은 있을 수 없고, 오직 죽었다가 다시 살아난, 부활 예수의 복음만 있다. 부활한 예수만이 그리스도가 될 수 있고, 하나님의 아들이 될 수 있기 때문이다. 바울이 선포하는 것은 부활한 예수이지 인간 예수가 아니다. 이것은 초대교회의 일반적 케리그마와 합치되는 것이다. 바울 선포의 핵심은 '십자가'이다. '십자가'는 단순한 로마의 형틀에 불과한 것이지만, 바울의 언어를 통하여 그것은 예수의 죽음과 부활의 상징체이다.

(寫像)이 언어를 선행하는 것이 아니라 언어가 사상(寫像)을 선행한다고 주장한다. 또한 우리가 말을 해석하는 것이 아니라, 말이 우리를 해석한다고 한다. 푹스(Fuchs)는 심지어 "인간이 언어를 발견한 것이 아니다. 인간이 언어를 낳은 것이 아니라 인간은 언어로부터 태어났다"라고 한다.[110] 이 말은 인간이 자기 생각을 표현하기 위해 언어를 사용하는 것이 아니라 언어가 인간의 생각과 사상을 만들고 조정한다는 것이다. 언어는 일하고 언어는 발생 된다. '언어사건'은 다른 말로 '말사건'이다. 그러므로 언어 사건(말 사건)은 계속적으로 일어난다. 해석자가 텍스트를 주장하는 것이 아니라, 텍스트가 해석자를 다른 텍스트로 표상하기 위해 해석된다. 그곳에서 실존이 체험된다.

그런 의미에서 역사적 예수는 문헌으로 존재하는 글(성경, 언어)에서 더듬어 추론될 뿐이다. 즉 역사적 예수는 언어표상을 통해서 재구성(재현)된 것이다. 진리라고 언명할 수 있는 사건은 언어에서만 발견된다. 하이데거의 영향을 받은 융엘은 예수와 바울의 진리 사건을 언어-현상적 해석학(일명 양식비평)으로 규명하고자 한다. 그러나 진리가 언어를 통해서만 발견된다는 것에는 한계가 있다. 1:1의 진위가 곧 진리라고 할 수 없기 때문이다. 그래서 그는 언어의 한계를 넘어가는 수단으로 두 가지를 제시한다. 그것은 비유와 실존 의식이다.

그런데 이런 질문이 있을 수 있다. 우리가 어떻게 예수의 실존을 의식할 수 있는가? 그 실존 의식 또한 언어가 제공하는 표상이지 않은가? 그러나 실존철학에서는 '실존' 그 자체의 느낌은 인간 본유의 공통감각으로 받아들인다. 그래서 현재를 살아가는 우리의 실존은 2천 년 전의

---

110) Fuchs, *Die der Theologie durch die historisch-kritische Methode auferlegte Besinnung* (Ev. Theol. 1958, S. 256 ff.), S. 219ff. / *Jesus und der Glaube* (ZThK 55, 1958, S. 170ff.), S. 238ff. Was wird in der Exegese des Neuen Testaments interpretiert? (ZThK 56, 1959, Beiheft 1, S. 31 ff.), S. 280ff. Das Zeitverständnis Jesu, S. 304ff.

예수가 느꼈던 느낌과 공통감각을 지니고 있다. 이 실존적 감각은 시간과 공간을 회통 한다. 따라서 융엘은 바울이 예수가 지녔을 법한 서사(이야기)를, 바울의 실존적 느낌으로 재해석하여 성경을 기술했듯이, 오늘 우리 또한 바울과 예수가 바라보고 느꼈던 서사를, 언어를 통해 재현할 수 있다고 본다. 그 재현의 주체는 다름 아닌 우리다. 이 재현의 주체는 언어를 통해서만 가능하다. 그리고 주체는 언어를 통해서 형성된다. 그때 언어는 진리를 드러내는 사건이 된다.

융엘에 있어서 진리의 사건은 예수와 바울이 사용한 언어 표상이 더 이상 타자가 만든 기표에 의해 예속 억압되지 않고, 그 기표를 통해 자신의 한계를 자각하고 새로운 삶을 만들어 가는 존재에서 발현하는 것에 있었다. 그래서 융엘은 진리 사건의 탐색을 언어 양식에서 찾는다. 그것이 바로 은유와 비유이다. 이제 융엘은 예수가 사용한 은유와 비유가 바울에 의해 어떻게 교의학적으로 전회되어 이해되었는지를 예수의 '종말론적 현재형의 실존 의식'과 바울의 '종말론적 미래형의 실존 의식'으로 규정한다. 즉 융엘은 예수와 바울 실존 의식의 분기를 실존의식의 현재형과 미래형으로 본 것이다. 예수는 '지금 여기'에서 일어나는 사건을 '하늘나라'임을 선포한다. 따라서 그에게 있어서 선포는 현재적 현존형이다. 그런 의미에서 실존적이다. 이는 히브리적 사유 방식의 한 특징으로 시간개념이 현재에 초점을 둔 카이로스적이다. 그러나 바울의 인식체계는 그리스적 사유 방식으로 특징된다. 헬레니즘적 사유 방식의 특징은 시간개념의 인식이 크로노스적이다. 크로노스적 시간개념은 과거-현재-미래의 인과적 종합을 통해 현재를 미래로 투사한다. 그래서 바울은 예수의 죽음의 과거 사건을 오늘의 사건으로 가지고

오되, 현재의 결단을 앞으로 전개될 연속의 사건을 위해 투사한다.[111]

## Ⅲ. 은유와 비유적 진리

은유는 비유를 구성하는 형태소이다. 모든 언어는 은유이다.[112] 언어와 실재 사이의 완벽한 지시 관계란 성립할 수 없다.[113] 오히려 지시 관

---

111) 인간의 의식의 구성은 구성되는 것(the constituted, 경험에 주어지는 것)과 구성하는 것(the constituting, 그런 경험을 가능하게 하는 것)의 동시성으로 이루어진다. 즉 수동과 능동의 종합인 동시성(syncronocity)으로 이루어진다. 현재의 시간개념도 과거와 미래의 종합인 동시성으로 작동한다. 즉 현재의식은 과거 경험의 기억에 의해 현재의식을 나타내며 이 현재의식은 또 다시 아직 다가오지 않은 미래를 예감, 예지 투사한다. 예컨대 멜로디의 들음에는 다음의 예시처럼 들리는 것과 듣는 것의 수동과 능동이 동시에 작동한다. 임병식, 죽음학강좌, <영성의학>, 「물질의 기억에서 영성으로」, 한국싸나톨로지협회(2024), 참조.

112) 은유는 단순히 언어적 서술의 문제가 아니라, 우리의 사고와 행위를 지배하는 매우 광범위한 인지작용이다. 직접 느껴지는 1차 신체의 느낌(A)을 2차 다른 언어(B)로 표현하는 형식이 은유이다. 이는 이미 경험되고 주어진 것(원억압)을 새로운 경험에 투사(방어)함으로써 이루어진다. 따라서 은유는 무의식적으로 억압된 임의의 것(A)을 임의의 다른 것(B)으로 투사함으로써 이루어진다. 이때 은유화는 A의 '관점에서' (in term of) B로 이해하는 방식을 말한다. A는 이미 주어진 경험이며, B는 새롭게 형성되는 추상적 개념이다. 그래서 사실상 투사는 '기호화'와 동일한 의미가 있다. 이러한 은유작용은 개념들에만 적용되는 것이 아니라, 우리의 일상적 사고와 행위의 대부분을 차지한다. 동물의 언어 세계는 사물에 대한 반응(기호) 체계가 1:1로 작용된다. 1:2,3,4,5가 되는 다른 기표로의 의미생산이 불가능하다. 그러나 인간은 '1:多'의 의미생산체계를 만들어 낸다. 사물(자극)과 욕망(반응) 사이에 다양하게 변주되는 의식의 구성(언어)이라는 필터링이 항상 존재한다. 여기에서 말하는 언어는 한 이미지를 다른 이미지로 전환하고 재구성해서 표상하는 은유적 능력이다. 따라서 인간의 욕망은 사물에 대한 직접적인 반응(욕구)이 아니라 언어라는 필터링에 의해서 재구성된 것이라는 측면에서 언어적이다. 임병식, 죽음학강좌, <실존정신언어분석>, 「상상과 은유의 변환과 투사」, 한국싸나톨로지협회(2024), 참조.

113) 비유컨대 그러한 사물의 죽음과 기호의 탄생은 모래 위에 발자국만 남기고 거기서 분리되는 대상과 같다. 발자국은 발로부터 분리됨으로써만 발자국이고, 발을 뗄 때까지는 발자국은 없다. 지금 모래 위에 발자국이 있는데, 그것은 기호이다. 거기서 기호는 그것의 대상으로부터 분리된다. 발자국은 살아있는 실재를 사라져 버리는 경계로 데려간다. 기호

계는 그 가장 밑바탕에 은유를 전제하기 마련이다. 그러나 문자적 지시의 붕괴와 균열은 보다 근본적인 지시와 진리가 드러나는 부정적 조건이 된다. 더욱이 실재는 은유 속에서 기존에 알려진 적이 없는 자신의 새로운 측면을 개시하는 것으로 밝혀진다. 언어가 지시하고 있는 대상이란 사실 세계-내적 존재자가 아니라 은유를 통해 표현된 '실재에 대한 관점(view of reality)'이기 때문이다. 실재에 대한 새로운 은유는 실재를 바라보는 새로운 관점을 출현시키는 것이다. 은유는 그러므로 단순한 장식이 아니라, 새로운 실재의 출현을 추적하는 언어의 형식이다. 은유는 새로운 실재에 대한 표현을 도입함으로써 세계의 지평을 확장시킨다. 그것은 언어의 한계만큼이나 세계의 한계를 밀어낸다. 은유와 비유는 우리의 언어가 주어진 현실성을 넘어설 수 있도록 만든다. 문자적 지시는 세계-내적 존재자를 벗어나지 못하지만, 은유는 끊임없이 새롭게 개시되는 실재를 표현하는 힘을 지닌다.

하나님에 대한 언어 역시 은유를 통해 '도래하는 나라'를 지시하게 된다. 신앙의 언어가 문자적 현실성을 기술하지는 않는다고 하더라도, 그것은 현실성보다 더 적은 것을 지시하는 것이 아니라 현실성보다 더

---

와 대상의 분리는 이와 같다. 발자국은 실재의 흔적과 기억을 남길 뿐이다. 우리는 예수를 그가 남기고 간 기억이라는 기표의 흔적에서 더듬을 뿐이다. 실재와 기호 사이의 살해와 지양(止揚)적 변증에 대해 헤겔은 이에나(Iéna)의 『정신 철학(Philosophie de Lesprit)』에서 다음과 같이 쓰고 있다. "<사자>라는 말을 해보십시오, 그러면 당신은 무(無)로부터(ex nihilo) 사자를 창조하게 되고, 감각적 사물로서의 사자를 없애버리게 됩니다." 코제브가 여기에 다음과 같이 주석을 단다. "개라는 말을 해보십시오, 그러면 당신은 짖고 꼬리치는 실제 개를 죽이는 것입니다." 라캉이 이것을 종합하여 다음과 같이 결론을 내린다. "헤겔이 개념에 대해 말한 것을 기억하십시오. 개념은 사물의 시간이다." 확실히 개념은 항시 사물이 없는 곳에 있다는 단순한 이유로 해서, 그것은 있는 그대로의 사물이 아니다. 그것은 마치 내가 <코끼리>라는 말로 방에 들어가게 했던 것처럼, 코끼리 라는 기호는 사물을 대체하기 위해 빌려온다. 그것은 코끼리를 명명하는 순간부터 실재하는 코끼리는 거기에 없다. 헤겔은 아주 엄격하게 "개념은 사물이 거기에 없으면서 거기 있도록 만드는 것이다." 라고 말한다. 임진수,『기호형식과 주체의 정신분석』, 프로이트라캉학교(2008), pp. 75-92. 참조.

많은 것을 지시하는데, 왜냐하면 바로 그것이 은유적 언어이기 때문이다. 문자적 지시의 중지는 현실적인 것을 넘어서는 사태에 대한 언어적 발견을 허락한다. 이 지점이 언어와 사물이 만나는 접경지대이다. 이 지대에서 인간은 사물(신)을 어떻게 이해해서 기술했는지 그래서 사물과 진리가 어떻게 억압되고 드러났는지를 살펴볼 수 있다. 이러한 논의는 (1) 은유가 무엇이 사실인지(what is case)를 개시한다는 점을 통해, (2) '현실성(actuality) 1(하나)'과 '현실성보다 더 많은 것(more than actuality) 多(다의성)'가(이) 나타나는 점을 통해 가능하다. 이제 두 항목에 대해 한 걸음 더 들어가 살펴보자.

(1) 은유의 사용은 문자적 언어로는 담아낼 수 없는 사태를 표현한다는 점에서 고유한 의의를 지닌다. 문자적 언어를 통해 은유를 환원하고자 하는 시도는 성공할 수 없다. 은유는 단순히 장식품으로서 문자적 언어에 덧붙여지는 것이 아니라, 도래(임)하는 존재가 개시되는 장소로서 문자적 언어 이상의 것에 대해 말하기 때문이다. 융엘은 은유가, 교육적으로는 유용하지만 발견적으로는 정확한 단어로부터의 과잉적 일탈인, 수사학적 사치에 불과한 것으로 여겨질 수밖에 없다고 주장한다. 은유는 환원 불가능하다. 왜냐하면 그것이 문자적 언어로는 적절하지 않은 기술을 위한 사태를 개시하기 때문이다.

(2) 도래하는 존재의 '가능성(possibility)'을 존재자의 '현실성(actuality)으로 규정해서는 안 된다. 현실성은 존재와 동일시될 수 없다. 존재는 현실성과 가능성을 포괄하는 넓은 의미를 지닌다. 즉, 아직 세계-내적 존재자 속에 현실적으로 주어져 있지 않은 사건 역시 우리

에게 도래할 수 있다. 존재에는 언제나 현실성보다 더 많은 것이 포함된다는 것이다. '신' 존재의 가능성을 인간 존재자의 언어로 포획해서 이해하고자 하는 것이 오늘 우리의 현실이다. 그렇게 해야만 신이 인간의 세계로 들어올 수 있기 때문이다. 그렇다면 우리가 생각하고 인식하는 '신'은 결국 인간이 만든 언어로 포획된 문자화 된 '신'이다. 실재의 신이 아니다. 그러나 실재하는 신은 문자에 갇혀 있지 않다. 실재하는 신은 문자를 걷어내고자 한다. 인과적인 알레고리적 틀에서 벗어난다. 즉 신은 은유의 은유에서 겨우 그 그림자를 발견할 수 있다. 신은 단지 가능성이 존재하는 것의 영역 속에 포함되어 있다.

문자적 언어가 존재의 한계를 포괄적으로 그려낼 수 없는 이유가 바로 여기에 있다. 현실성에 관한 기술을 넘어서 가능성에 대한 표현까지 나아가기 위해서는 문자적 언어에 국한되지 않는 은유의 사용이 요구될 수밖에 없다. '존재'가 현실성과 가능성 모두를 포괄하는 용어이기 때문에, 문자적 발화는 언어의 한계를 그려내지 못한다. 그래서 은유는 무엇이 사실인지에 대한 고려의 중단이 아니라, 존재의 새로운 측면에 대한 개시(開示)이다. 따라서 진리의 개념 역시 현실성을 넘어서 확장될 필요가 있다. '진리'가 단순히 현실성(actuality)뿐만 아니라 은유로서 언어적으로 규정된 현실성의 균열 속에도 위치해야 하기 때문이다. '지성과 사물의 일치'에 근거한 진리 이론은 문자주의에 빠져 있다는 점에서 비판받는다. 이러한 이론에서는 진리가 현실적으로 존재하는 대상의 기술에 국한될 뿐이다. 그러나 존재가 은유를 통해 끊임없이 새롭게 도래한다는 사실을 인정하면 진리 이론은 실재의 새로운 측면이 개시되는 사건 속에서 진리를 발견할 수 있어야 한다.[114]

---

114) 라캉에 따르면, 기호형식의 효과에 의해 탄생하는 것이 주체이다. 주체는 두 기호형식 사이에서 의미의 자리에 발생한다. 여기서 말하는 기호의미는 주체의 의식에서 발생한

은유는 그 두 가지 언어를 중재한다. 우리는 은유를 통해 도래하는 존재를 표현할 수 있는 힘을 얻는다. 세속적 언어는 도래하는 존재와 만나는 과정에서 '언어의 증진'을 경험한다. 은유의 사용은 우리에게 '친숙한 세계의 확장'을 가져오는 것이다. 해결의 핵심은 은유의 분열된 지시가 현실성과 가능성 양쪽에 걸쳐있는 방식 속에 놓인다. 은유 속에는, 친숙한 언어가 새롭고 기이한 의미를 얻게 됨에 따라, '친숙한 것과 낯선 것의 변증법'이 존재한다. 따라서 종교적 은유는 세계-내적 언어의 폐지가 아니다. 현실성에 대한 지시의 중지는 현실성을 부정하지 않는다. 오히려 현실성은 자신을 넘어서 자신을 취한다. 은유는 억압이 아니라 '친숙한 세계의 확장'이다. 융엘은 하나님과 인간 사이의 소통 불가능한 간격을 강조하는 반면, 은유를 통한 언어의 확장을 강조한다고 할 수 있다. 신에 대한 언어와 세속적 언어 사이의 차이만을 강조한 초기 융엘의 한계는 비로소 극복된다.[115] 인간적 언어의 본질적으

---

다. 따라서 은유의 모든 이론은 주체의 은유이론이다. 주체는 은유의 간접적인 길을 통해서만 파악된다. 그 결과 기호의미가 기호형식의 사슬 속에서 계속 유보되듯이, 주체에 대한 표상 역시 다른 기호형식으로 연기될 뿐만 아니라, 설혹 기호의미의 효과가 나타난다고 할지라도 두 기호형식 사이에서 잠시 드러났다가 없어지듯이, 주체 또한 잠정적으로 나타났다가 사라진다. 그때 우리는 어디에 있는가? 우리는 무엇인가? 우리는 누구인가? 우리는 무엇이기에 이렇게 아파하는가? 알 수 없다. '이것'과 '저것' 사이에서 머뭇거리며 갈등하는 햄릿의 심연은 오늘 우리의 모습이다. 자크 라캉, 자카-알랭 밀레 편, 맹정현•이수련 옮김, 『세미나 11, 정신분석의 네 가지 근본개념』, 새물결. 2008

115) 베르그송과 들뢰즈는 차이와 동일성의 무한 반복(차이에서 동일성으로 귀속되는 것이 억압 체계이고, 동일성에서 차이로 이탈하는 것이 자유의 여정이다)만이 생명을 생장시키는 것으로 본다. 이 모든 체계는 억압과 부인의 형식을 통해 해결해 나간다. 그래서 프로이트는 무의식을 외부 자극인 상처를 체내 최적의 환경을 만들고자 한 억압과 부인의 문법으로 각인, 누적된 것으로 본다. 이들의 전통에 훈습 된 라캉은 '말하는 과정에 주체가 형성'된다는 폭탄적인 선언을 한다. 그러니까 주체는 본래부터 있는 것이 아니라 사건에 반응하는 과정에서 형성되는 것이다. 더 깊이 들어가서 말하면, 주체는 억압과 부인의 절차를 통해 형성된다. 만약 이 과정이 없다면 주체도 없다. 상처도 말하는 행위를 통해서 자기 안에 동화해 가는 재구성 과정을 밟아 가게 된다. 감정적 상처를 상징화하면서 이전에는 말로 분명하게 표현할 수 없었던 경험들에 명시화가 허락되고 의미가 부여된다. 상처의

로 적합하지 않은 형태 속으로 발화되어야 하는 하나님의 초월적 말씀보다는 은유에 주목함으로써, 하늘나라의 도래를 인간 발화에서 그 가능성을 찾는다. 이러한 비-정서법 또는 오용법은 존재론적 헤게모니에 대한 귀중한 저항이기 때문이다. 이제 융엘은 '나라'의 옴, 도래, 임박함, 참여함, 나눔에 대해 은유와 비유를 통해 우리에게 설명한다.[116]

## Ⅳ. 비유와 하늘나라

비유는 본래 우리에게 친숙한 것을 통해 친숙하지 않은 것에 대해 말하는 방식이다. 신약성서는 세상을 넘어서는 언어를 말하기 위해 적극적으로 세상의 언어를 사용하고 한다. 비유는 1:1의 단순 기호 지시로 모두 건져낼 수 없을 때, 다양한 이미지를 통해 1: 多의 의미를 제공하고자 할 때 사용하는 문장법이다. 예수가 말한 하늘나라는 다양한 중의적 의미를 지닌다. 예수의 언어는 비유에서 비유로 끊임없이 연쇄하는 방식으로 하늘나라를 선포한다. '비유에서 비유로'는 지칭하고자 하는

---

기억을 안전한 환경에서 활성화하고 상징화함으로써 통제력을 회복하고 희생자가 아닌 주체가 되어가는 것이다. 임병식, 죽음학강좌, <자기만의 인지문법으로 상처가 난 마음 표현해 보기>,「말하기와 글쓰기 실천」, 한국싸나톨로지협회(2022), 참조.
116) 언어는 억압과 부인을 은유와 환유의 방식으로 나타낸다. 모든 상징어는 억압적이다. 일정한 문법체계로 이루어진 것, 그 자체가 억압적이다. 이 문법 체계에서 벗어나면 이해되지 못한다. 소위 정신증자들의 문법은 이미 정해진 문법(상식과 정상이라고 하는)에서 일탈한 자들이다. 신경증자들과 강박증자들이 언어에 집착한다면, 정신증자에게는 언어적 억압 체계가 없다. 부인은 주어진 사태를 거부(부정)하는 방식으로 내부 환경을 보호 방어하는 체계이다. 모든 생명은 억압과 방어체계 시스템에서 자신을 보호한다. 그리고 또 한편으로 그 보호의 질식으로부터 또다시 일탈(창조, 새로움으로 비약)하고자 한다. 임병식, 죽음학강좌, <실존정신언어분석>,「히스테리반응과 치유기제」, 한국싸나톨로지협회(2023), 참조.

지의(旨意)를 어느 하나의 알레고리로 이해, 의미화하기를 거부하는 방식이다.

융엘은 '비유'가 하나님 나라가 세계와 관계 맺는 방식임을 강조한다. 하나님 나라는 신약성서의 비유가 제시될 때 비로소 도전과 희망을 불러일으키는 사건으로써 우리에게 주어진다. 비유를 벗어나서는 애초에 하나님 나라 자체가 존재할 수조차 없다. '하나님 나라가 비유로서의 비유 속에서 발화된다(The Kingdom comes to speech in parable as parable)'라고 제시하면서, 융엘은 단순히 하나님 나라와 그것이 발생하는 언어의 관계만을, 하나님 나라가 '비유 속에서 발화된다'라는 사실만을 고려하고 있는 것이 아니다. 그는 또한 하나님 나라의 '세계-관계'라고 일컬어질지도 모르는 것을 고려한다. 그래서 그는 하나님 나라가 비유로서 '온다'라는 사실을, 하나님 나라가 인간 및 인간의 역사와 어떻게 관계를 맺는지 그리고 그것이 교의학적 수준에서 어떻게 성립되는지를 해석학적 관점에서 파악하려고 노력한다.

비유를 통해 우리에게 주어지는 하나님 나라는 근본적으로 '종말론적(eschatological)' 성격을 지닌다. 애초에 하나님 나라는 이미 존재하는 술어를 바탕으로 해명될 수 있는 대상이 아니다. 세상 속에는 하나님 나라에 대응하는 사건은 아무것도 없다. 하나님 나라는 세상에 대해 형용사적으로 존재할 수 없으며 그래서 간접적으로 은유로 발화될 뿐이다. 그래서 비유 속에서 나타나는 하나님 나라의 세계-관계는 '종말론적 현재형'으로 기술되는 속성이 있다. 따라서 우리는 하나님 나라가 우리를 향해 '오고 있는(coming)' 지금 여기의 '현재적 사건'으로 말할 수 있을 뿐이다. 여기서 '온다(come)'라는 은유는 하나님 나라가 세계 내적 대상에 고착화되어 있는 언어와 거리를 둔 채 우리의 세계 이해를 '실존적 자기의식'으로 문제 삼는 방식으로 발화된다. 융엘은 하나님 나라가 발화로 '온다'라고 강조한다. '오고 있는'이라는 관념은 하나님과 세상 '사이의 차이'에 대한 문제를 해결하는 중심적 은유이다. 이 '사이'와 '간극'에 인간 실존의 자기의식, 자기 의지가 개입된다. 그 사이와 간극에 예수와 바울의 '한계 상황적 실존의식'이 있다.

따라서 예수의 선포는 비유의 발화 사건으로 이해되어야 한다. 이 사건은 예수의 언어를 양식의 내용으로부터 분리해서 보면 안 된다. 만약 양식과 내용 사이를 분리한다면, 예수의 언어는 괴물이 되기 때문이다. 불트만의 "실존론적 해석"으로 수행되더라도 이 원칙은 지켜져야 한다. 예수의 선포는 특수한 예수의 비유 담론에 해당한다. '나라'에 대한 예수의 선포가 종말론적인 실존적 의식에 의해 규정되고 비유되었다면 그 나라에 대한 설명은 다른 단어로 이해될 수 있는 만큼, 비유의 언어 양식으로 이해되어야 한다. 특히 예수의 비유들은 대부분 '나라'에 참여할 수 있는 조건으로서의 비유이다. 그러나 그 비유는 하나의 고정된 의미로 고착하기를 거부하면서 또 다른 비유로 전환되는 가능성을 지닌 비유로 전달된다.[117]

---

117) 알랭 바디우는 존재의 본래 모습으로 간주하는 비일관적인 다수성을 정확하게 드러낸다. 이는 수학만이 가질 수 있는 장점이다. 언어의 형식으로 규정할 수 없는 존재의 비일관성은 집합론에 의해 정확하게 표현된다. 그것은 다름 아닌 공집합(∅)이다. 공리적 집합론은 아홉 가지 공리로 구성되는데, 그중 가장 중요한 것이 바로 실존의 첫 번째 각인으로서의 공집합 공리이다. 공집합이 존재한다는 공리적 단언은 존재의 출발점을 단언하는 것과 동일한 맥락에 있다. 알다시피, 공집합은 모든 집합의 부분집합이다. 그것은 모든 상황(이는 집합과 같은 것이다)에 포함된 것이지만 결코 하나로 셈해지지 않는 집합이다. 단적으로 우리가 {a, b, c }라는 임의의 집합을 가정할 때, 분명 공집합은 이 집합의 부분집합으로 존재한다. 그러나 원소를 하나로 셈하는 구조화 작용 속에서 공집합은 누락되어 있다. 공집합(또는 공백)은 하나로-셈하기라는 현시의 법칙에서 벗어나는 비일관적 다수성의 이름인 것이다. 그것이 구조화의 작용을 벗어나는 것은 확실하다. 공집합은 장소를 가질 수 없지만 모든 장소에 있고, 현시 속에서 현시 불가능한 것을 표현한다. 이러한 공집합의

예수가 말한 하늘나라는 종말론을 전제로 한 앞으로 도래할, 임박한, 어쩌면 이미 와 있는 사건적 의미이다.[118] 예수에게 있어서 하늘나라는 현재 지금 이곳 여기에서 일어나는 '현존적 실존' 상태를 의미한다. 옴, 다가옴, 임박함, 미래적 시제가 현존적 의미로 전환된다. 예수는 실현된 나라가 아니라, 지금부터 실현되는 신의 나라를 말해 왔다. 예수가 말한 나라는 현재한다. "신의 나라는 볼 수 있게 임하는 것이 아니며, 또 여기에 있다. 저기에 있다고도 못하리니, 신의 나라는 너희 안에 있음이다." 현재어는 상황어이다. 상황어는 율법을 폐기한다. 또한 알레고리적 인식체계를 거부한다. 하늘나라는 비유와 비유를 통해서만

---

현시 불가능한 성격은 우리로 하여금 그것을 비일관적 다수성으로 간주할 수 있게 한다. 존재로서의 존재가 갖는 비일관성은 확실히 하나로-셈하기라는 구조화 작용의 외부에 있다. 그리고 그것을 잘 보여주는 것은 바로 공백(또는 무無)으로서의 공집합이다. 모든 구조화된 상황, 다시 말해 모든 집합은 공집합을 포함한다. 그러나 이 공백은 구조화 작용을 통해 고정되지 않기에 철저한 방황 속에 있다. 결국 이 공백은 현시되지 않지만, 모든 상황 속에 내재한다. 만약 존재론이 어떤 상황의 비일관적 다수의 이론이라면 그 다수는 상황을 지배하는 특수한 법칙인 하나로-셈하기에서 벗어난 다수, 즉 비-구조화된 다수이다. 공백 또는 무(無)는 이러한 비일관성이 상황 전체 속에서 방황하는 고유한 방식이라고 바디우는 말한다. 존재론이 다루는 제1의 테마는 바로 이러한 공백인 것이다. 알랭 바디우 지음. 조형준 옮김.『존재와 사건: 사랑과 예술과 과학과 정치 속에서』. 새물결(2013), pp.33-45.

118) 이에 대해 한신대학교 휴먼케어융합대학원 죽음교육상담 전공 이대준 교수는 다음과 같은 탁견을 개진하였다. "주 예수여 오시옵소서(ἔρχομαι)" (계 20:20) '오시옵소서'에는 '(사람이) 오다, 도착하다. (때가) 도래하다'의 뜻이 있다. 비유적인 의미로는 '나타나다. 발생하다. 드러나다'의 뜻이다. already, but not yet의 관점에서 하나님 나라의 도래나 예수의 재림은 지금까지는 물리적인 공간이나 차원이 이동하는 관점에서 해석하거나, 어떤 일이 시작되었지만 아직 완성되지 않은 관점으로, 즉 하나님의 나라는 아직 완성되지 않은 것으로 보는 견해가 지배적이었다. 그러나 주기도문의 '나라가 임하시오며'나 사도신경의 '산 자와 죽은 자를 심판하러 오시리라'라는 표현을 문자적으로 해석하면 하나님의 나라는 현실에 존재하지 않은 것으로, 예수는 아직 오지 않아서 우리와 공간적으로 분리된 존재로 받아들이게 된다. 따라서 '오시옵소서'의 뜻을 비유적인 차원에서, '감추어진 것이 드러나다, 나타나다.'의 의미로 보는 것이 하나님 나라의 현존을 강조하는 차원에서 더 타당하다고 본다. 수동적이고 피동적인 차원에서 오고 있거나 도래하는 하나님의 나라를 받아들이는 것이 아니라, 현실에 실존하는 하나님 나라, 지금 내 안에 있는 예수를 볼 수 있는 존재로의 개인적인 성숙을 강조하는 데에는 이런 관점과 해석이 더 실존적인 해석에 부합하리라 본다.

그 그림자를 가늠할 수 있다.[119] 예수는 현재에서 '나라'의 가까움을 이웃의 가까움에 일치시킨다. "공중을 나는 새들과 들에 핀 꽃"들은 아무런 걱정 없이 현재성으로 존재한다. 저들이야말로 하늘나라에 임하는 존재 상태들이다. 더 이상 저들에게는 부족함이 없다. '그 자체로' '있는 그대로' 충만하다. 현존(현재성에 머묾)하기 때문이다. 현존의 상태에서는 결핍이 없다. 예수에게는 결핍이 없다. 그 자체로 충만하다. 우리의 의식(존재 상태)이 현재성이 아닌, 과거에 머물러 있거나 미래를 지향한다면 거기에는 언제나 결핍이 있다. 결핍은 욕망을 만든다. 이 욕망은 과거나 미래를 지향한다. 그래야 의미가 생성하기 때문이다. 이 의미야말로 욕망의 속성이다. 욕망은 기억과 미래적 예기의 시간 의식으로 구현된다.[120]

---

119) '상황'은 고정되거나 실체화된 명사가 아니라, 상황(국면, 양태, 정도)에 따라 늘 변하고 변주되는 동사적 의미를 지닌다. 예컨대, 상황은 지금 여기, 또는 지금 거기의 '현재성'과 밀착 관계를 지닌다. 예를 들어 '상황윤리'라고 기술할 때의 윤리는 '현장성'을 지닌다. 과거도 아니고, 미래도 아닌 지금, 여기 이 자리에서 결단하고 실천되는 것이다. 예수가 말한 '일용할 양식'도 현재적 상황성을 함의한다. 성경에서 기술한 모든 서사와 비유를 현재적 상황성을 탈색시킨다면 어떤 모습이 될까? 만약 상황성을 고려하지 않고 단순히 '과거의 것'이나 '다가올 미래를 위한 것'만 기술한다면 그 기술어는 '유용성'에 기반을 둔, 교조적이거나 낭만주의적 환상에 빠진다. 그 서사에는 역동적인 예수의 가치를 발견할 수 없다. '상황성'은 국면(局面)과 양태(樣態·樣相), 정도(程道), 힘(force) 세기(strong), 강도(剛度)와 관계된다. 그 이유는 상황이 고정된 것이 아니라 움직이는 '생물성'의 속성을 지녔기 때문이다. 그 속성은 상황-생성적이기에 어떻게 전개될지 예측 불가능한 불확정성의 '현-사태'이다. 불확정성은 결정론, 필연성과 대조를 이룬다. 신은 주사위만 던질 뿐이다. 우연히 던져진 주사위를 필연적인 사건으로 맞이하는 것은 개인의 실존영역이다. 상황은 시간과 공간의 상황성에 따라 늘 새롭게 생성된다. 사건에는 특이성이 존재한다. 특이성은 계열화에서 주어진다. 사건은 우발적이기보다는 지속과 내속에 의해 어느 때와 공간에서 표면으로 드러난 것이다. 거기에는 '기시(起時)'와 절차적 '과정' 그리고 '매듭'이 있다. 생성은 주어진 '구조와 틀'에서 나타난다. 구조에서만 의미를 찾을 수 있기 때문이다. 그러나 이는 생성을 이해하는 하나의 문법 또는 사유 방식의 하나일 뿐 절대적이 아니다. 임병식, 한신대학교 휴먼케어융합대학원 죽음교육상담 전공,「생명윤리」2024년도 1학기 수업 참조.

120) 예지는 지향적으로 '충족되어 있지 않은데', 이는 예지가 겨냥하는 것이 부재하거나 혹은 현존하지 않고 있다는 것을 의미한다. 예지는 '아직 아닌 것'을 지향한다. 그래서 내

예수는 '나라'의 본질을 나라의 '가까움'으로써 본다. 예수의 선포에서는 신의 나라의 가까움이 현재를 규정하면서 미래를 선사한다. '나라'는 언제나 엄격한 종말론적 개념으로 지속된다. '신의 다가옴'이 종말론적으로 규정지어진 현재와 동일시된다. 이 현재가 신앙의 실존적 근원이다. 실존적 신앙은 늘 순간순간 결단을 촉구한다. 신의 나라는 새로운 것을 저 낡은 것에 대립시키는 방식으로 성경에 제시한다. 이는 "죽은 자들을 죽은 자들에게 맡겨두라"라는 것으로 옛것(율법)을 종결시키는 새것이, 종결된 옛것으로부터 인간을 자기(예수)에게 불러내기 때문이다. 그러므로 오는 것에 대한 확신을 가지고 소리치는 예수의 부름으로 인해 옛것과 새것, 죽음과 삶 사이의 갈림길이 시작된다. 그 때

---

용이 아직 규정적으로 채워져 있지 않다. 이와 대조적으로 기억은 '충족되어' 있다. 왜냐하면 기억은 방금 거기에 있었던 것을 겨냥한다. 그래서 내용이 규정적(인과관계 및 논리적 결과)이다. 감정(정서)은 예지에 필수적이다. 예지는 항상 동기부여, 정동적 톤, 그리고 행위 경향성 혹은 행위를 위한 준비 태세를 제공한다. 그렇다면 감정(정서)은 어떻게 예지와 관련되어 있는가? 과거의 기억은 예지를 동기 부여한다. 더 정확히 말해 기억의 내용은 예지적 내용을 동기 부여한다. 예지는 방금 일어난 것에 대한 기억에 기초하기 때문이다. 예를 들어, 한 떼의 새들이 하늘을 날아가는 것을 보는 내 현재의 경험은 이 새들이 방금 있었던 곳에 대한 나의 연속적인 기억에 기초해서 그들이 날아갈 어떤 방향을 연속적으로 예지한다. 다른 한편으로 예지는 기억을 동기 부여한다. 예지되는 것은 기억되는 것에 영향을 미치기 때문이다. 우리는 이 새들이 날아가는 길을 예지하고, 이 예지는 (만약 날아가는 길이 내가 예기하는 대로 존재한다면) 충족되는 대로 기억된다. 따라서 기억은 방금 일어난 것에 대한 기억뿐만 아니라, 또한 방금 있었던 예지함(protentioning)에 대한 기억도 포함한다. 기억은 예지의 기억 그리고 예지가 충족되거나 충족되지 않는 방식의 기억을 항상 포함한다. 따라서 예지와 기억의 동기부여적 관계는 순환적이다. 의식의 자기 조직화 방식은 기억은 예지를 동기부여하고, 동기부여 된 이 예지는 기억에 영향을 미치고, 영향을 받은 이 기억은 예지를 동기 부여한다. 이 두 사태가 동시적이고 역동적으로 작용하는 것이 현재성이다. 만약 기억이 예지를 동기 부여하지 못하는 병리적인 경우는 어떤 경우인가, 그리고 예지의 충족 여부에 따라 예지는 기억에 어떤 경험을 하게 하는가? 우리가 의식적으로 기억하지 못하는 일도 무의식과 뇌는 분명하게 기억한다. 나쁜 경험은 무의식의 기억으로 저장되고 위협 상황이 닥쳤을 때, 뇌는 이 무의식의 기억을 불러내 판단을 내린다. 나쁜 경험이 지속되면 위험 상황을 담당하는 신경세포 네트워크는 유사한 상황에 대해 동일한 방향으로 해석을 내린다. 이러한 선 체험에 대한 기억의 저장은 시간 의식인 기억과 예지 그리고 정서와 유기적 관계에서 작동된다. 임병식,『감정치료』, 가리온(2018년).

문에 이 부름은 결단을 요구한다. 그러나 부름은 죽음을 죽음으로 인식할 수 있게 하면서 요구된 결단을 선사한다. 그래서 '나라'에 임한다는 결단은 실존에 가깝다. 예수가 선포한 '나라'에 들어가기 위해서는 율법에 의한 죄의식의 회개와 거리가 멀다. 예수는 율법을 부정하고 새로운 나라에 들어가기 위한 실존적 결단을 촉구할 뿐이다.[121]

예수에 대한 '신의 나라의 관계'는 예수의 선포가 종말론적으로 규정되어 있다고 인식한 이래, 시간의 문제로서 토론되었다.[122] 예수의 선포에서 '나라'를 이미 현재하는 것으로서 보든지, 현재에 침입하는 것으로서 보든지, 아주 임박한 것으로 보든지, 또는 조만간에 도달할 것으로 보든지 어느 경우나 마찬가지로 그것으로써 언제나 '나라'에 지

---

121) '실존적 현재성'에서는 자신의 증상을 타자의 동일성에서 규정하지 않고, 자신의 고유성과 차이와 다름을 창안해 내도록 한다. 많은 심리학이나 상담, 심지어 정신분석은 개별 존재의 고유성과 차이와 다름을 분석가의 입장으로 전이를 일으켜 일명 '아버지의 이름(부성은유)'이라는 보편상의 동일성으로 회귀하도록 종용하는 경우가 많다. 말하자면 내담자의 주체성을 보편과 상식이라는 평균 이해와 일반화로 귀속시킨다. 즉 당위의 횡포를 부리고 있다. 문제는 분석가가 내담자의 고유성과 차이와 다름을 존중한다고 말하면서 다시 분석가의 동일성으로 포획해서 내담자를 이해한 나머지 내담자의 주체성을 훼손하고 있다는 사실을 간과하고 있다. 즉 동일성에서 일탈해서 나타난 차이와 다름의 사건-증상을 다시 일자(―者, 아버지의 이름, 부성 은유)의 동일성으로 종용하고 있다는 사실이다. 그러니까 일반 심리학이나 임상심리학을 포함한 정신분석이나 상담학이 내담자 주체의 사건인 증상을 봉합해서 동일시하는 오류를 범하고 있다. 이렇게 오류를 범하고 있는 자신의 최면술을 프로이트와 라캉, 알롬은 폐기한다. 마찬가지로 예수는 우리가 지닌 과거와 미래적 인식을 폐기하고 현재적 실존의식으로 전환할 것을 강조한다. 과거와 미래의 것은 타자가 만든 이미 주어진 언어의 권력이기 때문이다. 한스 게오르크 가다머, 이길우 외 옮김,『진리와 방법』, 문학동네(2012), 참조.

122) 하이데거는 이를 '현존'으로 이름하였다. 현존은 과거의 경험적 기억과 다가오지 않은 사태에 대해 미리 예측되어지는 가능성과 희망, 기대, 예감이 종합된 자아의 현재적 느낌을 말한다. 바꾸어 말하면, 현존은 과거적 경험과 미래적 예감이 온축된 충만감(mindful-feeling)이다. 하이데거가 말하는 현존은 그-세계-내-존재(Das-In-Der-Welt-Sein)에서 상즉상입하는 생명의식의 활동장(인드라의 그물망, field)이다. 이 장은 너와 나의 개체적 구분이 하나의 리듬안에서 활동이 펼쳐지면서 공명되어지는 체계이다. 하이데거는 이처럼 현-존재가 과거적인 마음상태와 미래적인 존재가능성 사이에 있는 그런 존재구조를 이루고 있다고 본다. 하이데거,『시간과 존재』, p.78, 서광사.

시된 것은 시간 안에서의 표상인데, 이 표상은 시간 안에서 실존하는 '나'(Ich)로부터 헤아려진 자리이므로 가까움은 시간적으로 실존하는 주체에서 '먼' 것으로서 생각된다.[123] 이 표상은 '실현된 종말론'의 입장에도 해당되는데, 여기서도 '나라'의 현재가 멂이 극복되고 지금 여기로 생각된다는 점이다. 사람들은 이러한 시(時) 사이에 벌어지는 시간, 거리, 표상 도식으로 예수를 통한 신의 나라의 예고를 적합하게 해석할 수 있다고 생각했다. 그러므로 신의 나라는 '나'의 지금(Jetzt)으로부터 벌어지는 거리들의 연속으로 표상되는 시간의 모형에 의해 측정된다.

## V. 실존의식

불안, 외로움, 방황, 서성거림은 살아가는 모든 존재들의 실존적 속성이다. 신은 우리들에게 귀의처를 찾지 못하게 하는 방황과 서성거림을 주셨다. 인간은 불안과 서성거림을 통해 비로소 영혼의 울림이 있게 된다. 방황과 서성거림이 없는 인간에게는 예감이 없다.

실존의식은 한계적 종말의식에서 기인한다. 종말의식은 시간의식이다. 즉 시작과 끝에 대한 강박증적 앎의 욕구가 개입해 있다. 시원과 마

---

123) '표상한다(vorstellen)'는 말에는 '자기 앞에' 그리고 '자기에게로 세운다' 라는 의미가 있다. 여기서 하이데거는 표상활동을 근대성의 본질, 근대적 주체성의 본질로 내세운다. 표상(vor-stellen)이란 자기 앞에 vor- 세우는 stellen 활동이다. 누가 무엇을 어떻게 세우는가? 세우는 주체는 인간이며, 그의 활동은 존재자를 대상으로 세운다. 그러면 인간이 이 세우는 활동을 주관하는 자가 되었다는 것, 그리고 이 활동을 통해 존재자가 인간 앞에 대상으로 서게 되었다는 것은 무슨 뜻인가? 그것은 인간이 존재자와 관계 맺는 방식을 스스로 설정한다는 것, 즉 존재자는 인간의 계산아래, 인간의 이성(의식)아래 나타날 수 있게 되었다는 것을 의미한다. 세계는 오로지 인간의 측정을 통해 인간 앞에 세워진(表) 그림(象)으로서, 세계상(Weltbild)로서만 존재할 수 있게 되었다. 야콥슨 저, 박여성 역, 『언어의 토대 Fundamentals of language』, 문학과지성사(2009), 참조.

지막이라는 의식은 실존을 의식하는 요소이다. 예수에게 있어서 종말론적인 의식은 현재에 방점을 두고 있다. 즉 하늘나라의 임박함, 도래의 예기감이 현재로 불러와 지금 여기에서 '구원과 결단의 때'를 강조한 것에 있다면, 바울에게는 현재가 예수 죽음의 과거 사건을 통해 앞으로 이루어질 약속을 믿어, 과거에서 미래를 위한 '희망의 때'로서 해명된다. 이러한 시간의식은 히브리와 헬라인의 시간의식과 유사하다. 종말론은 오늘이 마지막이라면 나는 무엇을 결단해야 할 것인가를 질문하고 절박하게 행위 할 수 있도록 한다. 그런 의미에서 종말의식은 인간으로 하여금 현존하게 한다. 종말은 끝마침이다. 이는 곧 시작을 의미한다. 시작(새로운 술은 새 부대에)은 종말을 전제로 한다. 종말의식은 새로운 삶을 위한 변화의 계기이다.[124]

실존의식은 한계상황, 즉 죽음이나 절대적 상실감에서 생기는 자기의식이다. 이 의식은 한계상황으로서의 죽음, 종말론적 의식에서 분기한다.[125] 실존은 자신의 의지와 상관없이 운명 속에 내 던져진 느낌

---

[124] '실존적 현재형'에서 중요하다고 여기는 부분은, 내담자가 발화하고 있는 말이 '누구의 말인가'하는 점이다. 적어도 분석실에서 분석가가 최소한 지켜야 할 예의는 분석실 안으로 그 누구도 들어오지 못하도록 하는 점이다. 오직 내담자만이 내담자의 언어로, 내담자만의 욕구가 온전히 표현될 수 있도록 한다. 심지어 분석가 자신마저도 자신을 내려놓고(판단중지) 내담자의 주체성이 복권될 수 있도록 하는 것이 분석가의 실천이다. 그러니까 "자신에게 없는 것을 내담자에게 주는 것" 이것이 분석의 기술이고 사랑의 실천이다. 자신에게 없는 것을 어떻게 내담자에게 줄 수 있을까? 자신을 무화시키는 것, 자신을 비우는 것, 자신을 없이하는 방식을 통해(능동적 수동성) 내담자의 주체성을 회복하는 것이 분석의 기술이다. 공백의 도입, 그것은 '실존적 현재형'의 실천 덕목이다. 에마뉘엘 레비나스 지음, 김성호 옮김, 『우리 사이』, 그린비(2019), 참조.

[125] 지나간 사건에 대한 과거 경험-기억을 회상해서 지금-현재 자신이 처한 실존의 문제와 앞으로 다가올 사태에 대해 어떻게 예감하고 행위 하는가의 문제는 내담자의 고유한 성향과 정서 그리고 인식 태도와 밀접한 관계가 있다. 후설은 성향, 정서, 인식 이 세 가지를 '의식의 구성' 요소로 보았고 그 기능의 특성을 '지향성'으로 규정하였다. "의식을 구성하는 성향과 정서, 인식은 대상을 지향한다. 그리고 그 지향성은 시간의식을 수반한다. 따라서 성향과 정서, 인식은 시간의식이라고 변형이라고 할 수 있다." 에드문트 후설, 이종훈 옮김, 『시간의식』, 한길사(2018), 참조.

과 전율이다. 이는 자신이 누구인지를 찾고자 하는 가능성으로서의 여정이 된다.[126] 종말론적 의식은 어떤 특정 대상에 대한 직접적인 협의의 감정이 아니라, 존재 전반의 성격에 대한 자기반성의 계기가 되는 것이며 세계 안에서 존재하는 자신의 정체성에 대한 물음이기도 하다. 실존은 곧 자기 존재의 가장 깊은 심연을 마주 대하고 스스로를 단련하는 자기 해부의 과정이기도 하다. 그것은 인간이 정신적 존재로서 내적 불안을 겪으면서 비로소 인간적 성숙함에 도달하기 때문이다. 불안에 의해 단련된 단독자는 스스로를 영원과 무한의 극단에 이르는 가능성의 실험에 내던져짐으로써 자신을 도약시킬 수 있다. 실존적 한계상황은 인간 스스로 실존에 대해 무한 책임을 지고 있음을 일깨워주는 내면적 초월의 계기가 된다. 하이데거는 불안을 "현-존재의 탁월한 해석의 가능성"으로 설정한다. 이는 "존재 자체가 자기 자신을 고유한 존재의 가능성"을 드러내는 계기로 이해한다. 융엘은 역사적 예수를 실존사적으

---

126) 죽음학의 핵심 명제는 "오늘이 내 생애 마지막 날이라면 나는 누구와 무엇을 어떻게 할 것인가?"에 있다. 이 명제는 그동안 평범하게 살아왔던 삶의 소중함과 가치를 성찰할 수 있게 하여 삶의 우선순위를 제고하게 한다. '오늘이 내 생애 마지막'의 의미는 한계상황을 말한다. 오늘이 마지막이라면 과연 우리는 지금까지 목표로 삼아 온 것들과 가치관이 올바른 것인가를 되새기게 한다. 즉 삶의 우선순위가 잘못 배열된 것은 아닐까? 오늘이 마지막이라면, 나는 여전히 지금까지 살아왔던 방식대로 살아갈 것인가? 지금까지 살아온 삶을 "오늘이 마지막이라면"이라는 물음 앞에서 그 가치와 의미를 되짚어보는 것은 삶의 훌륭함으로 이행하는 출발이 된다. 오늘을 한계상황으로 인식한다면 지금의 현실이 얼마나 소중한지를 비로소 알 수 있기 때문이다. 미래의 사건이 아니라, 바로 오늘이 마지막이라면 나는 무엇을 할 것인가, 나는 누구와 함께 할 것인가, 그리고 나는 이들에게 어떤 말로 인사를 하며 어떻게 마무리하는 것이 가장 소중한 삶인가를 죽음에게 물어보게 한다. 상실을 예감한다면 그때 비로소 우리는 소중한 것이 무엇인지 자각하게 된다. 상실을 통해 그동안 친숙하게 느껴졌던 일상의 모든 것이 낯설게 느껴진다. 이 낯섦은 평범하게 보이던 일상을 전혀 다른 차원으로 보게 한다. 그동안 망각했던 사물의 본질을 올바르게 자각하게 한다. 죽음교육은 인간의 가능성을 제고할 수 있도록, "오늘이 내 생애 마지막"이라는 한계상황을 부여함으로써 인간이 가지고 있는 훌륭함의 가치를 실현할 수 있도록 안내한다. 여기에 왜 공교육에서 죽음교육을 실천해야 하는지에 대한 정당성이 있다. 임병식 외, 『죽음학교본』, 가리온(2023) 참조.

로 재구성(구상)해서 해석(비신화화)하기를 제안한다.[127]

예수에게 있어서 현재가 전적으로 가까운 장래에서 규정되고 장래에서 현재가 구원과 결단의 '때'로서 보는 데 반해, 바울에게 있어서 현재는 예수라는 과거에서, 미래의 빛 속에서 찾아지고 이 과거에서 미래를 위한 희망의 때로서 해명된다는 점에 있다. 바울과 예수 양자에게 공통되는 종말론적인 근본 동기가 예수의 종말론적인 미래와 바울의 종말론적인 과거라는 시간적인 차이에서 말해지는 이유는, 오로지 바울과 예수에게서 종말이 현재했다고 주장할 수 있게 하는 사건을 회고하는 중에서만 찾을 수 있다. 이는 융엘 사유의 큰 전제가 되는 '언어사건'에서 찾아진다.

역사적 예수에게 요청되는 실존적 의식은 죄이다. 죄의식은 스스로를 인식하는 과정에서 해명되어야 하는 긴박한 실존적 사태이다. 결정론적 운명의 율법에서 벗어날 수 있는 자유로의 이행은 죄의 발견을 통해서 가능하다.[128] 죄가 주체적 실존의 자유이자 진정성의 본질에 대한

---

127) 이런 실천은 내담자로 하여금 증상을 제거하거나 봉합하는 것이 아니라, 오히려 내담자를 흔들어 실존의 정념으로 나갈 수 있도록 한다. 동일성으로 돌아가는 일은 너무 쉽다. 그리고 안정적이다. 그래서 항상 유혹이 강하다. 그렇게 살아가는 것이 무에 나쁜 일이냐고 항변할 수도 있다. 그렇게 살고 싶은 사람은 그렇게 남들이 만들어 놓은 평균적인 이해와 의미와 상식으로 살면 된다. 그러나 그렇게 쉽게 의미화하고 봉합한 것은 다시 가면을 쓰고 다른 증상으로 도래한다. 증상의 방문은 자신만의 방식으로 자신을 찾고자 하는 진리의 사건이기 때문이다. 우리는 어디에 자신의 존재에 내기를 걸어야 할까? 프로이트, 윤희기·박찬부 옮김, 『정신분석학의 근본개념』, 열린책들(2011) 참조.

128) 셰익스피어(Shakespeare)의 『맥베스의 비극 The Tragedy of Macbeth』의 경우, 맥베스와 그 아내는 죄책감으로 미친 사람이 된다. 그 죄책감은 왕이 되는 과정에서 많은 사람을 살해한 것에 대한 죄책감이 아니라, 왕이 되는 순간 외적 목표가 상실되어 좌절하는 내적 욕망과 관련된 원초적인 죄책감이다. 그래서 죄를 지었기 때문에 죄인이 된 것이 아니라, 원초적인 죄책감으로 스스로 금기와 명령과 터부를 설정함으로써, 그 안에서 안위함을 찾고자 스스로 죄를 짓고 죄인이 됨으로써 처벌과 저주에서 비롯되는 물신적 쾌감을 맛보고자 죄를 짓는 것이다. 이들에게는 고통보다 더 무서운 것이 분리불안이다. 처벌이라고 하는 신체적 고통과 하나가 됨(물신화)으로써 분리불안을 해소하고자 한다고 할 때, 여기에 적용할 수 있는 객관적인 윤리적 잣대는 가능할까?

의식이라면, 자유는 근본적인 의미에서 행위와 선택의 자율성으로 설명되지 않는다. 한마디로 단독자로서의 실존적 의식을 떠난 자유는 성립하지 않는다.[129)]

역사적 예수는 '신 앞에 선 단독자'로서, 진정한 인간의 모습 '인자'를 구현하였다. 자유와 죄의 관계가 현재적 결단으로 간주될 수 있는 궁극적이며 '유일한' 근거는 이들이 곧 실존의 가능성이기 때문이다. 현존은 자유로운 실존이 죄와 맺고 있는 이중적 관계를 반영한다. 자유는 죄로부터 해방을 추구하지만, 죄의 가능성을 벗어날 수 없는 스스로에 대해 불안하다. 가능성의 범주가 곧 실존을 엄습하고 실존의 자유를 불안정한 사태로 밀어 넣는다. 그래서 죄와 고통은 세상을 움직이는 힘이다. 마치 예수가 죄인이 됨으로써, 세상의 모든 죄를 짊어지듯, 세상은 인간을 죄인으로 만든다. 그리고 거기에서 인간이 인간으로서 모습을 찾아간다. 죄는 결코 외부의 원인에 의해 촉발되지 않기 때문이다. 그렇다면 인간 예수의 심연에 자리한 이 불안의 잠재태는 무엇인가?

---

129) 감정을 단순히 신체가 지닌 인간의 느낌이며 뇌의 물리화학적인 반응으로 해석한다면, 더 이상 인간이 인간일 수 있는 가능성은 없어지게 된다. 죄와 수치의 경우 전형적인 자기감정이다. 자기감정이란 말은 이 감정들이 항상 사회적인 인정의 그물망 속에 위치하는 자기의식이 체화된 것이다. 여기서 자기는 '타자화 된 자신'을 전제하는, 즉 '신체화 된 사회적 자아'를 모두 포괄하는 표현이다. 수치심은 일종의 '신체'를 통해 체화된 감정이다. 인간 그 자체는 인식하는 자에게 붉은 뺨을 지닌 동물이다. 심리학적 관점에서 수치의 정서는 자기 정체성에 켜진 붉은 신호등임을 나타낸다. 수치감정은 더 근본적인 의미에서 사회적인 감정이다. 수치와 같은 자기 의식적인 감정들(Self-conscious Emotions)은 단순한 공포나 역겨움, 당황스러움 등과 달리 자기평가와 타자에 의한 자기평가 즉 타자화 된 자신의 인식의 차이에서 발현한다. 죄와 수치의 감정이 수동적이거나 피동적인 양상을 보이는 경우에도, 이미 타자화 된 자기로서 '내 안의 타자'가 관여한다. 이 점에서 죄책감보다는 수치의 감정은 '사변적인' 현상이다. '사변적'이라는 말은 '반성의 반성'처럼 고도의 사유능력을 가리킨다. 따라서 이 감정은 인지과학의 용어를 빌리면, 메타 인지적인(Metacognitive) 사태이다. 감정조절의 기제는 단순히 이론적인 인식을 통해서가 아니라, 부단한 훈련과 성찰을 통해서 비로소 성숙한 단계에 도달한다. 수치와 죄의 감정은 인간의 자기형성 과정에서 반드시 경험하는 사태이다. Ronald De Sousa, 『Emotional Truth』, Oxford Univers, 참조.

그것은 죽음이다. 죽음은 인간이 자연과 맺은 즐거운 교환의식에서 주어지는 의식의 소산이다.[130] 교환의식의 두 양대축은 보상과 처벌이다. 이 실존적 의식은 바울에게 있어서 '인의'로 표상 실천된다.


## VI. 인의(認義)

바울신학에서는 신의 '의'는 "죄인 된 인간과의 관계를 다시 회복하고자 하는 신의 사랑"을 말한다. 따라서 '인의'는 하나님이 인간을 의롭다고 인정한 것인데, 거기에는 인간의 능동적인 실천이 요구된다. 신은 그가 지금까지 무엇이었는지 혹은 무엇이 그를 이루었는지에 근거하여 존재하지 않는다. 대신, 사랑하는 자는 다른 이로부터 자기 자신을 수여받으면서 존재한다(exists). 그러므로 그는 자신에게 주어지는 존재로 인하여 존재하고, 그 존재로부터 떨어져서는 아무것도 아니다. 신은 오직 자신을 내어준다는 점에서만 자신을 소유한다. 그러나, 자신을 내어줌에 있어서, 신은 자신을 소유한다. 이것이 바로 그분이 존재하는 방식이다. 그분의 자기 소유는 사건이며, 자신을 내어줌의 역사이며, 그러므로 모든 단순한 자기 소유의 종말이다. 이러한 역사로서, 그는 신이며, 실제로, 이러한 사랑의 역사가 '신 자신'이다.

에버하르트 융엘은 시적 언어의 의의, 해석학적 경험 개념, 하나님의 인간성, 십자가 신학, 삼위일체 신학 같은 철학과 신학의 굵직한 주

---

130) '즐거운 교환'이라는 용어는 다음 문헌에서 빌려옴. Stephan Grätzel, *Dasein obne Schuld: Dimensionen menschlicher aus philosophischer Perspektive*, (Göttingen: Vandenhoeck & Ruprecht, 2004), 227 이하 참조.

제들을 언어-해석학적 관점에서 풀이하고 있다. 특별히 그는 해석학에서 '지평 융합'이라는 용어로 표현되고 있는 사건들이 그 자체로 '사랑의 경험'과 연관된다고 지적한다. 또한 바로 이런 해석학적 경험 개념을 통해 그리스도교적 사랑의 의미를 풀어내려고 시도한다. 그의 사상적 기원은 칼 바르트(Karl Barth)와 마르틴 하이데거를 섞어 놓은 아주 묘한 신학적 체계이다.

그렇다면 융엘이 말한 '신의 속성'은 무엇인가? 그것은 자신이 깨어지고 갱신되는 경험 곧, 새로운 타자와의 만남을 통해 이전의 '나'와는 다른 '새로운 나'로 존재하게 되는 경험, 그 자체이다. 이 경험을 철학적 해석학에서는 '지평 융합'이라고 부른다. 나를 둘러싸고 있던 지평이 타자적 지평과의 만남에서 끊임없이 깨어지고, 갱신되고, 깨어지고, 갱신되면서 점점 새로운 지평으로 변모하는 과정이다.

신의 속성은 저 하늘 어딘가에 고정된 상태로 존재하는 '실체(substance)'가 아니다. 오히려 하나님은 지평 융합이라는 해석학적 경험 속에서 우리에게 드러나는 '과정(process)'이자 '사건(event)'으로서, 끊임없이 자신이 '되어가는(becoming)' 존재이다.[131] 즉, 하나님은 그리스 형이상학의 '부동의 원동자'가 아니다. 하나님과의 만남은 우리 자신이 깨어지고 갱신되는 경험이고, 그 경험은 인간인 우리 자신만이 아니라 하나님 역시 뒤바꾸어 놓는다. 또한, 바로 이렇듯, 어느 날

---

131) 화이트헤드는 'being'의 존재적 근거는 'becoming' 혹은 'process', 즉 '됨'에 의해서 그 존재적 의미를 획득할 수 있다고 본다. 화이트헤드는 "존재는 존재에 의하여 구성되지 않고, 생성에 의하여 구성 된다."(being is not constituted by its being, but its becoming)고 했다. 이 말은 "Existing is constituted by its process" 이나 "Being is constituted by its 'becoming'"과 같은 의미라고 할 수 있다. 'becoming'은 'coming to be', 혹은 'coming into being' 또는 'coming into existence'의 뜻이 있는데 됨(becoming)이란 사실 실존의 됨(becoming of actual existence)이며, 존재의 됨이다. 이렇게 되어져 가는 과정이란 그 근본적인 의미에 있어서 사실 존재의 됨의 과정(process of becoming)이다. 화이트헤드, 오영환 옮김, 『과정과 실재』 민음사 참고.

갑자기 벌어진 사건처럼, 우리에게 낯설게 찾아와서, 우리를 완전히 새로운 존재로 뒤바꾸어 놓는다는 점에서, 사랑으로서의 신은 '세상의 신비(the mystery of the world)'이다.

그리스도교의 칭의(稱義) 개념은 인간이 하나님 앞에서 철저하게 수동적인 존재일 수밖에 없다. 인간이 수행하는 행위가 그의 인격을 형성하는 것이 아니다. 오히려 하나님은 인간의 행위 없이도, 또는 인간의 행위에도 불구하고 그의 인격을 긍정하신다. '인격(person)'과 '행위(work)'는 필연적 영향 관계를 맺고 있지 않은 것으로 강조된다. 왜냐하면 의롭다고 하시는 하나님의 활동은 인간을 그의 행위 없이도 긍정하기 때문인데, 따라서 인격성의 진리와 행위의 현실성 사이의 구별을 수반하는 것이기 때문이다. 즉 인간의 존재를 규정하는 것은 행위의 현실성이 아니라, 그를 인간으로서 부르시는 하나님의 말씀이다. 인간은 하나님의 말씀에 의해 '밖으로부터' 형성된다. 수행과 활동에 앞서서, 인간은 밖으로부터 구성되며, 이러한 구성의 수단은 신적인 '부르심'이다. 즉, '그리스도교 신학은 인격과 행위의 분리될 수 없는 관계의 한가운데서 인간이 그의 행위로부터 영적으로 구별 가능하다고 인간을 부르시는 권위에 의해 서거나 넘어진다. 인간의 존재가 주어진 현실성을 뛰어넘어 새롭게 규정될 수 있는 가능성은 그를 부르시는 하나님의 말씀 속에서 발견되는 것이다. '인간의 존재로 향하는 입구'는 인간이 '그를 인간으로 만드시는 말씀과의 만나는' 장소에서 발견되어야 한다."

따라서 바울신학에서는 다음과 같이 정의될 수 있다. '칭의'는 무소불위의 권력 있는 자가 일방적으로 죄인을 의롭다고 인정(승인)하는 것에 방점을 둔다면, '인의'는 칭의와 동일한 선상에 있지만, 죄인이 세례를 받음으로 그리스도와 함께 죽어갈 것을, 입으로 시인할 때 비로소 의롭다고 승인됨을 말한다. 그러니까 칭의에는 주체의 자유의지가 결핍되어 있다면, 인의에는 주체가 신에 대한 믿음의 자유의지 즉 선택과 결단이 개입해 있을 때 비로소 인정받는 은혜로 해석된다.[132]

## Ⅶ. 융엘의 해석학적 사유방법

지금까지 우리는 『바울과 예수』에 나타난 중심어를 중심으로 융엘의 사유체계를 살펴보았다. 그는 역사적 예수의 실존 의식과 바울의 케리그마적[133] 신학이론을 불트만과 푹스의 양식비평 + 후설의 현상학적

---

132) 바울은 긴박한 재림의 논리를 근원적으로 전환시키는 새로운 선교의 국면을 창출하지 않으면 아니 되었다. 그것이 바로 로마서 주제인 '인의認義.justification'이다. 인의란 '의롭다고 인정한다, 판결한다'는 뜻이다. 재림의 논리를 구체적인 최후 심판의 법정논리로 변환시킨 것이다. '인의'의 주체는 인간이 아니라 어디까지나 하나님이다. 인간은 자기 스스로를 의롭다고 판정할 수는 없다. 다시 말해서 인의라는 것은 하나님과 인간이 정의로운 관계, 평화로운 관계로서 새롭게 설정된다는 것을 의미한다. 그런데 인간은 율법의 행위에 의하여 정의롭게 될 수가 없다. 율법은 끊임없이 더 많은 죄의식을 생산할 뿐이다. '인의'의 핵심, 다시 말해서 최후의 심판정에서 정의로운 인간(=무죄의 인간)이라고 판결을 받기 위한 그 유일한 통로는 그리스도에 대한 믿음뿐이다. 예수가 우리의 죄를 대속하여 죽었다는 것을 믿는 길만이 나의 죄가 일시에 사하여 질 수 있는 유일한 방편이다. "의롭게 된다"는 것은 내가 덕성을 닦아 의로운 인격자로 변모하는 주관적 품성의 과정을 의미하지 않는다. 그것은 내가 타자의 행위, 즉 신적인 행위에 의하여 의롭게 된다고 하는 그런 특별한 믿음에 의거하여 즉각적으로 무죄판결이 나는 것을 의미한다. 그 믿음은 나 실존내면의 결단인 동시에, 그리스도의 십자가를 실천하는 삶이다. Fuchs, *Die der Theologie durch die historisch-kritische Methode auferlegte Besinnung* (Ev. Theol. 1958, S. 256 ff.) 참조.

133) '케리그마' 희랍어 단어는 신학세계에서는 거의 영어화 되어 'kerygma'라는 영어단어로서 통용된다. 그래서 편하게 그냥 '케리그마'라고 표기해도 무방하다. 이런 신학용어는 단순한 의미인데 너무도 다양한 맥락에서 어지럽게 쓰이고 있기에 이해하기가 매우 어렵다. 케리그마란 문자 그대로 번역하면 '선포proclamation'라는 뜻이 된다. 우리말의 '선포'라는 단어는 케리그마의 원래적 의미를 잘 드러내는 좋은 번역이라고 할 수 있다. '선포'라는 것은 어떠한 메시지의 쌍방적 교감이라기보다는 일방적인 전달을 의미한다. 케리그마는 '설교preaching'라고도 번역될 수 있는데, 설교 역시 쌍방적이라기보다는 일방적인 의미 전달의 의미가 강하다.

방법으로 + 언어표상 기호로 바울의 인의론과 예수의 선포 사이에 대한 관계 규정을 위해 언어표상 차원에서 규명해 들어간다. 그 결과로 예수의 선포를 종말론적 현재성으로 특징짓는다면, 바울의 인의론은 크로노스적 인과적 케리그마의 특징이 있음을 밝힌다.[134)]

융엘이 말하고자 하고자 하는 지의는 무엇인가? 역사적 예수와 케리그마적 그리스도론이 지닌 의미와 이론을 보정하려면 '실존적 예수'로 돌아가야 한다. 그에게 있어서 실존성은 과거와 현재를 잇는 매개이자 역사적 예수와 원시 그리스도교 사상의 지속적 흐름을 오늘 우리 자신들에게 재현할 수 있기 때문이다. 따라서 융엘에게 있어서 실존성은 과거-현재-미래의 크로노스적 시간성이 현재의 카이로스적 현존의 의미로 재해석될 수 있다.

그렇다면 그것이 우리에게 어떤 의미가 되는가? 종말론에서 깃드는 실존의식은 어떤 느낌일까? 만약 이 실존의식이 없다면 믿음과 신앙이 성립될까? 역으로 실존의식은 믿음과 신앙의 토대가 된다. 실존의식은 자신만의 고유한 정서이기에 소중하고 가치가 있으며 믿음과 신앙이 지속 가능할 수 있는 능력이 된다. 실존의식은 순간순간 마주한 종말론적 한계상황에 마주하면서 자신의 존재와 이웃에 대해 다시 질문하게 한다.[135)] 이 질문을 통해 질문자는 메시아로서의 주체로 형성된다.

---

134) 바울 인의론에서 예수가 그리스도로서 화제에 오를 때 그리스도로서의 예수가 무엇을 뜻하는가를 물어야 한다: "그리스도로서의 예수"는 "그 자신으로서의 예수"와 같은 것을 뜻하는가? 아니면 역사적 예수가 바울의 인의론에서 다른 사람이 되었는가? 인의론에 대한 바울의 철저한 신학적 해석은 이 물음을 피할 수 없다. 왜냐하면 바울의 인의론은 그의 그리스도론적 근거로부터 역사적 예수에 대한 문제를 부각하기 때문이다.

135) 죽음의 한계상황에서 한 인간(생명)이 어떻게 가장 윤리적이면서 윤리적인 결단과 실천의 길을 갔는지를 본회퍼의 '선한 의지'에 대해 숙고해 보자. 그는 교수형, 히틀러 암살음모에 가담한 이유로, 나치 패망 3주 전에 교수형에 처했다. 교수형을 받기 전에 그는 다음의 글을 남겼다. "그 선한 힘에 고요히 감싸여, 그 놀라운 평화를 누리며 나 그대들과 함께 걸어가네, 지나간 허물의 어둠의 날이 무겁게 내 영혼을 짓눌러도, 오 주여! 우리를 외

우리가 '모든 것이 사실이다'라고 말할 때, 말해진 모든 사실은 이미 표상된 이론(Theorie)이라는 것을 파악하는 일이 최선이다. 실존은 어떻게 해서 의식되(하)는가? 이는 실존적 체험을 통한 언어(발화) 사건을 통해 가능하다. 언어-기호를 사용한 사람의 발화는 실존적 질문과 소외의 느낌을 지닐 때 비로소 진실이라고 말할 수 있다. 언어 사건에서 기표의 연쇄는 미끄러지면서 다음 기표의 보상적 즐김을 통해 계속 변주된다. 결국 진리의 사건은 기표의 지속성과 연속성을 통해 이루어진다.[136]

## Ⅷ. 죽음의 한계상황과 실존의식[137]

상실과 죽음의 한계상황은 우리를 '자기됨으로 발전'하게 한다. 그리고 '의미적 자아정체성'과 '자기됨'의 실존으로 안내한다. 실존에는 세 가지 비약(초월)이 수반된다. 첫 번째 비약은 '자기이탈'(Selbstdistanz)이다. 이는 인간이 자기 자신과 거리를 둠으로써 자신의 개별성을 인식하게 되는 단계로서, 자신의 현실 존재를 객관적으로 바라볼 수 있다. 두 번째 비약은 '자기 자신을 의식'하는 단계이다. 이 단계는 자기의식(Selbstbewutsein)과 자기초월(Selbsttranszendenz)을 통해 수행된다. 여기서 인간은 상황에 대해

---

먼치 마시고 약속의 구원을 이루소서, 이 고요함이 깊이 번져갈 때, 저 가슴 벅찬 노래 들리네. 다시 하나가 되게 이끄소서 당신의 빛이 빛나는 이 밤, 그 선함이 우리를 감싸시니 믿음으로 일어날 일 기대하네."

136) 임병식,「주자는 어떻게 죽음의 불안을 극복했는가?」,『동양철학』제43집. 2017 참조.
137) Karl Jaspers. 『Was ist der Mensch?, München』. 2000

스스로 책임을 진다는 의미로 자신의 고유한 가능성과 자신의 부족함을 의식하게 되며, 이러한 고통스러운 난파를 경험함으로써 자신이 결코 해결할 수 없는 한계상황이 존재한다는 사실을 자각한다. 그리고 이와 같은 상황은 결코 물릴 수 없으며 그대로 존속한다는 사실 또한 의식하게 된다. 그러나 역설적으로 이러한 파국은 삶의 발판을 다시 획득하는 도약판으로 작용한다는 것이다. 세 번째 비약은 '실존적 결단과 실존의 장악'(Ergreifen der Existenz)을 통해 수행된다. 이 비약은 실존적으로 반성된 가능성을 개별 자아의 고유한 것으로 이해하고 수용할 때 발생한다. 그리고 의식적으로 자기 행위의 길을 결단함으로써 실존을 장악하게 된다. 이런 비약을 통해 인간은 진정한 자기 자신이 되며, 자신의 행위는 고유한 경험이 된다. 세 번째 실존으로의 비약의 단계에서 개인은 삶의 의미를 설정하게 된다.[138] 무미건조하게 보였던 외부 세계가 자신에게 들어와 비로소 충만한 의미망이 형성된다. 이 의미망의 형성은 비합리적이지만 불합리적이지 않으며, 비논리적이지만 반-논리적이지는 않다. 이제 개인은 자신의 실존을 위해 결단할 수 있는 자유 속에서 스스로 선택할 기회를 찾는다.[139]

융엘은 바울과 예수에 대한 '종말론적 실존 의식'을 언어학적 도구를 빌려와 해석한다. 그의 이런 시도는 크게 두 가지 이유로 집약될 수

---

138) 야스퍼스 지음, 신옥희, 홍경자, 박은미 옮김, 『철학』 제2권, 「실존조명」, pp. 329-342, 참조.
139) 죽음학은 '부정의 변증법'을 통한 지양으로 새롭게 지식을 구축한다. 그 지식은 또다시 다른 지식에 의해 해체된다. '죽음충동'은 '삶의 의지(生意, 리비도)'의 양면성이다. 타나토스와 에로스는 생명에 내재해 있는 운동의 '지향성'을 의미한다. 따라서 생명윤리는 협애의 범주(권역화)의 틀에 귀속될 수 없다. 죽음충동은 끝없는 저항과 고정관념의 틀을 깨는 열정이다. 죽음학에서 생명윤리의 근본개념은 죽음충동에 있다. 예컨대, involution, 퇴화, 도태, 상실, 분열, 퇴행, 선회, 말림, 주름잡힘, 크랙, 긁힘, 상처, 내면화, intrinsic, 공속(consistance), 죄성, 시뮬라크르는 모두 죽음충동의 이미지들이다.

있다. 무엇보다도 '종말론적 실존 의식'은 죽음의 한계상황에 처한 모든 인간에게 공통감각이다. 이는 2천 년 전의 역사적 예수와 바울이 처했던 종말론적 실존 의식이 오늘 우리에게도 동일하게 적용된다. 그리고 그 감각을 통해 2천 년 전에 말하고 쓰였던 언어의 진실이 오늘 우리에게 동일하게 재현 해석될 수 있다. 융엘의 해석학적 방법이 인류 공통감각의 실존 체험에 기반했다는 사실이 오늘 우리에게 여러 가지로 시사하는 점이 많다. 이는 그가 실존 체험의 도구를 언어를 통해서 모색했다는 점에서 그렇다. 인간은 언어적 존재이기 때문이다. 언어를 떠나서 어디에서 어떻게 진리를 이야기할 수 있겠는가? 바울과 예수의 종말론적 실존 의식은 죽음학에서 말하는 한계상황과 실존 의식과 맞닿아 있다. 이는 상실과 죽음의 인류 공통감각에서 나타나는 것이다. 그런 점에서 융엘의 해석학은 우리에게 적실한 죽음학의 분석 도구의 한 방법으로 다가온다.

<함께 생각해야 할 것들 >
1) 역사적 예수와 케리그마 속에 갇힌 예수의 특성과 차이는 무엇인가?
2) 언어사건 : 예수의 비유적인 말과 원시공동체의 요청과 관점, 바울의 사유 체계와 인식은 무엇인가? 그리고 이것이 어떻게 성경 구성의 핵심이 될 수 있었는가?
3) 예수와 바울로 표징되는 히브리적 사유와 그리스적 사유의 특성은?
4) 바울과 예수의 종말 의식과 실존의식은 죽음학의 한계상황적 실존의식과 동일한 실존 체험이라고 할 수 있는가? 만약 다르다면 그 차이는 어디에 있는가?

## [7부와 8부 사이에서 반드시 살펴봐야 할 것들]

우리는 7부에서 실존적 관점에서 인간의 존재와 죽음을 탐구하며, 불안, 상실, 감정, 죄, 자유, 유한성 등 인간 실존의 핵심적인 문제들을 다루었다. 실존주의는 인간이 자신의 존재와 자유를 성찰하고, 상실과 고통을 통해 진정한 자아를 찾는 과정을 강조한다. 또한, 감정과 상실은 인간의 본질을 드러내고, 이를 통해 치유와 자기 초월이 이루어진다고 설명한다. 죽음학적 관점에서 실존적 치료와 상담은 내담자가 자신의 고통과 상실을 이해하고 이를 극복하는 데 중요한 역할을 한다. 실존적 언어분석을 통해 인간은 자신의 존재를 언어로 표현하며, 이 과정에서 의미와 의지를 회복하게 된다. 또한, 종말론적 실존 의식은 신앙과 죽음의 이해를 새롭게 해석하고, 공동체 내에서 실존적 성장을 추구하는 중요성을 강조한다.

이러한 실존적 탐구는 개별적인 경험뿐만 아니라 발달 과정에서 나타나는 죽음 인식의 변화와도 맞닿아 있다. 인간은 연령과 발달 단계에 따라 죽음을 다르게 이해하고 반응하므로, 각 단계에 맞는 교육과 지지가 필요하다. 실존적 관점에서 죽음의 의미를 탐구하는 것은 연령별 죽음 이해와 대처 방법을 정립하는 데 기초가 되며, 생애 발달별 죽음교육은 이를 실천적으로 적용하여 각 연령대가 자신의 삶과 죽음을 받아들이도록 돕는 역할을 한다. 따라서 실존론과 생애 발달별 죽음교육은 상호 보완적이며, 인간이 죽음을 성찰하고 준비하는 과정에서 필수적으로 연결되어야 한다.

# 제8부 생애발달별 죽음교육론

## 제8부 생애발달별 죽음교육론

죽음학은 '인간의 실존'과 인간다움을 회복하는 데 중점을 둔다. 죽음교육의 목적은 사랑하는 사람이나 가족, 혹은 타인의 상실이나 죽음에 직면했을 때 발생하는 여러 고통에 대처하고 이를 극복할 수 있는 기술과 지혜를 배우는 데 있다. 이를 통해 가치관과 세계관을 정립하고 삶의 소중함을 자각하게 된다. 현대사회에서는 '죽음'의 의미를 단순히 신체적 종식에 한정하여 해석하는 경향이 있다. 그러나 신체적 종식으로서의 죽음은 주로 호스피스나 존엄사법에서 다루는 영역이다. 삶을 존엄하게 마무리하는 시기에 죽음을 맞이할 수 있도록 하는 '임종기'에 가까운 사람을 대상으로 한 것이다.

본 장에서는 죽음의 의미를 신체적 종식을 넘어선 '자아의 죽음', '관계의 죽음', '심리적 죽음', '사회적 죽음', '영적 죽음' 등 죽음이 지닌 은유적 가치인 '인문 치유'를 고찰해 본다. 이를 통해 기존의 신체적 종식을 의미하는 죽음 개념을 보다 인간학적인 관점으로 확장하고, 생애 발달단계별 죽음교육을 실천할 수 있는 새로운 지평을 제시한다.

유년기_기본
# 유년기의 아이들, 발달 과업과 죽음

### <내용 요약>

이 장에서는 생애 발달과정에서 아이들이 겪는 상실과 죽음의 특징을 다룬다. 프로이트, 융, 하비거스트 등의 사상가는 발달 이론에 기여했으며, 특히 에릭슨은 인간 발달을 8단계로 구분하여 각 시기의 주요 갈등과 덕성을 설명했다. 발달적 과업은 내적 삶과 사회적 관계를 통합하려는 시도와 함께 위기와 전환점을 겪으며 성숙을 이루는 과정이다. 유년기는 신뢰, 자율성, 진취성, 근면성을 발달시키는 시기로, 발달 속도는 개인적·사회적 환경에 따라 차이가 난다. 아동은 발달 단계에 따라 죽음을 이해하고 상실을 대처하는 방식이 다르며, 그들의 사고방식을 존중하며 정확히 설명해야 한다. 아이들의 죽음 관련 경험은 삶에 큰 영향을 미치며, 발달적 접근을 통해 적절한 지원을 제공해야 한다.

### <핵심어>

생애 발달 과정(Life Development Process),
발달 이론(Developmental Theory), 발달적 과업 (Developmental Task),
신뢰와 자율성(Trust and Autonomy),
진취성과 근면성(Initiative and Industry),
발달 단계(Developmental Stage),
아동의 이해 (Understanding of Children)

### <학습 목표>

- 생애 발달 과정의 이해 : 생애 발달의 전반적인 과정을 이해하고, 각 발달단계의 주요 특성과 발달 과업을 설명할 수 있다.

- 아동 발달 이론의 적용 : 발달 이론을 학습하여 아동의 신체적, 심리적, 사회적 발달 특성을 분석하고 실제 사례에 적용할 수 있다.
- 상실과 죽음의 의미 탐구 : 상실과 죽음의 개념을 이해하고, 이를 통해 아동이나 가족이 겪는 심리적 변화를 공감하고 지원하는 방법을 배운다.
- 발달 단계별 심리·사회적 특징 분석 : 심리·사회적 발달 이론을 바탕으로 각 발달 단계의 특징과 과제를 분석하고, 이를 통해 아동의 행동과 감정을 이해한다.
- 아동의 신뢰와 자율성 지원 : 아동의 신뢰감 형성과 자율성 발달을 돕기 위한 방법을 학습하고, 이를 실제 교육 및 돌봄 상황에 적용할 수 있다.

<적용 실천>
- 아동 발달에 맞춘 맞춤형 교육 계획 수립 : 발달단계별로 아동의 신체적, 정서적, 인지적 특성을 이해하여 개별 아동의 필요에 맞는 맞춤형 교육 및 돌봄 계획을 수립할 수 있다.
- 상실과 죽음에 대한 상담 및 지원 제공 : 상실과 죽음의 의미를 이해하고 이를 기반으로 아동과 가족에게 적절한 심리적 지원과 상담을 제공할 수 있다.
- 발달 단계에 따른 양육 코칭 : 부모나 보호자에게 발달단계별로 적절한 양육 방식과 아동과의 효과적인 소통 방법을 코칭하고 조언할 수 있다.
- 아동 행동 문제의 원인분석 및 해결 : 심리 사회적 발달 이론을 활용하여 아동의 행동 문제를 분석하고, 이를 해결하기 위한 실질적인 개입 방법을 실천할 수 있다.
- 아동의 신뢰감과 자율성 발달 지원 : 교육 현장이나 상담 과정에서 아동의 신뢰감을 형성하고 자율성을 키울 수 있는 환경과 활동을 설계하여 실천할 수 있다.

# 유년기 아이들의 발달 과업과 죽음[140]

## I. 인간의 발달 과정

이 장에서는 생애 발달과정에서 겪게 되는 상실과 죽음의 경험적 특징을 살펴본다. 프로이트(S. Freud), 융(C. Jung), 하비거스트(R. Havighurst), 뷔러(K. Bühler), 단탄(Datan) 등 많은 사상가가 인간의 발달과정을 이해하는 데 공헌했다. 특히 에릭슨(E.H. Erikson)은 인간 발달과정을 8가지 구별되는 시기(나이, 기간, 혹은 단계라고도 함)로 구분하여 설명한 것으로 잘 알려져 있다. 에릭슨에 따르면, 개인적 자아(ego)의 발달과정에서 각 시기를 특징짓는 현저한 정신적 문제 혹은 중심 갈등이 존재한다. 이러한 발달적 갈등은 양자택일적 방향 설정을 통해 삶과 자아, 타인에 대해 상반된 경향과 태도를 형성하게 한다. 이러한 발달적 투쟁의 각 과정에서 성공적으로 해답을 얻으면, 주도적인 덕성과 자아 기능에 대한 특별한 힘과 자질을 획득하게 된다.

발달 이론가들은 각각의 규범적 갈등이 삶의 과정에서 특히 두드러지는 시기가 있다고 주장한다. 이러한 시기는 연대기적(chronological)이 아닌 발달적(developmental) 특성이 있으므로, 나이와는 대략적인 상관관계만을 보인다. 발달이론에 따르면, 특정 시기의 과업을 해결하지 못하면 이후 시기에도 미해결된 과업이 남게 된다. 즉 발달적

---

140) 이글은 *Death and Dying Life and Living.* Charles A. Corr, Clyde M. Nabe, Donna M. Corr, 7th Edition 2012, Wadsworth, Thomson Learning Publishing Co, David E. Balk & David K. Meagher Eds., *Handbook of Thanatology : The Essential Body of Knowledge for the Study of Death, Dying and Bereavement* 2013 Routledge, *Children's Conceptions of Death*, in Charles A. Corr & Donna M. Corr (Eds.), Handbook of Childhood Death and Bereavement, Springer Publishing Company에 게재한 내용을 재구성해서 번역 전재하였다.

관점은 다음과 같은 사실을 강조한다: (1) 발달 과정 중에 있는 사람은 내적 삶과 사회적 세계와의 관계를 통합하고자 한다. (2) 이러한 통합적 과업은 발달과정에서 전개되는 다양한 위기와 전환점에 따라 달라진다. (3) 통합의 성공 여부는 현재의 삶의 질과 미래 성숙의 가능성, 그리고 해결되지 못한 잔여 과업의 향방을 결정한다.

| 인간 발달 과정의 중요한 시기 | | | |
|---|---|---|---|
| 시기 | 대략적인 나이 | 현저한 문제 | 덕성 |
| 유아 | 생후 12개월에서 18개월 | 기본적 신뢰 vs. 불신 | 희망 |
| 걸음마 시기 | 3세 이하의 유아 | 자율성 vs. 수치심과 의심 | 의지 혹은 자기 통제 |
| 초기 유년기 (때로 놀이 시기, 미취학 시기로 부름) | 3세에서 6세 | 진취성 vs. 죄책감 | 목적 혹은 방향 설정 |
| 중기 유년기 (때로 취학기 혹은 잠재기로 부름) | 6세에서 사춘기 | 근면성 vs. 열등감 | 능력 |
| 청소년기 | 사춘기에서 21, 22세 | 정체성 vs. 역할 혼란 | 충실성 |
| 초기 성년기 | 21, 22세에서 45세 | 친밀감 vs. 고립감 | 사랑 |
| 중기 성년기 (혹은 중년기) | 45세에서 65세 | 생산성 vs. 지체 혹은 자기 탐닉 | 생산과 보살핌 |
| 후기 성년기 (혹은 성숙기, 노년 혹은 장년의 시기) | 65세 이상 | 자아 통합 vs. 절망 | 금욕과 지혜 |

에릭슨의 모델은 죽음과 죽어감, 사별에 관한 연구를 확장하는 발달

적 과업의 틀 중 하나일 뿐이다. 많은 연구자가 이 모델의 한계를 지적하며 세부적인 보완점을 제시했다. 이 모델은 문화적 다양성을 충분히 반영하지 못하며, 성평등이 실현된 사회가 아니면 남녀에게 동등하게 적용되기 어렵다는 한계를 지닌다. 또한 개인을 가족이나 다른 사회적 맥락과 분리하여 설명하는 경향이 있다. 그런데도 발달적 관점은 죽음 관련 경험을 탐구하는 데 여전히 중요한 이론적 기반을 제공한다.

죽음은 단순한 종착점이 아니라 우리의 '도달 과정(getting there)' 중 일부다. 이러한 관점에서 우리는 생애 발달과정에서 경험하는 상실과 죽음이 어떻게 다르게 체험되는지, 그리고 이러한 과정을 성공적으로 극복했을 때 나타나는 의미 있는 변화가 무엇인지 탐구하고자 한다.

유년기와 관련해서 다루고자 하는 주제는 다음과 같다.

- 아이들과 그들의 다른 시기와 구별되는 발달 과업에 대한 논의.
- 유년기에 죽음의 전형적인 만남에 관한 기술.
- 삶을 위협하는 질병과 죽어감에 대처하는 아이들을 위한 주요한 문제 확인.
- 사별과 비탄에 대처하는 아이들을 위한 중심 문제 탐색.
- 아이들이 죽음과 죽어감, 사별에 대처하도록 도와주기 위한 주요한 원칙 성립.

아동기의 상실 경험은 성인의 애도와는 다른 독특한 특성을 보인다. 특히 비탄의 표출은 아동기 이후보다 아동기에 더 빈번하게 나타난다. 예를 들어 초기 아동기에는 야뇨증, 손가락 빨기, 분리 불안, 버림받음에 대한 공포, 타인의 죽음에 대한 두려움, 마술적 사고에 따른 죄책감

등이 두드러지게 나타난다. 반면 후기 아동기의 비탄은 주로 학습장애, 학교 공포증, 분노 등으로 표출된다. 이러한 표현들은 죽음 이후 시간이 지남에 따라 변화하는데, 어떤 증상들은 죽음 직후 몇 개월 동안 공통으로 나타나지만, 다른 증상들은 수년이 지난 후에야 발현된다. 연구에 따르면 부모와 사별한 아동은 그렇지 않은 아동에 비해 사별 후 2년간 사회적 퇴행, 불안, 사회적 문제가 더 많이 나타났다.

아동의 인지능력과 죽음에 대한 이해는 발달단계에 따라 다양하게 나타나며, 이는 상실에 대처하는 방식에도 영향을 미친다. 아동기 내에서도 시간의 흐름에 따라 중요한 차이들이 발견된다. 다음에 제시할 내용은 발달단계의 명확한 구분을 위한 것이 아니라, 주요한 발달적 변화를 개괄적으로 살펴보기 위한 것이다.

| 초기 아동기<br>(2~4세) | 중기 아동기<br>(4~6세) | 후기 아동기<br>(7~11세) |
|---|---|---|
| • 매우 자기중심적<br>• 구체적, 글자 그대로 생각함<br>• 여기와 지금(현재 이 순간)에 초점을 맞춤<br>• 죽음이 보편적이라는 사실을 이해하지 못함<br>• 죽은 사람이 어떤 기능도 할 수 없다는 사실을 이해하지 못함 | • 죽음이 돌이킬 수 없는 것이라는 것을 이해함<br>• 죽은 사람이 어떤 기능도 할 수 없다는 것을 이해함<br>• 죽음이 보편적이라는 사실을 이해하기 시작함(5세) | • 죽음이 끝이라는 사실을 이해<br>• 죽음이 삶의 자연적 부분이라는 사실을 이해함<br>• 죽은 사람이 없는 미래에 대해 점점 이해하게 됨<br>• 죽음의 인과관계에 대해 보다 더 현실적으로 이해하게 됨 |

죽음을 둘러싼 아동의 사고 과정을 이해하면 아동이 상실에 어떻게 대처하는지 파악하고 적절한 지원을 제공하는 데 도움이 된다. 예를 들어, 걸음마기 아동은 죽음이 최종적이며 돌이킬 수 없다는 것을 이해하지 못해 계속해서 죽은 사람을 찾으려 한다. 이때 돌봄 제공자는 사랑

하는 사람이 다시 돌아올 수 없다는 사실을 반복적으로 설명해 주어야 한다.

이 시기의 아동은 구체적이고 문자 그대로 이해하는 특성이 있어, '할머니가 잠들었다'라거나 '아빠가 긴 여행을 떠났다'와 같은 완곡어법은 피해야 한다. 이러한 간접적 의사소통은 아동에게 혼란을 주고, 주변 사람들에 대한 신뢰를 무너뜨리며, 불필요한 두려움을 일으킬 수 있다.

어린 아동은 죽음의 본질을 이해하지 못해 단순히 누군가가 '사라졌으면 좋겠다'라고 생각했다는 이유만으로 자신이 그 사람의 죽음을 초래했다고 결론 내릴 수 있다. 따라서 돌봄 제공자는 아동의 이해 수준에 맞추어 실제 상황을 설명하고, 다른 사람의 죽음이 아동의 잘못이 아님을 구체적으로 설명해야 한다.

아동과 죽음, 죽어감, 사별 관련 문제는 복잡하고 다면적이다. 이러한 맥락에서 유년기 전반을 고려하며, 각 발달단계의 특성과 차이점을 이해하고 더 세밀한 발달적 구분을 통해 적절한 지원 방안을 모색해야 한다.

<사례 1>
### 한 아이와 죽음

"And, We were sad, Remember?"(1979)라는 영화에서, 엘리슨은 한밤중에 전화 소리 때문에 깨어난다. 그녀의 아빠가 엄마에게 그의 어머니께서 돌아가셨다는 것을 알리기 위해서 병원에서 한 전화였다. 전화를 받은 후 엘리슨의 엄마는 딸에게 할머니의 심장이 멈춰서 돌아가셨다고 설명해 준다. 엘리슨의 엄마는 내일 할머니 집으로 갈 것이며, 엘리슨의 오빠인 크리스토퍼가 함께 할머니의 장례식에 갈 것인지를 물어

본다. 엄마는 딸에게 장례식이 무엇인지 설명하고, 엘리슨은 참여하고 싶다고 말한다. 크리스토퍼가 일어났을 때, 엘리슨은 그가 그녀와 함께 '장례식'에 갈 것인지를 묻는다.

하루, 이틀 후에 엘리슨의 아빠는 엘리슨에게 그녀와 크리스토퍼가 장례 동안 그의 친구 집에 머물면서 재미있게 지내도록 약속해 놓았다고 말한다. 엘리슨은 엄마가 자기도 장례식에 가도 된다고 말했다고 대답한다. 그녀는 참가하고 싶다고 고집을 부리고, 그렇게 하도록 해달라고 아빠를 조른다. 그는 그렇게 하기가 싫었지만, 결국은 생각해 보고 나중에 결정하자는 데 동의한다. 엘리슨은 아빠가 항상 생각해 보자고 말할 때, 그것은 항상 '안 된다'라는 것을 의미하였다.

가족과 친구들이 모두 할머니 집에서 모였을 때, 엘리슨과 그의 사촌은 장난감을 가지고 놀면서 질병과 죽음에 관련된 장면을 따라 하다가 말싸움하게 되었다. 엘리슨은 죽은 사람을 담요로 덮기를 원했다. 그녀의 사촌은 죽는 것은 자는 것과 같다는 말을 들었다고 말한다. 그래서 인형은 여전히 숨을 쉴 수 있어서 얼굴까지 담요로 덮으면 숨을 쉴 수 없게 될 것이라고 말한다. 아이들은 이 논쟁의 해답을 엘리슨의 아빠에게 묻지만, 그는 단지 싸우지 말라고 하며 인형을 치우고 잠자리에 들라고 말할 뿐이다. 엘리슨이 대답해달라고 고집스럽게 요구하자, 화를 내면서 대답한다. "얘야, 넌 앞으로 100년 동안 그런 걱정은 안 해도 된단다!"


## II. 유년기 발달 과업과 죽음에 대한 이해

유년기(childhood)는 출생에서 사춘기 혹은 청소년기의 시작에 이르는 기간으로서(Oxford English Dictionary, 1989) 대략 10세~12세에 해당한다. 대부분의 발달 이론가는 이 기간을 4개의 구별되는 시기로

나눈다: 유아기, 걸음마 시기, 초기 유년기(놀이 시기 혹은 미취학 시기), 중기 유년기(취학 시기 혹은 잠재기)이다. 일부 연구자들은 임신에서 출생에 이르는 태아기를 인간 발달의 첫 시기로 간주한다. 유년기의 규범적 발달 과업은 시기별로 다음과 같이 진행된다. 유아기에는 불신에 대한 신뢰를, 걸음마 시기에는 수치심과 의심에 대한 자율성을, 초기 유년기에는 죄책감에 대한 진취성을, 중기 유년기에는 열등감에 대한 근면성을 발달시키는 과정이다.

이러한 발달과정에서 유아기는 생존의 욕구와 필요를 부모에게 전적으로 의존하는 시기로, 부모와 보호자에 대한 신뢰와 기대를 형성한다. 흔히 '까다로운 두 살'로 불리는 걸음마 시기의 아이들은 의지를 가진 행위자로서 자신의 정당한 자율성과 독립성을 발달시켜 자기 통제(self-control)를 학습하며, 자기 규제와 외부 지시 사이의 균형을 이루게 된다. 초기 유년기에는 진취성과 죄책감 사이의 발달적 갈등을 통해 아이 고유의 목적 추구 능력과 욕구를 배양하며, 이러한 욕구와 초기 규제적 도덕의식 사이의 조화를 모색한다. 이 과정에서 자율성과 책임감이 결합하여 유년 시절의 목적(goals)과 방향 설정(direction)에 대한 감각이 향상된다.

중기 유년기의 근면성과 열등감 사이의 발달적 갈등은 생산적 능력의 개발과 관련되며, 이를 통해 자기 계발과 함께 능력 및 자아 존중감을 획득하게 된다. 이러한 규범적 발달과정은 개별 아동 집단 내에서도 다양한 양상을 보인다. 일부 아이들은 발달이 더 빠르게 진행되는 반면, 선천적 기형, 정신적 또는 정서적 장애, 기아나 전쟁과 같은 극단적 상황으로 인해 발달이 지연되는 일도 있다. 또한 사회적, 문화적, 경제적, 역사적 맥락이 아동의 발달에 영향을 미친다.

결론적으로, 인간의 발달과정은 획일적이거나 일률적이지 않다. 나이와 같은 지표는 객관적이고 평가하기 쉽다는 이유로 자주 사용되지만, 발달은 단순한 연대기적 문제가 아닌 신체적, 정신적, 영적 성숙의 문제이다. 따라서 나이와 신체적으로는 성숙했더라도 발달적 측면에서는 여전히 유년기 수준에 머물러 있을 수 있으므로, 다각적인 평가와 접근이 필요하다. 이러한 유년기의 전반적인 규범적 발달 패턴은 아동기의 전형적인 죽음 관련 경험, 이해, 태도 형성에 큰 영향을 미친다.

### 1. 아이들의 경험하는 다른 사람의 죽음

아이들 역시 다른 사람의 죽음을 경험한다. 아이들의 죽음과 관련해서 아이들이 어떻게 죽음을 경험하고 얼마나 어떤 패턴으로 받아들이는지(아니면 거부하는지, 혹은 회피하는지)에 대한 신뢰할 만한 데이터가 없다. 이런 상황에서 위의 사례에 나타나는 바와 같이 많은 성인은 어린이가 어떻게 죽음을 체험하고, 발달과정에서 어떤 영향을 미치는지 그 중요성을 평가절하한다. 아이들은 조부모, 부모, 형제자매, 다른 친척, 동급생, 친구, 이웃, 선생님, 애완동물 혹은 야생 동물 등 그들이 주로 애정을 주었던 것의 죽음과 대면하게 된다. 따라서 어떤 식으로든 다른 사람들의 죽음과 대면하는 것은 그 아이의 삶에 큰 영향을 미친다.

상실의 경험은 아이에 따라 다르다. 예를 들어, 이미 사망한 조부모나, 생물학적 부모는 아이와 함께 살거나 많은 시간을 보내지 못했을 것이다. 그래서 아이들은 그런 사람들의 죽음을 그렇게 큰 상실감으로 인식하지 않는다. 그와는 대조적으로 아끼던 애완동물이나 애정을 가졌던 이웃의 죽음은 아이의 삶에서 중요한 일일 수 있다. 게다가 다른 문화적, 민족적, 사회 경제적 공동체 속에서 자란 아이들은 다른 방식으로 죽음을 만나게 된다. 예를 들어, 우리 사회의 많은 아이가 가족과 공동체 폭력의 피해자가 된다(큰 상실과 트라우마를 유발하는 죽음과 관련된 폭력의 직접적인 희생자 혹은 그 목격자이든 간에). 게다가 현대의 아이들은 기아와 도시 파괴, 전쟁 등을 직접적으로 겪지는 않지만, 텔레비전을 통해서 그런 죽음에 대한 영상 보도를 목격한다. 아이들이 죽음의 파괴에 관한 광범위한 뉴스 보도에 노출되었던 다음의 여섯 가지 예를 생각해 보자. 2001년 9월 11일 뉴욕시의 세계무역센터와 워싱턴 D.C 펜타곤에 대한 테러리스트들의 공격; 아프가니스탄과 이라크에서의 지속적인 갈등; 2005년 허리케인 카트리나에 의한 미국 멕시코만 일대의 파괴; 2007년 4월 버지니아 공대에서의 총기 난사; 2010년 초 아이티의 지진; 세월호 사건에서 수장된 학생들의 경우이다.

또한 몇 년 전 미국 심리학회에 의해 수행된 연구에 따르면, 다이아만트(Diamant)는 하루에 2시간에서 4시간 TV를 보는 아이들은 그들이 초등학교를 마칠 즈음에는, 8,000건의 살인과 천만 건의 폭력행위에 대한 가상의 목격자가 되는 셈이라는 결론을 끌어냈다. 그런 가상의 죽음과 폭력에 대한 묘사는 실재가 아니기 때문에 어른들은 그것을 중요하지 않은 것으로 치부해 버린다. 하지만 자연적 인간 죽음을 직접적으로 체험하지 못하는 어린이들의 마음속에 이런 미디어의 대리적 죽음에 대한 관점의 형성이 아이의 발달과정에 얼마나 많은 영향을 주는지 아주 심각하게 생각해 봐야 한다.

여기서 강조하고 싶은 것은 성인들이나 사회가 그 사실을 인지하든 그렇지 않든, 아이들은 다양한 죽음의 사건에 노출되어 있다는 것이다. 호기심 많은 아이의 경우 그러한 사건을 완전히 무시할 수는 없다. 그러나 오늘 우리 사회는 죽음을 거부하고 회피하고 억압하는 사회이다. 죽음교육이 부재한 상태에서 어른들이 아이들에게 해 줄 수 있는 것은 '부정적 죽음'에 대한 금기일 뿐이다. 위의 사례에서 나왔던 이야기에서도 명백해진다. 아이들을 도와주기를 원하는 사람들은 어린 시기 죽음과의 만남에 대한 많은 의미에 민감해야 한다.

## 2. 마리아 내기(Maria Nagy)의 연구(작업)

유아의 죽음 개념에 대한 이해를 알아보기 위해, 내기(M. Nagy)는 2차 세계대전 직전 부다페스트에서 살고 있는 378명의 어린아이를 조사하였다. 3세에서 10세의 아이 중 51%가 남자아이이고, 49%가 여자아이였다. 지적인 수준은 약간 정상 이하에서 최정상인 아이까지(아이 대부분은 '정상'에 해당하였다) 걸쳐 있었다. 내기의 방법은 다음과 같다. 7세에서 10세 범위의 아이들에게 '죽음에 대해서 마음에 떠오르는 모든 것을 쓰기'를 요청했고, 6세에서 10세의 범위에 있는 아이들에게 죽음에 대해서 그림을 그리기를 요청했다(나이가 있는 아이 중 많은 아이가 그들의 작품에 관해 설명을 기술하기도 했다). 그리고 모든 아이가 그들이 쓴 것과 그린 것을 토론하거나(3세에서 5세인 경우) 죽음에 관한 생각이나 느낌을 말하도록 하였다. 전쟁 때문에, 내기의 연구 결과물은 1948년이 되어서야 출판되었다. 그리고 약간의 수정을 거친 후에 1959년에 다시 출판되었다.

내기의 연구 성과는 다음과 같은 세 개의 주요 발전 단계를 제안하였다. (1) "5세 이하의 어린이는 죽음이 되돌릴 수 없는 사실이라는 것을 인식하지 못한다." (2) "5세에서 9세 사이의 아이들에게 죽음은 의인화되며, 우연적인 것으로 간주 된다."(3) "일반적으로 9세 이후에야 죽음이 어떤 법칙에 따라 우리 안에서 일어나는 과정이라는 것을 인지하게 된다." 내기는 "단계나 혹은 그런 단계들이 일어나는 앞에서 언급한 나이는 그 자체로 정확하게 나누어지는 것은 아니라 중첩되는 부분이 존재한다."라고 나중에 덧붙이기는 했지만, "어떤 나이에만 해당하는 다른 대답이 있어서, 발전 단계라는 말을 할 수 있게 된다."라고 썼다. 내기가 부여한 발달단계별 특성을 사용한 각각의 단계에 관한 기술은 다음과 같다.

1단계: 어떤 확정적인 죽음도 없음. 아이들의 개념적 발달의 첫 단계에서, 내기는 "유아들은 죽음 자체에 대해서 알지 못한다."라고 믿었다. 죽음의 개념을 다른 개념과 완전히 구별해서 생각하지도 못하고 그것의 의미를 완전히 파악하지도 못한다. 이러한 이유로 죽음을 종말로써 생각하지 않는다; 이들은 생명과 의식이 죽은 사람들에게 다시 부여된다고 본다. 유아는 죽음을 생명의 또 다른 출발이나 잠으로 이해한다. 즉, 어딘가에서 계속되는 삶으로서(출발), 혹은 생명의 축소된 형태(잠)로서 이해한다. 내기의 관점에서 볼 때, 유아는 죽음을 생각지 못하거나 부인한다. 죽음의 종말성을 완전히 파악하지 못하는 두 번째 방식은, 아이들이 "더 이상 죽음을 부인하지는 않지만, 여전히 그것을 확정적인 사실로써 인정할 수 없을 때"이다. 그런 아이는 죽음을 삶과 완벽히 분리하지 않는다. 죽음을 점진적이고 이행적인 과정(죽어감과 땅에 묻힘, 그리고 천국에 도달함)으로 간주하거나, 생명이 완전히 끊어져 버린 것은 아닌 일시적인 상태로서 간주한다. 내기에게, 이것은 삶과 죽음이 동시적인 관계 속에서 일어나거나 서로 반복적으로 자리를 바꿀 수 있는 것으로 해석하고 있음을 의미한다. 즉 죽음이 존재하고 있을지라도, 그것은 완전히 없어지거나 태어나지 못하는 것이 아니다. 여기서 내기가 말하고자 하는 점은, 아이들이 죽음의 종말성과 확정성을 거부한다고 해서 축복받은 무지(blissful ignorance)를 지니고 있다는 것이 아니라, 죽음이 일종의 어떤 다른 곳에서 계속되는 삶으로 해석될 때조차도, 사랑했던 사람들로부터의 분리와 그로 인한 아이들 삶의 변화는 여전히 고통스러운 것이기에, 아이들이 죽은 사람과의 분리에 대응하기 위해서 완벽하지는 않지만 죽음의 종말성이나 육체적 활동의 중지를 이해할 필요가 있다고 본 것이다.

2단계: 내기에 따르면 이 두 번째 단계에서, 죽음은 분리된 인격으로서 상상되거나(가령, 낫을 든 죽음의 신, 해골, 유령, 혹은 저승사자), 그렇지 않으면 죽음은 죽은 사람 자체와 동일시된다. 내기는 이런 개념화를 죽음의 인격화로 해석하였다. 그것은 죽음의 존재와 확정성을 받아들이기는 하지만, 죽음에 대한 강한 거부감 때문에, 죽음은 아이들의 외부 혹은 밖에 있는 인격이나 실재처럼 묘사되고 있다는 것을 의미한다. 이런 방식으로, 죽음은 마지막으로 생각하지만, 피할 수 있고, 불가피하지 않으며, 보편적이지도 않은 것으로 인식된다. 외적인 힘에 잡힌 사람들은 죽지만, 그 마수로부터 도망치거나 달아난 사람은 죽지 않는다. 그 후 연구자들은 이 단계에서 죽음의 인격화보다는 죽음의 회피 가능성(avoid ability)이라는 주제를 강조하였다(죽음의 인격화는 외적인 형상이라는 장치를 통해서 죽음의 회피 가능성을 표현하는 아이들의 구체적 방식일 뿐이다). 죽음을 피하는 데 초점을 맞추는 아이들은 그들이 죽음과 죽어감에 대해서 생각하는 바에 대해서 질문을 받을 때,

다음과 같이 언급한다: "죽기 전에는 아픈 법이에요. 그래서 전 아프지 않을 것이고, 따라서 절대로 죽지 않을 거예요." 아이들은 죽음이 없어진다는 단순한 사실에 만족하지 않는다는 것은 확실하다. 아이들은 또 죽은 사람들이 어디서, 어떻게 그들의 삶을 계속해서 살아가게 되는지를 알고 싶어 한다. 이런 호기심은 아이들에게 무덤 속에서 살아가는 모습을 상상하게 한다. 이런 유형의 죽음 생각은 아이의 한정된 삶의 경험과 상상력 그리고 잘못된 이해가 불안 공포와 혼합되어 나타난 것이라 볼 수 있다.

3단계: 육체적 생명의 중지. 이 세 번째 단계에서, 내기는 죽음이 우리 안에서 이루어지게 되는 과정이라는 것을 인지하게 된다고 본다. 그런 아이들은 죽음을 궁극적이고 보편적인 것으로, 불가피하고 피할 수 없는 삶의 한 국면으로 간주한다. 내기는 이것이 죽음과 세계에 대한 현실적인 관점을 반영한다고 제안한다.

### 3. 아이들의 죽음 개념에 포함되는 여러 개념

죽음 개념을 구성하는 요소로 보편성과 포함성, 불가피성, 예측 불가피성, 인과성, 비물질적 연속성이 있다. 여기에서 보편성(universality)은 모든 생명체는 궁극적으로 죽는다는 사실을 인식하는 것과 관련된다. 이것은 복합적인 개념인데, 세 가지 밀접하게 연관된 개념들을 결합한다. 즉 포함성(all-inclusiveness), 불가피성(inevitableness), 예측 불가능성(unpredic-tability)이다. 포함성은 죽음이 모든 생명체에 적용되는지(모든 생명체는 죽는가?)와 관련된다. 이것은 살아있는 것은 예외 없이 죽는다는 사실을 가리키고 있다. 불가피성은 죽음이 생명체와 관련되는 필연성에 관계하고 있다(모든 사람은 죽어야만 하는가?). 그리고 그것은 죽음이 궁극적으로 특정한 원인과는 상관없이 모든 생명체에게 있어서 피할 수 없는 것이라는 사실을 의미하고 있다. 예측 불가능성은 죽는 시점과 관계된다. 만약 죽음이 모든 생물체를 포함하고, 불가피한 것이라면, 그 지점은 확실하고 예측할 수 있는 것이라고 결론 내릴 수도 있다. 그러나 이것은 사실이 아니다. 사실, 모든 사람은 언젠가는 죽을 수 있다. 아이들은 이런 죽음의 보편적 측면이 지닌 의미를 인정하기를 꺼린다. 두 개의 부가적인 하위-개념인 불가피성과 비기 가능성은 둘 다 죽음의 종말적인 측면들이다. 불가역성은 살아있는 상태에서 죽음의 결과인 죽어있는 상태로의 전이와 관련되어 있다. 그래서 일단 생명체의 물질적 육체가 죽게 되면, 그것은 결코 다시 살아날 수 없다. 의학적 소생은 단지 살아있는 상태와 죽어있는 상태인, 일종의 경계에만 적용되는 것이지, 물질적 육체의 삶이 다시 회복할 수 없을 정도로 사라진 상태에는 적용되지 않는다. 비기 가능성은 죽음이 모든 삶을 규정하는 능력과 주로 살아있는 물질적 육체에 해당하는 기능적 능력(외적이고 관찰할 수 있는 것이 든, 내적이고 추론될 수 있는 것이 든)의 완전하고 최종적인 중지를 의미한다.

보편성, 불가역성, 비기능성에 더해서, 브렌트(S. Brent)는 두 개의 부가적인 하위 개념인 인과성과 비물질적 지속성에 주목한다. 이 연구자들에 따르면, 인과성이라는 하위-개념은 생명체의 죽음이 가져올 수 있고, 실제로도 가져오게 되는 사건들과 환경들을 이해하는 것과 관련된다. 이 하위-개념들은 "생명체는 왜 죽는가?" 그리고 "무엇이 생명체를 죽게 하는가?"와 같은 문제들에 대한 대응이다. 그것은 아이들이 나쁜 행위나 바람이 누군가를 죽게 만든다는 마술적 생각에 대립하여, 죽음을 유발하는 외적 혹은 내적 힘에 대한 현실적 이해를 성취하도록 요구한다.

죽음 개념의 마지막 요소는, 브렌트가 비물질적 연속성이라고 이름한 것으로서, 죽은 물질적 육체로부터 분리되어 계속되는 생명의 어떤 유형에 대한 이해와 명확한 인식을 말한다. 이것은 아이들이 "죽은 후에는 어떻게 되나요?" 혹은 "죽을 때 영혼과 정신은 어디로 가나요?"라고 물 때 관찰된다. 또 다른 예는 HIV 감염으로 살아가는 11살짜리 아이의 생각에서 나타난다. 그 아이는 "내가 하늘나라에 있는 사람들과 이야기할 수 있다면, 그들은 거기가 어떤지, 무슨 일들을 하는지, 내가 무엇을 가져다줄 수 있는지, 내게 이야기해 줄 수 있을 텐데."라고 썼다. 아이들과 어른들이 공통으로 계속되는 삶의 어떤 유형, 종종 그것이 인격적 연속성의 한 형태는 아닐지라도 이 물리적 죽음 이후에도 실존하고 있는 것을 보여주고 있다. 이런 연속성은 육체 없이 천국에서 계속되는 영혼의 삶, 혹은 새롭고 다른 육체 속에서 영혼의 부활처럼 다양한 형태를 띠고 있다. 브렌트는 많은 연구자가 아이들의 '사후세계에 대한 믿음'을 간과하고, 죽음 개념의 비자연적 측면만을 체계적으로 연구하는 경향이 있다고 지적하였다.

아이들의 죽음 개념에 관한 연구에 기반해서, 브렌트는 "많은 연구들에서 7살쯤이면, 아이 대부분이 보편성, 불가역성, 비기능성, 인과성의 주요한 생명과학적 요소 각각을 이해하게 된다."라고 결론 내렸다. 이런 결론은 "나이 그 자체는 어떤 것도 설명해 주지 않는다. 그것은 광범위한 영역에 걸쳐서 느슨하게 상관되어 있는 생물학적, 환경적 변수의 편리하고 일반적인 옴니버스식 지표이다."라고 평가한다. 브렌트에 의하면, 아이는 죽음을 스스로 적용하기 전에 다른 모든 사람에게 적용할 수 있다는 연구가 있기는 하지만, 아이 대부분이 다른 사람들이 죽는다는 것을 이해하기 전에, 자기 죽음을 이해할 가능성이 더 크다고 생각하였다.

### 4. 아이들의 죽음 이해에 대한 몇 가지 언급들

유년기의 죽음과 관련한 개념들의 발전을 연구한 내기와 다른 연구자들의 과업은 종말성, 회피 가능성 대 불가피성, 외적 힘 대 내적 힘, 그리고 보편성과 같은 죽음의 개념의 주요한 요소들을 드러내었다. 이 연구의 대부분은 더 큰 이론, 혹은 피아제(J. Piaget)의 이론과 같은 발달 심리학의 모델에 쉽게 부합한다는 장점이 있다.

| 피아제의 인지 발달의 체계 | | |
|---|---|---|
| 시기와 단계[a] | 생애 주기[b] | 몇 가지 주요 성격 |
| Ⅰ. 감각 운동 지능 시기 | 유아(0세~2세) | '지능'은 감각과 운동으로 구성된다. 어떤 의식적인 사고도 없다. 한정된 언어[c]. 현실 개념 없음 |
| Ⅱ. 전 준비 및 구체 조작 시기<br>1. 전 조작적 사고 단계 | 유년 초기(2세~7세) | 자기중심적 지향. 마술적, 애니미즘적, 인공주의적 사고. 사고는 바뀔 수 없음. 현실은 주관적임. |
| 2. 구체적 조작 단계 | 유년 중기/전-사춘기<br>(7세~11 혹은 12세) | 탈 자아중심적 사고. 사고는 구체적임. 자연주의적 사고. 보존과 가역성의 법칙을 인지함. |

| III. 형식적 조작 단계 | 사춘기 혹은 성인 (12세 이상) | 명제적, 가설-연역적 사고. 사고의 일반성. 현실은 객관적임. |
|---|---|---|

각각의 단계는 처음 준비 단계와 성취의 마지막 단계를 포함함. 따라서 각 단계의 성격을 규정짓는 것이 무엇이든, 그것은 형성의 단계 중에 있음. 연대기적 나이에는 개인적 차이가 있음. 2세 말쯤 되는 아이들은 평균적으로 거의 250~300단어의 어휘를 구비함(Source: From "Conception of Death: A Developmental Perspective" by H. Wass. In H. Wass and C. A. Corr, Childhood and Death, p.4. Copyright © 1984 Hemisphere Publishing Corporation. Reprinted with permission).

예를 들어, 아이들의 죽음 개념에 대한 설명에서 초기 단계에 대한 내기의 성격 부여는 '자아중심적 지향성'이나 그가 '전 조작기적 사고'라고 부른 다른 여러 특성에 대한 피아제의 관찰과 일치한다. 예를 들어, 마술적 사고(모든 사건이 다양한 명령, 의도, 힘의 인과적 영향력에 의해 설명된다), 애니미즘(생명과 의식이 다른 사람들이 무생물이라고 생각하는 것에 부여된다), 인공주의(세계 내의 모든 대상과 사건들이 인간에게 봉사하도록 만들어졌다고 믿음)이다. 비슷하게, 내기의 마지막 단계를 특징짓는 보편성과 불가피성은 피아제가 형식적 조작의 시기라고 말한 것에서 객관성, 일반성, 명제적 사고에 해당한다. 이런 연구는 아이들의 이해가 죽음과 같은 주제에 대한 점점 더 추상적인 개념의 발달 혹은 성숙화와 관련된다는 사실을 말해주고 있다.

하지만, 이런 분야에 관한 연구는 정밀성 결핍, 죽음 개념의 다양한 구성요소에 사용되는 개념과 용어의 일치, 신뢰성 부족과 개념적 요소들에 대한 타당한 표준적 기준의 결핍 등의 방법론적 문제에 시달리고 있다. 후속적인 연구들 때문에 내기의 일련의 작업이 '일련의 혼동된 결과'의 구성물이라고 특징지어진다는 비판에서 전혀 자유롭지는 않다. 주석가들은 종종 결과들을 과도하게 단순화하거나, 그것들이 본래 제시하는 것보다도 더 융통성 없게 만들어 버리거나, 무 비판적으로 적용하였다. 많은 주석가들은 특정한 그룹의 아이들에 관한 연구를 인구 집단의 역사적, 문화적 변수에 대한 고려 없이 다른 집단의 아이들에게로 일반화하였다(가령, 내기의 연구는 제2차 세계 대전 이전, 텔레비전이라는 새로운 문화적 힘이 등장하기 이전의 헝가리 아이들을 대상으로 하고 있다). 그래서 브렌트는 더 나은 연구와 결과에 대한 미묘한 차이를 짚어내기 위해서는 죽음의 개념 내의 주요한 하위 개념들을 구별하고, 표준화하고, 조작할 수 있게 만드는 일을 독려해야 함을 제안하였다.

아이들의 죽음에 대한 이해와, 아이들에게 죽음에 대해서 가르치고, 죽음에 대면하는 아이들에게 강력한 후원을 제공하고자 한다면 적어도 네 가지 주요한 변수에 주목해야만 한다. ① 발달적 수준, ② 삶의 경험, ③ 개인의 성향, ④ 의사소통과 지원의 유형이다. 발달과 관련하여, 인지적 발달이 유일한 관련 변수는 아니다. 성숙은 어린이 삶의 모든 측면 육체적, 정신적, 사회적, 영적 차원에 적용되는 다차원적인 과정이다. 삶의 경험이 중요하지만, 아이들이 죽음을 어떻게 경험하는지 그리고 그 빈도와 질이 아이의 이해에 어떤 영향을 미치는지 많이 연구되지 않았다. 각각의 아이들의 개인적 성향은 아이가 죽음에 대해서 생각할 수 있고, 생각하고 있는 방식의 중요한 변수이다. 그리고 아이들이 다른 사람과 공유하는 죽음과 관련된 생각은 아이의 능력과 의사소통을 하려는 마음과 다른 사람들로부터 받는 지원과 편안함에 의존한다.

그 효과의 좋은 예는 아이가 "당신은 죽습니다." 그리고 "나는 죽을 것입니다."라는 단순한 두 문장을 설명해 보라고 요구받았을 때이다. 처음 문장은 현재 시각에서 다른 사람에게 적용된다. 두 번째 문장은 화자를 지시하지만, 어떤 불특정한, 미래의 시간에 적용된다. 이 두 문장을 파악하는 것은 비록 개념적인 일이지만, 두 번째 문제는 미래의 가능성을 파악하는 아이들의 능력과 관련된다. 아이들이 죽음의 개념과 그 다양한 하위 개념들을 이해하고자 할 때, 건강한 발달과정을 경험한 아이들, 건설적인 개인적 경험의 능력을 끌어올 수 있는 아이들, 개념이 안정적으로 잘 형성되고 개방적으로 의사소통하고, 주위의 어른들로부터 적절한 지원을 받은 아이들은 이런 능력을 갖추지 못한 아이들에 비해서, 훨씬 좋은 환경에서 본인의 자아를 스스로 발견할 수 있다. 분명 아이들은 성인들과 같은 방식으로 죽음을 생각하지 않는다. 하지만, 그것이 그들이 죽음에 대한 개념을 갖지 못했다는 것을 의미하는 것은 아니다. 예를 들어, 죽음을 수면으로 생각하는 아이들은 비록 그런 이해가 다른 개념들과 별 차이가 없고, 어른들의 기준에서 볼 때, 적절하지 못한 것일지라도 자기 경험을 이치에 맞게 만들기 위한 방식으로서 죽음에 대해 이해하고 있다.

카스텐바움(R. Kastenbaum)이 주목하듯이, "몰이해와 분명하고 통합적인 추상적 사고라는 극단 사이에서, 아이의 마음에는 죽음과의 관계 속으로 진입하는 많은 길이 있다." 아이들의 죽음 이해에 대한 통찰을 얻기 위한 좋은 방법은 그들이 이 주제에 관해 묻는 많은 질문을 주의 깊게 듣는 것이다. 내기와 다른 연구자들의 연구로부터 얻을 수 있는 기본적인 교훈은 아이들이 죽음을 파악하고 이해하기 위한 능동적인 노력을 하고 있다는 사실이다. 내기는 부가적인 결론을 덧붙인다.

"아이들로부터 죽음을 감추는 것은 가능하지도 않고, 허용되지도 않는 일이다. 아이들 환경에서의 자연적인 행동이 죽음에 대한 앎이 주는 충격을 줄일 수 있다."라고 말한다.

## III. 유년기의 죽음 관련한 태도의 발달

현대를 살아가는 아이들은 죽음에 대한 다양한 메시지를 접한다. 이러한 메시지는 대중매체, 부모와 가족 구성원, 주변 사람들, 그리고 개인적 경험 등을 통해 형성되는 사회적 죽음 체계로부터 비롯된다. 이런 메시지들은 대체로 죽음이 대화의 주제로 적절하지 않으며, 아이들이 죽음 관련 행사에 참여하는 것을 금기시한다. 그러나 모든 사회가 이러한 메시지를 전하는 것은 아니다. 예를 들어, 미국의 전통적 아미시(Amish) 종파나 뉴잉글랜드 청교도들은 아이들이 가족생활의 기쁨과 슬픔 모두에 참여하기를 기대한다. 이들에게 다른 선택지는 바람직하지 않거나 불가능한 것으로 여겨진다.

죽음과 관련된 상황과 경험이 현대 아이들에게 생소한 것은 아니지만, 새로운 관점으로 이를 바라보도록 인도하지 않으면 삶의 소중한 가치를 놓칠 수 있다. '요즘 아이는 너무 빨리 자라서 그들의 순수한 세계에서는 죽음을 이해할 필요가 없다'라는 주장은 아이 발달 과정의 특성과 장점을 간과한 채 지나치게 일면적으로 치우친 견해다. 일상적인 아이들과의 교감과 다양한 연구를 통해, 건강한 아이들도 죽음에 관한 생각과 감정을 지니고 있으며, 이러한 주제에 대해 궁금증을 가진다는 충분한 증거가 있다.

다른 중요한 주제들과 마찬가지로, 죽음에 대한 아이들의 태도는 그들의 본성과 경험에 대한 해석, 그리고 이에 반응하는 방식을 형성하는 발달적, 인격적, 사회적 요인들과 관련된다. 경험이나 개념적 능력이 부족한 유아들조차도 분리 불안에 대한 뚜렷한 반응을 보인다. 부모의 죽음과 관련 없는 나이 든 아이들의 경우, 자기 말이나 행동이 죽음과 마술적으로 연관되어 있다고 믿을 때 자책하는 경향이 있다. 즉 죽음에 대한 태도는 유년기에서부터 복잡한 양상을 띠며 다양한 원인에서 비롯된다. 이를 입증하기 위해, 유년기에 죽음에 대한 태도가 명확히 드러나는 두 가지 영역을 살펴보고자 한다.

### 1. 죽음과 관련된 게임(놀이)

오랜 기간의 연구에서, 전 역사를 통해 많은 사회 속에서 죽음의 주제가 아이들의 놀이 속에 스며들어 있다는 것을 보여주고 있다. 예를 들어, 마우러(Maurer)는 까꿍놀이(the game of peek-a-boo)가 유년 시절 고전적인 죽음과 관련된 게임이라고 제안한다. 아이들의 자아중심적 관점에서 이 게임에서 일어나는 일은 외부 세계가 사라졌다가 갑자기 다시 나타나는 것이다. 세계가 없어짐에 초점을 맞출 때, 아이들은 공포에 휩싸인다. 그것이 다시 나타날 때 즐거움이 생긴다. 어린이의 관점에서, 이와 같은 많은 경험은 (최소한) 죽음과 관련된 경험과 아주 유사한 태도와 관련된다.

로클린(Rochlin)은 "유아기의 잘 발달한 정신적 능력은 생명이 끝나는 상황이 현실적인 것이 되는 것에 저항해서 자신을 보호하기 위해 기능한다."라는 사실을 논증하는 놀이 행동에 관한 연구를 보고하였다. 아이들은 그들의 삶이 죽음에 의해서 중대한 방식으로 변화한다는 것을 인지하고 있는 듯 보이고, 놀이의 환상적 세계 속에서 그런 인식에 기반하여 행위 한다고 하였다. 특히 게임에 초점을 맞춰서 수행된 로클린의 연구는 행동, 폭력, 최소한 죽음에 대한 가능성과 관련된다. 그는 "죽음은 어린아이들에게 깊은 생각을 요하는 문제이다. 죽음은 곳곳에 있다. 행위는 사고에 영향을 받는다."라고 말한다. 놀이는 아이들 삶의 중요한 과업이기 때문에 쉽게 간과할 수 있는 지점이 아니다.

### 2. 아이들의 운율, 노래, 유머와 동화에서 죽음과 관련된 주제

죽음과 관련된 주제들은 아이들의 운율과 유머에서도 발견된다. 예를 들어, 많은 사람이 "벌레들이 기어들어 오고, 기어나가네."라는 짧은 노래를 부른다. 다른 사람들은 "Ring around Rosie."라는 노래에 익숙하다. 하지만 그들은 그 노래가 페스트에서 생겨난 영국 노래이며, '우리 모두를 쓰러'지게 만든 질병이 일으키는 장밋빛(roseate) 고름집을 묘사하고 있다는 사실을 깨닫지 못할 것이다. 'Rock-a-Bye Baby'라는 자장가조차도 요람에서 떨어지는 주제로 가득 차 있다. "이제 나를 눕혀 재워주세요"라는 아이들의 기도는 죽음과 밤의 위험으로부터의 안정감에 대한 요구이다.

아이들의 동화는, 말로 들려주는 것이든 글로 쓴 것이든, 죽음에 대한 지시들로 가득 차 있다. 우리가 아는 동화 일부분을 보자, 빨간 망토를 입은 소녀는 그 이야기의 본래 판본에서는 늑대의 배 속에서 발견되기 전 혹은 후까지 나무꾼이나 사냥꾼에 의해 구조되지 않은 채, 사악한 늑대에게 잡아먹힌다. 아기 돼지 삼 형제 동화에서도 집을 불어서 날려 버리겠다고 위협하며 그들을 좇던 나쁜 늑대는 마지막 굴뚝에서 떨어져서 끓는 물 주전자에 빠져 죽는다. 헨젤과 그레텔(그들은 충분한 음식이 없으므로 부모들에 의해서 숲속에서 죽도록 남겨졌다.)은 사악한 마녀를 속여 원래는 그들을 요리할 계획이었던 뜨거운 오븐 속에 마녀를 가두어 버린다. 사악한 계모는 백설 공주를 죽일 계획을 세우고, 그 증거로 그녀의 심장을 가져오기를 원한다. 부드러운 키스는 잠자는 숲속의 공주를 코마 상태에서 깨운다.

  이런 종류의 죽음과 관련된 유머와 이야기가 반드시 아이들에게 병적이거나 건강하지 못한 것이 되는 것은 아니다. 벨레하임(Bellelheim)은 그런 것들이 사실은 아이들이 안전하고 거리를 둔 방식으로 죽음과 관련된 공포와 불안을 통과해 가는 유익한 경험이라고 주장하였다. 죽음은 아이들의 환상적 세계로부터 부재해 있지 않다. 그런 것들이 익숙하게 존재한다는 것은 아이들이 죽음과 관련된 사고와 감정에 익숙하지 않다는 관점이 틀렸다는 것을 입증하고 있다. 현재 우리 사회에서 죽음 자체가 영속적인 것이 아니라는 것을 반복적으로 암시한다.

심화
# 삶을 위협하는 질병과 죽어감에 대처하는 아이들

### <내용 요약>

삶을 위협하는 질병과 죽어가는 아이들은 심리적 불안과 변화하는 자아개념을 경험하며, 정보 획득 과정을 통해 자신의 상태를 이해하고 적응한다. 그들은 질병 진행 과정에서 치료와 자신의 상태에 대한 이해가 심화 되며, 삶과 죽음에 대한 자각이 점진적으로 이루어진다. 사별한 아이들은 죽음과 상실에 대한 독특한 방식으로 반응하며, 비탄과 애도 과정을 스스로 조율하는 특징을 보인다. 이들은 애정, 안정감, 정보제공, 감정표현 기회 등을 필요로 하며, 발달단계에 따라 상실과 죽음을 받아들이는 방식이 다르다. 따라서 아이들의 건강한 대처를 위해 지속적인 관심과 지원, 삶의 질 향상을 위한 노력, 그리고 적절한 교육과 지도가 중요하다.

### <핵심어>

심리적 불안(Psychological Anxiety), 자아-개념(Self-concept),

사별 (Bereavement), 비탄과 애도(Grief and Mourning),

발달단계(Developmental Stages), 지원과 교육(Support and Education)

### <학습 목표>

- 죽음과 질병에 대한 이해: 인간의 생애주기에서 죽음과 질병이 갖는 의미와 심리적 영향을 이해한다.
- 비탄과 애도 과정 탐구: 사별 후 나타나는 비탄과 애도의 과정을 학습하고 이를 심리적으로 분석할 수 있다.
- 발달단계와 죽음의 연관성 분석: 다양한 발달단계에서 죽음에 대한

이해와 반응이 어떻게 다른지 분석한다.
- 자아 개념의 변화 이해: 질병과 죽음이 개인의 자아 개념에 미치는 영향을 이해하고 이를 평가한다.
- 지원 방법 습득: 죽음을 앞둔 사람들과 그 가족들을 위한 심리적, 사회적 지원 및 교육적 접근법을 학습한다.

<적용 실천>
- 아이들의 감정을 존중하고 공감하기 : 질병이나 죽음을 겪는 아이들의 불안과 두려움을 이해하며, 그들의 감정을 자유롭게 표현하도록 돕는다. 아이가 자신의 감정을 숨기지 않도록 부모나 교사가 먼저 공감과 위로를 제공해야 한다.
- 정보를 이해하기 쉽게 제공하기 : 아이가 겪고 있는 상황과 관련된 정보를 나이에 맞게 설명해 준다. 이를 통해 아이들이 병이나 죽음에 대한 불안과 두려움을 구체적으로 이해하고 대처할 수 있도록 돕는다.
- 심리적 안정감 제공 : 아이들이 안정감을 느낄 수 있도록 사랑과 보살핌을 지속적으로 제공한다. 특히 부모와의 관계를 강화하고, 아이가 외로움을 느끼지 않도록 함께 시간을 보내는 것이 중요하다.
- 놀이와 일상 활동 지원 : 놀이와 일상생활을 통해 아이들이 자신의 감정을 자연스럽게 표출하고, 스트레스를 해소할 기회를 제공한다. 놀이 치료나 미술 활동 같은 접근을 통해 아이들의 감정을 건강하게 표현하도록 도울 수 있다.
- 장기적인 지원과 교육 : 질병을 겪거나 사별한 아이들에게 시간이 지나도 지속적으로 정서적 지지를 제공한다. 학교, 가정, 의료진이 협력하여 아이들의 발달 과정과 애도 과업을 지원하며, 필요한 경우 전문가의 상담을 제공한다.

## 삶을 위협하는 질병과 죽어감에 대처하는 아이들[141]

삶을 위협하는 질병과 죽어감에 대면하는 아이들은 자주 불안을 경험한다. 그들은 자기 상황에 대한 정보를 획득하면서, 자기 관념이 눈에 띌 정도로 변화하게 되고, 죽어감과 관련된 확인할 수 있는 특정한 관심을 공유하게 되는 경향이 있다.

웩터(E. Waechter)는 치명적인 질환을 가지고 있는 아이들의 불안 수준이 병원에 입원한 다른 두 그룹이나 건강한 아이들보다 훨씬 높다는 것을 보여주었다. 또한 치명적 질환이 있는 아이들은 다른 아픈 아이들이 그러한 것보다 죽음이나, 불구, 외로움과 구체적으로 관련된 불안을 나타내었다. 이것은 치명적인 질환을 앓고 있는 아이들이 자신이 더 이상 살 수 없다는 정보를 듣지 않아도 비슷한 불안감을 느낄수 있다. 아프고 죽어가는 아이들에 관한 다른 연구들도 비슷한 결과를 보고하고 있다.

한편, 블루본-랑그너(M. Bluebond-Langner)에 의해서는 다른 접근 방식이 취해졌다. 그는 문화 인류학적인 방법을 사용하여 병원에 입원한, 백혈병 말기 아이들의 의식 상태를 확인하였다. 블루본-랑그 너는 아이들이 정보를 획득하는 다섯 단계를 확인했다. 그의 연구에서 얻을 수 있는 고무적인 교훈은 아이들이 그들 삶의 중요한 경험에 주의를 기울이며, 그들에게 밀접하게 영향을 미치는 사람들과 사건들로부

---

[141] 이글은 *Death and Dying Life and Living.* Charles A. Corr, Clyde M. Nabe, Donna M. Corr, 7th Edition 2012, Wadsworth, Thomson Learning Publishing Co, David E. Balk & David K. Meagher Eds., *Handbook of Thanatology : The Essential Body of Knowledge for the Study of Death, Dying and Bereavement* 2013 Routledge, *Children's Conceptions of Death*, in Charles A. Corr & Donna M. Corr (Eds.), Handbook of Childhood Death and Bereavement, Springer Publishing Company에 게재한 내용을 재구성해서 번역 전재하였다.

터 정보를 획득한다는 사실이다. 한 걸음 더 나아가 정보의 획득이 자아 개념에서의 평행적인 변화와 연관된다는 것에 주목하였다. 아이들이 정보를 획득할 때, 그들은 그것을 그들의 변화하는 이해에 적용한다는 것이다. 연구에 따르면, 자아 개념의 변화는 병의 진행 과정에서의 사건들과 아이들이 사용하는 정보와 관련된다. 여기서 중요한 점은 외부 사건과 관련된 변화의 시기와 새로운 자아 개념 형성을 위해 그들 경험에서 나오는 정보들을 통합하고 종합하는 아이들의 능력이라는 점이다.

| 죽어가는 아이들의 개인적 세계 ||
|---|---|
| 정보 획득의 과정 단계 | 자아 개념의 변화 |
| 1. 나는 심각한 질병을 앓고 있다. | 1. 진단(그 이전에는 내가 자신을 건강하다고 생각했다)으로부터 내가 심각한 질환을 가지고 있다는 것을 인식 |
| 2. 나는 내가 먹는 약과 그것이 언제, 어떻게 쓰이는지, 그것의 효과는 무엇인지를 알고 있다. | 2. 질환의 첫 완화기에, 나는 항상 자신을 아프다고 생각하지만, 앞으로 나아질 것이다. |
| 3. 나는 치료의 목적과 과정을 알고 있다. | 3. 질환의 첫 재발기에, 나는 항상 아프지만, 그런데도 나아질 것으로 생각한다. |
| 4. 나는 치료와 과정을 이해하고 있으며, 증상들이 서로 들어맞아서 완화 또는 재발의 순환적인 주기를 가지는 질환임을 확인한다. (약이 잘 듣지 않고, 예상한 것만큼 효과가 나타나지 않는다.) (그 질환은 죽음을 포함하지 않는다.) | 4. 여러 번의 완화와 재발 이후에, 나는 항상 아프고, 절대로 나아지지 않는다고 생각한다. |
| 5. 나는 질환의 주기는 유한하고, 끝이 있으며, 그것이 죽음이라는 것을 알고 있다. 한정된 수의 약이 있을 뿐이며, 그것이 작용하지 않으면 나는 곧 죽는다. | 5. 백혈병을 앓는 친구의 죽음 이후, 나는 회복할 수 없으며 결국 죽는다는 것을 깨닫는다. |

(Source: Adapted from The Private Worlds of Dying Children, by M. Bluebond-Langner, pp. 166, 169. Copyright ⓒ 1978 Princeton University Press.)

아이들은 그들의 경험으로부터, 다른 아이들로부터, 성인들이 그들을 다루는 방식으로부터 배운다. 어떻게 다른 방식이 있을 수 있겠는가? 그들이 배우게 되는 것은 단지 추상적인 정보가 아니다. 그것은 그들에게 특별한 의미와 중요성을 가지고 있다. 알렉산더(I. Alexander)와 아들러스타인(A. Adlerstein)은 중요한 점이 죽음 개념이 아니라, 당사자 개인에게 가지는 중요성이라고 제안한다. 여기서 우리는 아이들의 죽음 개념이 그들 스스로와 그들을 둘러싼 세계에 대해 느끼고 해석하는 방식과 밀접하게 연관된다는 것을 관찰하는 것이 필요할 뿐이다.

## I. 질병과 죽어가는 아이들의 문제

최근 고통을 주는 증후의 이해와 삶을 위협하는 서로 다른 유형의 질병 관리에 관한 연구에 많은 진척이 있었다. 이런 진척은 결국 죽음, 죽어감, 사별에 대한 국제협력 단체(the International Work Group on Death, Dying, and Bereavement)와 영국의 삶을 위협하거나 말기 질환이 있는 아이들과 그 부모를 위한 모임(the Association for Children with Life-Threatening or Terminal Conditions and Their Families), 세계보건기구(the World Health Organization), 미국소아과협회(the American Academy of Pediatrics), 미국죽음교육 및 상담협회(Association for Death Education and Counselling, ADEC)가 공식적인 죽음 정책 성명서를 내도록 인도했다. 그러나, 많은 연구기관이 더 나은 치료를 위한 가이드라인과 교육을 제공해 주더라도, 죽어가는 많은 아이의 고통과 발달장애에 대한 불안 극복은 여전히 요원한 상태이다.

질환을 앓고 있거나 죽어가는 아이들은 고통으로부터의 자유, 깊게 자리 잡은 불안과 죄책감으로부터의 자유, 소속감과 자기 존중감, 자아에 대한 이해와 함께, 사랑과 안정의 중요성에 초점이 맞추어진 교육이 필요하다.

웩터는 발달적 관점에서, 삶을 위협하는 질병이 있는 미취학 아이들이 질병의 인과성, 육체 모습에 대한 손상, 치료 과정, 죽어가는 것에 대한 공포 등에 주요한 관심을 가지지만, 취학 아동들은 미래, 교육, 사회적 관계, 육체의 모습, 병원 입원과 절차에 대한 문제에 관심이 있다는 것에 주목한다. 그런 걱정의 많은 부분이 (고통과 혹은 괴로움으로부터, 개입 과정과 육체적 폭력으로부터의) 안전과 그들 자신의 내부에서, 가족 구성원, 친구, 다른 중요한 사람들과의 관계에서의 안정감에 초점을 맞추고 있다.

스티븐슨(R. Stevenson)은 죽어가는 아이들의 감정적 필요를 다음과 같이 제시하였다. 첫째, 건강과는 상관없이 모든 아이가 가지고 있는 감정적 필요이다. 둘째, 질환에 대한 아이들의 반응과 병원 입원에서 오는 감정적 필요이다. 셋째, 죽음에 대한 아이들의 개념에서 오는 감정적 필요이다. 죽어가는 아이들의 많은 관심과 필요는 삶의 질에 있다. 이 문제는 아이들에게 치명적이었던 질병 치료율이 최근 몇 년 새 극적으로 변화하여, 많은 아이가 죽음과 대면하는 태도에서 삶을 심각하게 위협하는 질병과 함께 살아가는 태도를 추구하는 것으로 변화하였다는 점이다.

따라서 현대 소아 종양학자들은 '치료로는 충분하지 않다'라는 것을 모토로 하고 있으며, 유년기 암 생존자들의 삶의 질을 강조하는 방향으로 인도되고 있다. 생존자들 혹은 몇몇 사람들이 말하듯, 유년기 삶을 위협하는 질병의 '졸업자'들에게 중심적인 문제는 다음과 같은 것들이다. 먼저, 질병에서 얻은 경험을 인생의 역사로 정상화하거나 구체화하기이며 다음으로는 유약성과 어른들의 과잉보호, 개인적 우선성, 가치이다. 세 번째로는 목표의 변화 등에 대한 고도의 감각으로 인도하는 불확실성과 함께 살아가는 방법을 배우기이다. 마지막으로 계속되는 질병의 악영향과 함께 살아가는 방법을 배우는 것, 사회적 맥락에서 낙인을 극복하는 것, 아이들의 영적 필요를 적절하게 평가하고 반응하는 것, 역시 중요한 일이라고 말한다.

## II. 사별과 비탄에 대면하는 아이들

아동이 죽음 이후에 애도할 수 있는 능력이 있는지에 대한 학문적 논쟁이 있었다. 이런 논쟁은 유년 시기 애도에 대한 적절한 모델이 부재했다는 점과 더불어, 비탄과 애도를 구별하지 못한 것에 기인한다. 아이들은 확실히 비탄을 경험한다. 그들을 울고, 화를 내며, 우울해하고, 잠을 잘 자지 못하며, 행위에서 퇴행하거나 상실에 다른 방식으로 대응한다.

하지만, 아이들은 어른들이 하는 방식으로 상실감에 대응하지 않고, 그런 반응을 표현하지도 않는다. 예를 들면, 사별한 아이들은 많은 성인들이 하듯 그들의 감정을 공개적으로 드러내지 않는다. 아이들은 죽은 사람에 관한 생각이 점유하고 있는 것으로부터 후퇴하는 것이 아니라, 놀이와 학교생활 등 일상적인 삶의 활동에 그들 자신을 녹

여낸다. 그 결과 어린아이들의 비탄 반응은 어른들과 비교했을 때 지속적인 슬픔에 잠겨있는 것이 아닌 간헐적이며(more intermittent in character), 비탄을 극복하는 기간에 있어서는 더 길다(longer in duration). 이런 방식으로 아이들은 비탄과 애도를 스스로 '투약(dosing)'한다. 즉 비탄과 애도를 경험하고, 한동안 그것을 극복하기 위해 노력하지만, 그것이 압도적이거나, 다른 관심사가 그들의 주의를 끌 때, 그곳으로 관심을 돌린다. 사별한 아이들과 관련하여, 규범적 발달 과업이 어떻게 상실감과 만나며, 그 반대는 어떠한지 묻는 것은 중요하다. 아이들이 상실감과 비탄에 대면하게 되면, 그들은 안정감을 느낄 수 있는가? 건강한 발달과정은 그것들을 극복하는 데 도움을 주는가? 이런 방식으로 사별한 어른들과 아이들 사이에는 중요한 차이들이 있다. 아이들에 대한 사별의 현실적인 문제는, 그들이 애도할 수 있는 가 보다, 상실감에 대한 그들의 대처에 있다. 즉, 사별한 아이들을 사로잡고 있는 중심적인 문제는 무엇인가? 그리고 상실감과 비탄에 대응하면서, 아이들이 당면하고 있는 애도 과업은 무엇인가에 있다.

### 1. 사별한 아이들에 대한 문제

사별한 아이들의 비탄 경험에 현저하게 나타내 보이는 세 개의 중심적인 문제를 아이들이 경험하는 관계적 종말에 적용해 보면 다음과 같다. 첫째, 내가 그런 일(죽음 혹은 그와는 다른 상실)을 일어나게 했을까? 둘째, 그런 일이 나에게도 일어날 것인가? 셋째. 누가 나를 돌볼 것인가? 이런 문제는 자아중심적임이 분명하다. 아이가 무지나 마술적 사고 때문에, 상실과 관련된 인과성을 온당하게 이해하지 못할 때, 원인이나 위험의 문제를 그들 스스로에게 돌리는 것은 놀랄만한 일이 아니다.

부모나 또 다른 돌봐주는 사람의 죽음은 첫 번째와 세 번째 문제를 일으킨다. 예를 들어, 엄마가 화가 나서 "너 땜에 죽겠다. 정말."이라고 말하고, 그 뒤 차 사고로 죽었다면, 아이는 후자의 사고가 전자의 예측을 성취한 것이라고 여길 것이다. 이라크와 아프가니스탄 간의 전쟁에 대한 방송을 보며 큰 규모의 트라우마에 관련된 논의가 있을 때, 아이들은 자신에게 향할 향하는 잠재적 위협에 대해서 궁금해할 것이다. 삶 속에서 아이들은 많은 방식으로 부모와 다른 어른들에게 의존하기 때문에, 중요한 사람의 죽음이 아이들에게 그들이 필요로 하는 애정을 제공해 줄 사람이 누가 될 것인지에 대해서 걱정하도록 하는지 이해하게 된다. 그 결과, 부모의 사별을 경험한 많은 아이들은 죽은 부모에게 말을 걸거나, 사진이나 선물 등 상징적으로 연관된 물건들을 간직함으로써 그들과의 감정적 관계를 유지하려고 애쓴다.

가족 구성원 중 누군가가 죽고, 아빠(혹은 의사나 다른 사람)가 그것을 막지 못했다는 것을 아이가 알게 된다면, 아이는 동일한 불행을 겪을까 봐 걱정하게 된다. 형제자매나 다른 아이의 죽음은 그것이 아이의 자아와 너무 밀접하게 연관되어 있어서, 그 죽음이 사별 당한 아이에게서 애정을 주던 사람의 감정적 지원을 빼앗아 간 셈이기 때문에, 특히나 힘든 일이다. 형제자매 혹은 소꿉친구는 동료이자, 경쟁자이고, 또 다른 자아(alter ego)이다. 유년 시절 그런 죽음을 경험하는 것은 단기적으로는 공격적이고 애정 결핍 행동의 결과와 유년 시절 내내 혹은 그 후의 삶에서도 계속해서 진행되는 장기적인 영향을 가져오기도 한다. 사별을 경험한 아이들에게 특별히 격려와 양육, 삶의 지속성을 제공해야 한다는 것은 오랫동안 중요하게 여겨졌다.

하버드 아동 사별 연구팀(Harvard Child Bereavement Study)은 사별한 아이들의 필요에 대해 훨씬 더 구체적인 리스트를 제공하고 있다. 이는 다음과 같다.

- 적절한 정보 – 임박한 죽음(언제든지 그것이 가능하므로)에 대한 명확하고 이해할 수 있는 정보. 특히 관련된 사람의 죽음이 발생한 후에는 확실히 그러함.
- 공포와 불안에 대한 고려 – 아이들이 앞으로 보살핌을 받을 것인지에 그리고 지속적인 양육을 경험할 수 있을지에 관련함.
- 아이들이 비난받지 않으리라는 것에 대한 재확신.
- 주의 깊게 들어주기 – 아이들의 얘기를 끝까지 들어주는 방식으로, 그들의 관심사를 무시하지 않기.
- 아이들의 감정을 타당한 것으로 만들기 – 아이들 자기 방식으로 개인적 반응을 표현하는 것에 대한 존중과 안정한 방식을 포함.
- 압도적인 감정에 대한 도움 – 특히 슬픔, 분노, 불안, 그리고 죄책감의 감정이 심할 때.
- 참여(involvement)와 소속(inclusion) - 죽기 전과 후 모두. 준비를 갖춰서, 참여를 강요하지 않기.
- 계속되는 일상적 행동 – 놀이와 학교생활에 있어서 나이에 적절한 방식.
- 모델을 삼을만한 비탄 행동 – 아이들의 비탄과 애도를 공유할 수 있고, 비탄과 애도를 건설적인 방식으로 경험하고 표현하는 방식을 보여줄 수 있는 어른을 통해서 이루어짐.
- 기억할 기회 – 죽음의 전과 후. 그리고 전 생애를 통해서 이루어짐.

아이들은 사별이 주는 비탄 경험을 특정한 발달 환경에 일치하는 방식으로 반응한다. 예를 들어, 죽음의 종말을 파악하지 못하는 아이들은 죽은 사람들(그 사람들은 어쨌든 다른 방식으로, 다른 곳에 살아있다고 여겨지는 사람들이다.)에게 무엇이 일어나게 되는지 궁금해한다. 이와는 대조적으로, 죽음의 불가역성과 비기능성을 이해한 아이들은 육체가 작동을 정지하게 될 때, 시신에는 어떤 일이 생기는지 구체적으로 묻는다.

사별한 아이들은 비탄을 다른 사람에게 드러내는 것을 미루려고 한다. 대처하기보다는 놀이하거나, 텔레비전을 보거나, 학교로 나가버리는 등 죽음을 회피하는 것처럼 보일 수 있다. 어른들에게는 이것이 의식(awareness), 이해(comprehension), 감정(feeling)의 결핍으로 보일 수도 있다. 그러나 그것은 상실의 의미에 압도되는 것에 대한 일시적인 저항과 관련될 수 있다. 사별한 아이들에게서 일상적으로 버려지는 것과 죽음에 대한 분노와 공포의 강력한 감정은 행위에서 명확하게 드러난다. 또 우리가 주목했듯이, 아이들은 상대적으로 안정적인 환경에서 그들의 두려움과 불안을 해결하는 방식으로 죽음과 관련된 놀이를 한다. 그런 놀이는 아이들 삶에 익숙한 부분이다. 그런 놀이 속에서 아이들은 자신의 상처를 장난감이나 상상 속의 인물에게 전이시킴으로써 상처에서 멀리 떨어져 있을 수 있다.

그래서 워든(J. Worden)은 사별의 '지체 효과'에 주목한다. 하버드대 아동 사별 연구팀은 취학 아동 중 상당한 수의 소수자 그룹은 부모의 사별을 겪은 지 얼마 안 되는 시기(4개월이나 1년)보다 2년이 지난 후에 더 큰 어려움을 만나게 된다고 보고하였다. 이런 발견은 아이의 가족적 맥락과 특히 생존한 부모의 기능과 상관성을 가진다. 여기서 배울 수 있는 교훈은 사별한 아이들에게 지속해 작용하는 문제들과 사별하고 난 이후의 시점에서만 나타나는 문제 둘 다에 민감해지는 것이 중요하다는 사실이다. 아이의 삶에서 중요한 사람의 죽음이 반드시 복잡한 비탄과 상실감으로 이어지는 것은 아니지만, 공허감과 부재한 사람에 대한 계속되는 '현존감'을 통해 장기간 영향을 미칠 수 있다.

유년기 사별에서 또 다른 구별되는 특징은 그들 자신의 반응을 점검하고, 그런 반응을 인도해 줄 실마리를 찾기 위해서 주위에 있는 사람들에게나, 낯선 사람들에게조차 말을 건넨다는 점이다. 애도할 때, 자기만의 세계로 후퇴하고, 의사소통을 제한하는 어른들과는 대조적으로, 아이들은 계속해서 묻는다. "할아버지가 죽었다는 것을 전 알고 있어요. 근데 그러면 언제 돌아오죠?" 이런 질문은 아이들이 현실을 테스트하고, 그들이 들어왔던 것이 변하지 않았다는 것을 확인하는 방법이다. 아이들이 하는 몇몇 질문은 어른들을 당혹스럽게 만든다. "죽은 사람은 어디에 있나요?", "죽어서 하늘나라로 가면, 하루 종일 뭘 하죠?", "할아버지가 죽어서 하늘나라로 간다면, 왜 땅에 묻히는 거죠?" 아이들에 대한 발달적 실험적 관점에서 볼 때, 이것은 일어난 일들의 의미를 해석하고자 하는 매우 논리적인 노력이다.


## III. 사별한 아동의 애도 과업

질병을 겪고 있는 아이들, 죽어가는 아이들, 사별한 아이들은 모든 비탄을 경험한다. 아이들은 모두 그들 삶에서 일어났거나 일어난 사건들과 상실에 반응한다. 애도는 상실과 비탄에 대처하고 그것들과 함께 살아가려는 시도와 관련된 과업이다. 사별한 아이에게 애도하는 일은 기본적인 발전적 과업에 부과된 일이다. 애도하는 일은 적절한 방식으로, 서로 다른 발전적 수준에서, 그리고 다른 맥락에서 반복적으로 다루어질 필요가 있다. 따라서 개개인의 아이들은 엄마의 죽음과 도래한 수개월, 수년간 그녀의 부재, 생존한 엄마가 있는 학교 친구들과 달라서 그런 부재가 의미하는 것들, 그리고 부재한 엄마의 주의를 끌 수도 없으며, 그 후 학교 다니는 동안 얻은 성취도 공유할 수 없다는 것에 대해 애도한다. 이런 방식으로 상실감과 비탄 반응을 보이는 것은 성숙해 가는 과정과 일관성을 가진다. 건강한 애도는 건강하지 못한 장애를 없애고, 계속되는 삶을 위해 상실감을 건설적인 방식으로 극복해야 한다

워든은 사별한 아이들에게 적용되는 네 개의 애도 과업으로 이 과업들이 "아이들의 인지적, 감정적, 사회적 발달과정 안에서만 이해될 수 있다"라는 점에 주목하였다. 워든에 따르면, 그 과업은 다음과 같다. 첫째, 상실의 현실을 인정하는 것. 둘째. 상실의 고통과 감정적 측면을 경험하는 것, 셋째. 죽은 사람이 사라져 버린 환경에 적응하는 것. 넷째, 죽은 사람을 자기 삶에 다시 위치시키고, 그 사람을 추도할 방법을 발견하는 것이다. 이런 추모에 대한 과업 중심적 설명은 성인 모델과 굉장히 유사하다. 특히 그것은 죽은 사람의 삶이 현존하고 있다고 생각하는 아이들에게 특히 중요하다.

이제 우리는 폭스(M. Fox)에 의해 먼저 제안된 유년기의 과업 중심적 모델에 관심을 가져보기로 한다. 그는 다음의 네 가지 과업이 유년기에 생산적인 애도의 핵심적인 것으로 확인한다.

- 이 과정의 첫 번째는 일어나거나, 일어났던 일에 대해 이해하고, 그것을 이치에 맞게 만드는 것이다; 이런 과업을 위해서 아이들은 죽음

과 그 환경에 대한, 그리고 그 의미를 해석하고 이해하는 방식에 대한 정보를 추구한다.

- 두 번째 과업은 현재와 미래에 예측되는 상실에 대해, 감정적 그리고 다른 강한 반응을 표현하는 것이다; 이것은 아이들이 처음 경험하는 상실에 대한 감정과 다른 강한 반응을 확인하고, 타당한 것으로 만드는 것이며, 또한 그런 반응을 표현하는 데 있어서 아이와 다른 사람들에게 상처를 주지 않는 방식을 발견하는 것이다.

- 세 번째 과업은 공식적 혹은 비공식적 기억을 통해 상실된 삶을 추도하는 일이다; 일반적으로 이러한 추모는 어떤 형태로 살았든 고인이 살아온 삶의 방식이나 가치관을 기리는 방식으로 생명을 추모하고 기억하는 일과 관련된다.

- 네 번째 과업은 계속해서 살아가고 사랑하는 방법을 배우는 것이다; 이것은 아이들이 중요한 상실의 여파 속에서 건강한 삶을 계속해서 유지해 나가는 법을 배우도록 하는 것과 관련된다. 이런 도식은 사별이 많은 차원을 가지고 있으며, 아이들도 상실과 비탄을 조절하는 효과적인 방법을 발견하고 노력한다는 사실을 떠올리게 한다.

한편, 베이커(Baker)와 그의 동료들은 폭스의 과업-기반적 도식에 토대를 두고, 아이들의 애도 과업이 시간이 지남에 따라 초점과 상대적 중요성이 바뀔 수 있다는 사실에 주목하였다. 초기 과업은 일어난 일과 그들 스스로와 가족을 보호하고자 하는 아이들의 필요를 이해하는 것에 대한 강조와 관련된다. 중기 단계의 과업은 항상 감정적 수용과 관계(기억과 접촉)의 재평가, 고통스럽고 양가적인 감정을 견디는 방법을 배우는 일을 강조한다. 후기 과업은 일반적으로 인격적 정체성에 대한 새로운 의미 형성, 죽음 사람과의 견고한 유대 형성, 새로운 관계에 대한 투자, 규범적 발전 과업과 행동으로 복귀하는 것, 주기적으로 돌아오는 고통에 대처하는 것에 초점을 맞춘다.

## IV. 어른들은 죽음에 대해서 아이들에게 왜 이야기해 주어야만 하는가?

어른들은 종종 아이들에게 죽음에 대해 어떻게 이야기해야 하는지, 무엇을 이야기해야 하는지, 죽음과 관련된 상황에서 어떻게 행동해야 하는지 고민한다. 이런 고민은 여러 의문에서 비롯된다. 죽음이 일어나기 전에 아이들과 함께 죽음에 대해 논의해야 하는가? 그들에게 상실과 비탄에 대해 가르쳐야 하는가? 아이들을 장례식장에 데려가야 하는가? 이러한 질문 중 가장 어려운 것은 어른들(부모들, 가족 구성원들, 돌봐주는 사람들)이 생명을 위협하는 질병을 앓고 있거나, 임박한 죽음에 직면한 아이들을 대할 때다.

한 연구는 1992년에서 1997년 사이에 자녀들이 암으로 죽은 스웨덴의 부모들을 기술하였다. 561명의 자격 요건을 갖춘 부모 중 429명이 아이들과 죽음에 관해서 이야기를 나눈 적이 있었는지에 대해 보고하였다. 결과는 아이와 죽음에 관해서 이야기를 나누지 않은 부모 중 1/4 이상이 그들이 그렇게 하지 못했던 것에 대해서 후회하고 있었다는 사실을 보여준다. 또 아이가 임박한 죽음을 의식하고 있다는 사실을 감지하고 있었던 부모들 중 거의 절반이 비슷한 후회를 보인다고 보고하였다. 반면 아이들과 죽음에 관해 이야기를 나눈 부모 중에서는 "어떠한 부모도 아이들과 죽음에 관해서 이야기를 나누었다는 것을 후회한 적이 없다."라고 하였다.

이 연구가 시사하는 바는 분명하다. 임박한 죽음에 직면한 아이들을 대하는 상황이 아무리 부담스럽더라도, 죽음에 관해 이야기하는 것이 더 낫다는 것이다. 그 주된 이유는, '어떤 것이든 말할 수 있다면, 견딜 만한 것이 되기' 때문이다. 아이들과 대화하는 것이 그들이 불완전하고 부적절한 정보와 상상으로 인한 고통을 혼자 감당하게 하는 것보다 낫다. 더구나 다른 사람이 사려 깊고 애정 어린 방식으로 접근한다면, 그것은 가장 소중한 도움이 된다. 어른은 아이들 대신 죽음을 맞이할 수도, 그들을 위해 살 수도 없지만, 아이들이 스스로 그것을 감당할 수 있도록 준비시킬 수 있고, 그 과정의 일부를 함께 걸을 수 있다. "사실 상실이나 죽음은 삶을 향한 아이들의 모험 일부이다. 어떤 누구도 그 아이 대신 그것을 할 수 없으며, 아이가 나이가 들 때까지 죽음이 기다려주는 것도 아니다."

아이들이 죽음에 대처할 수 있도록 돕는 일은 지속적인 과정이지, 한 번의 대화로 끝나는 일회성 사건이 아니다. 아이들은 계속해서 그들의 관심사로 돌아오며, 이러한 주제들은 재고될 필요가 있다. 또한 아이들은 발달단계에 따라 새로운 도전에 직면한다. 이는 지속적인 성숙화와 사회화 과정의 일부이며, 일상적인 사건들을 통해 자연스럽고 효과적으로 진행될 수 있다.

어른들은 아이들과 함께 그리고 아이들 사이에서 건설적인 대화를 위한 기회를 창조하기 위해 노력할 수 있다. 예를 들어, 질병(가령 암)을 공유하는 아이들을 위한 여름 캠프는 비탄을 표현하고, 캠프 기간을 넘어서 지속되는 관계를 이룰 수 있도록 돕고, 건설적인 방식으로 건강한 친구들과의 관계를 보충할 수 있는 가치를 가지고 있음을 여러 연구에서 보여주고 있다. 어른들은 자연적인 인간의 죽음에 대해서만 제한적인 경험을 가진 사회나 어린이들과 죽음의 건설적인 관계를 방해하는 그런 사회 속에서, 이제는 아이들이 죽음에 대처하도록 특별한 노력을 할 필요가 있다. 그러므로 이제 우리 사회는 다음과 같은 죽음교육의 기본적인 책임성이 요구된다.

- 죽음 준비의 수행 - 이러한 준비는 (어떤 누구도 매우 완전하게 하지 못한) 죽음에 대한 자신의 사고와 감정에 대해 반성적 분석을 시작함으로써, 그리고 이 영역에 발전된 지식체계의 기본 원리들에 익숙해짐으로써 이루어질 수 있다.

- 아이들의 실제적인 필요에 대해 부응해야만 한다.

- 효과적인 의사소통을 해야만 한다.

- 협동적인 과업이 요구된다.

아이들, 다른 어른들, 교육 기구와 종교 기구 등 사회에서 연관된 제도들로 아이들과 함께하거나 아이들에 의해서 이루어지는 협동 과업은 『암을 앓는 아이들을 위한 책 My Book for Kids with Cancer』라는 책을 쓴 아이가 잘 설명해 주고 있다. 도움은 아이들에게서 어른들로도, 어른들에서 아이들로도 흐를 수 있다. 가능하다면 언제든지, 슬픔과 비탄에 연관된 문제들에 대처하기 이전에 아이들을 준비시킴으로써 아이들을 도울 수 있다.

따라서, 사전 준비(prior preparation)를 위한 주도적 프로그램의 주요한 요소는 교육(education), 효과적 의사소통(effective communication), 타당화(validation)이다. 첫째, 교육에서 어른들은 아이들과 함께 숲속에서 죽은 새나, 학교 수족관의 죽은 물고기와 같은 상대적으로 안전한 죽음과의 만남을 탐색할 수 있다. 과대하게 개인적 감정을 부여하지 않은 '가르침을 줄 수 있는 순간'은 어른과 아이의 대화를 위한 좋은 시작을 나타낸다. 아이들은 선생님의 죽은 아들을 추모하기 위해서 나무를 심은 학교 친구의 이야기에서처럼, 다양한 종류의 추도 행사를 시험해 봄으로써 어른들의 의식을 '시도'해 볼 수 있다(아이들이 사랑하는 애완동물은 낯설고 야생적인 동물의 죽음과 다르고, 훨씬 덜 '안전'할 수 있다는 것을 알아야 한다). 모든 발전 과정에 죽음과 관련된 광범위한 문헌들을 아이들과 함께 읽을 수 있으며, 또 아이들에게 읽게 할 수 있다. 또한 부모들, 교육자들, 그리고 아이들이 죽음에 대처할 수 있도록 도와주는 사람들을 위한 책들도 있으며, 어떤 지역에서는 아동과 죽음에 관련된 문제들에 대한 워크숍 혹은 대학 과정도 있을 수 있다. 둘째, 효과적인 교육과 모든 형태의 사전 준비는 효과적인 의사소통에 의존하고 있다. '아이들을 보고 배우며, 그들이 원하는 것, 묻고 있는 것을 그들의 언어로 대답하기'. 셋째, 타당화는 죽음 준비와 질병, 사별한 아이들을 위한 지원의 중요한 세 번째 요소이다.

맷걸(Metzgar)와 직(Zick)은 이것을 다음과 같은 인디언들의 말과 연관시킨다. '만약 네가 어떤 것에 이름과 형태를 부여하면, 너는 그것을 지배하게 된다. 그러나 어떤 것이 이름도 없고, 모양도 없는 채로 남아있다면, 그것은 계속해서 너를 지배하게 된다'. 죽음과 관련된 만남에 대처하고자 안간힘을 쓰는 아이들은 그들의 질문, 개념, 언어와 감정들을 타당한 것으로 만들 필요가 있다. 어른들은 아이의 죽음과 관련된 다른 측면들을 판단하지 말고, 그들 스스로 있는 모습 그대로 인정함으로써 타당한 것으로 만들 수 있다. 그런 과정을 공유하는 것은 아이들에게 자율권을 부여하는 것(empowering)이다. 어른들이 하기 쉬운 교정을 하거나 '고치려고(fixing)'하는 것은 잘못이다.

여기서, 아이들과 함께 죽음과 관련된 자료 사용에 대한 어른을 위한 기준은 다음과 같다.

① 아이들에게 사용하기 전에 먼저 책과 다른 자료들의 가치를 스스로 평가하라. 어떤 자료들도 모든 독자 혹은 모든 목적에 적절하지는 않다.

② 아이들 개개인에게 맞는 자료, 주제, 접근법을 선택하라. 어떤 자료를 선택하더라도 그것들은 특정한 아이의 필요를 충족시켜야 한다.

③ 자료의 한계에 대처할 수 있도록 준비하라. 모든 자료는 강점과 한계점을 가지고 있다. 자료들을 개별적인 목적에 맞게 적용하라.

④ 자료들을 아이들의 능력에 맞추어라. 이야기, 그림, 음악, 놀이, 그림 등은 아이들의 능력에 맞추어져야 한다. 예를 들어, 문헌을 사용할 때, 아이들의 독서와 관심의 수준을 결정하라. 조숙한 아이들은 더욱더 고급 과정의 자료들로 인도하라. 나이 든 아이들의 경우보다 덜 부담되는 주제로 인도하거나, 나이 어린아이들을 위한 자료들의 적합성을 평가하는 데 어른들의 파트너로 참여할 수 있도록 인도해야 한다.

⑤ 아이들과 함께 읽고 작업하라. 상호작용을 얻고, 모두가 이익을 얻을 수 있는 귀중한 '가르침을 줄 수 있는 순간'의 기회를 잡아라. 아이들에게 관심을 보여주고, 필요로 할 때 해석을 제공해 주며, 아이들로부터 배워라.

또한, 도카(K. Doka)는 다음 세 가지 질문을 통해 접근법을 체계화할 것을 제안하였다. 첫째, 아이가 무엇을 알 필요가 있는가? 둘째, 아이가 무엇을 알기를 원하는가? 그리고 아이는 무엇을 이해할 수 있는가? 이러한 점에서 어른들은 각각의 문제에 대해 주의 깊이 듣는 태도와 아이의 실제적인 관심을 파악해야 한다. 또한 불필요하고, 오도될 가능성을 줄이며 불필요한 정보를 가지고 반응하지 않도록 하는 것이 필요하다. 그리고 아이들이 여러 가지 방식으로, 다양한 수준에서 의사소통한다는 사실을 고려해야만 한다. 왜냐하면, 아이들은 다음과 같은 방식을 사용한다. 상징적, 비언어적 의사소통은 다양한 형태의 공작물(artwork)을 통해서 일어난다. 상징적, 언어적 의사소통은 상상 속에서의 친구와 인격화된 형상들에 대한 아이들 자신의 관심사와 관련된다. 비 상징적, 언어적 의사소통은 어른들의 문자적 교환과 닮았다. 예를 들어, 어떤 6살짜리 아이는 죽기 한 달 전에, 그녀가 가진 질병의 심각성을 인정하고, 아버지와 자매에 대한 사랑을 표현하는 메모를 여러 군데 숨겨 두었다. 언어적 기술이 부족한 아이들은, 공작(art)이나 다른 매체를 통해 자신의 관심사를 표현한다. 또 다른 6살짜리 남자아이는 죽어가면서 일련의 배(ship)를 그렸다. 그 아이는 병이 진행될수록 배경은 점점 더 어두워지고, 배들은 더 작아지며, 색채를 더 사용하였다는 점을 볼 때, 아이들에게 의미 있는(meaningful) 언어를 사용함으로써, 아이들이 이해하고 수용할 수 있도록 해야 한다.

실천

# 아이들이 죽음, 죽어감, 사별에 대처할 수 있게 하는 도움

### <내용 요약>

아이들이 죽음과 상실에 대처할 수 있도록 돕는 것은 태도의 문제로서, 어른들이 죽음을 회피하는 대신 정보를 제공하고 감정을 표현하게 도와야 한다. 아프거나 죽어가는 아이들에게는 발달 수준에 맞는 치료와 가족 중심의 지원이 필요하다. 사별한 아이들은 죽음에 대한 정보를 원하고, 어른들이 그들의 비탄을 존중하며 애도 과정을 지원하는 것이 중요하다. 장례식에 참여하거나 죽음의 후속 조치에서 아이들을 돕는 것은 그들의 애도 과업에 도움을 줄 수 있다. 사후 개입 프로그램은 아이들의 트라우마 반응을 이해하고, 이를 통해 위기 상황에서 적절한 지원을 제공해야 한다.

### <핵심어>

발달 수준(Developmental Level),
소아 완화 치료(Pediatric Palliative Care),
가족 중심 치료(Family-Centered Care), 사후 개입(Postvention)

### <학습 목표>

- 아이들이 상실과 죽음에 대해 어떻게 인식하고 대처하는지 이해한다.
- 아프거나 죽어가는 아이들을 위한 적절한 치료와 지원 방법을 학습한다.
- 사별한 아이들에게 제공할 수 있는 정보와 비탄 과업을 이해하고 적용한다.
- 아이들이 죽음과 관련된 의식이나 장례식에 참여할 수 있도록 돕는

방법을 익힌다.
- 위기 상황에서 아이들을 위한 사후 개입 프로그램의 원칙과 효과적인 지원 방법을 배운다.

<적용 실천>
- 아이들이 죽음과 상실을 경험할 때 적절한 언어와 방법으로 감정을 표현할 수 있도록 돕는다.
- 아프거나 죽어가는 아이들을 위한 소아 완화 치료와 가족 중심 치료 프로그램을 적용하여, 가족과 함께 치료에 참여하도록 지원한다.
- 사별한 아이들에게 상실에 대한 정보를 제공하고, 비탄 과업을 이해하며 부모와 함께 지원 프로그램을 운영한다.
- 장례식이나 추모 행사에 아이들이 참여할 수 있도록 적절한 환경을 조성하고, 그들의 반응에 따라 후속 지원을 제공한다.
- 위기 상황에서 아이들이 겪는 트라우마에 대응하기 위해 사후 개입 프로그램을 통해, 그들의 감정을 존중하며 지원을 제공한다.

# 아이들이 죽음, 죽어감, 사별에 대처할 수 있게 하는 도움[142]

아이들이 죽음에 대처하도록 돕는 일은 단순한 기술의 문제가 아닌 태도의 문제다. 에릭슨은 이에 대해 "연장자들이 죽음을 두려워하지 않을 만큼의 고결함을 지닌다면, 건강한 아이들은 삶을 두려워하지 않을 것"이라고 말했다.

불행히도 어른들은 흔히 아이들을 죽음으로부터 격리하고, 관련 주제를 피하며, 죽음의 종말성을 부정하는 전략을 취한다. 이러한 태도는 아이들이 정보를 얻고, 감정을 표현하며, 도움을 받고, 슬픔과 상실에 대처하는 것을 방해한다. 아이들은 최소한 죽음이라는 도전을 마주할 때 연장자들의 도움을 받을 자격이 있다.

카젠바흐(Kazenbach)는 그 이유를 밝히면서 다음과 같이 쓰고 있다.

당신은 아이가 되어, 외롭다는 감각에 대해서 알고 있는가? 아이들은 고통, 질병, 죽음과 같은 특정한 공포에 대해서 놀라울 정도로 잘 적응한다. 미지의 것이야말로 진정 그들을 두려움에 떨게 만드는 것이다. 그들은 세상이 어떻게 돌아가는지에 대한 어떤 지식도 가지고 있지 않기 때문에 전적으로 연약하다고 느낀다. 미지의 것 그리고 아이들이 느끼는 유약성과 관련된 도전을 포함하여, 죽음과 관련된 도전이 생겨날 것이고, 아이들은 그것에 대처하게 될 것이다. 어른에게 열려 있는 유일하게 책임감 있는 선택은 지식, 경험, 통찰, 대처자원들을 아이들이 사

---

[142] 이글은 *Death and Dying Life and Living*. Charles A. Corr, Clyde M. Nabe, Donna M. Corr, 7th Edition 2012, Wadsworth, Thomson Learning Publishing Co, David E. Balk & David K. Meagher Eds., *Handbook of Thanatology : The Essential Body of Knowledge for the Study of Death, Dying and Bereavement* 2013 Routledge, *Children's Conceptions of Death*, in Charles A. Corr & Donna M. Corr (Eds.), Handbook of Childhood Death and Bereavement, Springer Publishing Company에 게재한 내용을 재구성해서 번역 전재하였다.

용할 수 있도록 해 주는 일이다. 레산(Leshan)은 다음과 같이 언급하였다. "아이는 참된 것을 듣고, 고통받을 때 사람들이 느끼는 자연스러운 감정을 사랑하는 사람과 공유할 수 있다면, 무엇을 통해서든 살아갈 수 있다."

## I. 아프거나 죽어가는 아이들에 대한 도움

아프고 죽어가는 아이들(그리고 그들의 가족 구성원들)을 위한 가장 좋은 치료 프로그램의 출발은 미네소타의 '죽어가는 아이들과 그들의 가족들을 위한 가정 치료 프로젝트'와 영국 옥스퍼드의 헬렌 하우스(Helen House)에서 시작되었다. 이 두 경우에, 강조점은 아동 중심 치료와 가족 중심 치료의 전체 프로그램(holistic program)에 있다. 미네소타 프로젝트는 아이들과 가족들에게 아이를 집에 데려가서 죽도록 하는 것이 실행할 수 있는 그리고 바람직한 일이라는 것을 보여주었다. 이를 위해서, 가족 대부분은 앞으로 대면하게 될 일에 대한 준비, 반응에 대한 기준, 그들 자신의 자원들을 동원하기 위한 지지, 그리고 필요한 서비스를 제공하기 위한 보충적인 도움이 필요했다. 비슷한 방식으로, 헬렌 하우스는 만성적이고, 수명이 한정되어 있거나, 삶을 위협하는 질병이 있는 아이들이 가지는 어려움에 직면한 가족들을 위한 능숙한 임시 치료의 중요성을 확인시켜 주었다. 이 모든 경우에 중요한 점은 소아 완화 치료에 대한 부모의 인식, 그런 치료를 기꺼이 받으려고 하는 의지, 받은 서비스에 대한 평가이다. 아프거나 죽어가는 아이들과의 의사소통을 위한 아래의 원칙들은 도움을 위한 단단한 기초를 제공한다.

① 우선 아이들의 발달 수준과 경험을 고려함으로써, 상황에 대한 아이들 자신의 인식을 결정하라.
② 아이의 상징적 언어를 이해하라.
③ 현실을 명확하게 하고, 환상을 추방하라.
④ 감정을 표현하도록 격려하라.
⑤ 나이에 적절한 과업과 행위를 통해 자기-존중감을 증진하라.
⑥ 상황이 의미하고 있는 것에 대한 어떤 가정도 하지 말라; 각각의 만남이 가르치는 바에 마음을 열라; 창조적으로, 그리고 유머와 품위를 가지고 삶의 도전을 정복하는 아이들의 능력을 과소평가하지 마라.

최근 소아 완화 치료 프로그램들은 호스피스 원칙을 수명이 한정되거나 삶을 위협하는 질병이 있는 아이들과 관련된 다양한 상황에 적용하였다. 이것은 다양한 방식으로 그리고 다양한 유형의 인원들(병원, 호스피스, 혹은 가정 치료 인원들)에 의해 성취되었다. 임신 기간 동안, 아이가 태어날 때, 신생아 집중 관리 시기에 이런 원칙들을 적용한 결과, 중요한 것은 환경이 아니라 아픈 아이를 위한 전인적인 치료(holistic care)와 부모, 형제자매, 그리고 관련된 사람들에 대한 가족 중심적 치료에 초점을 맞추는 것이라는 사실이 증명되었다. 또한 삶의 종말에 다가가는 이들과 그 가족들의 필요는 문서로 아주 잘 기록되어 있다.

전미 어린이 호스피스(Children's Hospice International)와 전미 호스피스 완화치료 협회(National Hospice and Palliative Care Organization, NHPCO)의 ChiPPs(Children's Project on Palliative Hospice Services) 프로젝트는 아이들과 가족들을 위한 대변자로서 활동했다. 이런 과업을 위해 사람들을 준비시키는 훈련 커리큘럼이 미국 죽음교육 및 상담협회(ADEC)에 의해 출판되었다. 또 이 협회의 자매기관인 NHPCO에 의해 삶을 위협하는 질병이 있는 아이들과 청소년들을 위한 가정 기반 지원 프로그램을 발전시키는 방법에 대한 매뉴얼도 출판되었다(Education Development Center, 2003; End-of-Life Nursing Education Consortium; NHPCO, 2003). 많은 출판물이 아픈 아이들과 유대를 발전시키는 방법, 훌륭한 의사소통, 아이들과 가족들의 선호에 관심을 기울이는 것, 종양학이나 다른 형태의 소아 치료에서 호스피스 원칙을 실행하는 데 관련된 것에 초점을 맞추고 있다. 소아 치료 서비스에 대한 유용한 자료로는 로날드 맥도날드 하우스(Ronald McDonald House) 프로그램이 있다. 이 프로그램은 아이가 소아 의료 시설에서 치료받는 동안 경제적이며, 편안하고, 쾌적한 숙소를 제공한다. 이 서비스는 가족의 분열을 최소화하고, 경제적, 후원적 지원(병원까지 이동, 숙소, 음식 준비, 세탁)을 하며, 아이의 질병으로 인해 어려움에 직면한 가족들 사이의 건설적인 상호관계를 만들 수 있도록 도와준다.

## II. 사별한 아이에 대한 도움

사별한 아이들을 이해하기 위한 과업-기반적 모델은 어른들에게 자연스러운 실천 기획을 제공한다. 사별한 아이들은 효과적인 비탄 과업(effective grief work)을 위한 정보가 있어야 한다. 그들은 죽음 자체와 특정한 죽음을 둘러싼 사실들에 대해 알기를 원한다. 또한 상실에 대한 공통적인 반응과 죽음, 비탄의 대처에 대한 정보가 필요할 수 있다. 어른들은 이러한 정보를 제공하면서 자신의 비탄을 공유하고, 좋은 비탄 전략을 모델화할 수 있다.

예를 들어, 미국소아과협회는 정책 성명서에서 소아과 의사들이 유년기의 사별 문제에 있어서 부모와 다른 어른들에게 도움을 제공할 수 있는 건설적인 역할에 대해 언급하고 있다. 학교, 종교 기관, 그리고 다른 공동체 자원들 역시 도움이 될 수 있다. 이를 위해 어른들이 아이들의 관점에서 상실을 바라보려고 노력하는 것이 필요하다. 어른들은 종종 친구와 애완동물의 죽음을 겪은 아이들에게 있어서 그 중요성을 제대로 평가하지 못한다. 또한, 사별한 어른들 역시 형제자매의 죽음에 대한 아이들의 비탄을 너무나 쉽게 간과한다. 이런 경우, 아이들에게 가장 중요한 것은 모든 차원-친구들, 완충 역할을 하는 사람, 보호자, 편안함을 주는 사람들과의 관계이다. 어른들은 아이들의 상실을 사소한 것으로 치부하기보다는 그들의 상실감을 존중해 주는 것이 좋다. 아이들의 경험에 대한 존중은 주의(attention), 솔직 그리고 완곡어법을 사용하지 않으며, 가능하다면 언제나 죽음과 그 후의 추모 행사에 아이들이 참여하도록 독려하는 것이 좋다.

모든 죽음에 있어 좋은 기억은 어른뿐만 아니라 아이들에게도 중요하다. 가능하다면, 상실이나 죽음이 발생하기 전에 많은 좋은 기억을 만들어 두려고 노력하고, 사람이 죽어갈 때, 아이를 도와주려고 노력해야 한다. 예기치 못한 죽음처럼 그것이 불가능하다면, 어른은 죽음이 일어난 후 아이들이 미래를 향해 나아갈 수 있도록 과거 유산의 요소들을 함께 발전시키고 명확하게 만들어 줄 수 있을 것이다. 예를 들어, 죽은 사람의 삶을 보여주고 있는 스크랩북이나 사진첩을 보여주면서 고인의 삶의 사건들을 공유할 수 있도록 한다. 기억의 콜라주를 모아서, 그것에 가치 있는 의미를 부여하거나 생생한 기억을 심어주는 것도 중요하다.

　최근 몇 년간 아이들이 장례식이나 매장 행사에 참여해야만 하는지에 대한 문제가 제기되어 왔다. "거의 7세 무렵부터, 아이들이 장례식에 참여하도록 해야 한다."라는 사람의 제안은 잘못 해석된 것이다. 7세 이하의 어린이는 장례식 참여가 금지되어야만 한다는 관점이 되고 만다. 사실, 여러 연구 조사는 사별 의식에 참여하는 것이 아이의 비탄 과업(grief work)에 도움이 된다는 것을 보여주고 있다. 기본적인 원칙은 어떤 아이도 해로운 경험에 참여하도록 강요될 수 없다는 것이다. 그러나 어른들이 여기서 제시된 주제들-사전 준비, 사건이 일어난 기간의 지원, 그 후의 후속 조치-에 따라 행동한다면 해악은 발생하지 않는다.

　아이들은 시신 전시, 장례식 혹은 매장에서 무슨 일이 있게 될 것인지, 왜 이런 행사에 참여하는지, 그리고 의식에 참여하기 위해서 아이는 무엇을 해야 하는지 미리 들어야 한다. 만약 아이가 모든 행동에 참여하기를 선택한다면, 돌보는 어른들은 그런 일이 일어나는 동안 아이가 필요로 하는 것에 주의를 기울여야만 한다. 이런 어른은 개인적인 비탄에 전적으로 빠져들어서는 안 되며, 늦게 도착하거나, 빨리 떠나는 아이들과 함께 자유롭게 동행해야 한다. 의식이 끝난 후에는 어른들은 아이들과 함께 그들의 반응, 감정을 토론하고, 생겨나는 질문에 답하며, 일어난 일에 대해 그들의 반응을 함께 공유해야 한다.

　게다가, 아이들이 장례식장에 갈 수 있도록 특별한 시간을 제공하거나, 장례 서비스나 매장에서 아이들의 역할을 그들의 관심과 공적인 의식이 허락하는 것에 따라 적절한 역할로 한정시키는 방식이 필요하다. 유년기 비탄에 대한 관리는 지연되거나 왜곡 없이 정상적인 애도 과정에 참여하도록 해야 한다.

　사별한 아이들을 위한 지원 단체는 죽음 이후 정상적인 애도 과정에 도움을 준다. 미국의 더기 센터(Dougy Center)와 사별한 어린이와 가족을 위한 국립 센터(The National Center for Grieving Children and Family), 영국의 윈스턴의 소망(Winston's Wish)은 좋은 모델들이다. 더기 센터는 베벌리 채펠(Beverly Chappell)에 의해서 설립되었으며, 3세에서 5세, 그리고 최대한 19세의 아이들을 위한 단체로써, 부모와 돌봄 제공자, 형제자매, 혹은 가까운 친구의 죽음, 자살과 살해에 초점을 맞춘 단체들을 포함하고 있다. 또한 서비스받는 아이들의 부모들이나 돌봄을 제공하는 사람들을 위한 단체를 제공하고 있기도 하다. 윈스턴의 소망(Winston's Wish)은 1992년에 쥴리 스톡스(Julie Stokes)에 의해서 설립되었으며, 주말 특별 프로그램을 제공하고 있다. 그와 함께 자살로 인해 영향을 받은 가족들을 위한 단체, 학교 파견 교육, 국가 훈련 프로그램, 청소년들을 위한 상호적 웹사이트, 영국 전역의 전화상담서비스 등을 제공한다. 두 프로그램 모두 도움이 되는 출판물들과 많은 자료를 제공하고 있다. 이 프로그램들은 각자의 공동체에 깊게 뿌리박고 있다. 둘 다 비탄은 어른들에게나 아이들에게 모두 자연스러운 상실에 대한 반응임을 강조한다. 이런 이유로 이 두 프로그램이 서비스를 제공하는 사별한 아이들과 어른들을 낙인찍지 않으려고 무던히 노력한다. 그들의 목표는 지원적(supportive), 예방적(preventive) 치료를 제공하는 것이다. 그들은 애도하는 능력을 존중하며, 아이들에게 유용하고자 노력하고, 아이들의 애도 과정을 신뢰한다. 그들은 아이와 함께 걸으며, 복합적인 비탄과 애도 과정의 징후에 깨어 있으면서도 아이들이 다시 한번 삶의 길을 발견할 것이라는 비전을 견지한다.

또한 사별한 아이들에게 도움을 줄 수 있는 행동을 기술한 많은 책이 있다. 아이들은 살인, 자살, 자연재해와 다른 형태의 폭력과 재앙에 의해 유발된 대량 참사와 같은 외상을 만드는 죽음에 의해서도 영향받는다. 예를 들어, 2001년 9월 11일 세계무역센터와 펜타곤에 대한 공격은 전문가들이 어린아이들의 반응과 공작(art)을 통해서 그들의 경험에 대처하는 방법을 관찰하도록 하였다. 아이들 그룹이 외상적 사건에 연관되는 경우, 종종 사후 개입(postvention) 프로그램을 고려하는 것이 중요하다. 이 말은 슈나이드만(E.S. Shneidman)이 만든 조어인데, 원래는 '자살을 시도한 사람들에게 그 사건이 주는 여파를 줄이고, 자살을 시도한 사람에 의해 영향을 받은 생존자-피해자들(survivors-victims)에게 미치는 부정적 영향을 치료하기 위해' 기획된 개입행위(intervention)에 적용되었다. 하지만 사후 개입과 여러 형태의 아이들을 위한 도움은 그 후 확장되어 넓은 범위의 외상에 의한 상실로 직, 간접적으로 영향 받은 아이들에 초점을 맞추어 사건이 일어나기 전후의 개입행위에 적용되었다.

따라서 아이들에 대한 사후 개입의 원칙을 소개하면 다음과 같다.
① 가능한 한 빠르게 개입한다. ② 아이들이 개입된 광범위하고 조직된 계획을 실행한다. ③ 도움이 되고, 애정이 담긴 도움 제공한다. ④ 저항이나 사람들과 협동하는 것을 꺼릴 것이다. ⑤ 트라우마적 반응의 본성과 타이밍에서 개별적인 변이(variations)를 예측한다. ⑥ 삶과 건강을 위험에 빠트릴 수 있는 과장된 반응을 경계한다. ⑦ 직접적인 주변 환경의 해로운 측면을 확인한다. ⑧ 장기간 생겨나는 문제들을 고려

한다, 이상적으로는 사후 개입이나 다른 아이들을 위한 위기 개입 프로그램들은 학교와 공동체에서 사전에 계획하여야 한다. 이러한 프로그램은 상실과 비탄 그리고 위기와 트라우마에서 아이들의 발달 과정의 원칙을 잘 이해하고 있는 전문가들에 의해 주도되어야 한다. 단체적인 접근이 개개인의 아이들에게 부적절하고 충분하지 못할 경우, 개별적인 정신 치료를 지시해야 한다.

지금까지 우리는 죽음 체계에서 아이들과 죽음의 상호작용에 대해 탐색하였고 유년기 동안 죽음과 관련한 경험을 탐구하기 위한 배경으로서 유년기의 발달적 과업에 관해서 기술하였다. 특히 우리는 유아기와 걸음마 시기의 사망률이 높다는 점과 사망의 원인이 선천성 기형, 짧은 임신 시간과 연관된 질병, 유아돌연사증후군, 그리고 사고 등이었다는 것을 인지하였다. 미취학 아동과 취학 아동의 경우, 사망률은 매우 낮았고, 사망의 원인은 사고와 암과 같은 질병이었다. 우리는 죽음의 개념과 그것의 주요 하위-개념에 대한 이해를 발달시켜 나가려는 아이들의 노력과 유년 시절 죽음과 관련한 태도의 발달에 특별히 주목하였다.

이 장을 마치면서 우리는 다음과 같은 질문을 스스로 해야 한다.

① 이 장의 처음 사례 이야기에서 죽음과 관련된 딸의 관심에 대해 도움을 주는 방식으로 반응하지 않았던 아빠를 묘사하고 있다. 당신은 어떻게 반응할 것이며, 그러한 아이들의 관심에 부응할 것인가?
② 어린 시절 당신은 어떤 유형의 죽음과 상실감을 경험하였는가?
③ 당신이 어렸을 때, 심각한 질병을 앓거나, 중요한 상실감을 경험했을 때를 기억해 보도록 하라. 병이나 상실에 대해 무엇이 가장 중요

한 관심이겠는가? 혹은 만약 당신이 이런 상황에 부닥친 아이를 알고 있다면, 그 아이의 중요한 관심사는 무엇이겠는가?

④ 만약 아이들이 죽음에 대처할 수 있도록 어른들이 도움을 줄 수 방법을 추천해 달라는 질문을 받았다면, 무슨 제안을 할 것인가? 어떻게 당신이 추천한 방법을 아이들과 상실의 종류에 따라 다르게 적용할 수 있는가?

청소년기_기본

# 청소년기 초기, 중기, 후기의 발달적 과업들

**<내용 요약>**

청소년기는 발달적으로 중요한 시기로, 이 시기의 죽음에 대한 이해와 대처는 그들의 성격과 정체성 형성에 큰 영향을 미친다. 이 시기에는 부모와의 감정적 독립, 자신만의 정체성 확립, 그리고 친구나 사랑하는 사람의 죽음 경험이 중요하게 작용한다. 초기 청소년기는 부모 의존에서 벗어나려는 노력이 중심이 되고, 중기 청소년기에는 독립성과 자율성을 추구하며, 후기 청소년기는 안정된 성격 형성의 시기다. 청소년들은 사별이나 자살, 친구의 죽음 등 다양한 상실 경험을 하며, 죽음에 대한 인식이 그들의 성장과 발달에 영향을 미친다. 디지털 세상에서 죽음에 대한 정보와 상호작용이 확대되면서, 청소년들은 이를 통해 비탄을 공유하고, 때로는 위험한 정보와 접하게 된다. 죽음의 개인적 의미는 청소년들의 성숙 수준과 관련이 있으며, 이는 그들의 삶의 위협을 인식하고 대처하는 방식에 영향을 미친다.

**<핵심어>**

청소년기(Adolescence), 발달적 과업(Developmental Tasks),
자살(Suicide), 디지털 세계(Digital World),
개인적 중요성(Personal Significance)

**<학습 목표>**
- 청소년기의 발달적 특성을 이해하고 설명할 수 있다.
- 청소년기의 자아정체성과 역할 탐색의 중요성을 분석할 수 있다.
- 사별 및 자살 등 청소년의 위기 상황에 대한 대응 방법을 이해하고

적용할 수 있다.
- 디지털 환경에서 청소년의 발달적 변화와 도전에 대해 논의할 수 있다.
- 청소년기에 발생할 수 있는 심리적, 사회적 어려움을 지원하기 위한 전략을 개발할 수 있다.

### <적용 실천>
- 청소년들의 정서적 이해와 지원: 청소년들이 상실과 죽음에 대해 어떻게 느끼는지 이해하고, 그들의 감정을 표현할 수 있도록 돕는다.
- 가족 지원 및 소통 강화: 청소년들의 가족들과 협력하여 상실과 죽음에 대한 정보를 공유하고, 가족이 겪는 어려움을 함께 나누며 지원할 수 있다.
- 청소년들의 회복력 증진 프로그램: 청소년들이 어려운 상황을 극복할 수 있도록 회복력을 키울 수 있는 프로그램을 적용하여 심리적으로 건강한 성장을 돕는다.
- 상실과 죽음에 대한 교육: 청소년들에게 죽음에 대한 개념을 적절한 방식으로 교육하고, 그들이 겪는 두려움이나 불안을 이해하며 대화할 수 있는 환경을 제공한다.

# 초기, 중기, 후기의 발달적 과업들[143]

이 장에서 다루고자 하는 주제는 다음과 같다. ① 청소년기와 그 과업에 대한 이해의 확장, ② 청소년기에 전형적인 죽음과의 만남 기술, ③ 삶을 위협하는 질병과 비탄에 대처하는 청소년들의 주요한 문제들, ④ 사별과 비탄에 대처하는 청소년들의 중심 문제들 탐구, ⑤ 청소년들의 자살과 살인과 관련한 문제들 조사, ⑥ 죽음과 사별에 대처하는 청소년을 위한 원칙들이다.

청소년기는 유년기와 성인기 사이의 발달과정에서 나타나는 '사이에 끼인 시기(in-between)' 또는 이행기를 말한다. 청소년(adolescence)이란 용어는 라틴어 adolescentia에서 유래했으며, 이는 성장의 과정이나 조건을 지칭하고 '젊음' 또는 성장 과정에 있는 사람을 의미한다(Oxford English Dictionary, 2008).

현대적 의미에서 청소년은 더 이상 아동으로 간주되지 않으며, 아직 완전한 성인으로서의 자각하지 못하는 시기에 있는 과도기적 사람을 지칭한다. 이들에게는 아동보다 더 높은 수준의 책임감이 요구되며, 동시에 특정한 특권도 부여된다. 청소년을 위한 교육 프로그램은 아동기의 것과는 차별화되며, 성숙도가 높아질수록 직업 활동이나 경제적 책임을 져야 하는 시기로 인식된다.

청소년기를 단순히 10대 시기와 동일시하는 것은 적절하지 않다. 연

---

143) 이글은 *Death and Dying Life and Living*. Charles A. Corr, Clyde M. Nabe, Donna M. Corr, 7th Edition 2012, Wadsworth, Thomson Learning Publishing Co, David E. Balk & David K. Meagher Eds., *Handbook of Thanatology : The Essential Body of Knowledge for the Study of Death, Dying and Bereavement* 2013 Routledge, *Children's Conceptions of Death*, in Charles A. Corr & Donna M. Corr (Eds.), Handbook of Childhood Death and Bereavement, Springer Publishing Company에 게재한 내용을 재구성해서 번역 전재하였다.

대기(chronology) 자체는 발달 시기의 정확한 지표가 되지 못한다. 전문가 대부분은 초기 사춘기 현상이 청소년기의 시작을 알리는 지표라는 데 동의한다. 이러한 관점에서 다음 세 가지 중요한 사실을 인식할 수 있다.

첫째, 사춘기 진입 시기는 개인마다 다르며, 일반적으로 남성보다 여성이 더 이른 나이에 사춘기에 진입한다. 둘째, 사춘기는 특정 시점이 아닌 연속적인 사건들의 총체. 지난 150년간 세대별로 사춘기 시작 나이가 점차 낮아져 왔다는 것이 역사적 사실이다. 셋째, 사춘기의 종료 시점은 명확하게 규정하기 어렵다.

청소년기의 핵심적인 발달 과업은 개별성 획득과 인격적 정체성의 안정적 확립이다. 이러한 관점에서 보면, 청소년기는 가정을 떠나 직업을 갖고 적절한 시기에 결혼하면서 종료된다고 볼 수 있다. 그러나 현대사회에서는 가정을 떠났다가 돌아오는 현상(때로는 반복적으로)이 흔히 관찰되며, 이는 발달 과정뿐만 아니라 다양한 개인적, 문화적, 경제적 요인에 영향을 받는다.

피터슨(D. Peterson)은 청소년기가 "생물학적으로 시작되어 문화적으로 끝나는 신체적, 사회적, 정서적 과정"이라고 적절히 지적했다. 그러나 청소년기의 종료를 단순히 규정하는 것은 에릭슨이 제시한 청소년기 발달의 핵심 덕목인 자아, 이상, 타인에 대한 신실함(fidelity or faithfulness)이라는 긍정적인 발달과정을 간과하고 부정적인 측면에만 초점을 맞추는 것이다.

청소년에 대한 정의를 넘어서, 이 시기를 어떻게 해석하고 청소년기 경험의 성격을 어떻게 규정할 것인가에 대해서는 학자들 간에 오랜 논쟁이 있었다. 예를 들어, 정신분석학적 관점은 '질풍노도(storm and stress)'를 강조하며 청소년기의 변화, 동요, 어려움에 주목한다. 청소년기에 대한 해석이 어떠하든, 이 시기는 초기, 중기, 후기라는 세 가지 발달적 하위 시기로 구분된다는 점이 확인되었다. 초기 청소년기(대개 10~11세에 시작하여 14세까지 지속)는 부모와의 일체감 감소, 또래 관계의 친밀도 증가, 영웅적 인물에 대한 동경, 성적 관심의 증가 등이 특징이다. 이 시기에는 새로운 인격적 이상과 대인관계를 형성하기 위해 부모 의존에서 벗어나려는 노력이 중심을 이룬다.

| 성숙 단계에 의한 청소년들의 과업과 갈등 | | |
|---|---|---|
| 1단계, 초기 청소년기 | 나이 | 11세에서 14세 |
| 1단계, 초기 청소년기 | 과업 | 부모로부터 감정적 독립 |
| 1단계, 초기 청소년기 | 갈등 | 분리(포기) vs. 재통합(안정) |
| 2단체, 중기 청소년기 | 나이 | 14세에서 17세 |
| 2단체, 중기 청소년기 | 과업 | 능력/숙달/통제 |
| 2단체, 중기 청소년기 | 갈등 | 독립성 vs. 의존성 |
| 3단계, 후기 청소년기 | 나이 | 17세에서 21세 |
| 3단계, 후기 청소년기 | 과업 | 친밀감과 헌신 |
| 3단계, 후기 청소년기 | 갈등 | 가까움 vs. 멂 |

중기 청소년기 혹은 '적정 청소년기(adolescence proper)'(약 14세~17세)는 부모로부터 자율성을 발전시키고, '가능한 자아' 혹은 대안적 자기-개념을 실험하면서, 구별되고 성숙한 정체성을 만들어 간다. 브로스(Blos)는 중기 청소년기는 독립성과 자기-통제력에 대한 더 나은 기술을 얻으려고 노력하면서, '두 번째 기회' 혹은 두 번째 개별화 과정을 경험하게 된다. 즉, 중기 청소년들은 부모들로부터 내재화된 가치들

을 상당 부분 재조직하고, 유아기와 초기 유년기의 자아 중심성을 극복하며, 삶에서 그들이 받아들여야 하는 역할과 책임감을 선택함으로써 개인적 문제 해결 능력(resourcefulness)을 발전시킨다. 후기 청소년기(대략 17세~21세)는 이상적으로는 안정된 성격 형성의 시기이다.

브로스에 따르면 이 시기는 네 가지 구별되는 도전 과제에 대처하는 것과 관련된다. ① 개별화 과정의 마무리를 성취한다. ② 삶의 사건들을 훌륭하게 대처할 수 있는 개인적 힘을 얻는다. ③ 과거를 인정하고 성장과 성숙을 위해 자신을 자유롭게 한다. ④ 성적 정체성 문제를 해결함으로써 역사적 연속성을 확립한다. 이런 발달적 이해는 청소년 시기에 죽음과 관련된 많은 경험을 평가하는 데 도움을 준다.

## I. 청소년이 경험하는 다른 사람의 죽음

청소년이 경험하는 다른 사람의 죽음과 관련한 믿을만한 자료 출처는 거의 없다. 다만, 초기 연구에 의하면 1,000명 이상의 고등학교 3, 4학년(중기 청소년)을 대상으로 학생 중 90%가 사랑하는 사람의 죽음을 경험했다는 사실을 보고하였다. 이 표본 중 거의 40%는, 그 상실이 또래의 친구나 학교 친구와 관련되어 있었다. 저자들은 "청소년들은 가정했던 것보다 더 많은 죽음과 애도를 경험하고 있었다."라고 결론 내렸다. 그 표본 중 20%의 학생은 실제로 죽음을 목격하였다. 이와 비슷한 연구에서 '가장 최근의 중요한 죽음'을 알려 달라는 질문에 대해, 1,139명의 후기 청소년기에 해당하는 뉴욕시의 대학생들이 전체 46가지 죽음의 유형 중 사랑하는 사람의 죽음 혹은 갑작스러운 죽음이 가장 공통적인 상실이었다고 보고하고 있다.

한편, 크리스트(Christ)와 시걸(Siegel)은 "미국에서 2백만 명의 아동과 18세 이하의 청소년들(3.4%)이 부모의 죽음을 경험한다."라고 하였다. 확실히 현대 청소년들이 죽음과 사별의 경험을 갖지 않는다고 생각하는 것은 옳지 않다는 점을 알게 한다. 청소년들은 조부모, 이웃, 교사와 다른 어른들, 형제자매와 친구, 동료와 군대에서 자신보다 약간 더 나이가 많은 젊은이들, 애완동물과 다른 동물들, 저명인사와 그들이 스스로와 일치시킬 수 있는 문화적 유명인과 관련된 죽음과 만난다. 청소년들은 또 절교나 이별처럼 죽음이 개입되지 않은 다양한 종류의 고통스러운 상실 관련 경험을 만난다고 보고하였다.

죽음이나 다른 상실의 경험은 청소년기 발달 과업에 특히 큰 영향을 미친다. 예를 들어, 부모로부터 감정적 독립을 성취하고자 하는 초기 청소년들은 만약 부모(혹은 특별히 가깝거나 부모 대리 역할을 했던 조부모)가 갑작스럽게 사망한다면, 그런 감정적 독립에 방해가 된다. 그런 청소년은 어른의 죽음에 의해서 버림받았다고 생각하고, 이런 상황 속에서 안정감을 얻기가 힘들다는 사실을 알게 된다. 비슷하게 자율성을 향유 하면서, 능력, 숙달, 통제를 추구하고자 하는 중기 청소년들은 친구나 혹은 그 세대의 다른 사람이 죽는다면, 새로 발견한 독립성에 대한 위협을 경험할 수 있다. 또 다른 청소년의 죽음이 갑작스럽고, 예기치 못하며, 외상적이고(traumatic), 폭력적이라면, 청소년 자신의 전망과 안정감에 대한 위협은 더 커진다. 유년기부터 '불멸성과 불사신(invulnerability)'의 '자아도취'를 간직하고 있는 청소년들은 죽음이나 그와 비슷한 상황에 직면하게 될 때 흔들리게 된다. 후기 청소년의 경우, 친밀한 사람이 죽게 될 때 발달과정에 장애가 된다. 더 이상 친밀감을 형성한 사람들에게 다가갈 수 없으며 스스로 그런 노력을 포기하게 한다. 청소년들은 아동들보다 지구적 긴장이나 전쟁의 위협과 현실, 테러리즘과 같은 큰 규모의 위험을 인지하고 이해하고자 한다. 마찬가지로 청소년들은 가족이나, 학교와 공동체, 크게는 전 세계의 폭력이나 핵무기와 핵전쟁과 관련된 계속된 위험, 그리고 산성비, 세계 우림의 파괴, 대기권 오존층의 파괴, 기후 온난화와 관련된 온실 효과, 인구 증가와 쓰레기 처리 등 환경과 관련한 문제들에 민감하다.

## II. 청소년기 죽음 이해

청소년기가 정상적인 인지 발달을 통해 죽음의 개념과 그것의 주요한 하위-개념을 파악한다. 서구 사회의 청소년들은 피아제가 소위 형상 조작기라고 말하는, 즉 명제적, 가설-연역적 사고, 개념의 일반화, 현실에 대한 객관적 관점 소유라는 특징을 가진 시기에 해당한다.

청소년기의 인지능력은 죽음과 그에 관련한 개념들을 이해하는 개인의 능력에 영향을 미친다. 청소년기에는 추상적 추론을 사용하고, 상징을 이해하는 능력을 향상하기 때문에 삶과 죽음, 그리고 시간의 의미를 보다 더 풍부하게 이해할 수 있다. 추상적으로 사고하는 능력으로, 청소년들은 그 자신의 사고 과정과 다른 사람이 그것을 어떻게 생각하는지에 골몰하게 된다. 상실에 처한 청소년은, 자신이 다른 아이들과 다르다고 생각함으로써 동료 그룹들로부터 배척당할 수 있다는 것에 대한 두려움으로 감정을 숨기기 때문에, 나이에 적절한 핵심적인 소속감의 발달 문제에 반해서 행동하게 된다. 슬프게도, 죽음이 일어난 후에, 아이들이 안정적으로 보일수록, 그들이 해결되지 못한 비탄을 경험할 위험성은 더 크다.

## III. 청소년들의 디지털 세상에 대한 참여

인터넷이 '청소년들의 교육적, 사회적, 오락적 경험의 중대한 국면'이라는 것은 듣기에 놀라운 사실이 아니다. 청소년들은 대부분 부모와 다른 디지털 이민자들과는 다르게 디지털 원주민들이다. 이전에는 사용할 수 없었던 방식으로, 디지털 기술은 청소년들(아이들 포함)이 서로 의사소통하고, 그들 자신의 가치와 발달하는 정체성을 표현하고 탐구하게 하며, 새로운 사회적 공동체를 형성하도록 함으로써, 청소년기의 태도를 형성한다. 청소년들의 디지털 세상에 대한 참여는 매우 광범위하고 지속해서 진척되는 과제이다.

소프카(Sofka)는 그 주제에 대해 유익한 방식으로 탐구한 적이 있다. 최소한, 죽음과 관련해서 디지털 세계는 죽어감, 죽음, 그리고 사별과 관련된 주제에 대한 엄청나게 다양한 정보에 접근하게 해준다. 디지털 기술은 청소년들이 죽음과 관련한 사건에 대한 정보를 거의 실시간으로 공유하고, 온라인 사별 동호회에 이 사건들에 대한 반응을 표현할 수 있게 해준다는 것에 있다. 특정한 비탄에 관련된 추모 사이트나 마이스페이스(MySpace)나 페이스북과 같은 소셜 네트워크를 통해서 죽은 사람, 친구, 애완동물을 위해 위로를 전달하거나, 기억을 공유하고, 많은 방식으로 추모할 수 있다. 온라인 분향소나 블로그는 비탄에 빠진 많은 청소년이 경험하는 고립감을 극복할 수 있도록 도와준다.

그러나, 모든 사이트가 건전한 것은 아니다. 어떤 것들은 잘못된 정보를 전달하며, 적대적인 포스팅을 포함하기도 하고, 병적인 행동을 하도록 추동하기도 한다. 이런 이유로, 어느 정도의 신중함을 가지고 디지털 세계에 들어가는 것, 개인 정보의 프라이버시가 항상 유지되기 쉬운 일은 아니라는 것을 깨닫는 것, 그리고 인터넷 출처를 모니터링하는 것이 바람직하다. 자살과 같은 사건이나 상황은 청소년에게 상처를 주고 고통을 준다는 것을 인지해야 한다. 이에 영향을 받은 또 다른 청소년들은 자살을 생각하거나 의도하고 있으며 동시에 도움을 갈구하고 있다는 것을 알아야 한다. 따라서 도와야 하는 청소년 스스로 자살의 감정을 표현할 수 있고, 자살 예방 상담 전화를 가르쳐 주거나, 자살 예방 정보나 생명을 살릴 수 있는 다른 유용한 정보를 제공하는 사이트가 필요하다. 말로 하는 통화나 문자를 사용할 수 있는 핸드폰처럼 손에 들고 다닐 수 있거나, 이메일이나 메신저를 할 수 있는 컴퓨터와 같은 다양한 디지털 기기들을 통해 죽음과 관련된 만남과 비탄 반응에 대처하는 도움을 공유하거나 획득할 수 있다.

마지막으로, 청소년과 청소년 이전 시기 아이들의 삶에 오락을 위한 미디어들은 죽음에 대한 태도에 영향을 미치기도 하고, 그것을 반영하기도 한다. 예를 들어, 비디오 게임은 10대와 초기 성년들에게 대중적인 영화가 그러하듯이, 폭력과 죽음에 대한 자극을 포함하고 있다. 죽음에 관련된 주제들은 청소년 대부분에게 익숙한 음악에 넓게 퍼져있다. 청소년 대부분이나 초기 성년은 죽음과 관련된 주제를 포함한 여러 장르의 노래에 노출되어 있다. 어떤 청소년들은 음악 자체를 듣지, 가사를 듣지는 않는다고 말한다. 그러나 많은 형태의 죽음(단순히 폭력이나 자살만이 아니라)이 이러한 가사와 청소년을 향한 다른 미디어 속에 광범위하게 존재한다.

## IV. 청소년과 죽음의 개인적 중요성

죽음의 개인적인 중요성이 개개인의 청소년들에 의해 파악될 수 있는가? 만약 있다면 어떤 방식인가 하는 문제와 관련된다. 이것은 곧바로 청소년들의 유약함(vulnerability)과 강건함(invulnerability)과 관련된다. 특히 그것은 동시대 청소년 문화의 다양한 국면에 생기는 대리 경험을 포함할 뿐만 아니라, 중요하게는 청소년이 그들 삶에서 배운, 혹은 배우지 않은 교훈을 포함한다. 많은 청소년이 죽음에 대한 개인적 의미를 인식할 수 없거나, 인식하지 않으려고 하는 것은 청소년 경험의 한계와 청소년 삶의 많은 부분을 지배하고 있는 관점과 관련이 있다.

예를 들어, 중기와 후기 청소년기의 운전 패턴에 대한 분석은 다음과 같은 두 요소가 가장 중요하다는 것을 확인시켜 주고 있다. 청소년 운전자는 사고가 일어나거나 심각한 결과를 끝날 가능성과 같은 그들 행위에 내재한 위험성을 인식하지 못하고, 스스로 위험이 가득한 상황 속으로 몰아넣는다. 또한 청소년 운전자는 위험을 감내하는 것, 독립적으로 행동함으로써 자신 삶을 통제하고, 어른의 권위와 관습적인 사회에 대해 반대를 표현하며, 불안과 좌절, 동료집단으로부터의 인정에 대처하는 행동의 긍정적 유용성과 가치를 인식한다.

하지만, 모든 청소년이 죽음과 관련된 위협에 무관심하지는 않다. 한 연구에서, 실험 참여자들에게 죽음과 관련된 단어에 대해 반응하면서 처음 떠오르는 단어를 말해보도록 하였다. 이에 반응한 속도와 감소한 전기 피부 반응(증가한 호흡과 땀)과의 연관성을 측정하였다. 5세에서 8세 그리고 13세에서 16세의 아이들은 9세에서 12세의 아이들에 비해 더 높은 죽음 불안 수치를 보였다. 연구자들은 죽음은 "덜 안정된 자아상을 가진 사람들에게 더 큰 감정적 중요성이 있다."라고 결론 내렸다. 이것은 죽음과 관련된 위협이 인간 발달 과정의 전이 시기나, 청소년 시기 내에서, 안정감과 자신감이 감소한 시기에 큰 개인적 중요성이 있다는 것을 말하고 있다. 이런 결과는 죽음에 대한 불안이 십 대에게 가장 높고, 육체적 상실과 분리에 대한 공포와 깊은 관련을 맺는다는 보고와 일관된다. 많은 초기 청소년은 미래에 대한 감각이 없고, 높은 정도의 자아 중심성을 지니고 있다. 따라서 죽음을 향한 청소년기 태도의 주요한 변수는 청소년들의 성숙 수준이다. 높은 성숙성은 죽음의 불가피성을 인정하고 정교하게 만드는 태도, 삶의 향유, 그리고 이타적 관심과 관련된다.

요약하자면, 많은 청소년이 순간을 사는 경향이 있으며, 죽음과 연관된 개인적 위협을 평가하지 못한다. 청소년기의 주요한 문제는 죽음에 대해 생각할 수 있는 능력에서 직접적으로 생기지 않으며, 죽음과 관련된 개념이 개인적 삶에 연관될 수도, 연관되지 않을 수도 있는 방식에서 생긴다. 이것은 죽음에 대한 경험이 넓으며, 자신의 문제로 받아들이는(personal) 청소년들에게는 해당하지 않는다. 예를 들어, 10대 호스피스 자원봉사자들은 그 행위를 통해 많은 교훈을 배운다. 하지만, 일반적으로 청소년 대부분은 역설과 대면함으로써 죽음의 개인적 중요성을 파악하기 위해 노력하게 된다. 청소년들은 그들의 감정을 올바르게 보고, 강렬한 죽음과 관련된 경험으로부터 거리를 두고자 하지만, 동시에 죽음에 관한 추상적 개념을 개인적으로 자신에게 적용함으

로써, 그 의미를 발견하고자 한다.[144]

---

144) 다음의 10대 호스피스 자원봉사자의 두 가지 경험에서 우리는 청소년이 어떻게 죽음을 이해하는지를 엿볼 수 있다. <첫 번째 호스피스 경험에서, 저는 삶을 위협하는 질병을 앓고 있는 12살 남자아이의 멘토로 봉사했습니다. 이 병은 그의 육체적 활동에 제한을 두었습니다. 멘토로서 저는 그를 도와 다른 것에 관심을 끌게 해 주고, 병에 관한 생각에서 마음을 떨쳐내도록 도움을 주는 등 감정적인 지원을 제공했습니다. 그 아이를 매주 만났고, 종종 숙제도 도와주고, 낚시를 가기도 하고, 삶에 관해서 이야기를 나누기도 했습니다. 그 아이가 웃는 것을 보거나, 내가 그의 삶에 변화를 주고 있다는 것을 알게 되는 것은 정말 형언할 수 없는 느낌이었습니다. 제가 다른 사람의 삶에 기여하고 있다는 것을 깨달았을 때, 저는 제 삶에 만족하고 그것이 주는 선물에 감사할 수 있었어요. 말기 질환과 관련하여 제가 한 일 중 가장 힘들었던 일은 107세의 호스피스 환자와의 특별한 우정을 통해서였는데요, 그의 이름은 조(Joe)였고, 그와의 우정은 1998년 11월에 끝이 났습니다. 우리가 함께할 시간이 너무 짧다는 것을 알기 때문에, 조 할아버지와 친해지기는 어려운 일이었죠. 저는 조 할아버지의 삶, 100년의 기억, 역사, 그리고 성취들에 초점을 맞춤으로써 이런 어려움을 극복했습니다. 제가 조 할아버지를 방문할 때마다, 역사적 교훈이든 삶에 대한 교훈이든 반드시 어떤 새로운 것을 배웠습니다. 저는 다른 모든 말기 질환이 있는 사람들과 마찬가지로 그가 죽음에 이를 때까지 살아야만 한다고 느꼈고, 그래서 종종 점심을 가져가거나, 사진들을 공유했죠. 조 할아버지가 돌아가실 때, 산소를 제공하는 기계와 관을 통한 영양 섭취 등 생존에 초점을 맞추는 것이 극단적으로 힘들었지만, 저는 끝까지 그를 잡은 제 손을 놓지 않았어요. 지난 저녁에 조 할아버지는 어떤 친구와 저에게 우리가 "받을 수 있는 최대한의 선물"이라고 말했고, 절대로 잊지 않겠다고 했어요. "하루하루가 선물이란다."라는 말은 정말 저를 감동하게 했습니다. 조 할아버지에게서 저는 삶의 이런 선물을 소중히 간직하는 법을 배웠고, 삶의 마지막 시간 동안 제가 줄 수 있는 연민을 통해 다른 호스피스 환자들도 그렇게 할 수 있다는 것을 알게 되었습니다> Education Development Center, Inc. Reprinted with permission. Corace, B., "End-of-life Care: A Personal Reflection." In Innovation in End-of-life Care: Practical Strategies and International Perspectives, Volum 2, M. Z. Solomon, A. L. Romer, K. S. Heller, and D. E. Weissman (Eds.). Larchmont, NY: Mary Ann Liebert Publishers, 2000, 81-82.

심화
# 자살과 청소년

<내용 요약>

청소년기는 죽음과 관련된 심리적, 신체적 변화가 중요한 발달적 과업으로 작용하는 시기이다. 청소년들은 생명을 위협하는 질병과 그로 인한 죽음의 위기 속에서 다양한 감정과 반응을 보인다. 청소년기 사별은 자아 개념과 발달적 성숙도에 따라 다르게 경험되며, 사회적 지원과 종교적 믿음이 중요한 역할을 한다. 청소년들의 자살은 주로 낮은 자존감, 우울증, 고립감과 관련되며, 이들을 위한 교육과 지원이 필요하다. 청소년들의 감정은 종종 표현되지 않거나 과장되지만, 효과적인 의사소통을 통해 도움을 받을 수 있다.

<핵심어>

청소년기(Adolescence), 자아 개념(Self-concept),
사회적 지원(Social support), 자살(Suicide),
자존감(Self-esteem), 감정 표현(Emotional expression)

<학습 목표>
- 청소년기의 발달적 특성과 변화에 대해 이해한다.
- 청소년의 자아 개념과 자존감의 관계를 파악한다.
- 청소년의 죽음과 자살 문제를 이해하고, 이를 다루는 방법을 학습한다.
- 청소년기의 감정표현 방식과 그에 따른 사회적 지원의 중요성을 인식한다.
- 청소년기의 위기와 갈등을 효과적으로 관리하고 대처할 수 있는 능력을 배양한다.

**<적용 실천>**
- 청소년 상담 및 지원 프로그램 개발
- 청소년 자살 예방 교육 시행
- 자아 존중감을 증진하는 활동 조직
- 청소년기를 이해하는 부모 교육 제공
- 청소년 위기 개입 및 지원 시스템 구축

# 자살과 청소년[145]

죽어감과 청소년기는 모두 전이 시기의 경험(transitional experiences)이다. 파파다토우(Papadatou)는 현명하게도 "심각한 질환이 있는 청소년들은 임박한 죽음과 발달 과정적 나이 때문에 이중의 위기를 경험한다는 사실이 논증될 수 있다."는데 주목했다. 현재를 살아갈 필요가 있는 죽어가는 청소년들은 질병과 관련된 도전들에 대처하는 다양한 방법을 시험해 보고, 그들의 삶과 죽음 모두에서 의미와 목적을 발견할 수 있는 자유가 있다. 청소년 대부분에게 삶을 위협하는 질병에 대한 효과적인 대처는 질병에 대한 정보, 치료 계획에 대한 개입과 결정 과정에 대한 참여이다.

청소년기 14세에서 24세 사람 중에서 암은 사망의 4번째 주요 원인이며, 그 뒤로 심장병과 선천적 기형, 만성적 저호흡증, HIV 감염, 뇌혈관 질환, 감기와 폐렴 등의 원인이 있다. 삶을 위협하는 질환과 죽어감과 연관된 청소년들의 필요와 반응은 다양한 방식으로 기술되어왔다. 아마도 유용한 경험 법칙 중 하나는 청소년들이 "죽음을 두려워하기보다는 죽어감을 두려워한다."라는 점을 상기하는 것이다. 생명을 위협하는 질병을 앓는 것은 청소년들에게 있어 상실의 패턴을 시작하는 것인데, 그것은 상실의 경험과 다음과 같은 문제들에 있어서 태도 변화로 이어진다. 자신을 '진단 이전의 사람(pre-diagnosis persons)'으로 인

---

145) 이글은 *Death and Dying Life and Living.* Charles A. Corr, Clyde M. Nabe, Donna M. Corr, 7th Edition 2012, Wadsworth, Thomson Learning Publishing Co, David E. Balk & David K. Meagher Eds., *Handbook of Thanatology : The Essential Body of Knowledge for the Study of Death, Dying and Bereavement* 2013 Routledge, *Children's Conceptions of Death*, in Charles A. Corr & Donna M. Corr (Eds.), Handbook of Childhood Death and Bereavement, Springer Publishing Company에 게재된 내용을 재구성해서 번역 전재하였다.

식해 왔던 것; 몸의 이미지; 삶의 방식(예를 들어, 통제력이 있거나 이유 없이 흔들리지 않는다는 인식에서 유약하다고 생각하거나 다른 사람에 의해 과잉보호 받아야 한다는 생각으로 바꾼다); 일상적인 학교생활; 독립성; 부모, 형제자매, 그리고 친구들과의 관계; 미래에 대한 확실성 등에서 변화가 있게 된다.

 스티븐스(Stevens)와 더스모어(Dusmore)는 아프고 죽어가는 청소년들에 관한 광범위한 연구를 통해 질병이 있는 초기 청소년들은 특별히 육체적 모양이나 운동성에 관심을 가지는 것으로 관찰하였다. 그들은 또 권위적인 인물에 의존한다. 중기 청소년들은 일반적으로 여자친구 혹은 남자 친구에게 매력적으로 보일 수 있는 능력에 대해 질병이 가지는 의미, 부모와 다른 권위적 인물로부터의 해방, 다른 동료로부터의 거부에 초점을 맞춘다. 후기 청소년들은 질병이 그들 삶의 방식과 경력과 관계에 대한 그들의 계획에 얼마나 영향을 미치는지를 걱정한다. 생명을 위협하는 질병은 아픈 청소년들과 그들이 관련된 다른 사람들 모두에게 영향을 미친다. 아픈 사람들과 그들을 둘러싼 사람들은 진행적인, 생명을 위협하는 질병이 있는 채 살아가는 방식을 배우게 된다. 이런 의무감은 특히 죽음의 궤적이 그려졌을 때 개인과 가족, 그리고 가족 내의 의사소통을 많이 요구하도록 만든다. 청소년들이 종종 그들이 직면하는 도전에 대처하는 데 능동적인 역할을 수행한다는 사실은 놀라운 것이 아니다. 좋은 징후를 관리하는 것을 넘어서, 청소년은 그들의 치료에 관여할 필요가 있지, 어린아이로 취급당할 필요는 없다. 이를 위해 청소년들에게 애정 어린 방식으로 그들의 상황에 대한 정확한 정보를 주어야만 하며, 그들이 받는 개입 프로그램(intervention)과 그것이 행해지는 방식에 관한 결정에 있어 청소년들의 관점과 관심이 고려된다는 사실을 확신시켜야 한다. 청소년 대부분에게는 그들 스스로의 방식으로 그들의 삶을 살아내는 것, 동료와 학교, 그리고 가족 등 청소년 삶의 일상적인 환경과 소중한 관계를 유지해 나가는 것 역시 중요하다. 이런 점에서 어린이와 청소년을 위한 완화/호스피스 치료는 아주 유용하다.

파파다토우는 청소년들이 삶을 위협하는 질병에 걸렸을 때, 청소년들과 그 가족들에게 접근하고 싶어 하는 도움을 주려는 사람들을 위해 다음과 같이 제시하였다. "우리는 도움이 될 수 없거나, 가망이 없는 것이 아니라 무언가 가치 있는 도움을 줄 수 있다고 생각해야만 한다. 정직하고 의미 있는 관계는 아이들에게 나머지 여행을 끝까지 공유하고자 하는 느낌을 줄 수 있다"라고 말한다.

## I. 사별과 비탄에 대처하는 청소년들

청소년들은 삶에서 중요한 것으로 여기는 다양한 사람들과의 사별을 경험한다. 최근 몇 년 동안 청소년 사별에 관한 연구가 진행됐다. 특정 연구들은 주로 형제자매나 부모의 죽음을 겪은 청소년들에 초점을 맞추고 있다. 놀랍게도 청소년의 친구나 애완동물의 죽음, 혹은 사별한 청소년 부모들의 경험은 청소년들과 긴밀한 연관이 있으며, 이들이 청소년에게 강력한 영향을 미치지만, 이러한 주제에 관한 연구는 거의 없는 실정이다.

청소년기 사별에 가장 두드러진 변수로는 자아 개념(self-concept)과 발전적 성숙(developmental maturity)이 있다. 예를 들어, 사별한 형제자매에 관한 연구는 자아 개념 점수가 높을수록 비탄, 공포, 외로움, 혼란의 정도가 낮다는 상관관계를 보여준다. 반면, 낮은 자아 개념은 이러한 힘든 감정들과 상관관계를 가지는 경향이 있다. 사별한 많은 청소년은 고인과의 지속적인 애착을 느끼고 있다. 발달적 성숙과 관련하여, 캐나다 청소년들의 형제자매 사별에 관한 연구에서는 사별한 나이 든 청소년이 더 큰 심리적 고통을 경험하는 반면, 사별한 어린 청소년은 더 큰 생리적 고통을 겪는다고 보고하고 있다. 이러한 청소년들에서 더 진전된 발달적 성숙과 관련된 큰 심리적 고통은 상대적으로 일시적일 수 있는데, 이는 아마도 나이 든 청소년들이 (어린 친구들과는 대조적으로) 사별에 대해 친구들과 이야기하고 사회적 지원을 찾았기 때문으로 보인다. 캐나다 고등학생 중 종교적 믿음이 없는 청소년들과 부모의 죽음을 경험했지만, 낮은 사회적 지원을 받은 청소년들이 더 큰 어려움을 겪었다.

일반적으로, "아마 죽음 이후 청소년들의 조절 과정에서 가장 특징적인 것은 외상적 상실에 사별한 참여자들이 입증하고 있는 회복력(resilience)이다." 사별한 대학생들을 대상으로 한 연구에서 언급된 내용이다. 이 연구는 고인과 가까움이 인격적 성장의 중요한 예측 변수가 되기 때문에 강함(hardiness)은 비탄의 처절함에 반비례한다고 보여준다. 왜냐하면, "어떤 사람의 삶에 중심적이었던 사람의 죽음으로 인한 상실은 더 많은 내적인 관찰과 삶과 가치의 재조직화 혹은 재구조화를 낳기 때문이다." 이 모든 것은 청소년기의 사별이 심리적 어려움을 지속해 느끼도록 하는 것이 아님을 제시한다. 오히려 많은 청소년이 감정적으로 그리고 인간적으로 성숙할 수 있도록 돕는다. 하지만 사별은 연약한 청소년들에게는 어려움을 경험하는 조건을 강화함으로써 문제가 될 수 있다. 청소년의 중요한 특징은 "청소년들은 자신들이 심오하고 강력한 감정을 발견하는 사람이며, 누구도 그들이 사랑했던 것만큼 그렇게 사랑하지 않았다고 생각하는 경향이 있다."라는 것이다. 만약 그렇다면, 청소년들은 자신의 비탄이 독특하며, 자신에게도 다른 사람들에게도 이해될 수 없는 것으로 생각할 수 있다. 결과적으로 청소년들은 단순한 분출로 비탄을 표현하거나 감정적 통제의 상실을 두려워하거나 감정의 통제를 상실했다는 사실을 타인에게 알리고 싶지 않아 비탄을 억제할 수도 있다. 그러나 어떤 사별한 청소년들은 할아버지의 죽음에 대한 10대 호스피스 언급에서 보이는 것처럼, 비탄을 표현하는 강력한 방식을 통해 스스로 이해에 도달할 수도 있다. 사별한 청소년들은 스트레스를 줄이는 행동(악기를 연주하거나, 바쁜 일을 하거나, 억눌린 감정을 분출하는 등), 자신만의 신념 체계, 부모, 친척, 친구들의 지원, 비탄 반응을 정상화할 수 있는 전문가나 상호 지원 단체 등을 통해 비탄에 대처하도록 도움을 받을 수 있다.

죽은 사람과 생존한 사람들 간의 복잡한 관계로 인해, 죽은 사람을 이상화하는 청소년들의 경향 때문에 관계와 비탄이 사회로부터 인정받지 않거나 박탈당할 때, 상대적으로 일시적일지라도 감정이 격해질 때, 다른 친구들과 잘 맞추고 싶지 않을 때, 친구들이나 어른들의 지원이 결핍되어 있을 때 복잡한 문제가 발생한다. 청소년기에 생명을 위협하는 질병과 죽어감에 대처하면서 청소년들에게 사별이 일어난다면, 이는 이중적인 위기를 포함하게 된다. 그 위기 속에서 상황적 과업이 겹치며, 많은 관점에서 정상적인 발달 과업과 평행을 이루게 된다. 즉, 사별한 청소년들에게 저항하고 탐색하며, 탈 조직화(disorganization)하고 재조직화(reorganization)하는 과정을 포함하는 경험들은 감정적 독립을 이루고, 능력과 숙달을 성취하며, 친밀감을 발달시켜야 하는 규범적 발달 과업과 얽히게 된다. 만약 '초점 이론(focal theory)'에 대한 콜맨(J. Coleman)의 설명을 받아들인다면, 이 이론은 청소년 대부분이 한 번에 한 가지 위기를 해결하는 데 집중함으로써 스트레스에 대처한다고 주장한다. 청소년기 사별의 이중적 위기는 외상적 죽음, 자살, 혹은 발달과제와 복합적인 어려움을 초래할 수 있다.., 특히 청소년들이 어떤 측면이 사별에 의한 것이고, 어떤 측면이 발달에 의한 것인지 결정하기 어려울 것이다. 다음의 인용문을 통해 청소년들이 겪는 죽음 이해와 비탄 경험이 어떤 것인지 예측해 보자.

### <사례 1>

제 할아버지는 2000년 1월 13일에 비장, 림프샘암을 진단받으셨습니다. 그는 한 달 후인 2월 12일에 돌아가셨습니다. 말할 필요도 없이 우리가 그 상황의 두려운 현실을 준비하기에는 진단과 사망 사이의 시간이 너무나 짧았습니다. 그러나 저는 호스피스 자원봉사자로 훈련받았기 때문에, 죽음을 삶의 축복으로써 접근할 수 있다는 것을 알고 있었습니다. 저는 마지막 한 달 동안에 할아버지의 삶을 그와 함께 축복할 수 있다고 느꼈고, 그것에 대해 전 감사하고 있습니다. 할아버지가 돌아가시기 2주 전에 방문했을 때, 할아버지와 저는 많은 이야기를 나누었고, 전 단지 그의 옆에 앉아서 그의 손을 잡았습니다. 그는 점점 더 말하는 것을 힘들어했지만, 저와 함께 그의 어린 시절을 회상하였고, 그의 시대와 저의 시대에 도덕과 가치에 있어서 믿을 수 없는 변화에 관해서 이야기하였습니다. 그는 저를 얼마나 자랑스러워하는지 말씀하셨고, 마이클(동생)과 제가 어느 대학에 갈 것인지 무척이나 알고 싶어 하셨습니다. 우리가 집으로 떠난 직후, 할아버지는 너무 약해지셔서 더 이상 저와 통화를 하실 수 없었습니다. 의사소통의 결핍을 메우기 위해 저는 할아버지가 돌아가실 때까지 그에게 이메일을 보냈습니다. 저는 제가 그를 얼마나 사랑하는지, 그의 손녀로 태어난 것이 얼마나 자랑스러운 일인지, 자라면서 그가 제게 얼마나 많은 가르침을 주었는지를 말해주었습니다. 할아버지와 저는 지난 10년 동안 편지를 주고받았습니다. 저는 그 편지를 간직해서 앨범에 넣어두었습니다. 저는 그 소중한 편지를 영원히 간직할 것입니다. 그 편지들은 제가 할아버지와 보냈던 시간과 나누었던 대화를 떠올리게 해 주니까요.[146]

이런 관점은 청소년의 애도가 어른들의 유사한 과정에 정확하게 평행적이지 않다는 점을 시사한다. 역설적으로 청소년의 애도는 연속적이기도 하고 간헐적이기도 하며, 일반적으로 그러하듯, 비탄 역시 찾아오기도 또 물러나기도 하는 동시에 확장된 시간을 포함하는 전반적인 애도 과정을 포함하기도 한다. 개인적 관계와 사회적 체계 속에서, 청소년의 사별은 부차적인 상실과 증대되는 비탄을 포함할 수도 있다. 우리는 가족역동성(family dynamics)의 역할과 청소년 발달과정에서 죽음의 장기적 귀결에 대해 더 많은 것을 알 필요가 있다.

청소년 자살 행위는 다음과 같은 두 가지 이유에서 오랫동안 관심을 끌어왔다. 청소년 시기는 아동에서 성인으로 넘어가면서, 미래를 위해 중요한 시작을 발견하는 기간으로서, 건강하고 생산적인 시기인 것처럼 보인다. 실제로 1960년에서 1990년의 기간 중 중기와 후기 청소년들의 자살률은 많이 증가하여, 같은 기간 중 다른 나이 코호트보다 훨씬 더 빨리 증가하는 추세를 보였다. 청소년 자살 행위의 또 다른 중요

---

146) Education Development Center, Inc. Reprinted with permission. Tibbetts, E., "Learning to Value Every Moment." In Innovation in End-of-Life Care: Practical Strategies and International Perspectives, Volume 2, M. Z. Solomon, A. L. Romer, K. S. Heller, and D. E. Weissman (Eds.). Larchmont, NY: Mary Ann Lieberty Publisher, 2001, 78-79.

한 특징은 자살 시도와 자살 성공에 있어 극적인 성별 차이이다. 믿을 만한 추정치에 따르면, 여성은 남성보다 3:1의 비율로 자살을 시도하지만, 남성은 여성에 대해 3.6:1의 비율로 자살에 성공한다. 자살은 다른 사람들이 가지는 장밋빛 희망을 공유하지 못하고, 스트레스에 시달리며, 문제 해결을 위한 건설적인 선택을 찾아내지 못하며, 삶이 다른 사람들에게만 좋고, 희망적이라고 생각해 우울해하는 청소년들에 의해서 선택된다.

청소년들의 자살 행위는 복잡하며 여러 요인으로 발생한다. 따라서 삶을 끝내려고 시도하는 청소년들의 상황을 너무 단순화해서는 안 된다. 중요한 요소로는 다음과 같은 것이 있다. 해당 청소년들과 부모, 가족 구성원, 또래, 학교 친구, 동료 등과의 관계에서의 부적합성(inadequacy)과 변화(alteration); 문제에 대처하는 데 있어서의 미숙함; 기능 장애적 행위(dysfunctional behavior). 또 게이와 레즈비언 젊은이의 경우 동성연애자들에 대한 사회 구성원의 태도를 포함한 여러 요인 때문에 자살할 가능성이 매우 높다. 일반적으로 "현재 그가 어떤 사람인지와 어떤 사람이 되기를 원하는지 사이의 깊은 고민을 경험한 청소년들은 낮은 자존감, 자기-혐오, 우울과 자살에 대한 위험성이 높다." 그러한 청소년들은 그들의 필요를 표현하거나, 개인적 문제를 해결하거나, 필요로 하는 도움을 획득할 줄 모른다. 자신의 문제를 해결하지도, 자신을 더 넓은 스펙트럼에 위치시키지도 못하는 청소년들은 고립되어 우울하게 된다. 우울증은 자주 좌절의 감정과 연관되기 때문에, 이러한 청소년들은 절박하게 된다. 자기-파괴는 그들에게 남은 유일한 선택이다. 그러나 많은 경우, 이것은 죽기를 바라는 것이 아닐 수 있다. 사실, 다른 사람들과 마찬가지로 청소년들은 삶과 죽음에 대해서 양가적인 느낌이 있으며, 죽음의 종말성에 대해서 명확하게 인식하지 못하고 있다. 이러한 청소년기에 가장 중요한 것은 스트레스를 주는 삶의 환경에서 빠져나오고자 하는 강한 욕구이다.

삶의 종말에 대해 양가적인 태도를 보이는 청소년들은 여러 가지 방식으로 도움의 필요성을 이야기한다. 예를 들어, 아끼는 물건을 건네거나, 그들이 없다면 세상을 어떻게 될 것인지에 대해 모호하게 이야기하기도 한다. 하지만 이것은 원하는 메시지를 전달하기 위한 효과적인 방식은 아니다. 결국, 효과적으로 의사소통하는 능력은 문제에 대처하는 능력과 직접적으로 관련된다. 다른 사람들에게 자신의 문제를 설명하는 청소년은 그 문제들을 다루는 데 있어서 중요한 단계를 거친 것이다. 그런데도 청소년들이 그들의 감정을 이야기하려고 노력하는 상대는 그런 메시지를 도움을 향한 외침으로 인식하지 못한다. 많은 청소년의 의사소통이 과장되어 있고, 특정한 메시지는 모호하며, 건강한 삶을 사는 사람들은 해당 메시지와 연관된 절박함을 파악할 수 없거나, 파악하려고 하지 않기 때문이다.

외부인들이 청소년의 자살 시도나 자살 성공을 직접적으로 하지 못하도록 막을 수 없을지라도, 그러한 행위가 발생할 가능성을 최소화하기 위한 노력은 기울일 수 있다. 자존감을 증대시키고, 건전한 판단 능력을 배양하며, 건전한 대처 능력을 향상하려는 노력은 모두 바람직하다. 교사들, 상담사들, 부모와 청소년들을 위한 학교 기반 교육과 개입 프로그램은 자살을 경고하는 증후들과 동료 상담(peer counseling), 위기 개입 등 도움을 주려는 자살예방 및 위기상황 대처를 위한 실천적 전략들을 교육하는데 초점을 둔다.

어떤 사람들은 자살에 대한 교육이 그것이 줄이고자 하는 바로 그 행위(자살)를 일으킬 수도 있다는 점을 염려한다. 이것이 소위 '전염 이론(contagion theory)'의 한 버전이다. 자살을 언급하는 것이 듣는 사람이 그런 행위에 개입하는 경향을 보이도록 감염시킬 수 있다고 생각한다. 최근 몇 년간, 이런 염려는 '연쇄(cluster)' 그리고 '모방(copycat)' 자살과 관련되어왔다. 즉 미디어 등에서 보고되는 예시들은 어려움을 겪고 있는 젊은이들에게 모델이 되어 줄 수 있다는 것이다. 그러나 사실 이것을 입증할 믿을만한 근거는 없다. 청소년들에게 위험한 것은 자살이나 다른 사람의 자살 행위에 대한 지식이 아니라 생명을 위협하는 행위에 동의하는 것처럼 느껴질 수 있는 모든 것이다. 이런 위험성은 자살 행위의 부정적 귀결에 대한 솔직한 교육에서는 찾아볼 수 없다. 그런 교육은 청소년들에게 자살은 일시적인 문제에 대한 영구적인 해결책이라고 가르친다. 아트 부흐발트(Art Buchwald)는 이를 유머러스한 방식으로 "자살하지 마라. 2주 후면 마음이 바뀌게 되니까."라고 썼다. 자살에 대한 효율적인 교육은 다른 방식으로 문제를 해결할 수 있는 자원들을 동원하고, 청소년 자살의 공통적이고 광범위한 유산인 큰 고통(great pain)에 주의를 기울이는 것이다. 건설적인 교육 방식 속에서 자살에 대해 말하는 것은 그런 행위를 암시하거나 격려하는 것이 아니라 상황을 개선하고 자살 행위를 줄이는 방법일 수 있다.

위기 개입 프로그램(crisis intervention program)은 청소년 및 다른 사람들의 자살 행위를 최소화할 수 있는 유용한 개입 모델이다. 이 프로그램은 삶을 끝마치는 것에 대해 양가적인 태도를 가지고 있는 사람들을 지향하고 있다. 즉 그들이 도움을 줄 수 있는 곳에 전화를 걸도록 한다. 전화를 받는 자원봉사자는 청소년으로서 이러한 과업을 위해

선별되어 훈련 및 지도와 지원을 받은 사람이다. 이러한 자원봉사자는 한정된 위기의 시기에 도움을 주는 사람들로서, 사려 깊은 동반자이며, 문제 해결을 위한 대안적 전략들을 확인하는 데 있어 필요와 도움을 평가할 수 있는 조력자이며, 다른 도움을 더 받을 수 있도록 부가적인 자원을 소개하는 인도자이다. 청소년 자살에서 잘 이해되지 못하고 있는 영역 중 하나는 자살자 옆에 있었던 사람들이다. 청소년의 자살 후에 찾아오는 비탄은 강력할 수 있다. 이것은 사별을 경험한, 특히 또래 친구였던 청소년 모두에 해당한다. "청소년 자살은 남겨진 또래에게 해로운 자살의 형태이다." 청소년 자살로 인한 사별은 죄책, 거부, 좌절, 분노, 실패의 감정들에 의해 복잡한 것이 된다. 거기에 사회적 거부와 딱지 붙이기, 낙인이 더해진다. 이 모든 것이 비탄과 상실의 무게에 더해지는 것이다. 그런 경험을 견디는 청소년들은 사별 속에서 섬세한 관심과 치료, 지원받을 자격이 있다. 그들은 죽은 친구의 삶을 축복하고 기념하기 위해 도움을 받아야 한다. 초기와 중기 혹은 대학에 다니는 후기 청소년들의 특정한 필요를 고려하고자 계획된 사후 개입 프로그램(postvention program)은 자살이나 다른 외상적 죽음 이후의 개입으로, 사후 자기-파괴적 행위를 최소화하기 위한 전망적인 예비적 노력으로 유용하다.

## II. 청소년기 사전 죽음 준비교육

부모와 다른 성인들은 유년기에 마련한 기반을 통해서 죽음에 대처하는 청소년들에게 영향을 미칠 수 있다. 부모들은 또 청소년들이 살아가고, 기능하고 있는 많은 사회적 맥락을 형성하는 데 도움을 줄 수 있다. 의사소통을 위한 창구 개방, 사고와 감정의 공유, 롤 모델링 등 다른 건설적 사회화 과정은 상실과 죽음과 관련한 문제들을 고려할 때조차도, 청소년들이 안정감을 느끼게 하고, 살아감에 대한 보답으로 만족을 느끼게 한다.

맥나일(McNeil)은 죽음에 대해서 청소년들과 의사소통하기 위한 성인들의 가이드라인을 다음과 같이 제안한다.

① 죽음에 대한 청소년의 관심을 빠르게 인식하고, 청소년들이 알고 싶어 하는 모든 것들에 대해 토의할 수 있는 개방성에 있어 주도적인 역할 수행을 한다.
② 청소년들이 말하고 있는 것의 감정에 특별한 주의를 기울이면서, 적극적이고, 예민하게 그들의 이야기를 경청한다.
③ 청소년의 감정을 실제적이고, 중요하며, 정신적인 것으로 인정한다.
④ 청소년이 말하고자 하는 바를 수긍하고, 이해하고 있다는 것을 반영하는 지지반응(supportive response)을 사용한다.
⑤ 청소년들의 문제를 풀어주려는 유혹에 저항하고, 청소년 스스로가 해결책을 찾아낼 수 있도록 도와주는 노력을 제공함으로써, 청소년의 가치에 대한 믿음을 투영한다.
⑥ 시간적 여유를 가지고, 해당 청소년과 교제를 즐기며, 함께 말할 기회를 제공한다.

이런 종류의 의사소통은 고등학교와 대학교 수준에서의 주도적인 죽음 프로그램으로 보충될 수 있다. 죽음과 관련한 광범위한 문헌들은 중학교, 고등학교 등의 젊은 독자들을 향하고 있으며, 그들에게 도움을 줄 수 있다. 또한 어른들을 위한 아동과 죽음에 대한 문헌들이 제시하고 있는 원칙들은 적절한 수정을 거친다면, 청소년들에게도 적용될 수 있다. 청소년들을 위한 교육과 지원 프로그램에서, 성취하고자 하는 목표와 청소년의 필요와 경험에 주의를 기울일 필요가 있다. 로젠탈(Rosenthal)은 청소년들을 위한 죽음 관련 교육의 세 가지 주요 측면에 의해 교육자들이 가능한 주제, 목적, 내용, 방법, 평가 절차 등에 관한 결정을 내릴 수 있다고 조언하고 있다. 중요한 점은 청소년이 고립되거나 소외되기 전에 연약한 청소년에게 접근하여 건설적으로 접촉하는 일이다.

## III. 죽음 이후의 사별 지원과 도움

죽음이 일어났다는 것은 이미 중요한 어떤 일이 일어난 것이다. 어른의 일은 사별한 아이들의 상실에 대한 정확한 정보를 획득하고, 그 상실을 해석하고, 계속되는 삶 속으로 통합시키는 과정을 시작하도록 건설적인 프로그램을 시행하는 일이다. 이러한 프로그램은 사별한 아이들의 죽음에 대한 정서적 반응 등을 확인하고, 안정적이고 감당할 수 있는 방식으로 감정을 표현하고, 스스로 대처 방법을 발견하며, 장례식에서 적극적인 역할을 수행하고, 건설적인 방식으로 상실을 추모하고, 건강하고 생산적인 삶을 계속해서 살아가는 방법을 발견하도록 도와주어야 한다. 활동 워크북이나 일기를 쓰는 것은 개입(intervention)에 있어서 부가적인 활동으로, 특히 비탄에 대해서 사적인 방식으로 말하는 것을 편하게 생각하는 청소년들에게 유용하다.

청소년 상담 개입은 다음과 같은 두 가지 원칙에 의해 이루어져야 한다. 첫째, 청소년이 어려움을 탐색할 수 있는 안전한 환경을 제공하고,

둘째, 청소년 사별과 긴밀하게 연관된 발전적 그리고 상황적 과업을 말하는 과정에 도움을 주는 것이다. 후자의 원칙은 청소년의 삶에서 어려움에 대한 수긍할 수 있을 만한 해결책을 제시하는 사람은 상담자가 아니라 청소년 자신임을 의미한다. 교육자는 사별과 비탄, 애도의 본성을 이해할 수 있을 때 도움을 줄 수 있게 된다. "사별한 대학생은 대학 생활을 수행하는 능력이 감소 되고, 소모적인 결과에 이를 수 있는 어려움에 부닥칠 위험이 있다."라는 것을 보여주는 연구는 오랫동안 주장된 임상적 인상에 대한 경험적 증거를 제시하고 있다. 이 연구는 수많은 저자들에 의해서 제공된 상담자들을 위한 지도 내용을 강화하고 있다. 사후 개입 프로그램은 고등학교와 고등학교 이후 과정용으로 개발됐다.

부모와 상담사, 그리고 다른 어른들에게 말하는 것을 꺼리는 청소년들은 비슷한 경험을 가진 친구들이 모인 지원 단체에서 죽음과 관련된 관심사를 말하는 것을 더 편안하게 생각한다. 사별자들을 대상으로 공동체 만듦으로 이런 종류의 단체들은 '다르다'라는 혹은 죽음에 의해 다른 사람과 구별되었다는 낙인을 몰아내게 된다. 다른 사람들로부터의 고립감을 극복하는 것은 모든 사별에서, 특히 정체성과 투쟁하고 있는, 동료들에 의한 타당성 획득이 중요한 청소년기와 같은 발달과정에서는 특히 중요하다. 지원 단체는 사별한 청소년들에게 중요한 정보를 제공할 수 있고, 삶에서 어렵게 획득할 수 있는 교훈들에 도움을 줄 수 있으며, 중요한 상실과 관련하여 비탄을 경험하는 것이 자연스러운 일일 뿐이라는 근원적인 메시지를 확인시켜 줄 수 있다.

많은 청소년이 심각한 비극 이후에도, 삶에 대한 깊은 감사, 다른 사람과의 강력한 유대에 대한 깊은 애정과 큰 감정적 능력과 같은 긍정적

성과가 있음을 인식하고 있다. 어른은 청소년기에 이러한 성과를 낼 수 있도록 도와주고, 그들 자기 삶에서 그들 자신으로부터 중요한 교육을 배울 수 있도록 도와주어야 한다.

비탄에 빠진 10대에게는 다음과 같은 권리[147]가 있다.
① 죽음과 죽은 사람, 상황에 대한 진실을 알 권리
② 질문에 정직하게 답해줄 권리
③ 상대방이 위엄과 존중하는 마음으로 들을 권리
④ 감정과 사고에 대해서 침묵하며 말하지 않을 권리
⑤ 상대방이 인지한 것과 내린 결론에 동의하지 않을 권리
⑥ 죽은 사람과 죽은 장소를 볼 권리
⑦ 자기 자신이나 다른 사람에게 상처를 입히지 않고 마음껏 슬퍼할 권리
⑧ 자신만의 슬픔에 대해 모든 것을 느끼고, 모든 것을 생각할 권리
⑨ 고등학교 보건 교과서에 요약된 '비탄의 단계'에 따르지 않을 권리
⑩ 검열받지 않고 그 자신만의 방식으로 슬퍼할 권리
⑪ 죽음과 죽은 사람, 자신 그리고 다른 사람에게 분노할 권리
⑫ 삶과 죽음에 대한 목적론적, 철학적 믿음을 가질 권리
⑬ 죽음과 관련된 의식에 관한 결정에 관여할 권리
⑭ 유약한 애도 환경과 조건 속에서 이용당하지 않을 권리
⑮ 죽음을 멈추기 위해 개입할 수 있었을 방법에 대해서 죄책감을 가질 권리

지금까지 우리는 현대사회의 죽음 체계 속에서 청소년과 죽음의 관계를 탐색하였으며 우리는 초기, 중기, 후기 청소년들의 다른 발전적 과업이 청소년이 죽음과 관계하는 방식에 의존하고 있다는 것에 주목

---

147) This Bill of Right was developed by participating teens at The Dougy Center and does not represent "official" policies of the Center. Reprinted by permission.

하였다. 이런 과업은 청소년의 죽음과 관련된 만남과 태도에 영향을 미친다. 그 만남에서 우리는 청소년기가 사고나, 살인, 자살과 같은 죽음과 연관된 낮은 사망률의 성격임을 알며, 태도와 관련해서는 청소년기가 일반적으로 현재에 대한 강한 관심과 죽음에 대한 개인적 중요성을 인지하지 않으려는 경향이 결합하여 있다는 것을 살펴보았다. 우리는 또 삶을 위협하는 질병 혹은 사별과 비탄에 대처하는 청소년들이 직면하는 문제를 기술하였다. 우리는 특히 청소년의 삶에서 살인과 자살과 관계된 문제에 주목하였다. 마지막으로 우리는 청소년들이 죽음과 사별에 대처하도록 도와주는 방법을 제시하였다. 이 장을 마치면서 우리는 다음과 같은 질문을 스스로 해야 한다.

① 고등학교 때 이 장에서의 처음 이야기와 같은 경험을 한 적이 있는가? 그렇다면, 당신 학교의 행정가들, 교사들, 부모들과 학생들은 그런 경험에 대처하기 위해서 무엇을 하였는가?
② 청소년기에 어떤 종류의 죽음과 연관된 상실을 경험하였는가? 무엇이 그것에 대처하도록 당신을 도왔는가? 당신이 원하거나 필요로 했지만 얻지 못한 것은 무엇이었는가?
③ 청소년기에, 심각하게 아프거나 중요한 상실을 경험한 적이 있는가? 그렇다면, 그런 질환과 상실에 대한 당신의 가장 중요한 관심사는 무엇이었는가? 혹은 아마도 당신은 그런 상황에 있는 청소년을 알고 있을 것이다. 그렇다면 그의 가장 중대한 관심사는 무엇인가?
④ 청소년들이 죽음에 대처하는 것을 도와줄 방법으로써 당신은 무엇을 추천하고 싶은가? 만약 당신이 추천할 것이 있다면 어떻게 청소년과 상실의 유형에 따라 다르게 적용할 수 있을지 생각해 보라.

실천
# 청소년 인성 변화를 위한 공부

<내용 요약>

이 글은 청소년 인성 변화에 대한 동양사상, 특히 성리학의 주자 철학을 중심으로 그 변화를 다룬다. 주자는 인간의 본래 선한 성품과 천리(道)를 자각하고, 이를 통해 인성의 변화를 이룰 수 있다고 본다. 주자의 기질변화설에서는 기질이 본래적으로 편향성을 가지고 있지만, 이 편향성을 극복하여 중정(중도)을 유지하는 것이 인성 변화를 이루는 과정이라 한다. 성인의 모습은 후천적인 노력으로 기질의 한계를 극복하여 완정한 도덕성을 드러내는 과정으로 정의된다. 또한, 기질과 심의 관계는 서로 영향을 주고받으며, 기질의 경향성은 심의 도덕적 본성 발현에 중요한 역할을 한다. 궁극적으로 주자의 공부론은 기질을 극복하고, 도덕적 순선성을 드러내는 일련의 과정을 통해 완정한 인성 변화를 추구하는 것임을 강조한다.

<핵심어>

기질(Disposition), 인성 변화(Personality Change),
성리학(Confucianism), 수양(Self-cultivation),
주재성(Superintendence Character), 도덕적 본성(Moral Nature)

<학습 목표>
- 기질과 인성 변화의 관계를 이해하고 설명할 수 있다.
- 주자의 사상을 바탕으로 수양의 중요성을 이해할 수 있다.
- 인간의 도덕적 본성에 대해 논의할 수 있다.

- 심과 인성의 관계를 통해 자기 발전을 위한 방법을 제시할 수 있다.

<적용 실천>
- 자기 성찰을 통한 기질 파악: 자신의 기질을 인식하고, 성격적 특성을 이해하여 더 나은 자기 발전을 위한 방법을 모색한다.
- 도덕적 수양 실천: 일상에서 도덕적 가치를 실천하며, 성리학의 수양 방법을 통해 정신적 성장과 자아 수양을 추구한다.

# 청소년 인성 변화를 위한 공부[148]
## - 동양사상(주자의 기질변화설)을 중심으로

## Ⅰ. 연구 목적

이 글은 청소년 인성 변화에 대한 동양사상의 관점과 실천 방법을 제시하고자 함이다. 특히 성리학의 공부 목적은 자신에게 내재된 본래의 선한 성품(본성)과 천리를 자각하고, 몸과 마음을 단련하여 현상적(세속적) 자아를 변혁시켜 본래적 자아로 도달하려는 데 있다. 또한 수양의 '자기완성'(成己)을 통해 '타자의 완성'(成物)까지 이루려는 것이 유학의 목적이기도 하다.

공부의 주체는 '심'이며, 변화의 대상은 形氣를 지닌 '氣質' 곧 인성이다. 신체를 지닌 인간은 기질의 한계에서 자유로울 수 없다. 비록 성인이라고 하더라도 기질이 지닌 경향성을 지니고 있다. 성인이 성인다울 수 있는 것은 처음부터 완정한 성품으로 태어난 데에 있는 것이 아니라 주어진 기질(氣稟)의 한계를 직시하고 그 한계를 부단히 극복하여 완정한 실천에 이르는 데에 '성인다움'이 있는 것이다.

유학의 목표가 자신에게 내재된 본래의 선한 성품(본성)과 천리를 자각하고 그 자각된 도덕적 본성에 기반하여 대사회적 실천으로 나가려는 데 있다고 전제한다면 '성인'의 모습은 '선천적 완성태의 모습'이 아니라 '후천적 과정태의 모습'으로 비추어진다. 특히 공자는 스스로 자신의 모습을 '배우기를 좋아하는 자'로 규정하듯이 유학의 종지는 끊

---

148) 본 글에서 집필자는 주자가 말한 '기질', '기질변화', 또는 '기질변화설'에 나타난 '기질'을 현대 언어적 의미인 '인성'으로 번역해서 고찰하고자 한다.

임없이 공부하고 실천하는 일상적 삶을 지향한다.

성리학의 공부는 '심'과 '기질'을 범주로 한다. 그리고 공부론에서 다루어지는 심과 기질의 논의는 장부 및 신체적(질료적)측면을 대상으로 하는 의학적 논의 범주와 분명히 구별된다.

성리학, 특히 주자가 인식하는 '심'과 '기질'의 정의는 한마디로 규정하기가 곤란하다. 다만 주자의 철학 체계 내에서 다루어지는 논의와 그 함의, 맥락 속에서 '심'과 '기질'을 이해할 수 있을 뿐이다. 그리고 성리학에서 바라보는 '심'과 '기질'의 개념적 정의와 논의는 신체 및 질료적 측면에서 바라보는 의학과 달리, 감정이나 심리 및 정서와 같은 의식의 상태를 대상으로 한다는 점은 말할 수 있다.[149]

공부의 목적은 '변화'에 있다. 주자는 분명히 공부를 통해 '인성'이 바뀌어 짐을 말하고 있다. 주자가 바라보는 인성의 변화는 신체적(질료적), 감정, 감성적 경향성의 변화를 말한다.[150] 주자의 의식에는 인성 변화의 범주에 신체적 요소도 변화될 수 있음을 전제하고 있는 듯하다.

---

149) 기질의 사전적 정의를 살펴보면 다음과 같다. 기질은 기력과 체질, 밑바탕, 또는 감정경향(感情傾向), 성질(性質), 성격(性格), 성향(性向), 성벽(性癖), 습관(習慣), 기품(氣稟), 기풍(氣風), 기상(氣象)등의 단어로 집약할 수 있다.(『새국어말큰사전』, 신기철, 신용철 편저, 삼성출판사, 1995,『우리말사전』이희승 외, 민중서관, 1985 참조). 영어로는 (disposition, temperament, nature, temper) 등으로 정의 된다.(*Dictionary*(Oxford 2001, 참조) 이들 단어에서 기질에는 정서와 감정을 아우르는 인지 체계와 신체적 생리 체계를 함유한 몸의 경향성이 개입되어있다는 것을 알 수 있다. 여기서 경향성이란 어느 방향으로 이동 또는 변화를 말한다. 기질에 대한 이들 단어의 공통점은 모두 '외부적 지향성'을 갖는다는 점이다. 즉 외부적 자극에 대해서 그 개체적 존재가 반응하는 정서적, 감정적, 행동적 태도를 취하는 것을 말한다. 그리고 '외부적 지향성'의 태도는 '개체적 존재의 고유한 특성'인 기질에 따라서 달리 나타난다. 본 글에서 사용하는 '경향성'과 '지향성'은 다음과 같은 구분에서 사용한다. '경향성'은 마음의 의지적 작용이 차단된 단순 신체적, 본능적 흐름을 말할 때 사용하고, '지향성'은 마음의 의지가 발동되어 적극적으로 신체 및 감정을 동반한 지향적 태도를 말할 때 사용한다.

150) 이승환,「주자 수양론에서 성(性)과 성향: 기질변화설의 성품윤리적 의미」,『東洋哲學』제28집, (2007)

왜냐하면 '인성'이 지니고 있는 경향성은 이미 신체적 질료를 수반하고 있기 때문이다. 주자도 '기질'을 말할 때는 이미 감정이나, 정서와 같은 심적 상태가 신체적 상태와 밀접한 관계가 있다는 생물학적 상식 위에서 출발하고 있기 때문이다.[151] 다만 주자가 인성 변화에 대해 강조한 점이 정서 및 감정과 관련한 심리적 측면에 있다는 것뿐이다.

본 글에서는 주체의 자발적 노력과 각성에 의해서 기질의 신체적 요소가 어떻게 변화되는가에 대한 문제는 논외로 한다. 이는 의철학적 분야에서 논의될 문제이다. 다만 이 글은 주자가 '기질 변화=인성변화'를 말할 때는 그의 의식에 생물학적 상식 위에서 모든 논의가 이루어짐을 전제로 하고 논의의 출발점을 삼고자 한다.

주자에게 있어서 '기질변화=인성변화'란 자신에게 부여된 기질의 편색을 인지하고, 기질이 지닌 편향성을 극복하여 중정의 심적 태도를 유지하는 것을 말한다. 즉 현대 수양론적 관점에서 해석하면 "기질이 가지고 있는 경향성, 정서 및 감정 그리고 신체적 생리의 경향성이 자기중심으로 흐를 수 있는 경향을 버리고 公正無私한 태도를 유지하도록 심의 지향적 변화를 말하는 것"[152]이다. 그 변화는 일시에 이루어지지 않는다. '기질변화'는 몸과 마음을 통한 점진적이고 누적적인 시간과 공간을 통해 이루어지는 과정이다. 여기서 '점진적이고 누적적인 시간과 공간'은 바로 '일상'을 말한다. 주자의 기질변화는 '일상'을 떠나지 않는다. 이 '일상'은 선진유가로부터 신유학에 이르기까지 관심의 초점이 되어온 '현실'을 말한다. '일상'과 '현실', '점진과 누적'은 유학의 근

---

151) 주자의 자연과학적 인식체계에 대해서 논구한 연구, 야마다 케이지,『주자의 자연학』, 김석근 옮김, (통나무, 1991)을 참조하기 바람.
152) 이승환,「성리학의 수양론에 나타난 심-신 관계연구: 朱子 심리학에서 지향성의 문제를 중심으로」,『中國學報』제52집, 한국중국학회, (2005)

본정신이자 지향점이다. 어떻게 보면 '일상'과 '현실', '점진과 누적'을 떠난 학문적 태도나 사유는 유학의 전통정신과 위배 된다.

'기질'은 '偏塞'과 '偏狹'의 속성을 지니고 있다. 聖人이라고 하더라도 '物'의 '形氣'를 지니고 있는 한 편색과 편협을 벗어날 수 없다. 다만 이들이 성인의 경지에 도달하고 성인 됨을 유지할 수 있었던 것은, 주어진 기질의 한계를 극복하고 성인의 인성을 유지하고자 하는 노력이 성인으로 가는 과정이다. 유학의 정신과 도통은 바로 여기에 있다. 주어진 기질에 안주하지 않고, 부단히 노력하는 사람의 모습이 성인 및 군자의 모습으로 그려진다.

공부의 목적이 자아를 변화시켜 본래적(이상적) 자아에 도달하려는 '자기완성의 노력'을 말하는 것[153]이라면 그 변화의 지향은 '중화(中和, 치우치지 않고 공정무사하며 고요하고 평정한 마음의 상태)'에 있다. 따라서 기질을 부단히 극복하고 완정한 인성에 이르는 길이 성인의 모습이며, 유학의 정신이고 도학이 전하는 종지일 것이다.

이 글에서 다루고자 하는 주제는 주자의 수양론에서[154] 논의된 '기질' 또는 '기질변화'의 의미가 무엇인지 살펴보고, 주자가 기질과 기질변화설을 통해서 말하고자 하는 것이 결국 완정한 인성 함양에 있음을 확인하고자 한다.

---

153) 이승환, 「유교적 '공부'와 현대적 의미-주자 성리학의 수양론을 중심으로」, 『송명성리학의 수양론과 그 현대적 의의』, 고려대 대학원 중국철학, 2002년 1학기 송명철학연구 자료집.

154) 본 글의 주제와 관련하여 '수양론'을 한마디로 '공부론'으로 통일해서 말하고자 한다. 그 이유는 주자에게 있어서 수양과 공부는 분리되지 않기 때문이다. 다만 변별적 차이를 나타내기 위해서는 수양과 공부론을 따로 떼어서 말하고자 한다.

## Ⅱ. 연구방법 및 관점

주자의 공부론에 있어 '기질'에 대한 논의의 목적은 무엇일까? 그리고 주자 공부론의 목적이 '인성변화'에 있다고 보았을 때 인성 변화의 방법은 무엇인가? 그리고 그 인성변화의 방법이 주자 이전과 동시대를 살았던 학자들과의 차이점은 무엇인가? 그리고 '기질지성'을 논할 때 '기질'과 '성'은 어떤 의미를 담고 있고 어떤 관계를 지니고 있는가? 기질은 단순히 신체적, 생리적, 심리 성격적, 정서와 감정만을 의미하고 도덕적 본성을 확충할 수 있는 의지적 자율성은 없는 것일까? 그리고 인성은 인간의 자율적 의지와는 관계없이 하늘로부터 선천적으로 주어진 운명적인 것으로 변화 불가능한 것일까? 공부에 있어서 인성이 변화 가능하다고 하였을 때 기질을 변화시키는 매개는 무엇일까? 심인가 아니면 생리적 물질일까? 희노애락 성정의 감정에 따라 신경전달 물질은 어떻게 생성되며, 이 신경전달 물질은 기질에 어떤 영향을 주는 것일까? 청탁수박(淸濁粹駁)[155]에 따라 품수된 기질과 관련해서 기질이 지닌 경향성과 심의 지향성은 상호 어떤 관련이 있는가? 심의 지향에 따라 기질의 경향성은 변화되는가? 반대로 기질의 경향에 따라 심의 지향성이 영향을 받는 것일까? '기질'과 '심'이 '경향성', 혹은 '지향성'을 지니고 있다고 했을 때 이 '경향성' '지향성'은 생리적 '欲'을 근거로 출발하는 것이 아닐까?[156]

---

155) 전통 동양사상에서는 품성, 인성, 기질 등이 하늘로부터 결정된 것으로 본다. 즉 인성이 <맑고ㆍ탁하고ㆍ빼어나 순결하고ㆍ더럽고 그릇된 것>은 하늘이 결정한 것으로 본다. 그러나 주자는 이런 결정론적인 사상 대신에 인간의 자유의지를 강조한다. 즉 선천적으로 결정된 인성은 변화될 수 있다고 보고 자유의지를 강조한 수양과 공부론에 역점을 둔다.
156) 여기서 '욕'이라고 함은 마음의 의도함, 즉 하고자 하는 마음의 지향성을 말한다. 이러한 마음의 의도 및 지향성은 여러 문헌에서 발견되는 데 그 중 주요 사례를 밝히면 다음

'욕'이 개체적 존재의 생리적 보호본능에서 출발한다고 하였을 때, 그 지향하는 바가 자기중심적인 욕심으로 흐를 때를 '사욕', 또는 자기중심적 이기심을 버리고 공명무사한 마음으로 지향할 때를 '천리'라고 주자철학에서 지칭할 수 있는가? 천리와 도심, 감정의 중절이 나타나는 것이 성인의 마음이라면, 성인의 기질은 늘 淸粹한 中正, 중화의 성품을 지니고 있는 것일까? 아니면 비록 편색 된 기질을 품수 받았다 하더라도 편색 된 기질의 한계를 부단히 극복하는 자의 모습이 성현의 모습이 아닌가?

공부론에서 주자가 바라보는 성현은 무엇인가? '기질' 그 자체의 의미에는 이미 편향, 편색의 의미가 내포되어 있는데, 인성과 기질변화라는 말에는 중정, 중화를 지향하고 있는 것이 아닐까? 그리고 이러한 중정, 중화의 성품과 인성에 도달했을 때, 신체 및 생리적 반응은 '항상성'(Homeostasis) 및 '항상성 평형'(Homeostatic-equilibrium)으로 표현할 수 있지 않을까? 이는 한의학에서 말하는 血脈의 中和가 곧 희노애락, 性情의 中節을 뜻하며, 기질의 偏正과 心의 公私가 血脈貫通과 不仁, 血의 淸濁과 관련이 있지 않을까?

이러한 의문과 관점들은 모두 주자의 공부론에서 다루어질 수 있는 주제들이며 이들 주제가 총체적으로 다루어질 때 기질변화설에서 기질의 의미와 기질변화의 방법, 기질변화의 특징 등이 자연스럽게 드러나면서 공부론과 인성론의 구체적 실천인 인지능력 함양의 공부 방법을

---

과 같다. 『書經』, 「尙書」에서는 "惟天生民有欲"이라고 말했고, 『論語』, 「述而」: "我欲仁", 『論語』, 「雍也」, "夫仁者, 己欲立而立人, 己欲達而達人. 能近取譬, 可謂仁之方也已." 『論語』, 「爲政」, "七十而從心所欲, 不踰矩" 『大學』 "古之欲明明德於天下者, 先治其國; 欲治其國者, 先齊其家; 欲齊其家者, 先脩其身; 欲脩其身者, 先正其心; 欲正其心者, 先誠其意; 欲誠其意者," 『禮記』, 「樂記」: 人生而靜 天之性也, 感於物而動, 性之欲也. 『孟子』, 「盡心下」: "可欲之謂善"

확보할 수 있을 것이다.

## Ⅲ. 주자 인간론에서 '氣質'의 의미

주자가 바라보는 '기질'이 지닌 함의는 수천 년의 문화와 언어적 의미가 중층적으로 쌓여 성립한 것이다.[157] 주자철학에서 '氣質'의 '氣'와

---

157) 주자철학에서 氣와 氣質의 개념이 성립하기까지 중국철학사에서 거론되었던 시기별 특징적인 氣의 범주와 氣 사상은 중국 각 시대, 각 철학자의 사상마다 다른 자리를 차지하며, 다양한 함의를 지닌 중층적인 개념으로 나타난다. (이에 대한 부분은 『氣의 철학』, 장립문 주편, 김교빈 역, 예문서원, 2004. 참조하기 바람) '氣'字는 매우 일찍 생겨났는데, 갑골문과 서주 금문에 이미 '三'자 형태의 '기'자가 보이고, 이것이 점차 '气'자의 형태로 변하였다. 후한의 허신은 『說文解字』에서 "'气'는 운기며, 모양을 본뜬 문자"라고 하였으니 기는 상형문자이고 구름의 모습을 본뜬 것이다. 후에 '气'는 '氣'가 되었다. '氣'는 본래 기름(氣廩)의 기였다. 『說文解字』에서는 "기는 손님을 대접하고 말에게도 꼴을 먹이는 것으로, 뜻은 '米'자를 따르고 소리는 '기'로 냈다"(氣食客芻米也, 從米气聲)고 한다. 기는 발생 이후 인류가 실천하고 인식해가는 과정을 따라 점점 그 담긴 뜻이 넓어져 갔다. 이러한 확대와 발전은 네 방면으로 드러난다. 첫째는 따뜻하게 모이고 흩어지면서 만물을 형성하는 기를 나타내는 쪽으로 확대되었다. 기는 하늘과 땅 사이에서 雲氣외에 水氣, 風氣 같은 순환하는 기체가 있으니, 사람들은 기를 만물을 구성하는 공통의 근원적인 물질로 인식하기에 이르렀다. 이 같은 기초위에 한 걸음 더 나아가 정기, 원기, 음기, 양기처럼 하늘, 땅, 사람, 사물을 구성하는 정미한 물질을 나타내는 개념 범주를 추상해 냈다. 둘째는 사람이 들이마시고 내쉬는 숨결을 나타내는 쪽으로 확대되었다. 사람은 생명 활동 과정에서 끊임없이 공기를 들이마시고 내쉬는데 이러한 숨결이 바로 기로 인식하였다. 셋째는 사람의 혈기를 나타내는 쪽으로 확대되어, 몸 안에서 움직이고 순환하는 모든 기운을 기로 인식하였다. 넷째는 和氣, 勇氣, 志氣, 骨氣 등 사람의 도덕 정신과 자연기상을 나타내는 쪽으로 확대되었다. '기'자의 원시적 의미가 하늘, 땅, 사물, 사람이라는 넓은 측면으로 확대 발전하면서 다시 자연, 사회, 사람과 그 도덕 정신이 통일된 물질기초를 얻게 되었다. 바로 이처럼 확대, 발전하여 풍부해지는 과정에서 기는 보편개념으로 상승했으며 철학범주로 발전하였다. 이에 대한 부분은 『中國思想文化事典』, 미조구찌 유우조(溝口雄三)외, 김석근 외 옮김, (민족문화문고, 2003) 참조하기 바람. '質'(Stuff)은 어떤 고정된 형체나 물질을 의미한다. 고대 중국철학에서는 '질'에 대한 의미를 크게 세 가지 범주로 나누어서 본다. 첫째는 어떤 실제적인 내용물, 두 번째는 어떤 고정된 형을 이룬 것, 세 번째는 어떤 물질적인 것을 말한다. '질'은 중국철학에서 늘 '기'와 '형'을 거론할 때 사용되던 개념이었다. '기질', '형질'이 그러한 예이다. '기질'이라는 개념에서 질은 기보다 무겁고 탁하고 흐린 것으

'質'의 의미를 살펴보면, '氣'는 '質'에 비해 상대적으로 가볍고 淸한 의미를 지니고, '질(質)'은 기의 응취(凝聚)로 이루어진 것으로 본다. 기와 질을 분리하여 사용할 때와 함께 붙여서 사용할 때에 의미와 맥락은 또 달리 나타난다. 즉 기와 질을 분리해서 사용할 때 기는 기를 독립적으로 인정할 때 사용하는 것과, 우주론과 인성론을 설명할 때, 기와 리의 대대적 구도에서 또는 일원, 이기이원론적 구도에서 사용하는 경우가 있다. 또한 다른 논의의 맥락에서는 기질을 인성으로 치환해서 말하기도 한다.

'기질'을 붙여서 독립된 명사로 사용한 예는 宋代에 이르러 장재에게서 처음 사용된다.

장재는 '기질'을 "사람의 강직함과 부드러움, 느림과 급함, 재능이 있음과 없음은 기가 한쪽으로 치우친 것이다."[158]라고 했고, 또 "기질은 사람들이 性氣를 말한 것과 같고, 기는 강한 것과 유한 것, 느린 것과 신속한 것, 맑은 것과 탁한 것이 있다. 질이란 '才'이다. 기와 질은 한가지이고, 초목의 성과 같고, 또 기질이라 말할 수 있다."[159] 라고 했다. 이렇게 剛柔, 緩速, 淸濁의 氣에 따라 개체 생명에 구체화 되면 각 사물의 성질, 혹은 기질이 나타나게 되어 모든 사물이 고유한 分殊的 특질

---

로 표현되고, '형질'이라는 개념에서 보면 형은 외면의 겉모습을 뜻하고, 질은 내면의 바탕이 되는 것으로 보았다. 주자는 기를 표현하는 데 있어 '형', 혹은 '질'을 함께 사용하지 않는 순수하고 허령한 기만을 사용할 때의 기와, 무형하고 허령한 기가 응집되어 나타날 때의 기가 '형'과 '질'을 이루어 '형기', 혹은 '기질'을 표현한다. 주자는 凝集된 氣에 관해 이야기하면서 '질'이라는 말을 사용했고, 무형의 기를 그냥 '기'라고 불러 '질'과 구분했다. 즉 "기의 맑은 부분은 기이고 흐린 부분은 질이다."(氣之淸者爲氣, 濁者爲質, 『朱子語類』, 3-19)라거나 "맑은 기이고 흐린 것은 형이다."(淸者是氣, 濁者是形, 『朱子語類』, 83-99,) 또는 하늘과 땅에 대해서 "가볍고 맑은 부분이 하늘이 되고 무겁고 흐린 부분이 땅이 되었다."(輕淸者爲天, 重濁者爲地, 『朱子語類』, 1-25)

158) 『張載集』, 「正蒙．誠明」, "人之剛柔, 緩急, 有才與不才, 氣之偏也,"

159) 『張載集』, 「經學理窟．學大原上」, "氣質猶人言性氣, 氣有剛柔, 緩速, 淸濁之氣也, 質,才也, 氣質是一物, 若草木之性亦可言氣質"

을 이루게 된다. 그리고 장재의 기와 기질 개념은 이정과 주자에 직접적인 영향을 준다. 따라서 주자 철학 가운데 '기'와 '기질' 개념은 오랜 전통 속에서 발전해 내려온 풍부한 함의들을 수용하고 있으며 만물의 존재와 개별 사물 간의 차이, 인간의 도덕과 공부의 문제와 매우 밀접한 관계를 가지고 그의 철학을 이룬다.

집필자는 여기서 주자의 공부론에서 기질의 의미란 무엇이냐는 질문에 대하여 다음과 같이 정의를 내리면서 논의를 진행하고자 한다. "기질은 몸이 지니고 있는 신체적 생리의 경향성과 정서 및 감정의 경향성을 말한다."[160] 여기서 정서 및 감정의 경향성은 바로 심의 기능 중의 한 부분으로 인성을 지칭한다. 주자가 말하는 인성과 기질변화는 신체적 생리의 물질을 바꾼다는 의미가 아니라, 심의 주재(主宰, 마음의 주체성)로서 정서 및 감정의 경향성을 도덕적 성향으로 변화된다는 의미로이며 이는 곧 인성을 말한다.

따라서 주자에게는 심의 주재에 의해 기질을 극복하여 인간에게 내재한 도덕적 순선성을 온전히 드러내는 것을 의리지성, 본연지성, 천리지성이라 이름하고, 기질이 지닌 구애와 장애로 도덕적 본성이 제대로 발현되지 못하는 것을 기질지성이라고 한다. 이러한 성들은 모두 기질과 심의 관계에서 말하여지는 것이다. 즉 심의 주재성에 따르느냐, 아니면 방심한 채, 기질의 성향대로 가느냐가 관건이다. 주자의 공부론은 심의 주재성을 강조한다.[161] 신체적 경향성은 심의 주재에 의해 통제를 받을

---

160) 이승환, 「성리학의 수양론에 나타난 심-신 관계 연구 : 주자 심리학에서 지향성의 문제를 중심으로」, 『中國學報』 제52집, 한국중국학회, (2005), 인용.
161) 기질을 바라보는 태도에서 의학과 철학의 분기를 말할 수 있는데, 그것은 신체적 측면을 강조하느냐 아니면 심의 주재성을 강조하느냐로 볼 수 있다. 기질의 신체적 생리. 생물학의 입장에서 바라본 의학서로 漢代의 『內經. 靈樞』와 조선의 『東醫壽世保元』이 있다. 『내경. 영추』는 陰陽氣血의 多少로 인한 病症의 차이를 근거로 사람마다 각기 다른 기질 및 체질이 존재한다고 본 반면, 『동의수세보원』은 선천적 기품에 의한 장부의 대소에

수 있다. 그리고 심 또한 신체적 경향성에 의해 영향을 받는다. 심이 주재를 한다는 의미는 마음의 의도(意)와 의지(志)가 수반된다. 의도와 의지에는 일정한 방향성과 지향적 목표가 내포되어 있다. 따라서 기질과 심은 공히 경향성, 혹은 지향성이라는 일정한 방향적 목표가 있다.

주자의 공부 및 심성론에서 기질과 심의 관계는 상호 영향을 주고받는 관계이다. 즉 기질에 의한 심의 拘碍와 심에 의한 기질의 主宰가 그것이다. 심의 拘碍는 기질의 본능적 경향성에 의해 심의 도덕적 순선성이 발현되지 못하는 현상을 말하며, 심의 主宰란 기질이 지니고 있는 기품의 구애와 장애를 극복하여 도덕적 순선성을 드러내는 것을 말한다.

왜 우리는 기질을 말하는가? 그것은 두 가지 원인에서 출발한다. 하나는 심의 도덕적 순선성의 발현이 바로 심의 주재로 인한 기질의 극복에서 나타난다는 것과 또 하나는 심의 도덕적 순선성이 제대로 발현되지 못하는 이유가 바로 기질의 편색에서 출발한다는 사실이다. 도덕적 순선성의 발현과 실패의 문제는 바로 기질편색의 구애로 인한 심의 주재 여부(主宰와 放心)에 있다.

주자의 수양론은 형기를 지니고 있는 기질의 한계를 극복하고 도덕적 순선성을 온전히 드러내는 존양성찰(存養省察, 내재된 도덕성을 성찰

---

따라 기능의 차이가 있으며, 이러한 장부의 생리적 경향과 차이에 따라 성격, 정서, 감정의 차이가 나타나며, 이의 증거를 생리, 해부학적 관점에서 설명하고 있다. 그리고『동의수세보원』을 저술한 이제마(字는 東武)는 심의 주재에 따라 장부의 기능과 성정이 바뀌어질 수 있음을 말하여 공부론적 의학관을 처음으로 제시한 인물이기도 하다. 그리고 才性과 名理의 입장에서 기술한 魏初 劉劭(字는 孔才)가 지은『人物志』가 있다. 모종삼은『人物志』의 기본 사상이 형이상학적 초월적 도덕의식이나 이성에 근거하지 않고 단지 '才性'에서만 모든 인물을 평가하고 있다고 본다. 또『人物志』에서 거론하는 중용과 중화조차도 才質로써 판단한 것이지, 도덕적 의식이나 이성, 초월적 종교의식에서 나온 것이 아니라고 본다. 심지어 성인에 대한 이해도 成德之學으로서 인격완성이나 초월영역으로 이해한 것이 아니라 역시 '才性'으로서 이해하였다고 본다. 모종삼,『才性與玄理』,(臺灣, 學生書局, 中和 69年), 참조

반성하여 온전하게 기름)의 일과, 자신과 사물을 대상으로 한 주체적 인식의 인지 능력을 개발하여 자기 안에 내재한 도덕성을 밝히는 격물궁리를 말한다. 따라서 공부는 '기질'이 지니고 있는 자사용지의 자기중심적 전략을 '늘 깨어 있는 의식으로 인지하여(常惺惺)', 심의 주재를 통한 도덕적 순선성을 온전히 드러내는 과정을 말한다. 따라서 주자의 공부론을 말할 때 기질을 말하지 않을 수 없다. 그것의 궁극적인 목적은 완정한 인성 변화에 있다.

 주자의 공부론에서 기질의 경향성과 심의 주재성을 다루면서 주의해야 할 것은 도덕적 순선성의 발현과 실패가 단순히 심의 주재성과 기질의 경향성에서만 기인한 문제가 아니라는 것이다. 즉 아무리 심의 주재를 통해 도덕적 본성을 드러내려고 해도 그 의도와 전략이 암암리 자기중심적 전략을 늘 지향하고 있기 때문에 늘 마음의 단서인 기미를 성찰하여 공평무사한 마음을 유지하는 '경'의 모습을 요구한다는 것과, 도덕적 순선성이 발현되지 못하는 원인이 단순히 편색 된 기질에서만 찾는 것이 아니라 기질의 한계를 극복하고 도덕적 본성을 회복하고자 하는 인간의 주체적 자각과 의지가 더 중요하다는 것을 강조하고 있다는 것이다. 도덕적 순선성의 발현의 실패가 단순히 기질의 편색에서만 찾는다면 인간의 도덕적 자율의지는 상실되고 만다. 마찬가지로 도덕적 본성의 순선성만 말하고 기질을 말하지 않는다면 공부의 구체성을 상실할 것이다.[162]

---

[162] 주자의 수양론에서, 기질의 폐고적 경향성을 인지해야 한다는 점과 인간에게 내재한 도덕적 본성의 순선성을 함께 논의해야 한다는 주자의 인식은 다음 말에서도 잘 드러난다. "하늘이 명한 성은 기질이 없으면 머무를 수 없다. 마치 한 국자의 물과 같이 그것을 담을 국자가 없다면, 귀착할 수 없다. 정자는 "본성만 논의하고 氣를 논하지 않으면 온전하지 못하고, 氣만 논하고 본성을 논하지 않으면 명료하지 않다"고 하였다."(天命之性, 若無氣質, 卻無安頓處. 且如一勺水, 非有物盛之, 則水無歸著. 程子云: "論性不論氣, 不備; 論氣不論性, 不明, 二之則不是』『朱子語類』, 4-44.)

따라서 주자철학에 있어서 기질과 심을 논의할 때는, 기질과 심은 서로 영향 관계라는 점과 주자는 늘 기질의 경향성에 대해 심의 우위적 주재성을 강조하고 있다는 것을 잊지 말아야 한다. 그렇다면 이제 본 단락에서 주자의 인간론에서 바라보는 기질의 의미가 무엇인지 賢·愚(현명함과 우매함)의 인지능력 및 재능의 차이와 聖·凡(성인과 일상인)의 도덕감정 및 성격의 차이에서 살펴보자.

### 1. 賢·愚(현명함과 우매함)의 인지능력 및 재능의 차이

賢·愚의 인지능력과 재능의 차이는 어디에서 기원하는 것일까? 그리고 주자가 賢·愚를 말하는 목적은 무엇일까? 주자의 관심은 기질이 형성하게 된 우주론적인 원인에 관심을 가지기보다는 인간이 지니고 있는 기질적 편색을 어떻게 변화시킬 것인가에 더 관심이 있다. 그리고 賢·愚를 결정하는 것은 하늘의 품수에서 영향을 받고 있지만 주자의 관심은 오히려 기질의 한계를 인지하고 그것을 극복하고자 노력하는 모습에서 賢·愚를 말하고 있다. 따라서 주자의 賢·愚의 결정은 하늘이 아니라 인간의 노력으로 변화될 수 있음을 말한다. 그래서 賢·愚에서 차이점은 자신의 일상적 상황을 직시하고 기품 된 기질의 경향성을 인지함으로 늘 깨어있는 의식으로 그 한계를 극복하고자 하는 모습이 현우를 결정하는 요소이다. 그리고 그러한 능력이 바로 인지 혹은 지각 능력이며 재능의 차이기도 하다. 따라서 주자에게 있어서 인지능력과 재능은 멀리 있거나 큰 데 있지 않다. 오히려 가장 가까운 일상의 모습에서, 자잘한 곳에 있다. 그것은 바로 자신의 기질적 병폐를 부단히 극복하고자 하는 깨어있는 모습을 말한다. 愚者는 지금의 모습을 핑계한다. 그리고 늘 초월을 꿈꾼다. 그리고 자잘한 것보다 허망한 큰 꿈을 지향한다. 그래서 그의 삶은 공허하기만 하다. 그러나 현자는 일상적 삶에 충실하다. 그리고 자잘한 일에서도 그 일이 담긴 이치와 사물의 관계를 살펴본다. 현자에게는 작은 것이 작은 게 아니다. 작은 것 속에서 큰 것을 볼 수 있는 혜안을 갖고 있다. 그래서 현자는 구체적이고 섬세하다.

이러한 賢·愚의 삶 차이는 氣의 淸濁으로 구분할 수도 있다.[163] 기의 청탁에 따라 인지능력과 재능의 차이가 나타난다. 기의 청탁은 대체로 정영의 기와 찌꺼기의 기로 나뉜다. 전자는 맑고 밝으며 바르고 두루 통하여 순수함을 특징으로 하고, 후자는 어둡고 탁하고 치우치고 막히며 잡박함을 특징으로 한다. 여기서 음양오행의 작용은 무의지적이다. 주자의 설명 방식에 따르면, 사람과 물건은 천지 사이에 같이 생겨나는데, 본래 동일한 것이지만 품부 받은 기에 다름이 있다. 그 맑고 순수한 것을 품수하면 사람이 되고, 탁하고 치우치고 어긋난 것을 품수하면 물이 된다.[164] 아울러 '정영한 것 중에 더 정영한 것'을 품수 받은 사람은 성인, 현인의 자질을 구비하지만, '정영한 것 가운데 조잡한 찌꺼

---

163) 한의학에서는 마음의 작용을 血脈의 작용으로 본다. 즉 血이 흘러간다는 의미는 마음이 작용한다는 의미와 관계한다. '脈'은 血이 흘러간다는 의미인데 여기서 혈의 구성요소(존재)는 '行'에서 이루어지며 '行' 또한 血의 구성요소에 의해서 영향을 받는 상호 의존적인 관계이다. 그 혈의 흐름, 즉 혈맥의 자세는 浮脈, 沈脈, 遲脈, 數脈, 活脈, 澁脈, 大脈, 小脈이라고 하는 血行을 통해 의자는 생명의 현상을 인식, 지각한다. 즉 혈의 흐름의 특징에서 심신의 관계와 문제를 해명한다. 浮沈遲數의 흐름은 생리적 신진대사뿐만 아니라 마음의 경향성과 신체적 경향성까지 해석한다. 마음의 작용과 생리적 물질의 생성인 神氣血精, 性情, 知覺, 思慮, 意志, 情欲, 魂魄, 鬼神 등은 모두 혈의 반응에서 나타난다. 그리고 혈이 흘러가는 특장에서 혈의 淸濁이 나타나고 성정, 지각, 사려 분별의 변별적인 차이를 나타낸다. 성인은 혈이 맑고, 소인은 혈이 탁하다고 보는 것이 한의학적인 시각이다. 그리고 性情, 知覺, 思慮, 意志, 情欲, 魂魄, 鬼神 등은 모두 혈의 작용으로 이다.
164) 『孟子或問』, 1-7, "人物並生於天地之間, 本同一理而稟氣有異焉. 稟其淸明純粹則爲人, 稟其昏濁偏駁則爲物."

기'를 풍수 받으면 愚不肖者가 된다.[165] 따라서 기의 품수에 따라 성, 현, 우, 불초의 차이가 생긴다고 주자는 설명한다. 그리고 천지의 기운은 비록 올바르지만 기의 품수 받은 昏明厚薄(혼탁・맑음・깊음・얇음)에 따라 형체의 美惡가 결정된다[166]고 하였다. 주자에 의하면, 어떤 종류의 기를 품수 받는가의 문제는 품수자에 의해 결정되는 것이 아니며, 또한 의지를 가진 절대자에 의해 결정되는 것도 아니다. 기의 정영에 따라 人間과 物이 결정되고, 기의 청탁에 따라 성현과 우불초자가 결정되는 것도 모두 기의 무의지적 작용으로 보고 있는 것이다. 주자는 기질의 편중에 따라서도 사람의 기질의 차이와 성격이 나타나는 것으로 보고 있다. 그렇지만 그가 기의 청탁수박과 혼명후박을 거론하는 것은 현(현명함)・우(우매함)를 구분하자는 것에 있는 게 아니라, 기와 기질의 경향성을 인지, 자각함으로써 기질이 안고 있는 폐고를 어떻게 하면 극복할 수 있을까에 대한 문제의식에서 발로된 것이다. 따라서 주자의 관심은 그 사람이 현자인가 우자인가에 관심이 있는 것이 아니라 누구든지 배움에 의지적 지향이 있느냐 없느냐에 관심이 있을 뿐이다.

　　사람이 품부 받은 것으로 말하면 또한 어둡거나 밝고 맑거나 흐린 차이가 있다. 그러므로 가장 지혜로운 사람의 자질은 기운이 청명하고 순수

---

165) "단지 이 음양오행의 기가 천지 중에 흐르고 있다가 정영한 것은 사람이 되고 찌꺼기는 물이 되는데, 정영한 것 중에 더 정영한 것은 성현이 되고 정영한 것 중에 조잡한 찌꺼기는 어리석거나 불초한 사람이 된다."(只是一箇陰陽五行之氣, 滾在天地中, 精英者爲人, 渣滓者爲物; 精英之中又精英者, 爲聖, 爲賢; 精英之中渣滓者, 爲愚, 爲不肖.『朱子語類』, 14-55)

166) "사람이 품수 받은 기질이 비록 모두 천지의 올바른 기운이더라도, 역시 끝없이 뒤섞이면서 어둡거나 밝고 두텁거나 얇은 차이가 있게 된다. 생각건대 기운은 형체가 있는 것이다. 형체가 있는 것이기 때문에 저절로 아름답기도 하고 추하기도 하다."(人所稟之氣, 雖皆是天地之正氣, 但羈來羈去, 便有昏明厚薄之異. 蓋氣是有形之物. 才是有形之物, 便自有美有惡也.『朱子語類』, 4-51)

하여 조금도 어둡거나 흐리지 않다. 그래서 태어나면서 지혜로워서 편안하게 행위하고, 배우지 않아도 할 수 있으니, 요임금이나 순임금과 같은 사람이 그렇다. 그다음은 태어나면서 지혜로운 사람에 버금가는 사람이니, 반드시 배운 뒤에 알고 반드시 행한 뒤에 도달하게 된다. 또 그다음 사람은 품부 받은 자질이 이미 치우치고도 또 가려진 것이 있기 때문에 반드시 열심히 공부하여 "남이 한번 하면 나는 백번을 하며, 남이 열 번 하면 나는 천 번을 해야 한다." 그런 다음에야 비로소 태어나면서 지혜로운 사람에 버금갈 수 있다.[167]

위에서 주자는 품수된 기의 혼명청탁에 따라 知者 · 賢者 · 愚者 · 不肖者 · 生而知之者 · 學而知之者 · 困而學之者 등의 차이가 있다고 보았다. 그러나 이러한 구분도 결국 기질적 방편의 구분일 뿐이다. 주자의 관심은 기질적 구분에 있는 것이 아니라, 오히려 편향된 기질을 품수 받았다 하더라도 이를 극복하고 노력하는 자의 모습에서 현(현명함) · 우(우매함)를 구분할 수 있음을 볼 수 있다.

그러나 주자는 모든 사람이 성인됨이 힘든 것은 이들이 원래 선한 성이 품부된 기에 의해 해를 입었기 때문이라고 설명하며, "품부된 기가 단단함에 치우치면 그 사람은 강하고 포악하며, 부드러움에 치우치면 그 사람은 부드럽고 약하다."[168]고 말하고, "어떤 사람들은 천하의 이로움과 해로움에 대해 완전히 알 수 있으면서도 義와 理는 알지 못하고, 어떤 사람들은 온갖 기술과 기예에 숙련되어 있으면서도 책들을 이해

---

167) 『朱子語類』, 4-71, "就人之所稟而言, 又有昏明淸濁之異. 故上知生知之資, 是氣淸明純粹, 而無一毫昏濁, 所以生知安行, 不待學而能, 如堯舜是也. 其次則亞於生知, 必學而後知, 必行而後至. 其又次者, 資稟旣偏, 又有所蔽, 須是痛加工夫, "人一己百, 人十己千", 然後方能及亞於生知者. 及進而不已, 則成功一也."
168) 『朱子語類』, 4-12, "不能爲聖賢, 却是被這氣稟害, 如氣稟偏於剛則一向剛暴, 偏於柔弱則一向柔弱之類"

하지 못하는 것 또한 이 같은 치우침 때문이다."[169]고 말한다. 命도 태어날 때 품부된 기에 의해 결정된다고 생각하여 "죽음과 삶에는 명이 있으니, 처음에 기를 품부 받을 때 정해진다."[170]고 말한다. 그리고 "부귀와 빈천과 장수와 요절, 이 모든 것이 정해진 수가 있고 (중략) 태어날 때 품부된 기의 수가 그와 같이 정하는 것이다."[171]라고 말한다.

그렇다면 기질의 선악이 원래부터 선천적으로 하늘의 기운의 청탁수박에 의해 결정된 것이라면, 공부에 의해 변화될 수도 없고 인간은 아무런 의지적 노력 없이 하늘의 운명적인 결정에 따라 되는 데로 살아가야만 하는 존재일까?

주자가 기질을 이야기한 이유는 이미 편중된 '기질'을 인간의 도덕적 실천과 공부를 통해 다시 중정의 상태로 회복해야만 하는 전통 유가 정신의 당위성에서 출발한다. 주자는 기의 청탁수박에 의해 '기질'이 정해지는 것은 자연의 이치이지만 주어진 자신의 운명을 주체적 노력 없이 그대로 방치하여 둔다면 금수와 조금도 다를 것이 없다고 생각한다. 마치 맹자가 "사람이 짐승과 다른 점은 거의 없다."[172]고 이야기한 것처럼, 사람이 가지고 있는 도덕적 본성을 食色의 욕망으로 인해 버리지 않고 잘 간직하여 드러내는 도덕적 자율성과 주체적 의지가 주자에게는 아주 중요한 가치규범으로 생각한 것이다. 따라서 주자에게서의 현·우의 구분은 자신에게 내재한 도덕적 본성을 지각하고 그것을 드

---

169) 『朱子語類』, 4-17, "有人能盡通天下利害而不識義理, 或工於百工技藝而不解讀書"
170) 『朱子語類』, 3-9, "死生有命, 當初稟得氣時便定了"
171) 『朱子語類』, 4-22, "人之稟氣, 富貴, 貧賤, 長短, 皆有定數寓其中。(中略) 皆其生時所稟氣數如此定了"
172) "맹자가 말했다: 사람이 짐승과 다른 점은 거의 없다. 일반 백성은 그것을 버리고 군자는 그것을 간직한다(孟子曰: 人之所以於禽獸者, 幾希, 庶民去之, 君子存之, 『孟子集註. 離婁下』, 19장.)

러내려고 부단히 노력하는 사람과 그렇지 않은 사람으로 구분한다.

> 반드시 사람들이 공부를 얼마나 했는지 보아야 한다. 만약 공부가 도달되지 않는다면, 기질 속의 본성이 중요한 영향을 끼치지 않을 수 없을 것이다. 그러나 공부가 지극한 데 이르면, 기질이 어떻게 의리의 명령을 따르지 않을 수 있겠는가![173]

여기서 주자는 공부가 지극한 데 이르면 기질이 변화될 수 있음을 말한다. 여기서 지극한 곳이란 격물궁리에 의한 심의 자각을 의미한다. 즉 주자는 심이 격물하여 사물의 리를 궁구함과 동시에 자신에게 갖추어진 리를 깨닫는다. 이때 사물의 리는 심의 덕으로 전환되어 심의 진실한 내용이 된다. 주자에 있어서 심의 기능과 가치는 사물에 대한 인식과 실현에 있다. 사물에 대한 인식의 활동이 격물치지와 거경궁리이고 이 활동의 완료 즉 知至의 결과에 의해 사물에 대한 이해가 달라진다. 이러한 인지적 향상을 통해 의리의 명령에 따르게 되어 비로소 기질의 성향이 바뀌어 짐을 말한다.

주자에게 있어서 현우의 구분은 이처럼 인지적 자각 능력과 이를 실천할 수 있는 재능에 있지 선험적 품수에 의한 결정론적 기질을 반대한다. 오히려 운명론적으로 결정된 기질을 바꾸고자 노력하는 모습에서 군자의 모습을 발견한다.

> '君子不器'의 요지에 관해 물었다. 말씀하셨다. "사람의 마음은 지극히 신령하며, 모두 萬理를 갖추고 있기에 가는 곳마다 알지 못하는 바가

---

[173] 『朱子語類』, 4-71, "須是看人功夫多少如何. 若功夫未到, 則氣質之性不得不重. 若功夫至, 則氣質豈得不聽命於義理!"

없다. 그런데 인의예지의 성은 진실로 배움의 힘으로 확충한다면 곧 베풀어지는 곳마다 통하지 않는 곳이 없으니 불기라고 말하여도 가하다. 사람이 才를 갖춤에 대해 말하자면, 분명히 각각 기품의 정해진 바가 있으니 능한 것도 있고, 능하지 못한 것도 있다." 또 물었다. "어떻게 해야 힘을 다할 수 있습니까?" 말씀하셨다. "군자는 덕을 이룸을 이름한다. 군자가 귀하게 여기는 것은 기품의 성을 변화시킬 수 있음이다. 그렇지 않다면 어떻게 군자라고 말할 수 있겠는가? 중용에 이르기를 '비록 愚者라도 밝을 수 있으며, 비록 부드러운 자라도 강할 수 있다'란 것은 바로 이 뜻이다.[174]

여기서도 사람이 갖추고 있는 인의예지의 성이나 재능도 모두 지극한 배움을 통해서 그 능력이 확장될 수 있으며 군자라고 불릴 수 있는 것은 기품의 성, 즉 기질지성을 의리지성으로 바꿀 수 있는 자를 말한다. 아무리 미련한 사람도 밝을 수 있고 유약한 사람도 강할 수 있으니. 이처럼 기품 된 기질의 성을 바꿀 수 있는 사람, 그러한 사람이 바로 군자임을 말한다. 주자는 인성변화의 근거를 하늘의 결정에 두지 않고 인의예지의 도덕적 본성이 자신에게 내재하여 있음을 자각하고 그것을 드러내는 심의 주재성에서 찾았다. 하늘의 조건에 따라 기질의 청탁과 현우가 결정되는 외재적 상황에 의존한 것이 아니라 내심의 성찰 활동을 통하여 도덕적 판단이 이루어지고 행위의 방향을 결정하여 극복해 나가는 주체적 모습에서 진정 아름다운 인간의 모습을 그린 것이다. 그래서 주자는 賢愚의 구분을 단순히 淸濁으로 구분할 게 아니라 그 사람

---

174) 『朱子語類』, 24-52 問"君子不器"之旨. 曰: "人心至靈, 均具萬理, 是以無所往而不知. 然而仁義禮智之性, 苟以學力充之, 則無所施而不通, 謂之不器可也. 至於人之才具, 分明是各局於氣稟, 有能有不能." 又問: "如何勉强得?" 曰: "君子者, 成德之名也. 所貴乎君子者, 有以化其氣稟之性耳. 不然, 何足以言君子. 中庸言 '雖愚必明, 雖柔必强' 處, 正是此意." 壯祖(미상).

이 어떤 삶의 모습을 하느냐에 따라서 청탁이 구분되어야 함을 말한다. 이는 선험적 정언명령처럼 賢愚가 처음부터 결정된 것처럼 말할 게 아니라 그 사람의 구체적인 삶의 모습에서 賢愚을 결정해야 함을 말한다.

> 어떤 사람이 물었다. 품부 받은 기운에 맑거나 흐린 차이가 있습니까? 대답하셨다. 품부 받은 기운이 달라서 모든 것이 동일하지 않은 까닭이 단지 '맑거나 흐리다'는 말에 있는 것이 아니다. 지금 총명한 사람이 있어서 모든 일에 밝다면 그의 기운은 맑은 것이다. 그러나 행동이 반드시 이치에 부합하지 않는 사람이 있다면 그의 기운은 순수하지 않은 것이다. 또한 삼가고 두터우며 진실하고 믿음직스러운 사람이 있다면, 그의 기운은 순수한 것이다. 그러나 지혜가 반드시 이치에 통달하지 못한 사람이 있다면, 그의 기운은 맑지 않은 것이다.[175]

심지어 그는 기질의 청탁을 결정하는 정영과 찌꺼기는 다름 아닌 私意와 人欲, 義理를 가리키고 있다. 그리고 '자신'(己)은 이미 편색 된 기질의 한계를 벗어나지 못하는 찌꺼기(渣滓)이지만 '克己復禮'를 한다면 그 모습은 이미 천지와 하나가 된다.

> 또 물었다. "質美者는 모두 깨달을 수 있으니, 찌꺼기가 渾化하여 천지와 동체가 된다는'란 무엇입니까?" 말씀하셨다. "투철하게 이해하였기에 찌꺼기가 자연스럽게 渾化된다." "찌꺼기는 무엇입니까?" 말씀하셨다. "찌꺼기는 私意와 人欲이다. 천지와 동체인 곳은 義理의 정영과 같다. 찌꺼기는 私意와 人欲이 없어지지 않은 것이다. 사람과 천지는 본래 일체인데 단지 찌꺼기를 없애지 않았기 때문에 간격이 있다. 만약 찌

---

175) 『朱子語類』, 4-71, 或問氣稟有淸濁不同. 曰: "氣稟之殊, 其類不一, 非但'淸濁'二字而已. 今人有聰明, 事事曉者, 其氣淸矣, 而所爲未必皆中於理, 則是其氣不醇也. 有謹厚忠信者, 其氣醇矣, 而所知未必皆達於理, 則是其氣不淸也.

꺼기가 없다면 곧 천지와 동체이다. '克己復禮爲仁'에서 己는 찌꺼기이
고, 복례가 곧 천지와 동체인 곳이다.[176]

주자의 언어는 단순 담박하다. 어렵고 추상적이지 않다. 그리고 멀리 말하지 않는다. 가까운 곳에서 아주 쉽게 말한다. 그리고 한꺼번에 말하지 않고 차근차근 아주 구체적으로 이른다. 음양오행이나 청탁수박의 결정론이나 정영의 기, 찌꺼기의 기..., 이러한 것들은 모두 주자에게는 추상적인 언어들이고 현실적이지 않다. 주자는 말한다. 현우를 결정하는 것은 바로 '私意'와 '人欲'이다. 얼마만큼 공동체를 향한 의지와 지각능력이 있느냐, 그리고 천리의 발현을 위해 얼마나 자신 안에 있는 욕심을 덜어 내는가가 현우를 결정한다.

## 2. 聖·凡(성인과 일상인) 구분: 도덕감정 및 성격의 차이

주자의 인성변화의 목적은 어떤 신체적 생리의 변화에 있는 것이 아니라 '심'의 지향처를 늘 공정무사한 마음에 두는 것에 있다. 따라서 심의 지향처가 '公'으로 지향하느냐, '私'로 지향하느냐에 따라 天理와 人欲, 또는 道心과 人心, 性과 情, 理와 氣로 구분한다. 성인은 늘 공정무사한 마음으로 천리, 도심, 성, 리의 입장에 서지만 범인은 반대로 인욕, 인심(사적인 마음), 정, 기의 발현 장소에 늘 마음이 가 있다. 성인은 기질의 품수를 자각하고 그 기질이 가지는 경향성을 부단히 中正의 태도로 변화시키고자 하는 모습이지만 범인은 주어진 기질에 안주하여 자신의 폐고를 성찰하거나 극복하지 않고 모든 것을 하늘의 탓으로 돌

---

176) 『朱子語類』, 45-13, 又問: "'質美者明得盡, 渣滓便渾化, 與天地同體', 是如何?" 曰: "明得透徹, 渣滓自然渾化." 又問: "渣滓是甚麼?" 曰: "渣滓是私意人欲. 天地同體處, 如義理之精英. 渣滓是私意人欲之未消者. 人與天地本一體, 只緣渣滓未去, 所以有間隔. 若無渣滓, 便與天地同體. '克己復禮爲仁', 己是渣滓, 復禮便是天地同體處."

린다.

주자의 공부론에서 성인과 범인의 구분은 다양하게 나타난다. 인성 변화의 공부 방법에서도 성인 및 군자는 일상속에서 함양성찰과 격물궁리를 통해 인성변화를 점진적이고 누적적인 변화로 일구어가지만, 범인은 일상을 떠나 신비롭고 초월적인 어떤 실체를 잡으려고 돈오적인 방법을 취해서 일시에 성인의 경지에 도달하려고 한다. 기질의 극복과 그 지향점이 중화에 있다고 볼 때, 주자에게 있어서 성인의 모습은 함양 찰식하여 미발이발(未發己發)의 '경'을 유지하는 중정과 중절의 모습이지만, 범인은 주일 무적이나 정제 엄숙하지 못하고 늘 과불급한 병통을 지닌 사람을 말한다. 다음 단락은 일상에서 인성과 기질변화에 대한 성인과 범부의 차이를 살펴본다. 그리고 심의 주재처(지향처)에 따른 公私구분과 천리와 인욕의 구분을 통해 성범의 차이를 알아보고자 한다.

1) 일상에서 인성변화에 대한 구분

일상에서 기질에 대한 성인과 범부의 차이는 무엇일까? 선천적으로 성인과 범인은 타고난 것일까? 운명적으로 타고난 것이기에 범인은 그냥 주어진 범인의 조건대로 살아가야만 하는 것일까? 주어진, 또는 타고난 기질적 운명을 바꿀 수는 없는 것일까? 이 물음에 대하여 주자는 선천적으로 淸粹한 기질을 가지고 태어난 성인의 모습에 강조를 두기보다는 비록 濁駁한 기질을 타고났다 하더라도 노력하는 인간의 모습에서 성인됨의 가능성에 더 중점을 둔다. 다음의 글에서 비록 소인의 기질적 모습을 띄고 있지만 일상적 노력을 통한 공부의 점진적 자세에서 성인과 범인을 구분하는 주자의 모습을 엿볼 수 있다.

사람이 품부 받은 것으로 말하면 또한 어둡거나 밝고 맑거나 흐린 차이가 있다. 그러므로 가장 지혜로운 사람의 자질은 기운이 청명하고 순수하여 조금도 어둡거나 흐리지 않다. 그래서 태어나면서 지혜로워서 편안하게 행위하고, 배우지 않아도 할 수 있으니, 요임금이나 순임금과 같은 사람이 그렇다. 그다음은 태어나면서 지혜로운 사람에 버금가는 사람이니, 반드시 배운 뒤에 알고 반드시 행한 뒤에 도달하게 된다. 또 그 다음 사람은 품부 받은 자질이 이미 치우치고도 또 가려진 것이 있기 때문에 반드시 열심히 공부하여 "남이 한번 하면 나는 백번을 하며, 남이 열 번 하면 나는 천 번을 해야 한다." 그런 다음에야 비로소 태어나면서 지혜로운 사람에 버금갈 수 있다.[177]

인용문에서 주자는 품부된 기질이 비록 치우치고 가려진 것이 있어도 '남이 한번 하면 나는 백번을 하며, 남이 열 번 하면 나는 천 번을 하는' 노력을 한다면 지혜로운 사람에 버금갈 수 있다고 본 것이다. 즉 그의 인성론은 주어진 결정론이 아니라 부단히 노력하고 점진적인 과정 중에 변하게 되는 가능성으로서 '기질'을 바라본 것이다. 주자에 의하면 품부 받은 기 가운데 인간의 노력으로 바꿀 수 없는 경우란 삶과 죽음 그리고 장수와 短命뿐이다. 삶과 죽음, 그리고 장수와 단명은 인간 스스로 선택하거나 변경할 수 없이 그야말로 밖으로부터 '주어진 운명'(命)이다. 하지만 군자가 갖추어야 할 '덕'과 '덕'의 내면적 토대인 '성향'은 변경이 불가능하도록 '닫힌 운명'이라기보다는 인격 주체가 스스로 선택하기만 하면 변화의 가능성이 열려있는 '가소적(可塑的:plastic)인 운명'이다.[178] 주자는 로덕장(路德章: 呂東萊의 문인)에게 기

---

177) 『朱子語類』, 4-71, 就人之所禀而言, 又有昏明清濁之異. 故上知生知之資, 是氣清明純粹, 而無一毫昏濁, 所以生知安行, 不待學而能, 如堯舜是也. 其次則亞於生知, 必學而後知, 必行而後至. 又其次者, 資禀旣偏, 又有所蔽, 須是痛加工夫, "人一己百, 人十己千", 然後方能及亞於生知者. 及進而不已, 則成功一也.
178) 『朱子語類』, 98-56, "氣之不可變者, 惟死生修夭而已. 蓋修夭, 富貴貧賤, 這卻邊他氣.

질을 변화시키는 일에 공을 들일 것을 권하면서[179] 기질과 성품이 아름답지 못한데도 이를 변화시키지 못하는 일은 '죄'라고 나무란다.[180] 즉 도를 얻고자 배움의 길에 들어선 사람이 자신의 아름답지 못한 기질을 변화시키지 못하는 것은 '스스로에 대한 책무'를 소홀히 하는 '죄'라고 여기는 것이다. 사람이 기질이 좋지 못한 것만을 핑계 삼고, 앞으로 나가지 않는다면 잘못 된 것이며, 품부 받은 기운이 해롭다는 것을 살피지 않고 단지 미련하게 나아가는 것도 잘못된 것이다. 반드시 품부 받은 기운의 해로움을 알고 공부를 통해 힘써 극복하고 다스려서 그 지나친 부분을 잘라내어 중화로 돌아가는 책무가 있다고 보았다.[181] 인성과 '기질변화'라는 '자기에 대한 책무'를 소홀히 한다면 이는 '스스로 포기하는 일'이며, 스스로에게 불인을 저지르는 일이다.[182] 성인과 범인의 구분은 기질의 청탁수박에 있는 것이 아니라 기질의 조건을 극복하여 인간 본성의 도덕적 자율성을 회복하고 유지의 여부에 달려 있다.[183]

---

至 '義之於君臣, 仁之於父子', 所謂 '命也, 有性焉, 君子不謂命也'. 這箇卻須由我, 不由他了." 道夫 (60 이후).", 이승환, 「주자 수양론에서 성(性)과 성향 : 기질변화설의 성품윤리적 의미」, 『東洋哲學』 제28집, 2007 재인용.

179) 『朱熹集』, 54-39, 「答路德章」3, "大抵德章平日爲學於文字議論上用功多, 於性情義理上用功少, 所以常有憤鬱不平之意, 見於詞氣容貌之間"

180) 『朱熹集』, 54-40, 「答路德章」, "此又姿稟不美而無以洗滌變化之罪也."

181) 『朱子語類』, 4-59, "人一向推托道氣稟不好, 不向前, 又不得; 一向不察氣稟之害, 只昏昏地去, 又不得. 須知氣稟之害, 要力去用功克治, 裁其勝而歸於中乃可."

182) 『朱熹集』, 14-11, 「乞進德箚子」, "君子所以學者爲能變化氣質而已 (中略) 蓋均善而無惡者性也. 人所同也. 昏明彊弱之稟不齊者也. 人所異也. 誠之者所以反其同而變其異也 夫以不美之質求變而美非百倍其功不足以致之 今以鹵莽滅裂之學, 或作或輟以求變, 其不美之質及不能變, 則曰: 天質不美非學所能變, 是果將自棄其爲不仁甚矣."

183) 공자 또한 기질의 '偏塞'에서 벗어날 수 없었음을 다음 문장에서 볼 수 있다. "물었다: 맑고 밝은 기를 얻으면 성현이 되고, 어둡고 흐린 기를 얻으면 어리석고 불초한 사람이 된다. 기가 두터운 사람은 부귀하게 되고, 기가 엷은 사람은 빈천하게 된다. 그런데 공자가 도리어 빈천하게 된 것은 무엇 때문인가? 말씀했다: 품부 받은 기가 부족하기 때문이다. 그 (품부된 기)의 그 같은 맑고 밝음은 그를 성인으로 만들 수 있을 뿐 그에게 그 같은 부귀를 얻도록 할 수는 없다. 그런 높은 (기)를 품부 받으면 귀하게 되고 두터운 (기)를 품부 받으

유학의 근간이 되는 정신은 위기지학과 수기치인, 또는 성기(成己) 성물(成物)이라고 할 수 있다. 이러한 위기지학(爲己之學)의 유학 정신에 따라 주자 또한 공부하는 목적은 바로 자신에게 품부된 기질을 변화시키는 데 있다고 말하며, 그 변화의 과정은 단번에 이루어지기보다는 점진적인 노력으로 이루어지는 일이다. 이렇게 어려운 과정임에도 불구하고 멈추지 않고 노력해야 하는 이유는 맹자가 말한 대로 인간의 본성은 선하기 때문이다.[184] 맹자는 인간의 본성에 있어서 성인이나 범인에게 차이가 없다고 보았다. 단지 공부를 통해서 용맹정진한다면 치우치게 품부 받은 기운이 저절로 사라지기 때문에, 굳이 품부된 기운에 따라 주어진 기질의 성으로 인간의 성을 말하지 않고 오히려 인간의 자율적 의지에 의해 마땅히 드러내야 할 도덕적 본성을 인간의 성으로 말하였던 것이다. 따라서 주자에게 있어서 인간의 본성은 동일하지만 현실

---

면 부유하게 되며 긴 (기)를 품부 받으면 장수하게 된다. 가난함, 천함, 요절은 이와 반대이다. 공자가 비록 맑고 밝은것을 얻어 성인이 되기는 했지만 낮고 엷은 것을 품부 받았기 때문에 빈천했다."(問, 得淸明之氣爲聖賢, 昏濁之氣爲愚不肖；氣之厚者爲富貴, 薄者爲貧賤, 此固然也。然聖人得天地淸明中和之氣, 宜無所虧欠, 而夫子反貧賤, 何也？豈時運使然邪？抑其所稟亦有不足邪？ 曰, 便是稟得來有不足。他那淸明, 也只管得做聖賢, 卻管不得那富貴。稟得那高底則貴, 稟得厚底則富, 稟得長底則壽, 貧賤夭者反是。夫子雖得淸明者以爲聖人, 然稟得那低底、薄底, 所以貧賤.『朱子語類』, 4-96) 따라서 우리는 성인이 성인될 수 있는 것은 기질의 품부에 있는 것이 아니라 부단히 기질의 偏塞을 인정(인지)하고 그 편색된 기질이 가지는 폐단을 자르고 보충하는 실천하는 모습이 성인의 모습이다. 공자도 마지막 성인의 모습을 단지 꾸준히 공부하는 호학하는 자의 모습과 유가에서 말하는 성인은 일상에서 따로 뚝 떨어져 있는 초월적인 모습이 아니라 지극히 일상 안에서 노력하고 실천하는 호학자의 모습을 그리고 있는 것을 알 수 있다.(子曰: 十室之邑, 必有忠信如丘者焉, 不如丘之好學也.『論語』,「公冶長」, 第五.

184) 여기서 맹자가 인간의 본성이 선하다고 한 이유는 인간의 도덕적 자율의지를 인정함으로 그 자율의지로 자신에게 내재되어있는 기질의 악한 습성을 극복할 수 있는 가능태를 두고 한 말이었다. 이에 반해 순자는 인간의 본성이 악하다고 한 이유는 인간의 도덕적 자율의지의 강조보다는 현실적 상황에 직면한 인간이 기질이 가지고 있는 하향인과적 습성으로 흘러 악으로 치우치기 쉽다고 함으로써 인간의 본성을 제어할 수 있는 제도적 장치에 강조를 두고 있다.

적으로 성인과 범부가 있는 것은 다름 아닌 자신에게 품부된 기질의 특성을 인지하고 그것이 지닌 폐해를 늘 경각심을 가지고 펼 수 있느냐에 달려있다. 단지 품부된 기질만 탓하고 노력하지 않고 주어진 기질대로 미련하게 나간다면 범부 됨을 벗어나지 못하는 것으로 보고 있다.[185] 따라서 주자에 있어서 성인의 모습은 일상적 삶에서 자신의 품부된 기질의 모습을 자각하고 기질이 지닌 한계와 폐해를 직시하고 기질의 지나친 부분을 잘라내어 본래의 모습으로 돌아가도록 노력하는 일상적 실천자의 모습으로 그려내고 있다.

2) 심의 지향처-公私에 따른 구분

기질은 신체에서 발생하는 의식(감정.정서) 활동에 깃든 인성을 가리키는 것으로 볼 수 있다.[186] 여기서 '경향성'이란 모든 생명이 지닌 활동성과 일정한 활동의 방향을 지시해 주는 방향성을 말한다. 주자가 '기질'을 말할 때는 인간이 물리적 존재로 세상에 '던져진 것'이 아니라, 노력에 따라 얼마든지 자신을 향상할 수 있는 '만들어져 가는 존재'로 보고 있는 것이다. 즉, 인간을, 공부를 통하여 향상할 수 있는 '가능성의 존재'로 보고 '과정적 존재'로 이해하려는 것이 주자가 바라보는 '기질'의 의미이다.[187]

---

185) 『朱子語類』, 4-59, "人之爲學, 卻是要變化氣稟, 然極難變化. 如'孟子道性善', 不言氣稟, 只言'人皆可以爲堯舜'. 若勇猛直前, 氣稟之偏自消, 功夫自成, 故不言氣稟. 看來吾性旣善, 何故不能爲聖賢, 卻是被這氣稟害. 如氣稟偏於剛, 則一向剛暴; 偏於柔, 則一向柔弱之類. 人一向推托道氣稟不好, 不向前, 又不得; 一向不察氣稟之害, 只昏昏地去, 又不得. 須知氣稟之害, 要力去用功克治, 裁其勝而歸於中乃可. 濂溪云: '性者, 剛柔善惡中而已. 故聖人立敎, 俾人自易其惡, 自至其中而止矣.' 貴沈言: '氣質之用狹, 道學之功大.'" 璘(62세).
186) 이승환, 「성리학의 수양론에 나타난 심-신 관계 연구 : 주자 심리학에서 지향성의 문제를 중심으로」, 『中國學報』제52집, 한국중국학회, (2005) 인용.
187) 이승환, 「주자 수양론에서 성(性)과 성향 : 기질변화설의 성품윤리적 의미」, 『東洋哲

여기서 주자가 인식한 기질의 '가능성의 존재'와 '과정적 존재'의 의미는 주어진 기질의 경향성에 안주하거나 따라가는 것이 아니라 편향된 기질의 폐해를 극복하고 꾸준히 성인의 마음을 품고 노력하는 자를 말한다.

하늘에 의해 주어진 기질의 청탁수박에 따라 심도 어느 정도 영향을 받는다.[188)189)] 그러나 주어진 기질의 경향성에도 불구하고 늘 깨어있는 지각으로 분기되는 기미를 자각하고 공정무사한 도심의 마음을 유지할 수 있는 것은 심의 주재(主宰)에 의해 결정된다고 말하며 아무리 기질이

學』제28집, (2007), 인용.
188) 『朱子語類』, 4-65, "氣稟偏, 則理亦欠闕了"(품부 받은 기운이 치우치면 이치도 역시 결함이 생긴다.)
189) 기질의 생리적 경향성을 논구한 이제마는 四象人의 臟腑生理의 특성을 발견하여 기질이 가지는 생리적 경향성을 네 부류로 나누어 다음과 같은 생리적 경향이 있으며, 그 생리적 경향에 따라 정서와 감정이 수반되며, 喜怒哀樂의 中節과 不中節이 온다고 하였다. 太陽人 臟理는 肺大肝小로 폐 기능이 항진되고 간 기능이 상대적으로 기능 저하로 가는 체질로 哀性은 중절하지만 怒情은 급박(부중절)하고, 少陽人 臟理는 脾大腎小로 비장 기능이 항진되고 신장 기능이 상대적으로 기능 저하로 가는 체질로 怒性은 中節하지만 哀情이 급박(不中節)하고, 太陰人 臟理는 肝大肺小로 간장 기능이 항진되고 폐 기능이 상대적으로 기능 저하로 가는 체질로 喜性은 중절하지만 樂情은 부중절하고, 少陰人 臟理는 腎大脾小로 신장 기능이 항진되고 비장(소화) 기능이 상대적으로 기능 저하로 가는 체질을 말하는데, 樂性은 중절하지만 喜情이 부중절하다고 한다. 결국 네 기질 모두 장부의 大小로 편색 되어 있어 비록 부중절을 면치 못하지만 孟子 盡心章句 上』에 있는 "存其心養其性 修其身立其命"을 인용하여 기질의 극복을 말하고 있다. 그리고 그는 성인의 모습을 다음과 같이 말하고 있다. "성인의 마음이 욕심이 없다고 이르는 것은 청정 적멸하여 노자나 부처처럼 욕심이 없다는 것이 아니다. 성인의 마음은 깊이 천하가 다스려지지 않음을 걱정하는 까닭에 단지 욕심이 없는 것이 아니라 자기 자신의 욕심을 거듭 떠 볼 겨를이 없는 것이다. 깊이 천하가 다스려지지 않음을 걱정하여 자기 자신의 욕심을 거듭 떠 볼 겨를이 없는 자는 반드시 배우기를 싫어하지 않고 가르치기를 게을리 하지 않을 것이다. 배우기를 싫어하지 않고 가르치기를 게을리 하지 않으므로 성인은 욕심이 없다는 것이다. 털끝만큼이라도 자기 자신의 욕심이 있다면 그것은 요순의 마음이 아니다. 잠시라도 천하를 걱정하지 않는다면 그것은 공맹의 마음이 아닌 것이다."(聖人之心 無慾云者 非淸淨寂滅如老佛之無慾也 聖人之心 深憂天下之不治故 非但無慾也 亦未暇及於一己之慾 深憂天下之不治而 未暇及於一己之慾者 必學不厭而 敎不倦也 學不厭而 敎不倦者 卽 聖人之無慾也 毫有一己之慾則 非堯舜之心也 暫無天下之憂則 非孔孟之心也)「四端論」, 『동의수세보원』, 행림출판사.

청하게 태어난 성인이라 하더라도 기질 즉 형기를 지니고 있는 한 기질이 지닌 위태로움에서 벗어날 수 없다. 형기를 지니고 있는 인간은 모두 위태로울 뿐이다. 다만 위태로운 형기를 어떻게 주재하느냐에 따라서 인심도 도심으로 될 수 있다.[190]

다시 말하면 인심(사적인 마음)과 도심(공적인 마음)의 두 마음이 있는 것이 아니라 마음의 주재가 어떠하냐에 따라 인심과 도심이 나누어질 뿐이다. 이는 인간에게 따로 성인과 범부의 마음이 따로 결정되어있는 것이 아니라 마음의 주재와 지향성이 어디로 향하느냐에 따라 인심과 도심이 나누어지고, 거기에 따라 성인과 범부가 나누어지는 것을 의미한다. 천지지성과 기질지성을 구분함에 있어서도 천지지성의 심이 따로 있고 기질지성의 심이 따로 있는 것이 아니다. 다만 천지지성의 성은 오로지 이치를 가리켜 말한 것이며, 기질의 성은 이치와 기운이 뒤섞여진 형기를 가진 인간의 모습에서 나타나는 성을 말한 것으로,[191] 말하고자 하는 바에 따라, 즉 가리켜 나타내고자 하는 바에 따라(所就而言)[192] 리와 기, 성과 정을 분리하여 말하지만, 근본으로 보면 리와 기,

---

190) 『朱子語類』, 4-45 "如云 '人心惟危, 道心惟微', 道心固是心, 人心亦心也. 橫渠言: '心統性情.'" 人傑(51이후).

191) 『朱子語類』, 4-46 論天地之性, 則專指理言; 論氣質之性, 則以理與氣雜而言之. '性은 인간의 형기를 품부 받은 후에만 논할 수 있는 말이다. '形氣'를 떠나서 천명지성, 의리지성, 본연지성 등을 지칭하는 것은 단지 개념적 의도를 가리키기 위한 방편으로 사용되는 것이지 인간을 떠나 따로 있는 어떤 실체적인 것이 될 수 없다. 이러한 의도에서 말한 주자의 리기선후 문제와 성정의 가치론적 문제 또는 리기이원론적으로 말한 부분에 대해서 마치 주자가 리와 기를 따로 실체처럼 분리되어있는 것으로 알고 리를 실체와 본체처럼 선험적으로 존재하는 것으로 파악하고 있지만 주자의 의도는 후학들의 교육적 효과와 성현들의 의도가 무엇인지 명료하게 이해하기 위한 방편으로 설명한 것에 지나지 않은 것이다. 이러한 사실은 주자의 '性體心用'에서 '心統性情'으로 인식적 변화를 거친 주자의 고민에서도 잘 나타나고 있다. 즉 천명지성이나 기질지성의 논의는 단지 心의 自覺에 의해 나타나는 사태이지 따로 선험적으로 존재하는 실체적 심이 있는 것이 아니다.

192) 김형찬, 「진리판단과 가치의 개입」, 고려대 문과대학 설립 60주년 기념 학술대회 글집, 2006. 이 글에서 김형찬 교수는 이황과 기대승의 사단칠정논쟁에서 이루어진 리와 기

성과 정이 분리된 것이 아니라 원래는 한 몸처럼 있을 뿐이다.[193] 그래서 이 둘은 불가분의 관계로 형기 안에 존재하는 것이며, 심의 지향성에 따라 분기되어 나타나는 현상에 따라 구분할 것이다.[194]

따라서 성인이라 하더라도 신독하고 꾸준히 노력하는 자의 모습을

---

의 문제를 리기이원론으로 볼 것이냐 아니면 기일원론으로 볼 것이냐의 대립에서 이황이 사단은 순선한 도덕적 감정을 가리키고 칠정은 선악이 정해지지 않은 감정을 가리키는 취지(所指 도는 所就而言)에 따라 나누어 기술할 수 있으며, 그 이유는 '순선'과 '선악미정'을 명확히 구분함으로써 현실 속에서 악한 감정을 통제하고 선한 감정을 구현하도록 하는 데 있으며, 이렇게 구분하여 말하는 의도는 다른 것들 가운데 같은 점이 있음(異中有同)의 방식으로 말하면, 즉 기일원론으로 말하면 후학들에게 혼란을 가중시킬 수 있다고 지적하며, 같은 것들 가운데 다른 점이 있음(同中有異)의 방식으로 설명함으로써 후학들이 명확하게 도덕적 감정의 선악을 구별하여 이해하고 실천하도록 하겠다는 뜻을 밝힘으로써 리기, 심성, 사단칠정 등에 대해 일원론적 관점이나 이원론적 관점으로 표현한 것은 단순히 객관적 서술을 하려고 한 것이 아니라(개념적 정립을 위한 언어적 정합성을 위한 것이 아니라) 인간의 본성이 본래 선하다고 하는 도덕적 당위성을 확보하려고 하는 성현들의 '의도'에서 기인한 것이라고 설명한다. 결국 기대승의 개념적 명료성과 논리의 정합성이라는 기준을 가지고 이황의 설에 대해 문제를 제기했지만, 성현들의 본래 의도가 사람들로 하여금 선을 향하도록 해야 한다는 유학적 가치관의 실현 '의도'는 개념의 명료성과 논리의 정합성을 뛰어넘음으로써 기대승이 결국 이황의 이원론적 설명방식에 따르게 되었다고 설명한다. 결국 리기, 성정, 인심도심 등의 구분은 심의 이원성을 설명한 것이 아니라 성현들의 도덕적 당위성을 확보하고 공부하는 사람들이 명확하게 도덕적 감정의 선악을 구별하여 이해하고 실천하도록 하겠다는 성현들의 교육적 '의도'에서 기인한 것으로 설명한다. 김형찬 교수의 이러한 지적은 그동안 진행되었던 이기이원론이냐? 혹은 이기일원론이냐는 텅 빈 개념적 공리공담을 멈추게 하는 정견이라고 생각한다.

193) 『朱子語類』, 4-47 性非氣質, 則無所寄; 氣非天性, 則無所成. 道夫(60이후).
194) 기질지성과 본연지성, 천명지성, 의리지성에 관한 개념적 정의가 주자철학의 관점에 따라 이승환 교수에 의해 일목요연하게 잘 정리되어 있다. "인간의 성은 리와 기의 합으로 이루어진 만큼 리적인 특징과 기적인 특징을 가질 수밖에 없다. 기적인 특징이란 생물학적 존재로서 인간이 지니고 있는 본능적 경향성을 의미한다(기질지성), 그리고 리적인 특징이란 문화적 존재로서 인간이 지니는 인격적 지향성을 의미한다.(의리지성) 그리고 자아의 본래적 심층에 자리 잡고 있는 인격적 지향을 본연지성이라고 하며, 바람직한 인격과 정의로운 사회를 지향하는 문화적 측면에 주목할 때는 의리지성이라는 개념을 사용하며, 인격적 지향에 내포된 종교적 숭고함에 주목할 때는 천명지성이라는 말을 사용한다. 주자의 '심'에 대한 탐구의 궁극적 목적은 경험적 자아의 심층에 잠재하고 있는 인격적 자아의 지향(본연지성)을 의식의 표층 위로 끌어올리고 실현하는 데 있다. 「성리학의 수양론에 나타난 심-신 관계 연구 : 주자 심리학에서 지향성의 문제를 중심으로」, 『中國學報』 제52집, 한국중국학회, (2005), 참조

주자는 그리고 있다. 맹자나 염계 이정이 말한 본성의 순수성은 성인에게만 주어진 특권이 아니라 범인에게도 똑같이 주어진 본성이며, 성인이든 범인이든 주어진 본성이 잘 드러나도록 노력하면 누구나 모두 요순이 될 수 있다고 말한다.[195] 그 결정은 바로 심의 주재로 결정된다.

그렇다면 주자의 수양론에서 나타나는 심의 주재는 무엇을 지향한 것일까? 이를 크게 대별하면 公私로 구분할 수 있다. '公'이란 자신의 사욕을 이기고 공정한 마음을 가지는 것으로 말할 수 있다. '公'은 '私'와 대립하는 말이다. 朱子는 '公'은 '克己'가 완전히 이루어진 상태라고 설명하였다.[196] 개인의 이기적인 욕을 누르고 타자와의 합리적 관계를 모색하는 과정에서 얻어지는 것이 '公'이다.[197] 욕구는 제거될 수 없다. 단지 심의 지향성이 私로 머물 것인가, 아니면 公으로 지향할 것이냐에 따라 인욕과 천리로 구분될 뿐이다. '하고자 하는바'와 '지향'으로서의 '욕'이 公으로 지향할 때 '욕'은 천리, 혹은 천명, 의리, 본연으로 전환된다. 결국 인욕과 천리는 두 가지 실체처럼 있는 것이 아니라 심의 지향을 통해 어떻게 실천하느냐에 따라 인욕과 천리로 나타나는 것이다. "자신이 서고자 하면 남을 세워주는 것"에는 욕이 개입되어 있다. 즉 私의 욕이 타인으로 확장될 때 천리가 되는 것이다.[198]

---

195) 『孟子..告子下』, "人皆可以爲堯舜, 有諸? 孟子曰 然."
196) 『朱子語類』 권 95, "問: '公而以人體之, 如何?' 曰: '仁者心之德, 在我本有此理. 公卻是克己之極功, 惟公然後能仁. 所謂公而以人體之者, 蓋曰克盡己私之後, 就自家身上看, 便見得仁也.'"
197) 전병욱, 「朱子 仁論 체계와 工夫論의 전개」, 고려대학교 박사학위, (2007).
198) 성리학에서는 이런 욕망을 의리지성이라고 한다. 자신이 서고자 하는 것은 당연한 본능이다. 그러나 남을 인식하고 배려하여 자신에게 머문 욕구가 타인으로까지 확장할 때 천지의 공공성은 드러난다. "欲治其國者, 先齊其家; 欲齊其家者, 先脩其身; 欲脩其身者, 先正其心; 欲正其心者, 先誠其意; 欲誠其意者, 先致其知"에서도 나타나는 바와 같이 '욕'은 무엇을 하고자 함이 내재하여 있는 심의 '지향성'을 말한다. 단, 이 지향성이 개인적 사사로움을 위한 지향성이냐, 아니면 공공의 목적을 위한 지향성이냐에 따라 '인욕'과 '천리'

인간에게는 늘 두 가지 욕구가 있다. 하나는 이기적 욕이고 다른 하나는 도덕적 욕이다. 도덕적 욕은 공적 태도를 유지하며, 늘 성찰하는 태도로 인간의 마땅함(義)이 무엇인지 늘 추구하고 살피며 학문과 공부에 정진하고자 하는 것이며, 이기적 욕구는 자사용지의 전략이 늘 숨어있는 이기적 욕으로 利에 밝은 것을 말한다.[199] 인간의 마음에는 인간으로서 마땅히 해야 함과 이익을 추구하고자 하는 욕이 늘 공존한다. 이러한 마음은 형기를 지닌 인간이라면 누구나 지니고 있는 욕이다. 따라서 욕은 심의 공적 지향성을 위한 실천적 매개가 되며, 심지어 심의 공적 수행에 일정한 영향을 미치는 동력인의 의미가 되기도 한다.[200] 문제는 욕이 아니라 욕을 움직이는 마음의 의향이 문제이다.[201]

---

로 나누어진다.

199) 『論語』, 「里仁」, "君子喩於義, 小人喩於利"(군자는 의에 밝고 소인은 이에 밝다.)

200) 주자는 命, 性, 心, 氣質, 情 등의 개념을 세상의 이치를 비유하여 설명하고 있다. "하늘이 명령한 것을 본성이라고 말한다."고 할 때 '명령'은 곧 부여받은 임명장과 같다. 본성은 곧 수행해야 하는 직무이니, 예컨대 주부가 문서를 다루거나 현위가 순찰하는 것과 같다. 마음은 곧 관리이다. 기질은 곧 관리의 습성이 관대하거나 엄격한 것과 같다. 감정은 곧 소속 관청에서 직무를 처리하는 것이니, 마치 현위가 도둑을 잡는 것과 같다. 삼정은 곧 본성이 드러난 것이며, 본성은 단지 인자함, 의로움, 예의 바름, 지혜로움일 뿐이다. 이른바 '하늘이 명령한 것'은 기질과 더불어 서로 함께 섞여 있다. 하늘의 명령이 있자마자 곧 기질도 있으므로 서로 떨어질 수 없다. 만약 어느 하나라도 없다면, 어떤 것도 낳을 수 없다. 이미 하늘이 명령이 있더라도 반드시 기운이 있어야만 이치를 받을 수 있다. 만약 기운이 없다면 이치를 어떻게 담을 수 있겠는가?"('天命之謂性.' 命, 便是告箚之類; 性, 便是合當做底職事. 如主簿銷注, 縣尉巡捕; 心, 便是官人; 氣質, 便是官人所習尙, 或寬或猛; 情, 便是當廳處斷事, 如縣尉捉得賊. 情便是發用處. 性只是仁義禮智. 所謂天命之與氣質, 亦相羈同. 才有天命, 便有氣質, 不能相離. 若闕一, 便生物不得. 旣有天命, 須是有此氣, 方能承當得此理. 若無此氣, 則此理如何頓放!, 『朱子語類』, 4-40)

201) 맹자는 마음의 지향성과 주재성을 나타내는 '志'를 '氣의 將帥'라고 하고 우리 몸에 가득히 차있는 것을 '기'라고 규정하며(夫志, 氣之帥也, 氣, 體之充也), 志는 지극한 것이고 氣는 마음의 주재성에 종속되는 것이다.(夫志之焉 氣次焉) 맹자에 있어서 심은 반성의 능력을 지니고, 그 마음의 본성 실현이 그 존재의 의미를 구성한다는 점에서 소체인 신체에 대해 주재적이다. 그러나 대체로서의 마음이든 소체로서의 신체이든 모두 기로 충색(充塞)되어 있다는 점에서 양자는 연속성을 지닌다. 맹자에게서는 대체인 마음과 소체인 신체가 연속성을 지니는 기로 구성되어있다는 점에서 심신이원론의 실체관에서 빗어지

맹자는 소체인 신체보다 대체인 마음이 신체를 주재하는 것을 이상적인 것으로 설정한다. 그러나 현실적으로 신체는 하향인과인 물화적 경향을 지니며, 마음 또한 주재성을 상실할 가능성이 있으므로 하향인과로 치우치는 인간을 소인으로, 항산이 없어도 마음의 주재성을 유지하는 사람을 대인으로 설정한다. 그리고 그 주재하는 마음의 지향적 활동(즉 求하고 舍하는 활동)은 타고난 본성인 인의예지를 그 내용으로 한다. 맹자는 타고난 인간의 본성과 마음을 잘 보존하고(존심) 잘 기르는(양성) 것이 사람이 받들고 이어야 할 길이라고 한다.[202]

성인과 범부의 차이는 욕의 유무에 있는 것이 아니라 욕의 지향적 태도에 따라서 결정된다. 공자는 "마음이 하고자 하는 대로 하여도 법도에 어긋남이 없다"[203]고 말하였다. 이 구절에서 알 수 있는 것은 인간에게 있어서 마음이 지향하는 욕은 마땅히 있어야 하는 것이나 그것을 어떻게 절제하고 조절하고 안분하느냐는 심의 문제인 것이다. 성인이 성인다울 수 있는 것은 성인의 선천적으로 타고난 천부적 성품 때문이 아니라, 형기의 사사로운 욕망이 있음에도 불구하고 그것을 극복하여 공적 태도를 유지하는 것에 성인다움이 있는 것이다. 주자는 욕을 비우는 것이야말로 바로 인이 생기는 이유라고 보았다.[204] 욕은 제거될 수 없다. 다만 심의 지향성을 어떻게, 어디에 두느냐 하는 것이 주자의 관심

---

는 오류를 벗어날 수 있다. 맹자는 "지가 전일하면 기가 움직이고, 기가 전일하면 지가 움직인다"(志壹則動氣, 氣壹則動志也)고 말한다. 그래서 그는 "지금 넘어지고 달리는 자는 기이지만 도리어 그 마음이 동요하여"(今夫蹶者趨者, 是氣也, 而反動其心) 주재성을 잃을 때도 있고, "마음의 주재성을 잃지 않음으로써 기가 난폭하지 않도록 해야 한다"(持其志, 無暴其氣)고 말하여 심과 기의 상호작용을 말한다.

202)『孟子』,「盡心上」, "存其心, 養其性, 所以事天也."
203)『論語』,「爲政」, "七十而從心所欲, 不踰矩."
204)『朱子語類』, 99-36, 問:虛者, 仁之原". 曰: "虛只是無欲, 故虛. 虛明無欲, 此仁之所由生也."

이다.[205]

이상에서 다루었던 현우(賢愚)와 성범(聖凡)의 차이를 통해 주자가 말하고자 했던 바를 다음과 같이 성인과 범부의 차이를 정리하면 다음과 같이 표현할 수 있다.

1) 성현은 결정된 것이 아니라 만들어 가는 것이다.
2) 기질을 말하지 않고 성선을 말한 맹자의 '성선론'은 주자가 보기에 '성선'은 어떤 '성'의 실체를 찾으려고 한 것이 아니라 단지 요순의 마음(인의예지)을 닮아가고자 하는 것과 그것을 꾸준히 드러내고자 하는 일상의 실천적 노력을 말하는 것이다. 따라서 성현의 모습은 선천적으로 타고난 기질에 안주하는 것이 아니라 끊임없이 살피고 사려하는 수양인의 모습이다. 타고난 기질이 성현의 기품일지라도 기질에 기대어 안주하거나 핑계하고 살피지 않으면 범부를 면하지 못한다. 반대로 아무리 범부의 편

---

205) '欲'을 사회철학적 관점에서 보면 순자의 인식과 맞닿는다. 순자 철학에서 선이란 작위적인 것이어서 배우고 계속해서 노력하면 이루어지는 것으로서, 바르고 이치에 맞으며 평화롭게 다스려진 상태를 말한다. 이에 비해 악이란 한쪽으로 치우쳐서 바르지 못하고 도리에 어긋나며 혼란스러워 다스려지지 않은 상태를 말한다. 이처럼 순자철학에서 선과 악의 구분은 치, 불치로서 사회적인 안정과 혼란이 바로 선과 악의 구분이 된다. 순자의 관심은 선악의 본원적 규명보다는 어떻게 하면 혼란을 극복하고 사회를 안정시킬 수 있는가에 집중되어 있다.(순자철학 내에서는 선과 악 그 자체에 대한 근원적인 물음이 발견되지 않는다. 그 이유는 순자는 인간의 욕을 본래적이고, 자연스러운 상태로 인정하면서 악은 성 그 자체가 아니라 성을 그대로 방치할 때 나타나는 결과이며 이러한 악은 내면적인 것이 아니라 사회적인 것으로 보고 있기 때문이다. 따라서 그에게서의 관심은 욕을 어떻게 하면 더 잘 조절하여 사회 속에서 타인들과 더불어 원만하게 공존할 수 있을까 하는 '化性起僞'를 이야기한다. 그리고 사회적인 악을 해소하기 위해서는 어떤 인위적인 노력이 필요하다. 이 노력을 순자는 '僞'라는 개념으로 포괄한다. 여기에서 위란 인간의 행위나 학습을 가리키는 것으로(積慮能習) 인간의 타고난 본성을 제어하고 조절한 후에 밖으로 드러난 모습을 말한다. 이와 같이 순자는 본능으로서의 성과 사회적 노력으로서의 위를 구분하고, 위의 중요성을 강조하여 더 나아가 성과 위의 조화를 말한다는 점에서 보면 후기 변화기질의 수양 방법론은 순자의 '化性起僞'론과 유사하며 그 인식의 지평과 맞닿는다고 본다. 황지원,「순자의 수양론」,『수양론』, (예문서원, 2007), 참조.

협된 기질을 타고났다 하더라도 기질을 핑계하지 않고 살피고 반성하는 수양인의 태도가 바로 성현의 모습이다.

3) 사람이면 누구나 다 요순이 될 수 있다. 이것의 가능성은 점진적이고 누적적인 공부가 필요하다. 기질은 하루아침에 이루어지는 것이 아니므로 지속적인 일상의 노력이 수반되어야한다. 성현이 되지 못한 것은 품부된 기질이 문제가 아니라 살피지 못하고 반성하지 못하는 데 있다.

4) 성현의 결정적 차이는 사욕과 공정무사한 마음의 여부, 그리고 그에 따른 인욕과 천리의 발현문제에 있다.

그렇다면 주자의 인성과 기질변화를 정립하기까지 주자에게는 어떤 인식적 사유와 고민이 있었으며, 그 고민을 해결하고자 했던 공부의 방법론과 그리고 인성과 기질변화의 목표는 무엇이었는지 살펴보자.

## Ⅳ. 인성 변화의 방법과 효과

유가철학에서는 질서정연한 자연세계(天)의 법칙에서 인류세계의 '所當然之則'과 '所以然之故'의 정합성을 찾는다. 그러면서 인간의 주체적 자각과 능동적 참여를 통해 만물을 화육시킨다. 자연 세계의 질서 즉, 理는 인간의 마음에 性으로 이미 주어져 있다. 그래서 주자에게서는 자연세계의 질서 즉, 理의 질서와 순선성을 인정하지만, 거기에 머물지 않고 形氣 안에 내재해 있는 인간의 능동적 자율 의지로 도덕적 본성을 드러내고자 하는 마음의 지향성을 최고의 도덕적 기준으로 삼고 있다.[206] 유가에서는 인간 모두에게 선천적으로 선한 도덕적 본성이 내재해 있으며 누구나 이러한 도덕적 본성을 자각하고 노력한다면 성인에 이를 수 있다고 본다. 이러한 주체적 자율성과 심의 주재가 금수와 다른 인간의 도리이며, 이러한 노력 여부가 군자와 소인을 가르는 중요한 판단의 기준이 되기도 한다.

> 어떤 사람이 물었다: 품부 받은 기운에 맑거나 흐린 차이가 있습니까? 대답하셨다: 품부 받은 기운이 달라서 모든 것이 동일하지 않은 까닭이 단지 '청탁' 두 낱말에 있는 것이 아니다. 지금 총명한 사람이 있어서 모든 일에 밝다면, 그의 기운은 맑은 것이다. 그러나 행동이 반드시 이치에 부합하지 않는 사람이 있다면, 그의 기운은 순수하지 않은 것이다. 삼가고 두터우며 진실하고 믿음직스러운 사람이 있다면, 그의 기운은 순수한 것이다. 그러나 지혜가 반드시 이치에 통달하지 못한 사람이 있다면, 그의 기운은 맑지 않은 것이다. 이것을 미루어 생각하면 알 수 있을 것이다.[207]

---

206) 많은 사람들이 생각하기에 인간은 태어날 때부터 재능이나 기질 그리고 인성이 결정된다고 하는 '기질 및 운명결정론'으로 본다. 특히 전술한 주자의 '기질론'도 '기질결정론'으로 해석할 여지가 충분히 있지만 유가철학에 있어 성현의 의도와 가치 지향점은 언제나 '현재적 사실'과 '운명 결정론'을 뛰어넘는다. 이것이 인간 중심, 인간지향이라는 유가의 아름다운 정신이라고 생각한다. 주자의 기질지성에 대한 '기품정수론'(氣稟定數論)에 대한 논의는 이승환 교수의 「주자 수양론에서 성(性)과 성향 : 기질변화설의 성품윤리적 의미」, 『東洋哲學』 제28집(2007)에 자세히 다루고 있다. 장립문과 진래는 주자가 바라본 '기질지성'이 결정론으로 보았다고 해석하는 데 반해 이승환 교수는 유가 전통의 정신과 성현의 의도가 무엇이었는지에 대한 맥락과, 주자 수양론의 중심 목적이 무엇이었는지에 착안하여 결정론이 아닌, 변화 가능한 존재로 보았다고 논증하고 있다. 집필자도 이승환 교수의 논점에 동의한다.

207) 『朱子語類』, 4-71 "或問 氣稟有淸濁不同. 曰: "氣稟之殊, 其類不一, 非但'淸濁'二字而已. 今人有聰明, 事事曉者, 其氣淸矣, 而所爲未必皆中於理, 則是其氣不醇也. 有謹厚忠信者, 其氣醇矣, 而所知未必皆達於理, 則是其氣不淸也. 推此求之可見."

이 말에서 우리가 엿볼 수 있는 것은 하늘이 인간에게 비록 청탁수박의 기질과 도덕적 경향성을 부여했다 하더라도, 주어진 청탁수박의 기질에 의존, 내지 안주하는 것이 아니라 부단히 자신에 내재한 도덕적 본성을 드러내는 실천적인 행동이 뒤따르지 않는다면, 비록 순수하고 맑은 기질을 부여받은 사람이라도 그의 기운은 순수하지 않으며, 비록 탁하고 어긋난 기질이 하늘에 의해 주어지더라도 삼가고 진실하게 노력한다면 그의 기운은 이미 순수한 것이라고 주자는 보았다. 결국 주자가 인간을 바라보는 눈은 하늘의 결정에 의한 인간이 아니라 주체적 자각과 실천적 노력이 성인에 이르는 것으로 본다.

따라서 성인과 군자의 모습은 지극한 마음으로 주어진 도덕적 본성을 부지런히 함양하고 힘쓰는 노력하는 사람의 모습일 뿐이다. 따라서 그의 공부론의 모든 구도는 하늘로부터 주어진 '기질'을 부지런히 변화시키는 수양적 태도와 방법에 서 있다. 그리고 그 수양의 태도로서의 공부는 선험적으로 주어진 '性'에 안주하거나 黙坐澄心의 공부보다는 일상적 격물, 독서궁리에 더 관심을 갖게 된 것이다.

그렇다면 주자에게 있어서 인성과 기질변화의 방법은 무엇이었을까? 주자의 관심은 심의 순선한 지향성 확보를 통한 기질의 변화에 관심이 있다. 주자는 인간에게 주어져 있는 본성을 마음의 이치 또는 본체로 간주하고 감정을 마음의 작용으로 보아[208] 마음을 理와 氣가 결합한 것으로 보는 일관성을 가지고 있다. 주자에게 있어서 심은 리와 기, 성과 정을 통괄하는 것이다. 그러나 동시에 심은 사람의 한 몸을 주관하는 것으로서 하나이면서 둘이 아니고, 주인이 되며 객이 되지 않고,

---

208) 『朱熹集』, 67-1, 「元亨利貞說」, "以仁愛, 以義惡, 以禮讓, 以智知者, 心也. 性者心之理也. 情者心之用也. 心者性情之主也."

사물에 명령하며 사물의 명령을 받지 않는 것[209]으로 보아 몸을 주관하는 주체적 의지와 기능으로 인식하기도 하고, 또 한편으로는 자기 본성을 자각하고 구현하는 道心과 기에 말미암아 욕구를 지각하는 人心으로도 구별하고 있다.[210]

즉 주자는 마음의 지향성 또는 지각하는 것이 개체적 한계를 가지는 形氣인가, 아니면 공정하고 보편적인 性命인가에 따라 인심과 도심을 구별한다. 이처럼 주자의 수양론에서의 마음은 이치를 따르는 도심이 되거나, 형기의 욕구를 따르는 인심이 될 수 있기 때문에 심의 순일한 본성을 확충할 수 있는 공부 방법이 필요한 것이다.

따라서 주자에게서는 심신의학에서 사용하는, 신경전달물질의 화학적 변화와 전이를 일으켜 성정을 조절시키는 방법이나 돈오적인 일회성의 수술 방법이 아니라 일상에서의 점진적이고 누적적인 공부 방법을 택한다. 즉 공부는 시간과 공간이라는 삶을 근거로 한다. 일상으로서의 삶을 초월한 禪學的 태도를 주자는 거부한다. 왜냐하면 인간은 '사람과의 관계'에서 그 존재의 근거를 찾을 수 있으며, 삶에서 문제를 해결할 수 있기 때문이다. 그리고 '기질'이야말로 인간이 인간다울 수 있는 또 다른 동력인이 된다.[211] 기질이 지닌 삶의 주체적 변화의 원인

---

209)『朱熹集』, 67-22,「觀心說」, "夫心者人之所以主乎身者也. 一而不二者也. 爲主而不爲客者也. 命物而不命於物者也."

210)『朱熹集』, 56-49,「答鄭子上」10, "此心之靈其覺於理者道心也. 其覺於欲者人心也."

211) 아리스토텔레스의 사원인설 입장에서 보면 모든 생명은 스스로 자기 전개의 자족적인 동력인을 지니면서 환경에 적응하고 창진적인 진화(목적인)를 하고 있다고 본다. 아리스토텔레스에게 있어서 몸과 영혼은 하나로 이어져 있다. 몸은 하나의 질료인, 동력인이며 영혼은 목적인, 형상인이기도 하다. 그리고 이 둘은 서로 떨어져 있는 관계가 아니라 하나로 연결되어 있는 관계이다. 그리고 그에게 있어서 몸을 경험하지 않았다면 영혼의 존재에 대한 물음이나 영혼에 관한 말들이 생겨날 수 없었으며 그리고 영혼이란 신체의 살아있음 이외에 아무것도 아니었다. 아리스토텔레스가 말하는 '엔텔레케이아'(entelecheia-목적)는 몸의 충만한 상태를 말하며 살아 있는 존재의 충분한 완성과 실현을 표현한 것으로 이 단어를 썼다. 즉 '엔텔레케이아'라는 목적인은 몸이라는 질료인을 벗어날 수 없으며

을 제거하고 순선한 '리(理)'와 '성(性)'의 실체를 찾겠다고 나서는 수양 태도는 주자 철학과는 상반될 뿐이다. 따라서 주자의 관심은 그 사람이 지니고 있는 기질의 청탁수박 그 자체에 있는 것이 아니라 주어진 청탁수박의 기질을 어떻게 바꿀 것인가에 대한 방법에 더 관심 있었으며, 그 기질이 변화 여부의 결론보다는 기질을 변화시키려고 하는 주체자의 마음 상태와 삶의 과정적 자세가 오히려 주자에게 더 관심의 대상이었다. 그리고 이러한 수양적 자세가 점진적으로 이루어질 때 기질의 변화는 자연스럽게 주어지는 것이다. 어떻게 보면 주자에게서의 공부는 미래지향적 태도가 아니라 오늘, 지금, 이 순간 어떤 마음과 자세로 존재하느냐가 더 큰 관심사였다. 그리고 그 점진적인 자세는 지루하고 눈에 보이지 않으며 효과도 나타나지 않는 어려운 문제이지만 그래도 자신에게 주어진 '命'에 따라 궁극적 목표인 중화를 향해서 걸어가는 것이 군자의 모습이었다.

> 사람이 공부하여 그 품부 받은 기운을 변화시키려고 하지만, 변화시키기 참 힘들다. 가령 맹자가 본성이 선하다고 말했던 것은 품부 받은 기운을 말한 것이 아니라 단지 "사람은 모두 요임금과 순임금이 될 수 있다"는 것을 말한 것이다. 만약 용맹하게 전진한다면 치우치게 품부 받은 기운이 저절로 사라져서 공부가 저절로 이루어지기 때문에 품부 받은 기운은 말하지 않았다. 본인의 본성이 이미 선하다는 것을 알면서도 무슨 이유인지 성현이 되지 못하고 도리어 품부 받은 기운에 넘어지게 되니(피해를 입게 되니) 사람이 품부 받은 기운이 좋지 못한 것만을 핑

---

이 두 양자는 불가분의 관계임을 알 수 있다. 영혼은 몸의 가장 충만한 상태로 이끌며, 몸은 영혼을 실어서 구체적인 역동작용을 실현하는 구현체로서의 역할을 한다. 동양철학과 아리스토텔레스의 철학적 개념으로 비유, 해석한 연구서로 모종삼, 『동양철학과 아리스토텔레스』, 정병석, 옮김, (소강, 2001)에 소개되어있다. 원제목은 『四因說演講錄』이다.

계 삼고 앞을 향해서 나가지 않는다면 잘못된 것이며, 품부 받은 기운이 해롭다는 것을 살피지 않고 단지 미련하게 나아가는 것도 잘못된 것이다. 반드시 품부 받은 기운의 해로움을 알고 공부를 통해 힘써 극복하고 다스려서 그 지나친 부분을 잘라내어 중화의 상태로 돌아가야 할 것이다.[212]

어떤 사람이 물었다: 그렇다면 선하지 않은 기질도 변화시킬 수 있습니까? 대답하셨다: 반드시 변화시켜서 (본연지성)으로 되돌려야 한다. 만약 남이 한번 하면 나는 백번을 하며, 남이 열 번하면 나는 천 번을 한다면 비록 어리석더라도 반드시 총명하게 되고, 비록 나약하더라도 강해질 것이다.[213]

위의 글은 주자의 수양 목적, 공부 방법과 목표가 명료하게 드러나는 대목이다. 먼저 그는 공부의 목적이 품부 받은 기질을 변화시키는 데 있다고 말하고 있다. 그러나 기질을 변화시키는 것은 참으로 힘들다고 말한다.[214] 그리고 모든 사람이 요.순이 다 될 수 있다고 한 맹자의 성

---

[212] 『朱子語類』, 4-59, "人之爲學, 卻是要變化氣稟, 然極難變化. 如"孟子道性善, 不言氣稟, 只言'人皆可以爲堯舜'. 若勇猛直前, 氣稟之偏自消, 功夫自成, 故不言氣稟. 看來吾性旣善, 何故不能爲聖賢, 卻是被這氣稟害. 如氣稟偏於剛, 則一向剛暴; 偏於柔, 則一向柔弱之類. 人一向推托道氣稟不好, 不向前, 又不得; 一向不察氣稟之害, 只昏昏地去, 又不得. 須知氣稟之害, 要力去用功克治, 裁其勝而歸於中乃可."
[213] 『朱子語類』, 4-40, "或問: "若是氣質不善, 可以變否?" 曰: "須是變化而反之. 如'人一己百, 人十己千', 則'雖愚必明, 雖柔必强'."
[214] 주자는 기질을 변화시키기가 참으로 힘들다고 말한다. 그 이유는 품부 받은 기질의 청탁수박에 따라 심의 지향성이 어느 정도 결정되기 때문이다. 그래서 부단히 자신을 살피고 노력하지 않으면 도달하기 힘든 것이다. 그리고 현대생리심리학적으로 보더라도 생리가 지니고 있는 질료적 경향성을 심의 변화를 통해 그 질료적 성격을 변화시키기에는 많은 노력과 시간이 필요로 한다. 따라서 기질변화는 단순히 일회적 사건으로 변화시키는 돈오적 방법이 아니라 부단히 정진하고 노력하는 점진적 태도가 주자에게서는 바람직한 모습으로 그려진다. 그래서 그는 다음과 같이 말한다. "남이 한번 하면 나는 백번을 하며, 남이 열 번 하면 나는 천 번을 해야 한다."(人一己百, 人十己千, 『朱子語類』, 4-71.)

선론은 품부 받은 기질을 두고서 말한 것이 아니라 모든 사람이 선천적으로 요순의 마음을 닮고자 하는 선한 본성을 지니고 있기 때문에 누구나 다 요순이 될 수 있다는 가능성을 말하고 그 방법으로서 용맹정진하면 품부 받은 기질이 저절로 사라지기 때문에 굳이 기질을 말할 필요가 없었다고 말한다. 다만 기품 된 기질을 부지런히 살피고 사려하여 과불급을 잘라내어 중화로 변화시키는 것이 인간에게 주어진 마땅함이라고 생각한다.

주자는 인성과 기질변화의 방법으로 함양(존양) 성찰로서의 존덕성과 격물궁리로서의 도문학, 양자의 조화로운 병진을 요구한다.[215] 주자의 수양 및 공부론에서는 함양과 궁리, 두 가지 가운데 어느 하나도 폐할 수 없는, 마치 수레의 두 바퀴나 새의 두 날개와 같다.[216] 함양 성찰을 이루는 방법으로서의 경공부와 학문에 나가는 요체로서의 궁리, 이 두 양자는 상호 보완 역할을 하여 서로 이루어주는 관계이다.[217] 그리고

---

215) 존덕성과 도문학은 『중용』에 나오는 말로 이는 주자의 수양 및 공부론을 이루는 이론적 토대가 된다. 주자는 존덕성과 도문학의 관계를 다음과 같이 해석한다. "존덕성은 마음을 보존하는 것이니 도체의 큼을 지극히 하는 것이요, 도문학은 치지하는 것이니 도체의 세밀함을 다하는 것이다. 두 가지는 덕을 닦고 도를 맺는 큰 줄거리이다. 한 올의 실만큼의 사사로운 뜻으로도 스스로를 가리지 않고 한 올의 실만큼의 사욕으로도 스스로를 더럽히지 않도록 하여 그 이미 아는 것에서 함양하고 그 이미 능한 것에서 돈독하게 해야 하는 것이니, 이것이 다 존심에 속하는 것이다. 이치를 분석함에는 한 올의 실만큼의 차이도 있지 않도록 하고, 일을 처리함에는 지나치고 미치지 못하는 잘못이 있지 않도록 하며, 의를 다스림에는 날마다 그 알지 못하는 것을 알도록 해야 하고, 절문함에는 날마다 그 삼가지 못하는 것을 삼가도록 해야 하니, 이런 것들은 모두 치지에 속하는 것이다."(尊德性 所以存心而極乎道體之大也 道問學 所以致知而盡乎道體之細也 二者修德凝道之大端也 不以一毫私意自蔽 不以一毫私欲自累 涵泳乎其所已知 敦篤乎其所已能 此皆存心之屬也 析理則不使有 毫釐之差 處事則不使有過不及之謬 理義則日知其所未知 節文則日謹其所未謹 此皆致知之屬也", 『중용장구』, 27-06,)
216) 『朱子語類』, 9-16: "涵養·窮索, 二者不可廢一, 如車兩輪, 如鳥兩翼." 德明(44이후).
217) "배우는 사람의 공부는 오직 거경과 궁리 이 두 가지 일에 있다. 이 두 가지 일은 서로 이루어주는 것인데, 궁리하게 되면 거경 공부가 날이 더욱 발전하고 거경하게 되면 궁리 공부가 날이 더욱 정밀해진다. 비유하자면 이 두 가지는 사람의 두 발과 같아서, 왼발이

주자의 수양 및 공부론에서 궁리와 함양은 마땅히 병진해야 한다. 그랬을 때 두 가지 모두 그 공에 이르게 되기 때문이다.[218]

## V. 격물과 궁리: 도덕적 인지 능력의 향상

### 1. 인성 변화를 위한 점진과 누적으로서의 공부

　인성의 변화는 '몸'에서 일어나는 변화이다. 몸은 '시간'과 '공간'을 점유하고 있다. '氣之流行'에서 '류'는 시간의 변화를 말하고, '행'은 공간에서 변화를 말한다. '기'는 시간과 공간에서 일어나는 사건이다. 만약 시간과 공간이 없다면 기는 흐르지 않는다. 시간의 흐름은 하늘 태양의 움직임을 통해 시간이 흐른다고 인지하고, 공간의 인지는 땅의 동서남북에서 땅의 넓음과 좁음, 방향을 알 수 있다. 그런데 이러한 시간과 공간, 하늘과 땅은 '間'이라는 '사이', 즉 관계와 사회, 혹은 '한계'를 의미한다. 즉 다시 말하면, 변화는 하늘과 땅의 관계(天地之交. 水火之交)[219]와 한정된 범주 안에서 작용을 말한다.

---

나가면 오른발이 멈추고 오른발이 나가면 왼발이 멈추는 것과 같다."(學者工夫, 唯在居敬·窮理二事. 此二事互相發. 能窮理, 則居敬工夫日益進; 能居敬, 則窮理工夫日益密. 譬如人之兩足, 左足行, 則右足止; 右足行, 則左足止.『朱子語類』, 9-18.

218) 궁리함양은 서로 병행해야한다. 대개 조금이나마 아는 것이 있지 않으면 함양을 이룰 수 없고, 또 보존하는 것이 깊지 않으면 의리의 심오함을 다할 수 없다. 마땅히 그 두 가지가 서로 함께 쓰여야만 가지런히 그 공에 이르게 되는 것이다.(窮理涵養, 要當並進, 蓋非稍有所知, 無以致涵養之功, 非深有所存, 無以盡義理之奧, 正當交相爲用而各致其功耳.『주희집』, 45-4, (44세) 答游誠之2.)

219) 한의학에서는 몸을 천지의 상징인 음양으로 이루어져 있다고 본다. 그리고 이 음양은 다시 '水火'로 표현한다. 水火之交, 혹은 水升火降의 작용에서 육기(六氣), 즉 風. 寒. 暑. 習. 燥. 火를 만들어 낸다. 따라서 음양 육기의 작용에 의해 '몸'에서 생리가 일어난다.

몸은 바로 음양 육기의 천지 변화의 구체적으로 한정된 시간과 공간을 의미한다. 사람이 태어나고 죽어가는 것도 단지 氣의 聚散에 의해 이루어지는 사건을 말한다. 기가 모여 凝聚되면 생하고, 흩어지면 죽는다. 생사는 기의 취산을 말한다. 기의 취산은 陰陽 六氣의 변화를 의미한다. 음양육기는 천지의 교감을 말한다. 그리고 '몸'은 천지의 교합에서 이루어진다. '삶'은 기의 취산의 과정을 나타낸다. 삶은 살다, 사르다, 삶, 사람, 사랑이라는 여러 단어로 그 의미망이 다양하게 변화한다. 죽음이라는 '사르다'도 변화하는 생명의 한 현상이다. 그리고 살고 사르는 삶의 주체는 사람이며, 사람이 태어나고 죽어가는 목적은 바로 '사랑'(仁) 때문이다. 그래서 사람이 사람다울 수 있는 것이다.

몸은 공간과 시간(宇宙)을 점유하고 변한다는 의미에서 점진과 누적의 인과적 '習'을 지니고 있다. 따라서 몸의 변화, 곧 기질의 변화는 시간과 공간의 누적적 점진성을 지니고 있다. 질병도 외부에서 주어진 하나의 일회적 사건이나 유형의 실체라기보다는 그 사람이 살아온 존재 방식의 표현이며 삶의 흔적일 수 있다. 또는 자기중심적 에고에 의해 가려진 본래 본성이 발현 및 회복하고자 하는 생명의 또 다른 메시지이다. 이런 관점에서 본다면 질병 치유는 일회적 수술이나 약물요법으로 제거되거나 치료하는 실체적 사건이 아니라 그 사람이 살아온 존재의 방식을 되돌아보고 단절된 관계를 새롭게 회복하고, 잘못된 인식관에 의한 인지 체계를 새롭게 재구성하는 전환이 있어야 한다. 어쩌면 의학적 치유에도 돈오적 치유란 있을 수 없다. 여기에는 끝없는 점진과 누적이 있을 뿐이다. 그래서 인성과 기질변화에는 일상적 삶의 실천과 끊임없는 자각과 도덕적 본성의 발현을 향한 심의 지향성이 요구된다. 그

---

따라서 생리는 음양, 육기의 작용의 표현이다.

래서 주자의 기질 변화의 방법은 점진과 누적으로서의 일용공부와 격물궁리로서의 공부 방법을 택한다. 주자는 가장 작은 일에서 하나하나 점진적으로 공부하다 보면 어느덧 누적되어 활연관통하게 됨을 말한다. 갑작스러운 돈오나 깨달음은 있지 않다.

> 대학 공부의 시작으로서 공부에 깊이 잠겨 익숙해지면 지식이 누적되어 각각 깊고 얕음이 있게 되는 것이지, 결코 갑자기 깨달아 깊이 알게 되는 경우란 있지 않다. 요사이 유학자들은 이것을 또한 지나치게 높은 것 같다고 말한다. 그가 스스로 말하기를 이미 확 트이게 한 번에 깨달았다고 하였는데 여기에 있어서는 오히려 어두울 뿐이니 또한 어떻게 깨달았다고 하겠는가?[220]

당시 주자와 수양 방법에 대해서 이견을 보인 육상산의 경우 점진적이고 누적적인 수양 방법이기보다는 다분히 선학적이고 돈오적인 깨달음의 방법을 추구하고 있었던 것으로 나타난다.[221] 주자에게서 공부 방

---

220) 『朱熹集』, 30-2(1265쪽)(34세), 答汪尚書, "大學功夫之始潛玩積累各有淺深非有頓悟險絶處也. 近世儒者語此似亦太高矣. <呂舍人書別紙錄呈> 彼旣自謂廓然而一悟者其於此猶懵然也. 則亦何以悟爲哉?"
221) 주자와 육상산간에 이루어진 아호사에서의 논쟁은 바로 심학과 리학이 가진 사상내용의 구체적인 실현이라고 할 수 있는 공부방법론에 관한 논쟁이라고 볼 수 있다. 주자와 육구연의 도문학과 존덕성의 수양론의 차이는 성, 심, 리 개념을 핵심으로 하는 본체론과 심성론에 관한 서로 다른 사상의 결과에서 찾을 수 있다. 즉 주희는 '리'를 최고의 범주로 설정하였으며, 육구연은 '심'을 최고의 범주로 설정하였다. 육구연은 '리'를 심에 귀속시키고 '심즉리'의 명제를 통하여 '심'을 그의 철학의 최고 범주로 높였던 것이다. 육구연에게 있어서 '리'는 바로 '심'에 있으며 '심'이 곧 '리'이므로 리는 심의 실제 내용이고 '심'은 '리'의 실제적인 체현이다. 그리고 육구연이 말하는 심은 단순히 장부기관으로서의 심이 아니라 모든 사람들이 같이 구비하고 있는 보편적인 우주의 정신으로서의 심이며 천지만물의 '리'의 보편성과 동일한 것이다. 그러므로 그는 "우주가 나의 심이고, 나의 심이 우주이다"고 하였던 것이다. 그래서 그는 '리'는 마음에 갖추어져 있으며, 마음이 바로 '리'이기에 마음을 떠나서 어떠한 '리'도 말할 수 없다고 생각하였다. 주자에게도 비록 '심즉리'의 사상이 보이기는 하지만 '성즉리'가 그의 사상체계의 기본 명제이다. 주자는 심속에 리

법은 '學問思辨力行'의 점진적 과정에 있었다. 즉각적, 일회적 깨달음을 추구하는 선학적 공부 방식을 거부한다. 오로지 치밀한 사색과 철저한 궁리를 통해 점진적 누적적 방식으로 기질이 변화됨을 말한다.

> 이제 학문을 함에 처음 힘써야 할 것은 널리 배우고, 깊이 있게 묻고, 신중하게 생각하고, 명백하게 판단하며, 힘껏 실천하는 데 있으니, 이렇게 한다면 가히 기질을 변화시켜서 '도'에 들어갈 수 있을 것이오. 도리어 먼저 스스로 학문을 끊어 배우지도, 생각하지도 않은 채, 아무 연유도 없이 홀연히 깨달음이 있기만을 앉아서 기다리고 있으니, 쓸모도 없는 곳에 마음이 빠져 세월을 놀며 보내면서 끝내 성공을 보지 못하는 일이라고 하지 않겠소?[222]

---

가 성으로 담겨져 있을 뿐만 아니라 심 밖의 모든 사물에도 실현되어 있는 리를 최고의 본체로 간주하였다. 결국 이들의 존덕성과 도문학의 차이는 심, 성, 리에 대한 이해를 바탕으로 달라지는데, 주자는 심과 성 사이에 구분이 있다고 생각하였다. 즉 심속의 성이 리이며 또한 심 밖의 현상계의 모든 사물에도 각기 리가 실현되어 있다고 본다. 따라서 본심을 밝히고 근본을 세우는 존덕성이 궁극적인 목표이기는 하지만 그것을 가능하게하기위해서는 독서를 하고 강학을 하며 사물과의 교섭인 격물궁리를 통하여 리를 체인하는 도문학의 공부가 필수적이다. 따라서 도문학이 결여된 존덕성의 공부를 주장하는 것은 과정이 결여된 결과를 얻고자 하는 것이라고 한다. 주자에게 존덕성과 도문학은 떨어질 수 없는 목적지와 과정의 관계이다. 육구연은 존덕성과 도문학의 관계에서 존덕성의 공부에 치중한 반면, 주자는 양자의 병행을 강조하였다. 육구연은 심을 최고의 범주로 하는 '심즉리'의 사상을 바탕으로 심과 리, 심과 물의 동일성과 일치성의 측면을 강조하였기에 존덕성 공부가 중요하지 외물과의 접촉방식인 도문학의 공부는 별 의미가 없게 된다. 반면 주자는 리를 최고 범주로 하는 '성즉리' 사상을 바탕으로 심과 리, 심과 물의 차별성을 주목하였기에 존덕성 공부가 궁극적이긴 하지만 심 밖에도 존재하는 사물 속에 체현된 이치의 파악인 도문학 공부의 필요성과 그 과정의 단계성을 인정하지 않을 수 없었다. 이렇게 볼 때 두 사람의 공부방법의 차이는 결국 도문학 공부를 강조하는가 그렇지 않는가의 차이로 귀결된다. 박경환, 「공부방법론으로서의 존덕성과 도문학-주희와 육구연의 아호논쟁」, 『논쟁으로 보는 중국철학』, (예문서원, 2000), p.237-261, 참고 요약.

222) 『朱熹集』 30-7(1279쪽)(43세) 答汪尙書7, "今日爲學用力之初, 正當學問思辨, 而力行之. 乃可以變化氣質而入於道. 顧乃先自禁切. 不學不思, 以坐待其無故忽然而有見, 無乃溺心於無用之地, 玩歲愒日而卒不見其成功乎."

따라서 주자에게 있어서 공부, 그리고 인성과 기질변화의 방법은 꾸준한 점진과 누적으로서 이루어지는 과정을 말하며, 방법은 격물궁리와 거경함양이다. 이제 기질변화의 한 축인 격물궁리에 대해서 주자가 어떻게 보았는지 살펴보고자 한다.

### 2. 격물·궁리의 방법

주자가 격물궁리의 수양론을 건립하기까지 수십 년의 인식적 변용의 과정이 필요했다. 특히 그는 스승 이연평(이동)의 학문에 영향을 받았는데, 이동 학문의 큰 범주는 다음과 같이 정리할 수 있다. 첫째, 조용히 정좌하여 체인하는 것(默坐體認), 둘째, 활연히 깨우치는 것(灑然融釋), 셋째, 『중용』의 중화설을 이론적 기초로 하여, 넷째, 理一分殊를 학문으로 하는 것이다. 이중에서 스승 이동에게 크게 영향을 받은 것은 '미발체인'과 '리일분수'였다. '미발체인'은 후에 주자의 존양성찰론을 건립하는 동기가 되었으며, '리일분수'는 '격물궁리' 공부를 형성하는데 계기가 된다.[223]

주자도 처음 연평에게 수학할 당시만 해도 불교의 '견성설'과 같은 유형의 본체직관 수행법에 매료되어 있었던 것 같다. 그는 '분수지리'를 탐구하는 대신 '하나의 이치'를 깨닫는 일에 흥미를 느꼈고, 일상의 자잘한 사무 대신 초월적이고 혼융한 세계에 관심을 가지고 있었다.

> 내가 이전에 이 선생을 뵈었을 때 무한한 도리를 말씀해 주서서 일찍이 선학 공부하던 것을 버렸다. 이 선생은 "자네는 어째서 허공중의 리만

---

223) 이승환 교수의 「주자는 왜 미발체인에 실패를 했는가?」, 『동양철학과 정신건강』, 한국동양철학회, (2007) 글 참조

을 이해하고자 하고 바로 앞의 일에 대해서는 도리어 알고자 하지 않는가? 도는 현묘한 것이 아니니, 다만 일상생활 중에 착실히 공부하는 곳에서 이해하면 곧 스스로 (리를) 얻게 될 것이다"라고 하셨다.[224]

주자는 '(개별 사물에 갖추어 있는 이치)'를 탐구하는 대신 '하나의 이치'를 깨닫는 일에 흥미를 느꼈고, 일상의 자잘한 사무 대신 초월적이고 혼융한 세계에 관심이 있었다.[225] 그러나 이동을 만난 후 주자는 '리일(하나의 통일된 이치)'보다 '분수(개별 사물의 특수성)'를 더욱 중요시하였으며, 이동의 견해가 주자의 '격물궁리론'의 방법론적 기원이 되었다. 분수를 중시하는 방법론에서 보면, 주자의 격물궁리 방법은 구체적이고 개별적인 사물로부터 들어가 구체적 인식을 축적함에 이르면 자연히 '理一'을 파악하게 된다는 것이다. 주자는 '分殊'로부터 하나에 통달해 가는 것을 학문의 방법으로 삼아야 한다고 주장한다. '理一'은 하나로 꿰는 통관이며, '分殊'는 개개 사물마다 내재하여 있는 이치를 궁구해 들어가는 격물을 말한다. 주자의 입장은 '분수' 없이 '리일'이 성립할 수 없다는 입장이다. 마치 '漸修' 없이 '頓悟'를 이루려는 것처럼 헛된 생각임을 지적한다. '理一'은 '分殊'를 통해서 이루어지는 것으로 본 것이다.

성인이 일찍이 리일을 말한 적은 없지만 분수에 대해서는 여러 번 말씀하셨다. 분수 가운데의 구체적 사물에서 사물마다 당연한 리를 이해할 수 있어야만 비로소 리의 근본이 하나로 관통함을 알게 될 것이다. 만

---

224) 『朱子語類』, 101-77, 某舊見李先生時, 說得無限道理, 也曾去學禪. 李先生云: '汝恁地懸空理會得許多, 而面前事卻又理會不得? 道亦無玄妙, 只在日用間著實做工夫處理會, 便自見得.' 後來方曉得他說, 故今日不至無理會耳." 銖(67이후).
225) 이승환, 위의 글 재인용.

가지 다른 것들에 각기 다른 리가 있다는 것을 알지 못하고 오로지 리일만을 말한다면 리일이 어디에 있는지 알지 못할 것이다.[226]

격물궁리의 방법은 철저한 독서와 강학 및 도덕 실천을 통해 도덕적 준칙과 일반적인 원리를 파악하는 데 있다. 그의 격물설이 곧 인성과 기질변화의 방법론이라고 할 수 있다. 개개 사물 안에 있는 이치와 마땅함의 일치, 곧 격물궁리는 기질 변화를 밝히는 기본적인 과정이며 그러한 앎을 통해 온전한 기질변화를 이루어 가는 점진적인 과정이 곧 격물궁리의 방법이다.

주자는 '所當然之則(하늘처럼 자연스럽고 보편 당연한 이치)'과 '所以然之故(사물이 사물로서 존재하게 하는 이유와 원인)'를 구하는 것이 바로 궁리라고 하였다. '소이연지고'는 사물의 도리가 되는 근거를 가리키고, '소당연지칙'은 사람의 행위규범을 가리킨다. 도덕규범이 '당연지칙'이고, 도덕규범이 생겨난 원인이 '소이연지고'이다. 주자가 '소이연지고'를 강조한 것은 단지 사물의 본질과 법칙을 이해하기 위한 데 있는 것이 아니라, 모든 당연지칙은 마땅히 천명에 근원하여 주체적 도덕 자각을 제고한다는 사실을 인식하게 하려는 것이다.

주자에게 있어서 인성과 기질변화는 어떤 생리적 질료의 변화를 의미하는 것이 아니라 공부하는 사람의 인식과 방법의 변화를 말하며, 삶을 살아가는 자세의 변화를 말하는 것이다. 공부함에 있어서, 그리고 삶을 살아가는 자세에 있어서 '소이연지고'와 '소당연지칙'을 모른다면 이는 크나큰 병통이며, 편색이 아닐 수 없다. 그리고 그 변화는 하루아

---

226) 『朱子語類』, 27-41 或問 "理一分殊". 曰: "聖人未嘗言理一, 多只言分殊. 蓋能於分殊中事事物物, 頭頭項項, 理會得其當然, 然後方知理本一貫. 不知萬殊各有一理, 而徒言理一, 不知理一在何處.

침에 이루어지는 것이 아니라 점진적이고 누적적인 과정을 통해서 이루어지는 것이다. 주자에게 있어서 '일상'의 '범용'은 학문하는 자의 출발점이자 귀결점이다. 그 첫 출발은 일상적 분수에서 시작하며, 그 귀결은 리일의 관통으로 귀결된다. 관통은 다름 아닌, 사람이 살고 부딪치는 일상에서의 중화이다.

따라서 주자의 격물사상에서 가장 중요하고 핵심적인 것은 바로 '과정'이다. 삶의 과정이야말로 개체적 인격체가 완성되어가는 순서이다.[227] 이러한 과정을 거치지 않는다면 '成物'이 이루어 지지 않는다. 주자의 인성과 기질변화의 방법으로서의 격물궁리는 "오늘 한 가지를 궁리하고, 내일 한 가지를 궁리하여, 익힘이 누적되어 많아지면, 자연히 활연관통하는 경지가 있게 된다."[228]는 한 문장으로 표현할 수 있다. 관통은 차츰차츰 누적해 가야만 이루어진다는 뜻이다.

> 일물을 격하고서 만물의 이치를 통하게 되는 데에는 비록 안자와 같은 이도 이르지 못했다. 오직 오늘 일물을 격하고 내일 또 일물을 격하여 익힘이 쌓여 많아지게 된 연후에는 활연히 관통하는 바가 있게 될 것이

---

[227] 삶과 우주의 과정변화에 대해서 유가는 '乾道變化'와 '天命不已'를 통하여 말하고 있다. 모종삼은 이를 'becoming process'로 설명한다. 즉 '각정성명'은 바로 개체로서의 만물에 대해 말하는 것이며, '건도변화'의 과정 중에서 각각의 모든 존재들은 그 性命을 바르게 할 수 있고 그 성명을 바르게 한다는 것은 바로 그 性을 정하고, 命을 정한다고 설명한다. 그는 「乾卦」 卦辭에서 말하는 "元.亨.利.貞"의 네 글자가 표시하는 단계가 바로 하나의 'becoming process'임을 말한다. 그는 이를 아리스토텔레스의 '사원인설'에 따라 재구성하여, 동력인과 목적인의 관계로 설명한다. 즉 '天命不已'는 동력인이며, '各正性命'은 목적인을 말한다. 그리고 이 동력인과 목적인은 각 개체적 사물에 내재되어 있는 질료(matter)와 형상(form)이 결합하여 이루어지는 상보적 관계로 설명한다. 모종삼,『동양철학과 아리스토텔레스』, 정병석 옮김, (소강, 2002) 참조.

[228] 『二程遺書』. 18-27, "道須是今日格一件, 明日又格一件, 積習旣多, 然後脫然自有貫通處."

다.[229]

　격물이란 천하 만물을 다 궁구하고자 하는 것이 아니라, 다만 한 가지 일에서 그 리를 완전히 터 만 가지 길이 다 나라에 들어갈 수 있는 길이 될 수 있지만, 하나의 길에 들어서기만 하면 그 길을 미루어서 그 나머지 득하고 나면 그것을 미루어서 그 나머지를 알 수 있는 것일 뿐이다. (중략)길을 두루 통할 수 있는 이치와 같다. 대개 만물은 각기 하나의 리를 가지고 있지만, 만 가지 리의 근원은 하나로 같다. 바로 이 점이 미루어서 두루 통하지 못함이 없는 이유이다.[230]

　궁리라는 것이 반드시 천하의 리를 다 궁구해야 하는 것은 아니며, 또한 하나의 리를 얻었다고 해서 곧장 그칠 수 있는 것도 아니다. 다만 익힘이 많아진 후에 자연스럽게 깨달음이 있게 되는 것이다.[231]

　주자의 인성과 기질변화에는 점진적인 순서와 과정에 의한 공부가 필수이다. 그 과정을 통해서 기질변화는 이루어진다. 점진적이고 누적적인 과정 없이 갑작스럽게 요순에 도달할 수 없고 홀연히 변화될 수 있는 것이 아니다. 따라서 기질을 변화시키고자 하는 자는 몸을 성실하게 하여 허황한 마음을 품지 말고 실질적인 일상에서 부지런히 노력할 것을 요구한다.

---

[229] 『大學或問』, 5-2, "一物格而萬理通, 雖顏子亦未至此, 惟今日而格一物焉, 明日又格一物焉, 積習旣多, 然後脫然有貫通處耳."
[230] 『大學或問』, 5-2. "格物, 非欲盡窮天下之物, 但於一事上窮盡, 其他可以類推. (中略) 蓋萬物各具一理, 而萬理同出一原, 此所以可推而無不通也'"
[231] 『大學或問』, 5-2, "窮理者, 非謂必盡窮天下之理, 又非謂止窮得一理便到, 但積累多後, 自當脫然有悟處."

격물치지는 대학의 단서요 배움의 시작이다. 하나의 사물을 궁구하면 하나의 앎이 생기고, 그 노력이 점차로 쌓여 관통한 후에 가슴속에 의심이 없어져서 행할 것이 확실해지고 뜻이 성실하게 되어 마음이 바르게 된다. 그러므로 앎에 이르는 데는 진실로 깊고 얕음이 있는 것이니, 어찌 황급하게 요순과 함께하고자 한다고 해서 하루아침에 홀연히 깨달을 수 있겠는가! 그것은 석씨가 하나를 듣고 천 가지를 깨달아 단번에 열반에 들었다는 담론처럼 허황한 것이지, 성인의 학문처럼 선을 밝히고 몸을 성실하게 하여 실질적인 데 힘을 쓰는 것과는 확연히 다르다.[232]

유가에서의 군자란 덕을 이룬 사람을 말한다. 군자를 귀하게 여기는 까닭은 품부 받은 기질의 성향을 변화시킬 수 있기 때문이다. 그렇지 않다면 어찌 군자라고 할 수 있겠는가? 중용에서 "비록 어리석어도 반드시 밝아지고, 비록 유약하더라도 반드시 강해질 것이다."[233]라고 말한 것은 바로 이 뜻이다.[234] 기질을 변화시키고자 부단히 노력하는 사람을 군자라고 한다. 주자에 의하면, 인간은 비록 품부 받은 기질이 편색이 되어 있더라도 그 편색된 기질을 탓하지 않고 편색된 기질의 폐해를 자각하고 그 폐해를 극복하는 사람이며, 후천적인 노력으로 자신의 기질과 성향을 바꿀 수 있는 '자기 결정권'(self-determination)을 가지고 중화의 상태에 이르고자 노력하는 자이다.[235]

---

232) 『朱熹集』, 72-11(3790쪽) 雜學辨, "呂氏大學解, "致知格物大學之端始學之事也. 一物格則一知至其功有漸積久貫通然後胸中判然不疑所行而意誠心正矣. 然則所致之知固有淺深豈遽以爲與堯舜同者一旦忽然而見之也哉? 此殆釋氏一聞千悟一超直入之虛談非聖門明善誠身之實務也."

233) 『中庸』, 20-21, "雖愚必明 雖柔必强"

234) 『朱子語類』, 24-52, "君子者, 成德之名也. 所貴乎君子者, 有以化其氣稟之性耳. 不然, 何足以言君子. 中庸言'雖愚必明, 雖柔必强'處, 正是此意." 壯祖(미상).

235) 이승환, 「주자 수양론에서 성(性)과 성향:기질변화설의 성품윤리적 의미」, 『東洋哲學』 제28집, 2007

사람이 품부 받은 기운이 좋지 못한 것만을 핑계 삼고 앞을 향해서 나가지 않는다면 잘못된 것이며, 품부 받은 기운이 해롭다는 것을 살피지 않고 단지 미련하게 나아가는 것도 잘못된 것이다. 반드시 품부 받은 기운의 해로움을 알고 공부를 통해 힘써 극복하고 다스려서 그 지나친 부분을 잘라내어 중화의 상태로 돌아가야 할 것이다.[236]

　그리고 그 과정은 격물 궁리를 통해서 이루어진다. 격물궁리는 자신 안에 내재한 도덕성을 밝히는 과정이기도 하다. 격물(사물을 궁리 관찰함)과 치지(致知, 지극한 앎에 이름)는 인식 과정의 각기 다른 측면이라고 할 수 있다. 격물은 대상에 대한 주체의 작용을 두고 한 말이고, 치지는 인식 과정에서 인식의 주체가 도달하게 되는 결과를 가리키는 말이다. 그래서 "격물은 리(理)로써 말한 것이고, 치지는 심(心)으로써 말한 것이다."[237] 따라서 개개 사물에 나아가 격물하게 되면 '나'라고 하는 주체의 앎이 다하게 된다. 이는 '致知'가 곧 '지식을 확충하는 것'이며 '물리를 다 궁구할 때 주체적 측면에서 도달한 결과'라는 사실을 말해주는 것이다. 격물과 치지는 곧 하나의 일이지, 오늘 격물하고 내일 치지하는 것이 아니다. 이는 격물과 치지가 각각 물과 심을 대상으로 하는, 두 종류의 공부가 아니다.[238] 따라서 격물을 통해 주체적 인식 과정이 넓혀진다면 비로소 편색된 기질도 바르게 할 수 있다.[239]

---

236) 『朱子語類』, 4-59, "人之爲學, 卻是要變化氣稟, 然極難變化. 如"孟子道性善, 不言氣稟, 只言'人皆可以爲堯舜'. 若勇猛直前, 氣稟之偏自消, 功夫自成, 故不言氣稟. 看來吾性旣善, 何故不能爲聖賢, 卻是被這氣稟害. 如氣稟偏於剛, 則一向剛暴; 偏於柔, 則一向柔弱之類. 人一向推托道氣稟不好, 不向前, 又不得; 一向不察氣稟之害, 只昏昏地去, 又不得. 須知氣稟之害, 要力去用功克治, 裁其勝而歸於中乃可."
237) 『朱子語類』, 15-49, "致知·格物, 只是一事, 非是今日格物, 明日又致知. 格物, 以理言也; 致知, 以心言也." 恪(64세).
238) 陳來, 『주희의 철학』, 이종란 외 옮김, (예문서원, 2002), p.326.
239) "물에 있는 리가 이미 그 극진한 데 이르러 남음이 없게 되면 나에게 있는 앎 또한 그

따라서 주자는 하늘이 사람에게 부여한 밝은 덕(성 또는 심으로서의 본체)을 인지하고 드러내는 것은 바로 격물과 치지에 있다고 보며, 격물치지야말로 기품과 인욕에 가려진 도덕적 본성을 밝힐 수 있는 것으로 보았다

> 누군가 물었다. "'밝은 덕을 밝힌다'(明明德) 라는 구절은 고요한 때에 본래의 마음이 발현되면, 배우는 자들이 본래의 마음이 발현되는 것을 쫓아가며 궁구해야 한다는 말이 아니겠습니까?" 말했다. "반드시 고요한 때만이 아니라 의식이 활동 중일 때도 역시 발현하는 것이다. (중략) 마음에 갖추어진 그 덕은 본래 지극히 밝은 것이어서 끝내 기품이나 물욕으로 가릴 수가 없으니 반드시 때때로 발현하기 마련이다. 설령 지극히 악한 사람이라 하더라도 때로 선한 생각이 발현하기 마련이다. 배우는 자들은 마땅히 그 밝은 곳으로부터 공부에 착수해서 줄곧 밝혀나가야 하니, '격물'과 '치지'라는 것도 모두 이 일에 해당한다. 지금 어떤 사람이 한 가지 옳지 않은 일을 하고서 어떤 때는 전혀 알아차리지 못하는데 이것이 곧 어두운 상태이다. 그러나 어떤 때는 옳지 않음을 알아차리게 되는데 이것이 바로 밝은 상태다.[240]

---

이른 곳을 따라 다하지 않음이 없게 된다. 앎이 다하지 않음이 없게 되면, 마음이 리에서 발현하게 되어 스스로 속임이 없게 되니, 스스로 속이고자 하지 않으면 마음의 본체가 물을 움직이게 하지 않으니 바르지 않을 수 없다. (이로써) 마음이 바르게 되면, 몸이 있어야 할 곳이 편벽한 곳에 빠지지 않게 되어 닦여지지 않음이 없게 된다) "理之在物者, 旣詣其極而無餘, 則知之在我者, 亦隨所詣而無不盡矣. 知無不盡, 則心之所發能一於理而無自欺矣. 意不自欺, 則心之本體物不能動而無不正矣. 心得其正, 則身之所處不至陷於所偏而無不修矣.『대학혹문』, 0-7,"

240)『朱子語類』, 14-83, "或問: "'明明德', 是於靜中本心發見, 學者因其發見處從而窮究之否?" 曰: "不特是靜, 雖動中亦發見. (中略) 然而其德本是至明物事, 終是遮不得, 必有時發見. 便敎至惡之人, 亦時乎有善念之發. 學者便當因其明處下工夫, 一向明將去. 致知·格物, 皆是事也. 且如今人做得一件事不是, 有時都不知, 便是昏處; 然有時知得不是, 這个便是明處." 子蒙(미상).

주자에게서 격물치지는 독서와 강론 그리고 추론과 분석 등을 통한 인지적 공부를 말한다. 책을 읽어도 자신 안에서 그 의미를 육화해 내지 못하면 아무런 의미가 없다. 주자에 있어서, 주체자의 인식적 범주를 확장하고 구체화할 수 있는 것은 주체자의 사유를 거쳐 그 의미를 완전히 이해하고 육화하여 삶의 실천에 옮길 때 이르는 것으로 보고 있다. 인간은 자신에게 의미 되지 않은 것은 관심이 없다. 인간은 의미의 동물이다. 삶은 의미의 연속과정이다. 인간은 자신의 존재성을 발견하고 그 존재성을 이루어가는 삶의 현장에서 비로소 의미를 찾게 된다.[241] 격물 궁리에 있어서 인식체계의 확장은 세계와 자신의 본질적인 관계의 의미를 발견하고 그 본질적 관계를 정립해 가는 과정에서 자신 재의 의미를 확인하면서 인지체계는 확장된다. 따라서 격물치지에 있어서 궁리과정을 통해 자신존재의 의미를 확인하고 주체적 인식이 확장되는 것을 치지라고 할 수 있다. 따라서 그 치지에 이르기 위해서는 무엇보다 세계와 대상에 대한 자신의 관계가 무엇인가에 대한 의미의 주체적 사유가 필수적이다.

경지에게 말씀하셨다. "자네는 의기가 약해서 책을 읽어도 이렇듯 망설이며 판단을 못 내리니, 이는 도리를 분명하게 인식하지 못했기 때문인 것 같다." 하손이 물었다. "선생님께서는 전에 경지에게 『맹자』를 읽

---

241) '의미를 통한 치료(therapy through meaning)' 라고 불리는 치료법 중에 로고테라피(logotherapy)가 있다. 일반 심리요법이 인간 심리 저변에 있는 무의식의 정신역학에 관심을 갖는 반면에, 로고테라피는 전통적인 심리요법이 간과하고 있는 인간의 삶과 의미의 관계에 관심을 갖는다. 인간은 자신이 추구하는 의미를 찾을 수 있다면, 고통이나 희생을 감내하며 생명까지 바치는데 반해, 삶의 의미를 잃으면 자살 충동을 느끼거나 삶의 의지를 놓게 된다. 따라서 로고테라피는 자신의 삶의 의미를 발견하고 확인함으로써 치유에 이르는 테라피이다. 빅터 프랭클, 의미를 향한 소리 없는 절규, 오승훈 옮김, (청아출판사, 2005), p 25-27. 참조.

으로 하셨는데, 만약 이 책을 투철하게 읽으면 '기질'이 반드시 절로 변화하지 않겠습니까?" 말씀하셨다. "다만 도리가 분명해지면 저절로 변하기 마련이다. 지금『맹자』를 읽는다면서, 읽고 난 후에도 여전히 똑같은 모습이라면 읽지 않은 것이나 마찬가지이다. 책 속의 의미를 제대로 파악하지 못한 것이니, 맹자는 맹자대로, 자기는 자기대로 따로 놀게 된다.[242]

주자는 제자인 경지가 義氣가 약했던지 경지의 浩然之氣를 북돋을 의향으로『맹자』를 읽어 보라고 했다. 그런데 경지는 책을 투철하게 자신의 인지체계와 의미 관계 속에 체화되도록 읽지 않았던 모양이다. 그래서 주자는 "도리가 분명해지면 기질이 저절로 변하기 마련이다"라고 말한다. 여기서 '도리가 분명'해진다는 의미는 무엇을 가리키는지 확신할 수 없지만, 책에 담겨 있는 의미가 '자신의 인지체계를 통해서 이해되고 그 의미가 자신에게 자각, 사유화되어 세계와의 관계에서 주체적으로 도덕적 본성을 이루어가는 과정'임을 추측할 수 있다. 여기서 '기질이 변한다'는 의미는 다름 아닌 '세계와의 관계에서 주체적으로 도덕적 본성을 이루어갈 수 있는 능력'을 의미하는 것이다. 그래서 후반절에 나타난, "『맹자』를 읽는다면서, 읽고 난 후에도 여전히 "똑같은 모습이라면"의 뜻은 '주체적 자기인식의 체화'가 아직 이루어지지 않았음을 의미한다. 주자에게서 격물치지의 시작은 주체적 자기 이해에서 시작한다.

---

[242]『朱子語類』, 120-27 語敬之曰: "敬之意氣甚弱, 看文字都恁地遲疑不決, 只是不見得道理分明." 賀孫問: "先生向令敬之看孟子. 若讀此書透, 須自變得氣質否?" 曰: "只是道理明, 自然會變. 今且說讀孟子, 讀了只依舊是這簡人, 便是不曾讀, 便是不曾得他裏面意思; 孟子自是孟子, 自家身己自是自家身己.

"치지는 사리에서 알지 못하는 것이 없고자 하는 것이고, 격물은 그 소이연을 궁구하는 것이라고 하면 그 뜻이 통하는지요?"라고 물었다. "모름지기 그렇게 설명해서는 안 된다. 오직 내가 아는 것을 미루어 극진히 하여 사물에 나아가 이해해야 한다. 치지는 나로부터 말하는 것이고, 격물은 물에 나아가 말하는 것이다."[243]

따라서 독서와 강론을 통해서 '기질을 변화시킨다'는 의미는 격물궁리를 통한 인지적 개선과 세계의 자기이해, 주체적 인식의 사유를 통한 도덕적 본성을 이루어가는 과정을 의미한다. 이해와 사유는 즉각적이고 일회적인 '깨달음'을 가리키는 것이 아니라 이성의 능력을 사용한 분석적이고 점진적인 탐구 활동을 말한다.[244]

"누군가가 물었다. "여동래는 '기질을 변화시켜야 비로소 학문을 말할 수 있다'고 하였는데 무슨 뜻인지요?" "그 말의 뜻은 참 좋다. 그러나 내 생각으로는 학문해야 비로소 '기질'을 변화시킬 수 있다. 만약 독서와 궁리를 하지 않고 경으로 마음을 보존하지도 않으면서 헛되이 '지난 삶의 그릇됨'과 '오늘의 옳음' 사이에서 쩔쩔매면서 견주어 보려고 한다면 아마도 헛수고에 불과하여 아무런 보탬도 되지 않을 것이다".[245]

여동래는 기질을 변화시킨 이후에 비로소 학문을 할 수 있다고 했다면, 주자는 학문을 통해서 기질을 변화시킬 수 있다고 본다. 여기서 주

---

243) 『朱熹集』, 51-15(2510쪽)(62세), 答黃子耕5, "格物只是就一物上窮盡一物之理, 致知便只是窮得物理盡後我之知識亦無不盡處, 若推此知識而致之也."
244) 이승환, 위의 글.
245) 『朱子語類』, 122-5, "或問: 東萊謂變化氣質, 方可言學." 曰: "此意甚善. 但如鄙意, 則以爲學乃能變化氣質耳. 若不讀書窮理, 主敬存心, 而徒切切計較於昨非今是之間, 恐亦勞而無補也.""

자는 기질을 변화시키기 위한 실천적 방법으로서 독서와 궁리 그리고 경을 제시하고 있다. 주자가 말하는 격물치지의 공부는 단지 외부로부터 정보를 받아들여 지식의 양을 축적하는 일이라기보다는 인격 주체가 사물을 바라보는 관점과 사물에 대한 이해력을 증진 시키는 인지 체계의 개선이라고 할 수 있다.[246] 이해와 사유는 즉각적이고 일회적인 '깨달음'을 가리키는 것이 아니라 이성의 능력을 사용한 분석적이고 점진적인 탐구활동을 말한다. 그리고 그 활동은 멀리 있는 곳이 아니라 일용 간에 착실하게 공부하는 것이었다.

인성 변화는 멀리 있는 것이 아니라 바로 우리들의 지금의 삶에서 이루어지는 것이며, 순간순간 부딪히는 상황과 사물에 온전히 격물궁리하다 보면 좁은 인식관이 넓혀지고 누적될 때, 어느 순간 모든 인지적 사유체계나 존재의 방식이 활연관통하게 되는 것이다. 주자에게 있어서 인성 변화는 다름 아닌 인지적 사유 방식의 변화, 즉 활연관통의 모습이며, 그 활연관통은 자신과 사물 그리고 세계와의 유기적 관계에서 '중화'를 이루는 모습이다.

## VI. 인지 능력 함양 공부

본 글은 지금까지 주자의 공부론에 나타나는 인성과 '기질' '기질 변화'의 의미를 수양론적 공부론의 관점에서 살펴보았다. 따라서 주자가 인간을 이해하는 측면에서 기질의 의미가 무엇인지 알기 위해, 賢·愚의 인지능력과 재능의 차이, 聖·凡의 도덕 감정 및 성격의 차이로 나

---

[246] 이승환 위의 글.

누어 주자의 기질적 시각을 살펴보아서 기품된 기질의 한계를 부단히 극복하는 사람으로 인식하였다는 점이다. 그 결과 주자에게 있어서 성현은 결정된 것이 아니라 자신의 도덕적 주체성을 선천적으로 타고난 기질에 안주하는 것이 아니라 끊임없이 살피고 사려하는 공부인의 모습이었으며, 비록 타고난 기질이 중정한 성현의 기품일지라도 기질에 기대어 안주하거나 핑계하고 살피지 않으면 범부를 면하지 못한다는 게 주자의 관점이다.

또한 아무리 범부의 편협된 기질을 타고났다 하더라도 기질을 핑계하지 않고 살피고 반성하는 수양인의 태도가 바로 성현의 모습임을 주자는 강조한다. 그리고 변화는 하루아침에 이루어지는 것이 아니므로 지속적인 일상의 노력이 수반되어야 함을 강조하면서 현·우와 성·범의 인지적 능력과 도덕 감정의 차이는 사욕과 공정무사한 마음의 여부, 그리고 그에 따른 인욕과 천리의 발현 문제에 있었다는 것을 보았다. 그리고 인성과 기질 변화의 방법으로 제시한 '함양성찰'과 '격물궁리'의 특징을 살펴보면서 주자의 인성과 기질변화는 신체적 생리에 기반한 생물학적 변화가 아닌 정서 및 감정을 조절하는 인지적 능력의 배양으로서의 격물치지와 자신에게 내재한 도덕적 배양을 위한 함양성찰의 과정이었음을 살펴보았다. 주자는 학문을 통해서 기질을 변화시킬 수 있다고 보았고 인성과 기질변화의 구체적 실천으로 독서와 궁리 그리고 경을 제시하고 있다.

주자가 말하는 격물치지의 공부는 단지 외부로부터 정보를 받아들여 지식의 양을 축적하는 일이라기보다는 인격 주체가 사물을 바라보는 관점과 사물에 대한 이해력을 증진하는 인지 체계의 개선이었으며, 이를 통한 자아의 성찰, 사물 간의 관계, 그리고 확장된 세계의 해석을 통해 편색 된 인지체계가 교정되고 사물과 인간, 세계의 관계가 비로소 소통될 수 있음을 말하였다. 이상 집필자는 얕은 지식과 단견으로 본 글을 진행한 결과 다음의 거친 결론을 내리고자 한다.

**첫째**, 주자 공부론에서 인성과 기질변화란 "기질이 가지고 있는 경향성, 정서 및 감정 그리고 신체적 생리의 경향성이 자기중심으로 흐를 수 있는 경향을 버리고 公正無私한 태도를 유지하도록 심의 지향적 변화를 말하는 것"[247]이다. 이는 곧 인성과 기질변화가 신체적 생리의 물질을 바꾼다는 의미가 아니라 심의 주재로 정서 및 감정의 경향성을 도덕적 성향으로 변화시킨다는 의미이다. 그 도덕적 성향은 바로 기질이 지향하는 중정한 중화의 상태를 말함이다.

**둘째**, 성현은 선천적으로 결정된 것이 아니라 후천적인 노력으로 만들어져 가는 사람이다. 즉 성현과 우범의 차이는 선천적으로 결정된 인품에 있는 것이 아니라 주어진 성품을 반성하고 지나친 것은 가다듬고 모자라는 것은 보충하여 일상적 삶에서 중화를 이루는 사람이다. 이는 주자가 기질의 한계를 극복하고 도덕적 본성을 회복하고자 하는 인간의 주체적 자각과 의지가 하늘의 결정한 것보다 더 중요함을 의미한다. 따라서 주자의 관점은 성인이라 하더라도 신독하고 꾸준히 노력하는 자의 모습을 말한다. 그리고 성인이든 범인이든 주어진 본성이 잘 드러나도록 노력하면 누구나 모두 요순이 될 수 있으며 그 결정은 바로 심의 주재로 결정된다. 곧 심안에 요순과 걸주가 함께 있는 것이다.

---

247) 이승환, 「성리학의 수양론에 나타난 심-신 관계연구: 朱子 심리학에서 지향성의 문제를 중심으로」, 『中國學報』 제52집, 한국중국학회, (2005)

**셋째**, 인성과 기질변화의 궁극적 목적은 '중화'에 있었으며 그 중화에 이르는 방법으로서 주자는 일상에 있어서 끊임없는 점진적이고 누적적인 공부 방법으로서 '함양성찰'과 '격물궁리'를 제시하였다.

**넷째**, 인성과 기질변화는 객관적 '理'의 탐구와 '氣稟의 구애 및 물욕의 가림'을 극복하는 공부를 의미하며, 주자의 인성과 기질변화설의 특징은 바로 인지적 능력과 도덕적 능력의 합일적 지향과 知行竝進을 통한 性向의 中和的 추구였다. 그리고 그 변화는 다름 아닌 인지적 사유방식의 변화, 즉 활연관통의 모습이었으며, 그 활연관통은 자신과 사물 그리고 세계와의 유기적 관계에서 '중화'를 이루는 모습이었다.

인성의 변화는 평범한 일상을 지향하고 있다. 그리고 주자의 말은 공허하지 않고 멀리 있지도 않으며 개념적이지도 않다. 주자에게 있어서 인성과 기질변화는 公正無私한 마음을 유지하는 것 그 이상이 아니었다. 그 공정무사한 마음 안에 학문의 도체와 천리와 도심, 중화가 이루어져 있다.

청년기·중년기_기본
# 청년기와 중년기 성인의 발달 과업과 죽음

### <내용 요약>

청년기와 중년기는 인간 발달의 중요한 시기로, 각각 21세에서 45세, 45세에서 65세까지를 포함한다. 청년기의 주요 발달 과업은 친밀감 대 고립감을 형성하는 것이며, 중년기의 주요 과업은 생산성 대 정체와 자기 탐닉을 방지하는 것이다. 이 시기의 성인들은 죽음에 대한 인식을 바꾸며, 청년기와 중년기에는 죽음에 대한 태도나 경험이 달라진다. 레빈슨은 이 시기를 여러 전이 시기와 구조 형성 시기로 구분하며, 성인 발달의 다양한 시기를 설명한다. 또한, 중년기의 '샌드위치 세대' 문제는 세대 간 역할과 책임의 균형을 맞추는 데 어려움을 겪게 한다.

### <핵심어>

청년기(Young adulthood), 중년기(Middle adulthood),
발달 과업 (Developmental tasks),
죽음에 대한 태도(Attitudes toward death)

### <학습 목표>

- 청년기와 중년기의 발달 과업을 이해하고, 각 시기의 주요 발달적 도전과 과제를 구체적으로 학습한다.
- 중년기와 청년기의 죽음에 대한 태도를 비교하고, 개인의 발달적 맥락에서 죽음을 어떻게 받아들이고 준비하는지 탐구한다.
- 샌드위치 세대의 역할과 그들이 겪는 발달적 어려움을 이해하고, 다양한 세대 간 관계에서 나타나는 갈등을 분석한다.

- 청년기에서 중년기로의 이행 과정에서 발생하는 심리적 변화를 이해하고, 이를 건강하게 대처하는 방법을 학습한다.
- 죽음과 관련된 삶의 경험을 바탕으로 성인의 발달적 국면에서 삶의 의미와 가치 재평가 방법을 탐구한다.

<적용 실천>
- 청년기와 중년기의 발달 과업에 따라 자신이나 타인의 발달 과정을 이해하고, 개인의 성장과 발달을 지원하는 맞춤형 조언을 제공한다.
- 샌드위치 세대의 어려움을 인식하고, 이들이 겪는 가족 간 역할 갈등과 균형을 맞추는 방법을 제시한다.
- 중년기와 청년기의 죽음에 대한 태도를 탐구한 후, 삶의 의미와 죽음을 받아들이는 태도를 변화시키고, 삶의 가치 재평가를 촉진하는 방법을 실천한다.
- 청년기에서 중년기로의 이행 시기를 지원하며, 이 시기의 심리적 변화와 스트레스를 건강하게 다룰 수 있는 전략을 제공한다.
- 죽음에 대한 건강한 태도를 배운 후, 가족이나 친구와의 관계에서 진실한 소통을 강화하고, 삶의 끝자락에서 중요한 일을 미루지 않도록 실천한다.

## 청년기와 중년기 성인의 발달 과업과 죽음[248]

본 장에서 다루고자 하는 주제는 다음과 같다. ① 청년기와 중년기의 다른 발달적 과업에 대한 논의의 확장, ② 청년기와 중년기 동안 죽음에 대한 전형적인 만남 기술, ③ 생명을 위협하는 질병과 죽어감에 직면하는 청년기와 중년기 성인의 주요한 문제 확인, ④ 사별과 상실에 직면하는 청년기와 중년기 성인들의 중심 문제 탐구; 자식, 배우자, 형제자매, 동료, 친구, 조부모 등의 죽음과 관련하여 다음의 사례에서 성인들이 인식하는 죽음 개념과 경험의 양태가 어떠한지 살펴보자.

청년기와 중년기는 20대 초반의 청소년기 끝에서 60대 중반의 노년기 시작까지의 40년 동안의 인간 삶을 포괄한다. 많은 사람은 이 시간을 인간 발달의 가장 긴 단일 기간으로 간주하며, 이를 '삶의 전성기(prime of life)'로 묘사한다. 어떤 이들은 이 시기를 20년 간격을 가진 두 가지 세대별 코호트, 즉 청년기(21세 또는 22세에서 45세)와 중년기(45세에서 65세)로 나누고 싶어 한다. 에릭슨에 따르면, 청년기의 주된 발전적 과업은 친밀감 대 고립감의 획득이며, 중년 발달의 주요 과업은 생산성 대 정체와 자기 탐닉의 위험이다.

청년기와 중년기는 주목할 만한 차이점에도 불구하고, 가족관계, 역할 과업, 죽음 관련 관심사에서 발생하는 많은 문제를 공유하고 있다. 이 시기 많은 성인들이 직면하는 어려움 중 하나는 중년기

---

[248] 이글은 *Death and Dying Life and Living*, Charles A. Corr, Clyde M. Nabe, Donna M. Corr, 7th Edition 2012, Wadsworth, Thomson Learning Publishing Co, David E. Balk & David K. Meagher Eds., *Handbook of Thanatology : The Essential Body of Knowledge for the Study of Death, Dying and Bereavement* 2013 Routledge, *Children's Conceptions of Death*, in Charles A. Corr & Donna M. Corr (Eds.), Handbook of Childhood Death and Bereavement, Springer Publishing Company에 게재한 내용을 재구성해서 번역 전재하였다.

(middlescent) 또는 샌드위치 세대(sandwich generation)의 구성원으로서, 어린 상대자와 선배인 노년기 사람들 사이에 있는 역할이다. 그런데도 이 기간에 청년과 중년의 삶에 영향을 미치는 많은 변수가 존재하며, 많은 성인들의 발전적 국면이 충분히 연구되지 않았기 때문에 이들의 경험을 일반화하는 데는 주의가 필요하다.

일반적으로 청년과 중년 성인은 생활양식, 관계, 일에 대한 선택을 통해 이전 발전 단계에서 형성된 정체성을 탐색하고 활용하는 시기이다. 청년기의 중요한 시기에 내린 결정은 관계, 직업, 생활양식 측면에서 남은 삶의 많은 것을 결정짓게 된다. 이러한 결정은 청소년 시기에 가능했던 것보다 더 풍부한 방식으로 자신을 이해하도록 돕는다. 중년의 사람들은 이전에 형성된 인간적, 사회적, 직업적 자원들을 보존하고 이에 의존한다. 청년에서 중년기로의 이행은 과거에 젊음과 그에 따른 기회들에 초점을 맞출 수도 있고, 새로운 자기 이해를 성취하며 남은 삶을 어떻게 살아갈지를 결정하는 삶의 재평가로 이어질 수도 있다. 한때 격렬한 위기로 묘사되던 중년기 삶의 이행(midlife transition)은 사건들에 대한 개인적 반응의 인식이 중심이 되는 다소 평온한 이행으로 간주한다.

레빈슨(Levinson)은 초기와 중기 성인기 사이의 넓은 구분 내에서 경계 영역(boundary zones), 이행 시기(periods of transition), 성격적 문제에 따라 인간 발달의 여러 '시절들(seasons)' 또는 질적으로 다양한 시기를 구별하고 있다. 청년기에는 미성년 시기, 즉 성인의 세계로 들어가는 초기 단계인 초기 전이기(early transition), '꿈을 형성하는' 시기인 30대의 전이기(internal transition), '정착'의 시기로 구별된다. 비슷하게 중년기도 초반기 또는 진입 시기, 50대의 중기 전이기,

그리고 말기로 묘사될 수 있으며, 그 이후에는 노년기로의 이행이 뒤따른다고 볼 수 있다.

**<사례 1>**

제 어머니는 암을 앓으시고 3년 만에 돌아가셨습니다. 수술이 성공적이지 못했지요. 의사가 그 사실을 내게 말하면서 덧붙이더군요. "어머니께는 아무 말씀 마세요." 저는 말했습니다. "아니요, 말할 겁니다." 그리고 그렇게 했지요. 저는 제가 어떻게 어머니에게 가서, 의사가 전화해서 수술이 성공적이지 못했다는 것을 어머니께 전했는지 기억합니다. 우리는 한동안 침묵이 흘렀고, 어머니께서 말문을 여셨지요. "그럼 나는 죽겠구나." 저는 말했습니다. "예." 그러고 나서 아무 말도 주고받지 않고, 완전한 침묵 속에 우리는 있었습니다. 우리는 삶에 들어와 있으면서, 삶과는 전혀 다른 어떤 것과 마주했습니다. 그것은 그림자가 아니었습니다. 그것은 악마도 아니었지요. 그것은 두려움도 아니었습니다. 그것은 궁극적(the ultimate)이었습니다. 우리는 그 궁극적인 것이 펼쳐지는 것을 알지도 못한 채, 그 궁극적인 것에 마주해야만 했습니다. 우리는 머물러야 한다고 느끼는 한에서 머물렀습니다. 그리고 삶은 계속되었습니다. 그 결과 두 가지 일이 일어났습니다. 하나는 제 어머니와 제가 어떤 순간에도 거짓에 둘러싸여, 코미디를 연출하거나 도움에서 박탈된 채 있지 않았다는 것입니다. 전 한 번도 거짓 미소를 지으며 방으로 들어가거나, 거짓 언어를 말하지 않았습니다. 사실이 그렇지 않은데도, 죽음을 정복하고, 병에 차도가 있고, 상황이 지금보다 더 나아질 것이라는 코미디를 연출하지 않았습니다. 어떤 순간에도 다른 사람들의 도움을 거절하지 않았습니다. 어머니는 도움이 필요할 때가 있었고, 그때 벨을 누르면 제가 왔고, 우리는 죽어감과 사별에 관해서 이야기를 나누었습니다. 어머니는 삶을 사랑하셨습니다. 아주 깊이 사랑하셨죠. 죽기 얼마 전에는 고통 속에서라도 150년을 살 준비가 되어 있으니 살고 싶다고 말씀하셨습니다. 어머니는 우리를 사랑하셨죠. 그녀는 우리와 헤어지는 것을 슬퍼하셨습니다. "아, 서서히 사라져가는 손짓, 여전히 머물러 있는 목소리를 원해." 저는 그것 때문에 고통스러웠고, 어머니에게로 가서 그것을 말씀드렸습니다. 어머니는 저를 격려해 주시고, 제가 어머니의 죽음과 대면할 수 있도록 도와주셨습니다. 이것은 심오하고 진실한 관계였습니다. 그 속에 거짓이라곤 하나도 없었지요. 또 다른 측면이 있습니다. 죽음은 언제라도 올 수 있어서, 너무 늦어서 잘못된 일을 바로잡을 수 없으므로, 모든 삶은 매 순간이 가능한 한 완벽하고 완전하며, 존경하고 사랑하는 관계의 표현이어야만 합니다. 죽음만이 작고 중요하지 않은 듯 보이는 일을 우리 삶에 아주 의미 있는 신호로 바꿀 수 있습니다. 쟁반에 컵을 준비하고, 아픈 사람의 등에 쿠션을 받쳐주고, 어떻게 서로 격려의 목소리를 내는지, 상대방을 위한 배려의 움직임, 이 모든 표현이 관계 속에 존재합니다. 만약 거짓이나, 균열, 무언가 잘못된 것이 있다면, 지금 고쳐야만 합니다. 왜냐하면, 나중에는 너무 늦어버릴 것이 확실하니까요. 죽음은 삶의 진실과 어떤 것도 줄 수 없는 날카로움과 명확함으로 자신과 대면합니다.[249]

레빈슨(D. J. Revinson)은 청년과 중년기 사이의 경계는 축복받은 중기 삶의 이행기로서, 그 기간에 과거를 재평가하고, 청년기를 끝내면서, 삶의 구조를 수정하고, 중년기를 시작하며, 젊음/노년, 파괴/창조, 남성성/여성성, 접촉/분리의 네 가지 주요한 양극성을 해결하고자 한다고 하였다.

한편, 성년기에 관한 독창적인 연구의 많은 부분은 남성적인 주제에 한정됐다. 하지만, 레빈슨은 1980년에서 1982년까지의 기간에 수

---

249) Extract from A. Bloom[Metropolitan of Sourozh], "Death and Bereavement" in A. Walker & C. Carras[Eds], Living Orthodox in the Modern World, pp. 85-107. Used by permission of SPCK & Sheldon Press.

행된 45명의 여성과의 상세한 인터뷰 결과를 발표하였다. 이 연구는 세 그룹의 젊은 성인 여성, 즉 가정주부, 기업 재정에서 경험을 가진 여성, 대학에서 경력을 가진 여성을 탐구하였다. 이 연구에서 레빈슨은 구조 형성 및 유지 시기와 전이 시기가 교대로 반복되는 과정은 남성과 여성 모두가 타당하다고 결론 내렸다. 이것은 그가 이전에 남성 성인의 연구에서 확인한 발달 시기의 도식이다.

길리건(C. Gilligan)은 여성의 발달과정이 남성과 서로 다를 수 있다는 사실을 논증한 중요한 연구자 중 한 명이다. 예를 들어, 남성과 여성 모두는 그들보다 나이가 많은 사람들과 나이가 어린 사람들의 발달적 코호트들 사이에 끼어 있음을 알게 된다. 그러나 샌드위치 세대에서 직면하는 문제에 대한 반응은 남성과 여성이 중요한 방식에서 서로 다르다. 예를 들어, 나이 든 친척이나 아픈 아이들에 대한 치료가 필요할 때, 성인 남성들은 역사적으로 경제적 혹은 물품 적 지원을 제공하지만, 실제로 손이 가는 치료와 양육에 대한 책임감은 성인 여성에게 할당됐다. 이 시대의 많은 사람에게도 동일하게 적용되고 있다.

## I. 청년과 중년의 죽음에 대한 태도

성인 시기에 죽음과의 만남의 중요한 특징은 죽음에 대한 태도와 중년 시기의 죽음에 대한 태도 변화에서 더욱 심화된다. 20대 후반과 30대 초반은 청소년기에 비해 자기 이해가 더 안정적인 시기가 될 수 있다. 그 결과, 제 죽음에 대한 불안과 그 실현에 대한 방어는 청소년기보다 청년기에 덜 두드러진다. 물론, 새로운 죽음과의 만남이 새로운 위협과 불안을 만들어 낸다면 상황은 달라질 수 있다. 또한 중년에 접어들면서 많은 사람의 죽음에 대한 태도가 일반적으로 변화하게 된다.

예를 들어, 성인 시기 동안 죽음과의 전형적인 만남은 나이가 더 많은 세대가 더 높은 사망률을 경험하기 시작할 때 증가할 수 있다. 이 장의 시작에서 언급한 어머니의 죽음은 오늘날 중년 성인들이 직면할 수 있는 사건의 사례이다. 이는 발달과정에 있는 어린이들로 인한 문제와 함께, 샌드위치 세대의 발전적 경계로 둘러싸여 있어, 나이 든 세대와 어린 세대 양쪽에서 동시에 오는 새롭고 서로 다른 압력을 느끼는 그룹을 의미한다.

청년의 경우, 죽음과 관련된 걱정과 근심은 주로 다른 사람의 죽음에 관련된 것처럼 보인다. 하지만, 발전적으로 진보하고 자기 삶의 경험으로부터 배울수록 사람들은 개인화된 죽음의 의미와 마주하게 된다. 이는 처음으로 인생에서, 특히 자연적인 원인으로 인한 부모, 동료, 형제자매, 배우자의 죽음과의 만남을 통해, 그리고 언제든 죽을 수 있는 존재로서 자신에 대한 새로운 인식을 통해 발생한다. 동료, 형제자매, 혹은 배우자는 언제든 죽을 수 있지만, 성인 시기에는 자연적 원인(심장병, 암, 중풍)으로 인해 죽을 수 있다. 이러한 일이 발생할 때, 사별한 성인은 그러한 죽음을 불행이나 외적인 힘으로 간주하여 쉽게 피할 수 없다고 느낀다. 비슷하게 성인은 자신의 신체적 능력의 한계를 인식하고, 노화와 생활양식에 관련된 문제를 인식하기 시작하기 때문에 강건함(invulnerability)에 대한 생각이 줄어든다. 그 결과, 살아온 날들보다 살아갈 날들로의 관점 이동이 시작된다. 그렇게 하면서 성인들은 자신의 성취를 회고적으로 평가하게 되고, 그들의 평균 수명의 절반 또는 2/3를 살아왔다는 것을 깨닫게 되며, 미래가 끝없이 펼쳐져 있지는 않다고 생각하게 된다. 이는 은퇴와 궁극적인 죽음에 대해 전망적인 사고를 하게 만들고, 개인적 가치와 우선순위를 재평가하게 한다. 사랑과 즐거움에 대한 확장된 능력, 삶의 의미에 대한 더 풍부하고 철학적인 이해를 얻거나, 그렇지 않으면 삶에서 과거와 잠재적인 성취에 대한 불만족 같은 더 긍정적인 결과를 가져올 수 있다.

청년과 중년의 성인들은 죽음이 아이들, 가족 구성원, 혹은 중요한 사람들에게 주는 의미는 물론, 성년이 된 이후 시간과 에너지의 많은 부분을 차지하고 있었던 직업적이고 생산적인 계획들에 대해 고민하는 것 같다. 미국의 경우, 2001년 9월 세계무역센터와 펜타곤에 대한 테러리스트의 습격, 그리고 그로 인한 2003년 이후 아프가니스탄과 이라크에서의 전쟁과 계속되는 투쟁은 많은 사람에게 특별한 충격을 주었다. 특별한 기술을 가진 예비역과 주 방위군의 중년 구성원들은 현재 그러한 의무를 제공하고 있는 많은 다른 지원자들과는 다른 상황에 놓여있다.

최근에는 수많은 죽음과 관련된 위험이 청년과 중년에게 나타났다. 몇몇 핵 위협 문제와 환경 문제와 같은 위험은 세계 모든 사람이 공유하는 문제이다. 전쟁, 알코올중독, 약물 남용은 일부 지역에서 심각한 상황이다. 일반적으로 이 시기에 동년배의 자연적 원인으로 인한 죽음과 사랑하는 사람의 죽음은 중년의 삶에 속한 사람들에게 큰 영향을 미친다. 중년 성인의 경험은 개인적인 톤을 띠고 있지만, 청년들과의 상호적인 의미와 함께 고통과 절망으로 대면하게 된다.

심화
# 중년의 대처

### <내용 요약>

청년기와 중년기 성인은 다양한 상실에 직면하게 된다. 직업 상실은 단순히 직업을 잃는 것뿐만 아니라 자아와 목적을 다시 생각하게 만든다. 이 시기에는 부모, 배우자, 형제자매 등 다양한 사람들의 죽음을 경험하며 상실을 겪게 된다. 특히 샌드위치 세대는 여러 가지 죽음을 경험하며 고통을 느낀다. 태아나 영아의 죽음은 부모에게 큰 비탄을 안겨주며, 이들은 상실과 대면하기 위해 감정적이고 실질적인 지원이 있어야 한다. 부모는 자식의 죽음을 다르게 대면하며, 이 과정에서 상실을 인정하고 애도를 위한 방법을 찾게 된다.

### <핵심어>

중년기(Middle Age), 직업 상실(Job Loss),
부모의 죽음(Death of Parents), 배우자 상실(Spousal Loss),
샌드위치 세대(Sandwich Generation),
태아와 영아의 죽음(Fetal and Infant Loss)

### <학습 목표>

- 청년기 및 중년기의 주요 발달 과업과 상실 경험을 이해하고 설명할 수 있다.
- 직업 상실과 자아의 관계를 분석하고, 상실을 경험한 사람들에게 적절한 지원 방안을 제시할 수 있다.
- 부모나 배우자의 죽음과 같은 상실을 경험한 개인의 애도 과정을 이해하고, 그에 맞는 상담 및 지원 방법을 제시할 수 있다.

- 샌드위치 세대가 겪는 복합적인 스트레스와 그로 인한 심리적 어려움을 인식하고, 이를 돕기 위한 방법을 탐색할 수 있다.
- 태아와 영아의 죽음에 대한 감정적, 심리적 반응을 이해하고, 부모를 위한 적절한 애도 지원을 설계할 수 있다.

### <적용 실천>

- 청년기 및 중년기 발달 과업과 상실을 경험한 사람들을 위한 심리상담과 지원 프로그램을 설계하여 제공할 수 있다.
- 직업 상실 후 자아정체성 위기를 겪는 사람들에게 심리적 안정과 자아 재구성 과정을 지원하는 상담기법을 적용할 수 있다.
- 부모나 배우자의 사망 후 애도 과정을 지원하는 상담 및 프로그램을 개발하여 실천할 수 있다.
- 샌드위치 세대가 겪는 스트레스와 갈등을 해결하기 위해 실용적인 스트레스 관리 방법을 제시하거나 심리적 지원을 제공할 수 있다.
- 태아나 영아의 죽음을 경험한 부모에게 감정적 지지와 애도 상담을 제공하여, 그들이 회복할 수 있도록 돕는 실천을 할 수 있다.

# 중년의 대처[250]

## I. 다양한 상실(죽음)의 유형

청년기와 중년기 성인은 많은 다양한 종류의 상실에 직면할 수 있다. 21세기 초에는 직업 상실(실직)이 주요한 문제 중 하나였는데, 사람들은 단순히 직업을 상실할 뿐만 아니라 자신이 누구인지에 대한 앎도 상실하게 된다. 가졌던 직업이나 기술이 더 이상 가치가 없어지게 되고, 사람들은 자기-정체성이나 목적을 다시 생각하고, 재교육받아야만 하며, 관계들에서도 어려움을 겪게 된다. 이것은 사별, 비탄, 애도가 많은 중년 삶에 있어 다만 한 종류의 잠재적인 상실일 뿐이다. 여기서 우리는 죽음과 관련된 상실에 초점을 맞추면, 청년과 중년이 상실과 비탄에 대처해야 하는 훨씬 더 많은 상황을 발견하게 된다.

예를 들어, 나이가 있는 샌드위치 세대의 구성원은 모든 측면에서 죽음과 관련된 상실로 고통을 받는다. 청년기와 중년기의 성인들은 부모와 조부모, 다른 나이 든 친척들, 그들의 배우자 혹은 삶의 동반자, 형제자매, 동료와 친구 등을 포함하여 다양한 범위의 죽음을 경험한다. 이것은 몇 가지 점에서 다른 시기들과 구별된다. 대부분의 나이가 든 성년들은 몇 년 전에 그들 부모의 죽음을 이미 경험하였다. 청년기와 중년기의 사별에 있어 가장 특징적인 것은 이 기간에 많은 종류의 죽음

---

[250] 이글은 *Death and Dying Life and Living*. Charles A. Corr, Clyde M. Nabe, Donna M. Corr, 7th Edition 2012, Wadsworth, Thomson Learning Publishing Co, David E. Balk & David K. Meagher Eds., *Handbook of Thanatology : The Essential Body of Knowledge for the Study of Death, Dying and Bereavement* 2013 Routledge, *Children's Conceptions of Death*, in Charles A. Corr & Donna M. Corr (Eds.), Handbook of Childhood Death and Bereavement, Springer Publishing Company에 게재한 내용을 재구성해서 번역 전재하였다.

과 관련된 상실이 실제로 일어날 가능성이다. 어떤 측면에서 장애가 있는 아이의 탄생도 부모에게 상실과 도전, 그들이 감당해야만 할 각각의 상실은 그 나름의 방식으로 어려움을 준다.

샌더스(Sanders)에 의한 연구는 성인기의 상실이 항상 자식, 배우자 그리고 부모의 죽음 순으로 영향을 미친다는 것을 보여주었다. "부모의 죽음은 내 과거의 죽음이다; 배우자의 죽음은 내 현재의 죽음이다; 자식의 죽음은 내 미래의 죽음이다." 사별한 성인이 흔히 하는 익숙한 말과 상통한다.

### 1. 태아 죽음

성인기(청년기)의 몇몇은 자식의 죽음을 경험하기도 한다. 일반적으로 이를 태아 사망(fetal death)이라고 부른다. 일반적으로 이 범주에는 유산, 사산, 자발적 낙태 등이 포함된다. 태아 사망은 선택적 낙태(selective abortion)와 다르다. 태아 사망은 다양한 시기의 임신 기간(출산 전후 기간)에 일어난다. 태아 사망의 형태에 대한 자료를 쉽게 얻을 수는 없지만, 한 출처에 의하면, "미국의 경우 매년 4백40만 명의 확실한 임신 중에 50만 명 이상이 유산하며, 2만 9천여 명 정도가 사산한다."

떤 사람들은 태아 사망의 경험이 부모들에게 작은 영향만을 미치거나, 의미 있는 비탄 반응을 만들어 내지는 않는다고 주장한다. 부모들은 "너는 천국에 작은 천사 하나를 가진 셈이야."라든지 "언제든지 다른 아이를 가질 수 있어."라는 거짓 위안을 받는다. 그런 식으로 태아 사망을 쉽게 처리해 버리는 것은 외부인의 무지와 불편함을 반영하는 것이다. 그것은 유아와의 실질적인 유대가 없으므로 큰 비탄은 있을 수 없다는 잘못된 주장에 의해서 지지가 되어왔다. 그러나 임신 기간에 성인 대부분은 미래의 아기와 함께하기 위해 그들의 삶과 자아-개념을 재형성한다. 그런 부모는 아이들을 위한 잠재적인 이름을 짓고, 살 공간을 계획하며, 꿈을 발전시켜 나간다. 태아 혹은 유아의 죽음과 연관된 부모의 비탄은 아이들 생명의 길이와 연관된 것이 아니라, 애착(attachment)의 본성과 관련되어 있다. 우리는 부모의 비탄의 깊이와 그들이 상실에 대처하는 방식을 인식해야만 한다. 그렇지 않으면, 비탄의 권리가 박탈된다.

따라서 부모와 다른 가족 구성원들이 죽은 유아를 보고, 이름을 짓고, 사진을 찍으며, 서로 다른 기억을 간직하고, 검시 정보를 얻고, 삶과 상실을 타당한 것으로 만드는 의식에 참가하는 프로그램이 나타났다. 그런 관행들은 아기와 상호작용하고, 경험을 나누며 애도를 위한 현실적 기반을 강화할 기회를 부모에게 제공해 준다. 그런 관행을 실천하는 데에는 세심하고 개인적 선호에 대한 민감한 태도가 요구된다. 중요한 것은 부모가 겪는 상실의 의미를 이해하고, 적절한 지원을 제공하는 일이다. 그런 관행을 실천하는 목적은 죽음에 의해 사별한 사람들의 필요를 존중하기 위한 것이다. 선택적 낙태의 경우에, 부모가 아이들을 분만할 수 없거나, 분만하기 싫다고 느끼거나, 유아 입양의 경우, 아이는 태어나자마자 다른 사람들에게 양육을 위해 넘겨지기 때문에, 상실과 비탄의 감각이 남아있다. 어떤 사람이 낙태하기로 했다면, 그 사람이 태아는 아직 인간이 아니라고 믿고 있을지라도, 애도해야 한다. 입양을 선택하는 것은, 실제로 아이를 양육할 수 없다는 사실을 확신할 때, 고통과 후회의 느낌이 들게 한다. 하지만, 선택적 낙태나 입양 중 어떤 것도 정상적인 상태를 유지 못 하게 만들 정도로 비탄에 빠지지는 않는다. 그렇다 하더라도 그것들이 쉽고 고통이 없는 결정이었다고 가정하는 것, 생물학적 자손이거나, 그런 자손을 가질 수도 있었던 기회를 없애는 사건과 그런 결정이 부모들에게 가지는 의미를 폄훼하는 것은 잘못된 일이다.

## 2. 신생아와 다른 유아 사망

출생 이후, 유아기 동안의 죽음의 주요한 원인은 부모와 중요한 다른 사람들에게 대조적인 시나리오를 제공하고 있다. 짧은 임신 기간과 저체중 출산 관련된 선천성 기형이나 질병, 임신기 동안 엄마의 합병증과 호흡곤란증후군(respiratory distress syndrome)에 의해 영향받은 신생아는 삶을 위한 투쟁, 즉 죽기 전에 전문가들과 발달한 기술의 개입, 유전적 기원이 가지는 의미, 부모의 책임감에 대한 감정들과 관련된다. 그런 환경 속에서 영아의 죽음은 부모가 배제되거나, 항상 곁에 없을 때, 제도적 맥락에서 일어날 수 있다. 다른 한편으로, 영아돌연사증후군(sudden infant death syndrome)은 위의 요소 중 어떤 것에도 관련되어 있지 않다. 왜냐하면, 그것은 첫 증후가 죽음인 질병이고, 대부분 집에서 일어나는 미지의 원인에 의해 발생하는 질병이기 때문이다. 그 경우, 부모들은 종종 그들이 했던 일이나 하지 않았던 일에 대해 죄책감을 느낀다.

신생아나 다른 영아들이 죽음과 만날 때, 그들 대부분이 뜻하지 않거나 예기치 못한 죽음을 공통으로 가지게 된다. 임신과 출산 과정, 영아기는 생명의 시작을 알리는 소중한 시기이지만, 동시에 다양한 위험 요소들이 존재하며, 이러한 위험 요소들은 예기치 않은 죽음으로 이어질 수 있다.

　자식들에게 위험한 시간이라는 것이 잘 알려져 있더라도, 우리는 어린아이가 죽어서는 안 된다는 믿음을 공통으로 가지고 있다. 따라서 그런 죽음 이후에는 "그건 공평하지 않아."라는 말을 종종 듣게 된다. 그런데도, "우리 중 누구도 장수를 보장할 수는 없으며, 단지 삶이 진행되는 시간만을 보장할 수 있을 뿐"이라는 것은 힘들지만 인정해야만 하는 사실이다. 다양한 영아 사망의 죽음의 방식과 사별의 상황에는 다양한 요소들이 있다. 예를 들면, 영아 집중 치료실에서 영아의 죽음은 전문가나 부모들 모두에게 고통스러운 일이다. 그 경험은 전문적인 치료 제공자와 부모들 사이에(혹은 가족 구성원들 사이에) 치료 목적에 대해 갈등이 있다면 훨씬 더 힘든 것이 된다. 어떤 사별한 엄마들은 산후조리의 전문성 때문에 임산부 병동에 남아있기를 선호하지만, 다른 엄마들은 신생아들과 교감하는 행복한 부모들을 대면하지 않기 위해서 자리를 옮기기를 원할 수도 있다.

　영아의 죽음은 부모를 비롯한 주변 사람들에게 복합적인 다양한 문제를 야기한다. 이 문제는 책임감, 상상해 왔던 아이의 상실, 자신과 자기 미래의 부분적인 상실, 기억과 애도 의식의 결핍, 사회적 혹은 전문적 지원의 결핍 등을 포함한다. 지원이 주어질 때조차도, 그것은 부모의 필요에 부응하지 못하거나, 그들이 원하는 시간만큼 사용할 수도 없다. 영아의 죽음과 그로 인해 생존한 부모가 비탄 반응을 경험하고 표현하는 독특한 방식은 부모 관계에 대한 부담을 주거나 가중될 수 있다. 게다가 한 부모(single parent)는 그들 아이의 죽음에 대처할 때, 특별한 어려움에 직면한다. 대부분의 사별한 부모는 생산적인 삶을 계속해 나가는 방법을 발견하게 될 때 놀라운 복원력(resilience)을 보여준다. 그런데도 이러한 슬픔을 지닌 부모들은 정보(영아 죽음의 본성에 대한, 그리고 부모의 상실감과 비탄에 대한)와 전문적인 지원, 비슷한 경험을 가진 사람과의 접촉으로 제공된 최상의 것들을 받을 자격이 있다. 많은 경우에, 의사결정의 핵심적인 영역은 또 임신할지, 태어날 아이들이 그들이 태어나기 전에 죽은 형제자매와 어떻게 관계 맺도록 도움을 줄 수 있을지와 관련되는 것들이다. 이 모든 경우에, 사별한 부모들이 그들의 필요를 확인하고, 다른 사람들의 비판과 기대로 그들에게 부담을 주지 않는 것이 중요하다.

### 3. 유아, 청소년, 다른 청년들의 죽음

유아, 청소년과 다른 청년들(이들은 부모들에게 여전히 자식들이다)은 여러 가지 방식으로 죽을 수 있다. 여러 종류의 사고, 살인과 자살, 자연적인 원인을 통해서, 사회 갈등과 인명 재해(세월호), 전쟁을 통해서. 일반적으로 이런 죽음은 갑작스럽고, 경고나 준비할 기회가 없이 일어난다. 종종 그것들은 트라우마와 관련된다. 자식의 죽음을 경험하는 부모들의 상실 대면은 "당신은 몇 명의 아이를 가지고 있습니까?"라는 단순하고 일상적인 질문에서 생겨난다. 그 어려움은 부분적으로는 사별한 부모들이 어떻게 그 자신의 정체성을 바라보아야만 하는지에 대한 문제이다. 무엇보다도 어려움을 주는 것은 죽은 아이와 그에 대한 기억에 충실하게 대면하는 것이다(대면하지 않은 상태에서의 감정회피와 억압은 또 다른 역기능적인 비탄을 낳는다). 사별한 부모는 종종 그리고 다양한 방식으로 이런 어려움에 대처하지만, 사별하지 않은 사람들에게 보이는 만큼 그렇게 쉽지는 않다. 다음의 사례에서 자녀를 둔 성인이 자녀를 먼저 보낼 때의 마음이 어떤지 공감할 수 있다.

<사례 2>

초가을, 저는 채소가게에서 줄을 서고 있었습니다. 제가 카트에 넣은 물건들을 확인하려고 뒤를 돌아봤는데, 제 뒤에 있던 아주머니가 제가 임신하고 있다는 것을 알아챘습니다. "첫째 애예요?" 그녀는 순수하게 물어봤지요. 제가 대답하고자 했을 때, 제 눈에는 눈물이 맺혔습니다. 제가 아니라고 말한다면, 이 질문은 "몇 명의 아이가 있으세요?"라는 질문으로 이어질 것이 불 보듯 뻔했습니다. 제가 제 대답에 반응할 준비가 된 걸까요? 제가 옛 감정과 기억을 꺼내 놓을 준비가 된 것일까요? 그날 전, 그렇다고 대답하기로 했습니다. 전 그 아주머니를 돌아보면서 말했습니다. "이 아이는 둘째예요. 첫째 아이는, 아들인데, 1985년 5월에 영아돌연사증후군으로 죽었습니다." 그녀는 제 어깨에 손을 올리더니 정말 미안하다고 말했습니다. 그녀는 제 아들과 영아돌연사증후군에 대해서 몇 가지 질문을 하였습니다. 저는 제 아들 브렌던과 영아돌연사증후군에 대해서 말한 것에 감사했습니다. 완전히 낯선 사람에게 말이죠! 불행히도, 그것은 항상 제가 받은 반응은 아니었습니다. 많은 경우 사람들은 알아듣지 못할 말을 하고선 다른 곳을 걸어가 버렸어요. 그것도 괜찮은 일이었습니다. 저는 아이가 죽었다는 것에 대해서 듣기가 얼마나 어려운 일인지 아니까요. 누구도 그것을 듣는 걸 좋아하진 않죠. 몇 명의 아이가 있냐는 질문을 받을 때 사별한 부모들의 반응은 다를 겁니다. 대부분은 저는 죽은 아들 하나가 있고, 두 딸이 있다고 답할 것입니다. 제가 아들을 언급하지 않는 상황도 있습니다. 그것도 괜찮습니다. 그것이 제가 그를 사랑하지 않거나, 그가 존재했다는 것을 부인하는 것은 아니니까요. 그것이 제가 나쁜 엄마라는 것을 의미하는 것은 아닙니다. 그것이 의미하는 바는, 제가 그 순간에 브렌던을 공유하지 않기로 했다는 사실입니다. 사별 초기에, 저는 모든 사람에게 브렌던의 삶과 죽

음에 대해서 말했습니다. 12년 이상이 지난 후, 저는 그의 부재에 대처하는 법을 배웠고, 내가 새로운 사람을 만날 때마다 그에 대해서 언급하고 싶지는 않습니다.

제 가족과 제가 그에 대해 기억을 간직하는 방법이 있습니다. 사별한 부모로서, 우리는 우리 각자에게 옳은 바를 결정합니다. 우리가 죽은 자식들에 대해서 언급하기로 했을 때, 그것은 사람들을 불편하게 만들 수도 있습니다. 하지만 한편으로 다른 사람들을 교육할 기회를 얻게 된 것일 수도 있습니다. 만약 우리가 죽은 아들을 언급하지 않기로 했더라도, 그것은 우리가 그를 부인하거나, 죄책감을 느껴야 한다는 것을 의미하지는 않습니다.[251]

자식의 죽음이 다소간 고의적인 행동(자살, 살인) 때문에, 비 의도성(사고)에 의해서, 무책임한 행동 때문에(음주 운전), 혹은 전쟁이나 인명 재해에 의해서 일어났을 경우, 책임, 죄책, 비난받을 만한 것이 있거나 그런 것들이 있다고 생각되는 사람들도 사별 경험에 포함된다. 그런 요소들은 부모의 비탄과 애도의 무게를 더한다. 그러나 비탄 과업을 위해서는 부모들이 사별과 관련된 어려움에도 불구하고, 전문적인 치료를 제공하는 사람들의 도움을 받아야 한다. 또한 이들은 시신의 처리와 장례를 통해서 죽음에 대한 최초의 공지가 이루어진 이후 어떻게 전문가들이 다른 사람에게 도움을 줄 것인지에 대한 기준을 만드는 일 등으로도 사별에 대처할 수 있다.

---

251) Maruyama, N. L. (1998). "How Many Children Do You Have?" Bereavement Magazine, 12(5), p. 16. Reprinted with permission from Colorado Publishing, Inc. 4765 N. Carefree Circle, Colorado Springs, CO 80917; 888-604-4673.

4) 배우자, 인생의 동반자, 동료 혹은 친구의 죽음

두 사람의 관계(pair relationship)는 인간 삶에서 아주 중요하다. 성인 중에서 두 사람의 관계가 이미 성립되어 유년기와 청소년기를 거치면서 유지되어 온 때도 있고, 성인 기간 새롭게 형성된 때도 있다. 관계에는 다양한 종류가 있다; 결혼에 의한 유대가 유일한 경우는 아니다. 형제와 자매, 친척들, 친구, 동료, 연인 혹인 삶의 동반자(이성애자, 게이, 레즈비언)들과 함께 다른 성인과 특별한 유대를 가질 수 있다. 그 관계가 드러나거나 감춰지기도 하고, 계속되거나 단속적이기도 하며, 만족스럽거나 복잡한 것이기도 하고, 건강하거나 낭비적이기도 하다. 성인 대 성인의 관계에는 관련된 개인이나 상호 작용하는 방식에 따라 다양한 변수가 존재한다.

한 성인 죽음에 의해서 생겨나는 다른 성인의 사별은 먼저 죽은 사람이 생전에 수행했던 역할의 중요성과 친밀성에 의존한다. 예를 들면, 형제자매 관계는 가장 길고, 가장 지속적인 가족적 관계이다. 관계가 아주 가까울 때, 형제자매의 죽음은 그것에 기인하는 상실감과 남아있는 형제자매 정체성의 중요한 부분에 대한 상실 두 가지 경우 모두와 관련된다(아래 두 사례 참조). 다양한 형제자매들이 그들의 형제와 자매의 죽음에 서로 다른 방식으로 반응할 수 있다. 다음의 두 사례를 보자.

<사례 3>

발바라가 아픈 와중에 어떤 시점에서, 저는 제 나이에 대해 다른 관점을 가지기 시작하였습니다. 그것에 대해 진지하게 생각해 본 적은 없지만, 저는 우리가 마치 현관 앞 가깝게 놓인 흔들의자에 앉아 있다고 가정했습니다. 글자 그대로의 의미에서나 비유적인 의미에서나 말이죠. 그런데 지금 의자 중 하나가 비었습니다. 머리로는 전 그것을 이해할 수

있었습니다. 하지만 그녀에게 새로운 일들이 일어날 때마다, 감정적으로는 그 사실이 저에게 계속해서 떠오르곤 합니다. 언니의 지도(map) 없이 새로운 영토를 그리고 있다는 의미에서요. 제가 전혀 예상하지 못했던 것이 바로 여기에 있습니다. 저는 제 미래의 일정 부분을 강탈당했을 뿐만 아니라 과거 역시도 박탈당했습니다. 어린 시절 기억을 점검해 볼 때, 저의 모든 삶은 발바라 곁에 있는 기억뿐입니다. 지금은 저를 바로잡아 줄 사람은 아무도 없습니다. 어머니와 남동생이 어떤 도움을 줄 수는 있습니다. 제 동생과 저는 사실 언니가 죽은 이후부터 아주 가깝게 자랐습니다. 결국, 동생이 없다면, 저는 언니를 가질 수도 없었고, 누나가 될 수도 없었습니다. 하지만 토미는 저와 함께 학교에 다니지도 않았고, 저와 방을 함께 쓰지도 않았으며, 저와 함께 여성으로 자라지도 않았습니다. 저는 그 애를 너무 사랑하지만, 그는 제 언니가 아닙니다. 그렇습니다. 많은 곳에서 자매에 대한 훌륭한 표현에도 불구하고, 제가 주거나 받았던 모든 지원에도 불구하고, 제가 소중하게 여기는 모든 우정에도 불구하고, 그것은 같은 것이 아닙니다. 전 단지 한 사람의 언니만이 있었습니다.[252]

**<사례 4>**

저는 형이 있습니다. 하지만 죽었지요. 제 책임은 아니었습니다. 전 그것을 멈추게 할 수 없었어요. 그는 오토바이를 타고 나갔습니다. 형 앞에서 차가 방향을 돌렸고, 그게 그의 죽어감의 시작이었죠. 정말 관계된 모든 사람에게 끔찍한 일이었습니다. 제 얘기가 씁쓸하게 들리시나요? 전 일반적인 죄책감을 느꼈습니다. 제가 형을 충분히 사랑한 걸까? 내가 그런 사랑을 보여주었나? 그 사고는 11년 전에 일어났습니다. 바라보던 잔디밭, 9월, 부드러운 바람, 오토바이를 타고 가는 모습, 붉은 가스탱크의 불빛, 갈색 가죽점퍼, 오토바이 소리, 우리가 말한 것-전 그것을 일종의

---

252) C. Roberts, 1998, pp. 16-17.

제스처로 기억하는데-"뭐 하고 있어?"라는 소리, 어떤 둔탁한 리듬과 "나중에 봐." 이것이 제가 기억하는 것입니다. 전화벨 소리, 병원으로 운전해 감, 저는 제가 운전했다고 생각하는데, 확실하지는 않습니다. 우리는 길을 잘못 들어 일방통행으로 들어갔고, 제 기억에 죄책감을 느꼈던 것 같습니다. 전 대부분의 시간을 울었습니다. 그가 죽어가고 있다는 것을 알았습니다. 형의 여자 친구가 물었습니다. "왜 우는 거야?" 저는 아무 말도 하지 못했습니다. 우리는 대기실로 들어갔고, 그가 죽었다는 이야기를 들었습니다. 저는 플라스틱 의자에 주저앉았죠. 제 몸이 사라지는 듯했습니다. 저는 형을 찾았습니다. 간호사가 저를 불러 세웠습니다. "당신 가족에게는 당신이 필요해요." 저는 돌아왔습니다.

하지만 왜 저는 이런 것을 여러분들에게 말하는 것일까요? 여러분들이 저를 사랑해 주기를 원하기 때문에? 저를 불쌍히 여기도록 하려고? 제가 고통받고 있다는 것을 이해시키고, 그것을 이유로 제가 가진 결핍에 대해서 핑계를 만들기 위해? 얼마나 상실감 느껴야 상실인지 알리기 위해? 비가(elegy)도 존재하지 않으며, 위로의 나지막한 이야기도 없다는 것을 알리기 위해? 그런 사랑을 표현하는 것이 그것을 없앨 수도 있어서? 혹은 그 사랑을 돌려받기 위해서? 혹은 상실감조차도 상실했기 때문에? 제 형은 죽었고, 세상은, 당신과 저는 그 때문에 더 좋아지진 않았습니다. 그의 죽음에는 좋은 것이란 없지요. 11년이 지나서도, 전 여전히 혼란스럽습니다. 다가가야 할 곳도, 잊어야 할 정해진 기간도 없습니다. 단지 뿜어져 나오는 말일 뿐이죠. 이런 제스처는 치유도, 카타르시스도, 절망도, 위안도 아닙니다.[253]

---

253) Reprinted with the permission of the University of Akron Press, from Scrimmage of Appetite, pp. 12-13, by Jon Davis. Copyright ⓒ 1995 by Jon Davis.

## 5. 부모와 조부모의 죽음

청년기와 중년기의 성인들은 일반적으로 부모나 가족적 유대로부터 어느 정도 독립되어 있다. 예를 들면, 그들은 지리적으로든 사회심리학적으로든 부모의 영향으로부터 멀리 떠나있다. 일반적으로, 항상 있지는 않지만, 유년기에 특징지어졌던 관계들을 개선함으로써, 부모, 조부모, 다른 가족 구성원과 새로운 관계를 재정립한다. 어쨌든 성인은 단순하고, 양가적이거나 복잡할 수도 있기는 하지만, 성인 기간 전체를 통해 부모나 조부모와 독특하게 관계하게 된다. 나이 든 세대들 사이의 이런 구성원들은 종종 자식들이나 손자들을 향한 충고, 지원, 도움의 원천이 된다. 때로 그들은 그들 자식에 의해 보살핌을 받는 사람이 되기도 한다.

사회 대부분에서 성인은 자기 부모와 조부모가 죽음에 있어서 그들보다 앞선다고 생각하며, 이것은 성인기 동안 가장 공통적인 사별의 형태이다. 그리고 여전히, 그런 죽음은 남겨진 사람들에게는 어려운 경험이다. 그 죽음은 깊고도 복잡한 감정적 상실이며, 이는 부모와 가족에게 평생 동안 지속되는 아픔으로 남는다,.평생 계속되어 온 관계(즐거운 일이든 슬픈 일이든)인 만큼 아주 큰 상실이다. 부모를 보내는 상황에 부닥쳐 있는 성인들은 많은 시간과 에너지를 이제 얼마 남지 않은 부모를 돌보는 데 쏟는다. 이런 사람은 부모의 죽음을 '완충(buffer)'의 소멸, 혹은 그 자신의 죽음에 대항하는 세대적 '보호'의 근원이 없어진 것으로 느낀다. 어머니와 아버지의 죽음 이후의 경험에 대한 여러 문헌에서, 엄마를 잃은 딸이나 아버지를 잃은 딸, 아버지를 잃은 아들과 관련된 구체적인 상황에 대해 이들 각각의 사별 상황들에 적용될 수 있는 특정한 복합성을 기술하고 있다. 쉽게 이야기하면, 그것은 상실된 기회, 미완의 일, 죽은 사람과 사별한 성인들, 자식들의 발달단계 경험의 실패와 관련된다. 예를 들면, 부모와 조부모의 죽음 이후에 어른인 자식들은 더 이상 어른 대 어른의 기반 위에서 죽은 사람과의 관계를 갱신하거나 확장할 기회를 얻지 못한다. 어렵거나 중요한 문제들이 해결되지 않은 채로 남아있을 수 있다. 이런저런 방식으로 부모의 죽음은 불가피하게 성인인 자식들에게 '발전적 추동력(developmental push)'을 주며, 이것은 자주 스스로에 대한 의미를 바꾸고, 그것을 통해 부가적인 힘으로 그들 자신의 유한성과 이제는 가장 나이가 많은 세대로서 책임감의 무게를 느끼게 한다. 결국 부모의 죽음은 개인적일 뿐만 아니라 다양한 실천적 문제 그리고 두 사람의 관계에 있어서 가까움/친밀감 대 거리감이라는 전환적 문제(shifting issues)에 다층적인 영향을 미치고 있음을 보여준다.

## II. 부모와의 사별에서의 죄책감

죄책감은 부분적으로 어떤 원칙이나 책임을 어김으로써, 잘못을 범했다는 것에 대한 확신이다. 죄책감은 현실적이거나 비현실적인 것에서 비롯될 수도 있으며, 정당화될 수 없는 것일 때도 있다. 일반적으로 낮은 자존감, 높은 자책감, 잘못된 일에 대해서는 누군가 벌을 받아야 한다는 느낌 등이 죄책감과 연관된 것들이다. 죄책감은 결코 부모의 사별에 배제되지 않고 거의 항상 존재하는 것이다.

데미(Demi)는 부모와의 사별에서 죄책감은 도움을 주지 못했다는 지각과 책임감에서 나오는 것이라는 것을 논증하였다. 이런 느낌은 부모들로 하여금 그들의 과거와 현재의 느낌과 행위들이 어떻게 아이의 죽음에 기여했는가를 묻도록 유도한다. 이상적인 기준과 실제 행위들 사이의 불가피한 차이가 죄책감을 유발할 수 있다. 개별적인 사건에서 어떻게 그런 것이 해결될 수 있을지는 부모, 상황적, 개인적, 사회적 변수에 의존한다. 적어도 6개의 잠재적 죄책감의 근원이 사별한 부모에게 적용될 수 있다.

① 죽음 원인에 관련된 죄책감, 이것은 부모가 죽음으로부터 자식을 보호하는 데 기여했는가 혹은 실패했느냐는 믿음에 연관되어 있다.
② 질병과 관련된 죄책감, 이것은 자식의 질병 기간이나 죽는 시점에서 부모의 역할에 있어 스스로 인식하는 결핍과 관련되어 있다.
③ 부모 역할에 관련된 죄책감, 이것은 부모가 부모 역할 전반에 걸쳐 자신의 기대와 사회적 기대에 부응하지 못했다는 믿음과 연관되어 있다.
④ 도덕적 죄책감, 이것은 아이의 죽음이 도덕적, 종교적 기준을 어긴 것에 대한 형벌이나 응징이라는 믿음과 연관되어 있다.
⑤ 생존 죄책감, 이것은 아이가 부모보다는 더 오래 살아야 한다는 기준을 어긴 것과 연관되어 있다.
⑥ 비탄 죄책감, 이것은 자식의 사망 시에 혹은 사망 이후에 행위적, 감정적 반응과 관련되어 있다. 즉, 자식이 죽었을 때 혹은 그 이후에 행위를 한 방식에 대한 감정적 죄책감이다. 사별한 부모의 경우에 전반적인 사별 경험에서 나타나는 죄책감의 요소 중 어떤 것인지를 확인하고 고려해야만 한다. 각각의 것들은 애도의 과정에서 주의를 기울일 필요가 있다.

## III. 부모와의 사별에서 성별과 역할 차이 : 성인기의 대처

사별 경험은 아버지와 어머니는 다르다; 미혼, 기혼, 이혼한 부모들 각각도 다르다. 성별적, 역할적, 개인적 성격에 의해 구분된다. 각각 구별되는 요소들은 사별 경험에 영향을 미친다. 예를 들어, 전통적인 성별 기반에 의하면, 여성에게는 강한 감정의 표현이 허락되지만, 남성에게는 권장되지 않는다. 비슷하게, 아내들은 집에 머물지만, 남편들은 밖에 나가서 일을 한다. 성별에 기반한 역할들이 모든 관계에 적용되지 않고, 많은 사회 영역이 변화할지라도, 이와 같은 요소들은 어머니와 아버지의 서로 다른 비탄의 유형을 유도한다. 그들이 서로 다른 두 개인이기 때문에, 어떤 시간에서든 배우자들은 다른 방식으로 상실과 비탄에 대처하며, 그런 일이 없었으면 건강한 결혼 관계 속에서 서로를 도왔을 정도로 서로를 지원하지는 않는다. 결과적으로, 사별한 사람들이 서로에 대해 관용과 인내심을 가지기 위해 노력한다는 것은 중요한 일이다. 동감하는 친구들, 혹은 다른 사별한 부모들, 혹은 능숙한 상담자로부터의 도움이 비탄에 유익하다. 현대는 성별 기대가 달라지고 사회적 역할이 변화하면서, 개인적인 차이들에 따라 자유로운 의사 방식으로 사별에 대한 반응도 영향을 받는다. 한 부모나 일반 가정에서는 자식의 죽음 이후에 서로 다른 방식으로 비탄에 대처한다. 이혼하거나 배우자를 여읜 부모의 아이가 죽었을 때, 그들은 비탄과 남은 자식들 사이에서 경쟁적인 비탄 위로의 요구에 직면하게 된다. 우리는 성인기 부모의 사별에 대한 개인적인 경험에 포함된 많은 요소를 고려해야 한다.

지금까지 우리는 청년기와 중년기 성인 그리고 죽음 사이의 많은 상호 관점을 기술하였다. 우리는 청년(고립감에 대비해서 친밀감을 성취하려는 노력)과 중년(정체됨에 대비해서 생산성을 성취하고자 하는 노력)의 구별되는 발전적 과업이 어떻게 성인들이 죽음과 관계 맺는 방식에 직접적으로 의존하고 있는지 주목하였다. 이런 과업은 청년기와 중년기 성인들의 죽음과의 만남과 청년기에는 다른 사람의 죽음에 대한 특별한 관심, 그리고 중년기에는 새롭게 자신의 것으로 개인화된 죽음에 대한 인식의 출현에 영향을 미친다.

## IV. 성인기의 대처

쿡(A.S. Cook)이 제시하는 것처럼, 청년기에는 기본적인 발달적 과업이 친밀감을 성취하는 것이라면, 생명을 위협하는 질병과 죽어감은 친밀한 관계를 발전시키고, 자신의 성별을 표현하며, 목적과 미래 계획에 대한 실제적인 관심을 얻기 위한 청년들의 필요에 어려움을 준다. "친밀감은 다른 사람에게 개방적이며, 도움을 주고, 그 사람과 친밀하게 되는 능력과 관계된다. 그런 과정에서 스스로에 대한 상실의 느낌을 가지지 않은 채로 말이다. 중요한 사람들과의 친밀감 형성은 감정이입 능력과 다른 사람의 도움에 부응하는 능력, 각각 다른 한계에 대한 수긍, 다른 사람에 대한 깊은 애정에의 헌신을 포함한다." 많은 청년에게 생명을 위협하는 질환은 결혼, 자식, 교육적, 직업적 열망의 추구와 같은 영역에서 목표와 미래를 위협할 수 있다. 청년들은 대처를 통해 그들 계획을 재평가해야만 하며, 새로운 상황에서 무엇이 적절한지 결정해야만 한다. 삶의 질의 획득하기 위해서 그 자신의 정체성에 대한 앎과 중년기의 생산성 대 정체감에 대처해 나갈 필요가 있다. 일반적으로 친밀한 관계를 발전시키고자 하므로, 버려짐과 고립은 죽어감에 대처하는 사람들의 주요한 관심사이다. 따라서 삶을 위협하는 질병과 죽어감은 성인기의 주요한 발전적 과업을 위협하게 된다. 그들은 자율성과 의사결정 과정에 도움을 주면서 상황의 현실성을 명확히 할 수 있는 사람들로부터 도움을 받을 수 있다. 이런 방식으로 이전의 희망과 꿈에 대한 제한을 인식하면서, 개인적 그리고 발전적 필요를 만족시키고자 하는 노력을 존중하게 된다.

이 장을 마치면서 우리는 다음과 같은 질문을 스스로 해야 한다.

① 성인기에는 어떤 유형의 죽음과 관련한 상실감이 있는가? 그런 상실감은 성인에게 무엇을 의미하는가?
③ 성인으로서 당신이 경험했던 상실에 대해서 생각해 보자. 당신은 그것에 어떻게 대처했는가?
④ 당신은 심각한 죽음과 관련한 상실을 경험한 사람을 알고 있는가? 그 사람에게 그 상실은 어떠했는가? 당신은 도움을 주기 위해 무엇을 했고, 무엇을 할 수 있었는가?

실천

# 죽음의 은유: 비움과 마음을 가난히 함

### <내용 요약>

이 글에서는 성인기의 품격 있는 삶의 실천을 위해, 죽음이 지닌 은유를 통해 '마음을 가난히 함'을 제시한다. 카는 역사를 과거의 기술이 아니라 현재의 결단과 행동으로 보며, 진리는 주체의 실천과 '존재적 상태'에서 깃든다고 본다. 이는 마치 신약에서 기술한 '마음을 가난히 함'이라는 실천적 동사와 유사하다. '마음을 가난히 함'은 죽음의 은유이다. 성인은 다음 세대를 위해 자신이 머문 자리를 양도한다. 이는 영원히 이어져야 할 정신적 유산이기에 성인이 실천해야 할 당위이며 품격 있는 조건이다. '마음의 가난함'은 고정된 상태가 아니라 끊임없는 실천과 경주를 요구하는 과정인데, 이는 마치 그리스도가 보여준 인간 실존의 가능성과 동일하다. 따라서 성인의 비움과 마음을 가난히 함은 다음 세대에게 선한 영향력을 미치며, 품격 있는 삶으로 이어진다.

### <핵심어>

죽음(Death), 은유(Metaphor), 마음의 가난(Poverty of Heart), 실천(Practice), 존재적 상태(Existential State), 실존(Existence)

### <학습 목표>

- 죽음과 실존의 관계를 이해하고 설명할 수 있다.
- 학습자는 죽음과 존재의 의미를 탐구하고, 이를 인간 삶의 필수적인 부분으로 이해할 수 있다.
- 마음의 가난이 실존적 고통과 어떻게 연결되는지 이해할 수 있다.
- 학습자는 마음의 가난과 실존적 고통의 상관관계를 탐구하고, 이를

삶의 중요한 요소로 인식할 수 있다.
- 죽음을 넘어서 영원한 존재에 대한 관점을 토대로 삶의 의미를 성찰할 수 있다.
- 학습자는 죽음 후의 영원성에 관해 탐구하고, 이를 통해 삶의 목적과 의미를 깊이 성찰할 수 있다.
- 학습자는 실천적 관점에서 죽음과 존재의 의미를 삶에 적용하여, 타인과의 관계에서 실천적 변화를 끌어낼 수 있다.

<적용 실천>
- 영적 성장을 위한 삶과 죽음의 의미 성찰 : 학습자는 죽음과 존재에 대한 성찰을 통해 자신의 생활에 적용하며, 영적 성장을 추구하는 실천을 할 수 있다. 이를 통해 더 깊은 삶의 의미를 찾을 수 있다.
- 마음의 가난을 실천적 상담에 반영 : 마음의 가난이라는 개념을 실천적인 상담이나 공동체 내 개인적 지원 프로그램에 적용하여, 실존적 고통을 겪는 사람들에게 실질적인 지원을 제공할 수 있다.
- 삶의 의미를 찾기 위한 공동체 활동 강화 : 죽음과 존재에 대한 성찰을 바탕으로, 공동체 구성원들이 삶의 의미를 찾고, 어려움을 나누는 활동을 통해 서로 지원하는 프로그램을 운영할 수 있다.

## 죽음의 은유: 비움과 마음을 가난히 함

카(E.H. Carr)는 "역사는 현재의 종합이다."라고 말한다. 역사는 단순히 과거의 기술이 아니라, 현재 우리가 무엇을 어떻게 행위 할 것인가에 대해 결단해 나가는 살아있는 주관적 경험이다.[254] 카의 역사관에서 보면, 우리의 현존재가 곧 역사의 기술 그 자체가 된다. 역사학자 토인비(A. Toynbee)의 관점처럼, 역사의 객관적 법칙이나 기술은 도달해야 할 그 무엇의 목표나 진리가 외부에 있는 것이 아니다. 현재 우리가 무엇을 결단하고 행위 하는 그 자체가 곧 목표가 되며 진리가 된다. 그래서 카의 역사관은 역사적 사건의 경험이 일인칭 주체의 재귀적 전회의 기술로 귀결된다. 이는 마치 그리스도가 말한 "I am the Way, I am the Truth, I am the Life, No one comes to the Father except through me."처럼, 진리는 주체의 존재 상태와 실천(doing)에서 동시적으로 깃든다. 주어 자신(I)의 존재적 상태가 곧 동사인 술부 그 자체이다. 내가 그 무엇이 되는 것이 아니라, 자신이 곧 실천(동사) 그 자체이다.

그렇다면, 우리는 누구인가, 우리는 무엇으로 사는가? 어디에 있는가, 어디로 가는가? 이러한 존재의 질문은 근대 데카르트(R. Descar-tes)의 주체에 대한 성찰 이후 가능해졌던 질문이다. 그러나 그 질문은 자신의 고유한 질문이 아니라, 이미 주어진 고정관념의 세계, 일반적으로 통용되는 인과적 해석의 체계, 타자가 만들어 놓은 그물망에서 던져진 질문이다. 그런 의미에서 그의 질문은 그의 질문이 아니라 타자의 질문으로 질문된 것이다. 그래서 그리스도는 우리에게 "인간은 무엇인가, 삶은

---

254) E. H. Carr, 김현모 옮김, 『역사란 무엇인가?』, 탐구당(2017) 참고.

무엇인가?"에 관해 묻지 않는다. 오히려 그의 관심은 "우리가 무엇을 할 수 있는가, 무엇을 실천할 수 있는가, 무엇이 되고자 하는가, 무엇을 결단할 수 있는가?"라는 인간 존재의 실존적 가능성에 초점을 둔 질문이었다. 그렇다면, 우리는 다음 세대에 무엇을 물려주어야 하는가?

　기독교 관점에서 본다면, 그리스도가 인간에게 한 첫 메시지는 "나를 따라오려거든 먼저 너 자신을 부인하고 네 십자가를 지고 나를 따르라."(마태복음 16:24)이다. 그리고 그리스도가 우리에게 명한 마지막 메시지는 "너희는 가서 모든 족속으로 제자로 삼아 아버지와 아들과 성령의 이름으로 세례를 주고 내가 너희에게 분부한 모든 것을 가르쳐 지키게 하라"(마태복음 28:19~20)이다. 우리가 그리스도의 '도'에 합류하기 위한 전제조건은 먼저 우리가 지닌 고정관념과 인습, 마음을 내려놓고 자아를 부인하는 일이다. 그리고 그 부인(부정)이 지향하는 목표는 이웃을 가르쳐 지키게 하는 데 있다. 이는 그리스도가 우리에게 명한 세대를 넘어 영원히 지속되어야 할 정신적 유산이다. 그리고 그리스도는 이것을 몸소 실천했다. 어떻게 보면 자기 부인(부정)이 인간 실존의 가능성으로 가는 출발점이 된다. '가르쳐 지키게' 할 수 있는 조건(능력)은 먼저 철저한 자기 '부인(부정)'이다. 그렇다면 이 부인(부정)의 대상은 무엇인가?

　오늘 '부인(부정)'의 정신을 그리스도가 산상 수훈에서 말씀한 '가난한 마음'으로 환원해서 해석하고자 한다.[255] 그리고 오늘 제목으로 예시한 '우리가 마음을 가난히 한다는 것'의 제목은 산상 수훈을 염두에 두고 정한 것이다. '마음이 가난한 자'와 '마음을 가난히 한다는 것'

---

[255] '가난한 마음'은 하나의 마음 양태가 아닌 다양한 심적 상태를 지닌다. 이는 곧 산상 수훈에서 말한 8가지 마음과 연결된다. 즉 '가난함'은 애통함-온유함-목마름-긍휼-청결함-화평함-박해받음의 심적 상태와 연결된 무늬를 띠고 있다. 그 이유는 복과 천국의 내원은 동일한 마음의 시원에 두고 있기 때문이다. 이상 (마 5:2~10) 참조.

의 차이는 무엇일까? 말하고자 하는 것은, 우리가 물려주어야 할 세대적 유산은 바로 '가난한 마음' 상태 동사에서 '마음을 가난히 함'의 실천 동사로의 이행과 실천이라는 점이다. 이는 세대를 넘어 그다음 세대로 이어질 수 있는 유산이 된다. 그러면 아래에서 '마음이 가난한 자'와 '마음을 가난히 한다는 것'의 차이를 먼저 살펴보자.

첫째, 마음이 가난'한' 자 : ① 과거 및 현재 완료형, ② 삼인칭 관찰자 시점에서 보면 일인칭 주체의 즉자(卽自)적 경험 상태, 가난 그 자체와 하나가 된 마음의 실존상태(마음=가난)를 말한다. ③ 관찰자의 선언적, 중립적 기술 대상(주체의 선택과 결단에 의한 이행 실천이 없는 완료 정태(상태) 동사), ④ 부단한 실천을 통해 도달한 가장 이상적인 마음의 상태이다.

둘째, 마음을 가난히 '한다'라는 것 : ① 현재 진행형 → 계속 경주(훈련, 실천) 하는 자, ② 일인칭 주체의 시점에서 보면, 주체가 대상화된 마음을 끊임없이 비우는 실천 동사(주체≠가난히 함)적 소외 상태, ③ 주체의 선택과 결단에 의한 이행 실천 동사 / 이렇게 크게 나눠서 보면, 오늘 우리는 '마음이 가난한 자'를 문자 그대로 해석하면, 이행 실천이 탈색된 관찰자적인 관점에서 정태적이고 중립적이고 이상적인 모습으로 해석할 가능성이 다분히 보인다. 그렇게 되면 우리의 신앙 또한 실천적이라기보다는 정태적이고 관념화된 실체 대상을 추구할 경향이 강하게 나타날 수 있다. 따라서 일상을 살아가는 우리에게 요청되는 신앙의 윤리는 '마음이 가난한 자'를 향한 (마음을) 가난히 하는 '함'의 실천 동사에 있다.

그렇다면 그리스도는 우리에게 무엇을 남겼는가? 앞으로의 40년, 세대를 넘어 물려줄 수 있는 유산은 무엇인가? 그는 끝까지 '자신을 없이하는 실존적 삶의 방식', 즉 그는 이미 '가난한 마음'의 상태였지만, 우리에게 늘 '마음을 가난히 함'의 실천적 모습을 보여주셨다. 여기서 '마음을 가난히 함'의 의미는, 그가 우리의 입장이 되어 주었다는 것이다.[256] 그는 죽기까지 이를 온전히 실천했다. 그리스도는 자신을 없이 하는 방식으로 자신을 완성했다. 가난히 함은 곧 자신을 부인(부정)하는 방식으로 '그(우리)의 입장이 되어 주었다는 것'이다. 저들의 죄와 고통과 눈물을 그리스도의 '실존적 가난함'으로 '전회(돌리는 것)'한 것이다. 즉 그리스도의 실존적 가난함(낮아짐, 없이 함)의 '수동적 결단'이 다음 세대가 새로운 세대의 주역이 될 수 있도록 한 것이다. 그의 입장이 되어 주는 것, "내가 그다.", "친구여 네가 하는 일을 속히 하라." 그런데 그것이 가능할까? 가난한 마음은 어디에서 비롯되는 것일까?

삶은 상실의 연속이다. 상실은 우리의 자유의지와 관계없이 주어지는 운명 같다. 자신의 의지와 관계없이 그냥 우연히 주어지는 사태 앞에 인간은 비로소 자신의 존재에 대해 질문을 던지게 된다. 그래서 인간은 상실을 통해 인간의 가능성을 탐색하게 된다. '상실'과 관련해서 함께 생각해 볼 단어가 있다. 바로 '버리고 떠나기'와 '가난히 함'이다. 상실이 자신의 의지와 관계없이 주어지는 우연적이고 수동적인 사건으로, 소유(所有) 의식을 전제로 한 것이라면, '버리고 떠나기'는 주체의 결단으로 소유의식을 내려놓는 능동적인 행위의 모습이다. 그러나 이 단어에는 일상으로부터의 회피와 도피, 일상의 무가치함을 전제로 한

---

256) 집필자는 이 글에서 다음 세대에게 물려줄 수 있는 것, 가장 소중한 유산은 '가난한 마음'(자신을 없이하는 실존적 삶의 방식)임을 제시하고자 한다. 그리고 여기서 집필자가 말하는 '가난히 함'은 <없이(無)함-비움-가난히 함-덜어 냄-해체-부정(不定)과 비(非)-오상아(吾喪我)-망아(忘我)-심제(心齊, 마음을 깨끗이 함)-비유비무(非有非無)-마치 아무것도 아닌 것처럼(as if not)>의 의미와 동일한 의미로 보고자 한다. 하나님의 속성은 '없이 계시는 분'이며 다양한 은유의 모습으로 나타나기 때문이다. 예컨대 '나그네, 고아, 과부' 또한 신이 가면을 쓰고 가난으로 나타나신 분이다.

혐의가 다분히 있어 보인다. 한편 '가난히 함'이라는 단어는 앞에서 거론한 '상실'과 '버리고 떠나기'의 한계를 넘어, 주체의 결단과 비워냄의 작업이 일회성이 아닌 끊임없이 지속되는 실천으로, 다음 세대에게 우리의 소중한 정신적 가치와 유산을 전달될 수 있는 의미가 담겨있다.

그런데, 우리는 우리의 마음을 진정 가난히 할 수 있을까? 우리는 마음을 가난히 한다고 말하면서 그 가난이 어느새 우리 자신의 이익과 명예를 위해 사용되는 가난으로 포장된 것은 아닐까? 과연 인간은 자신의 의지적 결단으로 '가난한 마음'에 도달할 수 있을까? 그럴 수 없다고 해서 그냥 포기하면 어찌 되는 것일까? 그리스도가 말한 '가난함'이란 어떤 심적 상태를 말하는 것일까? 그가 말한 '마음이 가난한 자'는 이미 우리가 도달해야 할 가장 이상적인 심적 상태를 말하는 것일까? 하지만 인간은 그 마음을 향해 끊임없이 경주하는 자의 모습이 아닐까? 그 경주의 출발은 우리가 죄인이라는 사실을 자각하고 자신이 더 이상 무엇을 어찌해볼 수 있는 마음조차 없는 그런 심정이 아닐까? 도대체 마음과 가난은 어떤 관계일까?

우리의 마음 속성은 무언가를 향해 끊임없이 지향한다.[257] 마음은 잠시도 가만히 있지 않는다. 마음이 하루에 12번씩 바뀐다. 인지학에서는 이것과 저것을 선택하는데 마음의 결단이 하루에 36만 번을 선택한다고 말한다.[258] 마음은 무엇인가? 먼저 이 글에서 사용하는 마음을 '감정', '의식', '정신', '영혼', '인지 체계', '자아(에고)', '자기성(Selbst)'을 포함해서 타자에 의해 '만들어진 나'를 모두 총칭해서 사용하기로 한다.

---

257) 단자하비 지음, 박지영 옮김, 『후설의 현상학』, 한길사(2003) 참조.
258) 월터 프리먼(Walter J. Freeman), 진성록 옮김, 『뇌의 마음』, 부글(2007), pp. 211-220 참고.

'마음이 가난함'과 '마음을 가난히 함'의 문제에 대해 좀 더 깊이 숙고해 보자. 먼저 '마음이 가난함'에서 가난함의 주체는 '마음'이다. 그리고 '마음을 가난히 함'에서는 가난히 '함'의 대상은 마음이 된다. 그런데 여기에서 의문이 하나 생긴다. '마음을 가난히 함'에서 가난히 함을 '결정하고 결단하는 주체'는 누구인가? '결정하고 결단하는 주체' 또한 마음이 아닌가? 그렇다면 이 문장은 "마음이 마음을 가난히 함"이라는 문장으로 성립된다.[259] 여기에서 또 하나의 의문이 든다. 주체로서 마음과 목적 대상으로서의 마음은 동일한 것인가 아닌가? 그리고 내가 나를 대상화한다는 것은 무슨 뜻인가? 마음이 마음을, 하나의 시각이 다른 시각으로 바라볼 수 있다는 것은 무엇인가? '마음이 가난함'을 규정하고 '마음을 가난히 함'으로 이끌어 가는 마음(힘)은 무엇인가?

  여기에서 말하는 첫 번째 마음은 대상화된 마음을 제어하는 주체가 되고, 두 번째 마음은 주체에 의해 제어 통솔된 마음이다. 이렇게 첫 번째 마음과 두 번째 마음 사이에는 간극이 있다. 이 간극이 바로 우리의 자유의지가 작동되는 여백, 공간이다. 이 공간이 없다면 마음은 작동되지 않는다. 프로이트는 이 여백과 공간을 언어가 작동되는 공간 또는 표상(이미지)이 작동하는 공간으로 본다.[260] 그러니까 마음이 작동되기 위해서는 반드시 두 이미지(표상)가 있어야 하고, 두 이미지의 표상, 즉

---

259) 자아-에고가 만든 이미지와 허구에서 벗어나는 방법은 자신을 객관화해서 바라보는 소외와 성찰에 있다. 다음의 예문에서 주체가 어떻게 소외 성찰될 수 있는지 살펴보자. "나는 나를 바라보는 나를 바라보았다." ① 나는 ② 나를 바라보는 ③ 나를 ④ 바라보았다 → 이 문장에는 4개의 '나'가 존재한다. ③의 '나'는 문장 속에 대상화된 나이며, ②의 '나'는 문장 속에서 대상을 바라본 '나'이다. ①의 '나'는 바라보는 나를 바라보는 '나'이고, ④의 '나'는 문장에는 보이지 않지만(부재) 바라보았다고 말하는 발화주체로서의 '나'이다. 이렇게 마음에는 다양한 '나'(분열적 나, 혹은 타자화가 된 나)가 존재한다. 자기 동일시에서 벗어날 수 있는 과정은 ③ → ② → ① → ④로 전환된다.
260) 프로이트, 황보석 옮김, 「억압, 증상 그리고 불안」, 『정신병리학의 문제들』, 열린책들 (2011), pp.205-223, 참조.

두 마음 사이(간극)에는 간극이 존재한다. 이 두 마음은 다음과 같은 방식으로 작동된다. "A를 B로 바라보고 이해하고 해석한다." 인간의 마음은 끊임없이 무엇인가를 지향한다. 그리고 그 지향은 인과적 언어의 반복과 재현을 통해 이루어진다. 그 반복과 재현을 통해 진리(실재)가 잠깐 허상처럼 도래한다.[261] 그런데 그렇게 언어기호에 의해 도래된 진리는 과연 온전한 진리인가? 그렇지 않다면 우리는 진리를 어떻게 찾아낼 수 있을까? 그렇게 해서 찾아낸 진리로 과연 마음이 가난해지는 것일까?

현상학에서는 A를 B로 바라보고 이해하고 해석할 때 그 대상 A는 고정불변의 실체로 보지 않는다. A는 'A'를 B로 바라보고 이해하고 해석하는 주체에 의해 계속 가변 되는 것으로 파악한다.[262] 그러니까 A는 고정된 것이 아니라, B로 바라보고 이해하는, 해석자의 관점에 따라 변주되는 것이다. 그래서 현상학에서는 고정된 외부 대상(실체, 진리, 실재)은 없는 것으로 본다. 우리가 바라보는 모든 현상은 우리의 의식 작용이 만들어 낸 가현(假現, 허상, fiction, 이미지)이다. 따라서 대상은 바라보는 사람에 따라 달라진다. 여기서 하나의 의문이 생긴다. 만약 객관 대상이 바라보는 사람에 의해 주어지는 것이라고 한다면(대상이 고정불변한 것이 아니라고 주장하면) 어떻게 사람들은 공통의 언어와 약속을 지켜나가고 공감을 할 수 있을까. 그래서 현상학적 인지주의자들은 바로 여기에는 인간 공통의 신체언어가 작동되는 것으로 설명한다. 비록 대상이 바라보는 사람에 의해 달라지겠지만, 신체에서 주어지는 공

---

261) 프로이트, 임진수 옮김, 「인지와 재현적 사고」, 『정신분석의 탄생』, 열린책들(2011), pp. 257-260, 참조.
262) 에드문트 후설, 이종훈 옮김, 「의식의 흐름의 통일성 및 동시성과 잇따라 일어나는 것의 구성」, 『시간의식』, pp. 169-174 참조.

통감각에 의해 표상된 이미지는 만국 언어가 된다는 것이다.[263] 그러함에도 불구하고 분명한 것은 언어로 표현된 대상에 대한 이해와 해석은 보는 이의 관점에 따라 차이와 다름이 분명하게 된다는 사실이다. 그래서 인간이 말을 하면서 발생하는 오해와 이해는 서로의 차이와 다름을 낳기도 한다. 따라서 우리에게 요청되는 실천정신은, 모든 사실 기술에 있어서 서로를 인정하고 존중할 수 있어야 한다.

우리는 여기서 다음의 질문을 던질 수 있다. 마음을 가난히 할 때, 그 가난히 '함'의 결단과 행위가 과연 타자에 의해 공감을 얻을 수 있는가 하는 문제이다. 이는 우리의 가난함의 행위가 어떻게 그 정당성을 확보할 수 있는가와 연결된다. 더 나아가 그 행위가 어떻게 타자의 삶에 선한 영향을 줄 수 있는가와 연관된다. 이를 위한 주체의 '가난히 함'은 어떤 것이어야 하는가? 그리고 그 결단과 행위는 어떤 것이어야 하는가? 우리는 우리 자신의 결단과 행위에 대해서 온전히 정당하다고 할 수 있는가? 우리의 선택이 진정 그가 될 수 있도록 한 것인가? 그것은 또다시 우리의 이익과 사회적 명분과 명예를 위해 그를 수단화, 도구화하고 있지 않은가? 이러한 자신의 한계를 우리는 어떻게 극복할 수 있을까?

이것의 가능성으로서 '마음을 가난히 함'의 '수동적 결단'(수동의 수동성)을 제시하고자 한다.[264] 마음이 '마음을 가난히 하고 비우는 결

---

263) M. 존슨 지음, 노양진 옮김, 「도식구조를 통한 의미 발생」『마음속의 몸』, 철학과 현실사(2000), pp. 88-96, 참조.

264) 수동적 결단의 행위 규칙은 신체 생리의 규칙과 동일한 궤를 지닌다. 예컨대 정상적으로 기억이 엷어지는 과정(잊음, 비움, 망각, 치매)은 생리가 원래의 정상적인 상태로 되돌아가고자 하는 본래적(항상적) 모습이다. 망각은 멈출 줄 모르는 이성을 제제, 억지(억압)하는 기능으로 생명의 안정장치이다. 인체에 있어서 망각은 일종의 능동적인, 엄밀한 의미에서 적극적인 저지 능력으로 이성의 이성이다. 이 능력으로 체험하고 경험할 수 있는 능력이 생긴다. 망각이 없다면 행복도 명랑함도 희망도 자부심도 현재도 없다. 과거에

단'의 주체라는 의미에서 '수동적 결단'으로 표현할 수 있겠다. 자아(마음)를 '가난히 하고 비우는 것'은 자신을 해체하고 판단한 것을 중지하는 것과 관련된다. '수동적 결단', '가난히 하고 비우는 것', '판단중지'의 가능성을 분석 언어형식의 하나인 '이것도 아니고 저것도 아님', '마치 아닌 것처럼(as if not)'의 부정성에서 찾고자 한다. 이런 언어형식은 그리스어를 사용한 바울의 시간관과 공간 의식과 밀접한 관계가 있다. "이미 얻었다 **함도 아니요**, 온전히 이루었다 함도 아니라. 오직 내가 그리스도 그리스도께 잡힌 바 된 그것을 잡으려고 달려가노라."[265] 에서 우리는 여기서 바울의 부정의 논리를 통한 자기 점검과 반성, 소외, 끊임이 없는 '비움(가난한 마음)'의 정신을 엿볼 수 있다. 이는 우리가 다음 세대를 위해, 우리에게 '남겨진 시간'을 위해, '지금' 우리는 무엇을 해야 하는지를 가늠할 수 있다.

'달려가노라'라는 현재 진행형은, 끊임없이 실천할 수 있는 것, 이루었다 함도 아니요, 완전히 이루려 함도 아닌, 이것도 아니고 저것도 아닌, 그 모든 것을 부정하면서도 그 모든 것을 긍정할 수 있는 현재형이다. 이것을 부정하면서 저것이 되고, 저것을 부정하면서 이것이 되고, 이것이면서 이것이 아니고, 저것이면서 저것이 아닌 것이 무엇일까? A

---

집착하지 않고 도움이 되지 않는 것을 망각하는 것은 하나의 힘이다. 건강한 사람은 과거의 불행이나 사건에 대해 원한에 사로잡히지 않고 그것을 보다 나은 발전이나 미래의 재료로, 즉 새로운 경험이나 인간 이해의 유용한 재료로 활용한다. 그렇다면 어떻게 자신을 잊을 수 있는가? 吾喪我, 忘我, 無己로 표현되는 장자의 망각 개념은 사물의 현상이 무엇인지 진정으로 자각할 때 주어진다. 즉 사물은 무상하며 모든 존재가 존재 그 자체로 있는 것이 아니라, 다른 존재들과 연이어서 유기적으로 관계하는 방식에서 주어지는 것이 바로 사물의 속성임을 인식할 때 비로소 자아 집착을 내려놓게 되는데, 망각은 자아 집착의 '수동적 결단'이라 할 수 있다.

265) "Not that I have already obtained all this, or have arrived at my goal, but I press on to take hold of that for which Christ Jesus took hold of me. Brothers, I do not consider myself yet to have taken hold of it. But one thing I do(=as if): Forgetting what is behind and straining toward what is ahead." 빌립보서 3장 12절, NIV 영어 성경

/ 非 A의 대립을, 非 / 非 A의 두 부정을 통해 얻을 수 있는 긴장, 그것은 무엇일까? 집필자는 그것을 '마치 아닌 것처럼(as if not)'이라는 말의 부정성으로 기호화하고자 한다. 이 말의 진의는, 완료된 것이 아직 완료되지 않은 것이며, 아직 완료되지 않은 것이 완료된 것이 되는 것처럼, 현재 자신의 행위가 과거로부터 영원히 떠나있고, 과거 역시 반복이 없는 영원 속으로 떠나는 진행형으로서의 달려감(경주함)의 의미이다. 이때 깃드는 심적 경계(경지)는 "네가 좌하면 나는 우하고 네가 우하면 나는 좌하리라."(창세기 13:9)와 같은 수동적 결단의 마음이다.[266]

바울이 우리에게 요청한 것은 '마음이 가난한 자'의 완료형도 아니요, 완벽하게 '마음을 가난히 함'도 아닌, 두 마음 사이의 긴장 상태의 경주와 실천이다. 바로 이런 모습은 '마치 아닌 것처럼(as if not)'의 행위이다. 엄밀히 말해 그에게 있어서 푯대는 저 멀리 고원한 형이상학적 이데아(천국)에 있는 것이 아니라, 경주하는 자의 실천(과정)에 이미 도래(생성)해 있다. 그 이행 실천은 우리가 그의 입장이 되어, 그가 말하고자 하는 곳에서 말해지는 것이다. 즉 나의 주체성이 그의 주체성으로 전환되는 것이다.[267] 내가 말하는 것이 아니라 말해지는 것이며, 듣

---

[266] 바울의 시간관에서 보면, 메시아적 세계는 세속적 세계와 분리되거나 차이가 없다. 뜻이 하늘에서 이룸같이 땅에서도 이루어지듯, 땅에서도 이룸이 곧 하늘에서도 동시적으로 매여진다. 만일 우리 자신이 곧 메시아라면 우리는 이미 구원된 것이며, 이미 메시아는 도래하고 있는 것이다. 단지 우리는 그러한 사실을 인식하지 못하고 있을 뿐이다. 메시아는 나그네와 과부와 고아로 가면을 쓰고 나타났기 때문이다. 그리스도에게는 이분법적 사유가 없었다. 타자(이웃)가 곧 그 자신이었다. 타자의 죄, 곧 자신이 자신의 죄를 마셨다. 자신의 죄뿐만 아니라 저들의 죄까지 그가 저와 같아서 저들의 죄를 십자가에서 온전히 마셨다.

[267] 레비나스는 타인의 얼굴을 만날 때 자신은 비로소 책임지는 주체가 된다고 말한다. 주체성은 '타인을 받아들임'에서 형성된다. 인간의 삶은 자신의 고유한 세계를 가지면서도 얼굴을 통해 드러나는 타인의 고통에 대한 연대책임을 통해 이루어진다. 타인의 얼굴은 신이 자신을 계시하는 장소이다. 신은 타인의 얼굴 속에 자신을 은폐하는 방식으로 계시한

는 것이 아니라 들려지는 것이어야 한다. 지난 과거는 명사형으로서의 '끝'이 아니다. 그것은 오늘을 살아가는 현재적 삶의 실천적 담화로 이어진다. 한 방울의 작은 땀일지라도 '그'의 것이 '우리'를 통하고, '우리'는 또 '저'들을 통해 연속되는 삶처럼 그렇게 반복 재현되면서 도래하는 것이다.[268]

바울의 관점에서 보면 '가난함'은 어떤 심적 상태를 말하는 것이 아니라, (먹은) 마음을 계속 비워내는(달려가는) 실천 동사(과정 생성)이다. 뒤이어 나오는 '애통', '온유', '주리고 목마름', '긍휼', '청결', '화평', '박해' 또한 완결형의 명사가 아니라 실천 동사로 해석하면, 그리스도의 '도(진리)'는 정태적이고 말라버린 고착 개념어가 아니라, 현장성과 박진감이 넘치는 실천 행위로 전복된다. 이는 팔복 바로 뒤에 나오는 복과 천국의 도래(소유, 저의 것)가 외부 대상에서 주어지는 것이 아니라, 어떤 심적 상태에 이르렀을 때 자연스레 깃드는 마음의 평화로운 상태임을 인지한다면 '가난함'은 정태사가 아니라 실천 동사에서

다. 타인의 얼굴은 그 속에서 신이 자신을 계시하는 신의 가면이다. 진정한 윤리적 주체성은 얼굴을 가지고 타인의 얼굴을 대할 때 형성된다. 진정한 윤리적 주체성은 사물 속에서 세계를 보고, 타인의 얼굴에서 하나님의 얼굴을 보는 사랑에서 완성된다. 에마뉘엘 레비나스, 자크롤랑 엮음, 김도형, 문성원, 손영창 옮김, 「윤리로부터 신을 사유하다」, 『신, 죽음, 그리고 시간』, 그린비(2013) 참조.

268) 언어의 폐쇄적 속성과 특정 문화와 사회의 맥락 속에서 형성되고 발전하며, 그 안에서 공유되는 의미와 규칙에 따라 작동하며 동서양을 막론하고 많은 담론이 있었다. 대표적인 예로, 노장사상이나 불교, 비트겐슈타인, 라캉의 경우를 들 수 있다. 예컨대 중국 격의불교에서 말한, 비유비무(非有非無), 촉사이진(觸事而眞), 체용부이(體用不二), 즉체즉용(卽體卽用)의 핵심은 "성인은 앎이 없는 지혜로 실체가 없는 진리를 나타낸다"(聖人以無知之般若, 照彼無相之眞諦)는 지의로 요약할 수 있다. 이들의 말은 일상에서의 모든 분별이 대상과 주체의 분리에 기반을 둔 언어 사용의 폐해에서 발생하는 언어의 인과적 논리체계를 넘어, 무시간성과 상호의존성을 강조한 것이다. 특히 승조는 인식과 존재의 비분리성을 아는 통찰이 시간 속에서 얻어지는 것이 아니라 즉각적으로 이루어진다고 한다. 이는 정신분석의 역사에서 프로이트와 라캉이 발명한 '무의식'이 언어 표상 때문에 구조화되고 작동한다는 측면에서, 무의식과 의식의 사이, 기표와 기표 사이의 간극에서 실재의 본질을 탐색하고자 하는 것과 동일한 궤를 지닌다.

'동시적'으로 나타나는 역동적인 동태사이다. 만약 가난함을 명사나 동사가 아닌 동명사로 볼 경우, 앞에서 해석한 두 가지의 해석(명사적 완료형과 동사적 실천형)의 난점과 한계를 지양할 수 있겠다. 즉 둘 모두를 포함하면서도 둘 모두를 배제할 수도 있으며, ①을 통해 ②를 부정할 수 있고, ②를 통해 ①를 부정할 수 있다. 그렇게 되면 '복'과 '천국'의 단어도 고정된 실체 개념이나 행위적 '자기 지시'의 한계를 넘어, 끊임없이 추구되어야 할 영원한 푯대, 즉, 목적인(Telos)이 된다.

이제 다음의 예문에서 바울의 지의를 한 단계 더 들어가 살펴보고자 한다. 논의 전개를 위해 다음 예문에 제시된 '죽었음(dead)'은 과거(already, 이룸), '아직 죽지 않음(not dead)'은 다가올 미래(not yet)를, '죽은 것이 아님(undead)'은 긍정도 부정도 아닌 현재(마치 ~이 아닌 as if not)로 표지하고자 한다. 그리고 여기서 말하는 죽음(dead)은 '가난함'의 은유적 표현으로 '부인', '부정', '상실', '없어짐', '빔', '결여', '무', '허', '거세'와 동일한 의미를 지닌다.[269] 다음 예문을 보자.

① He is dead(already).
② He is not dead(not yet).
③ He is undead(as if not).

---

[269] ①,②,③항의 문장, "그는 죽었다(dead).", "그는 죽지 않았다(not dead).", "그는 죽은 것이 아니다(undead)"에는 두 주체가 있다. 하나는 언표된 주체로서 '그(He)'이고, 다른 하나는 언표되지 않은(숨겨져 있는 주체), 곧 발화자의 주체이다. "그가 죽었다.", "죽지 않았다.", "죽은 것이 아니다"라고 말하는 주체는 살아있는 자이다. 죽은 자는 자신이 죽었다고 말할 수 없다. 그가 죽었는지, 안 죽었는지, 죽은 것이 아닌지를 판단하고 규정하고 비교하고 합리화하고 당연하다고 여기는 것은 발화자인 살아있는 자들이다. 발화자가 죽은 자를 어떻게 바라보고 말하는가에 따라 그의 죽음의 존재적 상태가 결정된다. 우리가 주체가 된다는 것은 자신을 끊임없이 소외해서 성찰하는 과정을 의미한다.

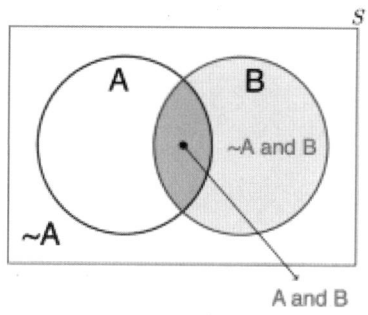

$$P(B) = P(A\&B) + P(\sim A\&B)$$

바울의 지의는, 그의 죽음을 완결형으로써 매듭을 짓는 죽음이 아니라, 어떻게 하면 삶과 죽음을 넘어선 인간의 가치 가능성으로의 실존적 죽음의 상태로 살려내는 것에 있다는 점이다. 그 실천은 무엇보다도 우리가 죽은 자를 어떻게 바라보는가가 관건인데, 그것은 바로 예문 ③항의 "그는 죽은 것이 아니다(undead)"라는 관점, 즉 '마치 ~이 아닌 것처럼(as if not)'의 기술적 전회이다. 'undead'는 'is dead(already)' + 'not dead(not yet)'의 의미가 모두 포함되어 있다. 'is dead(already)'이면서 'not dead(not yet)'를 부정하고, 'not dead(not yet)'이면서 'is dead(already)'를 부정한다. 또한 'undead'는 dead(already)'의 부정이면서도 동시에 'not dead(not yet)'의 부정이기도 하며, dead(already)'의 긍정이면서 동시에 'not dead(not yet)'의 긍정이기도 하다. 편의상 'is dead(already)'를 A로 'not dead(not yet)'를 B라고 한다면, 'undead'는 A와 B의 대립과 갈등이 해소가 되는 'A = B'가 된다. 삶과 죽음이 일치(동일시)된다. 일치(동일시)에는 A도 없어지고 B도 없어진다. A를 1로, B를 2로, 공집합을 3으로 표시하면, 공집합 3

제8부 생애발달별 죽음교육론 **423**

은 1=2가 되는 지점이다.[270]

따라서 'undead'라는 공집합은 A와 B를 모두 살려내면서 동시에 모두 부정한다. 동시에 A를 긍정하면서 B를 부정하고, B를 긍정하면서 A를 부정한다. 그러면서 자신을 부정하는 방식으로 상대방을 용납하고 용납하는 동시에 또한 부정한다. <'undead(as if not)' = '마치 ~이 아닌 것처럼(as if not)'>의 용법은 지금까지 논의해 온 담론의 한계로부터 부정의 방식을 통해 좀 더 지양될 수 있는 담론구조이다. A(is dead)를 주장하다 보면, 이미(항상, 때 이른) 죽은 자(고착된 기억)로 규정한 나머지, 삶의 가능성을 놓칠 수 있고, B(not dead)를 주장하다 보면 아직 아님(not yet)에 대한 집착으로 현재적 실천을 미래로 연기하거나 회피할 가능성이 많게 된다. 제3의 담론은 지금까지 지속해 왔던 우리의 고정 담론을 지양하여 새로운 행위 실천 가능성의 가능성을 정립할 수 있는 계기가 될 것이다.

'<마치 ~이 아닌 것처럼(as if not)'>의 용법에서 메시아적 시간성을 고찰해 보자. 메시아적 시간은 현재인가 미래인가 과거인가? 남아 있는 자는 누가 되는가? 바울이 말하는 지금 바로 이때는 언제인가? 과

---

270) 사물은 모두 '저것' 아닌 것이 없고, 동시에 모두 '이것' 아닌 것이 없다. 이쪽에서 보면 모두가 저것, 저쪽에서 보면 모두가 이것이다. 스스로 자기를 저것이라 한다면 알 수 없지만, 스스로 자기를 이것이라고 본다면 알 수 있다. 그러므로 저것은 이것에서 생겨나고, 이것 또한 저것에서 비롯된다. 삶이 있으면 반드시 죽음이 있고, 죽음이 있으면 반드시 삶이 있다. 됨이 있기에 안 됨이 있고 안 됨이 있기에 됨이 있다. 옳음이 있기에 그름이 있고 그름이 있기에 옳음이 있다. 그래서 성인은 일방적 방법에 의지하지 않고 전체를 동시에 볼 수 있는 절대적인 조명에 비추어 본다. 이것이 바로 '있는 그대로 그렇다 함(因是)'이다. 이것은 동시에 저것이고, 저것은 동시에 이것이다. 성인의 저것에는 옳고 그름이 동시에 있고, 이것에도 옳고 그름이 있다. 『장자』, 「제물편 2:10」. 이것이라는 말은 저것이라는 말이 없을 때는 의미가 없다. 이것이라는 말은 반드시 저것이라는 말을 전제로 한다. 즉 이것이라는 말에는 저것이라는 말이 이미 내포되어 있다. 이것이 없으면 저것이 없고, 저것이 없으면, 이것도 없다. 그런 의미에서 이것은 저것을 낳고 저것은 이것을 낳는다. 아버지만 아들을 낳는 것이 아니라 아들이 없이는 아버지도 있을 수 없으니, 아들도 아버지를 낳는 셈이다. 아버지도 원인인 동시에 결과이고, 아들도 결과인 동시에 원인이다.

거와 미래적 사건이 현재, 바로 이곳, 이 시간, 현재 진행형에 종합(수축)된다. 완료형으로서 표상된 과거는 미완료형으로, 미완료로서 표상된 미래는 현재 완료형으로 지향됨으로써, 과거와 미래가 끊임없이 현재 진행형 안에서 부정과 긴장 지속되고 있다. 이렇게 구원의 시간은 크로노스적 시간의 표상을 부정(폐기)함으로써 이루어진다. 묵시론(기호 불가성)은 언어의 폐해를 넘어가기 위해 <스스로 자신을 없이하는 방식-자신이 자신으로 회귀함-자기가 자신을 마심-일인칭 재귀적 실존상태>로 그 지시 대상으로부터 떠나있음을 강조한다. 바울의 신앙과 언어는 침묵과 묵시에 머물면서도, 자신이 발화한 언어활동에 관계하는 한 이미 그곳에 진리가 도래된다. '우리가 이미 알고 있었던 것처럼(already)' 또는 때로 '마치 아무것도 아닌 것처럼(not yet)'[271]말이다. 그리고 과거에 대한 구원은 이미 완료된 현재로서의 침묵에 이르게 되며, 영원히 지속되는 현재 완료의 시점을 통해 끊임없이 도래(생성)한다. 다시 말해 구원은 이미 완료된 것이며, 현재는 미래를 향하여 열리지 않았고 지금 여기에 바로, 이 순간 이곳에서 완료되고 있다.

　이제 우리 자신의 의식의 명료성을 위해, 우리의 행위가 이웃으로부터 공감과 올바른(義) 실천을 위해 할 수 있는 것이 무엇인가를 생각해 보자. 더 나아가 우리의 언어와 문자가 이웃(다음 세대)의 언어와 문자가 되고 그 이웃(다음 세대)이 변화되고 주체가 되려면 어떻게 해야 하는가? 그것은 먼저 기존의 고정관념을 해체 중지(없이)하는 것이다.[272]

---

271) '우리가 이미 알고 있었던 것처럼(already)' vs '마치 아무것도 아닌 것처럼'(not yet)의 표현은 조르조 아감벤이 로마인에게 보낸 편지에 대한 강의『남겨진 시간』에서 해석한 바울의 시간관의 특징을 표본 한 것이다. 조르조 아감벤 지음, 강승흔 옮김, 로마인에게 보낸 편지에 대한 강의『남겨진 시간』코나투스(2008) 참고.
272) (판단) 중지는 세계로 향한 우리의 시선을 우리 자신/주관/자아로 향하게 한다. 판단 중지는, 세계의 존재를 세계의 '현상'으로, 나아가 세계에 관계하는 의식의 활동 영역(의식 현상)으로 전환한다. 후설은 판단중지를 통해 드러난 의식 현상의 본질을 다름 아닌 의

그리고 우리 자신이 다음 세대인 '그'의 입장이 되어보는 일이다. 우리의 언어로 그를 이해하는 것이 아니라, 우리의 언어와 문자, 말할 권리마저 그의 것이 되도록 되돌려 주는 것이다.[273] 사랑은 우리의 빈-마음(없음, 무)을 그에게 주는 것이다. 있는 것으로 주는 것은 사랑이 아니다. 사랑은 대가 없이, 없이하는 방식으로 주는 것이다. 이는 자신의 관점을 타자에게 양도하는 것(없이 하는 것), 판단(합리화, 당연시, 비교, 강요, 판단, 비난)중지가 요청된다. 성경에 나오는 "말하소서. 내가 듣겠나이다."라는 구절에서 자신의 주체적 관점을 내려놓고, 도리어 자신의 주체성을 타자에게 양보하고 자신은 듣는 수동태의 자리에 내려앉는 모습을 발견할 수 있다. 테라피(therapy)의 라틴어 'therapeia'는 '환자를 섬긴다.', '주인으로 모시다'의 의미이다. 우리의 언어와 문자가 치유의 말이 되려면 그의 입장이 되어보는 것이다. 그리스도가 말한 가난함에는 도달할 수는 없지만, 그 가난함을 향해 끊임없는 자각과

---

식의 지향성에서 찾고 있으며, 지향적 의식에 대한 지향적 분석을 수행하고자 한다. 인간이 사용하는 언어의 의미는 경험적인 것으로 바꾸어 설명할 수 없다. 거꾸로, 의미를 구성하는 마음 작용이 있으면, 의미는 마음 작용으로 소급시켜서 설명할 수 있지만, 이 마음 작용을 의미로 소급시켜서 설명할 수는 없다. 거꾸로 마음 작용을 사실적인 것으로 소급시켜서 설명할 수도 없다. 마음을 설명하는 다양한 논리가 있을 수 있지만, 후설이 보기에 우리의 마음의 조건은 기존의 인식론적 구도나 형이상학적 구도로는 설명될 수 없다. 후설의 의도는 기존의 인식론자도 형이상학자도 보지 못했던 의식의 한 지평을 설명하는 것이며 이를 드러내는 방법이 판단중지이다. 판단중지를 통해 우리는 '선험적 영역에 이르는 길'을 밟게 된다. 이상은 에드문트 후설, 이종훈 옮김,「발생적 분석의 길잡이인 시간의식의 지향성」,『시간의식』, pp. 15-45. 참조.

273) 논어에 나오는 "내가 일어서고 싶다면 남도 일어서게 해 주고, 내가 이루고 싶다면 남도 이루게 하는 것이다. 내 입장을 비치어 남의 입장을 알아줄 수 있음 바로 인을 실천하는 방책이다. (己欲立而立人, 己欲達而達人, 能近取譬, 可謂仁之方也已)"는 말은 공자가 제시한 구체적인 인의 실천 방법이다. 그 실천은 자신이 진정 원하는 것이 무엇인지를 자신의 견해에서 미루어 생각함으로써 그것을 타자가 먼저 이룰 수 있도록 하는 것에 있다고 말한다. 이는 자신을 내려놓는 방식으로 타자를 세워가는 공감 실천의 한 형태라고 볼 수 있다.

회의를 통한 실천은 '우리의 몫'이다.[274]

길 떠나는 그대를 위해: 하나님은 우리에게 귀의처를 찾지 못하는 '방황과 서성거림'을 선물로 주셨다. 인간은 방황과 서성거림을 통해 영혼에 울림이 있게 된다. 방황과 서성거림이 없는 인간에게는 영혼의 울림이 없다. "성문 앞 우물곁에 서 있는 보리수, 나는 그 그늘 아래 단꿈을 보았네." 슈베르트의 '겨울 나그네'는 혹독한 내면의 절망과 상실, 방황과 서성거림의 연속의 과정이다. 그러나 거기에는 단순히 절망과 상실, 방황과 서성거림만 있는 것이 아니다. 거기에는 혹독한 상실의 여정에서 피어나는 인간 본래의 모습인 단꿈을 발견한다. 처음 아버지의 아버지는 에덴에서 '쫓겨남'이 아니라, 아브라함이 갈대와 우르를 떠난 것처럼, 그렇게 상실된 그것을 찾기 위해 과감히 에덴을 떠난 것이다.[275] '가난한 마음'은 메타적인 정신의 자기 관계를 가리킨다. 따라서 가난함은 어떤 특정 대상에 대한 직접적인 협의의 감정이 아니라, 존재 전반의 성격에 대한 자기반성의 계기이며 나아가서 세계 안에서 존재하는 자신의 정체성에 대한 물음이기도 하다. '가난함의 실존'은 곧 자기 존재의 가장 깊은 심연을 마주 대하고 자신을 단련하는 자기 해부의 과정이다. 그것은 인간이 근본적으로 영혼과 육체의 종합인

---

274) '복'이란 무엇인가? 무엇이 '복'인가? 물질성인가 정신성(의식 상태)인가? 그리스도가 말한 복은 천국과 관련지어 봤을 때, 언어의 물질성을 넘어선 어떤 것이다. 중국 상형문자에 나타난 '福'의 의미를 살펴보면 다음과 같다. : 연기, 향, 제사, + 하늘에서 말씀, 명령 + 세상(밭, 일상, 음식상, 제사상)으로 감응=이어짐, 연결됨, 초월 됨, 공감(교감), 분리로부터 일치 연결됨(구원 salvation) = 화해, 용서, 서로 그가 되어 줌을 의미한다.

275) 인간은 처음부터 도덕적인 인식구조(귀책 결과를 자기 자신을 원인으로 돌리는 죄책감과 수치심)로 마음이 작동한다. 프로이트나 레비스트로스는 불안과 죄책감, 수치심을 야생적 본능, 근친상간에서 기인한 것으로 본다. 그러나 라캉의 경우, 자신이 아닌 타자가 만들어 놓은 구조(패러다임, 이데올로기, 언어, 욕망)에서 죄책감과 수치심이 만들어지는 것으로 본다. 즉 죄책감과 수치심이 자신의 고유한 것이 아니라, 이미 주어진 구조 속에서 표현되는 무의식의 영역으로 안치시킨다.

정신적 존재로서 내적 불안정성의 극단적인 과정을 체험함으로써 비로소 인간적 성숙함을 달성하기 때문이다. 가난함에 단련된 개별자는 스스로 영원성, 무한성의 극단에 이르는 가능성의 실험에 내던져짐으로써 자신을 도야시킬 수 있다. 인간이 스스로 실존에 대해 무한 책임을 지고 있음을 일깨워주는 내면적 초월의 계기이다. 이제 우리가 가야 할 그곳, 물려주어야 할 소중한 유산은 무엇인가?

노년기_기본
# 노년기의 발달적 과업과 죽음

### <내용 요약>

노년기의 발달적 과업은 신체적, 정서적, 사회적 변화와 관련이 있으며, 특히 죽음에 대한 태도와 자아 통합이 중요하다. 에릭슨은 노인이 삶의 연속성을 이해하고, 과거를 반성하며 자아 통합을 이루는 것이 핵심 과업이라고 설명했다. 노년기에는 죽음을 더 수용적으로 받아들이는 경향이 있으며, 이는 여러 사회적, 심리적 요인에 의해 영향을 받는다. 또한, 노인들은 자율성과 자아 존중감을 유지하기 위해 생명에 관한 결정에 참여하고자 한다. 이를 위해 가족과 전문가들이 노인의 의사를 존중하고 지원하는 것이 중요하다.

### <핵심어>

노년기 발달적 과업(Developmental tasks of aging),
자아 통합(Ego integrity),
죽음에 대한 태도(Attitude towards death),
자율성(Autonomy), 생명에 관한 결정(End-of-life decisions),
자아 존중감(Self-esteem)

### <학습 목표>

- 노년기의 발달적 과업과 그 중요성을 이해하고, 노인의 삶에서 자아 통합과 자아 존중감이 어떻게 형성되는지 설명할 수 있다.
- 노년기에 나타나는 죽음에 대한 태도와 이를 수용하는 과정에 대해 학습하고, 노인들의 죽음에 대한 심리적, 사회적 측면을 파악할 수 있다.

- 자율성과 자기 결정권의 중요성을 이해하고, 노인이 생명에 관한 결정에 참여하는 과정과 그로 인한 긍정적 결과를 설명할 수 있다.
- 노년기에 생길 수 있는 다양한 변화와 도전에 대해 실천적 해결 방법을 모색하고, 노인들의 삶의 질 향상을 위한 지원 방법을 제시할 수 있다.

<적용 실천>
- 노인의 자아 통합을 돕기 위한 삶의 검토 활동을 통해, 과거의 경험을 반영하고 새로운 의미를 찾아내는 활동을 계획할 수 있다.
- 노인의 죽음에 대한 두려움을 줄이고, 자아 존중감을 높이기 위한 상담 프로그램을 설계하여, 고립된 노인들에게 정서적 지원을 제공할 수 있다.
- 노인이 생명에 관한 결정을 자율적으로 할 수 있도록 지원하는 시스템을 마련하고, 건강관리 및 치료 선택에 있어 자율성을 존중하는 절차를 개발할 수 있다.
- 고립된 노인들을 위한 커뮤니티 활동이나 프로그램을 통해 사회적 상호작용을 촉진하고, 품위 있는 노년을 보낼 수 있도록 도울 수 있다.
- 삶의 질을 유지할 수 있도록, 호스피스 프로그램과 같은 서비스를 통해 신체적, 정서적, 사회적 지원을 제공하는 방법을 실천할 수 있다.

## 노년기의 발달적 과업과 죽음

　초고령사회인 현대는 의학의 발달로 100세 이상의 인구 구성이 급격하게 증가할 전망이다. 노년 성인들은 상대적으로 좋은 건강과 교육, 구매력, 자유로운 시간이 있고, 정치적으로도 활동적이다. 따라서 노년 성인을 '초기 노년(young old; 65세~74세)' '노년(old or old old; 75세~84세)', '말기 노년(oldest old or very old; 85세 이상)'으로 구분해야 할 필요성이 있다. 어떤 연구자들은 '허약한 노년(frail elderly)'이라고 부르지만, 그것은 건강에 관련된 범주이고, 발달적인 상황을 보여주는 것은 아니다. 노인들과 그들의 구별되는 발달 과업(distinctive developmental tasks) 사이에는 서로 다른 사회적 코호트들이 존재한다.

　에릭슨은 "노인은 노화 그 자체의 의미를 아는 것이 아니라, 노년의 나이에서 그들 자신의 의미를 알고 있다. 따라서 중요한 문제는 어떻게 노인들이 생명의 연속성에 대한 인식과 변화에 대처할 수 있도록 도와주는 의미를 스스로 깨닫고 있는지에 대한 것이다."라고 하였다. 인간 삶의 마지막 과정의 시기를 '노쇠기(senescence)'라고 명명한다. 그 말 자체는 늙어가는 과정을 확인시켜 주지만, 말의 전이 과정에서 노인 자체를 가리킨다. 불행히도, 노쇠(senescence)는 어원적으로 senile, 즉 senility와 관련되어 있는데, 이는 단순히 늙은 상태를 의미하는 것뿐만 아니라 노년과 관련해서 연상되는 인지적 장애가 있음을 의미하기도 한다. 규범적 발달 시기와 병리의 무조건적인 연계는 정확한 것도 아니고, 바람직한 것도 아니다. 그런 의미를 피하고자 이 시기를 성숙(maturity)의 시기 혹은 인간 발달의 '완성(complete)기'라고 말한다.

　때로 노년은 필연적으로 무능력하고, 다른 사람들에 대한 의존도가 증가하는 것으로 생각된다. 이런 믿음은 현재 문화에만 한정되는 것은 아니다. 에릭슨은 이런 과업을 자아 통합성(ego integrity) 대 절망으로 기술하였고, 매슬로(A.H. Maslow)는 자아-현실화(self-actualization)에 대해서 말하였으며, 비렌(J.E. Birren)은 화해(reconciliation)라고 쓰고 있다. 이런 언어 속에서, 노년의 주요한 발달적 과업은 총체성(wholeness)에 대한 내적 인식의 획득과 연관된다. 이전의 발달 과업을 성공적으로 해소하고, 과거를 인정하는 것은 노년의 성인들이 이런 총체성 속에서 균형과 조화를 성취할 수 있도록 도와준다. 총체성(또는 견실성)은 전체성, 즉 불가분성을 의미한다. 내적 반성(introspection), 자기-반성(self-reflection), 버틀러(R. Butler)가 삶의 검토(life review)라고 부른 기억(reminiscence)의 과정에서 나타난다.

이런 고도의 내면(interiority)에서 과거의 경험은 자발적으로 의식적, 검토적, 평가적, 재해석 혹은 재 통합적인 것으로 된다. 이런 목표는 오랜 갈등을 해소하고, 과거의 삶에 대해 스스로 주는 설명으로서 그리고 죽음에 대한 준비로서, 의미에 대한 새로운 인식을 성취하는 것이다. 이 과정이 성공적이라면, 그 결과물이 바로 총체성과 견실성의 지혜이다. 만약 그렇지 않다면, 인생 전반에 걸쳐 해왔던 일에 대해 만족하지 못하게 되고, 그동안 살아왔던 방식을 보충할 만큼 충분한 시간과 에너지가 남아있다고 느끼지 못했기 때문에 절망감이 생겨난다.

기대수명을 늘리기 위해서는 무엇을 해야 할까?

- 혈압을 낮게 하라.
- 규칙적으로 운동하고, 몸무게를 유지하라.

- 고단백이나 높은 포화지방이 함유된 음식을 피해라. 커피를 제한하라.
- 금연하라. 간접흡연을 피하라.
- 하루에 두 잔 이하로 알코올 섭취를 제한하라.
- 햇빛에 과다하게 노출되지 않도록 하라.
- 효과적인 스트레스 해소 방법을 연습하고, 유머 감각을 길러라.
- 보람 있는 취미를 가져라.
- 많은 친구(나이와 상관없이)와 사귀고, 그들과 함께 재미있는 활동을 공유하라.

건강하게 잘 살 방법과 평균 수명을 늘리기 위해서 얼마나 잘하고 있는지 알기 위해서는 기대수명 계산 웹사이트인 www.livingto100.com 으로 점검해 보자. 평균 수명을 실질적으로 늘릴 수 있다.

- 당신은 무엇을 할 것인가?
- 경제적인 지원을 위해서는 무슨 계획을 세우고 있는가?
- 예측되는 건강의 문제는 어떤 것인가?
- 누구와 함께 살고 싶은가?
- 어디서 살고 싶은가?
- 원하는 생활시설은 무엇인가?

## I. 노년 성인의 죽음에 대한 태도

노년 성인이 젊은 사람들보다는 죽음을 덜 두려워한다는 것이 연구문헌들의 일반적이고 오랜 기간 일치하고 있는 사실이다. 물론 '죽음에 대한 두려움'은 복잡한 개념이고, 노인들은 이런 점에 있어 각자가 다르다. 또 노년기 삶의 질을 축소하고 위협의 경향이 있는 변수들(가령 빈약한 육체적/정신적 건강, 배우자 여읨, 보호시설에 익숙해짐)은 죽음에 대한 두려움과 서로 일정한 관계를 맺고 있는 듯 보인다.

칼리쉬(R.A. Kalish)는 노년 성인의 상대적으로 낮은 죽음에 대한 두려움에 대해 다음의 세 가지 설명을 제안한다. 첫째, 노인들은 오랜 시간을 충분히 살아왔기 때문에 다른 사람들보다 죽음을 쉽게 받아들인다. 둘째, 노인들은 다른 사람들의 죽음을 반복적으로 경험했기 때문에, 사회화 과정의 결과로써 그 자신의 죽음을 받아들일 준비가 되어 있다. 셋째, 노인들의 자기 삶이 젊은 사람들의 삶에 비해서 낮은 가치를 갖는다고 생각하기 때문에 그것을 포기하는 데 그렇게 반대하지 않는다. 이런 이유로, 노인들에게 있어서 죽음은 쇠약, 고립, 의존적으로 되는 일보다 덜 위협적이다. 그래서 노인 대부분은 고통 없이, 그리고 다른 가족들에 대해서 부담이 되지 않도록 집에서 죽기를 원한다.

## 1. 자아에 대한 감각의 유지

삶 전체를 관통하는 발달 과정적 과업에서 성취한 정체성의 가치를 보존하고 확신하는 일은 이행(transition)과 재평가(reassessment)에 있어 중요한 과업이다. 통합성(integrity)은 자아-개념과 자존감 위에 세워진다. 우리가 이미 주목했듯이, 노년에서 이런 재평가는 일반적으로 삶에 대한 검토-반성, 기억, 재평가-의 과정을 통해서 추구된다.

생명을 위협하는 질병이나 죽어감에 대처하는 성인들에게 이런 과정은, 고통과 에너지의 결핍 혹은 집중에서의 무능력, 사회적 지원의 부재, 노화와 노인을 평가절하하는 사회적 경향에 의해서 축소될 수 있을지라도, 결코 없어지는 것이 아니다. 이런 방해 요인에 대하여, 가족과 전문적인 치료 제공자들은 다양한 방식으로 삶을 검토할 수 있도록 격려할 수 있다. 그들은 이야기를 들어주거나, 공감해 주는 사람(sounding board)이 됨으로써, 사진이나 소중한 기억과 같은 자극을 제공함으로써 직접적으로 참여할 수 있다. 아프거나 죽어가는 노인들을 집에 머무르게 하거나, 시설 내에서 자신의 개체성을 간직하거나 표현할 수 있도록 하는 것은 각자의 독특함과 가치를 확인시키는 또 다른 방법이다. 호스피스 프로그램은 종종 아프거나 죽어가는 사람이 공예품이나 다른 사람들에게 줄 수 있는 물건들을 만들게 하는 등 성취할 수 있는 목적을 확인시켜 주도록 격려한다. 그런 선물이나, 가치 있는 개인적 물건을 건네주는 것은 그 자체로 소중한 행위이며 지속적인 유산을 남기는 방식이기도 하다. 따뜻함과 감사함으로 그런 선물을 받는 것은 노인이 죽기를 바란다는 것을 표현하는 것이 아니라 애정의 행위로 간주한다.

## 2. 생명에 관한 결정에의 참여

자율성 혹은 자신의 생명을 감당할 수 있는 능력은 많은 사람에게 소중한 가치다. 이것은 이미 많은 상실을 경험하고, 의존성과 관련된 문제들에 관심을 보이는 노인들에게 있어서 더욱 그렇다. 노인들은 가능한 한, 그들 생명에 관한 결정에 계속해서 참여하고자 한다. 그들은 그런 결정을 하면서 광범위하고 적극적인 역할을 할 수 있고, 그 역할이 고도로 구속적이며, 넓은 범위에서 상징적일 수 있다. 그런데도, 노년은 그들 삶에 관한 결정에 참여하기를 원하고, 그렇게 할 수 있는 그들의 능력은 가능한 한 유지되어야만 한다. 자율성을 기르는 것은 개별적인 노인들, 그들의 가족 구성원들과 전문적인 치료 제공자 사이의 섬세한 협상을 하게 한다. 예를 들면, 많은 노인이 생의 말기에 집에 머무르기를 원한다. 그런 사람들에게 장기 요양시설에 들어가라는 결정은 노인과 다른 구성원들 간에 논쟁을 일으키는 문제가 될 수 있다. 노인들의 소원이 지지받지 못하거나 타당한 것으로 인식되지 못했을 때, 일종의 학습된 무기력(learned helplessness)으로 이어질 수 있다.

미국 사회에서 오랫동안 개인주의와 자율성에 가치를 두어왔다. 하지만, 미국 사회가 노인들이 자율성과 그것이 대표하는 가치의 필요성을 점진적으로 실현하게 된 것은 비교적 최근의 일이다. 1991년에 발효된 자기 결정법(the Patient Self-Determination Act)에 따르면, 보건시설에 위탁된 사람들은 존엄사를 위한 삶의 의향서(living will)와 건강관리 위임서(health care proxy)를 작성할 권리를 통보받아야 하며, 건강관리 문제에 있어 누군가에게 위임할 수 있는 위임장(power of attorney)을 작성하던가, 그렇지 않으면 치료에 대한 그들의 희망이 기록되거나 존중받을 수 있도록 해야 한다. 이런 절차는 긍정적인 정신건강과 삶에 대한 포괄적인 만족에 기여한다. 즉 노인들이 그들 삶에 관한 결정에 참여하도록 하는 것은 심리적 그리고 육체적 건강 유지 및 삶의 질 향상에 긍정적인 영향을 미친다. 노인은 통제력의 상실과 자율성과 삶의 질을 훼손하고, 절망과 무기력, 그리고 '포기(giving up)'를 양산하는 내적 혹은 외적 압력에 괴롭힘을 당하고 있다고 느끼는 사람들이다.

심화
# 노화와 죽음과의 대면에 대하여

**<내용 요약>**

노화와 죽음은 노인들에게 신체적, 정서적 도전을 제시하며, 노인들이 죽음에 직면할 때 생기는 고통과 두려움은 종종 사회적 편견과 결합한다. 호스피스 철학은 노인의 삶의 가치를 재확인시키고, 죽음을 맞이할 준비를 돕는다. 또한, 노인들은 다양한 사별을 경험하며, 특히 배우자, 자식, 손자 등의 죽음에서 큰 상실을 느낀다. 자살은 노인의 삶에서 중요한 문제로, 우울증과 사회적 고립 등이 주요 원인으로 작용한다. 노인들의 죽음과 관련된 상실을 이해하고, 그들에게 적절한 지원을 제공하는 것이 중요하다.

**<핵심어>**

노화(Aging), 죽음(Death), 사별(Bereavement), 호스피스(Hospice)

**<학습 목표>**

- 노화와 죽음에 대한 이해를 바탕으로 노인의 육체적, 정신적 변화에 관해 설명할 수 있다.
- 노인의 죽음에 대한 태도와 신체적, 감정적 어려움을 인식하고 이를 존중하는 방법을 습득할 수 있다.
- 호스피스와 같은 삶의 질 향상 방법을 통해 노인의 마지막 순간을 지원하는 역할을 이해할 수 있다.
- 다양한 사별 경험이 노인의 정신적, 사회적 복지에 미치는 영향을 분석하고 그에 따른 지원 방안을 제시할 수 있다.
- 노인의 자살 위험 요소와 그 예방 방법을 이해하고, 이를 바탕으로

적절한 사회적 개입 방안을 제시할 수 있다.

**<적용 실천>**
- 노인에게 발생할 수 있는 죽음과 관련된 감정적 어려움을 이해하고, 이를 지원하기 위한 상담 및 정서적 지지 제공.
- 노인들이 자아 존중감을 유지하면서 삶의 질을 높일 수 있도록 돕는 방법 실천.
- 사별 경험이 있는 노인에게 사회적 지원을 제공하거나 자조 모임을 연결하여 고립감을 줄이고 상실감을 극복하도록 돕는 활동 실천.
- 노인의 자살 위험 요소를 조기에 식별하고, 필요시 정신 건강 전문가와 협력하여 예방 및 개입 조치를 취하는 방법 실천.
- 노인과 그 가족들에게 적절한 의료 서비스와 사회적 자원을 연계하여 생애 말기의 삶을 안정적으로 지원하는 실천적 접근.

# 노화와 죽음과의 대면에 대하여

## I. 노화와 죽음

우리는 노화의 육체적 측면과 인종차별, 성차별과 유사하게 노인을 향해서 존재하는 편견에 대해 큰 우려를 한다. 또한 그런 편견이 노인층이나 빠르게 그 연령대로 진입하고 있는 사람들 사이에서도 존재하고 있다. 우리는 두려움과 고뇌, 불필요한 고통으로 죽음에 대면하거나 믿음, 용기를 통해서, 평온함과 재치, 평화로움으로 그 불가피한 것에 대면할 수도 있다. 내 가족 구성원 중 한 명은 말기 질환을 앓고 있다는 것을 알았을 때, 최첨단의 의학적 치료가 그에게 가능했다. 하지만 그는 정교한 인공 생명 유지 장치를 포기하기로 선택하고, 몇 명의 친구들, 가족들과 함께 그 옆에서 평화롭게 죽었다. 그는 평생 이어온 인격과 인간적 존엄을 간직하였다.

아마도 우리 노년의 가장 어려운 점은 임박해 있는 육체적 죽음에 대한 불가피성에 직면하는 것이다. 어떤 사람들에게는 이 사실은 큰 고통의 원인이 되고, 때로는 신 혹은 우리를 둘러싼 것들에 대한 분노를 동반하기도 한다.

## II. 삶의 가치에 대한 재확신

젊음-지향적 사회에서, 나이 차별(ageism)은 노인들의 삶에 대한 차별과 가치 저하를 양산한다. 육체 기능과 관련된 상실이나 은퇴로 인한 직업적 지위의 상실과 같은 노인들이 경험하는 상실감이 그런 태도와 결합하게 되면, 노인들은 자신의 가치와 가치 의식을 다소 낮게 평가하는 경향이 있다. 생명을 위협하는 질병 혹은 죽어감은 노인과 다른 사람들의 저평가 과정과 결합하여 있다. 중요한 사람들과의 접촉이 줄어들면, 육체적 죽음이 임박하지 않아도, 고립감과 사회적 죽음에 대한 정당화된 혹은 정당화되지 않은 관심을 일으킨다.

삶에 대한 강조와 삶의 현재적 질을 강조하는 호스피스 철학은 이런 노인의 삶에 대한 가치 절하에 대한 해독제를 제시한다. 그것은 노인들에게 그들이 비록 생명을 위협하는 질병과 죽어감에 대처하고 있을지라도, 그들의 삶은 여전히 가치가 있으며, 중요하고, 다른 사람들을 가르칠 많은 것을 가지고 있고, 여전히 삶에서 만족을 찾을 수 있으며, 자기-가치에 대한 의식을 고양할 수 있다는 사실을 전해주는 것이다. 단지 노인들을 비하하지 않는 것, 난청이나 의존도가 높아지는 노인들에게 무능력자로 취급하지 않는 것도 노인들을, 그들의 자존감과 존엄을 지키는 것이다. 가족 구성원에게 아프거나 죽어가는 노인들에 대한 돌봄을 보여주는 것은 관련된 가족 구성원들의 죄책감과 절망을 줄이는 데 도움이 되며 노인에 대한 현재의 삶의 질을 향상할 수 있다.

## III. 적절하고 적합한 보건 서비스 수용

오래전 수행되었던 연구는 위급한 상태에서 병원 응급실로 이송되었던 노인들이 철저하고 열정적인 치료를 받지 못했다는 것을 보여주었다. 이런 발견은 형평성 문제와 심각하게 아프고, 죽어가며, 심약하고, 아마도 혼자이거나 능력이 온전치 않은 사람들에게는 어려울 수 있는 의사결정의 문제를 제기한다. 호스피스 프로그램의 긍정적 삶의 지향으로부터, 노인 의료와 간호, 사회사업, 법률 등의 영역에서 노인학적 전문성으로부터 도출될 수 있는 건설적인 교훈은 이런 상황을 변화시키는 데 많은 것을 할 수 있다. 생명을 위협하는 질병 혹은 죽어감에 대처하는 노인들은 사회적 건강과 복지 시스템을 만들고 지원하는 데 도움을 주었다. 그 반대급부로서, 그런 시스템은 보건적 필요를 적절하게 고려해야만 한다.

## IV. 사별과 비탄에 대처하는 노인

노인 대부분은 많은 사별을 경험한다. 수년 동안 살면서 아껴왔던 집을 잃는 것처럼 많은 상실이 직접적으로 죽음과 연관되지는 않는다. 하지만 노년기에는 죽음으로 인한 상실 외에도 배우자, 삶의 동반자, 자매, 친구, 동료 등 소중한 사람들과의 사별로 인해 다양한 어려움을 겪게 된다. 자식들이 '초기 노년'에 이를 정도로 오래 산 '아주 늙은' 부모의 죽음, 성인인 자식의 죽음, 손자와 손녀의 죽음도 마찬가지이다. 게다가 애완동물이나 반려동물의 소유주가 노인이거나 육체적 무능력이나 정신적 빈약함의 영향 아래 있을 때, 그것들의 죽음은 매우 특별한 아픔을 준다.

카스텐바움(R. Kastenbaum)이 주목하듯이, 노년은 다른 나이 그룹들 보다 그 수와 다양성, 빠르기에 있어서 큰 상실감을 경험하는 듯 보인다. 결과적으로 노인은 중요한 사람의 죽음을 애도하는 데 필요한 시간과 자원을 가질 수 없는 환경 속에서 과도한 사별(bereavement overload)에 노출되어 있다.

## V. 다양한 사별의 유형

### 1. 질병, 장애, 사별

노인들은 그들이 삶 전체나 후기 성년기에 경험한 많은 '작은 죽음들(little deaths)'에서 슬픔을 경험한다. 이들 중에는 다양한 종류의 질병과 연관된 상실도 있다. 배우자의 죽음 이후에 생존한 사람의 부담감은 대부분 여성에 해당한다. 여성들은 대부분 또래의 혹은 더 나이가 많은 남자들과 결혼하기 때문이기도 하다. 게다가 홀로 남은 노년 남성에게는 잠재적인 배우자를 만날 가능성이 더 높아서(노년 여성은 그 반대다), 남자는 홀로 남은 여자보다 재혼할 가능성이 더 크다. 하지만 많은 노인이 상실로부터의 회복력이 있고, 그래서 배우자를 여읜 모든 노인이 다시 결혼하기를 원한다는 것은 사실이 아니다. 어쨌든 죽은 사람과의 감정적 유대는 지속되고, 기억은 남성에게나 여성에게나 소중하게 된다. 사회적 지원을 대신하거나 보충해 줄 수 있는 것으로서, 자조 단체(self-help groups)와 배우자를 여읜 사람들의 단체(Widow-to-Widow groups) 모두 사별한 노인들에게 매우 유용하다. 이런 종류의 사회적 개입은 상실을 겪은 전 범위의 사별한 사람에게 도움을 주고, 공유된 경험을 기초로 해서 도움을 주게 된다. 이런 개입을 통해서, 비슷한 사별 경험을 가진 사람들은 감정과 문제를 공유하게 된다. 그런 단체들은 또 서로가 서로에 대한 삶의 선택과 대안들을 재평가함으로써 삶에 대한 통제를 재획득하도록 해 준다. 또 사별한 노인들은 상실, 비탄, 그리고 살아감에 대한 유용한 조언을 얻을 수도 있다.

### 2. 성인 자식의 죽음

부모에게 있어, 자식은 나이에 상관없이 자식으로 남아있다. 평균 기대수명이 증가하면서, 중년 혹은 노년의 부모가 성인인 자식(adult child)의 죽음을 경험할 가능성이 더 커졌다. 20대와 30대의 많은 수는 사고와 전염성 질병으로, 40, 50, 60대는 퇴행성 질병에 의해서 부모를 두고 떠난다. 어떤 연구는 자식을 가진 노인의 10% 정도가 60세 이후에 자식의 죽음을 경험한다고 보고하고 있다. 그런 부모에게, 이런 상실로 인해 느끼게 되는 비탄은 특별한 발달적 복합성과 연관되어 있다. 남은 부모는 성인인 자식의 죽음이 나이 든 세대가 젊은 세대보다 먼저 죽어야 한다는 자연의 법칙을 어기게 된 것으로 느낀다. 그런 부모는 생존한 자의 죄책감을 느끼게 되며, 자식을 대신해서 죽기를 원한다. 또한 성인인 자식이 부모에게 도움을 주거나 치료를 제공한 사람으로서 책임감을 떠안고 있었을 때 특별한 어려움이 있을 수 있다. 사망 이후, 이런 필요는 어떤 방식으로든 충족되어야만 해서 부모는 보호기관에 들어가든가 하여 사회적 접촉의 기회가 축소될 가능성이 크다. 가족의 유산은 어떻게 전승할 것인가의 문제도 불확실해진다. 부모는 성인인 자식의 배우자 혹은 자식들이 경험하는 고통에 후회와 비탄을 더한 상실감을 느끼게 된다. 많은 경우에, 살아남게 된 노인이 살아남게 된 손자들을 떠안아야만 할 수도 있다.

### 3. 손자 혹은 증손자의 죽음

노인들의 평균 기대수명이 연장되었기 때문에, 손자와 증손자를 가질 가능성이 커진다고 볼 수 있으며 손자와 증손자의 죽음을 경험할 가능성도 마찬가지로 높아진다. 이런 사별의 영역은 손자와 조부모 사이의 교차 세대적(cross-generational) 관계가 특별한 친밀감과 관련이 있다는 것이 인지되고 있을지라도, 많은 연구가 되어 있지 않다. 조부모는 손자의 치명적인 질병, 죽음, 혹은 사별에 연관된 일과 관련되어 있기도 하고 거리가 있기도 해서, 잊힌 채 슬퍼하는 사람(forgotten griever)으로 기술된다. 손자에 대한 비탄과 애도는 그들의 상실감은 물론, 아들과 딸들이 경험하는 상실감에 반응한다. 그런 비탄은 '순서가 엉망이 된(out-of-sequence)' 죽음에 대한 상처, 손자를 잘 돌보지 못한 부모에 대한 분노, 상실과 죽음을 막지 못했다는 것에 대한 죄책감, 그런 비극적인 사건을 일어나게 내버려두었다는 신에 대한 분노의 요소들을 포함하고 있다. 이 모든 반응은 죽음의 원인을 기꺼이 인정하기 싫던가(자살이나 HIV 감염의 경우), 죽음의 상황에 대해 마음을 열고 논의하는 것을 꺼릴 때, 복잡한 것이 될 수 있다. 마지막으로 손자들과 생존한 하나 이상 부모들(둘 다 살아남았든, 둘 중 하나만 살아남았든) 사이에 갈등이 있을 수 있다. 예를 들어, 노년 혹은 젊은 세대의 구성원들이 죽음을 막지 못했다는 것에 대해 상대방을 비난하거나, 조부모들이 생존한 부모들 사이의 논쟁에 개입되거나 그렇지 않으면 영향을 받게 될 때가 그런 경우들이다.

### 4. 애완동물이나 반려동물의 상실

노년의 삶에서 애완동물이나 반려동물의 상실은 아주 크고 중요하다. 반려동물은 많은 노년의 삶에서 무조건적인 사랑의 근원이자, 보살핌과 애정의 대상일 수 있다. 이런 동물 중에는 불편한 노인들을 보호하거나 도움을 제공하는 도우미견(service dogs) 같은 동물도 있다. 최근에 요양병원, 장기 치료 시설과 보호시설에서 반려동물이 많은 방문자를 맞이하고 있다. 이런 역할 속에서, 반려동물들은 외로움을 줄일 수 있고, 목적의식에 기여할 수 있으며, 자존감을 향상에 도움을 줄 수도 있다. 오랜 시간 함께하며 가족처럼 여겨온 반려동물의 죽음은 노인들에게 깊은 슬픔과 상실감을 안겨준다. 그런 상실은 사회적 접촉이 제한된 노인 사별의 주요한 부분을 차지하고, 그래서 중요하지 않은 것으로 치부되어서는 안 된다. 비슷한 상실과 비탄은 노인들이 더 이상 동물을 돌볼 수 없을 때나 혹은 수의과적 서비스에 대한 대가를 지급할 수 없을 때, 새로운 곳이나 시설로 이사할 때, 데려갈 수 없거나 아프고 연약한 동물을 안락사시켜야 할 때 일어날 수 있다.

### VI. 노인의 자살

일반적으로 노인은 젊은이들보다 덜 자살을 시도하는 경향이 있지만, 일단 결심하면 훨씬 더 진지해진다. 노인은 그들 결정에 방해가 되거나 결정을 바꾸도록 도움을 청하려 하지 않고, 일단 자살을 시도하면, 그 자살을 끝내는 데 실패할 가능성이 거의 없다. 따라서 노인들의 자살 경향의 어떤 지표도 진지하게 취급되어야만 하며 주의 깊게 평가되어야만 한다.

노년의 자살과 연관된 주요한 요인은 우울(depression)이다. 또 다른 중요한 변수는 장기 요양시설 보호 치료이다. 노인들은 삶을 되돌아보는 과정이(life review) 삶의 의미에 대해서 절망적인 의식으로 귀결하게 될 때, 육체적, 정신적 장애를 경험할 때, 배우자나 중요한 사람(특히 도움과 지지를 의존했던 사람)의 죽음을 경험할 때, 시설에 갇혀 있다는 것이 그들 삶에 대한 지배를 붕괴시키는 듯 보일 때, 자살을 생각하기 시작한다. 이런 환경에서, 어떤 사람들은 불만족스러운 조건에서 계속되는 삶에 대한 수긍할 수 있는 선택지로서 자살을 고려하게 된다. 직업적 역할에 자신의 정체성을 크게 의존하는 남성에게 원치 않는 해고나 은퇴는 심각한 심리적 타격을 줄 수 있습니다. 이 전에 의존했던 여성 보호자에 대한 의존성, 혹은 사회적 고립감 같은 다른 요소들은 노년에 있어 여성보다 남성의 높은 자살률을 설명해 주고 있는 듯 보인다.

우리 사회에서, 노년의 자살 행동 가능성을 줄이기 위한 개입을 방해하는 장애들이 많다. 이런 장애 중 일부는 젊은 사람들에게는 성공했지만, 노년의 발달 상황에 대해 부적절한 개입을 적용했을 때 생겨나는 것이다. 예를 들어, 자살이 임의적인 문제에 대한 영구적인 해결책이라는 주장은 노인들의 장기적인 숙고에 의한 결정보다는 청소년들의 충동적인 결정에 더 적절하게 적용될 수 있다. 비슷하게 전도유망한 미래에 집중하라든가, 다른 사람들과의 상호적인 관계들을 고려해 보라고 하는 조언은 미래에 대한 기대가 많지 않고, 사회적 관계가 축소된 노년들보다는 젊은 층에 더 적절하다. 또 자살이 삶을 섣부르게 끝내는 것이라든가, 충만한 삶을 끝내는 것이라고 주장하는 것도 노인들에게 분명 적실한 것은 아니다. 또 어떤 사람들은 노인의 자살에 대해 너무 관대한 것이 그 사람들의 삶에 대한 무관심을 반영한 것이라는 것을 논증하는 반면, 다른 사람들은 노인의 자살 행위를 막는 노력은 노인의 자율성을 부적절하게 침해하는 것이라고 주장한다.

끝으로, 노인들의 자살 행위는 광범위한 노인의 육체적, 정신적, 발달과정 안에서 이해될 필요가 있다. 나이 차별, 노인들의 삶의 의미와 가치의 저평가, 노인의 필요에 대한 무감각과 연관된 사회적 태도에 특별한 관심을 가질 필요가 있다. 이런 사회문화적 요소에서 중요한 변화가 노인의 자살 행위를 바꾸도록 한다. 지금까지 노인과 죽음 사이 상호관계의 여러 국면을 살펴봄으로써 노년기의 발달적 과업(자아의 통합성의 성취 대 절망)이 노년이 죽음과 어떤 관계를 맺는가에 직접적으로 의존하고 있음을 알 수 있다. 이런 과업은 노년기의 죽음과의 만남(노인의 높은 사망률이 주로 장기 퇴행성 질환과 연관된다는 사실에 주목하였다)과 노인의 죽음에 대한 태도(일반적으로 젊은 사람보다 덜한 불안감을 표현한다)에 영향을 미친다. 우리는 자아의식을 유지하고, 삶과 관련된 결정에 참여하고, 삶의 가치를 재확신하고, 적절하고 적합한 보건 서비스를 받는 등 삶을 위협하는 질병과 죽어감에 대처하는 노년들에게 중요한 것에 주목하였다. 노인들이 질환과 장애, 배우자, 삶의 동반자, 형제자매, 다른 중요한 동료의 죽음, 성인인 자식의 죽음, 손자 혹은 증손자의 죽음, 반려동물의 사별과 비탄에 직면한다는 것을 알고, 노인 자살의 높은 비율이 우울과 강한 관련을 맺고 있다는 점을 밝힌다.

이 장을 마치면서 우리는 다음과 같은 질문을 스스로 해야 한다.

① 중요한 죽음과 관련된 상실을 경험하고 있는 노인들을 알고 있는가?
② 그들의 상실감은 어떠했는가?
③ 당신은 그들을 어떤 방식으로 도왔거나, 도울 수 있었는가?

실천

# 나이 듦: 온전함으로의 여정, 웰-다잉

### <내용 요약>

나이 듦은 본래의 자기 자신으로 돌아가며, 노년기의 삶은 고통과 아픔을 받아들이고 이를 통해 타인과 공감하며 의미 있는 삶을 살아가는 것을 의미한다. 공자가 말한 노자안지(老者安之)는 자아를 비우고 타자의 입장에서 세상을 이해하며, 빈-마음에서 이웃을 편안하게 하는 것이다. 노년기의 삶은 경험을 통해 얻은 지혜로 다음 세대를 이끌고, 죽음에 대한 인식은 삶을 성찰하고 가치를 재조정하는 기회를 제공한다. '오늘이 마지막 날'이라는 인식은 삶의 우선순위를 다시 확인하게 하고, 고통과 눈물을 함께 나누며 타인과 연결된다. 궁극적으로, 의미 있는 삶은 사랑과 용서의 말을 통해 마무리되며, 이는 진정한 인생의 목적을 이루는 과정이다.

### <핵심어>

늙어감의 미학(The Art of Aging), 웰-다잉(Well-dying),
마음을 가난히 함 (Emptying the Heart), 노년의 삶(Life in Old Age),
자기반성 (Self-reflection)

### <학습 목표>

- 죽음과 노화의 심리적, 사회적 영향을 이해하고 이에 대한 적절한 대처 방법을 학습한다.
- 삶의 끝자락에서 경험하는 웰-다잉(well-dying)의 개념을 파악하고, 이를 실천할 수 있는 방법을 모색한다.

- 노년기의 삶을 긍정적이고 의미 있게 살아가는 방법을 배우고 실천한다.
- 자기반성을 통해 노년기 삶의 가치와 목적을 찾고, 이를 토대로 나의 삶을 돌아본다.
- 죽음학의 이론과 개념을 바탕으로 죽음을 준비하는 과정에서 필요한 마음가짐과 자세를 습득한다.

### <적용 실천>

- 죽음과 노화 관련 상담 제공 : 죽음과 노화에 대한 심리적 지원을 제공하고, 삶의 끝자락에서의 어려움을 겪고 있는 사람들에게 적절한 상담을 제공할 수 있다.
- 웰-다잉 프로그램 개발 : 죽음을 맞이하는 과정에서 개인이 존엄성을 유지하며 평화롭게 삶을 마칠 수 있도록 돕는 웰-다잉 프로그램을 개발하고 실행할 수 있다.
- 노년기 삶의 질 향상 프로그램 기획 : 노년기의 삶을 보다 긍정적이고 의미 있게 만드는 프로그램을 기획하여 노인의 삶의 질을 향상할 수 있다.
- 자기반성 교육 및 워크숍 운영 : 노년기 및 죽음을 준비하는 사람들에게 자기반성을 촉진하는 교육과 워크숍을 운영하여 더 나은 삶의 목적과 방향을 설정할 수 있도록 돕는다.
- 죽음학 기반의 치료적 접근 제공 : 죽음학을 바탕으로 한 치료적 접근을 통해 죽음을 준비하는 이들에게 마음의 안정을 주고, 죽음에 대한 두려움을 극복하도록 돕는 프로그램을 제공할 수 있다.

# 나이 듦: 온전함으로의 여정, 웰-다잉

## I. 웰-다잉: 본래적 자기 자신으로 돌아감

하덕규의 노래 '풍경'에 '세상 풍경 중에서 가장 아름다운 풍경, 세상 모든 것들이 제자리로 돌아가는 풍경'이라는 가사가 있다. 우리 사회에 아픔이 있는 것은 우리가 있어야 할 그곳에 있지 않고 내가 돌아가야 할 그곳, 위치해야 할 그곳에서 벗어나 있기에 눈물과 아픔이 있는 것이다. 원래 나다움의 본래 모습으로 돌아가는 것이 가장 아름다운 풍경이 아닐까, 따라서 우리가 진정 돌아가야 할 곳은 눈물과 아픔이 있는 곳이다.

예를 한번 들어보자. 발뒤꿈치에 아무리 찾아도 보이지 않는 작은 가시에 찔린 적이 있다. 하루 종일 강의할 때나, 글을 쓸 때나, 밥을 먹을 때에도 계속해서 의식을 사로잡았던 것은 계속 아픈 발뒤꿈치였다. 온종일 생각, 마음, 감정과 모든 의식의 초점을 사로잡았던 것은 보이지 않는 작은 가시였다. 이렇듯, 세상의 중심은 바깥에 있는 것이 아니라 우리의 아픔이 있는 곳, 우리의 눈물이 있는 곳이다. 세상의 아픔이 있는 세상의 중심으로 들어가자. 그것이 우리가 이 땅을 살아가는 목적이 아닐까? 성리학의 비조 주희가 자신의 삶을 '불원복(不遠復, 멀지 않아 다시 돌아오리라)'이라는 좌우명을 둔 이치와 같다. 이는 쉘리(P.B. Shelley)가 말한 "If Winter comes, can Spring be far behind! 겨울이 오면 봄 또한 멀지 않으리!"의 의미와 같다. 다시 말해서 아픔과 상처의 속성은 반복에 있다. 반자, 도지동(反者, 道之動) 반복해서 제자리로 돌아오는 것이 자연의 이치와 같다. 그 돌아오는 반복의 주체는 누구인가? 반복을 일으키는 중심축은 무엇인가? 반복의 지향성(목적, 목표)은 무엇인가? 우리가 진정 돌아가야 할 그곳은 어디인가? 양희은의 '그대가 있음에'라는 노래에 '슬픔이 슬픔을 눈물이 눈물을 아픔이 아픔을 안아줄 수 있죠'라는 가사가 있다. 슬픔, 눈물, 아픔을 무엇으로 해결할 수 있나요? 충분히 아파하고 슬퍼하고 눈물을 흘릴 때 해소된다. 우리가 가진 아픔은 자기 삶에 다가온 방문자이다. 세상의 중심은 눈물이고 아픔이고 고통이다. 진정 돌아가야 할 곳은 아픔이 있는 곳이다. 우리가 살아가면서 궁극적으로 어떤 목적지를 향해 나아가야 하는가?

## II. 노년의 미학: 자신을 비우는 삶, 마음을 가난히 함

노년의 삶이 이웃으로부터 공감과 올바른(義) '어른 됨'의 실천을 위해 할 수 있는 것이 무엇인가를 생각해 보자. 더구나 인생의 최정점인 노년기의 언어와 문자가 이웃(다음 세대)의 언어와 문자가 되고 그 이웃(다음 세대)이 변화되고 주체가 되려면 어떻게 해야 하는가? 그것을 '마음을 가난히 함'의 실천에 있음을 강조하고 싶다. 이는 성경에 나오는 바울이 말한 '마치 ~이 아닌 것처럼(as if not)' 행위 하는 것과 같다. '~ 마치 아닌 것처럼'은 자신의 삶을 부단히 부인하고 부정하는 것을 의미한다. 어찌 보면 어른다움의 삶은 자신을 비우는 부정성에 있다. 그것은 먼저 기존의 먹은 마음이나 의도, 고정관념을 해체, 중지(없이) 하는 것이다.[276] 그 부정성의 자리에 다음 세대인 '그'의 입장이 되어

---

276) (판단) 중지는 세계로 향한 우리의 시선을 우리 자신/주관/자아로 향하게 한다. 판단중지는, 세계의 존재를 세계의 '현상'으로, 나아가 세계에 관계하는 의식의 활동 영역(의식 현상)으로 전환한다. 후설은 판단중지를 통해 드러난 의식 현상의 본질을 다름 아닌 의

는 일이다. 우리의 언어로 그를 이해하는 것이 아니라, 우리의 언어와 문자, 말할 주체성과 권리마저 그의 주체성이 되도록 되돌려 주는 것, 양도함(능동적 수동성)이다.[277] 사랑은 우리의 빈-마음(없음, 무)을 그에게 주는 것이다. 있는 것으로 주는 것은 사랑이 아니다. 사랑은 대가 없이, 없이하는 방식으로 주는 것이다. 이는 자신의 관점을 타자에게 양도하는 것(없이 하는 것), 판단중지가 요청된다. 성경에 나오는 "말하소서. 내가 듣겠나이다."라는 구절에서 자신의 주체적 관점을 내려놓고, 도리어 자신의 주체성을 타자에게 양보하고 자신은 듣는 수동태의 자리에 내려앉는 모습을 발견할 수 있다. 공자는 이러한 삶의 실천을 '의필고아(意必固我)'에 두었다. 그 실천(praxis)은 자아 중심의 '의필고아(意必固我)'를 내려놓고 보편적 자기성을 확립해 가는 과정이다. 즉 자아가 탈각되고 그 공백과 부재의 자리에 타자가 초대된다. 주체, 결단, 실천은 '자신을 비우는 방식'으로 타자와 연결된다. 우리의 언어와 문자가 치유의 말이 되려면 그의 입장이 되어보는 것이다. 그리스도가

---

식의 지향성에서 찾고 있으며, 지향적 의식에 대한 지향적 분석을 수행하고자 한다. 인간이 사용하는 언어의 의미는 경험적인 것으로 바꾸어 설명할 수 없다. 거꾸로, 의미를 구성하는 마음 작용이 있으면, 의미는 마음 작용으로 소급시켜서 설명할 수 있지만, 이 마음 작용을 의미로 소급시켜서 설명할 수는 없다. 거꾸로 마음 작용을 사실적인 것으로 소급시켜서 설명할 수도 없다. 마음을 설명하는 다양한 논리가 있을 수 있지만, 후설이 보기에 우리의 마음의 조건은 기존의 인식론적 구도나 형이상학적 구도로는 설명될 수 없다. 후설의 의도는 기존의 인식론자도 형이상학자도 보지 못했던 의식의 한 지평을 설명하는 것이며 이를 드러내는 방법이 판단중지이다. 판단중지를 통해 우리는 '선험적 영역에 이르는 길'을 밟게 된다. 이상은 에드문트 후설, 이종훈 옮김, 「발생적 분석의 길잡이인 시간 의식의 지향성」, 『시간의식』, pp. 15-45. 참조.

277) 논어에 나오는 "내가 일어서고 싶다면 남도 일어서게 해 주고, 내가 이루고 싶다면 남도 이루게 하는 것이다. 내 입장에 비추어 남의 입장을 알아줄 수 있음이 바로 인을 실천하는 방책이다. (己欲立而立人, 己欲達而達人, 能近取譬, 可謂仁之方也已)"는 말은 공자가 제시한 구체적인 인의 실천 방법이다. 그 실천은 자신이 진정 원하는 것이 무엇인지를 자신의 견해에서 미루어 생각함으로써 그것을 타자가 먼저 이룰 수 있도록 하는 것에 있다고 말한다. 이는 자신을 내려놓는 방식으로 타자를 세워가는 공감 실천의 한 형태라고 볼 수 있다.

말한 가난함에는 도달할 수 없지만, 그 가난함을 향해 끊임없는 자각과 회의를 통한 실천이 '어른다움'의 모습이다.[278]

## III. '가난한 마음'의 정신적 자기-관계

'마음을 가난히 함'이란, 어떤 특정 대상에 대한 직접적인 협의의 감정이 아니라, 존재 전반의 성격에 대한 자기반성의 계기이며 나아가서 세계 안에서 존재하는 자신의 정체성에 대한 물음이기도 하다. '가난히 함'에 의해 단련된 개별자는 자신의 영원성, 무한성의 극단에 이르는 가능성의 실험에 내던져짐으로써 자신을 도야시킬 수 있다. 인간이 스스로 실존에 대해 무한 책임을 지고 있음을 일깨워주는 내면적 초월의 계기이다. 이제 우리가 가야 할 그곳, 물려주어야 할 소중한 유산은 무엇인가? '가난함의 실존'은 곧 자기 존재의 가장 깊은 심연을 마주 대하고 자신을 단련하는 자기 해부의 과정이다. 그것은 인간이 근본적으로 영혼과 육체의 종합인 정신적 존재로서 내적 불안정성의 극단적인 과정을 체험함으로써 비로소 인간적 성숙함을 달성하기 때문이다.

---

278) '복'이란 무엇인가? 무엇이 '복'인가? 물질성인가 정신성(의식 상태)인가? 그리스도가 말한 복은 천국과 관련지어 봤을 때, 언어의 물질성을 넘어선 어떤 것이다. 중국 상형문자에 나타난 '福'의 의미를 살펴보면 다음과 같다. : 연기, 향, 제사, + 하늘에서 말씀, 명령 + 세상(밭, 일상, 음식상, 제사상)으로 감응=이어짐, 연결됨, 초월 됨, 공감(교감), 분리로부터 일치 연결됨(구원 salvation) = 화해, 용서, 서로 그가 되어 줌을 의미한다.

## IV. 길 떠나는 그대

　나이 듦은 새로운 방식으로 나 자신에게 돌아가는 여정이다. 나이 듦을 영어로 표현하면 'The Art of Aging'이다. 나이 듦의 예술은 노년학이다. 삶의 지혜로서, 나이 듦을 어떻게 받아들이고 살아갈 것인가, 삶의 우선순위와 가치를 묻는 학문이 바로 웰다잉이며, 이는 나이 듦의 철학이라고 생각한다. 웰다잉은 단순히 품위 있게 잘 죽자는 뜻이 아니다. 신체적으로 누구나 언젠가는 죽음을 맞이한다. 웰다잉의 힘은 노년의 미학에 있다. 노년이 되면 모든 것을 수용하게 된다.
　싸나톨로지, 즉 죽음학을 한마디로 말하면 "오늘이 마지막이라면 나는 누구와 어디에서 무엇을 할 것인가?"로 요약할 수 있다. 오늘이 마지막이라면 이 자리에 앉아 강의를 듣고 있을 수 있을까? 어디에서 누구와 무엇을 하고 있을까? 성경에서 사도 바울은 매일 매일 죽는다고 했고, 부처는 자신을 매일 덜어내고 자아의 덩어리를 내려놓는 과정이라고 했다.
　오늘날 우리의 삶은 100세까지 사는 세상이다. 지금은 죽음이 금지된 사회다. 우리의 죽음은 미래에 있다. 나의 죽음이 먼 미래처럼 느껴진다면 '오늘이 마지막'이라는 명제가 필요 없다. 우리는 본질이 아닌 부차적인 삶을 살게 된다. 100세까지 생물학적인 연장에만 집중할 뿐, 의식과 영혼의 깨어있음에는 관심이 없다.
　철학자 하이데거(M. Heidegger)는 미래의 죽음을, 100년 후의 죽음을 지금 이 자리, 오늘이라는 현실로 가져오면 무엇을 해야 할지, 어디로 가야 할지를 저절로 알게 된다고 했다. '미안해, 고마워, 사랑해'라는 세 마디의 비밀스러운 언어를 신은 우리에게 주었다. 이 세 마디 때문에 이 땅에 왔는지도 모르겠다. 죽음은 끝이 아닌 것 같다. 우리 몸은 80조 개의 세포로 이루어져 있다. 80조 개 중 숨을 내쉬는 5초 동안 2천만 개의 세포가 죽는 동시에 2천만 개가 다시 살아난다. 우리의 몸은 끊임없이 죽고 살기를 반복한다. 세포는 죽음을 통해 새로운 생명을 만들어 낸다. 세포를 만들어 내지 못하면 죽는다. 죽지 않으면 생명을 살릴 수 없다. 역설적으로 죽음은 살기 위한 방식이다. 죽음이 없으면 생명도 없다.

노년의 삶이 훌륭하다고 하는 것은 고통, 아픔, 눈물, 슬픔을 없애거나 억압하는 것이 아니라, 그것들이 다가오는 방문의 의미를 자각하고 이를 통해 타인을 이해하고 공감하여 이웃을 평안하게 하기 때문이다. 공자는 이를 노자안지(老者安之)로 표현하였다.

예를 들어, 자살을 결심한 사람이나 시한부 인생을 살아가는 사람에게는 어떠한 말로도 위로할 수 없다. 말 자체가 사치스러울 수 있다. 그때는 침묵하는 것이다. 신도, 종교도 아무 말을 할 수 없다. 오로지 할 수 있는 것은 그저 고통, 눈물, 아픔과 하나가 되는 것뿐이다. 그래서 하느님도 아파서 하루에 한 번씩 눈물을 흘린다고 하지 않았는가. 심지어 산봉우리도 아파서 하루에 한 번씩 마을을 방문한다고 하지 않았는가. 우리가 아파한다는 것은 누군가를 사랑하기 때문이다. 진정한 마음을 나누는 한마디가 엄청난 위력을 발휘한다. "네가 되어 주지 못해 미안해.", "네가 떠나도 나는 너를 잊을 수 없을 것 같아.", "의사 선생님이 그러는데 너 얼마 살지 못한대. 그렇지만 난 너를 그냥 보낼 수 없어." 나에게 다가온 것들은 제거하는 것이 아니라 나의 삶으로 맞이하는 것이다. 노년은 지루한 일상의 반복이다. 일상에는 항상 방문과 초대가 있다. 방문과 초대는 거창한 단어가 아니다. 내 존재가 그에게 가는 것이다. 존재와 존재가 만나는 진리의 사건이다. 작은 일을 온전히 자신의 것으로 받아들이는 지혜는 노년에 할 수 있는 예술이자 미학이다. 나는 누군가에게 단 한 사람 소중한 사람이 되어 줄 수 있다.

함석헌 선생의 '그 사람을 그대는 가졌는가?'라는 시가 있다.

> 만릿길 나서는 날, 처자를 내맡기며/맘 놓고 갈 만한 사람
> 그 사람을 그대는 가졌는가?
> 온 세상 다 나를 버려, 마음이 외로울 때도 '저 맘이야.' 하고 믿어지는
> 그 사람을 그대는 가졌는가?
> 탔던 배 꺼지는 시간, 구명대 서로 사양하며 '너만은 제발 살아다오'할
> 그 사람을 그대는 가졌는가?

우리는 누군가에게 진정한 한 사람이 되어 줄 수 있는가. 누군가에게 한 사람이 되어 줄 수 있다면 우리 사회는 넉넉해진다. 그 한 사람이 없다. 우리가 누군가에게 한 사람이 될 수 있다면 우리의 삶은 성공한 삶이다. 실패한 삶이 절대로 아니다.

## V. 우리가 가지고 갈 수 있는 마지막 것은

우리가 삶을 끝낼 때 마지막에 가져갈 수 있는 것이 사랑이다. 사랑의 다른 이름이 '미안하다, 고맙다'라는 말이다. 미안하다는 말은 분리된 우리의 관계를 회복하는 기적을 일으킨다. 고맙다는 말은 상대를 일으켜 세우고 자기 정체성을 회복시켜주는 힘이 있다. 내게 없는 것을

주는 것이 사랑이다. 나에게 있는 것으로 주는 것은 사랑이 아니다. 사랑은 본질적으로 비어있기 때문이다. 사랑은 빈 마음이고 가난한 마음이고 끊임없이 나 자신을 무너뜨리는 마음이다. 누군가에게 한 사람이 되어 준다면, 오늘이 마지막이라고 한다면 무엇을 할 것인가 했을 때 '고맙다.', '미안하다'라는 두 마디를 온전히 할 수 있다는 것은 살아온 목적이면서 살아갈 이유이기도 하다. 이것이 이 세상을 마칠 때 노년을 삶의 미학으로 디자인하는 창조성이 아닐까 한다.

### 늙어감의 미학 : 우리가 마음을 가난히 한다는 것

동양에서는 60세의 나이를 이순(耳順)이라고 부른다. 왜 60세의 나이를 이순이라고 하는가? 이순을 번역하면 '귀가 순하다.'이다. 귀는 소리를 듣는 감각기관이다. 그런데 어째서 '들리는 소리가 부드럽다'라는 것일까? 그렇다면 반대로 들려지는 소리가 부드럽지 않고 거슬린다는 것도 있다는 것인데(耳逆), 왜 옛 선인들은 밖에서 들려지는 소리를 이순, 이역이라고 했을까? 이는 순전히 의식이나 마음의 작용에 따라 외부 사태의 속성이 결정된다는 유심적 관점에서 말한 것이다. 불교에서도 유식무경(唯識無境)이라고 했고, 후설(E. Husserl)의 용어를 빌리면, 의식의 작용(노에시스) 때문에 사물(노에마)의 속성이 결정되는 이치와 같다. 그런데 왜 60세를 이순이라 표현했을까? 동양에서는 사람의 나이를 살아가면서 겪어 내는 인생 주기표(현대말로 하면 생애 발달 과정)의 특성과 양태에 따라 표현했다. 예를 들면 17세~30세~40세~50세~60세~70세~80세를 지어학-이립-불혹-지천명-이순-고희-종심소욕불유구로 표현한 것이다. 불혹은 말 그대로 외부로부터 또는 내면에서 미혹되지 않고 자기 안에서 정직성을 유지한 채, 하늘이 부여한 소명을 온전히 실천해 나가는 것(知天命)을 의미한다. 어디에서 어떻게 출발했는지, 지나온 과정을 기억해야 한다. 기억은 단순히 과거로의 추억을 의미하지 않는다. 기억은 미래를 예감하면서 우리가 무엇을 알 수 있으며, 무엇을 할 수 있는지에 대한 결단의 시간이다. 그 결단의 시간은 우리가 서 있는 지금 여기 이 시간이다.

따라서 기억은 과거가 미래로 예기되면서 현재를 종합하는 결단의 계기가 된다. 기독교에서 예배 입례송 "지금 여기 이곳, 이 시간 예배 '함'"이라는 가사처럼, 하나님은 우리에게 명사형 '있음(being)'의 존재에서 동사적 '함(doing)'으로의 실천 행위를 요청한다. 이 요청은 하나님의 요청 이전에 이미 우리에게 주어진 '몫(권리)'이기도 하다. 그래서 하나님이 우리를 초대해 주시기도 하지만, 우리의 초대로 하나님도 우리를 방문해 주시기도 한다. 그 방문의 장소는 '저기 저곳'이 아니라, 바로 '이 순간, 지금 이곳'이다. 우리가 서 있는 곳이다.

### <질문>

1) 의미 있는 삶은 무엇인가?

→ 우리가 살아가는 이유는 어디에 있을까? 그 목적은 무엇일까? 삶의 끝자락에서, 사랑하는 사람과 정겨운 인사를 나누고 사랑을 안고 떠나보내는 것이다. 만약 한 사람이 어떻게 살아왔든지 간에, 마지막 임종의 순간에 사랑하는 사람과 가족의 눈길을 마주하고 "고맙다, 미안하다, 사랑한다."라는 말을 하고 떠난다면 그 사람은 분명 의미 있는 삶을 살았다고 볼 수 있다.

## 2) 죽음에 대한 두려움은 없는가?

→ 죽음학에서는 상실과 죽음의 한계상황으로부터 피할 수 없는 것이 인간의 필연적인 운명임을 인정하면서도 그 운명적 한계상황을 직면하고 대면해서 무엇인가에 대처할 수 있는 자유는 인간에게 있다고 보고 그 직면과 대면, 대처의 기술을 제공한다. 맹자가 말한 '입명(立命)'과 '정명(正命)'은 바로 이러한 실존적이고 주체적인 삶의 지향 과정을 표현한 것이다. 이와 대조적으로 '사(死)'나 '비(非命)'는 자신의 존재적 자각과 삶의 의미나 소중함을 모른 채 그냥 죽어가는 것을 말한다. 신체-생물학적인 죽음을 말한다. 자신이 죽어가는 것을 자각하지 못해서 사랑하는 사람과 마지막 인사를 나누지 못하고 비명에 가는 것이라고 말한다.

## 3) 잘 죽으려면 어떻게 살아야 하나?

→ 죽음학의 핵심 명제는 "오늘이 내 생애 마지막 날이라면 나는 누구와 무엇을 어떻게 할 것인가?"에 있다. 내가 추구해 왔던 혹은 목표를 두고 살아왔던 가치관이나 삶의 우선순위가 잘못 배열된 것은 아닐까? 오늘이 마지막이라면, 나는 여전히 지금까지 살아왔던 방식대로 살아갈 수 있을까? 이 질문은 자신의 삶을 되돌아보고 성찰하게 한다. '되돌아봄'과 '성찰'은 삶을 품위 있게 마무리함이며, "오늘이 내 삶의 마지막이라면"이라는 질문 앞에 다시 한번 삶의 가치와 의미를 되짚어보는 것이, 삶의 훌륭함으로 이행하는 출발이다. 오늘이 마지막이라는 한계상황의 인식은 내가 어디에 누구와 있어야 하는지 깨달아 지금의 현실이 얼마나 소중한지 알게 된다.

임종기_기본
# 임종기의 호스피스와 돌봄에 대한 일고찰

<내용 요약>

호스피스와 돌봄에 대한 논의는 환자 중심의 접근이 필요하며, 이를 통해 환자의 유익함이 진정으로 환자에게 돌아가야 한다. '호스피스'는 신체적, 심리적, 사회적, 영적 돌봄을 통해 죽음을 맞이하는 사람에게 품위 있는 죽음을 돕는 것을 목표로 한다. 'Palliative'는 증상을 완화하는 치료로, 고식적 치료는 암 환자에게 생명 연장과 삶의 질 향상을 돕는다. 돌봄은 환자가 자신의 고통을 의미화하고 치유할 수 있도록 돕는 재귀적 실천이다. 호스피스는 죽음에 가까운 사람의 품위 있는 죽음을 위해 전인적 돌봄을 지향하며, 죽음을 능동적으로 맞이할 수 있도록 돕는다.

<핵심어>

호스피스(Hospice), 돌봄(Care), 전인적 돌봄(Holistic care),
품위 있는 죽음 (Dignified death),
고통의 의미화(Meaning-making of suffering)

<학습 목표>
- 호스피스와 돌봄의 개념을 이해하고, 환자 중심의 돌봄을 실현하는 방법을 배운다.
- Palliative care의 의미와 목적을 구체적으로 이해하고, 이를 환자 치료에 어떻게 적용할 수 있는지 학습한다.
- 전인적 돌봄의 중요성을 인식하고, 신체적, 심리적, 사회적, 영적 측면에서 환자 돌봄을 어떻게 수행할지 구체적인 방법을 습득한다.
- 고통의 의미화 과정을 통해 환자가 고통을 극복할 수 있도록 돕는 심

리적 접근을 학습한다.
- 품위 있는 죽음을 맞이하는 과정에서 삶의 의미와 주체적 결단을 이해하고, 이를 환자와 함께 실천하는 방법을 배운다.

&lt;적용 실천&gt;
- 환자의 신체적, 심리적, 사회적, 영적 측면을 종합적으로 고려하여 전인적 돌봄 계획을 수립하고 실천한다.
- 환자에게 고통의 의미를 이해시키고, 고통을 수용하도록 돕는 심리 상담 및 영적 지원을 제공한다.
- 환자와 가족이 죽음을 준비하고 받아들일 수 있도록 돕는 상담 및 교육 프로그램을 운영한다.
- 환자의 품위 있는 죽음을 위해 고통 완화와 삶의 질 향상을 위한 적절한 의료적, 심리적, 사회적 돌봄을 제공한다.
- 환자와의 상호작용에서 존엄성을 유지하며, 그들의 마지막 순간을 의미 있게 보내도록 지원하는 돌봄 실천을 강화한다.

# 임종기의 호스피스와 돌봄에 대한 일고찰

## Ⅰ. 전제된 생각과 질문

1. 오늘 우리의 논의가 진정 환자를 위한, 환자에 의한, 환자에게로 돌려지는 것들인가? 혹시 우리의 이야기가 환자를 볼모로 이야기하는 사람들을 위한, 이야기하는 사람들에 의한, 이야기하는 사람들에게 회자되는 담론이 되는 것은 아닌가? 우리의 이야기가 환자에게 가장 유익한 것이 무엇이고 이 유익함이 환자에게 되돌려지는 것이 되려면 우리의 담론을 다시 한번 성찰해야 할 것이다.

2. 우리는 호스피스를 어떻게 생각하고 있는가? 이 질문은 '호스피스 철학의 구심성과 지향성'은 무엇인가라는 질문과 연결된다. 죽음에 가까운 사람에 대해 <신체적-심리적-사회적-영적> 돌봄으로 '품위 있게 죽음을 맞이'할 수 있도록 함에 있다.

## Ⅱ 호스피스 완화 '의료'와 호스피스 완화 '돌봄'

### Palliative care

#### 1) Palliative

우리나라에서는 일반적으로 'palliative'를 '완화'의 의미로 사용하고 있다. '완화'는 '~증상으로부터의 경감, 감소, 해소, 방출. 등의 의미로 사용된다. 이 단어는 더 이상 의료적 처치가 불가능한 환자에게서 나타나는 <통증을 완화>하고자 사용한 용어이다. 표준국어대사전에는 'palliative'를 '고식적' 치료로 표현하면서 '고식(姑息)'의 사전적 의미로 '잠시 쉰다.', '우선 당장에는 탈이 없고 편안하게 지냄을 비유적으로 이르는 말'이라고 설명한다. 그래서 palliative는 '일시적 처방', '임시방편', '완화'의 의미로 사용된다. 정리하면 palliative는 '병을 근본적으로 치료하지 않고 단지 증상을 일시적으로 누그러뜨리는 치료'를 뜻한다. 특히 암 치료에 사용하는 '고식적 치료'의 경우, 완치를 기대할 수 없을 때, 암 진행의 속도를 늦춰 생명을 연장하여 삶의 질을 높이는 치료를 뜻한다. 예를 들어 말기 암 환자에게 하는 항암치료의 목표는 완치가 아니라 생명 연장, 증상 호전, 삶의 질 향상이다.

### 2) 돌봄(care)

앞에서 말한 palliative의 관점에서 보면, 'care'는 다양한 의미로 번역된다. 더 이상 의료적 처치가 불가능한 환자에게 최소한의 통증을 완화하고자 하는 의료적 처치에서는 'care'를 '치료', 혹은 '의료', '임상'의 의미로 사용할 수 있지만, 죽음의 한계상황 앞에 심리적이고 영적, 실존적 문제로 고통을 앓고 있는 환자가 고통을 의미화할 수 있도록 안내하는 심리상담, 종교 지도자, 실존 정신분석에서는 care를 '치료', 혹은 '의료', '임상'의 의미로 사용하기보다는 '돌봄'으로 번역하는 것이 적절하다.

### 3) '돌봄'의 의미

'돌봄'의 명사형에는 '돌아본다.', '돌이켜 살핀다.', '반성한다'라는 행위적 실천의 의미가 담겨있다. 그리고 돌봄의 방향이 외재적 대상이 아닌, 내재적 자기를 지향한다. 즉 '돌봄'은 자기를 대상으로 자신으로 귀결하는 재귀 동명사이다. 예컨대 우리말에 '먹어봐', '해봐', (소리)'들어봐' '맛봐', (냄새)'맡아봐', (시야)'봐봐', '돌아봐' 등의 단어에서 앞의 동사는 무의식적인 일반 행동을 의미하고, 뒤에 붙은 '봐'의 준동사는 앞의 단어인 자기 행동을 재차 확인하고 점검, 반성하는 인지적 태도를 의미한다. '돌아서 본다'라는 의미인 돌봄을 <돌아서+본다>로 나누어 보면, '돌아서'는 행위는 '본다(보는)'라는 주체와 일치한다. 그런 의미에서 '돌봄'은 일인칭 재귀동사로서 내재적이면서 자기 지향성을 지니며, 주체의 자기 정신이 자신으로 돌아오는 재귀적 실천성을 의미한다. '돌봄'을 자기를 대상으로 자신으로 귀의하는 재귀 동명사로 보면, 지속해 자신의 인식 활동과 행동양식을 점검하고 성찰하는 실천 행위와 훈련, 지속적 습관의 의미를 담고 있다.[279]

### 4) '돌봄'의 치유적 효과

'자기 자신을 돌아본다'라는 것은 무엇을 의미하는가? 돌봄의 철학에 비추어 볼 때 그것은 다음과 같이 분류할 수 있다. ① 자기 자신에게 주의 집중하기, 자기 자신에게 시선 돌리기, 자기 자신을 점검하기, ② 자기 자신으로 되돌아가기, 자기 자신으로 물러나기, 자기의 가장 깊은 곳으로 내려가기(행위를 습관화하기) ③ 자기 자신을 성스럽게 하고,

---

279) '자신을 돌본다(epimelesthaiheautou)'라는 뜻의 돌봄(epimelesthai)은 '훈련'을 의미한다. 돌봄의 멜레테는 영혼의 탁월함과 온전함이 지속되는 현상 그 자체를 의미한다. 즉 돌봄은 밖에서 제삼자가 제공해 주는 것이 아니라, 영혼 스스로 자신의 본성(존재)을 막힘없이 열어 보이는 것, 드러내는 것 그 자체이다. 따라서 돌봄은 동명사로서 재귀적(즉자적) 지향성을 지닌다. 자기 자신을 돌보는 것(멜레테)은 지속적인 '훈련'의 습관과 긴밀하게 연관되면서 인식의 활동만이 아닌 행위 실천과 깊은 관계가 있다. 임병식, 「화해와 용서의 실천적 시론」, 『생명윤리와 정책』 제6권 1호(2022년 4월) pp. 99-100 참조.

존중하며, 자신 앞에서 부끄러움(수치)을 느낄 줄 알기(이는 타자와의 관계에서 일어나는 현상으로 윤리적 계기를 포함한다). ④ 자기 자신을 지배하기, 자신으로부터 즐거움을 얻고, 자족한 생활 하기이다.[280] 이런 실천의 과정이 곧 치유이다.[281]

### 5) Palliative의 목적

Palliative의 목적은 죽음에 가까운 사람이 '평온하게 죽음을 맞이할 수 있도록 하는 것'에 있다. 여기에는 다양한 도구와 방법이 동원될 수 있다. 통증 완화의료 또한 'care'를 위한 많은 방법 가운데 하나이다. 그러나 통증 완화(감소)만으로는 고통을 해결할 수 없다. 품위 있는 임종을 위한 전인적(신체적-심리적-사회적-영적) 돌봄을 위해서는 고통의 '의미화' 실천이 요청된다. 고통은 심리적, 관계적, 영적, 실존적인 문제이기에 마약성 진통제로는 한계가 있다. 호스피스는 죽어가는 사람이 고통의 원인을 이해하고 수용하여 타자와 화해와 용서를 이루며, 자신의 존재가 온-생명과 연결되어 있음을 발견하고 자신의 본성을 자각함으로 비로소 평온하게 죽음에 이르도록 안내한다. 여기에 palliative의 방편적 목적이 있다.

---

[280] 임병식, 「고통의 의미화 연구」, 『철학실천과 상담』 제11집(2021년 12월) pp. 86-92 참조.
[281] 치유(healing)는 내담자가 중심이 되어 내담자 스스로가 개인에게 가장 적합한 치유의 방법을 능동적으로 선택해 가는 과정을 의미한다. 치유는 외과적인 수술요법이나 약물치료가 아니라 온전히 내면에 깃든 생명성을 발견하고 그것을 온전히 드러내는 과정을 말한다. 치료와 치유의 극명한 차이는 그 접근방법이 외부적인 것에서 수단과 방법으로 적용하는 것과, 존재의 내면 깊은 곳에서 자신의 참다운 본질인 존재성을 확인하고 그 생명성이 온전히 스스로 발현할 수 있도록 자신의 의지와 고집, 아집, 저항, 묶여있는 감정과 관계를 풀어놓고 용납하는 과정의 차이이다. 『죽음학교본』 한국싸나톨로지협회.

## Ⅲ. 호스피스 돌봄에 대한 일반적인 숙고

호스피스는 말기 환자가 여생 동안 인간의 존엄성과 삶의 질을 유지하면서 평안하게 죽음을 맞이하도록 신체적, 심리적, 사회적, 영적 돌봄을 제공하는 서비스이다. 호스피스는 말기 환자와 가족에게 자연스러운 임종의 환경을 제공하는 것으로 환자와 가족이 죽음을 인간답게 수용할 수 있도록 하는 것이다. 말기 환자와 가족의 고통을 줄이고 삶의 질 향상을 도모하기 위해 통증과 증상 완화 등을 포함한 신체적, 심리적, 사회적, 영적 영역에 대한 총체적인 돌봄이 필요하다. 호스피스 돌봄은 환자와 가족의 요구와 소망에 따라 종교적, 문화적 특성을 존중하여 제공하며 돌봄 계획에 의해 법적, 윤리적, 의학적 표준 범위 내에서 제공한다.

### 1. 호스피스의 정신·심리적 돌봄

말기 환자에게 정신적인 문제는 통증과 같은 신체적인 증상들 못지않게 중요하다. 말기 환자에서 흔히 볼 수 있는 정신과 질환은 적응장애, 우울증, 불안장애, 섬망 등이 있다. 인간은 죽어가는 과정을 통해 신체적, 심리적, 사회적 박탈을 체험하고 정신, 심리, 사회 상태와 반응이 복잡하고 다양하므로 돌봄 제공자는 환자와 가족의 정신.심리적.사회적 변화 과정을 이해하는 것이 필요하다.

#### 1) 정신·심리적 증상과 대처방안
· 우울
말기 환자의 우울증 유병률에 대한 국내 연구 결과는 많지 않으나 대략 30~62% 정도의 우울증 유병률을 보이는 것으로 보고되었다. 인생의 주도권을 잃은 느낌, 자신감의 상실, 주위 환경의 변화, 경제 문제, 증상으로 인한 괴로움, 죽음에 대한 두려움 등으로 대부분이 말기 말기 환자와 가족들은 우울함을 느끼게 된다. 우울증은 말기 환자의 삶의 질을 악화시킬 뿐 아니라, 암 자체의 진행과 신체 건강에도 부정적인 영향을 미쳐 말기 환자 우울증의 임상적 의미는 매우 크다. 우울 관련 증상으로는 매일 공허하고 슬픈 기분, 종일 가라앉은 느낌, 피곤함, 무기력, 죄책감, 절망적인 느낌, 스스로가 무가치하게 느껴짐, 집중력과 기억력의 현저한 감소, 별일 아닌데도 계속 눈물이 남, 기분이 변덕스러워짐, 이전에 좋아하던 것들이 전혀 좋지도 않고 관심도 없어짐, 식사량 변화로 양이 극도로 줄거나 늘어서 짧은 시간에 체중이 줄거나 늘어남, 수면장애로 인한 불면증이나 과수면, 반복적인 죽음이나 자살 생각, 자살 시도 등이 있다. 이런 증상들이 5개 이상, 2주 이상 지속되거나, 이런 증상들로 인해 일상생활이 힘들 경우 의료진의 도움을 받는 것이 좋다. 우울증은 암의 진단 및 치료에 대한 순응도를 떨어뜨리고 수면, 식사, 신체활동 등에 부정적인 영향을 미치므로, 이를 방치하면 생존율이 저하될 수 있다. 따라서 가족과 친구들은 우울증 때의 증상들을 잘 알고 있어야 하며 도움이 필요할 때 빨리 대처할 수 있어야 한다.

· 불안

불안은 암으로 인한 스트레스에 대한 정상 반응으로 우울과 함께 불안은 말기 환자의 가장 흔한 심리 반응이다. 말기 말기 환자는 가족 내 역할의 변화, 인생의 주도권 상실, 몸의 변화에 대한 두려움, 미래에 대한 불확실성, 고통이나 통증에 대한 두려움, 가족들에게 피해를 줄 것에 대한 두려움 등 여러 가지 원인으로 불안과 두려움을 느끼게 된다. 재발에 대한 공포는 죽음에 대한 공포와 함께 말기 환자에게서 가장 흔히 나타나는 불안 증상 중의 하나이다. 국소적인 암을 수술이나 방사선치료 등 근치적인 치료를 통해 완전히 없앤 경우라고 하더라도 자신의 몸 어딘가에 암세포가 남아있을지도 모른다는 걱정은 항상 잠재되어 있다. 어딘가가 조금만 아파도, 속이 불편하거나 설사만 해도 혹시 암이 재발되거나 전이된 것이 아닐까 두려움에 떨게 된다. 많은 암 생존자들이 살얼음판 위를 걷는 심정으로 하루하루를 살아간다고 호소한다. 환자의 가족도 미래에 대한 불안감, 그동안 "충분히 잘하지 못한" 죄책감, 실망감, 더 많은 일과 책임감으로 인해 스트레스를 받게 된다. 어느 정도 불안감은 정상 반응이지만 때때로 일부 환자들은 불안감이나 두려움, 우울로 인해 일상생활을 하기 힘들어질 수도 있다. 불안 관련 증상으로는 예민해져서 자주 화를 냄, 안절부절못함, 조그만 일에도 화를 냄, 긴장해 있음, 불안해서 한 가지 일에 집중하지 못함, 일을 해결하지 못함, 손 떨림, 두통, 불면증, 심장이 빨리 뛰는 것 같고 땀이 남, 숨쉬기가 힘듦, 목에 걸린 듯한 느낌, 피곤함과 무력감 등이 있다. 경제적 문제에 대한 걱정, 가족 갈등, 무능력함, 의존, 존재론적 갈등들은 약제로 해결될 수가 없다. 상담과 지지적 치료를 통해 도움을 받을 수 있다. 간호사, 사회복지사, 성직자들과 같은 적절한 팀원을 동참시키도록 한다. 보완적이고 대체 의학적인 접근이 환자에게 도움이 될 수도 있다. 이 문제는 환자와 가족 구성원 모두를 질병의 진행 경과에 따라 살피는 데에도 적용될 수 있다.

· 두려움

 두려움의 원인은 고통, 외로움, 불쾌한 경험, 주체성 상실, 자제력 상실에 대한 두려움, 죽음의 미지에 대한 두려움, 가족과 친지를 잃는다는 두려움, 가족과 사회에 짐이 될 수 있다는 두려움, 통증에 대한 두려움 등으로 다양하다. 죽음에 대해 생각하고 이해할 수 있도록 돕고 마음 깊이 긍정적인 자세를 가지고 인생의 의미를 찾을 수 있도록 돕는다. 이들의 두려움을 아는 것은 경청을 통해서 가능하며, 이는 환자가 스스로 자신의 두려움을 분명히 하도록 도울 수 있다. 또한 잘못 알고 있는 사실에 대하여 올바른 정보를 제공하고 환자를 한 인간으로 받아들여 항상 도움을 제공할 준비가 되어 있음을 알려줌으로써 두려움을 덜어 줄 수 있다. 환자들은 두려움이나 불확실한 사실을 표현할 기회를 주지 않으면 말하지 않는다는 것을 기억해야 한다. 즉 아프다고 말하지 않는다고 해서 통증이 없는 것을 의미하는 것이 아님을 인정해야 한다. 이는 환자가 가지고 있는 다양한 두려움이나 걱정에도 적용된다.

· 무력감

 무력감은 개인의 삶에서 중요한 사건이나 상황을 통제할 수 없음을 인식하는 것으로 정의된다. 무력감의 특성은 원치 않는 상황으로부터 도피하고자 함에 대한 실패이다. 이는 걱정에 대한 반응을 확대하고 고통에 대한 인내력을 감소시키며 식욕부진과 섭취한 영양분의 흡수 및 신진대사를 감소시키는 등 기대치 않던 생리적 기능부전과 **빠른 죽음**을 초래하는 요소가 된다. 무력감은 질병으로 인해 의존적으로 될 때, 또 생리적 기능을 통제할 수 없을 때, 자율적인 결정을 하지 못할 때, 또 다른 상실을 예방하지 못하거나 통제할 수 없을 때, 자가 간호의 능력이 없을 때 심각해진다. 무력감으로 자신과 환경을 통제할 능력이 저하된 상태이므로 이를 확인하고 자신의 활동을 조절할 수 있도록 능력을 향상하는 것을 돕는다. 대상자에게 치료에 대한 정보를 알려주는 것은 필수적이며 가능한 한 대상자 스스로 자신들의 치료 결정을 조절하도록 허용해야 한다. 쉽게 도달할 수 있는 단기 목표를 설정하고 환자가 조절할 수 있는 행동 범위를 확인하도록 돕는 것, 자신의 개인적 가치를 인정하도록 하고 자신의 돌봄에 대해 적극적으로 참여하도록 하는 것이 도움이 된다.

· 슬픔

슬픔은 욕구의 억압에 따른 괴롭고 답답한 감정으로 의미 있는 상실에 대한 심리적 반응으로 상황이나 개인에 따라 정서적 고통을 유발하기도 한다. 실망감이나 좌절감을 동반하고 눈물, 굳은 표정, 행동력과 운동력의 저하 등을 나타낸다. 슬픔을 겪는 대상자에게는 휴식, 이완, 좋은 영양 상태와 슬픔에 따른 탈진에서 회복하기 위한 전환이 필요하며 안전감, 믿음, 미래에 대한 희망이 필요하다. 슬픔의 감정과 상실을 이야기할 기회를 제공하고 슬픔을 극복할 때 바른 정보를 제공한다. 함께 있고 경청하고 환자의 경험과 감정을 공유할 수 있도록 배려한다. 환자가 흥분하거나 감정 조절을 하지 못하면 이완할 수 있는 분위기를 제공하고 슬픔에 빠져있더라도 식사, 수면, 배설과 같은 일상생활을 스스로 유지하도록 돕는다.

· 섬망

섬망은 환자가 갑자기 의식 수준이 떨어지며, 시간, 장소, 사람 등에 대한 지남력의 장애가 생기고, 환시와 같은 환각이 나타나는 것이 전형적인 임상 양상이다. 섬망의 증상은 대체로 급격하게 발생하고 경과도 빠르게 변동하는 수가 많다. 섬망은 총체적인 인지와 의식의 가역적인 급성 변화이다. 만약 환자가 방향 상실을 보인다면 의식의 변동과 인지장애의 증상, 섬망 또한 나타날 가능성이 높다. 섬망은 불안과 우울, 치매와 감별이 필요하다. 치매는 천천히 진행하며 대개 비가역적이고 질환 말기에 이르기까지 의식은 잘 변하지 않는다. 섬망 치료의 원칙은 우선 기저질환으로 인한 섬망의 원인을 찾고, 요인들을 교정하고, 섬망 증상을 조절하는 것이다. 불필요한 약제를 중지하고 감염이 있으면 이를 치료해야 한다. 달력이나 시계 같은 것을 잘 보이는 곳에 두고, 소음이나 불빛 등의 자극을 제한하되 밤에도 적절히 부드러운 조명을 켜 두는 것이 좋다. 친밀한 사람이 안정적으로 돌보는 것이 좋으며, 낮에는 주변을 환하게 하고 수면을 제한한다. 그리고 환경적인 지지요법과 행동요법이 중요하다. 만약 환자가 꼭 병원에 입원해있어야 한다면 가족이나 보호자가 함께 있도록 한다. 과도한 자극을 줄이고 안전을 확보해주도록 한다. 친숙한 환경을 조성해주도록 하고 가능하다면 퇴원을 하고 가정 호스피스의 도움을 받아 집에서 지내도록 한다.

### 2) 죽음에 대한 심리적 반응 단계별 중재 방안

퀴블러 로스(Elizabeth Kübler-Ross)는 암 진단을 받은 환자들이 진단받은 후부터 죽음을 받아들이기까지 겪게 되는 심리적 변화를 '부정, 분노, 타협, 우울, 수용'이라는 다섯 단계로 기술하였다. 그녀는 대상자들이 심리적 단계를 거치기는 하지만 순서가 같지 않을 수도 있고 중복되기도 하며 단계를 거치지 않을 수도 있어 환자마다 다를 수 있다는 점을 인식하여야 하며 일정한 틀 속에 끼워 넣고 죽음을 논의해서는 안 된다고 하였다.

· 부정

환자가 자신의 병이 죽음에 가까이 있음을 알았을 때 나타나는 현상으로 환자의 언어나 행동에 의해 나타난다. 본인의 검사 결과 및 진단을 믿지 않으며 더 나은 진단이 내려지기를 바라며 여러 병원을 찾아다니며 검사를 한다. 타인의 일인 것처럼 받아들이거나 자신의 병이나 죽음에 대해 말하지 않거나 '아니야! 내게 그런 일이 일어날 수 없어.', '난 안 믿어. 믿을 수 없어.'와 같은 말을 한다. 이러한 단계에 있는 환자를 돕기 위해서는 환자가 부정의 단계에 있다는 사실을 인지해야 하며, 환자가 직면한 자신의 현재 상황이 부정과 고립의 단계임을 인정할 수 있도록 시간적 여유를 줄 수 있어야 한다. 그리고 환자의 상황을 충분히 고려해야 하며, 환자가 부정할 경우 자신의 병에 대해서 좀 더 현실적인 견해를 갖도록 도와주어야 한다. 또한 환자가 자신의 임박한 죽음에 관해서 대화할 준비가 되었을 때 주변에서 도움을 주고 대화를 받아준다면 환자의 고통이 덜어질 수 있을 것이다.

· 분노

죽음이 자신 앞에 닥친 현실임을 깨닫게 되면서 자기 자신에게나 사랑하는 사람이나 병원의 의료진뿐만 아니라 자신이 믿는 신에게까지 분노를 직접적으로 표현하는 단계이다. 환자는 "왜 하필 나야?"라는 생각을 하게 된다. 분노는 자신이 죽는다는 것에 대한 반발과 더불어 자신은 죽더라도 다른 사람들은 건강하게 살아남는다는 사실에 대한 반응이다. 분노 감정이 자주 바뀌고 감정을 주위 환경이나 남에게 떠넘기므로 의료진이나 가족들이 감당하기 어려워한다. 환자의 분노가 전적으로 우리 개인을 향한 것이 아니고 본인들의 불안과 곤혹을 표현하는 것임을 안다면, 우리도 그들이 자기들의 격렬한 감정을 토로하도록 도와줄 수 있을 것이다. 주변에서는 환자가 왜 이러한 행동을 하는지 이해하고 노력해야 하며 분노의 표현을 허락하여 주어야 한다. 환자는 이해와 관심을 받고 그를 위해 충분한 시간을 할애한다는 것을 알게 되면 분노는 차츰 줄어들 수 있다.

- **타협**

절대자 혹은 자신과 타협하는 단계로 점차 현실을 직시하고 적응하기 시작하는 단계이다. 환자는 과거의 경험으로 미루어 착실한 행동을 보이고 특별한 헌신을 하기로 맹세함으로써 그 보상을 받을 수 있다고 생각한다. 환자의 소망은 생명을 연장하는 것, 며칠만이라도 좋으니 통증이나 신체적 불편 없이 보냈으면 하는 것이다. 죽음을 피하기 위해 할 수 있는 것은 아무것도 없다는 깨달음이 그들을 힘들게 할 수 있다. 환자의 말이나 행동을 무시하지 말고 가능한 한 이해해 주고 수용해준다. 말기 환자들은 협상 행위가 완치로 이어지지 않음을 자각할 때, 일반적으로 우울해진다. 환자에게 그러한 감정을 말하도록 함은 중요하고 죄의식을 표현하도록 할 수 있다. 무엇보다도 "모든 것이 잘 될 거예요.", "그건 당신의 잘못이 아니에요."와 같은 가벼운 답변은 피해야 한다.

- **우울**

식욕상실, 수면장애, 피로 등의 초기 단계에서 무력감, 무능감에 이르기까지 발전할 수 있으며 회복의 가망이 없는 환자가 자기의 병을 더는 부인하지 못할 때, 외과적 치료와 입원을 계속하여야 할 때, 증상이 더 뚜렷해지고 몸이 현저하게 쇠약해질 때, 초연한 자세와 무감동, 분노와 격정이 극도의 상실감으로 바뀔 때 나타나게 된다. 죽음을 피할 수 없다고 생각하며 과거에 이루지 못했던 생의 목표, 지금까지 잘못 살아온 것을 후회로 인해 슬퍼한다. 말수가 적어지고 사람 만나는 것을 피하려 하고 치료나 식사를 거부하기도 한다. 극심한 슬픔, 집중할 수 없음, 한숨, 불안, 불안정, 불면 등은 우울의 정상적인 징후이다. 이때의 환자들은 별로 대화를 원치 않는다. 그렇다고 해서 피하거나 고립시켜서는 안 된다. 이때는 주의의 격려나 위로가 별로 도움이 되지 않고 오히려 자기와 같이 느끼고 슬퍼하며 자기 옆에 편히 조용하게 있어 주기를 바란다. 할 수 있다면 그들의 감정을 표현하도록 돕고 만약 환자가 울고 있다면 가치판단 없이 그대로 받아들여 주며 긍정적 태도로 지지한다.

· **수용**

이 기간은 임종 환자의 모든 에너지가 삶의 포기와 죽음으로 초점이 맞추어지는 포기와 체념의 기간으로 마지막 여행 전에 휴식하는 시간이라 할 수 있다. 수용의 시기에는 조용히 함께 있고 부드러운 접촉을 제공하고 임박한 죽음에서 나타나는 징후들을 감소시켜야 한다. 조용히 환자와 함께 있고 손을 잡는 것은 환자에게 필요한 모든 것이 된다. 이 단계에서 환자는 대개 극도로 지치고 쇠약해지며 감정의 공백기를 가진다. 하지만 수용을 행복한 감정의 단계라고 생각해서는 안 된다. 고통이 지나가고 몸부림이 끝나면, "머나먼 여정을 떠나기 전에 취하는 마지막 휴식"의 시간이 오는 것이다. 이 시기에 중요한 것은 가족의 도움과 이해, 격려이다. 때때로 가족의 요구는 환자의 요구보다 더 크며 가족은 거부감과 무력감 및 죄책감을 느낀다. 그것은 자연스런 체념 과정이므로 그들의 감정이 정상적이라는 것을 확인시키고 가족을 교육할 필요가 있다. 비록 환자가 반응을 보이지 않아도 가족을 격려하고 환자의 위축과 포기는 거부가 아님을 이해하도록 가족을 도와주며 위축은 여정의 중요한 한 부분이라는 것을 알려준다.

### 3) 호스피스의 사회적 돌봄

사회적 돌봄이란 임종을 앞둔 말기 환자가 여생을 충만하게 영위할 수 있도록 환자와 그의 가족들이 경험하는 경제적, 문화적, 심리 사회적 고통을 경감시키며, 사회적 기능 회복을 목적으로 도움을 제공하는 전문적인 활동을 말한다. 임종에 직면한 환자와 가족의 심신 충격과 관련된 위기에 관한 사항이 그들의 삶에 있어서 미치는 심리 사회적인 영향을 이해하고 다룰 수 있도록 지원하고, 또한 그들이 미래 계획을 수립할 수 있도록 돕는다. 미국 사회복지사협회에서 제시한 병원 사회의 목적을 토대로 호스피스 사회적 돌봄의 목적을 재정리하여 설명하면 다음과 같다.

① 임종에 직면한 환자에게 예상되는 슬픔과 애도 과정을 도와준다. 가족 구성원에게는 상담을 통해 사별과 관련된 서비스를 제공한다. 여기에는 실천적인 조정도 포함한다.

② 말기 질환이나 임종에 대한 조정과 적응할 수 있는 대처 양식을 개발시키고 새로운 환경에 재통합되거나 연계가 되도록 한다.

③ 다학제간 팀에 참여하여 의료상황에 영향을 받는 환자와 가족들의 특별한 심리 사회적인 측면에 대하여 이해와 인식을 제공한다.

④ 선택된 환자 집단의 요구를 사정하고, 적절한 프로그램을 기획하고 실행하며 지역사회조직과 연계하여 이러한 요구를 만족시킬 수 있는 서비스를 개발한다. 여기에는 지지, 심리 교육적인 집단, 교육적인 포럼, 사회화나 재통합과 관련된 활동 등이 포함된다.
⑤ 호스피스 기관의 목적과 목표를 지원하고 환자 요구에 대한 기관의 민감성을 증진시킨다.

사회적 돌봄은 상담치료, 환경조정, 자원체계의 조직·동원 등의 다양한 실천 방법으로 이루어진다.

· 상담 치료

상담 치료란 환자의 심리 사회적 고통을 완화시키는데 유용한 것으로, 주로 개별적이거나 집단적인 면접과 의사소통 기법을 통하여 말기 환자와 가족이 정서적인 안정과 평안을 유지하도록 지지적인 상담을 제공하는 것이다. 이 실천 방법은 안심시킴(reassurance), 환기(ventilation), 정화(abreaction), 지지(support), 설득(persuasion), 암시(suggestion) 등의 지지요법을 통한 공포, 불안, 분노의 경감과 문제 상황에 대처하는데 필요한 정보제공, 새로 야기된 문제에 대한 가족 내의 원활한 의사소통, 나아가서는 임종할 장소(병원이나 가정, 호스피스 기관 등)에 대한 환자의 선택과 재정적인 계획, 묘지와 장례식 절차의 결정 그리고 자녀와 남아있는 가족에게 바라는 것 등 실용적인 방법까지도 찾을 수 있도록 지원하는 것이다.

· 환경조정

임종을 앞둔 환자의 남은 삶을 보다 효과적이고 보람 있도록 유지하기 위하여 환경이 조정되어야 하며 생태학적인 환경은 물론 환자를 둘러싸고 있는 인간관계 및 사회적 관계도 포함된다. 사회적 돌봄에서는 이러한 인간과 환경의 관계 특성으로 인하여 인간과 환경을 분리된 실체가 아니라 하나의 통합된 총체로 이해하는 '환경 속에 있는 인간'(person in environment: PIE)과, '상황 속에 있는 인간'(person in situation: PIS)이라는 사회 사업적 관점을 유지하고 바람직한 환경은 유지하고, 그렇지 못한 환경은 제거하거나 변경할 수 있는 것이다. 말기 환자와 가족이 사회적 기능을 원활히 하도록 하기 위한 심리적, 사회적, 신체적 고통의 제거나 변화를 위해 주기적으로 가족 체계 및 환자를 둘러싼 환경체계와 밀접한 관계를 가진다.

· **자원체계의 조직·동원**

자원체계의 조직과 동원은 지역사회와 가정은 물론 호스피스 팀 내에서 이용 가능한 지지자원을 동원하여 말기 환자나 그의 가족을 돕는 일과, 그들이 제공되는 자원을 적절히 선택하게 하거나 활용하도록 지식과 정보를 주고 교환하는 활동을 말한다. 지역사회 자원체계의 공동정보망을 조성하고 이를 통한 후원자 연결, 각종 기금조성, 소원 들어주기 단체 연결, 의료급여 및 자선 진료 알선, 법률부조나 주택제공, 무의무탁한 고령의 말기 환자를 위한 무료 봉사자 알선, 아동의 양육위탁 등은 많이 활용되고 있는 자원체계의 서비스이다.

## 2. 호스피스의 영적 돌봄

말기 환자 삶의 질의 증진에 있어 신체적, 사회적, 정서적 영역뿐만이 아니라 영적 측면에 대한 고려는 매우 중요하다. 영이란 종교의 유무와는 상관없는 인간과 신과의 관계를 의식하는 잠재적 본성으로, 인간의 모든 영역을 통합시키는 힘, 창조적인 힘의 근원이다. 영성(Spirituality)은 라틴어 Spiritus(Spirit)에서 유래되었으며, 궁극적 의미를 찾는 과정으로서 영의 외적 발현으로 볼 수 있다. 종교는 영성을 표현하는 하나의 수단이고, 영성은 보다 광범위한 개념을 의미하는데 인간의 내적 자원의 총체이며 한 인격의 존재가치 원리를 창출하는 삶의 근원이다. 말기 환자들은 죽음의 임박과 고통스러운 증상으로 심한 스트레스 상황에 처하게 된다. 이로 인해 영적인 문제에 관심을 가지게 되며, 영적 안녕은 말기 환자들을 스트레스로부터 보호해주는 역할을 하는 중요한 요소로 알려져 있다.

칼라 펜로드 헤르만(Carla Penrod Herman)은 호스피스·완화의료 서비스를 받는 환자들을 인터뷰하여 그들에게 영성이란 무엇이며, 영적인 욕구란 무엇인지를 조사하였는데 죽어가는 환자들에게는 죽기 전에 해소하고 싶은 영적인 욕구가 발생한다는 것이다. 전반적으로 그들은 영성이라는 주제와 신이 연결되어 있다고 대답했지만 대상자들에게 영적인 것은 그들의 전 존재(Total Existence)에 관련된 것이었다. 6가지 영적인 욕구는 종교에 대한 욕구, 우정에 대한 욕구, 삶에 대한 향상과 통제 욕구, 자신이 하고 있는 일을 끝내고 싶어 하는 욕구, 자연을 경험해보고 싶은 욕구, 긍정적인 결말을 내고 싶어 하는 욕구로 나타났다. 따라서 환자들이 표현하는 영성이나 영적 욕구는 특정적인 종교에 관련된 것이라기보다는 훨씬 더 광범위한 그들의 삶의 의미와 목적에 관한 것이었다. 따라서 호스피스·완화의료에서 진행되는 보편적인 대화 특히 질병 경험의 대화는 환자들에게 단순한 의학적인 호기심이 아닌 자신의 삶의 의미와 목적과 관련된 영적인 대화라고 볼 수 있다.

말기 환자들의 영적 안녕을 유지하기 위해선 무엇보다 그들의 영적 요구를 충족시켜야 한다. 말기 환자는 기능 저하의 속도가 빠르고 다양한 증상을 호소하여 영적 고통과 영적 요구가 높다. 영적 안녕은 말기 환자의 삶의 질에 긍정적 영향을 미치므로 중요하게 고려되어야 할 완화의료 영역이다. 말기 환자는 영적 돌봄을 통해 통제 불능의 질병 상태를 스스로 통제할 수 있게 되고, 영성을 통해 존재의 의미와 미래에 대한 확신을 가진다. 환자들이 질병으로 인한 고통 중에 영적 위기를 극복하게 됨으로 인격의 변화와 성숙을 가져올 수 있다. 호스피스·완화의료 돌봄 제공자들은 이를 이해함으로 환자를 전인적으로 돌볼 수 있다.

### 1) 말기 환자의 영적 요구

영적 요구는 인간의 다양한 요구(신체적 요구, 정신적 요구, 사회경제적 요구, 영적 요구)중의 하나로서 가장 근본적인 요구(궁극적인 요구)라 할 수 있다. 뭔가 뚜렷하지 않아도 절대자(삶의 초월적 주관자)로부터 잘못을 추궁당할 것 같은 죄의식의 상태에서 벗어나고 싶은 요구이며, 나아가 인간이 절대자와 합일을 이루어 자신의 한계를 벗어나고자 하는 요구, 자신의 삶의 목적을 성취하고 여생이 짧아도 자신의 삶을 가치 있게 살고 싶은 삶의 의미와 목적의 추구 요구, 용서의 요구, 사랑과 관심의 요구로 요약해 볼 수 있다. 영적 요구를 관계성이라는 맥락에서 이해한다면 신과의 관계(믿음), 자신과의 관계(의미), 타인 및 자연과의 관계(사랑), 미래와의 관계(희망)라고 할 수 있다.

### 2) 말기 환자의 영적 고통

영적 고통은 온전한 사람으로서의 존재하는 문제들로부터 오는 위협을 인식하는 괴로운 상태이다. 영적 고통은 영적 요구가 충족되지 못한 경우 발생할 수 있으며 인간의 믿음이나 가치체계에서 개인 삶의 의미를 위협한다고 느끼는 경험이며 희망을 잃거나 믿음에 대한 의문 혹은 지지기반의 붕괴로 생각할 수 있다. 호스피스·완화의료 돌봄 제공자들은 환자들이 영적 고통에 대해 무감각하거나 내적인 변화를 표현하지 않음을 염두에 두어야 한다. 영적고통으로 인해 악몽이나 수면장애, 신적 존재와의 관계에 대한 우려를 이야기하거나 일상적인 종교 행사에 참여하지 못하거나 고통을 겪는 의미에 대해 질문하기도 하고 존재의 의미에 대해 질문하거나 신에 대한 분노를 표현하기도 하며 분노, 울음, 불안, 고민, 적대감 등 행동과 감정의 변화와 같은 증상들을 호소하게 된다.

### 3) 영적 돌봄

개인적으로 영적, 종교적 믿음에 영향을 받는 고통에 대해 자신의 신념과 철학을 갖고 있음을 받아들이고 삶과 죽음의 의미와 목적을 찾도록 돕는다. 고통의 의미를 이해하고 현재의 위기에 자신의 신념이나 철학을 접목하도록 도와준다. 영적 표현을 하도록 격려하고 적극적인 경청, 영적 신념을 옹호한다. 환자가 영적인 불확실성과 고통을 호소하면 대상자의 종교를 고려하여 종교 예식에 참여하도록 도와준다. 말기 환자와 상호작용을 위해 필요한 경청, 침묵, 온정, 집중, 등을 활용하고 말기 환자가 원하면 명상, 기도, 심상과 같은 내적 자원을 자극하는 영적 훈련을 유도한다.

영적 돌봄의 목표는 환자가 절대자(신), 자기 자신, 다른 사람들, 모든 환경 여건과 화해하고 올바른 관계로 영적 평안(안녕)을 이룸으로써 자신의 현재 상황을 긍정적으로 받아들이고 미래에 대한 희망 속에서 품위 있게 죽음을 맞이할 수 있게 하는 것이다. 한 인격체의 전인적 조화와 균형을 존중하고 배려하는 동시에 영적 측면의 돌봄에 초점을 맞추어 궁극적으로는 전인적 돌봄이 이루어지도록 하는 것이다.

## Ⅳ. 사별 가족 돌봄

### 1. 사별 가족 돌봄의 목적

사별 가족들이 슬픔과 상실의 위기를 극복하고 질병을 예방하며 성숙한 새 삶을 살아가도록 돕기 위한 것이며 구체적인 목표로는 사별자의 대처 능력을 알아보고 상실과 관련된 슬픔의 감정을 표현하도록 격려해주고 사별에 대한 슬픔의 과정이 정상적인 것임을 유족에게 확인시키고 적응행동의 새로운 양상을 강화하며 부적응행동을 규명하고 대안이 되는 행동을 장려하거나 소개해 줌으로써 성숙한 삶으로 이끌어 주는 데 있다. 즉 사별 가족 돌봄은 환자가 사망한 후 가족의 구조와 역할이 변화됨으로써 야기되는 여러 가지 문제를 해결 또는 완화하여 사별 후 변화에 대한 대처 능력을 향상시켜 성공적으로 적응함으로써 건강하고 충만한 삶을 유지하도록 지원하는 것이다.

### 2. 사별 가족 돌봄

가족과 함께 있어 주며 사별 가족이 슬픔의 감정을 표현할 수 있도록 주의 깊게 들어준다. 사별 가족이 느끼는 감정을 개인적 판단이나 편견 없이 들어준다. 사별 가족의 의문이나 의심 또는 견해 차이에 대해서는 이해하는 태도로 대하고 안정된 마음과 여유 있는 시간을 갖고 만나는 것이 좋다. 사별은 고통스럽다는 사실을 인정하고 받아들이도록 도와야 한다. 비슷한 문제들을 가진 사람들의 모임을 통해 정서적 지지를 촉진하며 교육을 제공해 주는 기회가 될 수 있다.

사별 가족 돌봄을 위한 상담의 원칙은 상실을 되돌릴 방법이 없는 현실을 인정하고 분노와 죄책감 등 다양한 정서 반응들과 그에 동반된 고통을 인식하고 받아들이며 고인을 마음에서 떠나보내고 새로운 삶을 시작하게 돕는 것이다.

사별 가족 간호 시에는 사별 가족들이 슬픔을 자기 방식대로 표출할 수 있도록 배려하려야 하고 불쌍히 여기는 행동이나 측은하게 생각하는 어투는 삼가야 하고 들어주고 기다려주어야 한다. 사별 가족을 돌보는 사람은 삶과 죽음에 대한 깊은 이해를 가지고 숙련된 의사소통과 상담기술을 겸비하고 슬픔에 대한 이해, 인간에 대한 이해, 생명 중심의 사고를 하는 사람이어야 한다. 호스피스 완화의료 돌봄 제공자는 사별 전후 가족을 지지해주고 사별의 위험을 사정하고 합병증을 알아내어 필요하면 전문가에게 대상자를 의뢰하는 중요한 역할을 담당한다. 사별 간호 프로그램은 시간의 제약, 경비, 직원의 수와 자질, 내외적 환경을 고려하여 선택하여 가능한 자원을 최대한 이용할 수 있도록 운영한다. 효율적인 사별 간호가 이루어지도록 호스피스완화의료 돌봄 제공자는 객관성 있고 타당한 사별 측정 도구를 사용하여 사별 가족의 문제를 파악하고 중재 후 평가에도 사용하도록 한다.

## V. 더 깊이 내려가 숙고하기

호스피스의 정의는 다음과 같다. "죽음에 가까운 사람에 대해 <신체적-심리적-사회적-영적> 돌봄으로 '품위 있게 죽음을 맞이'할 수 있도록 함에 있다." 위의 정의를 다음과 같이 분해하여 각 용어가 의미하는 바를 살려내어 '호스피스'의 구심성과 지향성을 숙고해 보자.

### 1. 죽음에 가까운 사람

죽음에 가까운 사람은 죽은 것이 아니다(he is undead). 'undead'는 'he is dead(not being)' + 'he is not dead(being)'의 의미가 모두 포함되어 있다. 아래 도표에서 보듯이, 'undead'는 A 집합(he is dead)과 B 집합(he is not dead)의 공집합 C(he is undead)이다. 공집합 'undead'는 'is dead(not being)'이면서 'not dead(being)'를 부정하고, 'not dead(being)'이면서 'is dead(not being)'를 부정한다. 또한 'undead'는 dead(not being)'의 부정이면서도 'not dead(being)'의 부정이기도 하며, dead(not being)'의 긍정이면서 'not dead(being)'의 긍정이기도 하다.

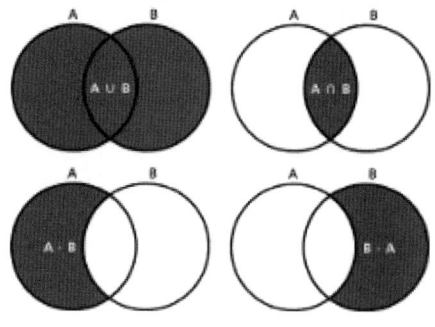

편의상 'is dead(not being)'를 A로 'not dead(being)'를 B라고 한다면, 'undead'는 A와 B의 대립과 갈등이 해소가 되는 'A = B'가 된다. 삶과 죽음이 일치(동일시)된다. 일치(동일시)에는 A도 없어지고 B도 없어진다. A를 1로, B를 2로, 공집합을 3으로 표시하면, 공집합 3은 1=2가 되는 지점이다. 따라서 'undead'의 공집합은 A와 B를 모두 살려내면서 동시에 모두 부정한다. 동시에 A를 긍정하면서 B를 부정하고, B를 긍정하면서 A를 부정한다. 그러면서 자신을 부정하는 방식으로 상대방을 용납하고 용납하는 동시에 또한 부정한다. 'undead' 용법은 지금까지 논의해 왔던 <호연법>의 담론으로부터 좀 더 지양될 수 있는 것이 무엇이어야 하는지를 생각하게 한다. A(is dead)를 주장하다 보면, 이미(항상, 때 이른) 죽은 자로 규정한 나머지, 삶의 가능성을 박탈할 수 있고, B(not dead)를 주장하다 보면 아직 아님(not yet)에 대한 집착으로 죽음의 경험을 놓칠 수 있다. 그래서 우리는 제3의 'undead'의 담론이 <호연법> 실천으로 이어져야 한다는 결론에 이른다.[282]

---

[282] 임병식, 「사(死)와 사자(死者)에 대한 사회적 성찰」, 『생명윤리와 정책』 제5권 2호 (2021년 10월) 참조.

## 2. 〈신체적-심리적-사회적-영적〉

호스피스는 전인적 돌봄을 지향한다. 여기서 전인(全人, holon, wholeness, holy, holistic)의 범주는 <신체적-심리적-사회적-영적> 영역이다. 전인적 돌봄을 '신체적 치료'로 한정한다면 이내 인간의 속성은 물질적 속성에서 벗어날 수 없게 된다. 그러나 인간은 물리적 속성을 넘어 의미-추구적 의지의 존재이다. 이를 실현하고자 하는 것이 호스피스이다.[283] 호스피스는 통증과 고통을 통해 인간으로 회귀(본래의 본성으로 돌아감)함에 그 목적이 있다. 이는 추상적 개념으로 굳어진 '통증과 고통'의 실체를 동사형으로 기술함으로써, 현재의 삶에서 의미화로 전환할 때, 호스피스 그 자체의 정신성이 복권될 수 있다. 따라서 돌봄은 주체가 자신으로 귀의하는 '재귀 동명사로서의 실천'이다. 이는 죽어가는 자신을 바라봄으로써 무엇을 할 것인지를 결단하는 실천의 과정이다. 그 과정은 '화해와 용서'를 통한 인간다움의 '가능성'을 실천하는 '존엄성'의 행위이기도 하다. 행위 실천의 함(doing, praxis)은 그 자신의 함이어야 한다. 즉 '맞이함'의 행위는 죽어가는 사람의 '함'이 되어야 한다. 이때 인간은 당하는 죽음(수동적 객체)에서 맞이하는 죽음(능동적 주체)으로 전환된다.

---

[283] 죽음학(Thanatology)에서는 죽음과 상실로 인해 고통받는 임종 환자들의 돌봄에 종사하는 사람을 'Hospice Thanatologist'로 언명하고, 이들에 대한 국제 인증 교과과정과 시험, 임상 수련을 거쳐 국제 싸나톨로지 자격증을 부여하고 있다. 'Hospice Thanatologist'는 주로 호스피스팀을 담당하는 의사나 간호사, 사회복지사로 구성되어 있다. 국내에서는 한국싸나톨로지협회(www.thana-edu.net)를 통해 심리학자, 상담사, 종교 지도자, 부검의, 교사 등 다양한 직종에서 싸나톨로지 자격증 과정을 지원하고 있다.

심화
# 사전연명의료의향서 작성의 의미와 역할

**<내용 요약>**

사전연명의료의향서 작성은 품위 있는 임종을 위한 준비로, 인간의 신체적 조건을 넘어 의미와 의지의 가치를 추구하는 것이 중요하다. 그 목적은 무의미한 연명치료를 중단하고, 삶의 소중함과 존엄성을 실현하는 데 있다. 이 과정은 자기 결정권을 존중하며, 가족과 의료진의 동의를 바탕으로 진행된다. 사전연명의료의향서는 임종기 치료의 방향을 결정하고, 죽음교육을 통해 웰다잉 문화를 활성화하는 데 기여한다. 결국, 죽음 교육은 사람들에게 삶의 의미와 목적을 자각하게 하며, 주체적 삶을 살아갈 수 있도록 돕는다.

**<핵심어>**

사전연명의료의향서(Advance Directives),
품위 있는 임종(Dignified Death),
의미 있는 연명치료(Meaningful Life-Sustaining Treatment),
자기 결정권(Right to Autonomy),
웰다잉(Well-Dying), 죽음교육(Death Education)

**<학습 목표>**
- 사전연명의료의향서의 정의와 작성 목적을 이해하고, 이를 통해 임종 과정에서의 자기 결정을 존중할 수 있다.
- 품위 있는 임종을 위한 가치와 의미를 구체적으로 설명하고, 임종기에서의 인간 존엄성을 실현하는 방법을 학습한다.
- 무의미한 연명치료와 의미 있는 연명치료의 차이를 구분하고, 연명

치료가 인간의 삶에 미치는 영향을 이해한다.
- 자기 결정권을 존중하는 사전연명의료의향서 작성의 중요성을 이해하고, 이를 바탕으로 환자와 가족의 결정을 지원할 수 있다.
- 웰다잉 문화를 활성화하고 죽음교육을 통해 죽음에 대한 새로운 가치관과 태도를 실천적으로 접근할 수 있다.

### <적용 실천>
- 사전연명의료의향서를 작성하여 임종기 의사결정을 명확히 하고, 가족과 의료진에게 전달하여 의사소통을 원활하게 한다.
- 환자와 가족에게 사전연명의료의향서의 중요성을 설명하고, 품위 있는 임종을 위한 가이드라인을 제공한다.
- 연명치료에 대한 의미를 교육하고, 무의미한 연명치료를 중단할 수 있도록 환자와 가족에게 지원한다.
- 죽음교육 프로그램을 개발하여 사회에서 웰다잉 문화를 확산시키고, 사람들이 임종에 대해 더 나은 결정을 내릴 수 있도록 돕는다.
- 죽음에 대한 가치관을 재정립하고, 의미와 의지의 지향적 삶을 살아갈 수 있도록 개인적으로 실천하며 주위 사람들에게 전파한다.

# 사전연명의료의향서 작성의 의미와 역할:
존엄하게 죽을 권리와 연명의료결정법을 중심으로

"죽어가는 사람은 곧 살아가는 사람이다. 죽어가는 사람은 자주 그들이 마치 이미 죽은 사람인 듯 다른 사람으로부터 취급당함에도 불구하고, 그들은 죽어가고 있는 한에서 여전히 살아있는 사람이다." -엘리자베스 퀴블로 로스(Elizabeth Kubler-Ross)

## Ⅰ. 인간이 인간일 수 있는 가능성, 존엄한 죽음

죽음학자 엘리자베스 퀴블로-로스(Elizabeth Kubler-Ross)는 "죽어가는 사람은 곧 살아가는 사람이다. … 그들은 죽어가고 있는 한에서 여전히 살아있는 사람"이라고 말한다. 죽어가는 사람을 어떻게 바라보느냐, 즉 죽어가는 환자를 인식하는 태도는 존엄한 죽음과 밀접한 관계가 있다. 인간은 죽어가는 존재이면서 동시에 주체적으로 능동적으로 죽음을 맞이하는 존재이다. 인간은 의미를 추구하는 존재이며 가치를 추구하는 존재이다. 그래서 인간이 맞이하는 죽음은 그냥 죽음이 아니라 존엄한 죽음, 즉 가치 있고 의미 있는 인간다운 죽음이어야 한다. 여기에 인간이 인간일 수 있는 가능성이 있다.

여러분은 만약 죽음의 때가 다가온다면, 어떻게 마무리를 하고 싶으신가요? 라는 질문에, 노인복지관 죽음교육 수업에서 만난 어르신들은 한결같이 "내가 살던 집에서 내가 덮던 이부자리에서 사랑하는 가족들에게 둘러싸여 사랑과 감사와 용서의 작별인사를 나누며 편안히 죽고 싶다"라고 말한다.

OECD 국가 중 죽음의 질이 1위인 영국은 2008년에 고령화가 심각해지는 데 죽음에 대한 사회적 준비가 부족함을 직시하고 전문가 집단으로 하여금 <생애말기 돌봄 전략보고서>를 받고, 좋은 죽음(Good Death)에 대한 개념을 세웠다. 영국인들이 보는 좋은 죽음(Good Death)은 1)익숙한 환경에서 2)가족, 친구와 함께 3)존엄과 존경을 유지한 채 4)고통 없이 죽어가는 것으로 정의된다.

죽음의 질 1위 영국에서도 죽음의 질 32위 한국에서도 사람들이 소망하는 좋은 죽음은 대동소이하게 보인다. 우리가 소망하는 좋은 죽음, 존엄한 죽음은 참으로 소박하다. 그러나 이러한 소박한 죽음이 현실적으로 이루어지기가 쉽지 않다. 대부분 병원에서 죽어가고 있고, 중환자실에서 수많은 의료기기에 의지한 채 가족들과 떨어진 채 고통과 외로움으로 죽어가고 있기 때문이다. 이제부터 우리사회의 죽음의 현실을 알아보자.

## Ⅱ. 우리사회의 죽음의 현실, '우리는 어떻게 죽어가는가?'

### 1. 현대의학의 발달과 무의미한 연명의료의 증가

하버드 의과대학과 보건대학교수 아틀 가완디는 '현대의과학은 인류를 위해 엄청난 일을 했지만, 더불어 풀어야 할 큰 과제를 남겨주었다'고 말한다. 그것은 "어떻게 죽을 것인가(How to Die)?"이다. 현대의학의 놀라운 발달은 반대로 죽음이 점점 어려워지는 상황을 초래하고 있다. 1960년대부터 발전한 심폐소생술과 인공호흡기 같은 연명 장치는 급성질환으로 생명이 위독한 환자들의 목숨을 구하는 의학 발전의 커다란 성과이다. 그러나 문제는 이러한 연명장치가 자연스레 임종을 맞이해야 할 환자에게까지 널리 적용되면서, 의미 있는 삶을 연장시키기보다 고통 받는 기간을 늘리고 있다는 점이다. 만약 임종 과정에 있는 환자에게 인공호흡기를 꽂아 심장을 지속적으로 뛰게 한다면, 그래서 생명이 연장된다면, 그 사람은 살아있는 걸까요, 아니면 죽은 걸까요? 이러한 질문은 생명경시풍조를 우려하는 의견과 삶의 질을 강조하는 의견이 상충하는 매우 어려운 질문이다. 현실적으로 인공호흡기에 의지한 채 수개월에서 수년, 그 이상 생명을 유지한다.

### 2. 급격한 고령화와 유병장수 시대
([OECD 통계로 보는 한국의 보건자료(2018)])

우리는 급격한 고령화와 더불어 유병장수 시대에 살고 있다. 전 인구 대비 노인의 인구 비율을 나타내는 고령화 지수가 7%인 고령화 사회에서 20%인 초고령 사회로 넘어가는데 프랑스는 154년이 소요되는 데 반해 한국은 25년이 걸렸다. 이토록 빠른 고령화는 '수명은 길어지고, 노년인구는 점점 많아지는 사회를 대비할 시간이 너무나 부족하다는 것을 의미한다. 또한 2025년 우리나라의 기대수명은 82.7세이며, 기대수명과 건강수명과의 차이는 평균적으로 14-20년 정도이다. 이러한 격차는 수명이 길어졌으나 그 수명의 질이 만성질환으로 고통을 받는 유병장수임을 의미한다. 이러한 유병기간의 증가는 죽음의 질과 관계가 높다.(참고로 건강수명이란 아프지 않고 건강하게 살아가는 기간을 의미한다) 그렇다면 실제로 죽음과 관련하여 어떤 변화가 일어나고 있는 걸까?

### 3. 죽음의 원인과 죽음의 장소의 변화

<2023년도 통계청> 자료에 의하면, 우리나라 1년 총 사망자는 35만 2천5백명이며, 그 중 10대 사망 원인으로 암, 심장 질환, 폐렴 등 자살을 제외한 대부분 만성질환으로 사망하고 있다. 또한 만성질환 사망자 10명 중 8,9명이 집이 아닌 병원에서 사망하고 있다. <2023년 노인실태조사>에 의하면, 56% 가량의 노인이 집에서의 임종을 희망하고 있으나 현실적으로 대부분이 병원에서 사망하고 있다. 과거에는 '객사'를 피하기 위해 병원에 있다가도 임종기가 오면 집으로 돌아오곤 했지만, 이제는 집에 있다가도 병원으로 가서 임종을 맞다. 이처럼 죽음의 장소가 집에서 병원으로 전환되는 이유는 아파트문화의 발달, 여성의 사회적 진출로 인한 돌봄의 부재, 집에서의 돌봄이 어려운 상황 등을 들 수 있다. 이러한 상황은 만성질환으로 앓으면서 병원에서 연명치료로 이어질 가능성이 커진다는 의미이다.

### 4. 낮은 죽음의 질

삶의 질이 있듯이 죽음에도 질이 있다. 영국 경제 주간지 이코노미스트는 세계 죽음의 질 지수를 5년마다 발표하는데, 우리나라는 OECD 국가 40개 중 2010년에는 32위, 2015년에는 18위로 평가되었다. 32위에서 18위로 지난 5년간 14등급이 상향 조정되었는데, 이는 전반적인 의료시스템과 의료보험과 국민연금이 앞으로 완화의료 정책에 긍정적 영향을 줄 것이란 기대에서 나온 결과이며, 정작 중요한 완화의료의 질과 시스템 부문에서는 점수가 낮다.

'죽음의 질 지수(Quality of Death Index)'가 있다. 완화의료 정책, 즉 임종을 앞둔 환자의 통증과 그 가족의 심리적 고통을 덜어줄 수 있는 의료시스템에 대해 비교·평가하는 지표이다. 영국 경제 주간지 이코노미스트는 세계 죽음의 질 지수를 5년마다 발표하는데, <죽음의 질> 보고서에 의하면 우리나라는 OECD 국가 40개 중 2010년에는 32위, 2015년에는 18위로 평가되었다. 참고로 지난 5년간 14등급이 상향 조정되었는데, 이는 전반적인 의료시스템과 의료 보험과 국민연금이 앞으로 완화의료 정책에 긍정적 영향을 줄 것이란 기대에서 나온 결과이며, 정작 중요한 완화의료의 질과 시스템 부문에서는 점수가 낮아 여전히 죽음의 질이 매우 나쁜 상태라 할 수 있다.

죽음의 질을 평가하는 여러 항목 중 1) 전반적인 의료시스템, 2) 말기치료의 비용, 3) 말기치료의 질, 4) 말기치료 이용 편의성을 중심으로 죽음의 질 1위 영국과 비교하여 살펴보면 다음과 같다. ① 전반적인 의료시스템은 영국에 비해 매우 높다. 실제로 우리나라의 병원병상, MRI와 CT 등 의료장비 보유 대수는 OECD 평균을 훨씬 상회하며 최상위권이다. ② 말기치료의 비용을 살펴보면, 한 사람이 평생 써야 할 의료비의 2/3를 회생 가능성이 없는 말기 3개월 동안 사용하며, 그중 1/2를 임종기 한 달에 사용하는 등 막대한 의료비가 지출되고 있다. ③ 말기 치료의 질을 살펴보면, 회생 가능성이 없는 말기 환자 2명 중 1명이 값비싼 CT를 찍고, 3명 중 1명이 항암제를 계속 맞으며, 7명 중 1명이 중환자실에 머물며, 10명 중 1명이 인공호흡기를 꽂고 보내며, 20명 중 1명이 심폐소생술을 받고 있었다. ④ 말기 치료 이용 편의성을 살펴보면, 호스피스 시설이 턱없이 부족하다.

우리나라는 환자를 살리거나 치료하는 의료시스템은 매우 발달 되었으나, 반면에 말기나 임종기 환자를 위한 의료시스템이나 돌봄은 매우 부족하다. **더 이상 치료가 무의미한 시점에서의 공격적인 처치와 막대한 의료비 지출은 우리사회의 의료집착적 현실을 반영해 준다.**

우리나라의 죽음의 질이 이처럼 낮은 현상은 국민이 편안한 임종을 맞을 수 있도록 의료제도를 발전시킨 영국에 반해 의료의 사회문화적 영역을 충분히 고려하지 않고 **기술 중심으로 발전**시키기만 하고 '**전인치료**'의 중요성을 간과한 결과라 하겠다. 이러한 현상은 개인에게도 사회적으로도 매우 심각한 사회문제일 수밖에 없다. 급격한 고령화를 겪는 한국은 죽음의 질을 높이기 위한 관심과 노력을 서둘러 가져야 한다. 이러한 시대적 요청 속에서 [연명의료결정법]'이 생겨났다.

## Ⅲ. [연명의료결정법] 제정배경 및 안내

### 1. 제정 배경

(1) 2004년 보라매병원 사건 (2002도995)

1997년 발생한 <보라매병원사건>은 우리사회에 연명의료 문제를 사회적으로 공론화시킨 첫 사건이다. 인공호흡기로 연명하던 환자를 가족요청에 따라 퇴원 조치하여 사망에 이르게 하며, 보호자는 살인죄, 의료인은 살인 방조죄로 유죄판결을 받았다. 이 사건을 계기로 우리사회에 임종기 환자의 연명의료 결정을 **관행적으로 실시하던 방식에 큰 변화**가 나타났다. 그 결과 연명의료 중단은 물론이고 **임종기 환자의 연명의료도 중단하지 않는 상황이 초래**되었다. 그러나 의료현실에서 어느 정도의 회복가능성이 있을 때 연명치료를 중단할 수 있는지, 어떠한 절차를 거치면 살인방조죄로 처벌되지 않는지에 대한 언급이 없기에, 결론적으로 의사나 환자의 가족을 법적 불안 상태에 빠뜨리고, **무의미한 연명치료를 조장하는 결과**가 나타났다.

(2) 2009년 신촌 세브란스 김 할머니 사건(2009다17417)

2009년 <세브란스 김 할머니 사건>은 지속적 식물인간 상태로 연명하는 환자에 대한 가족들의 연명치료 중지 요청에 대해 대법원이 인용(認容)한 사건이며, 우리나라 최초 연명치료 중단을 인정한 국내 판결로 <존엄사>에 대한 사회적 논의를 촉발한 사건이다. 대법원은 환자가 회복 불가능한 사망단계에 진입하였고, 연명치료 중단에 대한 환자의 의사를 추정할 수 있는 경우라면 해당 환자에 대한 연명치료를 중단할 수 있다고 판결하였다. 그러나 이러한 판결에도 불구하고 의료 현장에서는 연명의료 중단에 대한 법적, 제도적 조치를 취해달라는 요구가 이어졌다.

(3) 법률 제정에 이르기까지

<세브란스 김 할머니 사건> 이후, 무의미한 연명의료에 관한 사회적

공감대가 점차 확산했다. <사)사전의료의향서 실천모임>을 중심으로 여러 시민 단체들은 "당하는 죽음에서 맞이하는 죽음으로" 라는 표어를 내걸고 <사전의료의향서> 교육 및 서명운동을 전국적으로 벌였다. 수많은 시민들이 <"호스 매달고 떠나기 싫다"며 존엄사 서약, 즉 사전의료의향서를 한해 2만8000명이 작성>하는 등 큰 관심을 보였다.(<중앙일보 2015.4.10.>)

　이러한 흐름 속에서 2013년 대통령 소속 국가생명윤리심의위원회가 <연명의료 결정에 관한 특별위원회>를 구성하여 연명의료 중단에 대한 구체적 절차와 방법을 논의하였고, 그에 따라 연명의료에 관한 특별법 제정의 필요성을 권고했다. 2016년 1월 [연명의료결정법]이 국회 법사위 및 본회를 통과되었다. 이때 국회의원 203명 중 1명 기권, 202명이 찬성하였는데 이는 법 내용의 구체적인 이해 여부를 떠나 한국에 이러한 법의 필요성을 인정한 것이라 볼 수 있다.(2016년 제정, 2018년 시행, 2018년 1차 개정, 2021년 2차 개정)

## 2. [연명의료결정제도] 안내 〈국립연명의료관리기관〉 설명

　본 법률의 정식 명칭은 [호스피스·완화의료 및 임종과정에 있는 환자의 연명의료 결정에 관한 법률](약칭 [연명의료결정법])이며, 이 법은 [호스피스·완화의료에 관한 법률]과 [연명의료에 관한 법률], **두 가지의 법률이 하나로 결합되어진 것**으로서, 전자는 2017.8.4.에 시행되었고, 후자는 2018.2.5.에 시행되었다. 본법은 안락사법, 존엄사법, 웰다잉법 등으로 언명하지만, 정확한 명칭은 [연명의료결정법]이다.

(1) [연명의료결정제도]의 목적과 제정 취지

본법은 **환자의 최선의 이익을 보장**하고 **자기결정을 존중**하여 **인간으로서의 존엄과 가치를 보호**하는 것을 목적으로 한다. 임종과정에 있는 환자의 자기결정을 통한 연명의료결정을 제도화함으로써 **국민 모두가 인간적인 품위를 지키며 편안하게 삶을 마무리할 수 있도록 돕고자 만든 법**이다. 법의 기본원칙으로 인간의 존엄과 가치의 보호, 최선의 치료 권리, 자기결정권, 알 권리, 의료인의 의무를 두고 있다. 본법에는 다음과 같은 **제정 취지**가 있다. 첫째, '질병치료'가 불가능해진 시점에서 포기가 아닌 **'전인적으로 돌봄'으로의 패러다임의 전환**이다. 둘째, 최선에도 불구하고 불가피한 죽음을 '치료의 실패'가 아니라 **'삶의 완성'으로의 승화**로 봐야 한다. 셋째, 환자와 가족, 국민 개인이 져야 했던 죽음과 간병의 짐을 **'사회와 국가가 책임지겠다는 선언적 의미**를 지닌다.

본법을 통해서 사회적으로 죽음에 대해 미리 생각하고, 이를 준비하는 문화가 형성될 것으로 기대하며, 법 제정을 통해서 삶의 마지막 순간을 행복하고 품위 있게 마무리할 수 있는 제도적 기반이 마련되었다는 데 의미가 있다고 볼 수 있다.

(2) <연명의료중단등결정> **적용 대상 환자와 대상 의료**

① 법의 적용 대상은 말기환자나 식물 인간상태에 있는 환자가 아닌 임종과정에 있는 환자이다. 임종기란 회생의 가능성이 없고, 치료에도 불구하고 회복되지 아니하며, 급속도로 증상이 악화 되어 담당 의사와 해당 분야의 전문의 1명으로부터 사망에 임박한 상태라는 판단을 받은 자를 말한다.

② 연명의료의 의미 및 적용 대상의료

연명의료란 임종과정에 있는 환자에게 행하는 의학적 시술로서 치료효과 없이 임종과정의 기간만을 연장하는 의료를 의미한다. 법 적용 대상의료에는 최초 법에서는 심폐소생술, 인공호흡기 착용, 혈액투석, 항암제 투여 4가지만을 포함하고 있었으며, 1차 개정을 통해서 체외생명유지술(ECMO), 수혈, 승압제 투여 등이 포함되었다. 그 외로 통증완화를 위한 의료행위와 영양분 공급, 물 공급 그리고 단순 산소 공급은 어떤 상황에서도 중단될 수 없다.

③ 연명의료중단결정 문서작성 및 관리체계

연명의료중단등 결정에 대한 의향을 미리 밝힐 수 있도록 2가지의 문서를 제시한다. 사전연명의료의향서와 연명의료계획서이다.

**<사전연명의료의향서>**는 19세 이상 성인이 자신의 말기상태에 자신의 의사를 표명할 수 없을 때를 대비해서 건강할 때 미리 작성하는 의료적 의향서이다. **보건복지부에서 지정한 <사전연명의료의향서 등록기관>**을 통해 충분한 설명을 듣고 **본인이 직접 작성**해야 한다. 본인의 의사결정이 가능해야하기에 치매나 인지기능에 장애가 있는 경우는 작성할 수 없다. **<연명의료계획서>**는 말기환자 또는 임종과정에 있는 **환자의 의사에 따라 담당의사**가 환자에 대한 연명의료중단등 결정에 관한 사항을 계획하여 문서로 작성하는 것을 말한다. **<의료기관윤리위원회가 설치된 의료기관>**에서만 작성할 수 있다.

이 두 가지 문서는 **언제든지 변경되거나 철회**될 수 있다. 작성된 문서들은 **<국립연명의료관리기관>**에 전자문서(DB)로 등록되어 보관되며, 언제 어디서나 조회가 가능한다. 더 자세한 내용은 <국립연명의료관리기관(https://lst.go.kr)>을 통해 참고하길 바란다.

(4) <연명의료중단등결정>을 위한 절차
<연명의료중단등결정>을 내리는 절차로는 **1) 임종과정에 있는 환자라는 의학적 판단**이 먼저 전제되어야 하며, 그다음으로 연명의료중단 등 결정에 대한 환자 또는 환자가족의 결정을 확인해야 한다. 임종과정에 있는 환자라는 의학적 판단과 환자나 환자 가족의 결정을 동시에 확인한 후 연명의료를 유보 내지 중단할 수 있다

(5) <연명의료중단등결정>시 환자와 환자가족의 의사 확인 방법
1단계) <연명의료계획서>를 작성하거나 확인한다. 2단계) <사전연명의료의향서> 작성 여부를 확인한다. 3단계) 위 두 가지 문서가 없고 환자가 의사표현을 하는 것이 불가능한 상태라면 평소 연명의료에 관한 환자의 의향을 환자 가족 2인 이상이 동일하게 진술해야 한다. 이 때 다른 의견을 가진 가족이 나타난다면 그 결정은 유효하지 않으며, 환자 가족이 1인뿐인 경우, 1인의 진술로도 가능하다. 4단계) 만약 1),2),3)이 불가능하다면, 환자 가족 전원이 합의하여 환자를 위해 결정 할 수 있다. 여기서 가족이란 ①배우자 및 1촌 이내의 지계 존비속, ②2촌 이내의 직계 존·비속(①이 없는 경우), ③ 형제자매(①②없는 경우)를 의미한다.
환자가 미성년자의 경우는 친권자인 법정대리인의 결정이 가능하며, 행방불명자 등 복지부령으로 정하는 자는 제외된다. 만일 어떠한 사정으로든 가족이 없는 환자가 의사 표현을 할 수 없는 의학적 상태라

면 연명의료를 유보하거나 중단할 수 없다. 그러나 사전에 의향을 밝혀 두었다면 연명의료중단등결정이 가능하다.

### 3. [연명의료결정제도]의 한계와 의미

한국의 [연명의료결정제도]는 다른 나라의 입법 사례와 비교해 보면, 유일하게 임종기에 한해서만 법을 적용하도록 하고 있다. 참고로 선진국에서는 1970년대 후반부터 무의미한 연명의료를 하지 않도록 대부분 법제화되었으며, 그 대상과 방식에 있어서 안락사나 의사조력자살을 허락하는 국가도 있으며, 영국, 독일, 호주는 식물상태와 말기 환자에 적용되며, 타이완이나 일본은 말기 시기로 제한하고 있다. 그 외로도 연명의료중단 등 대상 의료를 네 가지 항목으로만 제한하는 것, 환자의 알권리를 위한 의사의 고지(설명) 의무를 두지 않는 것, 환자와 환자가족의 의사 확인을 하는데 있어서 가족 범위의 비현실성 등에 대한 문제들이 꾸준히 제기되고 있다. [연명의료결정법]이 제정된 목적과 취지가 제대로 실현될 수 있도록 지속적인 제도적 보완이 필요하다. 이와 더불어 존엄한 죽음에 대한 성찰과 더불어 연명의료에 대한 이중적 잣대, 고지의 의무, 자기결정의 의미 등 우리의 문화 속에 깊숙이 자리 잡고 있는 죽음에 대한 의식들을 점검해 보아야 한다.

## Ⅳ. 존엄한 죽음과 [연명의료결정법]의 바른 정착을 위한 주요 쟁점들

### 1. 연명의료에 대한 이중성, '최선을 다한다'는 것의 의미

우리나라의 의료집착적 현상을 가중시키는 것 중 하나는 '**마지막까지 치료에 힘쓰는 것을 가족의 도리로 여기는 문화**'이다. 최선을 다해 더 많은 의학적 치료를 주는 것이 가족의 마땅한 도리이고 애정과 보살핌의 표현으로 보는 경향이 있다. 그러나 이제는 그 최선과 그 사랑이 환자에게 정말 도움이 되는지에 대해 생각해 봐야 한다. **최선을 다하되, 무엇이 최선인지 기본적인 질문부터 다시 던져야 한다.**

임종기에 연명의료를 하지 않기로 결정 한다면, 더 살 수도 있었는데 죽게 한 것이 아닐까, 뭔가 최선을 다하지 않은 것으로 생각하며 후회와 죄책감이 남는다. 반면에 연명의료를 하도록 결정한다면, 그때부터 고통이 시작되니 괜히 무리한 시도를 한 것이 아닌가 하는 생각이 들 수도 있다. 어떠한 결정을 내리든 남겨진 가족에겐 후회와 죄책감이 남는다. 그러나 잔여기간 동안 **환자가 아닌 생의 주인공으로 삶을 정리하고 마무리해야 할 때라는 인식**이 필요하다. 우리는 사랑하는 이의 죽음을 막을 수는 없지만, 죽음의 방식엔 영향을 줄 수는 있다. 아름답고 품위있게 존엄하게 죽을 수 있도록 도울 수 있다.

### 2. 환자의 알권리와 의사의 고지 의무 - '진실 알리기' 운동 필요

'말기 진단을 알린다는 것은 죽음이 도래한다는 사실을 알리는 것이다. 이것을 '고지의 의무' 또는 '진실 말하기'이다. 고지의 의무는 의료현장의 매우 절박한 윤리적 화두이다. **환자의 알 권리를 존중하는 것과 충격으로부터 환자를 보호하는 것**은 매우 중요한 딜레마이기 때문이다.

[연명의료결정제도] 시행 전 3개월간의 시범 사업 기간에, 병원에서 연명의료 계획서 작성이 저조했는데, 가장 큰 이유 중 하나가 환자에게 말기라는 사실을 알리는 것에 대한 가족의 만류였다. 대부분의 사람은 본인은 진실을 알기를 희망하면서도, 가족에게는 전달을 꺼려하는 이중적 심리가 있다. 이러한 현상은 진실을 알리는 것을 가해 또는 사형 선고로 느끼는 풍토가 있기 때문이다.

그러나 **고지의무는 환자들이 삶을 존엄하게 마무리하는데 필요한 최우선의 과제**이다. 환자가 자신의 상태를 제대로 알아야 자신의 삶을 정리할 수 있으며, 환자와 가족 간에 진솔한 대화를 나눌 수가 있다. 만약에 진실을 모른다면 환자는 자신의 삶을 정리할 기회도 가족들과 마지막 작별을 나눌 귀한 시간을 놓치게 된다. 가족들 역시 나눠야 할 말과 해야 할 일들을 못하고 떠나보냄으로 인해 사별 후 많은 후회를 갖게 된다.

엘리자베스 퀴블로 로스는 죽어가는 환자 2만 명을 인터뷰한 결과, 임종을 맞이하는 환자들은 부정, 분노, 타협, 우울, 수용이라는 심리적 단계를 겪는다고 설명한다. 사람마다 각 단계를 다르게 경험할 수 있지만, 중요한 것은 누구나 충격을 받으며, 심리적 갈등과 고통을 겪는다는 것이다. 당연한 일이다. 그러나 힘겨운 시간이 지나고 나면 죽음을 수용하고 죽음을 준비하게 될 때가 온다. **중요한 것은 '말기라는 사실을 알릴 것인가 알리지 않을 것인가'**가 아니라 '어떻게 알릴 것인가'이다. 환자의 성격이나 상황, 대화 소통 방식, 가족들과의 논의 등 다양한 방식들을 고려하여 어떻게 전달할 것인지를 고민해야 한다.

### 3. 〈사전연명의료의향서〉 작성의 의미와 자기결정권

<사전연명의료의향서>를 작성한다는 것은 임종기의 연명의료 처치 여부를 결정하는 것 그 이상의 의미를 가지고 있다. 한국싸나톨리지협회 임병식 이사장은 <사전연명의료의향서> 작성의 근본 목적은 연명치료중단에 있는 것이 아니라 환자가 질병과 싸우기보다는 **주체적인 삶을 살아갈 "일상적 삶의 소중한 부분을 지키는 것"**에 있다고 말한다. 말기 환자에게는 남아있는 생명과 삶의 질, 인간관계의 회복과 화해, 감정 치유와 자아 완성 등을 확보하는 것이 매우 소중한다. 연명의료로 인해 이런 소중한 것들을 놓쳐버리게 될 수 있기 때문에 시간을 확보해 달라는 의미가 있다. 따라서 <사전연명의료의향서> 작성은 자기결정에 의해 자신의 삶을 존엄하게 마무리하겠다는 의지의 표현이라 할 수 있다.

[연명의료결정법]의 핵심 기본원칙이 '자기 결정권'이며, 임종 시 의료처치를 결정할 때 환자의 의사 확인을 중시한다. 그러나 임종기에 환자의 어떤 의사도 없으면 환자가 연명의료를 원하는 것으로 유권 해석할 수 있는 자기 결정에 대한 법리의 한계가 있다. 현실적으로 임종이 임박했다는 사실을 환자에게 알리는 일부터가 쉽지 않고, 사전연명의료의향서 작성이 보편화되어 있지 않으며, 법이 제정된 것이나 죽음의 현실에 대해 인식하지 못하는 경우가 많다. 무엇보다도 개인의 자율성과 존엄성을 보장한 '환자의 자기결정권'을 이야기하고 실천할 수 있는 환경의 부재에 있다. 죽음에 대해 터부시여기는 한국문화에서는 여

전히 자유롭게 말하지 못할 뿐만 아니라, 임종기에 대해 미리 성찰하는 문화가 아니기에 자기 결정권을 발휘하는 것에 역부족으로 나타난다.

따라서 법의 내용과 죽음의 현실과 사전연명의료의향서 작성에 대한 적극적인 홍보와 교육이 필요하다. 이와 더불어 죽음에 대해 자연스럽게 말하는 문화, 죽음을 미리 준비하는 문화가 그 어느 때보다도 필요하다. 이코노미스트 Daivid Clark는 영국이 '삶과 죽음의 질'이 1위일 수 있었던 것은 **"죽음을 자유롭게 말하는 문화와 교육기반이 있었기 때문"**이라고 말했다. "교육은 치료이다."는 말이 있다. 이제는 죽음에 대해 배우고 가르쳐야 할 때이다.

## V. 연명의료결정제도 시행, 그 후 5년

우리 사회에서 죽음에 대한 자기결정권을 행사할 수 있는 연명의료결정법('호스피스·완화의료 및 임종과정에 있는 환자의 연명의료 결정에 관한 법률')이 시행(2016.2 제정, 2018.2 시행)된 지 5년이 되어가고 있다. 연명의료결정법은 1997년 보라매병원 사건 이후 근 20년간의 논쟁과 논의를 통하여 제정되었으며, 시행 이후 2회에 걸친 법 개정을 통해 지속해서 문제점을 보완해오고 있다. 지난 5년간 사전연명의료의향서를 작성한 사람이 157만 명을 넘어서고 25만여 건 이상의 연명의료 중단이 시행되는 등 많은 성과를 보이고 있으나, 아직은 19세 이상 대상자의 3.6% 정도만 작성한 것에 불과하다. 2021년도에 실시한 설문조사에 의하면 제도에 대한 국민의 인지도는 82%로 비교적 높게 나타났지만, 제도에 대해 잘 알고 있다는 응답자는 34%에 불과해 아직도 많은 홍보가 필요한 실정이다.

이러한 상황에서 최근 때 이른 '조력존엄사법'이 연명의료결정법의 개정안으로 국회에 발의되어 향후 많은 논란과 논의를 불러일으킬 것으로 생각된다. 그러나 조력존엄사 논의 이전에 현행법의 문제점을 파악하여 개선하는 것이 우선일 것이다. 여기에서는 그간 연명의료결정법의 시행 성과를 먼저 살펴본 후, 법의 주요 내용과 시행상의 문제점 및 제시되고 있는 개선점을 짚어보고자 한다. 마지막으로 최근 발의된 조력존엄사법에 대해서도 살펴볼 것이다.

### 1. 연명의료 결정과 이행 성과[1]

연명의료결정제도가 시행된 지 5년이 다가오는 2022년 12월말 기준, 사전연명의료의향서는 19세 이상 인구의 3.6%에 해당하는 1,570,336건이 작성되었다. 성별로는 여성이 1,076,968건, 남성이 493,368건으로 여성이 2배 이상 압도적으로 많이 작성하였다. 연령별로는 70~79세가 42.9%로 가장 많고, 60~69세가 26.1%, 80세 이상이 18.5% 순으로 60세 이상의 작성자가 전체의 87.5%를 차지하고 있다. 연령대별 인구 대비 작성자의 비율은 70~79세가 17.6%로 가장 많으며, 다음으로 80세 이상이 13.0%, 60~69세가 5.6%로, 60세 이상의 인구 중 작성자의 비율도 10.8% 정도에 불과한 것으로 나타나고 있다.

표 1. 사전연명의료의향서 등록자 수 (~2022.12.31)

| | | 30세 미만 | 30~39세 | 40~49세 | 50~59세 | 60~69세 | 70~79세 | 80세 이상 | 계 |
|---|---|---|---|---|---|---|---|---|---|
| 등록자 수 | 전체 | 4,288 (0.3%) | 9,083 (0.6%) | 42,107 (2.7%) | 140,614 (8.9%) | 409,918 (26.1%) | 673,362 (42.9%) | 290,964 (18.5%) | 1,570,336 (100%) |
| | 남 | 1,448 | 2,844 | 12,827 | 42,467 | 119,315 | 215,013 | 99,364 | 493,368 (31.4%) |
| | 여 | 2,840 | 6,239 | 29,280 | 98,147 | 290,603 | 458,259 | 191,600 | 1,076,968 (68.6%) |

출처: 국립연명의료관리기관, 월별통계, https://www.lst.go.kr/comm/monthlyStatistics.do

    연명의료계획서는 103,819건이 작성되었으며, 남성이 64,696건으로 여성 39,123건 대비 1.7배에 달하고 있다. 연명의료계획서는 병원에서 환자들이 작성하기 때문에 연령별 분포는 60~69세 27.4%, 70~79세 27.1%, 80세 이상 19.5%, 50~59세 17.5% 순으로, 50세 이상 연령대에서 골고루 작성하는 것으로 나타났다. 의료기관별로는 상급종합병원 65.7%. 종합병원 32.4%로 98% 이상이 종합병원 이상에서 작성되고 있다.

표 2. 연명의료계획서 등록자 수 (~2022.12.31)

| 등록자 수 | | 30세 미만 | 30~39세 | 40~49세 | 50~59세 | 60~69세 | 70~79세 | 80세 이상 | 계 |
|---|---|---|---|---|---|---|---|---|---|
| | 전체 | 401 (0.4%) | 1,611 (1.6%) | 6,738 (6.5%) | 18,214 (17.5%) | 28,444 (27.4%) | 28,132 (27.1%) | 20,279 (19.5%) | 103,819 (100%) |
| | 남 | 224 | 683 | 3,248 | 11,075 | 19,543 | 18,879 | 11,044 | 64,696 (62.3%) |
| | 여 | 177 | 928 | 3,490 | 7,139 | 8,901 | 9,253 | 9,235 | 39,123 (37.7%) |

출처: 국립연명의료관리기관, 월별통계, https://www.lst.go.kr/comm/monthlyStatistics.do

　연명의료중단 등 결정이 이행된 사례는 256,377건으로 시행 초기(2018.2) 1,380건에서 254,997건이 증가하였다. 이는 지난 5년간 의료기관 내 사망자의 25% 정도에 해당한다. 이중 연명의료계획서(83,532건, 32.6%)와 사전연명의료의향서(15,126건, 5.9%)와 같이 본인의 의사로 결정한 비율은 38.5%를 차지하고 있다. 본인 이외에 가족이 결정한 경우로는 의사추정 방식(환자가족 2인 이상의 진술)이 33.9%, 가족전원 동의를 통한 대리결정이 27.6%였다. 시행 초 의료계획서 37.1%, 의사추정 방식 26.4%, 가족전원 동의 36.5%, 사전연명의료의향서 0%에 비하면, 사전연명의료의향서와 의사추정 방식에 의한 결정이 증가한 반면, 가족전원 동의에 의한 결정은 감소하고 있다. 연명의료중단 등 결정은 대부분 상급종합병원(62.4%)과 종합병원(34.4%)에서 이루어지고 있으며, 이외 병원, 요양병원과 의원에서 이루어진 건수는 아직 미미하다.

표 3. 의료기관 종별 연명의료 결정방법 현황 (~2022.12)

| | 상급<br>종합병원 | 종합병원 | 병원 | 요양병원 | 의원 | 계 |
|---|---|---|---|---|---|---|
| 연명의료계획서 | 51,647 | 29,072 | 1,871 | 705 | 237 | 83,532<br>(32.6%) |
| 사전연명의료의향서 | 8,232 | 5,941 | 555 | 352 | 46 | 15,126<br>(5.9%) |
| 의사추정방식<br>(가족 2인이상 진술) | 54,341 | 29,558 | 1,667 | 1,279 | 186 | 87,031<br>(33.9%) |
| 가족전원 동의 | 45,646 | 23,734 | 735 | 556 | 17 | 70,688<br>(27.6%) |
| 계 | 159,866<br>(62.4%) | 88,305<br>(34.4%) | 4,828<br>(1.9%) | 2,892<br>(1.1%) | 486<br>(0.2%) | 256,377<br>(100%) |

출처: 국립연명의료관리기관, 월별통계, https://www.lst.go.kr/comm/monthlyStatistics.do

사전연명의료의향서 등록기관은 지역 보건의료기관 138개, 의료기관 144개, 비영리법인/단체 35개 및 공공기관 238개(건강보험공단 지역본부, 지사 및 출장소 포함), 노인복지관 55개로 총 610개 기관이 지정되어 있다. 노인복지관은 2022년부터 새롭게 대상기관에 추가된 것으로 앞으로 높은 접근성을 갖춘 사전연명의료의향서 등록기관으로서 확대될 것으로 예상된다.

연명의료계획서 작성이 가능한 의료기관윤리위원회는 상급종합병원 45개(대상기관 45개), 종합병원 185개(327개), 요양병원 97개(1,447개)로 전체적으로 볼 때 18% 정도 설치된 것으로 나타나고 있다. 그러나 종합병원 이상(상급종합병원 100%, 종합병원 56.6%)에 편중되어 있고, 요양병원에 설치된 비율이 6.7% 정도에 불과하여 요양병원 사망자의 자기결정권이 보장받지 못하고 있다. 정부에서는 윤리위원회의 직접 설치와 운영이 어려운 중소병원들의 참여를 돕기 위해 전국 12개의 상급종합병원에 공용윤리위원회를 설치 운영하여, 공용윤리위원회와 업무 위탁 협약을 맺은 의료기관은 연명의료중단 등 결정 및 이행에 관한 업무 수행이 가능하도록 하였다. 현재 위탁협약기관은 106개 달하고 있다. 65세 이상을 대상으로 한 조사(2018년) 결과에 따르면, 끝까지 연명의료를 받겠다는 사람은 17.3%에 불과하고 82.7%는 연명의료에 반대하는 것으로 나타나고 있다. 그러나 60세 이상에서 사전연명의료의향서를 작성한 비율은 아직 10.8%에 불과하다.

표 4. 죽음을 맞고 싶은 장소에 대한 고령층의 의식 (2018)

|  | 최선의 치료를 받다가 일반 병원에서 죽고 싶다 | 만성질환을 잘 관리하는 요양병원에서 죽고 싶다 | 사회/심리적/영적 돌봄을 받는 호스피스 시설에서 맞고 싶다 | 전문적인 간병을 해주는 장기요양 시설에서 맞고 싶다 | 가족이나 간병인의 도움을 받고 자신의 집에서 맞고 싶다 |
|---|---|---|---|---|---|
| 65~74세 | 17.9% | 22.2% | 21.2% | 19.0% | 19.7% |
| 75~84세 | 17.3% | 24.5% | 20.2% | 16.1% | 22.0% |
| 85세 이상 | 13.3% | 25.1% | 22.3% | 14.5% | 24.7% |
| 평균 | 17.3% | 23.2% | 21.0% | 17.6% | 20.9% |

출처: <스스로 결정하는 삶의 마무리 필요성 및 종합적 제도 지원 방안>,저출산고령사회위원회/서울대학교산학력협력단 연구결과보고서 33쪽(2021년12월, 발간등록번호12-1071800-000026-01)

또한 국립연명의료관리기관에서 2회(2019년과 2021년)에 걸쳐 실시한 대국민 설문조사[4]에 따르면 제도에 대한 인지도는 점점 높아지고 있다. 2021년 설문조사에 따르면 제도에 대한 국민의 인지도가 82.3%로 2019년(74.2%) 대비 상승한 것으로 나타났으나, 응답자의 33.6%(2019년 10.5%)만이 제도에 대해 잘 알고 있다고 답하고 있어, 좀 더 적극적인 홍보가 필요한 실정이다. 연명의료결정 방법으로는 본인이 스스로 하고 싶다는 응답이 42.3%로, 이는 2019년 20.6% 대비 대폭 상승하여 자기결정권에 대한 인식이 높아졌다는 것을 보여주고 있다. 사전연명의료의향서 미작성자 중 향후 작성 의향이 있다는 응답이 59.6%로 2019년(37.6%) 대비 크게 증가하고 있다. 그러나 국민의식에 비해 사전연명의료의향서 작성률은 3.6% 정도에 그치는 등 성과가 미미하여, 노인복지관과 보건소 등의 적극 참여로 지역 접근성을 높이고 건보공단 건강검진 시 사전연명의료의향서 설명과 신청이 가능하도록 하는 등 제도적 보완이 필요하다.

## 2. 법의 주요 내용[2)]

2018년 2월 시행된 연명의료결정법은 이후 2번의 개정을 거쳐 보완되었다(2018.11, 2021.12 개정). 연명의료결정과 관련된 조항을 정리해보면 다음과 같다.

제1장에서는 입법 목적을 환자의 최선의 이익을 보장하고 자기결정을 존중하여 인간으로서의 존엄과 가치를 보호하는 것으로 명시하고 있다. 용어의 정의에서, 연명의료결정의 시기를 판단하는 "임종과정"은 회생의 가능성이 없고, 치료에도 불구하고 회복되지 아니하며, 급속도로 증상이 악화되어 사망에 임박한 상태이며, "임종 과정에 있는 환자"는 담당의사와 해당 분야의 전문의 1명으로부터 임종과정에 있다는

의학적 판단을 받은 자로 정의하고 있다. "말기환자"란 적극적인 치료에도 불구하고 근원적인 회복의 가능성이 없고 점차 증상이 악화되어 담당의사와 해당 분야의 전문의 1명으로부터 수개월 이내에 사망할 것으로 예상되는 진단을 받은 환자로 정의하고 있다. "연명의료"란 임종과정에 있는 환자에게 하는 심폐소생술, 혈액 투석, 항암제 투여, 인공호흡기 착용 및 그 밖에 대통령령으로 정하는 의학적 시술(체외생명유지술(ECLS), 수혈, 혈압상승제 투여 및 그외 담당의사가 환자의 최선의 이익을 위해 시행하지 않거나 중단할 필요가 있다고 의학적으로 판단하는 시술)로서 치료 효과 없이 임종과정의 기간만을 연장하는 것이며, "연명의료중단등결정"은 임종과정에 있는 환자에 대해 연명의료를 시행하지 아니하거나 중단하기로 하는 결정으로 정의하여 연명의료의 중단뿐 아니라 유보를 포함하도록 하였다. "연명의료계획서"는 말기환자 등의 의사에 따라 담당의사가 환자에 대한 연명의료중단등결정 및 호스피스에 관한 사항을 계획하여 문서로 작성한 것이며, "사전연명의료의향서"는 19세 이상의 사람이 자신의 연명의료중단등결정 및 호스피스에 관한 의사를 직접 문서로 작성한 것'이다.

제2장은 연명의료중단등결정 및 그 이행에 관한 사항을 관리하기 위한 국립연명의료관리기관, 사전연명의료의향서 등록기관, 의료기관에 설치해야 하는 의료기관윤리위원회 등 관련 기관과 연명의료계획서 및 사전연명의료의향서에 관한 내용을 담고 있다.

제3장은 연명의료중단등의 결정을 이행하는 과정에 대한 내용을 포함하고 있다. 연명의료중단등결정을 이행하기 전에 담당의사와 전문의 1명이 환자가 임종과정에 있는지를 판단해야 한다. 환자가 연명의료계획서 및 사전연명의료의향서를 작성하지 않고, 의사를 표현할 수 없을

때는 환자 가족 2명 이상이 환자의 의사가 연명의료중단을 원한다고 일치된 진술을 하는 경우 이를 환자의 의사로 보며, 환자의 의사를 확인할 수 없을 때는 가족 전원이 동의한 경우에 가능한 것으로 하고 있다. 동의가 필요한 가족은 배우자, 1촌 이내의 직계 존비속, 2촌 이내의 직계 존비속, 형제자매의 순으로 정하고 있다. 단, 연명의료중단결정등의 이행에 있어서 통증 완화, 영양분과 물 공급, 산소의 단순 공급은 중단해서는 안되도록 하였다.

## 3. 제도 운영 및 개선 실태

정부는 연명의료결정제도의 확립을 위해 5년 단위로 중장기 종합계획(1차, 2019~2023)[3]을 수립하여, 의료기관윤리위원회와 사전연명의료의향서 등록기관 설치 확대, 대국민 홍보 및 관련자 교육 등에 주력하고 있다.

의료기관의 참여를 활성화하기 위해 2022년부터 연명의료결정 관련 수가를 정규수가에 편입하여, 환자의 연명의료결정 과정에서 소요되는 시간과 노력에 대해 정규수가를 반영하게 되었다[4]. 상급종합병원에서 연명의료 중단이 결정된 이후 요양병원으로 전원된 환자에게 연명의료중단 과정에서 수행되는 상담에도 수가를 신규 산정할 수 있도록 하여 요양병원 등의 참여를 유도하고 있다.

전국적으로 12개소의 공용윤리위원회를 운영, 위탁협약 체결을 통해 중소 규모의 의료기관의 참여를 독려하고 있다. 공용의료기관에서는 위탁기관에 연명의료중단등 결정과 이행에 필요한 심의, 상담, 교육 등의 업무를 제공하고 있다.

2021년 12월 연명의료결정법의 일부 개정으로 등록기관 유형에 노인 복지관이 포함되어 현재 55개소가 지정되어 있다. 전국의 노인 복지관은 총 357개소(2021년 말 기준)[5]로서 지역 자치구마다 운영되는 노인복지관의 등록기관 지정은 사진연명의료의향서 작성에 대한 접근성을 높여 의향서 작성의 활성화를 기대하고 있다.

### 4. 5년간의 운영을 통해 제기되는 문제점과 개선안

연명의료결정제도가 성공적으로 정착되고 있기는 하지만, 시행과정에서 여러 문제점이 지적되고 있다. 최근 국회입법조사처는, 외국 입법정책 분석 보고서(2021.11)[6]에서 아시아 최초로 임종기 환자의 연명의료에 관한 권리를 법제화한 대만의 연명의료법('안녕완화의료조례' 및 '환자자주권리법')과 우리나라의 연명의료결정제도를 비교하면서 제도 보완을 요청한 바 있다. 그간 꾸준히 제기되었던 문제점과 개선안에 대해 살펴보면 다음과 같다.

첫째, 연명의료중단이 가능한 대상자를 현행 임종과정의 환자에서 말기환자로 확대할 필요가 있다.[7] 의료현장에서는 질환 말기와 임정과정을 명확히 구분하기가 쉽지 않으며, 의료기관의 수준과 담당의사에 따라 임종과정에 대한 견해와 판단이 달라질 수 있다. 법 제정 당시에도 의사들을 중심으로 논란이 있었으나, 환자의 범위가 넓어지면 국민적 합의점을 찾는 것이 어렵고, 안락사로 발전하지 않도록 예방하는 차원에서 더 이상 논의를 진행하지는 못하였다. 네덜란드, 벨기에, 룩셈부르크, 캐나다, 미국, 독일, 호주, 영국, 대만, 일본 등 대부분 연명의료결정법을 시행하는 나라에서는 법을 임종과정이 아닌 말기환자를 대상으로 적용하고 있다. 대만의 경우 대상환자의 범위를 말기환자뿐 아니라 불가역적 혼수상태, 영구적 식물상태와 영구적 중증 치매. 그 밖에 고통을 참기 어렵거나 질병으로부터 회복되기 어렵고 현재 의료 수준으로는 적절한 치료법이 없는 상태까지 포함하고 있으며, 미국의 경우에도 불가역적 혼수상태와 영구적 식물상태 등을 포함하고 있다. 최근 보건복지부는 연명의료결정제도에 대한 의견 수렴[8]에 연명의료중단결정 대상자를 말기환자까지 확대하는 안을 포함시켜 법 개정의 가능성을 타진하고 있다.

둘째, 연명의료계획서의 작성 시기를 말기와 임종과정으로 제한하는 것이 아니라, 이를 좀 더 일찍 작성하도록 해야 한다. 말기와 임종과정의 환자를 대상으로 연명의료계획서를 작성하게 되면, 논의가 너무 늦게 이루어져 실제 환자의 자기 결정권을 존중하는 의료결정을 내리기 어렵다. 생애 말기나 임종기에 임박하여 연명의료를 결정하기보다는 건강한 상태 혹은 경증의 질환이 있는 상태에서 작성할 수 있도록 하거나, 일상적으로 시작하여 생애 전 주기에 걸쳐 지속적으로 진행하는 사전돌봄계획을 우리 제도에도 반영해야 할 필요[9]가 있다. 사전돌봄계획은 환자가 삶의 마지막 시기에 더 이상 본인의 의사를 밝힐 수 없는 상황을 대비하여, 일상적으로 환자와 가족(또는 대리인), 의료진이 참여하여, 환자의 추후 건강 상태와 치료 및 연명의료 결정에 관하여 의사소통을 하는 과정이다. 미국, 유럽뿐 아니라, 대만, 일본, 싱가포르 등 아시아권의 국가에서도 사전돌봄계획에 대한 가이드라인을 가지고 있다.

셋째, 품위 있는 죽음을 위해서라도 환자가 선택할 수 있는 연명의료의 범위를 확대하여야 한다[10,11]. 즉 중단할 수 있는 연명의료에 인공영양 및 수분공급을 포함시키는 것이다. 연명의료는 고도의 전문지식과 특수장치가 필요한 특수연명의료와 인공영양 및 수분공급, 진통제 투여 등의 일반연명의료로 나뉜다. 법에는 일반연명의료가 포함되어 있지 않다. 법 제정 과정에서 많은 논란이 있었으나 종교계의 반발 등으로 법안 통과 시 특수연명의료로 제한되었다. 법 제정 전에 수행한 국가생명윤리정책연구원의 의료윤리정책 보고서(2011)[12]에 의하면 대상자의 95% 이상이 인공적인 영양공급을 원하지 않는 것으로 나타나고 있었다. 미국이나 다수의 유럽 국가 및 대만 등에서는 중단 가능한 연명의료에 인공영양 및 수분공급이 포함되어 있다. 인위적인 영양공급을 주장하는 사람들은 환자를 굶어 죽게 할 수는 없지 않으냐는 의견이나, 이것은 건강한 사람을 염두에 둔 것이고 죽음이 얼마 남지 않은 환자에게는 오히려 고통스럽고 평온한 죽음을 방해하는 행위에 불과하다고 하는 의견이 많다.

넷째, 생애 말기 인간의 존엄성을 가장 잘 지켜주는 방법은 환자의 자기 결정권을 존중해 주는 것이다. 환자가 연명의료에 대한 의사를 사전에 남긴 적이 없고 의식도 없어 자기 결정권을 행사할 수 없다면 가족의 의사보다는 환자의 최선의 이익을 고려해야 한다. 아무리 가족이라고 하더라도 상속이나 치료비 부담 등을 생각할 때 이해의 당사자인 경우가 많이 있다. 환자 자신도 의식이 있어 판단할 수 있을 때도 가족에게 부담이 되지 않는 선택을 한 것일 수도 있다. 환자의 최선의 이익을 가족의 판단에만 맡길 것이 아니라 '최선의 이익'을 판단할 위원회 등을 설치할 필요가 있다.[13]

1인 가구의 증가, 전통적인 가족구조의 해체 등의 사회적 변화로 인해 무연고자를 위한 대리결정 허용 등 제도적인 보완이 필요하다. 독거 노인이나 외국인, 배우자의 치매 등의 경우, 본인의 의사를 확인할 수 없으면 이 제도를 이용할 수 없게 되어 있다. 부모가 결정하게 되는 미성년자의 경우, 부모가 경제적, 철학적 이유로 연명의료중단 여부를 결정하게 될 우려가 있어, 제3자가 객관적 시야를 가지고 아이들을 위한 결정이 맞는지 확인해볼 필요가 있다.

또한 의사가 연명의료중단에 대해 환자나 가족과 논의하는 데는 많은 시간이 소요되는데, 현재로서는 의료진이 가족 보호자를 일일이 찾아 개별적으로 만나야 하는 어려움 때문에 의사들이 이러한 논의를 기피하기도 한다. 환자나 가족이 대리인을 선정하고 위임하면 결정 과정의 절차가 간소화도 될 수도 있을 것으로 기대된다[14]. 실제로 유럽, 미국, 일본, 대만 등의 다수 국가에서 대리인 지정을 허용하고 있다. 특정인을 대리인으로 지정하는 '지정대리인제도' 또는 의료기관윤리위원회 등이 대리결정하는 방법을 취하고 있다. 가족주의 경향이 짙은 우리나라에서는 어려움이 예상되지만 지정대리인제도의 도입이 필요한 것으로 생각된다.[15]

다섯째, 의료현장에서 연명의료 시행 절차의 복잡성, 임종 결정에 대한 심적 부담 등의 어려움을 호소하고 있다. 바쁘게 돌아가는 의료현장에서 여러 가지 복잡한 절차를 검토하고 가족관계(가족관계증명서)를 확인하고 임종과정에 있는 환자 판단서, 연명의료중단등결정 이행서 등의 서류를 작성하고 전산에 등록하는 절차는 긴급을 요하는 연명의료결정에 큰 장애가 되고 있다[16]. 따라서 이러한 절차를 간소화하는 등의 개선이 필요하다.

또한 의료기관 사망자 중 요양병원 사망자가 32.9%(21.12 기준)에 달하고 있지만 요양병원의 의료기관윤리위원회 설치율은 5% 정도에 불과하다. 정부에서는 공용윤리위원회를 운영하여 어려움을 해결하려고 노력하고 있으나, 요양병원에서 연명의료중단등결정의 기준을 완화할 필요가 있다. 즉, 임종기 판단시 담당의사와 해당분야 전문의 1명의 판단기준을 호스피스 운영 병원처럼 1인의 판단으로 하는 안이 제시되고 있다.[17]

## 5. 최근 조력존엄사법 발의

2022년 6월 연명의료결정법보다 자기결정권을 한 단계 더 높인 조력존엄사법('호스피스·완화의료 및 임종 과정에 있는 환자의 연명의료결정에 관한 법률 일부 개정 법률안')[18]이 국내 최초로 더불어민주당 안규백 의원에 의해 발의되었다. 조력존엄사란 의사조력자살을 의미하는 것으로 말기상태에서 극심한 통증에 시달리고 있는 환자가 스스로 존엄성을 유지하면서 죽음을 선택할 수 있도록 필요한 독극물을 의사가 제공함으로써 환자를 죽음에 용이하게 이르도록 하는 것을 의미한다. 독극물의 처방은 의사가 하지만 환자 본인이 이를 복용한다는 점에서 안락사(적극적)보다 소극적인 개념에 속한다.

법안에 의하면 조력존엄사의 3가지 조건으로 우선 말기환자이어야 하고, 둘째 수용하기 어려운 고통이 있어야 하며, 셋째 환자 본인이 담당의사와 전문의 2명에게 요청하여야 한다. 대상자 심의 결정을 위한 의사와 윤리 전문가들로 구성된 조력존엄사심사위원회를 보건복지부 직속으로 설치하고 대상자 결정 후 1개월 이후에 시행이 가능하도록 하였다.

법안 발의에 앞서 수행된 윤영호 교수(서울대병원 가정의학과)의 조사 연구(2021.3)[19]에 따르면 국민의 76%가 안락사 또는 의사조력자살의 법제화에 동의하고 있으며, 발의 후 올해 7월에 시행된 한국리서치 <여론 속의 여론팀>의 조사[20]에서도 찬성 의견이 82%로 더 높게 나타나고 있어 공감대는 상당히 형성된 상황이다. 그러나 생명 경시 풍조를 조장하고 자살을 방조할 것이라는 반론 역시 만만치 않다. 무엇보다도 조력존엄사 입법화에 앞서 호스피스의 확대와 남은 삶을 의미 있게 만들어가는 '광의의 웰다잉'을 위한 법제화가 선행되어야 한다는 의견(72% 동의)이 많다[21]. '광의의 웰다잉'은 호스피스와 취약계층 말기환자의 사회경제적 지원을 확대하고, 유산 기부, 마지막 소원 이루기, 정신적 유산 정리, 생전 장례식 등 남은 삶을 의미 있게 만들어 가는 것을 의미한다.

스위스는 세계에서 유일하게 외국인에게 의사조력자살을 허용하고 있는 국가로서 디그니타스(Dignitas) 등 3곳의 비영리 단체에서 이를 제공하고 있다. 공식적인 발표는 하고 있지 않지만, 우리나라 사람도 3명이 디그니타스를 통해 죽음을 택한 것으로 알려져 있으며 신청자도 백여명에 이르고 있다고 한다[22]. 최근 조력자살을 택한 말기 암 환자와 동행한 후의 경험을 써 내려간 책 『스위스 안락사 현장에 다녀왔습니다』[23]가 발간되어 사람들의 주목을 끌고 있다.

외국의 경우를 살펴보면, 미국에서는 1994년, 오리건주에서 의사조력자살에 관한 법률(The Oregon Death with Dignity Act)이 제정된 이후 현재 워싱턴주, 버먼트, 콜로라도주, 캘리포니아주, 하와이주, 메인주, 뉴저지, 뉴멕시코주 등 9개 주와 워싱턴 D.C.에서 의사조력자살을 합법화하였다. 참고로 미 오리건주 의사조력자살[24]의 내용을 살펴보면 다음과 같다. 적용대상은 18세 이상 의사결정능력이 있는, 사망이 6개월 이내로 임박한 말기질환자이다. 극약을 처방받기 위해서는, 환자가 15일 이상의 간격을 두고 2번의 구두 신청 후 담당의사에게 서면으로 약물처방을 신청하여야 하며 이때 2명의 증인이 입회하여야 한다. 담당의사는 환자의 진단과 예후, 의사결정능력 및 심리적 장애 여부를 확인하여야 한다. 처방약물은 스스로 받아서 시행할 수 있어야 하며, 언제든지 구두 또는 서명으로 취소요청을 할 수 있다.

유럽의 경우, 네덜란드는 2002년 세계 최초로 안락사를 시행한 나라이다[25]. 12세 이상의 미성년자에게도 허용(16세 미만은 부모의 동의)하고 있으며 '개선의 여지가 없는 참을 수 없는 고통'에 육체적 고통뿐 아니라 정신적 고통도 포함되어 있다. 벨기에, 룩셈부르크에서도 안락사를 허용하고 있으며, 2021년 엄격한 가톨릭 국가인 스페인에서도 종교계와 의료계의 반대를 무릅쓰고 이를 합법화하였다. 이외 콜롬비아와 캐나다에서도 안락사를 허용하고 있다.

연명의료결정법이 우리 사회에 도입된 이후 지난 5년간 상당한 성과를 거두었음에도 여러가지 문제점을 안고 있어, 이를 개선하기 위한 법 개정 요구와 방안들이 꾸준히 제시되고 있다.

이러한 상황에서 발의된 '조력존엄사법'은 아직은 시기상조인 면이 있고 많은 논란을 야기할 것으로 보이지만, 한편으로는 긍정적인 여론도 형성되고 있어 우리 사회에서 의사조력자살에 대한 논의를 수면에 떠올리는 계기가 될 것으로 보인다. 하지만 이에 앞서 연명의료결정법을 제대로 정착시키고 앞에서 지적된 문제점, 즉 말기와 임종기의 통합, 연명의료에 인공영양 및 수분 공급 등 일반연명의료 포함, 사전돌봄계획의 제도화, 지정대리인제도의 채택, 연명의료 시행 및 연명의료 정보처리시스템의 복잡성 등을 해결하는 것이 우선 고려되어야 할 것이다.

실천

# 심리적·영적 돌봄을 위한 호스피스 서비스

<내용 요약>

임종에 있는 사람들은 자신을 온전한 인간으로 바라봐 주기를 원하며, 진정한 사랑과 존중을 원하며 온전한 인격체로 존중받기를 원한다. 그들은 변화된 모습을 인정받고 싶어하며 인간적인 관심을 바란다. 싸나톨로지 프로그램은 환자가 평온한 죽음을 맞이하도록 돕는 치료 과정으로, 감정과 생명을 인식하게 하며, 절망에서 희망을 찾도록 유도한다. 또한, 영적 성장을 깨닫고 삶의 소중한 것에 집중하게 하며, 외로움과 고립을 극복하고 가족과의 관계를 치유하도록 돕는다. 환자들은 평화롭고 사랑스러운 분위기 속에서 죽음을 맞이하고자 한다.

<핵심어>

임종(End-of-life), 인간적인 관심(Human attention),

고통 완화(Pain relief), 평온(Peacefulness),

영적 성장(Spiritual growth), 절망과 희망(Despair and hope),

가족관계 (Family relationships)

<학습 목표>
- 임종 과정에서 감정과 영적 성장을 이해하고 지원하는 방법을 학습한다.
- 절망과 희망의 관계를 분석하고, 개인과 가족에게 적절한 상담과 지원을 제공할 수 있는 능력을 기른다.
- 임종에 직면한 가족관계의 변화를 이해하고, 그들의 필요에 맞춘 지

원 전략을 개발한다.
- 고통을 완화하기 위한 다양한 방법을 학습한다.
- 임종 환자와 그 가족에게 평온을 제공하는 방법을 배우고 실천한다.
- 인간적인 관심과 공감을 통해 임종 과정에서의 돌봄을 개선한다.

<적용 실천>
- 임종 과정에 있는 개인과 그 가족에게 감정적 지원을 제공하고, 그들의 마음을 이해하는 대화법을 사용할 수 있다.
- 절망적인 상황에서 희망을 찾을 수 있도록 돕고, 희망적인 메시지를 전달하는 방법을 실천할 수 있다.
- 가족 구성원의 변화하는 감정을 인식하고, 그들의 요구에 맞춘 상담 기법을 적용할 수 있다.
- 임종 준비 과정에서 영적 돌봄을 제공하고, 심리적 지원을 통해 고통을 완화할 수 있다.
- 임종 후 가족들이 겪을 수 있는 감정적 충격을 다루며, 그들이 슬픔을 처리하는 데 필요한 자원을 제공할 수 있다.
- 환자에게 정서적 지원을 제공하여 임종 과정에서 불안과 두려움을 경감시킨다.
- 환자와 가족에게 신체적 고통을 완화하는 방법을 적용하여 편안한 환경을 만든다.
- 고통을 경감할 수 있는 대체 요법(예: 음악 요법, 마사지 등)을 활용하여 환자의 삶의 질을 향상한다.
- 임종 환자와 가족의 정신적 안정을 돕기 위한 상담과 대화를 통해 평온함을 유지한다.
- 임종 과정에서 환자에게 자비와 사랑을 기반으로 돌봄을 제공하여, 인간적인 존엄성을 존중하는 돌봄을 실천한다.

# 심리적·영적 돌봄을 위한 호스피스 서비스

## I. 들어가는 말

살아있는 모든것은 모두 죽어간다. 마찬가지로 죽어가는 것과 살아가는 것은 모두 생명 있음의 표현이다. 살아가는 것은 상실의 연속과정이다. 모태로부터 분리되어 세상에 나와 죽음에 이르기까지 그 모든 과정이 상실의 연속으로 이루어져 있다. 상실에서 느끼는 근본 감정이 죽음 불안이다. 불안 감정에 대한 여러 구구한 견해와 이론이 많지만, 분명한 것은 인간은 결코 불안에서 벗어날 수 없다는 것이다. 결국 불안에서 벗어날 수 없는 것이 인간적 존재라면, 불안으로부터의 도피(회피)나 억압(치료)이 아니라 차라리 불안을 느끼는 인간은 자신의 본질적인 가능성을 마주하고 가장 본래적인 가능성으로 이해하며, 여기에서 인간다움의 진정성을 찾고자 한 것이 동서고금의 노력이다.

불안은 현재의 일상적 삶을 성찰 반성하게 한다. 그리고 이를 극복하기 위해 형이상학적 세계나 무의 물음을 전개해 나가게 한다. 그래서 인간은 불안을 통해 현재와 미래, 유와 무, 형이상과 형이하를 관통함으로써 불안 정서를 부단히 극복하고자 한다. 어느 한쪽에 치우친다면, 그 극복은 요원하다. 불안 극복의 출발점은 지금 여기, 일상적 현재에서 시작한다. 왜냐하면 불안 자체가 자기 정체성을 현재에서 스스로 확인할 수 있는 능력이기 때문이다. 임종기의 심리적·영적 돌봄을 위한 호스피스 서비스는 싸나톨로지(Thanatology)[284] 프로그램의 실천적

---

284) 934) 한국싸나톨로지협회(www.thana-edu.net)는 ADEC(www.adec.org)의 자매기관으로 동아시아 국제죽음교육 대표기관으로서 국제 싸나톨로지 교육을 공동 진행하고 있다. 싸나톨로지(Thanatology)는 인류학, 종교학, 사회학, 의학, 철학, 심리학 등 다양한 관점

접목이다.

호스피스에서의 영적 심리적 케어는 살아있는 현재적 존재가 죽음을 어떻게 이해하고 어떻게 맞이할 것인가, 혹은 오늘이 마지막이라면 나는 어떻게 살아갈 것인가 하는 주체적이고 능동적인 현재적 삶의 문제에 있으며, 이것의 실현은 싸나톨로지 프로그램에 있음을 밝히고자 한다. 그리고 더 나아가 호스피스제도의 질적 향상을 위한 영적·심리적 돌봄의 강화는 국제표준 죽음교육의 제도적 시행과 정착에 있음을 밝히고자 한다.

## II. 영성의 의미

일반적으로, 영적 경험은 배움, 성숙, 의미의 중요한 기회로서 간주할 수 있다. 신학자인 존 시어(John Shea)는 '영성'이라는 용어를 통합적인 의미를 발견하려는 것이며 이는 근본적이고, 공통적인 인간적 필요에 대응한 믿음, 이야기, 관행으로 제시하였다. 이런 믿음, 이야기, 관행은 사회적 행위와 상호작용으로부터 생겨난 것이지, 종교적 믿음, 관행, 공동체와 연관되지 않는다. 의미는 왜 살아가는가 하는 삶의 목적과 가치에 대한 물음이다. 영성은 이의 다른 표현이 아니다. 어쩌면

---

에서 임종과 죽음을 연구하고, 어떻게 죽음을 맞이하고 받아들이는지를 제시해 주는 학문이다. 그리고 이를 연구하고 실천하는 사람을 싸나톨로지스트(Thanatologist)라고 한다. 이는 우리 사회에서 일어나고 있는 자살이나 죽음, 임종, 연명의료 중단, 사전 의료의향서, 상실과 슬픔 등으로 인한 여러 사회문화적 갈등과 모순을 조정하고 합일적 이해로 안내하는 죽음교육전문가를 말한다. David K. Meagher and David E. Balk, Editors, *Handbook of Thanatology*, 2nd edition 2013, pp 395-406 참조.

영성은 개인적 삶의 가치를 느끼는 능력에 있다. 빅터 프랭클(Viktor Frankl)을 비롯하여, 대부분의 중요한 심리학과 영성 연구자들은 의미의 작업을 통해 영성을 회복하고자 한다. 임종에 있어서 의미의 발견은 육체적 능력 혹은 기능의 상실, 육체적 고통, 사랑하는 사람의 죽음에 대한 중요성을 이해하고자 하는 시도이다. 또 의미는 자아정체성의 문제 혹은 개인적 중요성의 탐색을 말한다.

호스피스나 싸나톨로지에서 영적 의미를 탐색하고 주의를 기울이는 일은 죽음에 직면한 사람들에게는 본질적인 문제이다. 왜냐하면 삶의 의미에 대한 앎이야말로 심리적인 건강과 삶에 대한 만족, 전반적인 삶의 질 향상과 관련이 있다는 것을 보여주고 있기 때문이다(Fry, 2000, Fryback &Reinert, 1999; Rizzo, 1990). 영적인 사람들은 훨씬 더 희망적이며, 삶에서 더 많은 의미와 목적을 경험하곤 한다. 따라서 영성은 죽어감에 직면하는 사람과 그 가족 구성원들에게 중요한 고려 사항이다. 어떤 사람의 종교적 혹은 영적 믿음, 실천, 경험의 영향을 이해하는 일은 임종 시에 치료와 편안함을 향상 시킬수 있다. 죽어감은 영적 여정으로서 간주할 수 있다.

따라서, 그들과 함께하는 여행이라는 이미지는 임종 시 사람들에게 도움을 준다. 죽어가는 사람들을 돌보는 사람들은 육체적, 감정적 도움과 편안함을 제공하는 데 더해서, 그들과 함께하면서, 그들의 믿음과 깊은 삶의 경험을 탐구하고, 죽음이 주는 미스터리에 관한 질문을 공유한다. 임종에 직면한 사람들에게 적용되는 또 다른 이미지는 영적 탐구의 이미지이다. 의미, 관계, 희망에 대한 탐구는 어떤 끝이나 완성된 지점에 관련된 것이라기보다는 연속적인 과정, 인간의 영성이 참여하는 과정이다.

## III. 환자가 진정으로 바라는 것들

우리는 호스피스에서 영적 심리적 케어를 위해 먼저 임종에 임한 환자의 내면적 세계를 살펴야 한다. 죽음에 직면한 사람들의 일반적인 심리는 다음과 같다.

1) 환자는 자신의 존재를 깨지기 쉬운 유리 조각이 아닌 온전한 인간으로 봐주길 바란다. 사랑과 자비심이 아닌 동정의 눈빛으로 바라보는 것이 아니라 살아 있는 보통 사람으로 있는 그대로 대해주기를 원하며, 그들의 삶 속에 포함해 주길 바란다.

2) 환자는 치료자들이 자신의 감정과 마음을 있는 그대로 정직하게 드러내길 원한다. 환자들이 힘들게 하거나, 두렵거나 슬프면 정직하게 말해주길 원한다. 임종 환자에게는 신경전이나, 서로의 감정을 숨길 시간이 더 이상 남아있지 않기 때문이다. 찾아온 문병인, 혹은 친척, 싸나톨로지스트와 앉아서 겉도는 얘기만 할 땐 정말 많은 외로움을 느낀다. 왜냐하면 지금, 이 순간 질병을 앓고 있는 환자는 그 누구보다 질병과 생명과 삶 앞에 깨어 있기 때문이다. 진정한 생명과 만남, 관계의 의미를 확인하고 싶어 한다.

3) 환자는 환자 자신의 감정에 충실할 수 있도록, 있는 그대로의 모습을 받아들이고, 그날그날 생리적 변화에 따라 변하는 모습을 그대로 인정받기를 원한다. 함께 같이 슬퍼하고 아파하고 울 사람이 있다는 것만으로도 큰 치유가 된다.

4) 만약 과거에 서로 사이가 좋지 않은 관계가 있다면 서로 인정하는 것부터 시작하기를 원한다. 지난 일을 들추어 잘잘못을 따지려는 것이 아니라, 단순히 지난날의 잘못을 인정함으로써 서로를 용서하고 놓아주고 싶어 한다. 이렇게 마음을 열지 않으면 만날 때마다 풀지 않은 과거에 대해 마음이 불편하기 때문이다. 죽음은 모든 것을 내려놓는 과정이다. 이미 지난 과거의 잘못을 충분히 자각하고 있고, 상처를 준 것에 대해 죄책감을 느끼고 있으며, 이 모든 것들을 시인하고 미안하다고 말할 수 있도록 개방된 마음을 서로 허락하는 것이 중요하다. 그러면 새로 다시 만나고, 남은 시간을 의미 있게 진정 자신의 존재로서 즐겁게 보낼 수 있다.

5) 환자는 방문을 원한다. 만약 방문한다고 해놓고 늦게 오거나, 오지 않으면 그 서운함은 아주 크다. 누군가가 방문한다는 사실 하나만으로도 큰 고통을 견딜 힘이 된다. 진정으로 사랑하고, 있는 그대로의 나를 받아주는 친구와 보내는 매 순간은 마치 고독하고 끔찍한 존재에 따뜻한 불빛을 비추는 것과 같다.

6) 환자는 자신의 진실한 내면의 눈을 봐주길 원한다. 이 세상과 저 너머의 세상을 가늠하고 모든 것을 초탈하며, 삶을 관조하는 눈길을 바라봐 주길 원한다. 찬찬히 눈을 바라보면서 그 너머의 진실한 느낌을 볼 수 있기를 바란다. 또는 따뜻하게 안아주거나 친구처럼 어깨를 토닥거려 주거나, 손을 잡아주고, 혹은 부드럽게 얼굴을 어루만져 주기를 원한다. 사랑은 터치이다. 생명은 따뜻한 손길이다. 환자가 원하는 것은 크고 화려한 것이 아니라 그냥 함께 있어 주는 것만으로 만족하는

가난한 마음을 가지고 있다.

　7) 의학은 질병에 관심이 있지, 환자에게는 관심이 없다. 따라서 환자는 가끔 사람이 아니라 병 그 자체나 물건같이 느껴질 때가 있다. 따라서 우리는 질병을 앓고 있는 환자의 인간성과 내면에 더 주목할 필요가 있다. 환자의 고통은 질병에서 오는 것보다. 자신의 개인적인 느낌과 감정에서 오는 것이 더 많다. 따라서 관심과 사랑과 인간적인 접근이 환자의 고통을 완화해 줄 수 있다.

　8) 환자의 주된 걱정은 본인의 건강 상태이겠지만 또한 사랑하는 사람들에게 어떤 영향을 미칠까 하는 두려움도 있다. 자신의 변화된 현실과 무거운 책임감 때문에 그들은 어쩔 줄 몰라 하고, 버거워하며 외로울 수 있으며 그들의 미래는 어떻게 되는지, 자신이 떠난 후 그들은 어떻게 이겨낼 것인지, 힘든 일을 혼자 겪게 하고 떠나는 것 같아 마음이 아프고 무겁다. 따라서 환자의 가족이 상담받을 수 있게 도와주고, 격려해 주고, 그들의 요구와 슬픔을 들어줄, 현실적인 방법으로 도와줄 수 있는 제도적 장치가 있다면 그들은 안심하고 떠날 수 있다.

　9) 환자와 작별하는 것은 모두에게 힘들다. 떠나는 자와 보내는 자가 서로 보내고 떠나지 못할 때, 떠나는 자는 더욱 힘들다. 죽음이 문턱에 들어섰을 때조차 죽음을 부정하려고만 한다면, 환자는 더 힘들게 느낀다. 더 살고는 싶지만 더 이상 이겨낼 힘이 없다. 모든 힘이 다 소진되었을 때 더 힘을 내라고 죽음과 맞서 싸우라고 재촉하면 환자의 마음은 더 무거워진다. 오히려 지금까지 지내온 것을 격려하고 축복해 주

고, 일어나는 모든 일을 받아들이기를 원한다. 만약 혼수상태이거나 끔찍한 고통 속에 있더라도 이젠 떠나도 괜찮다고, 따스한 소망과 용기와 함께 놓아 보낸다고 말해주길 원한다.

10) 말기 환자의 신체적 변화는 마치 갓 태어난 유아의 상태와 같다. 따라서 옛날 자신의 건강한 모습을 기대하거나 연약한 자기 모습을 무시한다면 두려움과 수치를 느끼게 된다. 그러나 죽음에 한 걸음 한 걸음 다가갈수록 완전히 의존적으로 될 수밖에 없다는 것을 깨닫고 이해하여 주기를 원한다. 아무리 사소한 것일지라도 환자 스스로 돌보는 걸 도와준다면 닥쳐오는 큰 변화에 더 잘 참아낼 수 있다. 그리고 환자 자신이 두려움이나 혐오의 대상으로 인정받는 것을 싫어한다. 그래서 환자는 가벼운 신체접촉, 시선 마주치기, 유머와 놀이, 음악 혹은 노래, 기도와 영적 수행 함께하기, 사랑스럽고 긍정적인 생각 전하기 등으로 서로 교감하기를 원한다.

11) 환자는 자신의 치료 과정을 함께 공유하기를 원한다. 마치 환자가 없는 양 머리맡에서 소곤거리지 말고 직접 말해주기를 원한다. 환자는 자신의 싸나톨로지스트가 있다면, 치료에 관한 환자의 소망이 무엇인지 물어봐 주기를 원한다. 그리고 그러한 의견을 문서화하고 전달이 잘 될 수 있도록 존중해 주기를 원한다.

12) 환자는 자신의 남겨진 시간이 얼마나 남았는지, 그리고 자신의 건강 상태가 어느 정도인지 알고 싶어 한다. 질병을 앓으며 아파서 고통받고 있는 사람은 환자 자신임에도 불구하고 질병과 건강 상태에 대

한 정보는 차단된 경우가 많다. 만일 용기를 내어서 환자에게 정보를 공유한다면 환자는 자신에게 가장 적절한 치료와 치유가 무엇인지 결정을 내릴 수 있으며, 남은 삶을 잘 마무리 짓고, 자신이 떠난 후에도 가족들이 잘 살 수 있도록 준비할 수 있다.

13) 환자의 고통은 아무도 환자가 되어보지 않고서는 알 수 없다. 그러나 의식불명의 상태가 될 정도로 진통제로 완화하기를 원하지 않는다. 마지막 몇 주 남은 인생과 가족들과 즐기기 위해, 그리고 영성 회복을 위해 약간의 통증이 있더라도 의식이 깨어 있기를 원한다.

14) 환자가 말을 잘 못 알아듣거나 아예 말조차 할 수 없어도 환자는 계속 대화해주기를 원한다. 겉으로 보이는 혼수상태에서도 환자는 병실 내의 주위 사람들이 말하는 것과 행동하는 것을 온전히 자각하고 때론 그들이 무엇을 생각하고 있는지 의식하고 있다. 우리의 이야기를 듣고 심지어 환자와의 관계의 깊이까지 느끼고 있다. 이때 환자의 심적 상태는 외롭고 두렵지만 언제나 우리의 사랑과 신뢰를 원한다.

15) 환자는 싸나톨로지스트가 늘 깨어 있으며 유머러스하고 세밀하고 평온하며 따뜻한 눈길을 가지길 원한다. 이러한 싸나톨로지스트는 환자의 작은 느낌과 소망을 잘 인식할 수 있기 때문이다.

16) 싸나톨로지스트의 진심 어린 기도와 쾌유의 마음, 진실한 모습은 환자에게 영적 평온함과 용기를 제공한다. 상황이 점점 악화하여도 포기하지 말고 환자를 둘러싼 친구, 가족, 친척들의 관계가 모두 치유,

회복되기를 원한다. 죽음은 관계를 치유할 수 있는 순간이며, 그 순간 죽음을 맞이하는 자나 죽음을 바라보는 자의 마음이 가장 예민하고 겸허하게 용납할 수 있는 시간이다.

17) 환자가 가장 소망하는 것은 일상으로의 회복이다. 자신이 친숙하게 생활하고 느끼던 생활방식을 가장 동경하고 그리워한다. 친구를 만나서 수다 떠는 일, 가족과 음식을 만들고 나누던 일, 기념일을 맞이해서 오랜만에 외출과 식사와 기념 촬영과 커피와 농담들, 정겨운 화단의 식물들, 음악, 잠자리, 편지, 일기, 사진들, 아름다운 자연의 변화와 바람, 오솔길 산책, 심지어 가벼운 다툼을 하는 부부의 모습에서도 정겨운 느낌이 든다. 살아있다는 안도감만으로도 그 어떤 것도 모두 할 수 있고 아름답게 보인다. 환자는 병원의 분위기가 자기 집처럼 다정하기를 원한다. 죽기 전까지 대부분 시간을 병원에서 보내야 하더라도 적어도 마지막 며칠은 집에 갈 수 있게 도와준다면 얼마나 행복할까. 친숙한 환경 속에서 가족들과 친구들의 간호를 밤새도록 받을 수 있다면 얼마나 마음이 평안할까.

18) 환자는 인생의 의미, 존재의 의미, 관계의 의미, 만남의 의미, 생명의 의미를 알고 싶어 한다. 자신의 삶을 되돌아보면서 후회한 일과 관계에서 상처를 주었던 일, 이기적이고 상대방을 무시했던 일을 용서받고 다시 순수한 자기 모습으로 보이기를 원한다. 그리고 실수투성이 인생이지만 그래도 좋은 일과 도움을 주었던 일들을 기억하고 격려받기를 원한다. 인간은 자신의 존재 의미를 타인에게 인정받는 데서 찾게 되기 때문이다.

19) 많은 사람이 죽어가는 환자 곁에서 초조하고 무슨 말을 어떻게 해야 할지 모를 때가 많다. 그러나 환자는 가장 인간적인 태도를 보여 주길 원한다. 두려움, 진심 어린 슬픈 감정을 서로 나누고 힘든 시간을 같이 이겨내고, 서로에 대한 깊은 신뢰를 쌓으면, 편안히 삶을 놓아 버리고, 평정심과 열린 마음으로 죽음을 맞이할 수 있다.

20) 환자는 죽어가면서도 자신 존재의 의미를 확인받고 싶어 한다. 아무것도 할 수 없는 상황일지라도 환자가 할 수 있는 긍정적인 일이 남아있다는 것을 확인받고 싶어 한다. 특히 환자 자기 삶이 이웃에게 어떤 영향을 미쳤는지, 혹은 죽음을 맞이하는 자기 모습이 죽음을 바라보는 사람들에게 어떤 영향을 주었는지, 그리고 존재의 가장 본질적인 부분인 내면의 고요와 평안, 선함에 이를 수 있기를 원한다. 자신의 마지막 모습이 누군가에게 의미가 되고 도움이 되기를 원한다. 특히 삶과 죽음의 의미와 통찰을 선물로 주고 싶어 한다. 이는 죽음을 맞이할 수 있는 자만이 남겨진 자에게 줄 수 있는 선물이다.

21) 환자는 앞으로 다가오는 죽음에 대해 두려움도 있지만 한편으로는 마음이 평온하고 심지어 앞으로의 모험에 설레기도 한다. 따라서 죽음 이후에 어떤 세상에 어떻게 경험하든지 환자는 평온하고 행복하기를 원한다. 따라서 보내는 자는 떠나는 자를 위해 좋은 곳으로 가서 영원한 행복과 평안을 누릴 수 있도록 기도해 주기를 원한다.

22) 환자는 임종 시 사랑스럽고 평온한 영적 분위기 속에서 죽음을 맞이할 수 있기를 원한다. 그리고 다정함과 진심 어린 기도, 잘 가기를

바라는 마음, 그리고 편안히 놓아 보내주기를 원한다.[285]

## IV. 면역 치유력이 생기게 하는 관심과 사랑

호스피스는 치료의 개념이 아니다. 어쩌면 치유라는 개념이 더 적절할 것이다. 의사는 임종 환자의 치유에 도움을 줄 수는 있지만, 실제로는 환자의 신념 체계와 몸이 스스로 병을 치유한다. 그동안 환자를 돌보면서 알게 된 것은, 약물과 식사와 감정은 즉각적으로 면역력에 영향을 미치며, 교육과 운동과 절제된 삶은 당장은 효과가 없더라도 지속적인 영향을 끼친다는 사실이다.

이미 면역력이 현저히 저하되어 있거나, 면역력을 떨어뜨리는 치료를 병행하고 있는 환자는 면역력을 더 떨어뜨릴 수 있는 사소한 상황조차도 매우 위험하여서 각별한 주의가 필요하다. 현재는 면역력이 너무 떨어져 있어 이전에는 충분히 감당할 수 있었던 스트레스 상황조차도 심각한 면역력 저하와 병의 악화를 초래할 수 있는데, 특히 가정에서의 식사와 감정 부분이 매우 중요한 변수이다.

특히 주의해야 할 점은 병문안 시 환자와 친밀한 관계를 위해 식사나 감정을 주고받는 것이 면역력에 즉각적인 영향을 준다는 사실이다. 이를 유념하여 사랑하는 가족이 투병 중에 좋은 영향을 받을 수 있도록 신경 써야 한다. 특히 감정적인 부분은 모두 관계성에서 비롯되는데, 이러한 감정적 영향은 다른 영향과는 달리 즉각적으로 몸에 좋거나 나

---

285) 김근하·임병식 저, 『임종영성; The Program of Well -Dying Divinity』 해피데이(2010년), pp 31-41 참조.

쁜 영향을 줄 수 있는 매우 강력한 면역학적 요소이다.

따라서 건강한 관계성과 환경은 치료를 위해 약이나 식사보다 더 필요하다. 만약 상황이 허락하지 않는다면, 환자에게 감정적 악영향을 줄 수 있는 관계성과 지나친 책임에서라도 벗어날 수 있도록 최우선으로 허락해 주어야 한다. 더 나아가 주변 환경까지 건강한 곳으로 바꾸어 준다면 더 좋은 예후를 기대할 수 있다. 환자의 건강을 위해서는 환자의 감정을 배려해 주어야 한다. 가능한 한 환자와 친밀하며 심리적인 부담이 없는 사람이 보호자로 적절하며, 치료받는 동안에는 치료에 부정적인 영향을 미칠 수 있는 말을 전화나 직접 대화로 나누지 않도록 해야 한다.

모든 병이 다 어렵지만, 특별히 임종에 가까운 환자의 경우 특별한 치료 방법이 있다고 할 수 없고, 어느 정도의 기간동안 치료를 열심히 하면 좋아질 것이란 섣부른 판단을 할 수 없으며 생명을 연장해 주겠다는 말을 할 수 있는 사람은 더구나 없다. 단지 남은 시간 면역력을 최대한 증강 시키는 데 주력하면서, 최선을 다하여 자신 몸에 관한 한 스스로 책임 있게 건강한 삶을 설계할 수 있도록 도와주는 것이 가장 중요하다. 면역에 지대한 영향을 주는 감정적 유발 조건을 보면 다음과 같다.

### 1. 환자의 감정적 부분에서 면역력이 떨어지는 상황

- 인정받지 못하고 있다고 느낄 때
- 보호받고 있다고 느끼지 못할 때
- 자신에게 너무 많은 책임이 주어져 있다고 느낄 때
- 원치 않는 일을 요구받고 있다고 느낄 때

- 체력적으로 자신이 감당하기에는 일이 너무 힘들다고 느낄 때
- 자신의 힘든 현실을 아무도 알아주거나, 배려해 주지 않는다고 느낄 때
- 상황이 꽉 막혀 벗어날 방법이 전혀 없다고 느낄 때
- 아무런 희망이 보이지 않고 절망적이라고 느낄 때
- 무엇 하나 재미있는 것이 없다고 느낄 때
- 가족에게 부담이 될 뿐 스스로 더 이상 가치 없는 존재라고 느낄 때
- 자신이 할 수 있는 일이 아무것도 없다고 느낄 때
- 절망적인 말을 들었을 때
- 걱정하는 말을 들었을 때
- 자신이 너무 지쳤다고 느끼는데, 위로에 앞서 이겨야 한다는 부담감을 주는 말을 들을 때
- 가족 사이에서 환자 자신의 치료 방법에 관한 문제로 의견 대립이 생길 때
- 가족들이 환자 자신이 원하지 않는 방법으로 치료할 것을 종용한다고 느낄 때 등이다.

## 2. 환자의 면역력이 좋아지는 감정 상황

- 가족이나 병원 직원들이 자신을 배려해 주고 있다고 느낄 때
- 사랑을 많이 받고 있다고 느낄 때
- 자신이 부당하게 많이 지고 있다고 느끼던 책임에서 상당 부분 자유로워졌다고 느낄 때
- 진심이 담긴 희망이 될 수 있는 말을 들었을 때
- 진심이 담긴 위로가 될 수 있는 말을 들었을 때
- 하고 싶은 것을 하도록 세심하게 배려받았을 때
- 자신의 치료에 적합한 환경에 있다고 느낄 때
- 자신의 타입과 병증에 맞는 좋은 음식을 제공받고 있다고 느낄 때

- 신나게 웃었을 때
- 적당한 운동으로 기분이 좋을 때
- 대가성이 없는 상대로부터 순수한 환대와 사랑을 받았을 때 / 진심 어린 축복의 말과 기도를 받았을 때 등이다.

이처럼 환자 자신이 스스로 책임져야 할 것 이외에도 서로 간의 관계에서 오는 부분이 매우 많은 것을 알 수 있다. 특히 감정적인 부분은 다 관계성에서 비롯되는데 이 감정적 영향은 다른 영향과는 달리 영향을 받는 즉시, 몸에 좋은 영향도 혹은 나쁜 영향도 줄 수 있는 매우 강력한 면역학적 요소이다. 따라서 건강한 관계성과 환경은 치료를 위해 약이나 식사보다 더 긴급하게 요구되는데 만약 상황이 허락하지 않는다면 환자에게 감정적 악영향을 줄 수 있는 관계성과 지나친 책임에서만이라도 벗어날 수 있도록 최우선으로 허락해 주어야 한다. 더 나아가 주변 환경까지 건강한 곳으로 바꾸어 줄 수 있다면 더 좋다.

## V. 임종기에서의 심리적 영적 돌봄의 방법

임종 환자를 돌보는 방법에는 환자와 함께 있어 주기, 환자의 자율성을 존중해 주기, 환자가 적극적으로 살며 스스로 성장할 수 있도록 격려해 주기이며 환자가 죽음이라는 드라마에서 주인공이 되어 적극적인 역할을 하도록 도와주기이다. 환자에게 자신의 질병에 대한 진실을 알 수 있도록 돕기와 환자가 존엄하게 죽을 수 있도록 도와주기, 환자들이 자신의 삶을 검토하여 갈등을 해결하고 존엄성을 유지하도록 도와주기, 환자의 통증이 조절되도록 도와주기, 환자가 유머 감각을 키우고 웃을 수 있도록 도와주기, 사후세계의 가능성을 생각할 수 있도록 도와주기 등이 있다. 이를 구체적으로 기술하면 다음과 같다.

1) 임종에 가까운 말기 환자 중 과반수가 버림받는다고 느끼는 것이 가장 힘들다고 말한다. 어쩌면 임종 프로그램에서 가장 중요한 것은 싸나톨로지스트가 환자 옆에 함께 있어 주는 것 자체가 가장 중요한 돌봄이고 환자가 가장 필요로 하는 것인지도 모른다.

2) 환자 스스로 자신의 치유계획과 일정을 결정하는 것이 중요하며 인간의 존엄성을 지키는 데 필수적인 요소이기도 하다. 그러나 환자는 혼돈, 자기 회의, 불확실성 및 일반적인 무력감들을 느끼기 때문에 어쩔 수 없이 수동적인 태도가 되어 모든 결정권을 자기를 돌보는 사람에게 위임하는 경우가 보통이다. 따라서 임종 환자를 돌보는 사람들 스스로 자신이 환자의 개인적인 결정을 내려 주어야 한다고 습관적으로 생각하지 않도록 주의해야 한다.

3) 환자 스스로 임종을 통해서 영적 성장이 될 수 있도록 격려한다. 퀴블러-로스(E. Kübler-Ross)는 환자가 겪는 임종 심리의 과정을 다섯 단계로 나누었다. 즉 <부정과 고립-분노-타협과 교섭-우울-수용>의 단계를 거친다고 하였다. 그리고 알폰소 데켄(Alfons Deeken)의 경우는 <부정과 고립-분노-타협과 교섭-우울-수용-희망과 기대>의 여섯 단계로 말하고 있다. 임종 프로그램에서 가장 중요한 점은 임종 환자가 이 단계를 거치는 동안 느껴지는 각 단계의 감정과 심리적 현상에 대해 환자 스스로 깊이 자각하고 빠른 시간에 수용과 희망, 기대의 단

계로 진입하도록 하는 데 있다. 각 단계를 거치는 시간이 짧으면 짧을수록 치유의 기전이 빠르게 나타날 수 있기 때문이다.

   4) 말기 환자들도 자신의 생명이 얼마나 남았는지 진실을 알 권리가 있다. 다른 나라 사례를 보면 1961년 조사에 따르면, 미국 의사의 90%가 암 환자에게 진실을 이야기해 주지 않는다고 대답했고 1977년도 조사에서는 미국 의사의 97%가 진실을 이야기한다고 답변했다. 임종은 단순히 생명의 물리적 종식만을 의미하지 않는다. 임종은 한 인간이 이 세상에 와서 자신의 존재적 의미를 마감하는 과정이다. 따라서 임종은 한 인간의 총체적인 삶의 한 매듭이면서, 남아있는 자와 떠나는 자의 관계 회복뿐만 아니라 영적 성장의 기회를 제공해 주는 사건이다. 치유는 환자와 의사의 공명과 신뢰, 그리고 정직한 대화에서 일어난다. 임종의 슬픔이 환자의 삶에서 어떤 의미를 지니고 가족과 이웃에게 어떤 영향을 주는지를 고려할 때 임종은 단순히 생명의 종식만을 의미하지 않는다. 임종은 이제 참다운 자신을 발견하는 하나의 기회임을 알게 된다. 더 나아가 임종을 통해서 자신의 삶을 더 깊이 성찰함으로써 이제 남은 삶은 더 의미 있는 실천적 삶으로 바뀌게 된다. 따라서 환자가 남아있는 시간이 얼마나 되는지 알게 하는 것은 더없이 중요하다.

   5) 환자들이 품위 있고 존엄하게 삶을 마감할 수 있도록 도와주어야 한다. 환자를 '돌본다'라는 의미는 불합리하게 생명만을 연장한다는 의미가 아니다. 예를 들어 인공심장 박동기나 인공호흡기 같은 것을 이용해서 식물인간이 된 사람들의 목숨을 인위적으로 수개월 혹은 수년까지 연장한다면 과연 이것이 진정으로 돌본다는 의미일까? 1977년에 스

위스 의학회와 독일 외과 의사협회에서는 죽어가는 환자의 상태가 불가역적일 경우 인공호흡기, 수혈, 혈액투석 및 정맥관 내 영양 주입 등으로 생명을 불합리하게 연장하는 조치를 중지할 것을 채택했다. 한국도 2009년 처음으로 의식이 소멸한 상태에서 심장만 뛰고 있는 환자에 한해서 환자의 존엄사를 인정하고 있다. 그러나 한 인간이 의식이 있는 상태에서 자신의 죽어가는 과정을 인지하면서 자신의 진정한 참 의미를 깨달아 갈 수 있도록 초점을 맞출 때 진정한 의료미학을 구축할 수 있다.

6) 환자들이 자신의 삶을 검토하여 갈등을 해결하고 존엄성을 유지하도록 도와준다. 말기 환자는 과거의 삶에서 해결되지 않은 문제나 갈등 때문에 인간관계, 특히 가족관계나 개인적인 존엄성의 상실로 오는 부조화로 감정적인 고통을 겪는다. 이에 삶을 되돌아보는 치료법은 갈등을 해결하고 죽음에 대한 두려움을 극복하는 데 최상의 방법이다. 또 경험 많은 간호사, 상담사, 그리고 성직자들은 환자들이 자서전을 쓰거나, 녹음기를 이용하여 단순하게 과거에 대해 말하거나, 사진을 통하여 자신의 과거를 재평가하고 되돌아보게 하여 인생의 의미를 발견할 수 있도록 도와줄 수 있다.

7) 조절할 수 없거나 처치하기 어려운 통증은 암 환자들이 두려워하는 것 중의 하나이다. 그러나 실제로 통증은 100% 조절될 수 있다. 예로써 OO 병원에서는 의료진이 환자들이 심한 통증으로 입원할 때 가장 먼저 환자들이 편안함을 느낄 수 있도록 즉각적으로 통증을 조절해 준다. 환자들이 비참함을 느끼고 약물치료를 요구할 때까지 기다리지 않

고, 통증을 예견하고 통증이 생기기 전에 약물을 투여한다. 여기서 통증은 육체적, 심리적, 사회적, 그리고 정신적 통증을 포함한 총체적 통증을 뜻한다.

8) 환자가 유머 감각을 키우고 웃을 수 있도록 도와준다. 건강한 유머는 죽음에 대한 두려움과 분노를 완화하는 데 도움 줄 뿐만 아니라 스트레스와 긴장을 완화하기도 한다. 또한 적대감과 공격적인 격렬한 감정을 감소시킨다. 유머와 웃음은 인간의 성장과 활동을 촉진, 또한 환자들이 수동적인 자세를 버릴 수 있도록 도움을 준다. 웃음과 유머로써 환자는 고립과 외로움이 완화되어 사람들끼리의 연대감을 느끼게 되어 좋은 치료제가 될 수 있다.

9) 사후세계의 가능성에 대해서 생각할 수 있도록 도와준다. 환자들은 자신 내부에 있는 이야기를 쉽게 꺼내지 않는다. 그러나 분위기를 만들어 주면 사후세계에 대해서 간혹 질문하는 경우가 있다. "사후세계는 어떨까요? 과연 있을까요?" 여기서 무엇보다 중요한 것은 나의 견해를 일방적으로 주입하지 않고 환자의 신념을 존중해 주는 것이다.

## VI. 심리적 영적 돌봄의 방법: 싸나톨로지 프로그램

싸나톨로지스트는 건강을 잃거나 죽음이 얼마 남지 않은 환자를 대상으로 그동안 놓치고 살았던 생명, 존재, 일상, 만남, 관계 등 삶의 소중함을 자각할 기회를 제공함으로써 남아있는 삶을 소중하게 살 수 있도록 유도한다. 이렇게 했을 때 환자는 비로소 죽음을 평온하게 받아들일 수 있게 된다. 환자가 죽음을 평온하게 맞이할 수 있는가, 그렇지 않은가의 차이는 아주 크다고 할 수 있다. 이것은 임종 환자나 임종을 지켜보는 가족들 모두에게 '실존(인간다움)'의 문제와 직결되어 있기 때문이다. 평온한 죽음 여부는 임종 환자, 한 인간이 그동안 삶을 어떻게 살아왔는가를 보여주는 현장이기도 하다. 싸나톨로지스트는 임종에 가까운 환자가 자신의 참다운 모습을 회복할 수 있도록 하여 평온한 죽음에 이르게 도와준다. '임종'의 과정은 ① 자신의 참다운 본성의 발견 ② 주변 환경(가족, 친척, 이웃 등)이 온전히 사랑으로 연결되어 있음을 자각함 ③ 평온한 죽음을 맞이하는 것을 뜻한다. 이를 다르게 표현하면 '자신의 가장 순수한 위치까지, 그리고 사랑으로 연결되는 곳으로 도달하는 것'을 말한다. 임종은 단순히 개체적 존재가 무화(無化)가 되는 사건을 넘어, 한 존재의 진정한 본성을 발견하는 영적 성장의 한 기회가 되는 과정이다. 싸나톨로지 프로그램은 다음과 같은 구조로 이루어져 있다. 단계마다 싸나톨로지스트는 환자의 영성 측면을 고려해서 환자가 심미적 태도로 자기 죽음과 임종을 관조하면서 축복 속에서 마무리할 수 있도록 유도하여야 한다. 무엇보다도 치료에서 중요한 것은 테크닉이 아니라 싸나톨로지스트와 환자, 혹은 한 개인과 실존적 대면자 사이의 인간적인 관계이다. 다음의 단계는 모두 10단계로 이루어져 있다. 각 단계는 독립적으로 이루어진 것이 아니다. 서로 연결되어 있으며, 때로는 각 단계를 뛰어넘어 환자의 상황에 맞게 유리하게 운용 적용할 수 있다.

## 1. 1단계: 남겨진 시간 앞에서

임종 환자에게 가장 절실한 소망은 멀리 있지 않다. 그가 소망하는 것은 '일상적인 삶'을 가져보는 것이다. 이들의 눈에는 일상적 삶이야말로 가장 소중한 것이 된다. 그동안 미래를 위해 희생만 했던 이 순간의 일상적 삶이 진정 가장 아름다운 것임을 깨닫게 된다. 따라서 이 단계에서는 이제 얼마 남지 않은 시간 앞에, 자신이 누려야 할 시간을 최대한 누릴 수 있는 것을 배운다. 그리고 이 기간에 발생하는 여러 가지 감정들, 또 다른 삶을 위한 준비, 기다림만 남는 시간, 기다림이 낳는 불안, 살려는 의지, 죽으려는 의지, 공포 속에 숨어 있는 용기 등 자신에게 존재하는 다양한 감정과 생명을 느낄 수 있도록 한다. 그리고 행복한 임종이 행복한 삶임을 인지시키는 과정이다.

**적용프로그램:** 묶여있는 주위에서 풀려나기 → 제 생각을 지켜보기 → 묵은 감정 지우기 → 화해와 축복의 산책 → 건포도 명상 → 행복 명상 → 바디스캔 → 햇빛 명상 → 호흡하기를 통한 의식의 확장 → 생명 에너지 느끼기 → 죽음은 끝이 아니다 → 우주와 나는 하나의 생명 → 생각은 생각일 뿐 사실이 아니다 → 신념이 경험을 부른다 → 내 생명은 시공을 초월한 무한가능성 → 시간 너머로 가기 → 공간 너머로 가기 → 수용하기와 내버려두기 → 사이먼트의 죽음 다루기 훈련 → 감사의 마음 회복하기 → 큰 사랑으로 받아들이기 → 순수의식(일체 생명이 나오는 곳) 느끼기 → 사랑을 전하기(편지 및 유서) → 비디오나 카메라 촬영 → 누리기

## 2. 2단계: 이제야 돌아보게 되는 나

사람은 죽음과 임종이 임박해져서야 자신의 진정한 존재의 의미를 깨닫게 된다. 우리는 그동안 무조건 앞만 바라보고 부지런히 달려왔다. 내가 어디로 달려가는지, 내가 누구인지, 나는 무엇을 하는 존재인지 생각할 필요를 느끼지 못했다. 그것은 어쩌면 구차하고 나태한 사람만이 할 수 있는 것 같았다. 그러나 막상 죽음 앞에 서면 드디어 자신의 실체가 무엇인지 자각하게 된다. 나는 누구인가? 나의 존재가 무엇이기에 많은 사람과 만남이 있었던가? 이들은 나의 존재를 어떻게 생각하는가? 나는 나라고 생각한 것이 나를 바라보았던 사람들의 모습에서 나를 찾았던 것이 아닐까? 그렇다면 진정 나는 무엇인가? 하는 질문이 이때 계속된다. 따라서 이때 싸나톨로지스트는 환자가 죽음 앞에서 발견되는 나, 기억 속에서 찾은 내 모습을 발견하도록 하며 절망의 끝에서 다시 희망을 찾아갈 수 있도록 유도해 나간다.

**적용 치유훈련:** 좋았던 순간들을 회상하려고 하고 자신이 예전의 좋았던 시간에 있다고 생각해 본다. 이때 앨범을 보는 것이 도움이 된다. 사진을 찍었던 때는 대부분 좋은 일들이 있었을 때 혹은 추억으로 남기고 싶었던 순간들이다. 사진을 통해 추억이 깃든 순간들을 회상할 수 있으며 가족들과 이 순간들을 나누어 본다.

**적용프로그램:** 묶여있는 주위에서 풀려나기 → 제 생각을 지켜보기 → 묵은 감정 지우기 → 화해와 축복의 산책 → 건포도 명상 → 행복 명상 → 바디스캔 → 햇빛 명상 → 호흡하기를 통한 의식의 확장 → 생명

에너지 느끼기 → 죽음이 끝이 아니다 → 우주와 나는 하나의 생명 → 생각은 생각일 뿐 사실이 아니다 → 신념이 경험을 부른다 → 내 생명은 시공을 초월한 무한가능성 → 시간 너머로 가기 → 공간 너머로 가기 → 수용하기와 내버려두기 → 사이먼트의 죽음 다루기 훈련 → 감사의 마음 회복하기 → 큰 사랑으로 받아들이기 → 순수의식(일체 생명이 나오는 곳) 느끼기 → 사랑을 전하기(편지 및 유서) → 비디오나 카메라 촬영 → 누리기 (1단계와 중복)

### 3. 3단계: 임종을 이해하고 승화시키기

임종은 살아있는 사람이 죽음을 맞이하는 실존의 문제이다. 한 생명이 마지막 자기 죽음을 객관화하여 본다는 것은 참으로 의미 있고 실존적인 문제이다. 따라서 인간은 임종을 통해 가장 성숙한 인간으로 성장하게 된다. 임종은 우리의 신체가 영혼을 위해 마지막으로 헌신(희생)하는 과정이기도 하다. 즉 신체의 죽음이 없으면 영적 성장은 불가능할지도 모른다. 영성은 신체의 변환 과정에서 나타나는, 또는 신체가 영혼을 위해 파국 되는 과정에서 나타나는 현상, 성장의 기회이다. 따라서 싸나톨로지스트는 환자가 임종의 과정이 생명과 죽음의 의미, 개별 자아에서 보편적 세계로 나가는 인식 지평의 과정이며, 더 나아가 자신의 참된 본성 발견하기 과정임을 인지할 수 있도록 유도하여야 한다.

적용 치유훈련: 하루하루를 의미 있게 보낸다. "나는 삶의 양이 아니라 질이 가장 중요하다고 믿는다."라고 한 어느 말기 환자의 말처럼 소중한 시간이 얼마 남지 않았다는 사실을 알게 될 때, 우리가 삶을 바라

보는 관점과 가치를 두는 것에 실존적인 변화를 불러온다. "내일은 어떻게 보낼까?" 계획하며 잠이 들고, "오늘은 무엇을 할까?" 생각하며 하루를 시작한다. 이처럼 병은 삶을 단순화시켜서 때로는 과감히 포기할 수 있도록 하기도 하며 가치관을 바꾸게도 한다. 과거에는 소중했던 것이 사소해 보이며 하찮았던 것들이 의미 있게 다가올 수 있어서 생각하기에 따라 오히려 새로운 인생을 맞이할 수 있게 되며 예상하지 못했던 기쁨을 발견할 수 있다. 그러므로 말기 환자들의 살고자 하는 강한 의지가 삶의 질을 높일 수 있다. 평범한 것이든 특별한 것이든, 하루하루를 단지 일상적인 일들의 반복으로만 보내는 것이 아니라 의미 있게 보낼 수 있다면, 오히려 건강한 사람들보다 하루하루를 더 의미 있게 보낼 수 있다.

**적용프로그램**: 묶여있는 주위에서 풀려나기 → 제 생각을 지켜보기 → 묵은 감정 지우기 → 화해와 축복의 산책 → 건포도 명상 → 행복 명상 → 바디스캔 → 햇빛 명상 → 호흡하기를 통한 의식의 확장 → 생명에너지 느끼기 → 죽음이 끝이 아니다 → 우주와 나는 하나의 생명 → 생각은 생각일 뿐 사실이 아니다 → 신념이 경험을 부른다 → 내 생명은 시공을 초월한 무한가능성 → 시간 너머로 가기 → 공간 너머로 가기 → 수용하기와 내버려두기 → 사이먼트의 죽음 다루기 훈련 → 감사의 마음 회복하기 → 큰 사랑으로 받아들이기 → 순수의식(일체 생명이 나오는 곳) 느끼기 → 사랑을 전하기(편지 및 유서) → 비디오 및 카메라 촬영 → 누리기 (1단계와 중복)

## 4. 4단계: 삶을 나누기

죽음이 임박한 환자들은 스스로 삶을 자율적으로 조절하지 못해서 우울해지기가 쉽다. 죽음이 가까울수록 환자가 잃게 될 삶과 사람들 때문에 더 우울해질 수 있다. 이러한 우울은 환자를 사랑하는 사람들을 더욱 슬프게 할 수 있다. 그러나 싸나톨로지스트의 도움으로 이러한 우울한 감정에 매몰되어 남아있는 시간을 허비하느니 오히려 환자가 소중히 생각하는 것들, 가족, 친구, 가치에 집중한다면, 마음의 평화를 얻게 되고 현실을 이겨낼 수 있을 것이다. 인생을 살아오면서 만났던 많은 사람에게 자신의 육체적, 정신적 삶을 나누어 주었으며 그러한 나눔이 그들 안에 존재한다고 믿는다면, 특히 지금 가까이 만나는 사람들 안에서 자신을 발견할 수 있다면, 잃은 것이 아니며 자기 삶이 끝나는 것이 아니라 계속됨을 이해할 수 있을 것이다.

삶의 마지막에 직면해 있는 사람들이 모두 평안을 찾고 죽음을 받아들이는 것은 아니지만, 시간이 지나고 주변 사람들이 지지해 준다면 죽음을 받아들일 수 있을 것이다. 이런 감정들을 사랑하는 사람, 성직자, 사회복지사, 싸나톨로지스트 등에게 말하는 것도 우울감을 완화 시켜 줄 수 있다. 이 과정에서는 환자가 어떻게 적응하고 수용하는가에 따라 주변 사람들에게 죽음에 대한 공포와 슬픔을 줄 수도 있고, 반대로 삶에 대한 용기와 감동을 줄 수도 있음을 일깨워줄 수 있다. 세상에 태어나 자기 삶이 참으로 가치가 있었음을 깨닫고 생명을 준 세상에 감사하며, 사랑하는 사람들에게 '사랑한다.', '그동안 고마웠다'라는 서로에게 나누는 작별 인사를 통해 환자의 삶이 사랑하는 사람들의 삶에 배어나는 것을 느끼게 할 수도 있다. 때로는 미소나 가벼운 접촉이 말보다 더 많은 것을 말해줄 수 있다. 자신도 역시 또 다른 생명을 나누어주기 위해서 자신을 세상에 내맡길 수 있다면, 그처럼 아름다운 삶은 없을 것이다.

**적용 치유훈련:** 제 생각을 나누고 감정을 표현해 본다. 사람들이 두려워하는 것은 죽음이 아니라 죽음을 앞둔 날들이다. 많은 사람이 이 시간 동안 경험하지 않을 수도 있는 통증을 막연히 두려워하고 가족에게 짐이 되지 않을까 걱정한다. 또한, 환자들은 사회로부터의 고립, 그 전의 모습과 가치 있는 일들, 그리고 사랑하는 사람들의 상실, 혹은 감정적 통제력을 상실하게 될 것을 두려워하고 슬퍼할 수도 있다. 죽음 이후는 어떻게 될까? 가족과 친구들은 어떻게 될 것인가? 등 가족과 친구들은 환자의 죽음에 대해 어떻게 반응할 것인가에 대해 생각하고 있을지도 모른다. 이러한 생각과 감정들을 가족이나 친구들과 나눈다면 서로 공감할 수 있을 것이며 이러한 감정을 공유함으로 환자나 가족들의 스트레스를 감소시킬 수 있다.

**적용프로그램:** 묶여있는 주위에서 풀려나기 → 제 생각을 지켜보기 → 묵은 감정 지우기 → 화해와 축복의 산책 → 건포도 명상 → 행복 명상 → 바디스캔 → 햇빛 명상 → 호흡하기를 통한 의식의 확장 → 생명 에너지 느끼기 → 죽음이 끝이 아니다 → 우주와 나는 하나의 생명 → 생각은 생각일 뿐 사실이 아니다 → 신념이 경험을 부른다 → 내 생명은 시공을 초월한 무한가능성 → 시간 너머로 가기 → 공간 너머로 가기 → 수용하기와 내버려두기 → 사이먼트의 죽음 다루기 훈련 → 감사의 마음 회복하기 → 큰 사랑으로 받아들이기 → 순수의식(일체 생명이

나오는 곳) 느끼기 → 사랑을 전하기(편지 및 유서) → 비디오나 카메라 촬영 → 누리기 (1단계와 중복)

### 5. 5단계: 마음 열고 생의 진실과 대면하기

죽음을 앞둔 환자의 경우 마음이 폐쇄적이기 쉽다. 이 단계에서는 마음을 열고 용기 내기, 기대지 말고 마음 열기, 상대방을 진정으로 경청하고 알고자 하기, 느긋함과 유머감, 기꺼이 자신을 드러내고자 하는 진심 어린 마음을 체험하는 과정이다. 환자와 가까웠던 사람들은 방문하고 싶지만 뭐라고 말해야 할지 혹은 어떻게 행동해야 할지 몰라서 환자의 방문을 두려워할지도 모른다. 따라서 자신이 가족이나 친구들 그리고 소중한 사람들에게 가치 있는 삶이었으며 서로에게 의미 있는 관계임을 확인할 기회를 줄 필요가 있다. 이러한 만남을 통해서 받는 것보다는 줄 수 있다는 것이 행복이라는 사실을 서로가 깨닫는다면 서로에게서 삶의 가치를 배울 것이며, 환자에게서 삶의 지혜를 배우며 그들의 삶 안에 내재하는 환자 자기 모습을 볼 수 있을 것이다. 따라서 싸나톨로지스트는 환자의 마음을 열어 자신뿐만 아니라 친구, 가족 그리고 가까운 모든 사람, 그리고 생애 동안 만난 모든 것에 진실하게 마음을 열 수 있도록 유도한다. 또 이 과정은 자신과 솔직한 대화, 죄의식에서 해방되기, 마음의 평화-고백, 용서, 용서의 과정, 상처를 껴안기, 용서 그 이후에 얻게 되는 선물이 무엇인지 체험하기도 한다.

**적용 치유훈련:** 위안과 감정을 함께 나누어 본다. 말기 환자들은 소중한 것들의 상실에 대한 두려움, 짐이 되는 것에 대한 두려움을 갖는

다. 그러므로 환자와 함께 이야기하고, 영화를 보고, 책을 읽거나 함께 있어 주면서 환자를 친구처럼 대하는 것은 환자에게 큰 위안이 된다. 또한, 환자에게 가족들과 친구들을 두고 떠나는 것과 같은 두려움과 근심을 표현하도록 하고 그것을 들어줄 준비를 한다.

**적용프로그램**: 묶여있는 주위에서 풀려나기 → 제 생각을 지켜보기 → 묵은 감정 지우기 → 화해와 축복의 산책 → 건포도 명상 → 행복 명상 → 바디스캔 → 햇빛 명상 → 호흡하기를 통한 의식의 확장→ 생명에너지 느끼기 → 죽음은 끝이 아니다 → 우주와 나는 하나의 생명 → 생각은 생각일 뿐 사실이 아니다 → 신념이 경험을 부른다 → 내 생명은 시공을 초월한 무한가능성 → 시간 너머로 가기 → 공간 너머로 가기 → 수용하기와 내버려두기 → 사이먼트의 죽음 다루기 훈련 → 감사의 마음 회복하기 → 큰 사랑으로 받아들이기 → 순수의식(일체 생명이 나오는 곳) 느끼기 → 사랑을 전하기(편지 및 유서) → 비디오나 카메라 촬영 → 누리기 (1단계와 중복)

## 6. 6단계: 자신은 혼자가 아니다(관계치유)

말기 환자의 경우는 통증이 온 삶을 지배한다. 그러나 실제로 진정 견디기 힘든 통증은 마음의 고통이다. 이 과정은 가족 속의 내 자리, 나를 위해 존재하는 사람들, 자신의 견해 허물기, 다른 사람을 또 다른 나로 보기와 자리 바꾸기, 끝맺지 못한 일 마무리하기, 용서의 비결을 배우는 과정이다. 환자들이 두려워하는 것은 죽음이 아니라 외로움과 고립 그리고 죽음을 앞둔 날들이다. 또한, 환자에게 가장 힘든 것은 외로움과 고립, 절망이다. 이를 극복할 수 있는 것은 오직 따뜻한 사랑과 접촉이다. 따라서 이 과정에서 싸나톨로지스트는 아무런 장애물 없이 환자를 포용하여 따뜻한 신체적 접촉과 관계를 이룸으로써 새로운 영적 에너지를 체험하도록 유도하여야 한다.

**적용프로그램**: 묶여있는 주위에서 풀려나기 → 제 생각을 지켜보기 → 묵은 감정 지우기 → 화해와 축복의 산책 → 건포도 명상 → 행복 명상 → 바디스캔 → 햇빛 명상 → 호흡하기를 통한 의식의 확장→ 생명 에너지 느끼기 → 죽음이 끝이 아니다 → 우주와 나는 하나의 생명 → 생각은 생각일 뿐 사실이 아니다 → 신념이 경험을 부른다 → 내 생명은 시공을 초월한 무한가능성 → 시간 너머로 가기 → 공간 너머로 가기 → 수용하기와 내버려두기 → 사이먼트의 죽음 다루기 훈련 → 감사의 마음 회복하기 → 큰 사랑으로 받아들이기 → 순수의식(일체 생명이 나오는 곳) 느끼기 → 사랑을 전하기(편지 및 유서) → 비디오나 카메라 촬영 → 누리기   (1단계와 중복)

### 7. 7단계: 임종을 위한 영적 준비

죽음을 직면하는 것은 존재의 완전한 영적 성장에 이를 수 있는 아주 특별하고 둘도 없는 기회이다. 그러나 자신을 직면하고 성장하기 위해 삶의 종착점까지 기다릴 필요는 없다. 현재에 주어진 선택을 성찰할 때마다 "오늘, 이 순간이 바로 내가 죽는 순간이라면 나는 어떻게 생각하고 행동할 것인가"를 늘 자각하는 것이 후회에서 벗어나는 길이다.

죽어감은 결코 절망적인 상태가 아니다. 심지어 우리의 몸과 에너지가 점차 빛을 잃어 갈 때도, 우리는 자신과 이웃의 고통을 향해 깊은 지혜와 자비심을 확장하고 주위 사람들과 용서와 감사, 사랑을 공유하며 긍정적인 마음을 가질 수 있다. 그렇게 함으로써 우리는 빈손이 아닌, 고통을 딛고 일어선 풍요로움으로 죽음을 맞이할 것이다.

죽음의 궁극적 의미는 '지금 여기에' 온전히 존재해야 한다는 결심을 매 순간 내리도록 스스로 깨어 있는 데에 있다. 그리고 그렇게 할 때 비로소 영원한 생명이 시작된다. 진정한 의미의 영원이란 시간의 영구적 보존이 아니라, 소멸하지 않는 '지금 여기'에 온전히 현존하는 것이다. 영적 삶의 전환점은 얼마 남지 않은 시간이 충만한 시간으로 변하는 순간이다.

우리에게 허용된 시간이 끝났을 때 맞게 되는 죽음이 그저 허무하게 끝나는 순간이 될 것인가, 아니면 때가 되어 곧바로 '지금 여기'라는 시간과 공간의 영원으로 이어지는 감격스러운 순간이 될 것인가는 오늘 우리 자신이 죽음을 어떤 의미로 보느냐에 달려있다. 죽음은 먼 훗날 우리에게 다가오는 사건이 아니라 오늘, 이 시간, 지금, 여기에 바로 일어나는 사건이어야 한다. 십자가의 사건은 과거의 사건이나 미래의 사건도 아니며, 단순한 믿음의 대상도 아니다. 십자가는 바로 오늘 나의 사건이며 이 순간 이루어지는 나의 삶이어야 한다. 그 순간에 부활의 생명을 느낄 수 있다.

따라서 임종에서의 영적 준비는 임종을 맞이할 수 있는 환자의 결단과 담대한 마음을 준비하게 하는 과정이다. 그리고 영적 준비의 기본 원칙인 경청과 존중, 죽음은 전체와 하나 되는 것, 사람들과의 화해, 집착과 증오에서 벗어나 마음을 비우는 것, 사랑과 헌신(기증)을 인지하게 하는 과정이기도 하다.

**적용프로그램:** 묶여있는 주위에서 풀려나기 → 제 생각을 지켜보기 → 묵은 감정 지우기 → 화해와 축복의 산책 → 건포도 명상 → 행복 명상 → 바디스캔 → 햇빛 명상 → 호흡하기를 통한 의식의 확장→ 생명에너지 느끼기 → 죽음이 끝이 아니다 → 우주와 나는 하나의 생명 → 생각은 생각일 뿐 사실이 아니다 → 신념이 경험을 부른다 → 내 생명은 시공을 초월한 무한가능성 → 시간 너머로 가기 → 공간 너머로 가기 → 수용하기와 내버려두기 → 사이먼트의 죽음 다루기 훈련 → 감사의 마음 회복하기 → 큰 사랑으로 받아들이기 → 순수의식(일체 생명이 나오는 곳) 느끼기 → 사랑을 전하기(편지 및 유서) → 비디오나 카메라 촬영 → 누리기 (1단계와 중복)

## 8. 8단계: 삶 속에서 의미 찾기

의미 없는 삶은 없다. 이 과정에서는 가족이라는 울타리, 사랑하는 사람의 죽음, 비로소 찾게 되는 삶의 의미, 사랑하며 또는 증오하며, 슬픔을 슬픔이라고 말하기, 죽음의 의미, 자신의 본성을 자각하고 수용하기, 다른 이들과의 진정한 대화에 우리 자신을 열어 놓기, 영적 성장을 위한 긍정적인 방향을 결정하기, 사랑하는 사람이 자기 죽음을 잘 이겨 낼 수 있도록 준비시키기, 장기 혹은 망막 기증하기, 용서를 구하고 또는 용서해 주기, 인생의 덕과 아름다움을 감사하기, 감사와 사랑의 마음 표현하기, 타인에게 준 상처를 뉘우치고 감사를 표시하거나 종교적 혹은 자선기관을 돕는 일을 제안하기, 남아있는 가족을 위해 용기와 지혜, 사랑의 메시지 기록(편지) 및 녹음하기 등 살아있음의 의미와 아름다움을 발견하게 하는 과정이다. 그리고 싸나톨로지스트는 환자가 마음속에서 들려오는 목소리, 육체적 구속을 넘어선 자유, 조건 없이 사랑하기, 풀과 나무와 햇볕의 위안 친구들, 민들레 홀씨의 여행, 감사하는 마음을 갖도록 돕는다..

**적용프로그램**: 묶여있는 주위에서 풀려나기 → 제 생각을 지켜보기 → 묵은 감정 지우기 → 화해와 축복의 산책 → 건포도 명상 → 행복 명상 → 바디스캔 → 햇빛 명상 → 호흡하기를 통한 의식의 확장→ 생명에너지 느끼기 → 죽음이 끝이 아니다 → 우주와 나는 하나의 생명 → 생각은 생각일 뿐 사실이 아니다 → 신념이 경험을 부른다 → 내 생명은 시공을 초월한 무한가능성 → 시간 너머로 가기 → 공간 너머로 가기 → 수용하기와 내버려두기 → 사이먼트의 죽음 다루기 훈련 → 감사의 마음 회복하기 → 큰 사랑으로 받아들이기 → 순수의식(일체 생명이 나오는 곳 ) 느끼기 → 사랑을 전하기(편지 및 유서) → 비디오나 카메라 촬영 → 누리기 (1단계와 중복)

## 9. 9단계: 사랑을 전하고 놓아주기

사랑하는 사람들끼리 서로 놓아주지 못해서 떠나보내지도, 떠나갈 수도 없다. 이 가운데 임종자는 괴로운 사투를 벌이게 된다. 이제는 두렵지만 죽음에 대해 말해야 한다. 어떻게 말할 것인가, 죽어가는 사람의 부정과 대면하기, 마음을 여는 것, 임종을 향한 가족들의 여정, 가족들을 지원하고 앞으로 나아가야 할 방향 제시하기, 가족 구성원 안심시키기, 사랑과 함께 떠나보내기, 발 씻어주기(세족식), 편지 낭독, 포옹, 고백, 기도를 통해 이제는 놓아주어야 하는 때 임을 배우는 과정이다.

임종의 막바지에 이르면 환자들의 대부분은 자기 죽음을 수용하려고 한다.

그런데 이때 의사들이 쓸데없이 생명을 연장하고 죽음을 지연시키고자 하면 환자는 오히려 절망의 단계로 후퇴하게 되므로 화평과 긍정의 자세로 죽을 수가 없게 된다. 또 자주 부딪치는 문제 중의 하나는 가까운 가족이 임종자에게 매달려서 "머물러 있어 달라"고 간청하거나 "가서는 안 된다"라고 주장하는 경우이다. 만약 사랑하는 아내가 죽음을 수락하는 단계에 이르지 못하여 죽어가는 남편이 아내에게 혼란과 고통을 주고 있음을 바라본다면 어떤 남자도 마음의 화평을 갖고 죽어갈 수 없을 것이다. 암암리에 무시되는 이 같은 심리적인 저의와 또 임종에 이르는 각 단계 사이에 존재하는 모순을 본다면 도와야 하는 사람은 환자들의 뒤에서 '환자들의 심정을 따라가지 못하고 쩔쩔매는' 사람들의 경우일 것이다. 따라서 싸나톨로지스트는 의사들이 죽음을 수락하도록 도와주고 또 환자의 가족이 사태를 직시하도록 위로해 주어야 한다.

**적용 치유훈련**: 함께 있는 기회를 나누어 본다. 친구와 친척들에게 방문해 달라고 부탁하는 것을 주저하지 않는다. 환자와 가까웠던 사람들조차도 방문하고 싶지만 뭐라고 말해야 할지 혹은 어떻게 행동해야 할지 몰라서 환자를 찾아오기를 두려워할지도 모른다. 가족이나 친구들 그리고 소중한 사람들에게 가치 있는 삶이었으며 서로에게 의미 있는 관계임을 확인할 기회를 줄 필요가 있다. 이러한 만남을 통해서 받는 것보다는 줄 수 있다는 것이 행복이라는 사실을 서로가 깨닫는다면 서로에게서 삶의 가치를 배울 것이며, 환자에게서 삶의 지혜를 배우며 그들의 삶 안에 내재하는 자기 모습을 볼 수 있을 것이다.

**적용프로그램**: 묶여있는 주위에서 풀려나기 → 제 생각을 지켜보기 → 묵은 감정 지우기 → 화해와 축복의 산책 → 건포도 명상 → 행복 명상 → 바디스캔 → 햇빛 명상 → 호흡하기를 통한 의식의 확장→ 생명에너지 느끼기 → 죽음이 끝이 아니다 → 우주와 나는 하나의 생명 → 생각은 생각일 뿐 사실이 아니다 → 신념이 경험을 부른다 → 내 생명은 시공을 초월한 무한가능성 → 시간 너머로 가기 → 공간 너머로 가기 → 수용하기와 내버려두기 → 사이먼트의 죽음 다루기 훈련 → 감사의 마음 회복하기 → 큰 사랑으로 받아들이기 → 순수의식(일체 생명이 나오는 곳) 느끼기 → 사랑을 전하기(편지 및 유서) → 비디오나 카메라 촬영 → 누리기 (1단계와 중복)

## 10. 10단계: 누리기(치유의 과정)

얼마 남지 않은 순간들, 이 시간 나는 무엇을 할 것인가, 무엇을 할 수 있는가? 이때 싸나톨로지스트는 환자가 이 순간을 누릴 수 있는 분위기와 환경을 만들어 나가야 한다. 영적인 오솔길 명상, 솔숲 교감하기, 오후 정원에서의 즐거움, 자연과 하나 되기, 황혼 녘 바닷가 걷기 등을 통해 지금, 이 순간에 머물기를 체험하게 한다.

**적용프로그램** : 묶여있는 주위에서 풀려나기 → 제 생각을 지켜보기 → 묵은 감정 지우기 → 화해와 축복의 산책 → 건포도 명상 → 행복 명상 → 바디스캔 → 햇빛 명상 → 호흡하기를 통한 의식의 확장→ 생명에너지 느끼기 → 죽음은 끝이 아니다 → 우주와 나는 하나의 생명 → 생각은 생각일 뿐 사실이 아니다 →신념이 경험을 부른다 → 내 생명

은 시공을 초월한 무한가능성 → 시간 너머로 가기 → 공간 너머로 가기 → 수용하기와 내버려두기 → 사이먼트의 죽음 다루기 훈련 → 감사의 마음 회복하기 → 큰 사랑으로 받아들이기 → 순수의식(일체 생명이 나오는 곳) 느끼기 → 사랑을 전하기(편지 및 유서) → 비디오나 카메라 촬영 → 누리기 (1단계와 중복)

## VII. 영적 심리적 케어를 위한 호스피스제도의 보완: 싸나톨로지 프로그램

의료는 최상의 전문가가 이끌어야 한다. 통증 관리는 의료인(의사와 간호사)이 맡아야 하고, 영적·심리적 케어는 국제표준 죽음교육전문가인 싸나톨로지스트(Thanatologist)가 맡아야 한다. 유엔 보고서 2025년에 따르면, 싸나톨로지스트는 미래의 유망 직종으로 주목받고 있다.

국제표준 죽음교육전문가인 싸나톨로지스트가 호스피스와 완화의료에서 심리적·영적 케어의 기반을 제공함으로써, 호스피스제도를 확대 정착시킬 수 있을 뿐만 아니라 그 질적 향상에도 크게 기여할 수 있을 것이다. 또한 호스피스제도를 시행하지 못하는 일반 병원과 요양병원에서도 싸나톨로지스트를 의무 채용함으로써, 호스피스 병동 수준의 80% 이상에 달하는 심리적·영적 케어를 제공할 수 있다고 본다.

비록 호스피스 병동의 모든 시설을 갖추지 못하더라도, 싸나톨로지스트가 영적·심리적 케어를 제공함으로써 임종 환자에게는 품위 있는 죽음을, 남아있는 사람들(유가족)에게는 상실과 슬픔을 보다 빨리 극복하고 일상에 재적응할 수 있도록 도움을 줄 수 있다.

이를 위한 선결 과제로서 국제표준 죽음교육의 제도적 시행과 정착이 이뤄져야 한다. 영국이나 미국의 사례를 보더라도 '삶과 죽음의 질' 향상과 건강하고 보편적인 복지국가의 정착은 싸나톨로지 제도의 시행과 밀접하게 연관되어 있음을 확인할 수 있기 때문이다.

# 싸나톨로지 프로그램 적용모델

1. 싸나톨로지 프로그램 운영 목적
    1) 불안정서 및 감정 치유모델 구축
    2) 평온하고 품위 있는 임상 싸나톨로지 모델 구현

2. 준비
    1) Program 대상 환자나 가족 선정
    2) 진단 및 평가, 치료 기구 준비
    3) Program 진행자 선정 및 타임 테이블 확정

3. 환자 선정 기준
    1) 일반 불안정서 환자
    2) 회복할 수 없는 불치병환자(암): 프로그램에 참여할 수 있을 정도로 의식이 뚜렷하고 거동이 가능한 자
    3) 임종에 가까운 환자

4. 선정된 환자의 기준에 따른 싸나톨로지 테라피 적용
    1) 병상 케어(라운딩): 거동할 수 없는 환자
        ① 의식이 뚜렷한 환자: 임종영성·관계 치료·통합 치료·의미치료·인지치료·상실 치료 적용
        ② 적용 대상 범위: 환자+가족(가족의 경우, 따로 싸나톨로지 프로그램 적용)
    2) 싸나톨로지룸 프로그램 적용

① 회복할 수 없는 불치병환자(암): 프로그램에 참여할 수 있을 정도로 의식이 뚜렷하고 거동이 가능한지

② 적용프로그램: 임종영성·관계 치료·통합 치료·의미치료·인지치료·상실 치료 프로그램 적용

적용 대상 범위: 환자+가족

3) 중점 문제 해결

① 심리·감정적 문제: 두려움, 공포, 외로움, 죄책감, 수치심, 불안, 분노, 거부

② 관계적 갈등: 자신과의 갈등·모순해결, 가족·타자와의 관계에서의 갈등 해결

③ 해결 목표: 평온하고 품위 있는 치유와 임종

4) 임상실습: 싸나톨로지 진단지 및 테라피 일지 작성

## 5. 병상 케어(TRT 라운딩) 및 싸나톨로지 룸 프로그램 순서

▶ 관찰-진단-평가-프로그램-테라피-라운딩

1) 진단-진단지(자료 참조)

2) 평가-평가지(자료 참조)

3) 프로그램

4) 치료-BNPT 치료

5) 라운딩-담당 교수

## 싸나톨로지 진단지

1. 환자명 :

2. 나이 및 생년월일 :

3. 주소 :

4. 학력 :

5. 가족구성 : ① 독신 ② 부부 ③ 보호자 유무

6. 가족관계 환경 : ① 불화 ② 화목 ③ 고립

7. 보호자와의 관계 및 환경 :

8. 직장 여부 : 퇴직 휴직 실업 직장명 근무처

9. 재정환경 : 열악 보통 좋음

10. 과거병력    수술 여부    약물복용 종류

11. 병명 : 1차 병명        / 2차 병명

12. 현재 신체 증상 : 1차 증상        / 2차 증상        / 3차 증상

13. 마음·영성·감정 주소증 : 1차주소증      / 2차주소증      / 3차주소증

14. 드러난 감정·숨겨진 감정·역기능적 감정 :

15. 감정 장애 근원 : ① 스트레스 ② 감정의 회피·부인·억압
    ③ 정서적 강도 조절 실패 ④ 심리적 외상 ⑤ 역기능적 의미구성

16. 뇌 생리 타입 : ① 도파민 ② 아세틸콜린 ③ 세라토닌 ④ 아드레날린

17. 최근 스트레스 사건과 강도 : 사건  강도

18. 인지능력 수준(인지능력 검사) : 레벨

19. 현재 심리상태 : 거부   분노   타협   포기   우울   수용

20. 의학적 예상 여명 기간 : 1-3-6~9개월

21. 사전 의료의향서 유무유언 작성 여부가족 의사

22. 맥박    혈압    체온    영양    심박동

# 싸나톨로지 테라피 일지

1. 환자명 :

2. 감정의 유형: ① 메인 감정 ② 서브 감정 ③ 긍정 감정 ④ 부정 감정 ⑤ 내면 지향성 ⑥외부 지향성 ⑦ 능동 감정과 수동감정 ⑧ 마땅한 감정과 자동 감정

3. 정서 도식(emotion scheme-automatic emotion responses) 발견하기

4. 감정과 인지(발전 전변단계) : ① 느낌을 이야기한다 → ② 상징화 한다. → ③ 명확하게 표현 → ④ 정서를 허락하고 수용 → ⑤ 정서적 경험이 전달하는 메시지 확인 → ⑥ 각기 다른 상황에서의 다른 혹은 모순된 정서를 통합 → ⑦ 공감적 조율 → ⑧ 새로운 의미 발견(자각) → ⑨ 새로운 정서 도식 → 변화

5. 싸나톨로지 테라피 선택
   1) 프로그램 : 임종영성·관계 치료·호스피스·의미치료·인지치료·상실 치료

   2) Therapy : 임종영성·명상·요가·음악치료·미술치료·무용 치료·대화 치료·독서치료

6. 프로그램 및 테라피 명 : <                >
1) 진행자 :


2) 진행 방법 :


3) 진행 도구 :


4) 진행 도구의 유용성과 한계 :


3) 진행회차 : ①    ②    ③    ④    ⑤


4) 회차별 나레이티브 : 주요내용기술



기타 특이 내용 기술



문제점발견 :
평가 :
소견 :
처방 :


인지 레벨의 변화 : $A/(D) = E_n \times 1/C_n$

# 싸나톨로지 프로그램 일정표

| 시간 | 월(月) | 화(火) | 수(水) | 목(木) | 금(金) | 토(土) | 일(日) |
|---|---|---|---|---|---|---|---|
| 05:30~06:00 | 아침 새소리와 함께 명상치유 시각화 (방송을 통해 나레이션) - 병실 ||||||||
| 06:00~06:50 | 명상 및 묵상, 이완의 시간 ||||| 산림욕, 해변 걷기, 자연과 하나되기<br><br>아침 식사<br><br>자기 병실 꾸미기 |
| 07:00~07:30 | 스트레칭 체조, 음악치료, 마사지, 미술치료, 질병별 약용식물차 |||| 산림욕, 해변 걷기, 자연과 하나되기<br><br>가벼운 야외식사 | ::: |
| 07:30~08:00 | 오솔길 산책, 보행 명상 |||| ::: | ::: |
| 08:00~09:00 | 아침 식사 (과일샐러드 혹은 제철 과일과 주스 한 컵) · 면역 영양 식단 |||| ::: | ::: |
| 09:00~12:00 | 싸나톨로지적 치료와 건강강좌, 오전 간식, 자연과 하나되기, 휴식 |||| ::: | 11:00~12:00<br>본성 찾기 |
| 12:00~12:30 | 치유 프로그램시각화 (병실) |||| 가족과 함께(관계 치유) ||
| 12:30~1:30 | 점심 식사(야채샐러드)와 휴식 |||| 식사와 자연식 강좌 ||
| 1:30~5:00 | 오후 싸나톨로지적 치료와 건강강좌, 운동, 산책(수목원, 해변, 농장 등), 이미지 족욕탕, 점심 간식, 주변 명소 관광 |||| 가족 에너지 느끼고 치유하기<br>가족 에너지 느끼고 치유하기 | 영화(코미디, 자연다큐), 공연 관람 |
| 5:00~6:00 | 휴식, 음악 감상, 몸 돌보기 명상 |||| ::: | 휴식 |
| 6:00~7:00 | 저녁 식사 (생리 타입별 죽 혹은 밥) · 영양 차 ||||||||
| 7:00~8:00 | 환자를 위한 축복의 마음 전하기 |||| 체험 스토리텔링 | 가족 감사 관계 맺기 |
| 8:00~9:00 | 이미지 족욕탕, 약용식물차, 느낌 일기, 저녁 간식 ||||||||
| 9:00~9:20 | 취침 명상 (시각화, 아로마 긴장 이완) - 병실 ||||||||

## [8부와 9부 사이에서 반드시 살펴봐야 할 것들]

생애발달별 죽음교육은 발달 과정에서 상실과 죽음에 대한 이해와 대처를 다양한 발달단계별로 설명한다. 유년기부터 노년기, 임종기에 이르기까지, 각 연령대는 죽음에 대한 인식과 반응이 다르며, 이를 적절히 지원하는 것이 중요하다. 어린이와 청소년은 죽음을 이해하고 대처하는 방식이 발달 수준에 따라 달라지며, 성인과 노인은 자기 삶과 죽음을 받아들이는 과정에서 다양한 심리적, 신체적 도전에 직면한다. 임종기 환자에게는 고통을 완화하고 품위 있는 죽음을 맞이할 수 있도록 지원하는 것이 중요하며, 이러한 과정을 통해 삶의 의미를 찾고 새로운 가치관과 세계관을 재정립하는 것이 중요하다

각 연령대가 죽음을 어떻게 이해하고 대처하는지를 배우는 과정은, 이를 실제 교육에서 어떻게 적용할 것인가에 대한 실천적 접근으로 자연스럽게 이어진다. 인간은 삶의 주기 속에서 죽음을 인식하고 그 의미를 찾으며, 이는 개인의 정체성과 관계 맺음, 삶의 태도에 영향을 미친다. 따라서 죽음을 경험하거나 준비하는 과정에서 감정을 다루고 표현하는 방법을 익히는 것이 중요하다. 이를 위해 말하기와 글쓰기를 통한 감정의 재구성, 애도 과정에서의 언어적 치유, 연령별 맞춤 교육 사례를 연구하는 것은 실질적인 도움을 제공할 수 있다. 결국, 죽음을 학습하는 것은 단순한 지식 습득이 아니라, 죽음을 이해하고 받아들이는 태도를 형성하며, 이를 통해 삶을 더욱 의미 있게 살아갈 수 있도록 돕는 과정이 된다.

# 제9부 죽음교육 실천론

## 제9부 죽음교육 실천론

죽음교육은 단순히 죽음에 대한 지식을 전달하는 것이 아니라, 죽음과 상실을 겪는 과정에서 감정과 언어를 재구성하고, 각 발달 단계에 맞는 치유와 성장의 기회를 제공하는 과정으로 구성된다. 죽음교육학적 관점은 죽음과 상실에 대한 이해를 깊이 있게 탐구하며, 이를 교육적 방법으로 실천하여, 학생들이 각자의 삶의 의미를 찾고, 감정을 표현하며, 상실에 대처하는 방법을 배울 수 있도록 돕는다. 이를 통해 실존적 고통을 치유하는 언어적, 교육적 실천이 가능해진다. 죽음교육실천은 죽음을 명사형의 실체적 성격으로 분석하거나 이해하기보다는, 살아있는 사람이 죽음을 어떻게 맞이하고 대처하는가 하는 동사적 태도에 더 관심을 둔다. 죽음교육은 불가항력적인 죽음 앞에 속수무책으로 당하는 수동적 객체가 아니라, 우연적이고 불가항력적인 죽음마저 자신의 삶으로 맞이하면서 비로소 삶의 소중함을 자각하고 삶의 우선순위를 결단해서 실천할 수 있는, 능동적이고 실존적인 삶에 초점을 맞춘다. 이 장에서는 능동적이고 실존적 주체에 이르는 것이 무엇인지 성찰하고자 한다.

기본 1

# 죽음의 언어와 죽음교육의 의미

## <내용 요약>

죽음 교육은 인간 존재의 궁극적 현실인 죽음을 이해하고 새로운 변화를 위한 중요한 과정이다. 죽음을 직시하고 그에 대해 이해할 수 있도록 돕는 교육적 접근은 크게 네 가지 차원으로 나누어진다. 첫째, 인지적 차원에서는 죽음과 관련된 사실적 정보를 제공하고 이를 이해하도록 돕는다. 둘째, 정서적 차원은 죽음과 관련된 감정과 태도를 다루며, 상실을 다루는 법과 애도의 과정을 중요하게 생각한다. 셋째, 가치적 차원에서는 죽음을 삶의 본질적인 부분으로 보고, 그에 따라 삶의 가치와 의미를 재조명한다. 넷째, 행동적 차원은 죽음과 관련된 상황에서 어떻게 적절하게 행동할지에 대한 교육을 통해, 사람들로 하여금 이를 마주할 때 실천할 수 있도록 돕는다. 이러한 교육은 죽음을 피하거나 회피하는 태도를 넘어서, 삶의 소중함과 의미를 자각하는 데 중점을 둔다.

## <핵심어>

죽음 교육(Death Education), 죽음의 언어(Language of Death),
완곡한 어법 (Euphemism), 죽음학(Thanatology),
죽음의 의미(Meaning of Death), 죽음의 차원 (Dimensions of Death)

## <학습 목표>

- 죽음에 대한 다양한 개념과 정의를 이해하고, 죽음학의 기초 이론을 습득한다.
- 죽음을 다루는 언어의 특징을 분석하고, 죽음 교육에 적합한 커뮤니케이션 방식을 탐구한다.

- 사별과 관련된 심리적, 사회적 반응을 이해하고, 이를 바탕으로 효과적인 교육 방법을 모색한다.
- 죽음에 대한 사회적 태도와 문화를 비교하고, 다양한 관점에서 죽음을 이해하는 능력을 기른다.

<적용 실천>
- 사별 상담 제공: 죽음과 관련된 심리적 반응을 이해하고, 사별을 경험한 사람들에게 효과적인 상담과 지원을 제공할 수 있다.
- 죽음교육 프로그램 개발: 학교나 커뮤니티에서 죽음에 대한 인식과 교육을 높이는 프로그램을 기획하고 운영할 수 있다.
- 병원 및 호스피스 환경에서 지원: 병원이나 호스피스에서 말기 환자와 그 가족에게 죽음 준비와 감정적 지원을 제공하는 역할을 할 수 있다.
- 사회적 태도 변화 촉진: 죽음에 대한 부정적인 사회적 태도를 개선하고, 사람들이 죽음을 더 건강하게 이해할 수 있도록 돕는 캠페인과 워크숍을 진행할 수 있다.
- 위기 대응 및 응급 지원: 급작스러운 사망이나 재난 상황에서 가족과 공동체를 지원하는 위기 대응 능력을 실천할 수 있다.

# 죽음의 언어와 죽음교육의 의미

## I. 죽음이라는 여정

인생 여정에는 몇 개의 마디가 있다. 인생의 마디에서 발생하는 중요한 사건을 '라이프 이벤트(life-events)'라고 한다. 그 대표적인 이벤트로는 탄생을 비롯하여 학교 입학, 취직, 결혼, 승진, 은퇴, 질병, 죽음 등이 있다. 인생에서 벌어지는 여러 사건은 그 규모를 막론하고 정신적 스트레스를 동반한다.

인생의 마디에서 발생하는 라이프 이벤트, 그 정신적 스트레스는 항해에 비유하면 하나의 태풍이라 할 수 있다. 항해 중 만나는 태풍을 극복하기 위해서는 나름의 테크닉과 능력이 요구되는데, 인간은 인생에서 발생하는 중대한 사건에 대비하여 진지하게 배우려고 한다. 이런 여러 가지 중대한 사건 중에서 가장 심각한 것은 죽음에 직면하는 일이 아닐까? 이 인생 최대의 시련 앞에서 역사적으로 유명한 철학자들은 '죽음에 대한 깨달음!'을 설파하기도 했다. 그러나 보통 사람들은 평소에 죽음을 깊이 생각하거나 대비하는 경우가 적다. 이는 내 인생의 여정에서 죽음이 언제 찾아올지 알 수 없거니와, 또 인간의 의지로 그 시기를 정할 수도 없기 때문이다.

한 개인이나 사회에서 어떻게 죽음이 경험되는지를 통제하고, 그것이 어떻게 영향을 미치는지는 개인과 사회가 표출하는 언어 패턴과 그 실천에서 분명하게 드러난다고 할 수 있다. 죽음에 대한 언어(languages about death), 혹은 죽음과 관련된 언어(death-related languages)를 보면, 한 개인이나 사회의 죽음과 관련한 적절한 감정과 행위, 그리고 죽음에 관한 강렬한 메시지를 확인할 수 있게 된다.

## II. 죽음이라는 언어

한 사회의 죽음과 관련한 체계에서 볼 때, 많은 이들이 어떻게든 '죽음(death)'이나 '죽어감(dying)'과 같은 말을 회피하려고 한다. 이런 직접적 언어 대신, 사람들은 완곡한 어법을 쓰려하는데, 이는 잔인하거나 공격적 느낌의 단어 대신 상대적으로 밝고 공격적이지 않은 연상을 불러오는 단어와 표현을 사용하는 것이다. 그래서 어떤 사람이 사망했을 때, '죽었다!'라고 말하기보다 '돌아가셨다!'라고 한다. 원래, 완곡한 어법은 긍정적인 말하기 방식이다. 실질적으로, 완곡한 어법은 말하기를 보다 섬세하고, '좋게', 혹은 사회적으로 허락될 수 있는 것으로 보이기 위해, 불쾌하고, 무례하며, 천박해 보이는 것을 피하고, 언어를 예쁘게 꾸미는 태도와 관련되어 있다. 완곡한 어법을 사용하는 것이 과도하거나 삶과 죽음이라는 현실을 직접 대면하는 것을 꺼리는 태도를 반영한다고 해도 그 자체가 반드시 나쁜 것은 아닐 수 있다.

특히, '죽음'과 관련된 완곡한 어법은 언어 사용자들이나 학습자들에게는 익숙할 것이다. '죽음학(Thanatology)'에 대한 관심이 대두되기 훨씬 이전부터 이런 비유적 표현들이 학자들에 의해 인식되고 있었기 때문이다. 전문 의료진의 경우, 환자가 사망했을 때, 단순하게 '죽었다(dead)'라는 표현보다는 '잃었다(lost).' 혹은 그 사람이 '숨을 거두었다(expired)'라고 말한다. 대부분 직접적으로 말하기가 껄끄럽기 때문이다.

엄밀하게 말하면, 언어는 직접적으로 언급될 때 정확한 의사소통의 전달자로서 훨씬 효율적이다. 수의사가 아픈 반려동물에 대해 표현할 때, 우리 사회의 반려동물에 대한 인식을 보면. 그들은 동물들이 단순히 '죽었다'라거나, '안락사했다'기보다는 '잠들었다(put to sleep).' 또는 '무지개다리를 건넜다'라고 말한다. 어떤 사람들은 동물들이 '비참한 상황에서 벗어났다'라거나 '잠재웠다.', '안락사시켰다'라고 말하기도 한다. 동일한 의미를 다른 방식으로, 일상적이지만 효율적 언어로 표현하려는 것은 매우 힘들다. 그렇다고 그런 언표가 '죽음'이라는 사태를 설명하는 데 도움을 줄 수 있을까?

죽음에 대해 완곡한 어법을 사용한다는 것은 부정적 표현을 위장하는 동기와 유사하다. 완곡한 어법은 죽음으로부터 파생되는 쓰라림을 박탈하고자 한다. 사실상 죽음으로부터 직접적이고 위협적인 이름을 빼앗아 죽음을 없애려고 하는 의도가 숨어 있는 셈이다. 죽음에 대한 말을 피하려는 언어적 시도는 유쾌하지 못한 것에 대한 도피이자 회피이기 때문에 이는 또 다른 문제를 낳게 된다. 완곡한 어법은 개인 경험에 따라 과하게 표현을 억제하거나 상황과 조화되지 못할 때 문제가 된다. 현대 사회에서는 죽음에 대한 완곡한 어법이 과도하게 사용되고 있다. 죽음과 관련된 과도한 완곡어법은 우리 삶 자체를 중대하고 근원적인 사건들로부터 분리하는 것이며 진정한 삶과는 거리가 먼 사건들을 조장한다는 데 문제가 있다.

완곡한 어법 등 죽음과 관련된 언어의 사용은 현대 죽음 체계에서 언어적 관행에 대한 흥미로운 교훈을 준다. 현대인들은 죽음에 대해 직접적으로 말할 때, '죽음-언어(death-language)'를 회피하지만, 죽음에 대한 직접적인 상황이 아닐 때 오히려 죽음과 관련된 언어를 사용한다.

죽음과 관련한 언어는 죽음과는 관련 없는 '상대적으로 안전한 상황'에서 사용되고 오히려 실제 죽음의 상황에서는 죽음을 완화하거나 모호하게 암시하는 완곡한 어법이 사용된다.

죽음은 인간의 삶에서 피할 수 없는 사실이기 때문에 삶의 원-현상(Urphänomen)[286]인 교육에서 죽음은 무시될 수 없다. 사람들은 자신의 인생에서 죽음에 대해 진지하게 생각할 때 생기는 의문에 대해 진지한 답변을 들을 수 있어야 한다. 교육자가 이런 논쟁을 피하려고 한다면 사람들은 다른 대화 상대를 찾게 될 것이다. 죽음에 대한 논쟁은 사람들 마음에 일어나는 죽음에 대한 비탄을 완화해 줄 것이다.

이런 죽음에 대한 논의는 우리 삶의 철학에 절대적 영감을 준다. 그러기에 소크라테스(Socrates)는 '죽음에 대한 탐구'를 철학의 중심 주제 가운데 하나로 여겼다. 쇼펜하우어(A. Schopenhauer)의 경우 모든 종교와 철학은 사람들이 죽음에 직면할 수 있도록 도와야 한다고 주장했다. 다양한 종교적, 철학적 교육의 가치를 판단하는 중요한 기준의 하나는 그 종교와 철학이 죽음에 직면할 때 얼마나 도울 수 있는가이다. 이는 죽음이 필연적으로 교육적 차원으로 승화되어야 하는 당위성을 의미한다.

---

286) 원현상(Urphänomen)은 괴테(Johann Wolfgang von Goethe, 1749-1832)가 제시한 개념으로 최초에는 '색채론'(Zur Farbenlehre, 1810)에서 원현상을 설명했고 이후 '식물변태론'(Versuch die Metamorphose der Pflanzen zu erklären, 1790)과 '자연과학론'(Zur Naturwissenschaft überhaupt, 1817-1824)에서 원현상 개념을 발전시켰다. 괴테의 원현상 개념은 이후 현상학과 교육철학 발전에 큰 영향을 미쳤으며, 특히 교육을 인간의 본질적 특성으로 이해하는 데 중요한 이론적 기반을 제공했다.

## III. 죽음의 교육적 대비

인간은 태어나 배우고 일하다 늙어가며 병들어 죽는다. 과거 전통사회에서는 대가족을 이루어 여러 세대가 함께 살았으므로, 가족 내에서도 필요한 지혜나 죽음에 대한 마음가짐을 배울 수 있었다. 그러나 최근에는 조부모가 임종할 때 손자들이 지켜보는 경우가 거의 없어졌다. 이런 세대 간의 단절은 사람들에게 가족의 죽음을 제 죽음과 결부시켜 생각할 수 없게 만들었다. 게다가 현대 사회의 전문 의료진들도 학생 시기에 죽음에 관한 교육은 거의 받지 않았다. 이러한 현상을 우려한 관심 있는 지성인들이 죽음의 대비를 진지하게 생각하기 시작하면서 1960년대 미국 미네소타에서 '죽음의 준비 과정'이라는 교육 프로그램이 생겨났다. 이를 계기로 여러 대학에서 죽음에 관한 과정이나 학과가 차례로 만들어졌고, 최근 들어서는 죽음 대비 교육에 관심이 점점 커졌는데 그 이유는 다음과 같이 설명할 수 있다.

1) 병원사(病院死)에 대한 반성이다. 전통사회에서는 촌락 공동체나 가족 공동체 내에서 살다가 늙고 죽었기 때문에 일찍부터 가정에서 죽음에의 대비 교육이 존재했던 셈이다. 그러나 근대에서 현대 사회로 진행되면서 대가족은 감소하고 핵가족이 증가하였고, 병원사의 시대가 시작되었다. 이제 손자들에게 조부모의 죽음은 가까운 존재가 아닌 멀리 떨어진 병원에서 일어나는 사건이 되고 말았다.

2) 인간의 소외에 대한 반성이다. 20세기 후반에 들어 의료 기술의 발달에 따라 죽음이 비참한 양상을 드러내기에 이르렀다. 이를테면 죽

음이 임박하였는데도 병원의 수익을 우선시하여 생명유지 장치에 의한 연명을 지속하는 것이 옳은지의 여부에 대한 물음이 가족이나 환자들에게서 나오게 된 것이다. 이러한 여론이 고조되는 가운데 인간이 죽음의 방식에 관해 진지하게 생각하기 시작하였다.

   3) 죽음의 정의가 애매해졌다. 현대 의학적 죽음과 사회가 인정하는 죽음 사이에 틈이 생기고 있는데 이러한 문제는 생명유지 장치가 개발되면서 제기되기 시작했다. 예전에는 당연히 죽을 것으로 인정된 사람도 '살아야만 하게' 된 것이다. 이 같은 상황에서 사람들은 죽음의 정의를 다시 묻고 죽음에 관한 올바른 정보를 구하게 되었다.

   4) 인구 고령화이다. 특별한 경우를 제외하고, 일반적으로 노인은 고독감이나 불안감을 느끼기 쉬우며 죽음이나 종교에 관심을 더 가지게 된다.

   5) 질병 구조의 변화이다. 인간의 사망 통계를 보면 제2차 세계대전 이전에는 전염성 질환에 의한 사망자가 많았으나 현대로 올수록 암이나 뇌혈관 질환, 심장 질환과 같은 인체의 질병이 사망 원인이 되고 있다. 의학의 진보로 암을 비롯한 질병의 진행을 일시 저지하거나 정지에 이르게 하는 것도 가능하게 되었다. 따라서 장기간에 걸쳐 죽음의 공포를 피하면서 생활하는 것을 받아들여야 하는 사람들이 증가했고, 환자나 가족들에게도 죽음을 대비한 교육의 필요성이 대두된 것이다.

## IV. 죽음교육의 이해

앞에서 언급했듯이, 인간 삶의 원-현상이 교육이라고 할 때, 죽음은 교육에서 절대 무시될 수 없다. 그러나 죽음은 많은 이들에게 극도의 감성적인 피로를 불러일으키는 주제이기 때문에 조심스럽게 다뤄질 필요가 있다. 특히, 어린아이들의 경우, 더욱 신중하게 다가가야 한다. 그렇다고 어린아이들에게 죽음의 진실을 숨길 수 없기에, 어린아이들도 어떤 형식이든 그 사실에 직면할 준비를 할 수 있게 해야 한다. 따라서 죽음의 현실에 대한 교육적 준비는 다양한 방법으로 이해되어야 한다.

1) 죽음교육은 개인들이 언젠가 죽는다는 사실을 이해하는 데 도움을 주는 교육이다. 이런 이해는 인간이 죽음을 보다 의식적으로 인식하도록 만들어준다. 죽음은 인간 존재의 최종 소멸을 의미하는가? 또 다른 존재로 옮겨가는 하나의 관문에 불과한 것인가? 죽음 이후의 삶이 존재한다면, 그것은 어떤 형태일까? 등과 같이 죽음이 다양한 관점에서 고려될지라도, 죽음 자체는 불가피한, 부인할 수 없는 사실이다. 인간에게 죽음은 피할 수 없는 부분이기 때문에 삶을 이해하는데, 죽음에 대한 실제적 인식이 선행되어야 한다. 따라서 죽음은 자기 인식의 기초가 되는데 그 이유는 인간 존재의 궁극적 한계점에 대한 개념을 제공하기 때문이다. 동시에 죽음은 삶의 의미에 관한 질문을 날카롭게 만들기도 한다.

2) 죽음교육은 죽음의 시간에 마주할 수 있도록 인간을 준비시키는 교육을 의미한다. 또한 죽음교육은 죽음과 관련된 감정들에 마주할 수

있도록 정신적으로 성장시켜 준다. 모든 사람이 이론적으로는 개인의 유한성을 알고 있지만, 모두가 죽음을 마주할 수 있는 정신적 준비가 되어 있는 것은 아니다. 따라서 죽음교육은 인간이 죽음에 다가갈 때 겪는 과정에 대한 지식을 전제로 한다.

3) 죽음교육은 때로는 사후 세계에 대한 교육으로도 이해된다. 지상에서 인간의 노력은 신체와 영혼의 힘을 기르는 데 초점이 맞춰져 있고 죽음이 최종 소멸이라고 한다면 인간의 발전은 무의미한 것이 될 수 있다. 왜냐하면 한 인간은 그 자신이 더욱 높고 확실한 이해에 도달했을 때 떠나기 때문이다. 그래서 이 교육의 중심 기능은 인간의 영원한 삶(eternal life)을 준비하는 일이기 때문에 깊은 의미에서 더 나은 현재의 삶으로 순조롭게 전환되도록 돕는다. 코메니우스(J.A. Comenius)[287]가 의도하는 점진적 발전의 궁극적 의미는 인간을 다른 어떤 것보다 영적인 삶의 형태로 준비시키는 일이고, 인간은 그것을 위해 영적 능력을 계발해야 하는 것이다.

## V. 죽음교육의 네 가지 차원

이러한 총체적인 죽음교육을 고려할 때, 네 가지의 주요한 차원이

---

[287] 얀 아모스 코메니우스(Jan Amos Comenius, 1592~1670)는 체코의 교육학자이자 철학자, 신학자로 근대 교육학의 아버지로 불린다. 그는 『빛의 길(The Way of Light)』(1641)에서 인간 교육의 보편적 원칙과 지혜의 확산을 통한 이상사회를 제시했다. 그는 교육을 통해 인간의 내적 본성과 신적 질서를 조화롭게 연결하고자 했으며, 이를 통해 모든 사람에게 지식을 전달하는 보편 교육의 이상을 추구했다. 이 개념은 현대 교육철학의 기초를 마련하며 인간의 영적 성숙과 사회적 조화를 강조했다.

있다. 우리 인간이 죽음에 대해 '무엇을 아는가?', '어떻게 느끼는가?', '어디에 가치를 두는가?', '어떻게 행동하는가?'인데 이 네 가지 차원은 각각 죽음교육의 인지적이고 정서적이며 가치적이고 행동적 측면들이다. 이는 교육의 과정에서 서로 구분될 수 있지만, 동시에 긴밀하게 연관되어 있기도 하다.

1) 인지적 차원: 죽음교육은 죽음과 관련된 경험에 대해 사실적 정보를 제공하고, 이를 이해하고 해석할 수 있도록 돕는다. 이는 확실히 인지적이고 지적인 실행이며, 인간 경험의 정보를 새로운 방식으로 조작하고 해석하는 방법을 제시한다.

2) 정서적 차원 : 죽음교육의 정서적 측면은 죽음, 죽어감, 사별에 대한 감정, 정서, 태도와 관련이 있다. 이는 사별을 경험하지 않은 사람들에게 비탄과 애도의 깊이, 강도, 지속성, 복잡성을 체험하도록 한다. 예를 들어, 사별한 사람들은 "당신의 기분을 알고 있습니다."라는 말을 들을 때 불편함을 느낄 수 있다. 왜냐하면 그들이 겪는 상실감을 축소하는 것처럼 느껴질 수 있기 때문이다. 게다가 우리 사회에서 많은 이들이 며칠이나 몇 주라는 시간이 사별자들의 삶에서 중요한 이들의 죽음을 '잊거나', '극복하는데' 충분하다고 잘못 생각하고 있다. 사실, 삶에서 중요한 사람의 죽음을 애도하는 과정은 문제를 영원히 해결하는 과정이라기보다 상실과 함께 살아가는 법을 배우는 지속적 과정에 가깝다. 비탄과 애도의 반응을 공유하고 토론하는 것은 죽음이나 죽어감의 분야를 교육하는 과정의 정서적 측면에서 볼 때 아주 중요한 부분이다.중요한 사람의 죽음을 애도하는 과정은 단기간에 '극복'되는 것이

아니라, 상실과 함께 살아가는 법을 배우는 지속적인 과정임을 이해하는 것이 중요하다.

죽음교육은 죽음과 관련되는 모든 상황에서, 사람들이 왜 그렇게 행동하는지, 사람들의 행동 가운데 어떤 것이 삶에 도움이 되는지, 죽음의 상황을 맞이했을 때 어떻게 행동해야 하는지 탐구할 때 그 행동을 보다 깊이 이해하게 해준다.

3) 가치적 차원: 죽음교육은 인간 삶의 기본적 가치들을 규명하고 명확히 하는 데 도움을 준다. 죽음은 삶의 본질적인 부분으로, 이를 통해 우리는 삶에 대한 더 깊은 이해를 얻을 수 있다. 죽음이 삶의 본질적 부분으로 인식하지 못한 채로는 누구도 삶의 가치를 깊이 체험할 수는 없을 것이다. 삶과 죽음, 만남과 이별, 행복과 슬픔 등 삶에서 마주치는 이런 대립항적 가치를 생각한다면 인간의 경험 속에서 홀로 존재하는 긍정적 가치는 없다는 것을 알 수 있다. 죽음은 인간이 그들 삶에 대해 보다 적절한 이해를 성취할 수 있는 본질적이고 피할 수 없는 관점들을 제공해 준다. 가치에 대한 고려는 우리가 직면하고 있는 죽음과 관련한 많은 도전과 깊이 연관되어 있다. 테러리즘, 핵전쟁의 위협, 전염병과 예방, 기아와 영양 결핍, 인구의 불균형, 사형, 낙태, 조력 자살, 안락사, 현대 의학과 그 기술의 복잡성이 제기하는 진퇴양난의 어려움 등. 어른들이 어린이에게 죽음에 대해 무엇을 말할 것인가를 어른들 자신에게 물어볼 때, 가치는 첨예하게 논의의 초점으로 등장한다. 이런 분야의 교육은 죽음이 어린이에게 감추어져서는 안 된다는 것, 삶이 그림자 혹은 눈물 없는, 끝나지 않는 여행으로 그려져서는 안 된다는 것을 보여준다. 어린이로부터 죽음을 숨기는 것은, 그렇게 할 수 있을지라

도, 삶의 공통적인 부분인 미래의 상실에 대해 효과적으로 대처하지 못하도록 하는 것이 될 것이다. 어린이를 그 발달 단계와 능력에 적절한 방식으로, 현명하게 삶을 살아가고 죽음에 건설적으로 대처할 수 있도록 지원하여 삶과 죽음의 현실 앞에 스스로 만나고 대처하도록 이끌어 주는 것이 훨씬 낫다. 죽음교육은 어린이들에게 죽음을 숨기기보다는, 그들의 발달 단계와 능력에 맞게 삶과 죽음의 현실을 이해하고 건설적으로 대처할 수 있도록 돕는 것이 중요함을 강조한다.

4) 행동적 차원: 죽음교육은 죽음과 관련된 상황에서 어떻게 행동해야 하는지, 어떤 행동이 도움이 되는지를 탐구한다. 많은 이들이 죽음과 관련된 상황을 피하려고 하는데, 이는 주로 적절한 대처 방법을 모르기 때문이다. 공적이건 사적이건 인간의 삶에서 일어나는 수많은 행위는 죽음과 죽어감, 사별을 피하는 노력처럼 보이는데 이는 사람들이 그런 상황에서 무엇을 말하거나 행동해야 할지 모르기 때문이다. 그러므로 죽어가는 사람이나 사별의 극복 과정에 있는 이들의 필요를 더 잘 이해하게 된다면, 그런 상황에서 개인이나 단체가 할 수 있는 일이 아주 많다는 것을 알게 된다. 무엇보다, 죽음과 관련한 실제 교육은 죽음과 사별에 대처하는 사람들에게 많은 말을 하기보다는 그들의 말에 주의 깊게 귀를 기울이며 보살펴 주는 사람이 있기만 해도 큰 가치가 있다는 것을 보여준다. 죽음교육은 도움이 필요한 사람들과의 상호 교섭을 위한 기술을 발전시키도록 도와준다. 죽음교육은 죽어가는 사람이나 사별을 겪는 사람들의 필요를 더 잘 이해하게 하고, 그들을 지원할 방법을 제시한다. 특히, 많은 말을 하기보다는 주의 깊게 귀를 기울이고 함께 있어 주는 것만으로도 큰 가치가 있다는 점을 강조한다.

## 기본 2
## 죽음교육의 목표

<내용 요약>

죽음교육의 목표는 크게 인지적, 정서적, 행동적, 가치적 측면으로 구분할 수 있다. 인지적 측면에서는 사람들에게 죽음을 대비하는 태도와 정보를 제공하고, 정서적 측면에서는 슬픔을 다루는 방법을 가르친다. 이러한 교육은 죽음에 대한 가치관을 확립하고, 삶과 죽음의 관계를 이해하며, 죽음에 대한 불안을 감소시키는 데 목적이 있다.

행동적 목표로는 죽음에 관한 의학적, 법률적 정보를 제공하고, 슬픔을 겪은 사람들을 지원하며, 각 발달 단계에서 죽음을 어떻게 인식하고 대처할지를 배우도록 하는 것이다. 또한, 가치적 측면에서는 개인의 자율성을 존중하면서 사회적, 윤리적 문제에 대한 명확한 가치관을 확립하도록 돕는다.

실천적 측면에서는 임종 준비, 장례 절차, 추모 의식 등을 다루어 선택의 폭을 넓히고 의사소통 능력을 향상시킨다. 궁극적으로 이 교육과정은 사람들에게 인생의 귀중함을 깨닫고, 죽음을 자연스러운 삶의 과정으로 인식하고 수용하는 능력을 배양하도록 한다.

<핵심어>

죽음교육(Death Education), 삶과 죽음(Life and Death),
가치관 (Values), 의사소통(Communication),
죽음의 의미(Meaning of Death), 윤리적 사안(Ethical Issues),
사회적 역할 (Social Role)

**<학습 목표>**
- 죽음에 대한 기본 개념과 사실을 이해한다.
- 삶의 지혜를 죽음에게 물어볼 수 있는 인식관과 세계관을 함양한다.
- 죽음과 관련된 감정을 적절히 다루고, 사별과 애도에 효과적으로 대처할 수 있다.
- 사회적·윤리적 사안에 대해 개인적 가치관을 명확히 하고, 선택에 대한 책임을 이해한다.

**<적용 실천>**
- 죽음의 인식함양을 통해, 삶의 우선순위와 가치를 재조정하고 더 의미 있는 삶을 추구할 수 있다.
- 사별이나 죽음에 대해 가족이나 친구와 열린 대화를 통해 감정을 공유하고, 애도 과정을 지원할 수 있다.
- 사회적·윤리적 사안에 대해 자신의 가치관을 명확히 하여, 안락사나 장기 기증 등 사회적 이슈에 대해 분별할 수 있다.

# 죽음교육의 목표

## I. 죽음교육의 일반 목표

죽음을 대비하는 교육을 할 때, 그것이 지향할 목표는 무엇이어야 할까? 죽음을 대비하는 교육의 목표는 크게 두 가지로 나눌 수 있다. 하나는 보다 총괄적이고 추상적이며 이념적인 목표로, 생활 태도나 가치관, 사생관(死生觀) 등에 관한 것이다. 다른 하나는 보다 구체적이고 현실적이며 개별적인 목표로서, 죽음에 관한 정보 제공이나 슬퍼하고 있는 이들에 대한 지원, 라이프 사이클(life cycle)에서 죽음의 문제와 만나는 일 등을 알고, 이를 행동 목표로 규정하는 것이다.

에릭슨(E.H. Erikson)[288]은 자아 통합(ego-integrity)이 된 사람은 죽음을 두려워하지 않고, 오히려 주어진 인생을 마음으로 수용할 수 있다고 하였다. 죽음에 대비하는 교육의 궁극적 목표는 '어떻게 하면 안심입명(安心立命)의 경지에서 죽음을 맞이할 수 있는가'를 가르치고, '더불어 살아있는 시간의 귀중함을 아는가'를 깨닫게 하는 데 있다. 그런데 역설적으로, 자아가 통합된 성숙한 사람들은 대개 몇 차례의 죽음의 고비를 넘기는 위기 상황을 이겨낸 경험이 있다. 죽음을 의식하지 않는 사람은 삶의 가치를 제대로 알기 어렵다. 대부분의 사람들은 타인의 죽음을 자신과 연관 짓지 못할 뿐만 아니라, 자신의 죽음에도 무관심한 태도를 보인다. 따라서 죽음에 대비하는 교육을 통해 인간은 직접적인 죽음 체험이 없더라도, 타인의 죽음 체험이나 죽음에 관한 사상,

---

288) 에릭 H. 에릭슨(Erik H. Erikson), 『정체성과 삶의 주기(Identity and the Life Cycle)』, Norton, 1980.

문학 작품 등을 통해 죽음의 의미를 배울 수 있다.

## II. 죽음교육의 행동 목표

엄밀히 말하면, 죽음에 대해 배우는 일은 사실 어떻게 사는가를 생각하는 작업이 된다. 그러므로 삶의 행위를 통해 죽음을 확인하고, 죽음에 대비하는 교육적 행위 속에서 구체적인 죽음 대비 행동을 발휘할 수 있다. 그런 점에서 죽음을 대비하는 교육의 행동 목표를 설정할 수 있다.

첫째, 삶과 죽음에 관한 정보를 제공한다. 죽음 대비 교육에서는 교육 과정에서 죽음에 관한 의학적, 법률적 정보가 제공되는 것이 좋다. 또한 한 인간이 소속된 문화나 사회에서 죽음의 정의나 판정 기준이 어떠한가, 그리고 외국과 비교했을 때 어떠한 특징을 갖는가 등도 중요하다.

둘째, 슬픔에 빠진 사람들을 지원할 수 있다. 죽음을 직면한 사람이나 가족을 잃은 유족을 어떻게 위로하고 그들에게 용기와 희망을 줄 수 있는가? 이러한 문제를 가르치는 교육 체계는 아직 활발하지 않다. 그러나 실제로는 위기 개입의 수단으로서 죽음 대비 교육이 중요한 역할을 한다.

셋째, 유아기에서 임종기에 이르는 인생의 발달 과정에 따라 죽음을 인식할 수 있다. 행동 목표는 앞서 언급한 죽음 대비 교육의 일반 목표보다 구체적이고 현실적이며, 실제적인 죽음이 주된 주제가 된다. 그러나 본격적인 죽음이 아니더라도 '유사 죽음'이라 할 수 있는 '상실'이나 '좌절' 체험을 통해 죽음을 간접적으로 경험하게 된다. 인간의 발달 과정에서는 언제 어떤 상황에서든 이러한 '유사 죽음'과 마주하게 되며,

이에 대한 대응 방안을 고민하는 것이 중요한 과제가 된다.

죽음교육은 죽음과 임종, 그리고 삶의 관계망과 관련된 요인을 탐구하는 지속적인 과정이다. 이는 어린 시기부터 시작하여 성인을 거쳐 노년에 이르기까지 계속되어야 한다. 죽음의 의미와 그에 관한 인식은 일생에 걸쳐 끊임없는 재평가와 조정을 겪기 때문이다. 죽음교육의 취지는 죽음에 사로잡히는 것이 아니라, 오히려 인생에 대한 감수성을 더욱 함양하는 데 있다. 죽음에 대한 개념이 일상생활 속에 자연스럽게 스며들면, 잘 설계된 죽음교육 과정을 통해 모든 인간이 인생의 순환 속에서 죽음을 이해하고 받아들일 수 있게 된다. 죽음에 관한 긍정적 태도를 가르치기 위해서는 의료인, 안전 담당 공무원, 변호사, 사회사업가, 사회복지 분야 종사자들의 적극적인 도움과 더불어 가족, 사회, 학교의 통합된 노력이 필요하다.

### III. 죽음교육의 여섯 가지 목적

잘 기획된 교육은 항상 일반적 목적과 그것에 참여하는 사람들에게 성취할 수 있는 구체적 목표를 염두에 둬야 한다. 예를 들어, 대학의 교육 과정은 공통으로 그들이 제시하는 주제의 가치와 의미, 타당성을 개개인이 판단할 수 있게 비판적 사고를 독려하도록 의도되어야 한다. 죽음, 죽어감, 사별에 대한 교육은 이런 목적을 구현함과 동시에 보다 제한적인 목적들과 연관되며, 그런 의미에서 죽음, 죽어감, 사별 교육의 목적은 다음과 같이 설정할 수 있다.

첫째, 삶을 지향하는 사람들의 개인적인 삶을 풍요롭게 한다. 소크라테스가 언급한 것처럼, 인생에서 '중요한 것은 사는 것이 아니라, 잘 사는 것'이다. 죽음교육은 사람들이 자신을 더욱 풍부하게 이해하고, 유한한 인간으로서 그들의 능력과 한계를 평가할 수 있도록 도와주어 이런 목적에 부응하게 된다.

둘째, 죽음교육은 사회와 개인의 상호작용 속에서 중요한 역할을 한다. 이는 개인들에게 죽음에 관한 포괄적인 정보를 제공하고, 삶의 마지막 순간을 준비하는 과정을 안내하는 것이다. 구체적으로, 죽음교육은 임종 케어, 장례 절차, 추모 의식 등과 같은 주제에 대해 다양한 선택지와 정보를 제공한다.

이를 통해 개인은 자신의 가치관과 문화적 배경에 맞는 옵션을 선택할 수 있게 된다. 예를 들어, 전통적인 장례식을 원하는지, 아니면 보다 현대적이고 개인화된 추모 방식을 선호하는지 결정할 수 있다. 또한, 임종 시 받고 싶은 의료적 처치나 호스피스 케어에 대한 선택권도 제공받게 된다.

이러한 교육은 단순히 정보 전달에 그치지 않고, 개인이 죽음을 삶의 자연스러운 일부로 받아들이고 의미 있게 준비할 수 있도록 돕는다. 결과적으로 죽음교육은 개인의 자율성을 존중하면서도, 죽음과 관련된 의식과 의례에 대한 인식을 높이고 선택의 폭을 넓혀주는 중요한 역할을 한다.

셋째, 시민으로서의 공적 역할을 위해 개인을 준비시킨다. 이런 방식으로 죽음교육은 의료 서비스에서의 사전연명의료의향서, 조력자살, 안락사, 장기 기증과 같은 사회와 사회의 대리인들이 직면할 수 있는 중요한 문제들을 명확히 하도록 도와준다.

넷째, 개인이 그의 전문적이고 직업적 역할을 잘 수행할 수 있도록 도와주고 지원한다. 죽음에 대해 가르치고, 죽어가는 사람들을 돌보며, 사별한 사람들을 상담해 주는 일을 하는 사람들은 탄탄한 죽음교육이 제공하는 통찰로부터 이익을 얻는다.

다섯째, 개인이 죽음과 관련된 문제에 대해 효과적으로 의견을 주고받을 수 있는 능력을 향상할 수 있다. 효과적인 의사소통은 많은 이들이 어려움을 느끼는 죽음 관련 주제를 이야기할 때 본질적인 것이 된다.

여섯째, 생애주기와 죽음의 관계를 이해하도록 돕는다. 어린 아동부터 노년기에 이르기까지 각 발달 단계에서 죽음, 죽어감, 사별을 어떻게 경험하고 대처하는지 이해할 수 있게 한다. 어린 아동부터 청소년, 청년기와 중년, 노년기, 임종기의 사람들은 다양한 방식으로 여러 인생의 문제에 직면한다. 그들은 죽음과 죽어감, 그리고 사별과 대면하게 될 때, 각기 다른 방식으로 그것들에 대처한다.

## IV. 죽음교육의 궁극 목표

프로스트(R. Frost)[289]의 "죽음은 사람을 파괴한다. 그러나 죽음에 관한 생각은 사람을 구제한다!"라는 말에 따르면, 죽음은 삶으로 거듭날 수 있는 일종의 사다리이다. 여기에서 죽음교육의 궁극적인 목표를 발견할 수 있는데, 이는 인간의 행복을 증진하는 일이라고 할 수 있다. 그러나 죽음에 대한 학습을 통해 사람들은 인생을 보다 성숙한 차원에

---

289) 로렌스 톰슨(Lawrence Thompson), 『로버트 프로스트의 삶(Robert Frost: The Early Years, 1874-1915)』, Holt, Rinehart and Winston, 1966.

서 깨달을 수 있으며, 실제로 보다 완전한 인생을 살아갈 수 있다.

**목표 1: 죽음과 임종의 다차원적 측면에 관한 기본 실상을 사람들에게 알린다.**

죽음에 관한 언급은 오랫동안 침묵의 영역으로 남아 있었으나, 대중매체는 현실과 상상 속에 있는 죽음에 관한 메시지를 사람들에게 끊임없이 전하고 있다. 과학적·기술적 진보는 삶과 죽음에 엄청난 영향을 미친다. 첨단 과학기술 문명은 생명공학을 통해 삶을 조작하고, 죽음이 실제로 발생할 시기를 결정하며, 인공적 수단을 통해 삶을 연장한다. 죽음에 관한 사회의 전통적 침묵이 최신 의학 기술의 발전과 결합하고, 죽음에 대한 미디어의 부정확한 묘사가 결과적으로 사회 구성원들이 죽음과 임종에 대해 잘못된 개념을 갖도록 한다. 명확한 사실에 근거한 정보는 사람들이 가진 특정 질문과 관심사에 해답을 제공하며, 특히 죽음에 대한 오해와 근거 없는 믿음을 해소하고 두려움과 불안을 감소하게 한다. 의사의 의료 행위에서 합법적으로 규제된 지식, 죽음의 의학적 정의, 죽음에 대한 관습, 유족을 위한 일반적 적응 단계, 그리고 죽음에 대한 발달 개념은 모두 인생의 현재적 의미에 대해 보다 심오한 탐구를 고민하도록 돕는다.

**목표 2: 개인이 의료 및 장례 서비스의 소비자임을 알 수 있게 한다.**

임박한 죽음뿐만 아니라 모든 죽음은 그 자체가 의사결정을 하도록 강요한다. 가족 구성원은 임종을 앞둔 사람을 보살피는 과정에서 의학적 결정에 직면하며, 죽음이 발생했을 때는 시신 처리 방법, 매장지, 장례식 형태 등 여러 사항을 결정해야 한다. 이러한 결정은 대부분 사회적, 법률적, 금전적 제약의 영향을 받는다. 다양한 의료·장례 서비스가 적절하게 제공될 때, 사람들은 죽음에 관한 올바른 결정을 내릴 준비가 되어 있다고 확신할 수 있다. 실제로 일부 사람들은 유언을 작성하고, 장기 기증과 시신 처리를 계획하며, 추도식 방식을 미리 정하는 등 자신의 죽음을 준비한다.

**목표 3: 개인적 가치관과 우선순위를 심사숙고하여 삶의 질을 향상한다.**

죽음에 대한 정보는 적절하게 학습된다면, 자신이 죽는다는 사실에 직면하는 사람들에게 긍정적인 도움을 줄 수 있다. 삶과 죽음이 전체적으로 배치되기 때문에, 개인은 죽음의 확실성을 받아들이고 새로운 시작을 할 수 있으며, 또한 죽음은 한 사람의 인생을 위해 가동하는 청사진이 되는 가치관과 우선순위를 설정하기 위한 자극의 역할을 한다.

**목표 4: 개인적 죽음과 중요한 다른 사람의 죽음에 대한 감정을 적절히 다루고, 죽음이 현실로 다가올 때 더 효과적으로 대처할 수 있도록 한다.**

죽음에 대한 의사소통이 폐쇄적일 때, 자기 죽음과 사랑하는 사람의 죽음에 관한 비밀스러운 감정과 생각은 숨겨지거나 억압된 상태로 남아 있다. 죽음교육은 개인이 현재와 미래의 사별과 애도에 대처하도록 돕는다. 죽음에 대처하는 능력은 지식과 이해, 그리고 다른 사람들의 지원을 통해 학습된다. 그에 수반되는 결과는 사별한 다른 사람을 도와주고, 임종을 앞둔 사람들과 자유롭고 현명하게 소통하는 능력의 향상이다. 죽음교육은 개인적 죽음과 관련된 두려움을 제거하거나, 사랑하는 사람이 죽었을 때 경험하는 고통과 상실감을 없애려고 하지 않는다. 배우고 공유하더라도, 치유 과정은 죽음에 의한 이별에 효과적으로 대처하는 자세로 나타날 수 있다.

**목표 5: 사회적·윤리적 사안과 관련된 가치관을 명확히 하는 과정에서 개인들을 돕는다.**

청소년과 젊은이들의 삶은 즉각적이면서도 장기성을 동시에 갖고 있다. 직업 선택, 놀이와 같은 분야에서 개인적 가치관을 수반하는 다양한 선택으로 가득 차 있다. 동시에 인구 문제, 환경오염, 빈부격차 등 세계적 문제에 직면한 사회에서 성장하고 있다. 죽음과 관련하여, 안락사, 낙태, 사형, 기계 장치를 이용한 생명 연장 등의 윤리적 사안들이 있다. 죽음교육의 분야에서도 매장의 유형과 비용, 묘지용 토지이용, 그리고 죽은 사람을 위한 다양한 측면의 배려와 같은 사회적·윤리적 사안을 제기하고 있다. 이러한 사안들과 관련된 결정은 모두 개인적·사회적 관점에 있으며, 타당한 의사 결정을 위해 각자의 가치관을 명확하게 하는 것이다. 특히, 죽음교육은 이 내용을 고민해 보지 않은 많은 이들에게 이러한 사안에 직면하여 개인적 결정과 사회적 선택에 따른 가치관을 명확히 할 기회를 제공한다.

## 심화 1
## 죽음교육상담의 실제: 감정의 재구성

<내용 요약>

죽음교육상담에서 내담자의 감정을 인식하고 이를 통해 지지적인 관계를 형성하는 것은 상담의 출발점이다. 이 과정에서 경청은 단순히 듣는 행위가 아닌, 내담자의 깊은 감정을 이해하는 과정이며, 상담자와 내담자는 서로를 동등한 존재로 존중하는 대화적 관계를 지향한다.

죽음교육상담에서 활용되는 감정 지향적 접근법은 내담자의 감정을 활성화하고, 부적응적 감정 도식을 재구성하며, 새로운 정체감을 지지하는 체계적인 과정을 통해 이루어진다. 이 과정은 내담자가 부정적인 경험을 직면하게 하여 적응적 감정을 발견하고, 이를 통해 새로운 의미와 자기 인식을 형성하도록 돕는다.

상담 과정에서 상담자의 역할은 내담자의 고통스러운 감정에 초점을 맞추고, 이를 언어화하며, 긍정적인 자기 인식을 촉진하는 것이다. 결과적으로 죽음교육상담은 내담자가 삶과 죽음의 의미를 재발견하며 심리적 성장을 이룰 수 있는 안전한 환경을 제공한다.

<핵심어>

감정 인식(Emotion Recognition), 공감적 반응(Empathic Response),
감정 도식(Emotion Schema), 감정 재구성(Emotion Reconstruction),
상담 관계(Counseling Relationship),
내담자 중심 접근(Client-Centered Approach)

<학습 목표>
- 감정 이해 능력 향상 : 내담자의 감정을 정확히 인식하고 이해하는 능력을 함양한다.
- 공감적 소통 기술 개발 : 상담 관계에서 공감적 반응을 통해 내담자와 효과적으로 소통하는 방법을 학습한다.
- 감정 도식 활용 : 감정 도식을 바탕으로 내담자의 감정을 구조화하고 분석할 수 있는 능력을 키운다.
- 애도와 치유 과정 이해 : 애도학의 개념과 원리를 이해하고 이를 상담 과정에 적용하는 방법을 익힌다.
- 내담자 중심 접근 실천 : 내담자의 관점을 존중하며 그들의 감정과 경험을 중심으로 상담을 진행하는 기술을 습득한다.

<적용 실천>
- 감정 상담 및 치유 프로그램 운영 : 감정 중심 상담 기법을 활용해 개인 및 그룹 대상의 치유 프로그램을 설계하고 운영할 수 있다.
- 위기 상황에서의 심리적 지원 제공 : 감정 이해와 공감 능력을 바탕으로 상실, 트라우마, 또는 위기 상황에 처한 내담자에게 효과적인 심리적 지원을 제공한다.
- 교육 및 워크숍 진행 : 감정 및 애도 과정을 주제로 한 교육 프로그램이나 워크숍을 진행하여 대중이나 특정 집단의 정서적 건강을 증진할 수 있다.
- 조직 내 감정 관리 프로그램 적용 : 직장이나 조직 내에서 감정 관리 및 공감 소통 기술을 활용해 팀워크를 강화하고 갈등을 해결한다.
- 전문 상담사로서의 실천 강화 : 감정 중심 접근을 활용해 다양한 내담자와의 상담 상황에서 더 깊이 있는 공감적 이해와 문제 해결을 실천한다.

# 죽음교육상담의 실제; 감정의 재구성

## I. 관점의 이동

죽음교육상담에서 첫 단계는 내담자의 감정을 인식하고 이해하며 자연스러운 반응으로 받아들이는 것이다. 이를 통해 지지적인 관계를 수립하고, 내담자가 이해받고 수용된다는 느낌을 경험하게 한다. 이러한 감정적인 유대감의 형성 후에야 사건의 감정적 영향과 내적 경험에 초점을 맞출 수 있다.

특히, 죽음이 임박한 환자 질문에 대한 대응 방식은 매우 중요하다. 다음 질문에 당신은 어떤 항목을 선택할 것인가?

Q(질문). 환자가 "나는 이미 손을 쓸 수 없는 상태입니까?"라고 묻는다면, 의료전문가인 당신은 어떻게 대답할 것인가?
　① "그런 말씀 마시고 조금만 더 힘내세요."라고 격려한다.
　② "그런 것까지 걱정하지 않아도 돼요."라고 말한다.
　③ "왜 그렇게 생각하세요?"라고 되묻는다.
　④ "그렇게 많이 아프시니 그런 생각이 들 수 있어요."라고 공감한다.
　⑤ "이미 끝났어, 이런 기분이 드시는군요."라고 대답한다.

⑤번을 얼핏 읽어보면 응답자가 환자의 말에 아무런 대답을 하지 않은 것처럼 보이지만, 사실 이것이 환자의 말을 가장 잘 받아들인 대답이다. 이는 단순히 대답하지 않은 것이 아니라, 환자의 감정을 정확히 인식하고 반영한 것이다. 듣기는(타자의 말을 받아들이는 것) 말하는

사람에게 자기 이해의 장을 열어주는 길이다.[290]

그래서 애도학에서는 상담을 다음의 관점에서 바라보기를 요구한다.

## 1. 듣는 것에서 들리는 것으로

: '여시아문(如是我聞)', '응무소주이생기심(應無所住而生其心)'[291], '말하소서 내가 듣겠나이다.'

애도학에서는 상담을 '듣는 것에서 들리는 것으로' 바라보는 관점의 전환을 요구한다. 이는 단순히 귀로 소리를 듣는 것을 넘어서는 깊은 의미를 담고 있다.

'여시아문(如是我聞)'은 '이처럼 나는 들었다'라는 뜻으로, 불경의 첫 머리에 자주 등장하는 구절이다. 여기서 '듣는다'라는 것은 단순히 청각적으로 듣는 것이 아니라 그 말의 깊은 의미와 내담자의 상황을 온전히 이해하고 받아들이는 것을 의미한다.

이때 들리는 그 마음의 상태는 금강경의 구절인 '응무소주이생기심(應無所住而生其心)', 즉 '머무는 바 없이 낸 마음'처럼 상담자가 선입견이나 고정관념에 머물지 않고, 열린 마음으로 내담자의 이야기를 듣고 받아들이는 것이다. 상담자는 제 생각이나 판단에 집착하지 않고, 내담자의 말속에서 진정으로 전달하고자 하는 바를 듣고 이해하려는 자세를 가져야 한다.

---

290) 영어에 타자를 맞이하는 것을 환대(hospitality)라는 단어로 표현한다. hotel, hospice, host, hostess가 모두 같은 어원이다. 라틴어 손님을 의미하는 'hopes'는 손님으로 맞아들인다, 환대한다는 의미의 동사 'hospitare'에서 유래한 단어이다. hospitare를 영역하면 'receive as a guest', 즉 손님으로 맞이한다. 접대한다는 의미이다.

291) 『금강경(金剛經)』, 산스크리트어 원본: Vajracchedikā Prajñāpāramitā Sūtra, 번역: 구마라집(鳩摩羅什), 중국 후진 시대, 약 5세기.

'말하소서 내가 듣겠나이다'라는 표현은 상담자가 적극적으로 듣고 이해하려는 자세를 나타낸다. 단순히 수동적으로 듣는 것이 아니라, 내담자의 말에 온전히 집중하고 그 의미를 깊이 이해하려는 능동적인 태도를 의미한다. 이러한 자세는 내담자가 자신의 이야기를 더 편안하게 할 수 있는 환경을 조성하며, 상담의 효과를 높이는 데 중요한 역할을 한다.

따라서 애도학에서 '듣는 것'은 단순한 청각적 행위를 넘어, 내담자의 말과 감정, 그리고 그 이면에 있는 의미를 온전히 받아들이고 이해하는 총체적인 과정을 의미한다. 이는 상담자가 내담자와 진정한 소통을 이루고, 더 깊은 차원의 이해와 공감을 달성하는 데 필수적인 요소라고 할 수 있다.

## 2. 상담(counseling)에서 다이얼로그(Dialogue)로

: 상담은 주로 말한 것을 예측하고 판단하는 행위가 중심이 되지만, 다이얼로그는 함께 서로를 존재로 모시는 것이다. 다이얼로그는 단순한 대화를 넘어서 서로의 의견을 진지하게 교환하고, 특히 의견이 함께 이루어지는 심도 있는 소통을 의미한다. 이는 상담에서 상담자와 내담자가 서로를 동등한 존재로 인식하고, 깊이 있는 이해와 공감을 나누는 과정을 강조한다.

옛 선인들은 난초의 향기를 맡는다고 표현하지 않고, 향기를 듣는다(聞香)고 표현했다. 이는 단순히 감각적인 경험을 넘어서는 깊은 의미를 담고 있다. '향기를 듣는다'라는 표현은 정신을 집중하여 마음으로 냄새를 느끼라는 의미를 내포하고 있다. 이는 상담에서도 내담자의 말을 단순히 듣는 것이 아니라, 그 말속에 담긴 깊은 의미와 감정을 온전히 이해하고 받아들이는 자세가 필요함을 시사한다.

한 사물의 존재를 단순히 객관 대상으로 보는 것이 아니라, 자신을 에워싼 천지가 꽃을 통해서 드러나는 것으로 인식했다는 점은 상담에서 전인적 접근의 중요성을 강조한다. 이는 내담자를 단순한 상담 대상이 아닌, 고유한 세계관과 경험을 가진 온전한 인격체로 바라보아야 함을 의미한다.

따라서 애도학에서 다이얼로그는 상담자와 내담자가 서로를 존중하며, 깊이 있는 이해와 공감을 통해 함께 성장하는 과정을 지향한다. 이는 단순한 문제 해결을 넘어서, 상호 간의 진정한 만남과 변화를 추구하는 상담의 본질적 가치를 반영하는 것이다.

### 3. 객관적 경계 유지에서 '우리' 혹은 '그대'라는 실존적 상태로

: 상담자와 내담자의 객관 대상적 경계 유지에서 '우리' 혹은 '그대'라는 실존적 상태로 나아가는 것이 중요하다. 이는 단순히 전문가와 내담자라는 이분법적 관계를 넘어, 함께 존재하는 인간으로서 관계를 형성하는 것을 의미한다. 이러한 관점의 이동은 죽음교육상담에서 특히 중요하다. 왜냐하면 죽음이라는 주제는 모든 인간이 공통으로 직면하는 실존적 문제이기 때문이다.

이러한 관점의 이동을 통해, 상담자는 내담자의 감정과 경험을 더 깊이 이해하고 공감할 수 있게 된다. 또한 내담자는 자신의 감정과 생각을 더 자유롭게 표현하고 탐색할 수 있는 안전한 공간을 경험하게 된다. 결과적으로, 이러한 접근은 내담자가 제 죽음에 대한 불안과 두려움에 직면하고, 삶의 의미를 재발견하는 데 도움을 줄 수 있다.

따라서 죽음교육상담에서 관점의 이동은 단순한 기술적 변화가 아니라, 상담의 본질적 가치와 목적을 실현하는 핵심적인 요소라고 할 수 있다. 이를 통해 상담자와 내담자는 함께 성장하고, 삶과 죽음에 대한 더 깊은 이해와 수용을 이룰 수 있게 된다.

## II. 언어정리

상담이 진행되면서 상담자는 내담자의 고통스럽거나 힘든 감정에 초점을 맞춘다. 경험이 유발한 감정적 충격을 내담자가 이해할 수 있도록 돕는 것이 목표다. 상담자는 내담자가 경험했던 '격렬하고' '깊은' '절망적인' '나쁜 감정들'에 다가갈 수 있도록 지속적이면서도 부드럽게 밀어준다. 이 과정에서 지지적 환경과 공감적 반영이 필수적이다.[292]

진정한 상담의 출발점은 고통스러운 감정을 회피하는 것이 아니라 내적 경험에 초점을 맞추고 직면하는 데서 시작한다. 공감적 관계가 형성되면 내담자와 협력하여 고통스럽고 불편한 경험을 일으킨 요인을 확인하고 이를 언어로 정리한다.

내담자와 상담자는 함께 감정조절에 영향을 미친 문제가 무엇인지 이해해 나간다. 이 과정에서 흔히 다음과 같은 문제들이 고통의 근원으로 드러난다:

---

[292] Greenberg, L. S., & Korman, L. (1993), *Integrating Emotion in psychotherapy: Joural of psychotherapy Integration*, 3(3), 249-265.

① 감정을 자각하지 못하거나 부정적으로 평가함
② 중요한 감정이 다른 감정과 갈등상태에 있음
③ 해결되지 못한 나쁜 감정이 있음
④ 중요한 인물에 대한 원한이 잠복해 있음
⑤ 친밀감을 잘 다스리지 못함

이러한 문제들이 상담의 초점이나 핵심 주제가 된다. 상담의 초점이나 주제를 분명히 하고 설정하는 데 몇 차례의 상담 회기가 필요할 수 있다.

다음 단계에서는 감정적 요인에 초점을 맞춘다. 이 과정은 다음과 같은 단계를 포함한다:

① 나쁜 감정을 활성화하고 그 유발요인을 탐색함
② 그 이면에 있는 일차적 감정이나 핵심적인 부적응적 감정 도식에 접근함
③ 핵심 도식을 재구성하기 위해 새로운 자원을 끌어내고 활용함

이 과정의 궁극적인 목표는 다음과 같다:

① 새로운 자기감이 출현함
② 새로운 정체감에 관한 이야기가 구성됨
③ 변화된 자기와 정체감의 긍정적 인식

핵심 주제가 확인된 후에는 내담자의 부정적인 경험(예: 절망감이나 무력감)을 상담 회기에 직접 생생하게 활성화한다. 이러한 경험에 직면하거나 이차적인 나쁜 감정을 일으키는 요인들을 구분하고 탐색한다.

나쁜 감정을 다룰 때의 목표는 다음과 같다:

① 나쁜 감정을 경험하게 만드는 핵심적인 부적응적 감정 도식(예: 무가치감이나 불안전감)에 접근함
② 그 이면에 잠재한 일차적이고 적응적인 대안적 감정(예: 상실에 대한 슬픔, 위반이나 침해에 대한 분노, 적응적인 두려움 등)에 접근함

이 과정에서 상담자는 다음과 같은 적응적인 욕구가 출현하고 이러한 욕구가 핵심 부적응적 도식을 대체할 수 있도록 돕는다:
① 친밀감이나 유대에 대한 욕구
② 확고한 경계선에 대한 욕구
③ 안전에 대한 욕구

이때 그동안 방해를 받았거나 충분히 주의를 기울이지 못했던 일차적인 감정 경험에 다가섬으로써 새로운 감정적 목표를 확인하고 설정할 때 변화가 일어난다. 예를 들어 절망감에서 살고자 하는 의지로, 무기력감에서 강점과 자원으로, 두려움에서 주장하는 분노로 변화가 일어나는 것이다. 이처럼 새롭게 접근하게 된 일차적인 적응적 감정 및 이와 연관된 욕구와 목표 관심사를 통해 부적응적 인지에 도전하고, 부적응적 핵심 감정 도식을 재구성하며, 나아가 새로운 자기 조직화를 이룰 수 있는 토대가 형성된다.

마지막으로 상담자는 내담자의 자기 긍정을 인정하고 새로운 이야기를 구성하며 그 안에서 다시 새로운 의미를 굳혀 나갈 수 있도록 해야 한다. 이런 모든 과정을 간략하게 8단계로 구분할 수 있다.

상담은 내담자와 상담자가 정해진 시간에 맞추어 한 걸음씩 전진하는 직선적인 과정이 아니다. 내담자는 자신의 속도에 맞게 원을 그리면서 한 걸음씩 나아간다. 이전 단계에서 어느 정도의 발전과 성취를 이

루어야만 다음 단계로 나아갈 수 있다. 상담자는 지시하거나 해석하는 위치에 있는 것이 아니다. 다만 새로운 경험을 통해 새로운 정보가 출현하도록 지지하고 탐색을 촉진하는 위치에 있을 뿐이다. 상담자와 내담자는 항상 협력적인 관계로 중요한 치료적 순간에 초점을 맞추고 경험적 가설을 구성하고 검증하며 앞으로 다루고 성취해야 할 목표와 과제가 무엇인지 서로 동의하고 협력해야 한다.

## III. 감정 지향적 상담

### 1. 감정 지향적 상담의 단계

감정 지향적 상담에서는 내담자의 행위를 이끄는 상담자의 의도적 개입이 포함된다. 상담 단계와 각 단계의 핵심 요인들을 <표 1>에서 8단계로 제시한다. 이 8단계는 크게 관계 형성 단계, 촉발 및 탐색 단계, 감정 재구성 단계로 나눌 수 있다. 그 단계는 다음과 같다.

표 1. 감정 지향적 상담 8단계

| 단계 | 주요 내용 | 핵심 요인 |
|---|---|---|
| 1. 감정 인식 및 공감 | 내담자의 감정과 자기감에 주의를 기울이고 공감 | 경청, 타당화 |
| 2. 협력적 관계 형성 | 감정 유발조건에 초점을 맞추며 협력 관계 구축 | 신뢰 구축 |
| 3. 감정 활성화 | 중요한 감정들을 활성화하고 각성 | 감정표현 촉진 |

| 4. 인지-감정<br>연쇄 탐색 | 감정 이면의 인지-감정 연쇄 과정 탐색 | 심층 탐색, 패턴 인식 |
| --- | --- | --- |
| 5. 핵심 감정 도식 접근 | 부적응적 핵심 감정 도식이나 적응적 감정에 접근 | 근본 원인 파악 |
| 6. 감정 도식 재구성 | 새로운 목표와 욕구를 바탕으로 부적응적 신념에 도전 | 인지 재구조화 |
| 7. 새로운 감정과<br>자기감 지지 | 새롭게 나타나는 감정과 자기감을 인정하고 지지 | 긍정적 강화, 자아 존중감 향상 |
| 8. 새로운 의미 창조 | 변화된 감정과 인식을 바탕으로 새로운 의미 부여 | 통합, 성장 촉진 |

위의 8단계는 다음의 세 부분으로 나눌 수 있다.

[ 관계 형성: 1~2단계 ]

① 감정 인식 및 공감:
- 내담자의 감정과 자기감에 주의를 기울이고 공감한다.
- 경청과 타당화를 통해 내담자의 경험을 인정한다.

② 협력적 관계 형성:
- 감정 유발조건에 초점을 맞추며 협력 관계를 구축한다.
- 라포 형성과 신뢰 구축을 통해 안전한 환경을 조성한다.

[ 촉발 및 탐색: 3~4단계 ]

③ 감정 활성화:
- 중요한 감정들을 활성화하고 각성시킨다.
- 감정표현을 촉진하여 내담자가 자신의 감정을 깊이 경험하도록 돕는다.

④ 인지-감정 연쇄 탐색:
- 감정 이면의 인지-감정 연쇄 과정을 탐색한다.

- 심층 탐색과 패턴 인식을 통해 감정의 근원을 파악한다.

**[ 감정 재구성 단계: 5~8단계 ]**

⑤ 핵심 감정 도식 접근:
- 부적응적 핵심 감정 도식이나 적응적 감정에 접근한다.
- 근본 원인을 파악하여 변화의 기반을 마련한다.

⑥ 감정 도식 재구성:
- 새로운 목표와 욕구를 바탕으로 부적응적 신념에 도전한다.
- 인지 재구조화를 통해 새로운 감정 패턴을 형성한다.

⑦ 새로운 감정과 자기감 지지:
- 새롭게 나타나는 감정과 자기감을 인정하고 지지한다.
- 긍정적 강화와 자아 존중감 향상을 통해 변화를 공고히 한다.

⑧ 새로운 의미 창조:
- 변화된 감정과 인식을 바탕으로 새로운 의미를 부여한다.
- 통합과 성장 촉진을 통해 내담자의 전반적인 삶의 질을 향상한다.

표 2. 상담자의 의도와 행위

| 구체적인 의도 | 행 위 |
| --- | --- |
| 1. 주의를 이끎 | 공감적으로 반응하고 주의 방향을 설정한다. |
| 2. 주의 초점의 재설정 | 주의를 내적, 경험적 궤도로 재설정한다. |
| 3. 현재에 초점을 맞춤 | 내담자의 주의를 현재 경험에 맞춘다. |
| 4. 표현한 것을 분석 | 지지적으로 조언하고 비언어적 표현에 대한 자각을 촉진한다.<br>어떤 식으로 표현하고 말하고 있는가에 초점을 맞춘다. |
| 5. 보유권과 주체성의 촉진 | 그동안 보유하지 못하고 부인했던 부분들을 이야기할 때 '나'라는 단어를 사용하게 한다. 경험을 재보유한다. |
| 6. 강화 | 생생한 이미지와 표현적인 재현 기법을 활용한다. 행위나 표현을 과장<br>하고 반복하게 한다. |
| 7. 기억의 활성화 | 내담자의 관점에서 과거의 사건으로 다시 돌아가 이를 구체적이고 생생하게 다시 경험한다. 기억이나 개인적 지각, 의미의 정서적인 측면에 초점을 맞춘다. |
| 8. 상징화 | 공감적 반응을 통해 감정을 단어로 전환하게 한다. 무엇이 느껴지는지를<br>추측하고 반영하며 새로운 의미의 출현을 촉진한다. |
| 9. 의도의 설정 | 내담자의 소망, 욕구, 목표에 초점을 맞춘다. 무엇을 계획하고 행위를<br>할지 촉진한다. |

<표 3> 정서 지향적 치료적 단계

| **1단계 : 관계 형성** |
| --- |
| 1. 감정에 주의를 기울이고, 공감하며, 타당화 한다.[293] 나쁜 감정이나 고통스러운 경험을 이해하고 이것과 싸우는 것이 얼마나 고통스럽고 힘든지를 전달한다. |
| 2. 치료의 초점을 내담자와 함께 정립하고 발전시킨다. 기저의 인지적-감정적 과정이나 유발 조건을 확인한다.[294] 가혹한 자기비판이나 의존성, 대인관계 상실 같은 유발 조건 등 치료에서 초점을 맞추어야 할 것이 무엇인지를 확인한다. |
| **2단계: 활성화 및 탐색** |
| 3. 촉발(활성화)하고 각성시킨다. 나쁜 감정이나 고통스러운 경험을 치료 회기에 직접 생생하게 불러일으키거나 조절한다.[295] |
| 4. 고통스러운 경험 속에 숨어 있거나 나쁜 감정을 유발하는 인지적-감정적 연쇄 과정을 탐색하고 벗겨 낸다.[296] |
| **3단계 : 정서 재구성** |
| 5 부적응적인 핵심 정서 도식이나 일차적 정서에 접근한다.[297] |
| 6. 재구성한다. 새로 접근하게 된 일차적이고 적응적인 욕구와 목표 및 자원을 이용하여 부적응적 신념에 도전하고,[298] 이를 통해 핵심 정서 도식을 재구성할 수 있도록 촉진한다. 일차적인 욕구와 목표 및 정서적 자원의 출현을 촉진한다.[309] |
| 7. 자기 긍정적인 위치의 출현을 지지하고 촉진한다. 자원의 가동, 자기 진정 능력, 정서 조절 능력의 증진, 자기 연민의 출현과 발달을 지지한다.[300] |
| 8. 새로운 의미를 창조한다. 반성적 사고를 촉진하고, 새로운 의미를 획득할 수 있는 새로운 이야기와 은유를 구성한다.[301] |

293) 상담자는 내담자의 고통을 이해하고 인식하며 내담자가 벌이는 싸움의 정당성을 인정해야 한다. 또한 내담자의 삶에서 일어났던 사건이 미친 감정적 충격과 그 영향력에 초점을 맞출 필요가 있다. 여기서 타당화(validation)란 내담자의 감정적 현실을 있는 그대로 받아들이고 승인함을 의미한다. 그러나 이때 상담자는 지금-현재 경험하는 감정에 주의를 기울이고 공감적으로 반응할 줄 알아야 한다. 이때 상담자가 기저에 깔린 감정적 경험을 타당화하고 강조할수록 상담 회기 내에 직접 감정적 반응을 활성화하기가 쉬워진다. 상담자가 그 경험이 얼마나 힘든지를 반영하면 내담자의 눈에 눈물이 맺힐 수도 있을 것이며, 내적 경험에 닫혔던 문을 열려고 하거나 아니면 반대로 눈에 띄게 경험을 억지로 억제하고 참으려는 모습을 보일 수도 있다. 이런 과정들은 모두 상담자가 조율해야 할 현재 진행되고 있는 인지적, 감정적 과정에 대한 중요한 지표가 된다. 그리고 이때 상담자는 "그런 일을 생각하고 떠올리는 게 큰 상처가 되는군요. 그런 감정을 느끼는 게 정말 힘든가 보네요."라고 말함으로써 그 정당성을 인정해야 한다. 예를 통해 살펴보자. 첫 면담에서 당뇨로 고생하던 한 내담자가 약물 처방을 얼마나 오래 받았는지, 의사들을 얼마나 많이 찾아다녔는지를 시시콜콜하게 이야기하였다. 초보 상담자는 내담자가 말하는 내용과 세부적인 사항들, 그리고 그 인과관계를 경청하고 이해하려 애썼지만, 내담자가 '말만 줄줄이 늘어놓을 뿐' 그 안에 핵심적인 알맹이는 없다고 느꼈다. 그러면서 그만 인내심을 잃고 말았다. 상담자는 당뇨 때문에 아무것도 마음대로 하지 못하고 매사를 항상 참고 다스려야 하는 게 얼마나 짜증이 나는지 내담자의 목소리에 묻어 나오는 감정을 듣지 못하였다. 또한 내담자가 말할 때, 예를 들어 "또 다른 약을 먹어야 하는 건 정말 견딜 수 없어요."라고 말할 때 묻어 나오는 메시지를 놓쳐 버리거나 무심코 지나치고 마는 우를 범하고 말았다. 만약 민감한 상담자였다면 "항상 당뇨 때문에 자신을 다스리고 참아야 하는데 넌더리가 났군요."라고 말했을 것이다. 그런 반응을 했더라면 내담자는 아마도 이해받는다고 느끼며, 중요한 내적 경험과 충족되지 못한 욕구에 초점을 기울일 수 있었을지도 모른다. 이것이 바로 감정적 경험에 초점을 맞추는 이유이며 "무겁고 괴롭겠군요.", "기대를 저버리기도 어렵겠네요.", "큰 싸움이겠네요.", "웃고 있지만 그 뒤에서는 울고 있는 것 같네요.", "아직도 힘든 것 같네요.", "어찌할 바를 모르시겠군요."와 같은 말로 내담자의 감정을 지지하고 타당화 하는 이유다.

294) 한 내담자가 자기는 너무 소심하며 감정이 어떤지 잘 느끼지 못한다고 불평하였다. 상담자는 "당신이 상담에서 이루고 싶은 한 가지는 더 강한 자기를 느끼고 싶은 것 같네요. 그래서 스스로 서고 싶어 하는 것 같네요."라고 반응하였다. 내담자는 이 말에 동의하였고, 어떻게 목표를 달성할 수 있는지 내담자와 함께 논의하였다. 상담자는 내적 경험을 탐색해 가는 보다 능동적인 전략과 기술을 사용할 수도 있으며 이런 작업을 통해 자신의 감정, 생각, 욕구를 더 분명하게 이해할 수 있다고 제안하였다. 문제가 간략하게 정리, 요약되면서 내담자는 깊이 이해받는다고 느끼게 되었고 상담자와의 유대감이 강화되었다.

295) 상담 시간에는 무엇보다 살아 있는 생생한 경험이 필요하다. 이런 생생한 경험을 위해 모의실험을 할 수도 있다. 그리고 이런 실험을 통해 경험의 여러 가지 측면, 즉 어떤 특정 경험과 연관된 다양한 측면들에 자동으로 주의가 기울여질 수 있다. 이럴 때 경험을 다룬다는 것은 특정한 행동 패턴과 경험방식을 확인하거나 경로를 추적하는 단일 방향의 직선적인 추론 과정이 아니라 언어적 의미와 비언어적 경험, 과거와 현재, 신체 감각과 시각적 이미지를 오가는 비 직선적이고 율동적인 작업이다.

296) 예를 들어, 두 의자 대화 기법 (two chair dialogue)을 활용하여 지시를 내리고 받는 두 부분으로 자기를 구분한 다음에 자신이 어떻게 자신을 감정으로부터 멀어지게 만드는지, 자신에게 어떤 지시를 내리는지, 자신을 방해하면서 어떻게 근육을 긴장시키는지 재현하거나 과장해 보도록 할 수 있다. 이런 심한 자기 통제를 재현하거나 과장하게 하면 정당한 반응, 즉 억압에 대한 반항이 출현하게 된다. 억압받던 자기를 충분히 경험하면서 금지와 명령에 도전하고 사슬을 뚫고 나오려는 움직임이 일어나는 것이다. 이런 기법은 다른 기법들과 마찬가지로 복합적인 인지적-감정적 과정을 벗겨내고 풀어내기 위해 고안되었다. 내담자와 상담자는 함께 방해 과정을 풀어나가면서 차단과 방해에 따른 이득과 손실, 그리고 바라는 변화에 관해 이야기하고 그 목표와 근거를 분명하게 해야 한다. 이때 목표란 내담자가 자신을 경험으로부터 차단하고 멀어지게 하였다는 점을 이해하는 것이다. 그리고 근거란 이런 차단과 방해 과정이 대개 자동으로 일어나며 어떤 사람이 여기에 통제권을 갖는 것은 대단히 힘들다는 점을 알려주는 것이다. 그다음에는 내담자가 자신의 일부를 어떤 식으로 억압했는지를 이해하고, 그래서 방해가 더 이상 자동으로 일어나지 않도록 하며 내담자 스스로 선택권이나 통제권을 가질 수 있음을 이해하는 단계로 나아가게 된다.

297) 내담자가 만일 "나는 정말 가치 없는 사람인 것 같아요."라고 말하면서 무가치감을 분명하게 상징화하고 그 감정을 충분히 느끼면서 흐느껴 운다면, 바로 그 순간이 새로운 감정이 출현하고 이전과는 다른 새로운 욕구와 목표, 관심사가 등장하면서 역동적인 변화가 일어나는 시점이다. 이제 그(그녀)가 받지 못하고 잃어버렸던 지지에 대한 슬픔이 전면에 등장해 수치심을 대치하게 된다. 이렇게 이전에는 경험하지 못했던 슬픔을 새로이 경험하고, 이와 연관된 생존과 애착에 대한 욕구에 다가가면서 자기 도식이 새롭게 출현 되거나 재구성된다. 자신에 대한 가치를 부여하는 내적 원천과 접촉하면서 "나는 가치 있는 존재예요. 난 그럴만한 가치가 있어요" 나에게는 줄 수 있는 사랑이 있고, 그러니까 사랑받을 가치도 있어요."라고 말하게 된다. 따라서 어떤 사람이 자신을 불안전하거나 나약하며 사랑받을 가치가 없고 불안을 다스리지 못한다고 느낀다면 상담 회기 내에 이런 느낌들-조각난 듯한, 낙담한, 절망적인, 버림받은-을 충분히 경험하고 상징화할 필요가 있다. 이런 과정을 통해 오히려 부적응적 감정을 보듬고 거리를 유지하며 통제감을 회복할 수 있는 것이다.

298) 이전에 회피하였거나 상징화하지 못했던 일차적인 적응적 감정과 욕구를 인식하고 경험하게 된다. 앞서 언급한 것처럼 감정 그 자체를 경험하는 것도 중요하지만 일차적 감정과 연관된 욕구와 목표, 관심사 및 행위 경향성에 다가가는 것도 상담의 핵심적인 요인이다. 이런 욕구와 목표, 행위 경향성의 예를 들어보자. 내담자가 만일 슬픔을 인식하게 되었다면 그동안 차단되었던 보살핌에 대한 갈망을 경험할 수 있을 것이고, 분노를 인식하게 되었다면 분명한 경계선을 설정하고 주장하기를 원할 수도 있을 것이다. 일차적 감정과 연관된 욕구 및 행위 경향성은 적응적 행위를 유도하고 끌어낸다. 이런 변화는 일차적 감정에 접근하여 이를 자원으로 활용할 때 가능하다. 내담자가 일차적 분노에 접근한다면 경계선을 재조직할 것이고, 두려움에 접근한다면 자기를 보호하기 위해 움직일 것이며, 슬픔에 접근한다면 한걸음 물러서 더 많은 자원을 모으거나 위로와 지지를 추구하고자 하는 행위 경향성이 유발될 것이다. 이렇게 욕구와 행위 경향성에 접촉하면서 변화를 향한 동기가 일어나고 방향성이 설정된다.

299) 상담자는 적절한 시점에 "지금 느끼는 기분이 어떻죠? 당신이 필요로 하는 것이 무엇이죠? 무엇이 빠져 있었죠?"라고 질문함으로써 감정과 욕구, 목표에 초점을 맞추도록 도와야 한다. 그리고 이때 출현하는 새로운 목표는 이전처럼 조각날 것 같은 느낌을 상쇄하기 위해 절박하게 다른 사람의 인정만을 갈망하던 목표가 아니다. 새로운 목표는 친밀한 관계를 맺기를 원하고, 사랑하거나 사랑받고 싶고, 안전감을 느끼고 싶어 하는 주체적 열망(agentic desire)을 통해 상황에 숙달하고 자신을 지지하는 것이다.

300) 상담자는 내담자의 내적 자원, 자기 진정 능력 그리고 자기 긍정의 출현에 초점을 맞추고자 하며, 또 맞추게 된다. 내담자에게 자신을 확신하고 주장하며 수용하려는 자기감이 출현하면, 상담자는 이를 인정하고 상담 밖의 실제 삶과 연결한다. 새롭게 발견한 자기 타당성(자기 긍정)은 세계 안에서 행위의 기반이 된다. 이제 상담자와 내담자는 함께 협력하여 변화가 굳게 자리 잡을 수 있게 하는 단계로 접어든다.

301) 이 단계의 목표는 지금까지 상담에서 무슨 일이 일어났는지를 반영함으로써, 그리고 그동안 내담자가 통과해 온 경험을 기존의 정체감 속에 어떻게 조화시킬 것인지 혹은 정체감을 어떻게 새로이 변화시킬 것인지를 이야기함으로써 달성된다. 내담자는 대안적 의미를 구성하고, 자신이 새로이 발전시킨 자기 긍정적 관점의 의미를 탐색해 나간다. 이제 목표는 자기 자신과 과거, 미래에 관한 이야기를 명료화하는 것이며 새로운 깨달음에 기반한 행위를 촉진하는 것이다. 새로운 의미를 창조하면서 내담자들은 때로 그동안 자신의 삶을 구성하던 요소들을 새로 연결 짓고 자기 삶과 자아에 대한 관점을 변화시키기를 원한다.

## 2. 감정지향 상담의 변화 지표

상담 과정에서 내담자의 변화를 확인할 수 있는 여러 지표가 있다. 이러한 변화 지표들은 상담의 효과성을 평가하고 내담자의 성장을 확인하는 데 중요한 역할을 한다. 주요 변화 지표는 다음과 같다:

(1) 감정 인식 및 표현 능력 향상:
  - 자신의 감정을 더 명확하게 인식하고 표현할 수 있게 된다.
  - 감정의 강도와 복잡성을 더 잘 이해하고 설명할 수 있다.
(2) 감정조절 능력 향상:
  - 강렬한 감정을 더 효과적으로 다룰 수 있게 된다.
  - 스트레스 상황에 더 안정적으로 대처할 수 있다.
(3) 자기 이해 증진:
  - 자기 행동 패턴과 동기를 더 잘 이해하게 된다.
  - 자신의 강점과 약점에 대한 인식이 높아진다.
(4) 대인관계 기술 향상:
  - 타인과의 소통이 더 원활해진다.
  - 갈등 상황을 더 효과적으로 해결할 수 있게 된다.
(5) 자아 존중감 증가:
  - 자신에 대한 긍정적인 인식이 높아진다.
  - 자신의 가치를 더 잘 인정하고 존중하게 된다.
(6) 문제 해결 능력 향상:
  - 일상생활의 문제들을 더 효과적으로 해결할 수 있게 된다.
  - 다양한 상황에 대한 대처 능력이 향상된다.

(7) 삶의 만족도 증가:
- 전반적인 삶의 질에 대한 주관적 평가가 높아진다.
- 일상에서 더 많은 기쁨과 만족을 경험한다.

(8) 증상 감소:
- 우울, 불안 등 초기에 호소했던 심리적 증상들이 감소한다.
- 신체적 증상들도 함께 개선되는 경우가 많다.

(9) 자기 수용 증가:
- 자신의 장단점을 있는 그대로 받아들이는 능력이 향상된다.
- 과거의 실수나 실패에 대해 더 너그러워진다.

(10) 미래에 대한 긍정적 전망:
- 자신의 미래에 대해 더 희망적이고 낙관적인 태도를 보이게 된다.
- 장기적인 목표 설정과 계획 수립 능력이 향상된다.

(11) 행동 변화:
- 부적응적 행동 패턴이 감소하고 적응적 행동이 증가한다.
- 새로운 대처 전략을 실제 생활에서 적용할 수 있게 된다.

(12) 자기 성찰 능력 향상:
- 제 생각과 행동에 대해 더 깊이 있게 성찰할 수 있게 된다.
- 자기 모니터링 능력이 향상된다.

이러한 변화 지표들은 상담 과정에서 점진적으로 나타나며, 개인에 따라 그 속도와 정도가 다를 수 있다. 상담자는 이러한 지표들을 주의 깊게 관찰하고 내담자와 함께 평가하며, 필요에 따라 상담 방향을 조정한다.

변화는 단순히 증상의 감소뿐만 아니라 내담자의 전반적인 삶의 질 향상과 개인적 성장을 포함한다. 따라서 상담의 성공은 이러한 다양한 측면에서의 긍정적 변화를 통해 평가될 수 있다. 내담자 스스로가 자신의 변화를 인식하고 이를 일상생활에서 지속해 유지할 수 있게 하는 것이 궁극적인 목표이다.

### 3. 감정지향 상담의 효과성과 한계점

감정 지향적 상담은 다양한 심리적 문제에 효과적인 접근법으로 알려져 있다. 그러나 모든 치료법과 마찬가지로 장단점이 있다. 여기서는 감정 지향적 상담의 효과성과 한계점에 대해 살펴보겠다.

[효과성]
(1) 우울증 치료: 여러 연구에서 감정 지향적 상담이 우울증 치료에 효과적이라는 사실이 입증되었다. 특히 만성 우울증 환자들에게 긍정적인 결과를 보였다.
(2) 불안 장애 개선: 공황장애, 사회불안 장애 등 다양한 불안 장애에 대해 효과적인 치료법으로 인정받고 있다.
(3) 외상 후 스트레스 장애(PTSD) 치료: 트라우마 경험자들의 감정 처리와 재구성에 도움을 준다.
(4) 대인관계 문제 해결: 의사소통 능력 향상과 갈등 해결 능력 증진에 효과적이다.
(5) 자아 존중감 향상: 자기 이해와 수용을 통해 자아 존중감을 높이는 데 도움을 준다.

(6) 장기적 효과: 단기 치료임에도 불구하고 장기적인 효과가 지속되는 경향이 있다.

(7) 재발 방지: 학습된 감정 처리 기술이 향후 문제 상황에서도 적용될 수 있어 재발 방지에 도움이 된다.

[한계점]

(1) 개인차: 모든 내담자에게 같은 효과를 보이지 않을 수 있다. 개인의 성격, 경험, 문화적 배경 등에 따라 효과가 다를 수 있다.

(2) 시간 소요: 깊은 감정 탐색과 재구성 과정에 상당한 시간이 필요할 수 있어, 단기간에 빠른 해결을 원할 때는 적합하지 않을 수 있다.

(3) 감정표현의 어려움: 자신의 감정을 표현하거나 탐색하는 데 어려움을 겪는 내담자들에게는 초기 단계에서 어려움이 있을 수 있다.

(4) 문화적 차이: 감정표현과 탐색에 대한 문화적 태도가 다른 경우, 접근 방식의 수정이 필요할 수 있다.

(5) 심각한 정신질환: 심각한 정신병적 장애나 인격장애의 경우, 단독 치료법으로는 충분하지 않을 수 있다.

(6) 상담자의 전문성: 효과적인 감정 지향적 상담을 위해서는 상담자의 높은 전문성과 경험이 요구된다.

(7) 감정 과부하: 일부 내담자들은 강렬한 감정 경험에 압도될 수 있어 주의 깊은 관리가 필요하다.

(8) 인지적 요소 간과: 감정에 초점을 맞추다 보니 인지적 요소나 행동적 측면을 상대적으로 덜 다룰 수 있다.

결론적으로, 감정 지향적 상담은 많은 심리적 문제에 효과적인 접근법이지만, 모든 상황과 모든 내담자에게 적합한 것은 아니다. 따라서 상담자는 내담자의 개별적 특성과 요구를 고려하여 적절한 치료 방법을 선택해야 한다. 때로는 다른 치료 접근법과의 통합적 사용이 더 효과적일 수 있다. 상담의 성공을 위해서는 내담자와 상담자 간의 협력적 관계, 내담자의 적극적인 참여, 그리고 상담자의 전문성이 중요한 요소로 작용한다.

## IV. 슬픔에 대한 개입 원리

슬픔이나 고통, 괴로움을 다룰 때도 정서 지향적 치료의 일반적인 개입 원리를 활용할 수 있다. 여기서는 슬픔을 다룰 때 중요한 몇 가지 원리들을 살펴보고자 한다.

### 1. 내적 경험(몸이 느끼는 감각)에 주의를 기울이기

슬픔은 내부 지향적인 경험으로, 수동성이나 비활동성을 그 특징으로 한다. 따라서 능동적인 개입보다는 내담자의 조용하고 비활동적인 특성을 포착하고 반영하는 데 중점을 둔 공감적 반응이 효과적이다. 상담자 역시 대개는 덜 적극적인 개입을 하게 되는데, 이는 내담자가 내면에 빠져들 수 있도록 하기 위함이다. 그러나 이미지를 그려보게 하는 재현 기법이나 빈 의자 기법을 활용하는 것이 효과적일 때도 있다. 어떤 순간에 내담자의 눈에 눈물이 맺히는 것을 보면서 "뭔가 느껴지는 게 있는 것 같은데 그 느낌에 머물러 보시겠어요?"라고 반응할 수 있다. 상실이나 상처에 대해 말할 때는 몸의 어디에서 고통이 느껴지는지 질문할 수도 있으며 고통이나 통증, 낙담, '커다란 구멍이 뚫린 것 같은 느낌', 생기나 활력이 느껴지지 않고, 포기해 버리거나 항복하고 무너져 버리고 싶은 욕구 등을 공감적으로 반영할 수도 있다. 아니면 가만히 앉아 몸이 감지하는 일차적 슬픔에 직접 주의를 기울여보게 할 수도 있다. 이러한 것들은 모두 상담자가 경험의 의미를, 고통이나 공허감이 목구멍 속에 얹혀 있는 덩어리나 가슴에 맺힌 것이 무엇을 이야기하는지를 상징화하는 데 초점을 맞추고 있음을 의미한다. 내담자에게 무엇이 빠져 있고 무엇을 잃어버렸는지, 무엇이 그를 내리누르고 있는지, 그리고 상실이 내담자의 현재 삶에 어떤 식으로 영향을 미쳤거나 미치고 있는지 눈물을 피하지 않으면서 그 속에서 진정으로 이야기할 수 있어야 하는 것이다.

## 2. 현재에 머물기

일차적 슬픔은 흔히 순간적으로 나타났다 사라져 버린다. 따라서 매 순간 경험을 추적하고 따라가는 것이 매우 중요하다. 슬픔은 분노나 두려움으로 빠르게 변화한다. 그러다 이런 감정들을 부인하고 다시 슬픔으로 돌아오는 과정을 밟는다. 그러므로 올바른 상담자라면 상실을 섣부르게 억지로 수용하게 하거나 마무리 지으려고 해서는 안 된다. 왜냐하면 깊은 눈물을 흘리는 순간에도 뒤이어 곧바로 분노가 일어나거나 감정 마비가 일어날 수 있기 때문이다. 이와 비슷하게 분노를 표현하는 중간에 갑자기 조용해지면서 자기 안에 빠져들 수도 있다. 이때 상담자는 "방금 무슨 생각을 하셨지요? 어떤 감정에 빠졌나요?"라고 하면서 그 순간에 내담자의 내면에서 무슨 일이 일어나고 있는지를 탐색할 필요가 있다. 또 다른 중요한 한 가지는 고통과 슬픔을 경험할 때 드러나는 내담자의 취약함과 자신이 약하다는 느낌을 공감적으로 수용하는 것이다. "상처가 컸군요.", "그 부위에서 상처가 느껴지는군요.", "그때 그 상황에 대해 말하는 게 굉장히 슬프군요.", "당신이 완전히 혼자라고 느끼시네요."와 같은 상담자의 반응은 경험을 탐색하고 깊게 하며 강화하기 위한 것이 아니라, 먼저 그 정당성을 인정하고 그동안 회피해 왔던 슬픔에 침잠할 수 있도록 내담자를 은유적으로 보듬어 주는 것이다. 문제를 해결하거나 고치려 들지 않고 억지로 고통을 없애려고 하지도 않으면서, 그저 하나의 존재로서 내담자를 위로하고 함께 있어 준다는 것은 결코 쉬운 일이 아니다. 슬픔과 고통을 다룰 때 상담자는 고통을 섣불리 없애거나 도망가려 하지 않고, 스스로 타인의 고통에 들어가 이를 감지하고 깊이 만날 수 있어야 한다.

### 3. 경험의 강화

경험의 강화는 회피를 극복하기 위한 것이며, 감정을 부인하지 않고 자각을 증진하기 위한 것이다. 이런 과정을 밟아야만 내담자는 통제를 벗어나 진정한 고통을 느끼고 상실을 애도할 수 있다. 이때 먼저 은유나 함축적인 언어, 공감적 반영을 통해 슬픔을 깊이 경험하도록 할 수도 있다. 이런 과정을 통해 깊이 혹은 조용히 눈물을 흘릴 수 있는 것이다. 또한 고통스럽거나 공허한 신체 감각에 주의를 기울이게 하거나, 부서지고 조각났다거나 무엇을 갈망하고 있다는 은유와 어린 시절로 되돌아간 것 같다거나 어린아이 같다는 반영 등도 경험을 활성화하는 강력한 방법이다. 예를 들어, 상담자의 친절함이나 보살핌, 배려에 역설적으로 슬픔이나 고통을 느끼던 내담자가 있었다. 이때 상담자가 "안에 깊은 갈망(혹은 공허감)이 느껴지나 보네요.", "많은 고통이 있고…. 많은 욕구가 충족되지 못한 것 같군요." 혹은 "사랑에 굶주린 작은 아이처럼 느껴지네요."라고 반응한다면 내담자는 더욱 깊은 경험을 하도록 촉진될 수도 있다. 또한 자기 안에 있는 '작은 아이'를 위로하고 편안하게 해주거나 진정시키고 돌보도록 재현한다거나, 베개나 다른 중간 대상(transitional object)을 실제로 쳐 보게 하는 것도 슬픔을 활성화하고 깊이 경험하게 하는 방법의 하나다. 서구에는 '내면 아이 (inner child)' 치유하기 운동이 널리 보급되어 있는데 이 운동은 어린 시절의 작고 슬픈 아이를 상징화한 후에 그 시절에 해결하지 못했던 상처와 상실, 충족되지 못한 애착 욕구를 자각하고 자신을 돌보는 것을 목표로 한다. 이런 치유적 목표를 달성하기 위해 치료 작업에 자기를 진정시켜 줄 수 있는 곰 인형 같은 중간 대상을 활용하기도 한다. 이와 유사하게 사랑하는 사람을 상상하게 한 후 사랑이나 신체적 접촉, 위로에 대한 갈망을 표현하게 하는 것도 슬픔에 깊이 잠기게 하는 한 방법이다.

## V. 애도 상담 실습

### 1. 박탈적 상실에 관한 비탄의 사례

십 년 전에 남편에게 버림받은 한 내담자가 있었다. 그녀는 '더 늦기 전에' 누군가와 다시 깊은 관계를 맺고 싶어 하였다. 그런데도 항상 다른 사람이 옆에 다가오면 상대방을 밀어내곤 하였다. 남편이 자신과 네 명의 자녀를 버리고 떠났던 것처럼 다시 상처받을까 봐, 그때처럼 자기 삶이 송두리째 무너져 버릴까 봐 두려워서 누군가와 친밀해지는 것을 허용하지 못한 것이다. 그녀는 그 당시 자신이 거의 쇼크 상태였으며, 자신과 아이들을 지키고 힘든 상태를 버티어 내는 데만 모든 힘을 쏟을 수밖에 없었다고 고백하였다. 무너지는 것이 두려웠고, 그래서 감정을 통제해야 했으며, 스스로 고통을 느끼지 못하게 만들었다. 그녀에게는 방어를 풀 수 있을 만큼의 안전한 시간과 공간도 없었다. 친한 친구들은 "바보 같이 눈물 흘리지 마. 그놈은 그럴 가치도 없어."라고 말하곤 하였다. 그녀는 결코 전남편에 대한 분노를 드러낸 적이 없었다. 왜냐하면 남편이 떠나면서, 그리고 남편이 그렇게 이기적이고 남을 배려할 줄 모르며 자기만 생각한 사람이었다는 것을 알게 되면서 겪었던 고통과 고난을 다시 경험하는 것이 두려웠기 때문이다. 치료 장면은 십 년간 연기되었던 감정을 표현하고 애도할 수 있는 안전한 공간이 돼주어야 했으며, 나아가 친밀한 관계를 맺는 것에 대한 두려움을 재구성할 수 있도록 해야 했다.

다음 기록은 전남편에 대한 분노를 표현하면서 뒤이어 자연 발생적으로 고통에 접근하게 되고, 그러면서 남편이 그녀를 떠났던 당시에 느꼈던 강렬한 황폐함과 취약감에 깊은 눈물을 흘리게 되는 과정을 보여주고 있다. 상담자는 굳이 경험을 탐색하거나 강화하려 하지 않았고, 그 대신에 "정말 견디기 힘들었겠네요."라고 하면서 그녀가 경험했던 취약성을 공감적으로 수용하였다. 그리고 내담자가 스스로 고통을 인식하고 그 정당성을 받아들이도록 하였다. 또한 이 사례에서는 견디기 힘든 슬픔이 고통에 적절히 대처하지 못하리라는 두려움과 어떻게 뒤섞이고 있는지를 잘 보여주고 있다.

### (1) 일차적 분노에 접근하기

상담자 : 그가 이기적이라는 데 화가 나는군요. [보유와 주체가 됨을 촉진함]

내담자 : 그것만 화가 나는 게 아니라 그가 증오스러워요. 정말이에요. 그런 짓을 한 그가 정말이지 혐오스러워요…. 이런 말로도 내가 그를 얼마나 증오하고 미워하는지 충분히 표현할 수가 없네요.

상담자 : 더 크게 이야기해 보겠어요? 상상하면서 전 남편에게 말해 보세요. "나는 당신이 미워요. 증오해요." [강화함]

내담자 : 나는 당신을 증오해요. 어떻게 사람이 사람을 증오할 수 있냐고요? 내가 그러리라고는 생각하지도 못했어요. (주먹을 쥠)

상담자 : 주먹 쥔 손으로 무엇을 하고 싶죠? 할 수 있는 최대한 당신이 느끼는 것을 표현해 보세요. 그게 중요합니다. [표현을 분석함]

내담자 : 때려 주고 싶어요.

상담자 : 여기 있어요. (빈 의자와 베개를 가져옴) 때려 보세요. 해보세요…. 주먹을 쥐고. (베개로 의자를 내리치는 동작을 보여 줌) [강화함]

내담자 : 모르겠어요. 어떻게 해야 할지 모르겠어요. 모르겠어요, 정말.

상담자 : 좋아요. 다시 시작해 봅시다. 나는 당신이 그토록 이기적이라는 게 미워요. 당신이 나에게 한 짓을 증오해요. 말로는 도저히 충분하지 않아요. (내려치는 동작을 보여 줌)

내담자 : (격렬하게 베개를 내리치기 시작함)

상담자 : 좋아요. 그래요. 뭐라고 말하고 싶죠? 내리치면서 같이 말을 해보세요. 어떻게 그럴 수 있죠? 나쁜 놈, 죽이고 싶어, 어떤 말이든요. (내담자 : 내리치는 것을 중단함). 무슨 일이죠? [현재에 초점을 맞춤]

### (2) 일차적 슬픔을 표현하도록 다가가고 지지하기

내담자 : (침묵) 이런 강한 감정을 견디기가 힘들어요. 할 수가 없어요.

상담자 : 좋아요. 지금 느끼는 감정에 머물러 보세요. (내담자: 울기 시작함) 그래요. 그냥 두세요. 감정 그대로…. (내담자: 깊이 흐느낌, 상담자: 내담자의 어깨를 다독거림) 그래요. 정말 힘들고 고통스러웠군요. 몇 년 동안이나…. 음…. 괜찮아요…. 그냥 그대로…. (내담자: 흐느낌) 상처가 심하죠. 당연히…. 오랫동안 참느라고 더 힘들었겠네요.

내담자 : (흐느낌) 어떻게 사람이 사람에게 그런 상처를 줄 수 있죠? 아무렇지도 않게 떠날 수가 있죠?

상담자 : 음 영혼 깊이, 느끼는 그대로 들어가 보세요. (내담자: 흐느낌) 마음속에 무슨 일이 일어나고 있는지 말씀해 주겠어요? [현재 중심에 초점을 맞춤, 주의를 인도함]

### (3) 부적응적 신념의 명세화

내담자 : 다른 사람이라면 그가 한 짓을 어떻게 할지, 아무렇지도 않게 가 버렸는데, 과연 어떻게 할지 생각해 보고 있었어요. 양심이 없는 것일까요…? 그는 정말 아무것도 아니네요. 그런데 내가 그냥 가만히 놔둔 게 원인 같아요. 그냥 돌아오기만을 바라면서.

상담자 : 그것도 중요한 일이죠. 당신이 어떻게 그렇게 취약해지게 되었는지 이해할 시간을 가져봅시다. 지금은 기분이 어떻죠? [주의를 인도, 의도를 설정함]

내담자 : 매우 피곤해요. 하지만 안심돼요. 짐을 던 것 같고, 나아진 것 같아요. 여기에 뭔가가 있었는데…. (가슴에 손을 댐) 여기 있던 짐을 던 것 같아요.

깊은 분노와 슬픔에 다가가 이를 표현하면서 내담자는 스스로 이런 일이 일어나도록 '만들었다(허용했다)'라고 믿는 부적응적 자기 비난과 잘못된 신념에도 접근하게 되었다. 실제로 내담자의 잘못된 신념은 친밀감에 대한 두려움을 증폭시키는 숨은 요인이었는데, 이제 이런 신념을 탐색하고 재구성하는 것이 가능하게 되었다.

## 2. 복합적인 비탄

때로는 해결되지 못한 죄책감, 분노, 고통 등이 복잡하게 뒤섞이면서 사랑하던 사람의 상실이나 죽음에 대한 애도가 완결되지 못하는 사례도 있다. 예를 들어, 어머니가 자살을 시도했던 내담자의 사례를 보자. 이 내담자는 어머니를 용서할 수 없었고, 어머니의 죽음을, 자신을 버리고 거부한 것으로 느끼고 있었다. 이런 사례에서 볼 수 있듯이 자신을 학대하던 부모가 죽으면 그 이면에 깔린 학대에 대한 분노나 충족되지 못한 애착 욕구, 그리고 이에 따른 고통 때문에 애도 작업이 제대로 이루어지기 힘들다. 나이 든 어머니를 학대한 죄책감으로 고통받던 한 내담자가 있었다. 그녀는 그런 자신을 용서할 수 없었고, 상실에 대한 애도 작업도 당연히 제대로 이루어질 수 없었다. 이런 임상적 사례를 보면 슬픔, 수치심, 죄책감, 분노 같은 감정들이 병리적인 비탄 반응에 복잡하게 얽혀있다는 것을 알 수 있을 것이다. 따라서 정서에 초점을 맞추는 애도 작업에서는 경험의 단면들을 각각 명료하게 변별하고 인식하며 경험하게 하는 작업이 포함되어야 한다. 사랑하던 사람의 상실을 극복할 때는 죽은 사람과의 관계를 충분히 재검토하고, 실망하고 좌절하며 부딪혔던 경험을 거듭해서 되새기고 되짚어 볼 수 있도록, 그리고 그와 함께했던 즐거움과 자부심을 다시 만나볼 수 있도록 해야 한다. 하지만 이와 동시에 이전 사례에서 배웠듯이, 상처를 치유하고 새로운 삶을 구축한다 해도 잃어버린 것을 돌이킬 수는 없다는 것도 인정할 수 있어야 한다. 이와 더불어 잃어버린 관계와 내담자의 현재 삶이 어떻게 조화를 이룰 수 있는지 여기에 대한 새로운 의미를 창조하도록 도와야 한다. 그리고 이런 목표는 잃어버린 것이 무엇이고, 충족되어야 했던 욕구는 무엇이었는지, 그리고 욕구를 어떤 방식으로 충족시킬 수 있는지 상징화할 때 가능하다.

내담자가 십 대였을 때 어머니는 암으로 돌아가셨다. 하지만 아버지의 '은밀한 성적 학대' 때문에 어머니에 대한 애도 작업은 제대로 이루어지지 못하였다. 그녀와 아버지는 어머니에게 대항해서 은연중에 동맹관계를 형성하였고, 어머니를 거부하고 밀어냈다. 십 대 때 그녀는 어머니를 사랑하지 않았고 어머니 역시 자기를 사랑하지 않는다고 믿고 있었다. 그녀는 위선자가 되기 싫다면서 어머니의 장례식에도 참석하지 않았다. 하지만 자녀가 생기면서 모든 것이 변화하였다. 어린 아들을 품에 안고 그 사랑에 목이 메면서 갑자기 어머니 역시 자신에게 똑같이 그랬을 것이라고 느끼게 된 것이다. 그녀는 죄책감을 견딜 수 없었고, 어머니의 죽음과 잃어버린 관계를 애도할 수 없었다. 어머니에 대한 분노와 의존성을 다루어 나가면서 그녀는 이전에는 허용할 수 없었던 어머니에 대한 비탄과 후회, 사랑을 경험하고 표현하였다. 슬픔을 표현하고 어머니가 자신을 용서하리라고 믿게 되면서 죄책감이 경감되었으며, 자신을 용서하고, 어머니와의 관계를 재구성하게 되었다. 치료 장면에서 가장 중요했던 순간은 어머니가 아프다가 죽었을 때의 기억을 활성화한 장면이었다. 이때 내담자는 어머니에 대한 감정을 재경험하게 되었으며, 자신에게 버림받은 어머니가 얼마나 고통스러웠을지, 그리고 아버지의 관심과 보살핌을 바랐던 그 절박함이 얼마나 컸을지 자각하게 되었다. 다음 사례는 새로운 의미가 상징화되면서 복합적인 비탄이 해결되어 가는 과정을 보여주고 있다.

### (1) 나쁜 감정을 인식하고 탐색하기

내담자 : 그 당시에 했으면 좋았을 것을, 하고 싶었던 그것을 못 했기 때문이죠. 그래서 항상 슬프고, 지금 그걸 대신하고 있는 것 같아요. 물론 그때 해야 했던 것과 똑같지는 않지만요.

상담자 : 기회를 잃어버린 느낌, 할 수 있었던 시간과 장소에 있지 못했던 것 같네요. 그래서 꿈속에서 자신에게 다시 기회를 주고 있는 것 같아요. [상징화함]

내담자 : 맞아요. 그게 제가 느끼는 거예요. 전에는 그렇게 하지 못한 것을 변명하려고 했지요. 그렇지 않았다면 할 수 있었을 텐데. 내 잘못이 아니라는 것 같고 용서받는 것 같아요. 엄마는 이해해 주고 있어요. 힘들어하는 것은 나라고 말이죠.

상담자 : 그래서 엄마를 보살펴 주지 못하고 사랑하지 못했던 것에 죄책감이나 책임감을 많이 느꼈겠네요. [주체가 됨과 보유권을 촉진함]

내담자 : 연민이나 동정심일 수도 있죠. 그때 가졌던 경멸이나 증오심처럼 말에요. 엄마는 그걸 감수해야 했고 그러다 죽었어요. 남은 우리는 인생을 살아가야 했고 아빠가 나한테 할 수 있었던….

### (2) 정서적 의미에 접근하기

상담자 : 엄마가 죽었을 때의 그 시간으로 돌아가 보는 것이 필요할 것 같은데요. 열여섯 살 때의 자신으로 돌아가 보겠어요? 그때의 엄마를 만나보세요. 그때 그 상황으로 돌아가 보면 어떤 일들이 해결되지 못한 채 남아 있는지 알 수 있을 거예요. 현실을 변화시킬 수는 없지만 우리한테 남은 일이 무엇인지, 그걸 어떻게 해야 하는지는 알 수 있거든요. [기억을 활성화하고 근거를 제시함]

내담자 : 엄마는 할 수 있는 일은 다 했어요. 사랑으로요. 그런데 또 다

른 한 사람 때문에 엄마와 가까워질 수가 없었지요. 사랑을 받아들일 수가 없었던 거예요.

상담자 : 아버지가 의자에 앉아 있다고 상상하고 말해 보세요. 마치 "엄마를 나에게 돌려줘" 혹은 "나한테서 꺼져"라고 말하는 것처럼 들리거든요. 그 당시 그 장면으로 돌아가, 십 대 때의 자신으로 돌아가서, 아버지 모습을 그려보고 말씀해 보겠어요? [현재에 초점을 맞춤]

(내담자는 어머니와 아버지에 대한 서로 갈등하는 상반된 감정에 관해 이야기한다. 그 당시에는 아버지의 관심을 원했지만, 어머니와의 관계를 방해했던 아버지에게 분노를 표현한다)

### (3) 일차적 슬픔과 욕구에 접근하기

상담자 : 그런데 아버지에게 말하지 못한 게 있어 보이네요. 나는 당신이 필요했어요. 하지만 엄마도 필요했어요. 나는 엄마의 사랑이 필요해요. [욕구를 설정함]

내담자 : 나는 엄마가 필요해요. (흐느껴 울음) 아직도 엄마가 필요해요. (깊이 흐느낌)

상담자 : 물론이죠. 당연히 엄마가 필요하죠. 엄마가 앞에 있다고 생각하고 말해 보겠어요?

내담자 : 엄마, 나는 당신이 필요하고 당신을 사랑해요. 이제는 아무것도 바꿀 수 없지만 이게 내가 할 수 있는 모든 것이에요. (훌쩍거림) 충분치는 않지만 이게 내가 할 수 있는 최대한이에요. 그건 내 잘못이 아니었어요.

상담자 : 당신을 보고 싶다고 말씀해 보겠어요? [상징화함]

내담자 : 엄마, 당신이 보고 싶어요.

상담자 : 당신이 잃어버린 것들이 무엇인지 엄마에게 말해 보겠어요? [상징화함]

내담자 : 나와 함께 내 아들을 돌볼 수 있다면 좋을 텐데. 아이 돌보는

게 가끔 너무 힘들어요. 이럴 때 엄마의 도움을 받으면 좋을 텐데. 아들을 진심으로 사랑해 주고, 보살펴 주고, 나한테 좋은 충고를 해줄 수 있는 사람, 내가 믿을 수 있는 사람 말예요. 당신이 바로 그런 사람이니까요. 엄마가 우리 곁을 떠나기 싫어하는 것처럼 느껴져요.

상담자 : 여기에 앉아 엄마가 돼서 말해 보세요. 떠나는 것에 대해서요. [현재에 초점을 맞춤]

내담자 : (의자를 바꾸어 앉아 엄마를 연기한다) 네 곁을 떠나기 싫단다. 네 아빠가 너를 잘 돌봐 줄지, 그렇지 않을까 봐 정말 걱정이구나. 나도 너를 사랑한단다. (흐느낌)…. 네가 나를 다시는 사랑하지 않을까 정말 슬펐다. (코를 풂)

## (4) 재구성

상담자 : 딸(내담자)에게, 딸을 돕기 위해서 하고 싶은 말이 또 있나요? 당신이 이해한 것이라든가 도움이 될 수 있는…. [상징화함]

내담자 : 네 아빠가 네게 한 짓을 나도 알고 있단다. 나는 그때 그 어떤 것도 할 수 있는 힘이 없었지. 너도 그랬고. 그때 너는 아빠와 가깝다고 생각했었고, 단지 네가 원했던 것을 했을 뿐이야. 나는 아무것도 할 수 없었고 바꿀 힘이 없었단다. (상담자를 향해) 아마 그게 가장 맞는 이야기일 거예요.

상담자 : 너를 도와줄 만큼 힘이 없었단다. [초점을 다시 맞춤]

내담자 : 그래. 나는 정말 힘이 없었어. 나에게는 병이 있었고, 나 역시 네 아빠한테 꼼짝할 수 없었거든. 살아온 내 인생이 그렇지 못했기 때문에 나를 주장하거나 내세우는 데 익숙하지도 못했어. 아빠가 나를 사랑해 주기만을 원했고, 애들처럼 행동했지. (의자를 바꿔 앉아 내담자가 '자기' 역할을 하게 한 다음, 엄마가 한 말에 반응하게 한다.)

내담자 : 엄마가 자신을 작은 소녀같이 느꼈다는 걸 나도 알아요. 몸이 아플수록 엄마는 더 무기력해졌고 더 아이 같아졌지요. 아빠가 돌봐 주

기만을 바랐고요.

상담자 : 아이 같은 엄마를 보면서 느낌이 어떤가요? [주의를 설정함]

내담자 : 화가 나는 것 같아요. (상담자: 엄마에게 말하게 한다) 나는 엄마가 아이가 아니라 어른 같기를 원했어요. 엄마와 아빠가 자신들의 문제를 제대로 이겨내기를. 엄마가 복종하고 순종하는 삶을 살았다는 것, (흐느낌) 좋은 소녀가 되기를 바랐다는 것은 이해하지만요.

상담자 : 당신의 눈물이 의미하는 바는 뭐죠? [현재에 초점을 맞춤, 상징화함]

내담자 : 자신과 싸운다는 게 얼마나 힘든지 알아요.

상담자 : 때로는 나도 포기하고 싶고, 무기력해진다는 뜻인가요? [주체됨과 보유권을 촉진함]

내담자 : 그래요. 나도 그래요. 때로는 아들을 포기하고 싶을 때가 있어요. (울음) 무거운 짐 같고 아들 때문에 너무 일찍 어른이 된 것 같아요.

상담자 : 아직 많은 감정이 남아 있는 것 같은데, 이렇게 부모가 돼서 엄마와 만난다는 게 어떻게 느껴지나요? [주의를 돌림, 상징화함]

내담자 : 모르겠어요. 되돌릴 수 없는 잃어버린 시간 같아요. 때때로 엄마가 무척 외롭고 아무와도 마음을 주고받지 못했을 거라는 생각이 들어요. 아빠에게 증오심을 느꼈을 거라고, 아빠한테 증오심이 점점 커졌을 것 같아요. 자신이 살아온 인생, 자녀, 모든 것에 실망했을 것 같아요.

상담자 : 거기에 대해 엄마한테 말하고 싶은 것이 있나요? 당신이 바라는 것에 대해서요. [욕구를 설정함]

내담자 : 엄마, 당신이 그렇게 필요로 했던 사랑을 줄 수 있었다면 좋았을 텐데, 하지만 난 그러지 못했죠. 당신은 어쩔 수 없는 상황이었어요. 엄마가 죽은 것을 가지고 비난하고 싶지는 않아요. 다른 방법이 없었으니까요. 아들이 나한테 어떤 존재인지 이제는 느낄 수 있어요.

### (5) 자기 긍정적 위치를 지지하기

내담자 : 엄마가 오래 살았다면, 서로 관심과 사랑을 주고받을 수 있었을 것 같네요. 그렇지 못한 게 비극이죠.

상담자 : 네. 그게 맞는 말 같아요. 전에는 이렇게 잃어버린 것을, 슬픔을 마주칠 기회가 있다는 것을, 그래야 한다는 것을 알지 못했어요.

내담자는 상실에 따른 슬픔과 비극을 충분히 인식하고 그 상황에서 하지 못했던 것에 대한 후회를 표현하였다. 어머니 역시 자신과 마찬가지로 슬프기는 하지만 그녀를 용서하고 그녀의 욕구를 이해한다고 믿게 되었다. 그리고 이제 새로운 의미를 재구성하고 창조할 수 있게 되었다.

## VI. Role-Playing

### 1. 내담자의 감정 및 이와 연관된 자기감에 주의를 기울이고 공감하는 타당화 단계

"그런 일을 생각하고 떠올리는 게 큰 상처가 되는군요. 그런 감정을 느끼는 게 정말 힘든가 보네요."

"항상 당뇨 때문에 자신을 다스리고 참아야 하는데 넌더리가 났군요."

"무겁고 괴롭겠군요.", "기대를 저버리기도 어렵겠네요.", "큰 싸움이겠네요.",

"웃고 있지만 그 뒤에서는 울고 있는 것 같네요.", "아직도 힘든 것 같네요."

"어찌할 바를 모르시겠군요."

## 2. 협력적 관계를 형성하여 이러한 것들을 유발한 발생 조건 (generating conditions)에 초점을 맞추는 단계

"당신이 상담에서 이루고 싶은 한 가지는 더 강한 자기를 느끼고 싶은 것 같네요. 그래서 스스로 서고 싶어 하는 것 같네요."

- 현재를 지향하는 감정적 관심사(욕구, 목표)가 무엇인지가 바로 유발한 발생 조건(generating conditions)이며, 이는 바로 상담을 이끌어 갈지를 인도하고 결정하는 기반이 된다.

## 3. 내담자에게 중요한 감정들을 활성화하고 각성시킨다.

"지금 기분이 어떤가요?"
"아니요. 실제 화가 난 것은 아니고요. 단지 좌절했을 뿐이에요."
"그에게 내 생각을 말하고 싶어요. 하지만 두려워요."
"내가 조각나는 느낌이에요.", "나는 완전히 혼자라고 느껴요." - 주체성이 촉진

- 조각나는 듯한 감정을 확인할 때 자신의 진정한 욕구에 좀 더 가까이 다가가 이를 재보유할 수 있고, 그러면서 자신을 조절하게 된다.

"안전감과 보호받는다는 감정을 느끼고 싶어요. 나에게는 지지와 관심이 필요해요."- 자신의 욕구 인식
"나 스스로 실패자로 받아들이고 있다는 것을 인식하고 깨닫고 있어요."
"스스로 부족하다고 비판할 때, 당신은 자신을 나쁜 사람이라고 느끼겠군요."

"살아남을 수 없다고 느낄 때 공황을 느끼기 시작하는군요."
"내가 아픈 척 과장하고 있거나 허풍을 떨고 있는 것 같아요." - 목소리가 내면에 자리 잡힘
"너무 엄살을 떨고 힘들어하는 것 같아요. 그만두어야 할 것 같아요."
- 자기 의심이 실린 목소리
"무슨 일이 일어나고 있는지 볼까요. 당신은 한 가지 목소리로만 말하고 있고, 그럴 때 다른 목소리는 전혀 말을 하지 못하는 것 같아요. 여기와서 이 의자에 앉으세요. 더 크게 해보세요. 자신을 좀 더 불안하게 만들어 보세요. 의심해 보세요."

- 내담자에게 중요한 감정들을 활성화하고 각성시킨다. 첫째, 내적 경험을 상징화하지 못하는 것, 둘째, 자신의 주변 환경과 관계가 원활하지 못한 것, 셋째, 자기와 타자 간에 경험하는 관계의 불화다. 이 중 상징화에 곤란을 겪는 내담자의 경우에는 새로운 의미가 생성될 수 있도록 신체가 느끼는 경험에 주의를 기울이고 상징화하며 반영하는 것이 필요하다. 유발 조건을 확인하면서 상담자는 의도적으로 내담자가 내적 경험에 초점을 맞출 수 있도록 도와야 한다. 이때 상담자는 상황에 대한 내담자의 일차적인 감정적 반응(primary affective response)과 이런 일차적 반응에 대한 이차적 반응(secondary response)을 구분하고, 일차적 경험과 그 상징화에 초점을 유지할 수 있도록 해야 한다. 감정은 대개 이름을 부여받지 못한, 명세화되지 않은 감정 상태로 경험되는 경우가 흔하다. 따라서 감정을 확인하고 다룰 때 대화(말)에만 의지해서는 안 된다. 감정을 확인하고 상징화하려면 회기 내에 신체 감각, 행동 표현, 주의 할당 등을 섬세하고 면밀하게 사용할 필요가 있다.

## 4. 그 이면의 인지적-감정적 연쇄 과정을 탐색하고 벗겨 내어 풀어헤치는 단계

"지금 느끼는 기분이 어떻죠? 당신이 필요로 하는 것이 무엇이죠? 무엇이 빠져 있었죠?"
- 감정과 욕구, 목표에 초점을 맞춤.
"그가 나에게 반응하지 않는다 해도 나에게는 그걸 바랄 수 있는 가치가 있어요."
- 충족되지 못했던 욕구와 그에 따른 결과를 재평가
"나는 사랑받는다고 느낄 가치가 있어요. 지금 얻지 못한다고 할지라도, 내 안에서 아니면 다른 어딘가에서 그걸 얻을 수 있을 거예요. 그가 나에게 반응하지 않는다 해도 나는 살아갈 수 있어요. 나는 실패하지 않을 거예요."
- 자기강화, 능력 강화(몸이 느끼는 깊은 감정적 의미 속에서 형성되는 인지, 차가운 인지와 다름)
"당신은 부모로서 자신을 실패자로 받아들이고 있는 것 같네요. 그래서 자신이 나쁜 사람이고 희망이 없다고 느끼는 것 같네요."

## 5. 부적응적인 핵심 감정 도식이나 일차적인 적응적 감정에 접근한다.

"나는 인생의 실패자예요."
"더 이상 다른 사람으로부터 신뢰를 받을 수 없어요."
- 어떤 사람이 자신을 나쁜 사람, 수치스러운 존재 혹은 가치 없고 더러운 존재라고 느낀다면(이 경우에는 일차적인 부적응적 감정 도식일 것이다). 이와 관련된 감정은 슬픔이나 수치심(이는 일차적인 적응적 감정이다)일 것이다. 그리고 이 사람의 욕구와 목표는 다른 사람들에게 자신이 받아들여지고 가치 있는 존재로 느끼는 것이 될 것이다. 만일 어떤

사람이 수치심이나 무가치감 같은 일차적인 나쁜 감정으로 고통받고 있더라도 이를 상징화하고 자신이 느끼는 감정을 깨달을 수 있다면 그에 대한 통제감도 획득할 수 있다. 이런 깨달음에 힘입어 새로운 대안적인 감정과 자기 견해, 수용 받고 싶어 하는 내면의 진정한 욕구에 점점 더 가까이 다가가게 된다.

**6. 일차적 감정 및 새롭게 출현하는 목표와 욕구에 의지하여 부적응적 신념에 도전하고 부적응적 감정 도식을 재구성한다.**

"나는 비난이 아니라 지지를 원해요. 나는 그럴만한 가치가 있어요. 어렸을 때 내가 원한 건 사랑뿐이었어요."

- 상담 장면에서는 부적응적 감정 도식이 관련된 기대나 신념도 분명하게 명세화되고 수정되어야 한다. 여기에는 각기 다른 문제 경험과 관련된 다양한 신념과 욕구들이 존재한다. 재구성 단계에서 내담자는 도식에 영향을 미쳤던 기대나 신념을 인식하고 명세화하게 된다. 그리고 이런 신념 때문에 혹은 이와 연관된 나쁜 감정으로부터 자신을 보호하기 위해 무엇을 해 왔는지, 그것 때문에 삶이 어떻게 잘못 조직되어 왔는지를 인식하게 된다. 예를 들어, 무가치감이나 사랑받지 못한다는 감정에 취약했다면 그 때문에 이런 잘못된 관점으로부터 자신을 보호하고 그 부당성을 증명하기 위해 대부분의 행동과 경험을 소비하였다는 것을 깨닫게 되는 것이다.

**7. 새로운 감정과 자기감의 출현을 지지하고 타당화 한다.**

"나는 실패하지 않았다는 걸 알았어요. 내 아이들은 나쁜 점도 있지만 좋은 점도 있어요. 다른 아이는 잘 키웠어요. 모두 내 탓만은 아니에요.

나 자신을 비난하는 데 지쳤어요."
"나는 열심히 애썼어요. 내 딸은 반항적이고 지배적인 성격이에요. 누구도 다루기 힘들죠. 고된 싸움이에요. 하지만 나는 내 딸을 사랑하고, 내 딸은 그럴만한 가치가 있어요."
"나는 항상 부모에게 야단만 맞았어요. 심지어 남편에게도요. 그리고 그걸 받아들였고 당연하다고 믿었어요. 하지만 이젠 그렇지 않다는 걸 알았어요. 나는 더 이상 짐짝이 되기 싫어요."
- 관점을 함께 탐색하면서 이런 자기 관점을 옛날부터 지속되어 온 패턴에 연결할 수 있다.

### 8. 새로운 의미가 창조되는 단계

"넓은 광야에 홀로 있는 것 같아요", "유리병 속에 있는 것 같아요", "키 없는 배를 타고 바다에 있는 것 같아요", "안에서 화산이 터지는 것 같아요", "쓰레기 더미에 내던져진 것 같아요"
- 이런 은유는 과거 자신의 문제를 상징화하던 상담 장면의 은유이다.

"이제 구덩이에서 일어나야겠어요."
"새로운 눈으로 다시 볼 수 있게 되었어요."
- 이러한 은유 역시 새로운 의미와 해결책이 출현하고 만들어지며 발전하는 것을 포착하는 감정적 은유이다. 이제 자신에 대한 새로운 관점이 창조되었으며, 이 관점으로부터 감정적 경험을 상징화하고 조직화할 수 있는 자기 경험이 재구성된다.

## 심화 2
## 죽음교육의 실제

### <내용 요약>

죽음교육 현장에서 말하기와 글쓰기 활동은 학습자들의 의사소통 능력과 정서적 성장을 효과적으로 촉진한다. 말하기 활동을 통해 학습자들은 죽음과 관련된 주제로 대화하며 타인의 경험을 경청하고, 자신의 경험을 공유함으로써 공감 능력을 향상시킨다. 이러한 대화는 죽음에 대한 두려움을 표현하고 다양한 관점을 접하는 안전한 환경을 제공한다. 글쓰기 활동은 학습자들에게 자기 성찰의 기회를 제공하며, 자신의 감정과 생각을 체계적으로 정리할 수 있게 돕는다. 일기, 편지, 시 등 다양한 형식의 글쓰기를 통해 죽음과 삶에 대한 깊은 탐구가 가능하며, 이는 창의적 표현의 통로가 된다.

두 활동 모두 학습자들이 죽음을 직접적으로 다루며 자신의 가치관을 재정립하고, 개인적 고통과 경험을 의미 있는 서사로 변환하는 치유적 과정을 촉진한다. 궁극적으로 말하기와 글쓰기를 통합한 죽음교육은 학습자들이 삶의 유한성을 인식하고 현재의 삶을 더욱 소중히 여기도록 안내하는 효과적인 교육방법이다.

### <핵심어>

죽음교육(Death Education), 말하기(Speaking), 글쓰기(Writing),
의사소통(Communication), 정서적 성장(Emotional Growth),
가치관(Values), 공감(Empathy), 경청(Listening),
자기 성찰(Self-reflection), 치유(Healing)

<학습 목표>
- 죽음과 관련된 다양한 사회적, 심리적 측면을 이해하고 이를 효과적으로 다룰 수 있는 능력을 기른다.
- 말하기와 글쓰기 활동을 통해 죽음에 대한 감정과 경험을 표현하고 소통할 수 있는 능력을 배양한다.
- 학생들이 자신의 감정과 생각을 정리하고 표현하는 과정에서 정서적 성장을 도모한다.
- 죽음을 주제로 한 대화를 통해 타인과의 공감 능력을 증진하고, 갈등 해결 및 의사소통 능력을 향상한다.
- 자기 성찰을 통해 죽음에 대한 자신의 가치관을 탐구하고, 이를 바탕으로 삶과 죽음에 대한 의미를 재조명한다.

<적용 실천>
- 죽음에 대한 감정표현: 학습 후 학생들은 자기 죽음에 대한 감정을 편안하게 표현할 수 있는 능력을 기르게 된다. 이를 통해 삶과 죽음에 대한 개방적인 대화를 나누는 데 도움을 줄 수 있다.
- 죽음에 대한 의사소통 능력 향상: 학생들은 타인과 죽음에 관한 어려운 주제를 나누거나 상담하는 데 필요한 의사소통 기술을 실천할 수 있다. 이를 통해 더 나은 대인관계를 형성할 수 있다.
- 자기 성찰과 가치관 확립: 학생들은 자신이 죽음을 어떻게 이해하고 받아들이는지에 대해 성찰하고, 이를 통해 삶의 의미와 목적에 대한 새로운 관점을 적용할 수 있다.
- 위기 상황 대처법: 학습 후 학생들은 죽음을 다룬 상황에서 타인의 감정을 이해하고 적절하게 반응하는 방법을 실천할 수 있다. 이는 위기 상황에서의 돌봄 능력 향상에 기여한다.
- 집단 상담 및 지원 활동: 학생들은 죽음과 관련된 심리적 고통을 겪는 사람들과의 상담이나 지원 활동을 실천할 수 있다. 이는 개인과 집단의 심리적 건강 증진에 도움을 준다.

# 죽음교육의 실제

## Ⅰ. 죽음교육 현장에서 말하기와 글쓰기

죽음교육 현장에서 말하기와 글쓰기를 적용하는 것은 학습자들의 죽음에 대한 의사소통 능력을 향상하고 정서적 성장을 도모하는 데 큰 도움이 된다. 일반적으로 죽음교육 현장에서는 다음과 같은 방식으로 말하기와 글쓰기를 활용한다.

첫째, 죽음 관련 주제로 대화 나누기다. 죽음이라는 주제는 깊이 있는 대화를 이끌어 가는 데 효과적이다. 예를 들어, '만약 내게 남은 시간이 24시간뿐이라면 무엇을 하고 싶은가?' 이런 질문을 통해 자신의 가치관과 삶의 우선순위에 대해 생각하고 표현하는 기회를 가질 수 있다. 이는 이후 자세히 살펴보고 서술하겠지만, 데리다(J. Derrida)의 해체주의적 관점에서 볼 때, 고정된 삶의 의미를 해체하고 새로운 의미를 구성하는 과정이라 할 수 있다.

둘째, 공감과 경청 능력의 향상이다. 죽음과 관련된 개인적 경험이나 감정을 나누는 과정에서 타인의 이야기를 주의 깊게 듣고 공감하는 능력이 자연스럽게 향상된다. 이는 단순히 말하기 능력뿐만 아니라 정서적 지능을 높이는 데도 이바지한다. 데리다의 '차연(différance)' 개념에서 볼 때, 이는 타인의 경험을 통해 자기 삶의 의미를 지속해 재해석하고 확장하는 과정이라 할 수 있다.

이러한 말하기 활동을 통해 학습자들은 죽음이라는 주제에 대한 두려움을 극복하고, 보다 개방적이고 진솔한 대화를 나눌 수 있게 된다. 또한, 삶과 죽음에 대한 다양한 관점을 접함으로써 자신의 사고를 확장하고 타인을 이해하는 능력을 기를 수 있다. 이는 궁극적으로 더 풍부하고 의미 있는 삶을 살아가는 데 도움이 된다.

또, 글쓰기 영역에서 죽음교육을 적용하는 것은 학습자들의 창의적 표현 능력과 자기 성찰 능력을 향상하는 데 매우 효과적이다.

첫째, 죽음을 주제로 한 창작 활동이다. 예를 들어, '나의 장례식' 또는 '100년 후의 나에게 보내는 편지'와 같은 주제로 글을 쓰는 활동을 할 수 있다. 이러한 활동은 학습자들이 죽음이라는 주제를 자기 삶과 연결 지어 생각하고 표현하는 기회를 제공한다.

둘째, 자기 성찰적 글쓰기다. 죽음을 매개로 자신의 삶을 돌아보고 성찰하는 글쓰기 활동은 자아정체성 확립에 큰 도움이 된다. 예를 들어, '내 인생에서 가장 의미 있었던 순간들'이나 '내가 세상에 남기고 싶은 것'과 같은 주제로 글을 쓰면서 자신의 가치관과 삶의 목표를 재정립할 수 있다.

이러한 글쓰기 활동을 통해 학습자들은 죽음이라는 주제를 보다 깊이 탐구하고, 이를 자기 삶과 연결 지어 생각할 수 있게 된다. 또한, 글쓰기 과정에서 자신의 감정과 생각을 정리하고 표현하는 능력이 향상되며, 이는 궁극적으로 더 풍부하고 의미 있는 삶을 살아가는 데 도움이 된다. 이 장에서는 말하기와 글쓰기가 어떻게 죽음교육에서 치유를 가져오는지에 대한 원리와 임상에서의 실천법을 알아본다.

## II. 말하기와 글쓰기 작업의 전제

말하기와 글쓰기는 자신이 '체험한 것'을 대상화해서 서술하는 작업이다. 체험되지 않은 것을 서술하는 것은 현실감을 놓치게 되어 관념적 서술과 환각을 만들어 낼 수 있다. 따라서 글쓰기가 무의식적으로 체화된 자기 경험에 뿌리를 둘 때 추상적 사유나 공염불에서 벗어나 구체적 현실성을 획득하게 된다. 그동안 회피하고 연기했던 고통의 경험을 글쓰기로 대면할 때, 압축된 무의식의 내용들을 하나씩 풀어내면서 그것이 어떤 의미였는지를 깨닫게 된다.

이제 글쓰기를 통해 대상화했던 고통이 의미화되어 새롭게 주체의 심적 기제를 형성하게 된다. 이때 고통은 주체의 것이 된다. 분석가의 관찰자 시점의 삼인칭 언어로 포획 지배된 관점이 아니다. 고통의 본질은 일인칭 주체 자신에 의한 것이기에 재귀(귀의)적 목적성을 지닌다. 상실과 죽음에서 비롯된 고통의 감정은 타자의 것이 아닌, 그 자신의 것(mineness)이 된다. 그래서 말하기와 글쓰기 작업은 상실과 죽음을 ① 맞이한 ② 사람'의' 슬픔과 고통(아픔)이 그를 ③ 통해 ④ 어떻게 반응하고 ⑤ 대처(맞이, 준비)하는지를 ⑥ 그의 입장이 되어 ⑦ 질문해 보는 과정이다. 분석의 목적은 내담자가 자기 문제 해결에 있어서 주체적인 존재가 될 수 있도록 하는 일이다.

① **표현함의 의미**: 표현하는 것이 어떻게 치료가 될 수 있는가? 표현은 과거의 체험이나 기억이 동일하게 반복되는 것이 아니라, 미래적 가치나 소망이 현재적 상황에 투사되어 나타나기 때문에, 말을 할 때마다 과거(의 기억-결핍과 부재에서 오는 욕구)를 미래로 투사해서 재구성하여 차이와 다름이 드러나 치료가 된다.[302]

---

302) 심리치료의 한 분과인 인지치료(cognitive therapy 또는 logotherapy)에서는, 내담자의 왜곡된 정서를 유발하는 잘못된 인지 체계를 교정하기 위하여, 내담자와의 상담을 통하여 그릇된 신념의 발견, 정보처리의 과정에서 일어나는 오류의 수정, 그릇된 추론을 조장하는 핵심 신념의 수정, 합리적 추론 능력의 증진 등과 같은 치료기법을 도입한다. Aaron T. Beck, Cognitive Therapy(New York: Penguin Books, 1979), 213~225쪽 참조.

② **맞이함**: 사람이 주인이 되어 죽음을 맞이함, 수동적 객체가 아닌, 능동적 주체가 됨, 거기에 결단하는 인간의 존엄성이 깃들게 됨. 따라서 인간이 더 이상 죽음에 당하는 객체가 아니라, 죽음을 통어(統御)하고 자신의 삶을 조율하는 주인이 된다. **주체적 존재가 되는 길은 우선 무의식적으로 자기를 억압하는 불안, 공포, 두려움으로 야기된 사태를 의식적으로 직시하는 안목과 자기 자신에 대한 긍정에서 출발한다.**

③ **사람의 슬픔과 고통**(아픔): 우리가 하는 말은 개인의 언어가 아니라, 이미 타자가 만들어 놓은 언어를 답습하고 익혀, 그 문법 체계에 맞게 사용함으로써 일정한 의미와 이해 체계를 가지고 있다. 이렇게 우리가 사용하는 언어는 자신의 언어가 아니라 타자의 언어이며, 언어에서 발생하는 욕망조차 자신의 고유한 욕망이 아닌, 타자가 만들어 놓은 시스템 속에서 타자의 욕망을 욕망하게 된다. 어느덧 나의 슬픔과 고통은 나의 것이 아니다. 슬픔과 고통이 정작 나의 것이 아니기에 더욱 괴롭다. 슬픔과 고통이 온전히 자신의 것이 되기 위해서는 어떻게 해야 하는가? 거기에는 '직면'의 서술이 요청된다. 직면은 타자의 죽음이나 언어, 욕망이 아닌, 자신만의 고유한 슬픔과 고통으로 스스로 자신에게 책임 지워지는 실재의 힘이다. 이 증상은 자신으로 되돌아가고자 하는 현상(슬픔과 고통)이다. 그런 의미에서 슬픔과 고통의 증상은 상실된 것을 다른 것으로 대체해 나가고자 하는 보상이며 또 하나의 쾌감이 된다. 따라서 이 증상은 제거해야 할 것이 아니라, 그 실재가 무엇을 말하고자 하는지, 그 의미를 찾아내고 발견함으로써 자신과 정직한 만남이 이루어지는 계기가 되도록 해야 한다. 고통은 이제 타자의 것, 또는 회피하고 도피해야 할 것이 아니라, 자신의 고유한 것, 책임지는 것이 된다.

④ **통해**: 치유의 길은 밖에 있지 않다. 치유는 나타난 현상 '이' 슬픔과 고통을 '통'해서 시작된다. 슬픔과 고통을 피하거나 제거한다면 치유는 일어나지 않는다. '이'것을-통해(through)-잇달아-**일**어나-**이**어져-**있음**-**일**-**됨**-**사건**으로 나타난다. 실재는 '이'러한 과정(생성) '그' 자체이다. 따라서 슬픔과 고통은 **실재**(Reality)의 도래다. '이' 도래는 언제나 가면(위장)을 쓴 채 반복·재현·재구성된다.

⑤ **어떻게 반응**: 현상적으로 나타난 슬픔과 고통이 ① 무엇에 의해, ② 무엇을 위한, ③ 무엇이 그로 하여금 그렇게 반응하게 하는지를 살핀다. '③'의 '무엇'은 겉으로 드러나지 않은 무의식적인 것이다. 현상적으로 나타난 것은, 보이지 않은 무의식이 가면(위장)을 쓰고 나타난(도래한) 것이다. 따라서 슬픔과 고통이 무엇을 지시하고 무엇을 찾고자 하는지, 무엇에 의해 그렇게 나타나는지를 살펴야 한다. 그리고 그것을 내담자가 인지할 수 있도록 표현하게 한다.

⑥ **대처**(맞이, 준비)하는지를: 대처의 서술은 '(대자對自적)직면'에 있다. 직면의 반대는 '**억압**(무의식-망각-은폐-위장-가면-거짓-박탈-합리화-당연시-판단-비교-강제-비난)과 **방어**(부정-거부-회피-미래적 연기-잘될 거야-위로-전이-대체물 형성-중독)'이다. 임상 실천에서는 그만의 언어로, 그의 방식으로 표현하고 대처할 수 있도록 해야 한다.

⑦ **그의 입장**이 되어: 분석 과정에서 나타나는 내담자의 반응이나 태

도, 언어에서 무엇이(억압과 방어의 주체) 그에게 억압으로 작용했는지, 충동 중에서 무엇이 억압과 방어에 '**저항**'했는지, 그리고 궁극적으로 무의식의 그것이 ① **무엇을 말하고자 하는지,** ② **무엇에 이르고자 하는지,** ③ **무엇이 되고자 하는지**를 내담자 스스로 자각하고 발견할 수 있도록 해야 한다.

## Ⅲ. 인지·의미화 과정

인지·의미화 과정은 죽음교육에서 중요한 역할을 한다. 이는 심리의 내재화 과정으로, 말하기와 글쓰기를 통해 이루어진다.

여기에서 중요한 점은 치유의 첫 출발이 '표현함'에 있다는 사실이다. 만약 감정의 신체적 감각을 대면하지 못하고 회피하고 억압한다면 그 의식은 곧 병리적 현상을 겪게 된다. 인식의 확장을 위해서는 신체적 경험 감각에서 출발해야 한다. 경험 감각은 구체적 현실성을 제공한다. 감각에 의지하지 않은 관념적 인식은 온전한 자각을 이루지 못할 뿐만 아니라 멀리 갈 수 없다.

### 1. 심리의 내재화

- 표현: 비탄 감정의 표현 / 자신의 감정에 솔직해지기
- 후련함: 상실과 결핍으로부터 감정 회수(충족)하기, 표현 후 찾아오는 감정의 후련함
- 깃들기: 감정 해소 후, 자연스러운 안정감

- 비로소 보이는 것들: 인식 차원의 질적 변화(의도함이나 강제가 아닌 저절로)
- 수용하기: 맞이하기 / 수용하는 주체, 실존으로 살기
- 이해하기: 인과관계를 넘어, 보이지 않는 그 너머의 지평으로 가기 / 의식의 확장
- 의미망 형성: 객관 대상과의 관계 맺음

## 2. 의미화를 위한 죽음학 임상 실천

- 신체화된 인지 : 슬픔의 감정을 직면하고 대처하는 서술
- 자각과 알아차림 : 무엇이(누가) 그를 슬프게 하는가?, 타자의 언어(욕망)와 자신의 언어(욕망)
- 그의 슬픔은 어떻게 만들어지는가? : 자신의 인지 도식(태도와 위치-나는 지금 어디에 있는가, 대상을 어떻게 바라보고 있는가?)
- 그만의 문법으로 말하기와 글쓰기(욕망 창안하기)

## 3. 사물 표상의 언어표상화 과정

- 느낌을 이야기한다(직면).
- 상징화한다(대면).
- 명확하게 표현(구체적 현실감 확인)
- 정서를 허락하고 수용(주체의 자리 확인)
- 정서적 경험이 전달하는 메시지 확인(자기 소원-욕망 확인)
- 각기 다른 상황에서의 다른 혹은 모순된 정서 통합(타자의 상황과 관점 이해)
- 공감적 조율(이해와 화해)
- 새로운 의미 발견(알아차림과 자각)

• 새로운 정서 도식과 변화(더 멀리 뛰어가기)


## Ⅳ. 관찰하기의 대상

파롤(음소-음운)-랑그(기호-기표)-표상(두 개의 기호로 연결된 이미지)-발화

**1) 파롤(음성)**[303]: 외침, 음소적 단성, 신체 감각에서 위험한 신호가 감지될 때 자동으로 발화되는 단어나 문장이 아닌 음소적 기호(단성)나 외침이다. 음성에는 부드러운 음과 강함, 급박하고 성급한 음과 여운, 짧은 음과 긴 음, 유장한 음, 강세와 어세, 높이와 낮음, 중복과 변이 등에 따라 외부 위험도나 환경 변화를 감지할 수 있다.

**2) 랑그(기호)**: 단어, 언어, 기호, 기의[304], 기표, 신호, 문장, 은유

---

303) 인간은 소리의 의미를 언어적인 것보다 오히려 신체적으로 느낀다. 즉, 인간의 지각은 소리를 신체적 경험의 형태로 받아들인다. 이런 이유로 특정한 감정을 표현하는 언어를 들은 사람은 신체적이고 정서적으로 느끼게 되는 것이다. 특히 순자(전국시대 철학자)는 인간이 지속적인 음악적 자극을 통해 사회적 가치를 실현할 수 있는 감정들을 내재화하게 된다고 주장한다. 인간은 사회적 가치를 실현할 수 있는 감정들을 내재화함으로써 행동의 변화를 이끌게 된다. 이렇게 외부 자극에 의한 소리나 사건(사태)이 직접 신체에 자극됨으로써 감정이 발생하게 되고, 그 감정은 철저히 신체를 통해서만 해결된다. 인지적 요소인 언어는 소리가 지닌 음향적 특성으로 인해 인간 체내의 기와 감응하게 된다. 급박한 소리는 체내의 거스르는 기가 감응하게 되고, 유장한 소리는 체내의 순한 기가 응하게 된다. 인간은 거스르는 기가 활성화되면 그의 행동은 사회적 가치에 대해 거역하는 방향으로 흐르게 되며 순한 기가 활발해지면 사회적 가치를 따르는 올바른 행동을 하게 된다.
304) 기의(기호내용, signified)는 기호 작용을 통해 경험되는 내용을 말한다. 기의는 곧 신체적 작용의 반영이기도 하다. 하나의 기표를 기호화한다는 것은 그 기표에 사상되는 경험 내용의 관점에서 그 기표를 이해하고 경험한다는 것을 말한다. 기표(지칭)는 인간이 언어를 사용하는 방식, 즉 인지구조, 의식구조, 삶의 활동 방식, 기호화를 통해 나타나는 상징

305)(신체, 몸, 생리에서 느끼는 에너지의 흐름이나 방향, 목표나 지향점을 기호로 표시함). 훈습되어 전승된 체계, 체화(문신), 사회 구조화 과정-내가 말하는 것이 아니라 말해짐, 이에 대해 라캉(J. Lacan)은 다음과 같이 기술한다. "하나의 기표는 또 다른 기표를 위해 주체로 하여금 표상하게 한다." 우리가 사용하는 언어는 자신의 언어가 아니라 타자의 언어이며, 언어에서 발생하는 욕망조차 자신의 고유한 욕망이 아닌, 타자가 만들어 놓은 시스템 속에서 타자의 욕망을 욕망하게 된다. 따라서 슬픔과 고통 또한 온전히 그의 것이 아니다. 슬픔과 고통이 온전히 그의 것이 아니기에 더욱 괴롭다. 슬픔과 고통 온전히 그의 것이 되기 위해서는 어떻게 해야 하나? 거기에는 '직면'의 서술이 요청된다. 직면은 타자의 죽음이나 언어, 욕망이 아닌, 자신만의 고유한 슬픔과 고통으로 스스로 자신에게 책임 지워지는 실재의 힘이다.

**3) 표상**: 개인에게 고유하게 신체화(경험)된 인지 도식에 의해 재구성(과거 인상 A를→현재 상황을 기준으로 앞으로 다가올 예기되는 미래 B로 투사하고, 투사된 B의 이미지를 다시 → 현재 상황 C로 재구성·종합함). 따라서 표상에는 과거와 미래의 이미지가 현재로 종합된 것으

---

관계에 대한 인간의 이해 방식을 표식한다. 이 표식의 대상(기표, 기호 대상)이 물리적 사물일 수도 있지만, 추상적인 개념어일 경우도 많다. 개념어는 직접적인 경험 내용이 없다. 대신 다양한 경험 내용을 다양한 방식으로 '사상(捨象)'한 사물이다. 그래서 (사물의) 이름이 곧 기표이다. 이는 기호 대상에 대한 경험이 기표로 투사된 결과이다.

305) 은유는 단순히 언어적 서술의 문제가 아니라, 우리의 사고와 행위를 지배하는 매우 광범위한 인지 작용이다. 직접적으로 느껴지는 1차 신체의 느낌(A)을 2차 개념 언어(B)로 표현한 모든 것이 은유이다. 이는 이미 경험되고 주어진 것(원억압)을 새로운 경험에 투사(방어)함으로써 이루어진다. 따라서 은유는 무의식적으로 억압된 임의의 것(A)을 임의의 다른 것(B)으로 투사함으로써 이루어진다. 이때 은유화는 A의 '관점에서' (in term of) B로 이해하는 방식을 말한다. A는 이미 주어진 경험이며, B는 새롭게 형성되는 추상적 개념이다. 그래서 사실상 투사는 '기호화'와 같은 의미가 있다. 이러한 은유 작용은 개념들에만 적용되는 것이 아니라, 우리의 일상적 사고와 행위의 대부분을 차지한다.

로 구성된다.

**4) 발화:** 1:1(지칭 언어), 1:多(다양한 번역과 해석 가능)[306]

동물에게 욕망이 없다는 의미는 단항기표인 S1의 기호체계만 있을 뿐, 또 다른 이항 기표(인과적 문장 체계) S2로 지향하는 언어(의미)가 없다는 뜻이다. 즉 동물의 언어 세계는 사물에 대한 반응(기호) 체계가 1:1로 적용된다. 1:1이 아닌 1:2, 3, 4, 5가 되는 **다른 기표로의 의미생산이 불가능하다**. 그러나 인간은 '1:多'의 의미생산체계를 만들어 낸다. 사물(자극)과 욕망(반응) 사이에 다양하게 변주되는 의식의 구성(언어)이라는 필터링이 항상 존재한다. 여기에서 말하는 언어는 한 이미지를 다른 이미지로 전환하고 재구성해서 표상하는 은유적 능력이다. 따라서 인간의 욕망은 사물에 대한 직접적인 반응(욕구)이 아니라 언어라는 필터링 때문에 재구성된 것이라는 측면에서 언어적이다.

---

[306] 원활한 분석이 되기 위해서는 분석가와 내담자 사이의 문자적 의미나 지칭 관계가 아니라 그 언어 사용자들의 자연적, 문화적 조건과 상황, 그리고 그에 따른 총체적 경험과 이해가 중요하다. 과거 다른 시대 상황과 공간의 장에서 경험된 개인은 그들이 처한 특수한 시점과 존재 방식으로 이해해야 한다. 분석가 자신은 또 그 자신의 시대와 일상생활의 지평에 제약된다. 상실자의 과거 경험이 분석가가 바라보는 인식의 관심 속에서 읽힌다는 것은 상실자 자신이 아닌 제3의 의미화의 과정임을 직시해야 한다. 모든 인간의 감정은 과거 경험의 부분이며, 삶 체험의 문맥에서 설명되어야 한다. 일상생활에 처한 인간 자기 경험은 다른 시대와 공간에 따라 다른 특성이 있어서 추상적으로 이해되어서는 안 된다. 분석은 인간의 삶의 비탄을 단순한 물리적 사건의 불연속적 집합이 아닌 '의미의 체계'로서 파악하고 그 의미의 체계는 반드시 그 경험이 일어나고 있는 삶의 체험 지평 속에서 이해되어야 한다. 우리 삶의 경험은 주관적이며 시공적이며 역사적이다. 임상 실천에서는 삶의 경험이 깔고 있는 상실자의 세계관(Weltanschauungen)의 다원적 용인을 요구한다. 즉 이러한 다원성의 인식, 다시 말해서 모든 해석과 평가 상대성의 용인이야말로 우리의 정신을 개방성으로 안내하고 그 시점에서 비로소 상실자의 치유는 시작된다.

## V. 분석과 co-work

### 1. 분석

- 누가 발화하는가? ; 발화 이면(裏面, 억압과 무의식)에 작동하고 있는 원인과 동기 발견
- 발화하게 하는 것은 무엇인가(사람인가, 욕망인가, 결핍인가)? : 초자아-자아-이드
- 누구에게 발화하는가, 발화의 목적은 무엇인가?
- 어떤 형식으로 발화하는가?, 의식의 지형과 경제적 지향성(태도와 위치에 따라 신경증, 도착증, 정신증으로 나타난다.)
- 발화 형식과 구조는 무엇을 나타내는가? (지향과 의미) 발화 형식은 문법 형식, 인지구조이다. 발화 형식의 구조와 증상의 상관성은? 증상은 발화 형식과 구조가 만들어 낸 것이다. → 신경증, 도착증, 우울증, 정신증
- 분석가는 발화의 형식과 구조를 통해 무엇을 알 수 있는가?
- 발화 형식의 구조를 어떻게 바꿀 수 있을까?
- 공간·시간 의식의 변화(관점의 변화-반복 연습하기) → 수동태에서 능동태로, 소유격에서 목적격으로, 목적격에서 주격으로 등.

### 2. co-work

- 쓰기(녹음한 것을 들어보고 쓰기) : 발화한 음성적 기호를 문장(기표)으로 전환해보기, 자동으로 발화한 내용(구두만)을 쓰게 하면 자신의 언어 사용법이 얼마나 생경하고 우스꽝스러운지 느끼게 된다.
- 쓴다는 행위는 무엇을 말하는가? 과거의 사건을 현재로 떠올려 이

이미지가 어떻게 전개될 것인지를 예감하면서 재구성하는 과정이다. 그러므로 쓰기는 무의식적으로 떠올려지는 인상을 의식과 사고의 여과를 거쳐서(의식화) 전개하는 것이다. 거기에 주체가 자리하기 시작한다.
- 읽어보기(균열·틈 만들기-실재의 방문) : 자신이 말한 것을 직접 읽어봄으로써, 그때 느껴지는 감정을 표현해 보게 한다. "내가 내가 아닌 것 같다. 어떻게 내가 이렇게 말할 수 있을까? 나는 내가 이상하다."라는 느낌이 드는지 아닌지는 아주 중요한 진단의 기준이 된다.
- 만약 읽어보면서 아무런 느낌이나 이상함(생경함)을 느끼지 못한다면, 분석가가 문장의 내용을 하나씩 짚어 가면서 물어보자.
- 피드백(분석가 실천) : 표현에 있어서 무엇을 놓치고 있는지, 빠진 것(부족한 것)이 무엇인지, 좀 더 나은 표현이 있다면, 누구에게 말(표현)한 것인지, 왜, 무엇을, 어떻게, 어디(어떤 상황, 어떤 위치)에서, 누가(무엇이) 말한 것인지를 구체적으로 표현하게 한다. ① 구심성(출발점)과 지향성(의도와 목적), ② 정황과 맥락, ③ 국면-심리적 기제와 의식의 국면, 상황의 국면, ④ 누가, 누구에게, 어디에서, 무엇을, 어떻게, 왜, ⑤ 은유적 표현은 무엇을 나타내는가?
- 언어는 오인의 역사다. 미끄러짐, 왜곡, 실패, 상처의 원인이다.

# VI. 임상 실천

## 1. 바꾸어 써보기(전환): 새로운 문장으로 쓰기

사물 표상을 → 단어 표상으로 서술해 보기(정신증·도착증의 경우) ⇌
단어 표상을 → 사물 표상으로 서술해 보기(신경증 · 우울증의 경우)

## 2. 욕망의 실존분석

현상적으로 나타난 슬픔과 고통이 ① 무엇에 의해, ② 무엇을 위해, ③ 무엇이 그가 그렇게 반응하게 하는지를 살펴본다. 그리고 그것이 궁극적으로 내담자가 인지할 수 있도록 다음의 실존적 질문을 통해 표현하게 한다.

## 3. 실존적 질문과 결단

(1) 그게 진정 당신의 모습인가요? → 의필고아(意·必·固·我)의 인과적 동일성(당위의 횡포)은 자신이 아니다. 타자의 언어와 욕망일 뿐이다.
(2) 그게 진정 당신의 진실인가요? → 인과적 동일성에서 오는 착각(환상)은 아닐까요?
(3) 그게 진정 당신의 마음인가요? → 당신의 본래 마음은 비어있다. 없이하는 마음으로 있는 마음이 본래 마음이다.
(4) 그게 진정 당신이 바라는(원하는) 것인가요? → 타자의 욕망을 욕망하는 것이 아닐까요?
(5) 그게 진정 당신이 **알 수 있는 것(순수이성)**인가요? → 현재 알고 있는 것은 다른 사람의 지식으로 습득한 것은 아닐까요?
(6) 그게 진정 당신이 **할 수 있는 최선의 것(실천이성)**인가요? → 멀리 가지 말고 현재 할 수 있는 것을 다시 한번 살펴보자.
(7) 그게 진정 당신의 **언어(말, 결단, 심미적 판단력)**인가요? → 당신의 고유한 말이 아니라 타자의 시선에 의해 만들어진 것이 아닐까요?
(8) 그게 진정 당신이 인정(수용, 포용)한 것일까요? → 당신의 자존심 때문에 그렇게 하는 것이 아닌지요.
(9) 그것으로 현재 당신의 마음은 진정 평안하신가요? → 긴장과 평온

함이 함께 공존한다.

우리는 질문을 통해 막연한 이미지나 관념을 인과적 질서(문법적 어순의 배열)로 환원하여 이해한다. 이 과정을 통해 말하는 사람은 제 생각과 사유의 패턴을 스스로 검열하기도 하고 바로 잡아가기도 한다. 그래서 우리는 말을 하면서 저절로 깨닫게 되고 또 말을 하면서 그 길을 새롭게 내기도 한다. 말을 하는 것, 그것은 치료이다. 우리가 말을 한다는 것은 모두 어떤 사건에 이미지(기억)를 부여하여 상징화(기호화)한다는 것이다. 자신의 감정을 상징화할 때 새로운 의미와 통제감을 획득한다. 상징화는 감정을 다루는 손잡이와 같다. 우리는 언어를 통해 감정을 수정한다. 감정에 명칭이 부여되면서 감정으로부터 자신을 분리하고 강한 자기감이 촉진된다. 감정을 상징화하면서 자신이 느끼는 감정이 어떤 것인지 알게 되고, 감정을 볼 수 있는 새로운 위치와 관점이 만들어지는 것이다.

### 4. 누적과 반복[307]

동일시는 신경 시냅스를 고정화(고착)한다. 그러나 다양한 관점의 변화와 인과적 해석 체계는 신경 시냅스의 연결영역을 넓힌다. 억압과 콤플렉스로 인해 발생했던 병리 현상(과부하, 역기능적 증상)이 정상적인 신경 시냅스 안으로 흐를 수 있도록 한다. 이때 신경 시냅스의 회복

---

[307] 심리치료의 한 분과인 인지치료(cognitive therapy 또는 logotherapy)에서는, 내담자의 왜곡된 정서를 유발하는 잘못된 인지 체계를 교정하기 위하여, 내담자와의 상담을 통하여 그릇된 신념의 발견, 정보처리의 과정에서 일어나는 오류의 수정, 그릇된 추론을 조장하는 핵심 신념의 수정, 합리적 추론 능력의 증진 등과 같은 치료기법을 도입한다. Aaron T. Beck, Cognitive Therapy(New York: Penguin Books, 1979), 213~225쪽 참조.

가소성(restoring plasticity)은 더욱 견고해진다. 그래서 인지와 의미화는 감정을 치료하는 하나의 도구가 된다.[308]

5) 주체의 탄생[309]: 읽고 → 말하고 → 표현(선언)하기 → 결단 → 실천

---

308) 일상생활에서 말하거나/침묵하거나, 움직이거나/고요한 때를 막론하고 자기 내면과 외면, 생각과 느낌, 몸가짐과 행동거지를 항시 주시한다면, 이러한 노력의 습관화를 통하여 감정이 안정화될 수 있다. 이러한 자기조절의 노력이 충분히 몸에 익게 되면 더 이상의 '의도적인 노력' 없이도 자동으로 자기 검속과 자기 통제가 가능하게 된다. 인지심리학에서 말하는 '자동화(automatization)', 그리고 체험 주의 심리철학에서 말하는 '체화(embodiment)'가 바로 여기에 해당한다.

309) 주체는 단박에(한 번에) 형성되지 않는다. 인간의 심리는 일반적으로 오이디푸스로 기호화되는 근친상간(엄마의 젖가슴)의 거세화(분리, 상실, 결핍, 결여; 언어-상징화·인지화)의 과정인, 억압과 방어의 심리, 즉<거부→부정→부인→분노→타협→포기→절망→우울→수용→직면(대면)→의미화(언어-상징화)>의 변주를 거치면서 주체가 형성된다. 외부 자극에 의해 정신에 흔적을 남긴다는 의미에서, 프로이트는 상흔을 무의식에 기록(낙인, 동전 찍기, 상처)된 것으로 표현한다.

## 심화 3
# 자기만의 문법으로 말하기와 글쓰기

### <내용 요약>

이 글에서는 내담자가 자신만의 언어적 표현 방식을 발견하고, 이를 통해 심리적 고통을 치유하는 과정을 탐구한다. '자기만의 문법'이란 개인이 자신의 경험과 감정을 독특하게 표현하는 언어적 패턴을 의미하며, 이는 치유 과정의 핵심 요소가 된다. 상담 과정에서 말하기 활동은 내담자가 자신의 감정과 고통을 언어화하는 첫 단계이다. 이때 상담자는 내담자의 발화에 담긴 의미와 지향성을 주의 깊게 파악하여 내담자가 자신의 경험을 새롭게 해석할 수 있도록 안내한다. 말하기를 통해 내담자는 자신의 감정에 이름을 붙이고 고통의 원인을 탐색하며 점차 수동적 위치에서 벗어나 능동적 주체로 변화한다. 글쓰기 훈련은 말하기에서 한 걸음 더 나아가 내담자의 감정 표현과 상징화 능력을 강화한다. 일기, 편지, 자서전 등 다양한 형식의 글쓰기를 통해 내담자는 자신의 인지구조를 재구성하고, 감정의 원인과 동기를 더 깊이 이해하게 된다. 이러한 과정을 통해 내담자는 자신의 고통에 새로운 의미를 부여하고, 궁극적으로 더 통합된 자아와 확장된 가치관을 형성할 수 있다.

### <핵심어>

자기만의 문법(Personal Grammar), 말하기(Speaking),
글쓰기(Writing), 고통(Suffering), 상징화(Symbolization),
인지구조(Cognitive Structure)

### <학습 목표>
- 내담자의 삶에 대한 독특한 문법을 이해하고 존중할 수 있다.

- 내담자와의 말하기 및 글쓰기 활동을 통해 상담 효과를 높일 수 있다.
- 고통과 상실의 경험을 상징화하여 내담자와 소통할 수 있다.
- 인지구조와 언어적 표현 방식을 분석하여 내담자 이해를 심화시킬 수 있다.
- 상담을 통해 내담자의 복잡한 감정과 경험을 효과적으로 다룰 수 있다.

<적용 실천>
- 내담자의 감정과 경험을 더 잘 이해하고 공감할 수 있다.
- 상담 세션에서 내담자의 언어와 행동을 분석하여 맞춤형 지원을 제공할 수 있다.
- 고통과 상실을 겪고 있는 내담자에게 적절한 의사소통 방식을 사용하여 회복을 돕는다.
- 다양한 언어적 기법을 활용해 내담자의 문제를 더 깊이 탐색하고 해결책을 제시할 수 있다.
- 내담자의 삶의 문맥을 존중하며 상담 과정에서 의미 있는 변화를 끌어낼 수 있다.

# 자기만의 문법으로 말하기와 글쓰기

## I. 자기만의 문법 창안하기

상흔 치료에 앞서 제일 먼저 유념할 점은 무엇인가? 그것은 무엇보다도 분석가의 관점과 판단이 아니라, 내담자의 관점과 결단이 중심이 되어야 한다는 점이다. 분석가가 자주 범하는 오류는 내담자의 인권과 치료를 위해 '최선을 다했다'라는 명목 아래 분석가의 선의의 행위가 너무 강조된 나머지, 내담자의 능동적 주체성마저 박탈하는 경우가 자주 있다. 내담자의 주체성을 위해 분석가 자신의 주체성을 내려놓을 수 있는 것도 전문가의 능력이다. 이런 오류를 예방하기 위해 분석가는 내담자의 증상(고통)을 다음과 같은 명제에서 바라보고 접근하는 것이 적절하다고 본다. "① 그는 ② 무엇 때문에(원인과 동기) ③ 언제 ④ 어디에서 ⑤ 무엇을 위해 ⑥ 누구에게 ⑦ 말하는가?" 이 분석의 명제에서 이것이 어떤 의미가 있는지 살펴보자.

1) **그는**: 말을 하는 발화자(주체)이다. 여기서 분석가는 그가 말을 하게 하는 초자아가 누구(무엇)인지를 살펴보는 것이 중요하다. 그는 주체가 아니라, 명령을 수행하는 수동적 객체일 수도 있다. 우리는 모두 실체 없는 초자아를 하나씩 만들어 끌어안고 살아간다. 죽음학 임상 실천에서는 내담자가 수동적 객체의 의식에서 능동적 주체의 의식으로 전환하도록 안내한다.

2) **무엇 때문에(원인과 동기)**: 내담자의 증상이 욕구에 의한 것인지,

욕망에 의한 것인지, 구체적으로 그 원인과 동기가 무엇인지를 알아야 한다. 기질적 성향, 인지 도식, 원인과 동기는 내담자의 고유한 특성을 나타낸다. 증상은 의식의 무늬이기에 증상이 무엇을 지향하는지 살펴야 한다. 증상은 원인과 동기를 안고 있기 때문이다.

**3) 언제:** 욕구와 욕망의 발생이 언제 일어났는가? 지금 일어난 것인가? 그 이전에 일어난 것의 연장인가? 아니면 더 어렸을 때 유아기의 구강기와 항문기에서 거세되었던 것이 이름과 모양을 바꾸어 가면을 쓰고 재현한 것인가?

**4) 어디에서:** 발화의 의미는 어디(어떤 상황)에서 누가 말하는가에 따라 그 의미가 완전히 달라진다. 예를 들면, '그가 빨리 왔으면 좋겠다'라는 말의 해석이 애인을 두고 하는 말과 집에서 가족을 기다리면서 하는 말, 직장에서 일을 처리해야 하는 직원을 기다리면서 하는 말, 전쟁터에서 지원군을 기다리면서 하는 말에 따라 의미가 달라질 수 있다.

**5) 무엇을 위해:** 유기체는 생명 유지를 위해 어떻게 해야 하는지를 본능적으로 알고 있고 그것을 추구한다. 그러나 인간은 신체-생물학적인 욕구를 넘어 언어 표상에서 주어지는 '의미화'에 궁극적인 목표를 둔다.

**6) 누구에게:** 발화에는 항상 대상이 있다. 심지어 혼자 외치는 말일지라도 내면에 대상이 있다. 그 대상이 자신에게 하는 소리일 수도 있고, 듣는 대상이 보이지 않아도 허공에 대고 말하기도 한다. 어느 순간

에든 대상은 있다. 그 대상은 자신의 욕구를 들어줄 존재다. 신이든, 부모든, 친구든, 자신에게든. 심지어 "부르다가 내가 죽을 이름이여, 허공중에 헤어진 이름이여."라고 한 김소월의 시처럼, 이미 존재하지 않는 사람에게 그가 들어줄 수 없다는 것을 알면서도 말을 한다. 따라서 발화의 대상은 항상 있다는 것을 전제로 한다. 설사 대상이 없다 하더라도 그 대상은 없이(부재) 하는 방식으로 그에게는 분명히 있다. 따라서 누군가 부재한 사람 대신에 그의 발화를 들어준다면 큰 위로가 된다. 단지 그 발화를 들어 줄 사람이 적합할 때 치유가 되겠지만 그렇지 않은 경우는 더 병리적으로 될 가능성이 있다. 예를 들면, 영화 밀양에서 나오는 어린 아들을 살해한 살인자를 용서하러 간 주인공과 살인자의 대사를 떠올려 보면 알 수 있다. "지금 제 마음은 편합니다. 하나님이 이미 용서를 해주셨기 때문입니다. / 뭐라고 내가 용서를 안 했는데, 하나님이 당신을 용서했다고? 세상에 이런 일도 있나! 만일 그런 것이 하나님이라면, 난 그런 하나님을 버릴 것이다."

**7) 말하는가**: 말하기는 욕구와 욕망 충족을 위한 지향성이다. 지향성에는 출발과 다다를 곳을 향한 방향이 암묵적으로 내재해 있다. 어떤 상황(배경), 누구의 지향성이냐에 따른 ① 힘의 분배 방식(어떤 상황과 구조에서 대화가 이루어지는가?), ② 부합방식(누가 누구에 의해서 이해, 수용, 거부, 부인되는가), ③ 진리 조건 상황(지향적 진정성)[310], ④

---

[310] 진리 조건의 진정성(실재)이 문장의 표면에 잘 드러나지 않는 경우가 많다. 따라서 우리는 명제에 함의된 진리의 내적 효력(illocutionary force, 지향적 진정성, 언어로 실현되지 않는 지향적 상태)을 고려해야 한다. 예) "그가 오지(나) 않을까 걱정이다.", "p가 참이지만 나는 p를 믿지 않는다.", "너를 모욕한 것에 대해서 미안하지만, 나는 그렇게 생각하지 않는다.", "시원하지만 섭섭하다." 이처럼 논리적 명제의 진위로 파악되지 않는 다양한 심리 양상이 있다. 이런 심리는 자신과 자신의 언어 행위를 분리한 경우이다. 이는 마치 유체 이탈 화법과 유사하다. 다른 사람 대신에 입을 놀려 언어 행위를 하는 것과 같다. 화자는 분명

만족조건[311]이 성립된다. 지향성은 하나의 심리양상을 나타낸다. 그 내용이 하나의 온전한 명제이고 부합 방향이 일치하는 경우, 그 지향내용은 만족 조건을 결정한다. 만족 조건은 지향내용에 의해 결정된다. 만족의 표상은 특정 국면에서의 표상이다. 그래서 계속 말하고 표현해야 고통이 감소한다. 주체는 언어(기표)에 의해 사유, 표상하고 살아가게 된다. 주체는 의식의 확실성을 추구함으로써 쾌락을 느낀다.

## II. 말하기와 글쓰기의 구조

우리가 말하는 발화(담화)구조는 다음과 같은 의미를 지닌다. 분석가는 담화가 지닌 의미와 지향성을 견지할 때 내담자가 지닌 발화의 의미와 지향성을 알게 된다.

① 담화구조는 자신을 보호하고자 하는 보호 본능으로 언어를 사용하는 인간의 정형화된 인지 패턴을 의미한다.
② 따라서 담화구조는 개인을 지배하고 있는 억압과 방어체계를 의미한다.

---

문장을 발화하지만, 그 발화에 연루되지 않도록 자신을 분리한다(어느 국회의원이 뇌물을 먹고 탄로가 나서, 국민에게 용서를 구하는 표현을 살펴보자. "저의 부덕의 소치임을 밝히는 것이 송구스럽다는 말씀을 여러분에게 드립니다.", "죄송하다는 말씀을 여러분에게 드림을 밝힙니다." 이때 주어는 문장 속에 탈색되어 숨겨진다. 이런 사죄는 사죄가 아니다.).

311) 이는 언표내적 행위가 실재-욕망 부응에 성공했는지, 실패했는지로 귀속된다. 그때 그 진술은 참이다. 그러나 여기에는 항상 그런 것이 아니라, 실재는 언어에 의해 살해(미끄러짐)된다. 미처 언어로 포획되지 못한 욕망은 또 다른 기표를 찾아 나선다. 그런 의미에서 언어는 끝없는 욕망을 산출한다. 여기서 우리는 "누구의 만족인가?"를 묻지 않을 수 없다. 만족의 귀속은 대부분 문장의 주어로 나타나지만, 주어가 수동(피동)의 경우, 만족은 객체로 귀속된다. 설사 주어로 귀속된 만족이라 하더라도, 그 주어가 말하는 것이 주어 자기 말이 아니라, 타자의 언어에 의해 말해진 것이라면 만족은 이제 그의 것이 아니다.

③ 담화는 억압과 방어체계 속에서 삶의 리비도(성 충동, 의지, 생의)가 발현되는 구조이다.
④ 담화는 주체가 어떤 대상에 대해서 관계를 맺는 방식을 의미한다. 그리고 그 관계 방식(인식패턴의 구조)에 따라 담화의 패턴이 달라진다.

이제 글쓰기의 반복 훈련을 통해 그동안 타자가 만든 기존의 보편적 동일성으로부터 자신만의 고유한 차이와 다름을 만들어 낸다. 이는 수동적 객체에서 능동적 주체로 전환이 되는 과정이다. 따라서 분석가는 무엇보다도 고통의 원인이 자신의 어떤 인지구조(패턴, 문법)에서 비롯된 것인지를 이해할 수 있도록 한다. 주체는 무의식의 지배를 받고 있다. 그 지배에서 벗어나기 위해서는 자신이 어떤 무의식의 인지구조에 의해 지배받고 있는지를 자각할 수 있어야 고통이 해소된다. 내담자는 일차적인 적응적 감정에 접근하여 이를 충분히 인식하고 상징화할 필요가 있다. 이때 내담자에게 방향감각을 제시하고 욕망뿐만 아니라 감정에 의해 작동된 고통의 행위 경향성도 인지하고 상징화할 필요가 있다. 다시 말하면, 분노는 경계선을 설정하게 해주며, 두려움은 도피를 유발하고, 슬픔은 잃어버린 대상에 대한 추구나 위로를 시도하게 하거나 일시적 고립을 통해 자기 안의 힘을 회복하도록 안내한다. 그래서 다음의 글쓰기를 통해 다음과 같은 순서로 자신의 사고와 인식 체계가 확충 배양된다. ① 사건 떠 올리기 → ② 어떻게 대처했는지를 기술해 보기(애도) → ③ 관찰, 알아차림, 상징화해 보기 → ④ 의미화해 보기

글쓰기는 단순한 반복이 아니다. 글쓰기를 통해 이전의 자신과 현재의 자신이 어떻게 차이와 다름이 발생했는지 발견한다. 이 발견에는 <기억-회상-종합-성찰-결단>의 과정이 숨겨져 있다. 이는 상실과 죽음으로 인한 상처와 상흔을 말하기와 글쓰기의 재구성으로 종합화하는

힘인 동시에 성찰의 힘이기도 하다.[312] 이를 단계화하면 다음과 같다.

① 감정과 동일시된 자아에서 벗어나기 → 감정과 직면해 보기(감정 표현해 보기)
② 신체에서 일어나는 느낌 말해 보기 → 느낌을 한 단어로 말한다면(상징화)
③ 상처가 무엇 하기를 원하는지 예감해 보고 말해 보기
④ 의미화해 보기 : 합리적 이해와 적합한 언어 표상-상징화
⑤ 공감과 이해, 배려로 나아가기

이는 다음의 과정으로 세부화할 수 있다.

① 사건1. 사실 확인하기, 기억 → 떠올리기(회상하기)
　자신의 삶을 송두리째 포획했던 사건과 떨림
② 나는 그 사건을 어떻게 대처했나, 대처의 과정 → 기술하기
　타자의 시선(억압과 부인) 차단, 직면하기, 정직하게 기술해 보기
③ 그래서 어떻게 되었는지 현재 상황 살펴보기 → 알아차림
　지금의 감정 느껴보기, 이 감정이 어디에서 연유했는지 살펴보기, 그리고 알아차리기(인과적 이해), 상징화해 보기(타자의 욕망과 시선으로부터 자신만의 고유한 욕망과 주체로 일어서기)
④ 무엇이 문제였는지 그렇다면 어떻게 해야 할까? → 결단하기
　자신이 진정 원하는 것이 무엇인지 상징화해 보고 결단, 실천하기

---

312) 상흔의 구조와 치유 문법; 지나간 사건에 대한 과거 경험-기억을 회상해서 지금-현재 자신이 처한 실존의 문제와 앞으로 다가올 사태에 대해 어떻게 예감하고 행위 하는가의 문제는 내담자의 고유한 성향과 정서 그리고 인식 태도와 밀접한 관계가 있다. 후설은 성향, 정서, 인식, 이 세 가지를 '의식의 구성' 요소로 보았고, 그 기능의 특성을 '지향성'으로 규정하였다. 후설, 이종훈 옮김,『현상학적 심리학』,「아프리오리 한 학문인 보편적 세계구조에 관한 학문」, 한길사(2013) 참조.

## III. 말하기와 글쓰기 실천

죽음학 임상 실천에서는 의미화의 실천(언어-표상화)을 다음과 같은 단계로 진행한다.

① 직면하기(감정의 표출)
② 대면하고 대처해보기(고통의 감정 상징화, 표현해 보기-그림그리기)
③ 인과적 이해(사후적 재구성[313], 반복과 재현-말하기 훈련)
④ 적합한 단어 표상(사물 표상의 단어 표상화 작업-의식의 재구성-글쓰기 훈련- 반복·재현)
⑤ 새로운 관점과 변화
⑥ 가치관과 세계관 형성

분석가는 다음의 순서로 내담자와 함께 말하기와 글쓰기 훈련을 실천할 수 있다.

**1) 감각 일깨우기** - (몸에 자극된 것을 느껴보기) - (감각에 나타난 느낌을 아무 생각 없이, 무의식적으로, 지금, 이 순간에 알아차리지 못하는 것 at this moment unaware, 자동적 사고로 직면)[314]

---

313) 프로이트의 사후성(Nachträglichkeit) 이론에 기초한다. 사후성은 현재의 심상에서 자신이 어떻게 될 것인가를 예감(예감, 직감)하면서 과거의 사건(이미지, 인상, 기억-사물 표상)을 현재의 관점에서 떠올려 회상(재구성-선택, 비교, 판단)하면서 이전에 몰랐던 사건의 전모를 인과적 이해(단어 표상)를 하게 된다. 결국, '주체가 사후적으로 구성된다.'라는 말은 주체란 언어적, 문화적 과정을 거치면서 '빗금 그어진 주체'($)로 등장한다는 말이고, 그 주체에서부터 모든 사건은 다시 출발하고 다시 해석된다. 이 말은 프로이트로의 복귀를 주장하며 라캉이 인용한 프로이트의 유명한 발언: "그것이 있었던 곳에 내가 존재한다."를 상기시킨다. "Wo es war, soll Ich warden (Where it was, I am to become)

314) 직면은 감각에 접촉되는 사물의 인상을 '있는 그대로' 맞이해보는 것을 말한다. 예컨

⬇

2) **표현해 보기**[315] - (직면, 표현한 녹화, 녹음한 것을)

⬇

3) **들어보기** - (자신이 표현한 것을 들어보고 어떤 느낌이 드는지)

⬇

4) ① **말해 보기**[316] - (다시 수정하고 싶거나 다르게 표현하고 싶은 것이 무엇인지)

⬇

5) ② **말해 보기**[317]

⬇

6) **문장(문법)을 바꾸어보기** - (인과적 이해 체계 구성을 위한 글쓰기) - (수정 혹은 바꾼 문장 <합리적 언어상징화>로 다시)

⬇

---

대, 사건의 인상(이미지-소리·냄새·빛·맛), 그 당시의 감정(분노, 슬픔, 외로움, 두려움, 불안, 고독, 절망, 우울, 죄책감, 수치심)을 자기 몸으로 느껴보는 것이다. 더 이상 수동적인 희생자가 아닌 책임지는 주체로 전환하기 위해서는 온전한 접촉(직면)이 필요하다. 접촉은 '감각에서 나타나는 느낌'을 알아차리는 것이다. 감각의 느낌은 더 이상 환상이 아닌 구체적인 현실감각(내가 지금 여기 이곳에 서 있다. 바닥에 발이 닿는 느낌, 엉덩이가 의자에 닿는 느낌, 냄새와 온도, 빛과 채도 등 예민하게 깨어있음)을 준다. 직면은 대면으로 이어진다. 온전한 접촉이 이루어지지 않으면, 온전한 대면도 이루어지지 않는다. 성급하게 인정하거나 회피, 투사, 치환하기도 한다. 이는 모두 병리적 환상을 만든다.

315) 위에서 제시된 모든 과정은 '의미화의 과정'으로 귀결될 수 있다. 여기에서 중요한 점은 모든 치유의 첫 출발인 '표현함'에 있다. 무엇을 표현한다는 것인가? 표현한다는 것은 무엇을 의미하는가? 주의해야 할 것은 '후련함'이라는 신체적 자각이다. 즉 자신에게 직접 깃드는 생리적 작용이다. 만약 신체적 감각을 대면하지 못하고 회피하고 억압한다면 의식은 병리적 현상을 겪는다.

316) 분석가는 내담자가 말해 보기(재구성-재현)에서 자신의 발화에 대해 어떻게 바라보고 재구성하고 있는지를 다음의 분석(진단, 자신의 감정을 어떻게 재현하고 표현하는지) 항목에 유념해서 내담자의 인지(정서, 심리, 의식, 감정, 정신) 도식을 살펴본다.

317) 분석가는 내담자의 세 번째 말해 보기에서 내담자가 무엇을 욕구하는지, 무엇을 지향하는지 살펴본다.

7) ③ 말해 보기 - (바꾼 문장을 읽었을 때 깃드는 감정이나 생각)
↓
8) ④ 말해 보기 - (단어 표상으로 잃어버렸던 본래 자기로 돌아가기, 회복)

**신체언어**

1) 부침지삭(浮沈遲數): 생각이나 정서, 마음과 의식이 산만하고 가라앉고 늦고 빠름
   눈빛, 낯빛, 몸짓, 어세, 태도 등

2) 분석가는 내담자가 표현한 발화에서 다음의 분석(진단, 무엇에 의해서, 누가, 누구에게, 무엇을, 왜, 어떻게 말하는지) 항목에 유념해서 내담자의 상태를 분석해 본다.

   ① 소리의 성질: 느림, 빠름, 고폭, 저폭, 날카로움, 부드러움, 여림, 강함, 큼, 역함, 떨림, 안정감, 성급한 느긋함, 조금하고 다급함
   ② 음색 : 목관악기, 금관악기, 플루트, 첼로, 바이올린, 허스키, 명료함, 궁상각치우
   ③ 문장의 연결성: 끊어짐, 유장함, 지속됨, 단문, 중문
   ④ 문체의 특성: 과거 회귀, 현재진행(머물기)형, 미래 지향형, 간결체, 우유체, 만연체, 두괄식, 미괄식, 연역형, 귀납형
   ⑤ 그러나, 그런데, 그래서, 발어사, 허사 등
   ⑥ 비언어적 행동 탐색하기: 다리를 꼬거나 눈을 다른 곳에 두거나, 고개를 숙이거나 들거나(함억제복-두견요둔), 기침, 발어사, 헛기침, 눈동자를 주시, 깜빡, 마주치지 못하거나, 몸 꼬기, 손가락 꺾기, 표정

## <意·必·固·我>[318]와 <知止·定·靜·安·慮·得>[319]

### 1) <意·必·固·我>로 만든 말하기(글쓰기) 특성

- 意: 내가 저 사람을 만나고자 하는 것은 바로 이것 때문이야.
- 必: 반드시 내일은 그렇게 될 거야.
- 固: 이것은 확실해.
- 我: 세계는 내 중심으로 돌아가는 거야.

### 2) <知止·定·靜·安·慮·得>의 인식확충을 통한 언어변화

- 知止(1단계): 상실과 죽음의 한계상황에 직면함. 삶의 우선순위와 소중함
- 定(2단계): 자신이 서 있는 위치를 확인함. 의식의 지향성이 생김
- 靜(3단계): 자신으로 돌아옴. 비로소 주변이 새롭게 보임.
- 安(4단계): 종심소욕불유구(從心所欲不踰矩)

---

318) <意·必·固·我>는 자아가 만든 심적 기제로, 다음의 시간적 공간적 지향성을 나타낸다. 意 : 의도, 동기, 결핍을 채우려는 본능적 욕망, 또는 욕구, 必 : 과거에 받은 인상(이미지)으로 앞으로 다가올 불안이나 소망을 예감하거나 예기하는 것, 또는 되어갈 사태를 예감하면서 투사, 선택, 결단하는 것, 일기예보, 투자, 미리 앞당겨 예측, 인과적 생각과 추측, 固 : 자아를 지키는 보호막(겉껍질), 패턴화(고착, 고정)된 행위(면역)체계, 자신의 관점과 생각을 관철함, 볼 것만 보고, 들을 것만 듣는다. 我 : 자기중심적인 생각(나르시시즘적 자기동일성), 아집, 집착

319) <知止·定·靜·安·慮·得>은 울결된 감정을 해소한 뒤 직면과 대면을 통해 깃드는 인식(자각과 알아차림)의 확장을 나타낸다. 知止: 자신의 의식과 마음, 감정이 멈추어야 할 '것'과 머물러 있어야 할 '곳', 돌아가야 할 곳(귀의해야 할 곳-진여문-타타가타, 불이문), 사이(기미), 공백의 앎과 실천의 자각과 알아차림. 定: 의식의 지향성이 멈추어야 할 곳과 머물러 있어야 할 곳(위치)을 비로소 정함(정박, 닻을 내려놓음, 귀의처). 靜: 자신이 머물러야 할 위치를 정할 때, 비로소 산만했던 마음이 가라앉음(calm-down). 安: 비로소 마음이 평안해짐 – 주일무적(主一無適), 무사시(無事時), 慮: 비로소 사려가 깊어지고 내면화(체화)하는 과정, 숙고, 격물궁리, 거경함양(居敬涵養) 得 : 비로소 사물과 자신이 교감, 소통, 궁극적 앎의 이치에 도달함(격물치지)

- 慮(5단계): 깊은 숙고와 사유, 이해와 공감
- 得(6단계): 확장된 수평선

< 자연감정에서 인지 감정으로의 전변 >[320]

언어 표상(vor-stellen) = 감정도식[321] / $A/(D) = En \times 1/Cn$

---

[320] 감정은 이미 도달해야 할 목표를 즉각적으로 인지하고 있기에, 자신의 감정을 명료하게 인지하는 것만으로도 치유적 효과가 있다. 인지(cognition)에는 이성, 자각, 판단, 선택, 시비, 의도, 지향적 개념이 함께 내재해 있다. 이에 대해 월터 프리먼(Walter J. Freeman), 진성록 옮김, 『뇌의 마음』(2007), pp.211-220 참고.

[321] A = Affection(정동), D = Disposition(성향), E = Event(사건), n = number(강도의 세기), C = Cogntion(인지, 자각, 알아차림) 위의 공식을 다음과 같이 명제화하면 다음과 같이 기술할 수 있다. "개인의 성향(Disposition)을 토대(supervenience)로 한 정동(Affection)은, 외부 사건(Event) 자극의 세기(number)에 의해 '인지(Cogntion) 레벨(number)'의 작동으로 발현(manifestation)된다. C의 정수 값(인지·자각, 알아차림)에 따라 사건의 강도(En)와 감정(A/D)은 늘거나 줄어든다. Cn의 값이 최대 10일 경우, E(사건의 자극)과 A/D(감정의 강도)의 값은 무화(제로, 0)가 된다." $A/(D) = En \times 1/Cn$

| 감정의 인지 단계 | 의식단계 | 식의 경계[322] | 감정 및 심리 상태 | 심리 내재화(체화) 과정 자아에서 주체로 | 호르몬 (신경전달물질)의 과 수치(pg/ml)[323] |
|---|---|---|---|---|---|
| | | | | | |

---

[322] 불교의 식경계인 <상분-견분-자증분-증자증분-증증자증분>을 한 문장으로 표현하면 다음과 같다.① 나는 ② 나를 바라보는 ③ 나를 ④ 바라보았다 →이 문장에는 4개의 '나'가 존재한다. ③의 '나'는 문장 속에 대상화된 나이며, ②의 '나'는 문장 속에서 대상을 바라본 '나'이다. ①의 '나'는 바라보는 나를 바라보는 '나'이고, ④의 '나'는 문장에는 보이지 않지만(부재) 바라보았다고 말하는 발화주체로서의 '나'이다. 이렇게 마음에는 다양한 '나'(분열적 나, 혹은 타자화가 된 나)가 존재한다. 자기 동일시에서 벗어날 수 있는 과정은 ③ → ② → ① → ④로 전환된다. 싸나톨로지스트는 상담 과정에서 내담자의 자아가 어느 위치에 있는지 확인하고 ④의 주체로 전환될 수 있도록 한다. 불교에서 말하는 상분은, 사물 그 자체, 나르시시즘적 자기 동일성을 말한다. 견분은 외부 사물을 바라보는 자기, 자증분은 외부 사물을 바라보는 자신을 바라보고 성찰하는 자기(반성, 성찰의 자아)를, 증자증분은 성찰하는 자신을 또다시 소외시켜 바라보는 반성의 반성적 자기를, 증증자증분은 언어표상에 의해 이루어진 '반성의 반성적 자기'를 넘어선 자기로 이는 원성실성의 심적 상태를 말한다. 의타기성은 인간은 언어를 사용하는 존재, 언어의 감옥에 갇힌 존재, 또한 언어를 통해 감옥으로부터 해방되는 존재, 변계소집성은 언어의 그물에 갇힌 존재를, 원성실성은 언어의 그물에서 자유로운 존재를 의미한다.

[323] 위 도표의 감정값 산출은 아래 항목의 다양한 검사 여과에 의한 분석 결과로 예시했다. ① Cortisol의 감소 여부와 Epinephrine과 Serotonin 증가 분석, ② Serotonin 대사산물인 (5-Hydroxyindole acetic Acid(5-HIAA)의 증가와 감소 파악, ③ 혈장 Prolactin의 증가 여부 분석, ④ Arginine Vasopressin(AVP) 분석, ⑤ HPA 축(Epinephrine<Norepinephrine, Catecholamine>증가여부) 스트레스호르몬 측정, ⑥ 신수질(아드레날린 수용기):❶ αNorepinephrine ❷ β:β1Epinephrine, β2 Epinephrine의 변화 값 분석 (정상기준분비율 : 0.2μg/kg/min과 0.05μg/kg/min), ⑦ Corticotropin releasing hormone(CRH, 부신피질자극호르몬), AVP의 중추신경과 부신호르몬간의 항상성 feedback 작용 분석 → AVP와 CRH가 뇌하수체 전엽으로 하여금 부신피질자극호르몬(Adreno corticotropin : ACTH)과 βEpinephrine 분비) 생성 변화 값 분석, ⑧ Paraventricular Nucleus(실방핵):내분비계와 자율신경계를 조절하는 시상하부 신경핵의 homeostasis 측정 ⑨ ❶ 신장의 Aldosterone의 과다분비 여부 : 산-염기의 문제, ❷ ADH 농도 = 세포외액량 조절 물질로, 체액량 증가 →동맥압 상승→체액배설 관계, ❸ Na의 레닌-안지오텐신, 알도스테론, 교감신경계에 작용 분석.

| 1단계:<br>감정의<br>동일화 | 나르시<br>시즘적<br>자기 동일시<br>무의식 | 상분 | • 분노의 감정(불안, 초조<br>두려움, 공포, 슬픔, 우울, 절망,<br>수치, 죄책감)과 동일시하는<br>단계, 즉 감정을 나타내고<br>있는 자신을 의식(인지,<br>자각)하지 못하고 감정에<br>휩싸여 있는 상태 | • 신체언어·육두문자·<br>무명/자극 이전의 상태 | 29.41±0.555 |
|---|---|---|---|---|---|
| 2단계:<br>감정의<br>의식화 | 전의식 | 견분·<br>의타기성과<br>변계소집성 | • 감정의 동일시에서 한걸음<br>벗어나 객관적 대상을<br>바라봄(내면화 이전의 상태) | • 표현: 비탄 감정의<br>표현 /자신의 감정에<br>솔직해지기<br>• 후련: 상실과<br>결핍으로부터 감정<br>회수(충족)하기, 표현 후<br>찾아오는 감정의 후련함 | 27.21±0.555 |
| 3단계:<br>감정의<br>인과<br>모색 | 의식<br>(意·必·<br>固·我) | 자증분·<br>의타기성·<br>변계소집성 | • 객관 대상 자극에 의해<br>내재화 과정(아! 내가 지금<br>분노, 불안, 초조 두려움, 공포,<br>슬픔, 우울, 절망, 수치, 죄책감<br>등을 느끼는 상태)<br>• 감정에 대한 인과관계 모색<br>단계, 즉 "그런데 내가 왜<br>화(동일)를 내고 있지?"라고<br>자신에게 질문을 던지는 상태 | • 깃들기: 감정 해소<br>후, 안정감이 회복되는<br>생리적 항상성과<br>평형성(Homeostasis,<br>Equilibrium)[324] | 26.23±0.555 |

---

324) 생물학에서는 쾌감을 생명의 안정성으로 보고 있다. 안정성은 항상성(Homeostasis)의 다른 이름이다. 물리학에서는 이를 평형성(Equilibrium)이라고 부른다. 미학에서는 조화(Harmony)와 균제(Symmetry), 레오나르도 다빈치의 황금비율(Cannon)을 의미하기도 한다. 인륜적 규범체계에서는 맹자는 이를 인(仁)이 거주하는 안택(安宅)으로 언명한다. 윤리(Ethic)는 그리스어 Ethos에서 연원된다. Ethos는 Pathos의 대립어이다. 이후 Ethos와 Pathos는 아폴론과 디오니소스, 미적 쾌감과 추미, 쾌와 불쾌의 감정으로 분유된다. Ethos는 Eros, Cosmos, Cannon, Symmetry, Harmony, Libido 열정, 질서, 우주의 원리, 기준, 영혼의 쾌적함, 생의 본능 등의 의미로 확장된다. 반면 Pathos는 격정, 파괴, 혼돈, 무질서, 어지러움, 죽음(Thanatos)의 의미로 확장된다.

| | | | | | |
|---|---|---|---|---|---|
| 4단계:<br>감정의<br>인과<br>인지<br>(자각) | 知止 | 의타기성·<br>변계소집성 | • 감정 원인의 인과관계를 인지하고 자각함. "아~! 이런 까닭으로 내가 화를 내고 있구나"를 자각하는 상태 | • 상실과 죽음의 한계상황을 맞이함 → **"이게 뭐지?"** 이질성과 생경함 그리고 소외 → 세상을 다른 관점으로 바라보기 시작함 | 22.00±0.555 |
| 5단계:<br>감정의<br>거리화 | 定 | 증자증분·<br>의타기성 | • 감정의 인과관계를 자각한 후, 감정의 동일시로부터 거리화(벗어남)해서 감정을 관조하는 상태. 즉 어떤 사건이 발생할 때 동일한 패턴으로 발생하는 자신의 감정을 관조할 뿐만 아니라 사건의 인과관계를 자각하여 동일한 감정의 패턴에서 벗어나는 상태 | • 한바탕 감정발산 후 깃드는 후련함 → **"내가 지금 뭐 하고 있지?"**<br>• 자신의 실존적 상태 발견하기(자신이 머물러 있는 위치, 상태발견)<br>• 의식의 지향적 상태<br>• 의식의 재구성과 비로소 보이는 것들 | 20.11±0.555 |
| 6단계:<br>대상<br>(타자)<br>의 이해 | 靜·安·慮 | 증증자증분·<br>의타기성 | • 인식 차원의 질적 변화(의도함이나 강제가 아닌 저절로)<br>• 감정제공 대상에 대해 정확히 이해할 뿐만 아니라, 감정을 충분히 통제할 수 있는 상태 | • 수용하기: 맞이하기/ 수용하는 주체, 실존으로 살기<br>• 이해하기: 인과관계를 넘어, 보이지 않는 그 너머의 지평으로 가기/의식의 확장<br>• 의미망 형성: 객관 대상과의 관계 맺음/ 너는 내게 나는 네게로, 주관과 객관세계의 소통과 감응 | 19.55±0.555 |
| 7단계:<br>전체<br>의식과<br>일체감,<br>사랑 | 得 | 원성실성/<br>득어망상·<br>오상아 | • 감정제공 대상과 자신이 모두 이어져 있다는 전체 인과 의식과 일체감의 감정 상태 | • 화해: 하나 되기, 주관과 객관의 합일화 / 우리는 사람이다<br>• 그 너머로 가기: 재적응과 누리기 | 17.11±0.555 |

## 심화 4
# 데리다의 말하기와 글쓰기

<내용 요약>

자크 데리다의 그라마톨로지 이론은 죽음교육에 혁신적 관점을 제시한다. 이 이론에 따르면, 말하기와 글쓰기는 단순한 의사전달 수단이 아니라 의미를 끊임없이 생성하고 변형하는 능동적 과정이다. 이러한 관점은 죽음교육에서 언어 활동이 단순한 지식 전달을 넘어 의미 창출의 장이 될 수 있음을 시사한다. 그라마톨로지적 관점에서 죽음교육은 언어의 한계와 가능성을 동시에 인식하는 과정이다. 학습자들은 말하기와 글쓰기 활동을 통해 죽음이라는 초월적 주제에 접근하면서, 현재 자신의 존재와 관계, 그리고 삶의 가치를 재발견하게 된다. 이러한 성찰은 단순한 죽음 준비교육을 넘어 더 풍요롭고 의식적인 삶의 방식을 모색하는 철학적 여정으로 확장된다.

<핵심어>

그라마톨로지(Grammatology), 죽음교육(Death Education),
언어 (Language), 의미 생성(Meaning Creation),
죽음의 해석(Interpretation of Death), 성찰 (Reflection)

<학습 목표>

- 그라마톨로지의 개념과 이론을 이해하고, 이를 죽음교육에 적용할 수 있다.
- 죽음에 대한 다양한 문화적, 사회적 해석을 이해하고, 언어의 역할을 분석할 수 있다.
- 죽음과 삶의 관계를 언어를 통해 성찰하고, 죽음교육에 대한 인식을

넓힐 수 있다.
- 죽음과 관련된 언어적 상징과 의미를 탐구하여, 그 의미를 보다 깊이 있게 이해할 수 있다.
- 죽음과 관련된 교육적 접근법을 제시하고, 다양한 방법으로 죽음교육을 설계할 수 있다.

### <적용 실천>
- 죽음과 관련된 언어적 상징을 활용하여 죽음 교육 프로그램을 개발하고 적용할 수 있다.
- 다양한 문화적 관점을 반영한 죽음 교육 콘텐츠를 제작하여 학생들에게 전달할 수 있다.
- 그라마톨로지를 바탕으로 죽음에 관한 대화를 유도하고, 건강한 죽음에 대한 인식을 심어줄 수 있다.
- 삶과 죽음을 연결 짓는 언어적 접근법을 통해, 상담과 치료에서 죽음을 다루는 방법을 개선할 수 있다.
- 죽음에 대한 언어적 표현을 분석하여, 사회적 담론 속에서 죽음에 대한 새로운 이해를 촉진할 수 있다.

# 데리다의 말하기와 글쓰기

## Ⅰ. 죽음교육과 데리다의 그라마톨로지[325]

데리다의 그라마톨로지는 언어와 쓰기에 대한 새로운 이해를 제시한다. 이 이론에 따르면, 쓰기는 단순히 말을 기록하는 도구가 아니라 그 자체로 의미를 생성하고 변형시키는 능동적인 과정이다. 이러한 관점은 죽음이라는 복잡하고 추상적인 주제를 다루는 데 있어 매우 중요한 시사점을 제공한다.

여기서는 데리다의 그라마톨로지 관점에서 죽음교육 과정에 말하기와 글쓰기를 어떻게 도입할 수 있는지, 그리고 이를 통해 어떤 교육적 효과를 기대할 수 있는지 살펴볼 것이다. 이를 통해 죽음교육이 단순한 지식 전달을 넘어 교육생들의 삶에 대한 깊이 있는 성찰과 의미 있는 대화를 촉진할 방안을 모색하고자 한다.

## Ⅱ. 그라마톨로지 핵심 개념과 죽음교육 연관성

데리다의 그라마톨로지는 서양 철학의 전통적인 '현전(現前)의 형이상학(形而上學)'을 비판하고, 쓰기의 중요성을 강조한다. 주요 개념들은 다음과 같다:

① 차연(différance)

---

[325] 자크 데리다(Jacques Derrida), 『그라마톨로지(Of Grammatology)』, 김웅권 옮김, 문학과지성사, 2005 / Jacques Derrida, De la grammatologie, Les Éditions de Minuit, 1967.

: 의미의 지연과 차이를 동시에 나타내는 개념. 의미는 고정되지 않고 끊임없이 미루어지며 변화한다.
② 해체(deconstruction)
: 텍스트 내의 모순과 불일치를 드러내어 새로운 해석 가능성을 열어주는 읽기 방식.
③ 흔적(trace)
: 현전하지 않는 것의 흔적. 모든 기표는 다른 기표들과의 관계 속에서만 의미가 있다.

죽음교육에서 그라마톨로지의 관점은 다음과 같은 중요한 시사점을 제공한다:

① 죽음의 의미 재고
: 죽음을 단순히 삶의 끝이 아닌, 삶을 구성하는 필수적 요소로 이해할 수 있게 한다.
② 언어의 한계 인식
: 죽음과 같은 초월적 경험을 언어로 완전히 표현할 수 없음을 인식하게 한다.
③ 다양한 해석 가능성
: 죽음에 대한 고정된 해석이 아닌, 다양한 문화적, 개인적 해석의 가능성을 열어준다.
④ 현재의 중요성
: '현전'의 환상을 벗어나, 지금, 이 순간의 삶의 가치를 재인식하게 한다.

이러한 연관성을 바탕으로, 그라마톨로지의 관점은 죽음교육에서 말하기와 글쓰기를 통해 학습자들이 죽음과 삶에 대해 더 깊이 있고 다

차원적으로 사고할 수 있도록 돕는다. 다음은 데리다 철학에 대한 보다 자세한 개념과 원리를 설명한다.

### III. 데리다의 유령에서 자기만의 유령으로

우리는 모두 처음부터 새겨진(쓰인 언어와 문장) 존재이다. 그러나 인간은 자신을 대상화해서 의심과 질문을 던질 수 있는 현-존재이기도 하다. 존재의 질문은 기존의 구조와 체제 및 기표의 문법(중심부=동일성=부성 언어=일정한 의미의 방향=팔루스)**으로부터 이탈, 해체**(틈, 균열)**의 과정**(환유적 대체물 형성=대리보충=반복=언어표상)**을 통해 나타나는**(생성=유령=괴물=섬뜩함=불안= 사건=투케적 만남=증상=죽음) **새로운 변화**(차이와 다름=디페랑스=차연=의미 및 지시 대상과의 지연된 관계=미끄러짐=환유=연장=이접과 연접으로 이어짐과 분절)**에서 시작된다**(쓰기=말하기=사물 표상의 언어표상화= 무의식의 의식화). **주체의 형성은 중심부(동일성)로부터의 이탈과 해체의 과정(언어 표상)에서 생긴다.**

위에서 말한 유령을 출현의 '생성 과정'을 다음과 같이 설명할 수 있겠다. ① 데리다의 사상을 해석한 ② 니콜라스 러일(Nicholas Royle)의 책 『자크 데리다의 유령들』[326]을 ③ 오문석이 번역한 것을 ④ 임병식이 읽고 생각하고 문장으로 정리한 것을 ⑤ 발화자로서 임병식이 보고 읽음을 ⑥ 독서클럽에 참가한 9명의 존재하는 다수에게 한다. ①에서

---

326) 니콜라스 러일(Nicholas Royle), 『자크 데리다의 유령들』, 오문석 옮김, 문학동네, 2016 / Nicholas Royle, Jacques Derrida, Routledge, 2003.

⑥사이에는 많은 공간-균열-틈이 존재한다. 심지어 임병식으로 표지되는 ④에는 다양한 임병식의 국면이 시시각각 균열을 내며 새로운 차이와 다름의 기표를 자생한다. 새롭게 자생한 기표는 사후적 재구성(재현), 억압과 부인(방어)의 형식, 사물 표상의 언어 표상, 은유의 환유, 무의식과 의식화, 'S1 → S2'의 의미의 방향성을 갖는다. → 1(데리다) : 多(다양성)

### 1. 유령 출현의 예화와 사물 표상(S1)

우리는 어떤 사물을 기술할 때는 먼저 그 사물을 지시하는 언어를 매개로 표현(쓰기나 말하기)한다. 이렇게 처음 동원된 사물의 지시어를 우리는 '사물 표상'(처음 사건의 이미지, S1)이라고 부른다. '사물 표상'은 모든 사물의 인상을 신체에 표지한 것을 말한다. 이렇게 처음 표지된 '사물 표상(S1)'을 일정한 논리와 언어체계로 분절해서 기호화한 것이 '단어 표상(S2)'이다. 즉 신체화된 느낌을 다른 대체물로 표시한 것을 말한다. 이런 의미에서 프로이트는 처음 기호화된 것을 '억압(압축)'되었다고 상징화하고 이렇게 억압된 것을 압축파일 풀 듯이 기술해 나가는 과정을 부인(방어) 작용으로 보았다. 그리고 라캉은 'S1 → S2'로 기호화한다. 언어학에서는 '사물 표상(S1)'을 하나의 엄정한 정의와 규정으로 개념화한다. 개념이 '메타언어'이고 메타언어는 문장의 언어를 대상으로 추정하고 간주한다는 의미에서 '지시어'에 해당한다. 메타언어 없이는 일상생활은 불가능하다. 그러나 메타언어는 다음의 기술 언어로 대체할 때 그 의미를 드러낸다. 의미는 차이와 다름, 혹은 '대리보충'의 결여를 통해 나타난다. 데리다는 자아(주체)의 형성을 대리보충

(차이와 다름, 차연)의 과정으로 본다.

자아, 에고 혹은 나는 언제나 이미 대리보충의 운동에 사로잡혀 있다. 이 운동이 '환각'이다. 환각은 과거에 상실된 것(엄마의 가슴)이 다음(미래)에 반드시 도래될(찾아질) 것이라는 믿음(상상, 확신, 의심)으로 구성된 것이다. 이 환각은 끊임없이 반복하는 특성이 있다. 이 환각은 한 번도 실현된 적이 없다. 그래서 '나'라고 하는 정체성은 한 번도 '이것이다'라고 고정된 적이 없다. 데리다의 관심은, '정체성(동일성)'은 결코 주어지는 것도, 수용되는 것도, 달성되는 것도 아니며, 오로지 부단히 무한정 지속하는 환각적 과정이 있을 뿐이라고 생각한다. 데리다의 대리보충은 괴물 또는 유령의 속성을 지닌다. 이는 프로이트가 말한 대체물, 라캉이 말한 대상 a, 알랭 바디우(Alain Badiou)가 말한 공집합과 유사하다.

## 2. 환각의 작동과 방향

환각은 유령 출현의 한 형태이다. 환각은 방어(부인)의 방식으로 현실을 보호한다(쾌락의 한 형태). 신경증, 정신증, 도착증은 모두 잃어버린 첫 번째 인상(엄마의 가슴, 혹은 본래적 자아)을 찾고자 하는 몸의 언어이다. 환각의 방향은 의미의 방향성과 같다. 환각적 의미의 방향이 비록 완전하지는 않지만 일정 부분 쾌락을 준다. 만약 이 쾌락마저 없다면 인생은 황무지가 된다. 다음에 도래할 것에서 욕망이 달성되리라는 착각, 이 착각(동기와 의도)이 없다면 인생은 돌아가지 않는다. 환각은 멈추지 않는다. 그렇다고 돌아갈 집도 없다. 멈추지도 돌아갈 집도 없기에 사람이 된다.

왜 인간은 자기 보호장치=이항 기표의 언어-표상인 환각을 통해 안정화를 느끼는가? 통시적 시간 의식은 인과적 지향성, 의미의 방향성, 차연(디페랑스), 연기, 지연, 대체물, 방어(부인)와 환유로 표지(S2)된다. 예를 들어 공시 계열의 이드-자아-초자아의 주체는 모두 하나같이 통시적 시간 의식의 패턴이 있다. 통시적 시간 의식 패턴은 사후적 구성(재현)인 형식의 언어 패턴과 같다. 환각은 두 기표 사이에서 생성한다.

언어 행위는 쓰기, 말하기, 가르치기, 이 세 가지의 예측 불가능한 행위 수행 가능성을 포함한다. 현상학자 메를로-퐁티(M. Merleau-Ponty)(1908~61)[327]가 한 말, 즉 "내가 한 말이 나를 놀라게 하고 나에게 내 생각을 가르쳐주기도 한다. 글쓰기가 위험하고도 괴로운 일인 까닭은 순수한 의미에서 그것이 창조적이기 때문이다. 도무지 어디로 튈지 알 수가 없기 때문이다." 글을 쓰거나 말하는 매 순간의 상황이 유일무이하다. 아무리 문장을 정확하게 구사해도, 그다음에 무엇이 올지 아는 사람은 아무도 없다. 문장을 마칠 때까지 처음 문장과 똑같은 문장은 없다. 그러므로 모든 행위수행문은 불구적인 행위수행문이다. 왜냐하면 계산 불가능한 것, 예측 불가능한 것 혹은 '예상 불가능한 것'의 출몰에 개방되어 있기 때문이다.

다음의 예화에서 데리다가 말하는 유령의 출현을 함께 나누어보자.

[ 예화 ]

설교 제목[328]

---

327) 메를로-퐁티(Maurice Merleau-Ponty), 『보이는 것과 보이지 않는 것(Le Visible et l'Invisible)』, Claude Lefort 편집, 1964 / Maurice Merleau-Ponty, Le Visible et l'Invisible, Gallimard, 1964.

328) 설교 제목을 본문 내용 앞에 붙이는 의도는 무엇인가? 그것은 제목을 먼저 게시함으로써, 설교하고자 하는 의도와 동기가 발화자 중심으로 전개하고자 함이 아닐까? 이는 청

Hebrews 4:7 "Today if ye will hear his voice, harden not your hearts(오늘 너희가 그의 음성을 듣거든 너희 마음을 완고하게 하지 말라.)"

After a few of the usual Sunday evening hymns, the church's minister slowly stood up, walked over to the pulpit and, before he gave his sermon for the evening, briefly introduced a guest minister who was in the service that evening. In the introduction, the preacher told the congregation that the guest minister was one of his dearest childhood friends and that he wanted him to have a few moments to greet the church and share whatever he felt would be appropriate for the service.

보통 주일 저녁 예배처럼 찬송가 몇 곡을 부른 다음, 그 교회의 목사는 강단으로 천천히 올라서 그날 저녁 설교를 위해 초대된 목사님을 먼저 간단하게 소개했다. 오늘 설교를 위해 초대된 목사는 그의 가장 어린 시절 친한 친구 중 한 명이라고 소개하면서, 그가 오늘 저녁 예배와 적절하다고 느껴지는 주제에 대해 사람들과 함께 나누기를 바란다고 말했다.

With that, an elderly man stepped up to the pulpit and began to speak. "A father, his son, and a friend of his son were sailing

---

중들이 듣고자 하는 다양한 관점과 의도를 사전에 차단함으로써 설교자 중심-동일성-으로 귀속시키고자 하는 전략이 아닐까? 또 이렇게 질문을 할 수 있겠다. 예화 내용에 앞서 설교 제목 또는 발문을 붙이는 이유는 무엇인가? 누가 붙인 암시인가?, 동일한 의미를 제공하고자 하는 일자의 의도는 아닌가? 만일 제목을 붙이지 않고 내용만 주어진다면 독자(청자)에게 어떻게 읽힐 것인가? 쓰인 문장과 읽는 사람(발화자), 듣는 자(청자)와의 관계 사이에는 간극이 존재한다. 즉 ① 쓰인 문장과 읽는 사람(발화자) 사이의 간극, ② 말하는 사람(발화자)과 듣는 자(청자) 사이의 간극. 사이의 간극은 1:1의 정합성의 규칙을 무너뜨리고 1: 多(다양성)로 해석(자의적으로)될 가능성이 있다.

off the Pacific Coast," he began, "when a fast approaching storm blocked any attempt to get back to shore. The waves were so high that, even though the father was an experienced sailor, he could not keep the boat upright, and the three were swept into the ocean as the boat capsized."

그러자 나이 지긋하게 든 초대받은 목사가 연단으로 올라가 설교하기 시작했다. "아버지와 아들, 그리고 아들의 친구가 태평양 연안에서 항해하고 있을 때, 빠르게 몰아닥친 폭풍으로 해안으로 돌아갈 수 없었지요. 아버지는 경험 많은 선원이었지만 파도가 너무 높아서 배를 똑바로 세울 수 없었고, 결국 배가 전복되면서 세 사람은 바다에 휩쓸렸습니다."

The old man hesitated for a moment, making eye contact with two teenagers who were, for the first time since the service began, looking somewhat interested in the story. The aged minister continued with his story. "Grabbing a rescue line, the father had to make the most excruciating decision of his life: to which boy he would throw the other end of the lifeline. He only had seconds to make the decision. The father knew that his son was a Christian, and he also knew that his son's friend was not. The agony of his decision could not be matched by the torrent of the waves. As the father yelled out, 'I love you, son!', he threw out the lifeline to the son's friend. By the time the father had pulled the friend back to the capsized boat, his son had disappeared beneath the raging swells into the black of night. His body was never recovered."

설교하던 목사는 예배가 시작된 후 처음으로 이야기에 다소 관심을 보이던 두 명의 십 대와 잠시 주저하다가 눈을 마주쳤다. 나이 든 목사는 그의 이야기를 계속했다. "구명줄을 잡은 아버지는 누구에게 구명줄을 던져야 할지를, 삶에서 가장 고통스러운 결단을 내려야 했습니다. 그는 결단을 내리는 데 몇 초밖에 걸리지 않았지요. 아버지는 아들이 기독교인임을 알았고 아들의 친구는 기독교인이 아님을 알았습니다. 고뇌에 찬 그의 결정은 급류의 파도에 비교할 수 없을 만큼 절박했습니다. 아버지는 '아들아, 사랑해!' 하고 소리치면서 아들의 친구에게 생명줄을 던졌습니다. 아버지가 아들의 친구를 전복된 배에 끌어 올렸을 때, 그의 아들은 성난 파도 아래 어두운 밤으로 사라졌습니다. 그의 몸은 더 이상 떠오르지 않았습니다."

By this time, the two teenagers were sitting up straight in the pew, anxiously waiting for the next words to come out of the old minister's mouth. "The father," he continued, "knew his son would step into eternity with Jesus, and he could not bear the thought of his son's friend stepping into an eternity without Jesus. Therefore, he sacrificed his son to save the son's friend. How great is the love of God that He could do the same for us. Our heavenly Father sacrificed His only begotten that we could be saved. I urge you to accept His offer to rescue you and take hold of the lifeline."

이때까지 두 명의 십 대 소년은 좌석에 똑바로 앉아 연로한 목사의 입에서 다음 말이 나오기를 초조하게 기다리고 있었다. "아버지는 아들이 예수와 함께 영원으로 들어갈 것을 알았고, 아들의 친구가 예수 없이 영원으로 들어간다는 생각을 견딜 수 없었습니다. 그래서 그는 아들의 친구를 구하기 위해 아들을 희생했습니다. 하나님께서 우리를 위해 이와 똑같이 하실 수 있다는 것이 얼마나 큰 사랑일까요? 하늘에 계신 아버지께서는 우리가 구원받을 수 있도록 독생자를 희생하셨습니다. 여러분을 구원하고자 하는 그분의 제안을 받아들여 생명 줄을 잡기 바랍니다."

With that, the old man turned and sat back down in his chair as silence filled the room. The preacher again walked slowly to the pulpit and delivered a brief sermon with an invitation at the end. However, no one responded to the appeal. Within minutes after the service, the two teenagers were at the old man's side. "That was a nice story," politely said one of the boys, "but I don't think it was very realistic for a father to give up his only son's life in hopes that the other boy would become a Christian."

그 말과 함께 설교를 마친 목사님은 자신의 자리로 돌아가 앉았고 예배실은 침묵으로 가득했습니다. 설교자는 다시 강단으로 천천히 걸어가, 구원으로 초대할 말씀의 주제를 낭독했습니다. 그러나 어떤 누구도 구원의 초대 말씀에 아무런 반응을 하지 않았습니다. 예배가 끝나고 몇 분후, 두 명의 십 대는 나이 든 설교자 곁에 있었습니다. 한 소년이 "아주 좋은 이야기였지만, 아버지가 다른 아들이 그리스도인이 되기를 바라면서 하나뿐인 아들의 생명을 포기하는 것은 그리 현실적이지 않다고 생각합니다."라고 공손하게 말했습니다.

"Well, you've got a point there," the old man replied, glancing down at his worn Bible. Sorrow began to overtake the old man's smiling face as he once again looked up at the boys and said, "It sure isn't very realistic, is it? But I'm here today to tell you that I understand more than most the pain God must have felt to give up His only Son. For you see, I'm the man who lost his son to the ocean that day, and my son's friend that I chose to save is your minister."

"그래요, 바로 거기에 핵심이 있지요." 나이 든 설교자는 낡은 성경을 내려다보며 대답했다. 노인의 웃는 얼굴에 슬픔이 그려지면서, 그는 다시 소년들을 올려다보며 말했다. "정말 현실적이지는 않지요, 그렇지요? 그러나 나는 오늘 하나님께서 그분의 독생자를 포기하셨을 때 느끼셨을 고통을 누구보다 더 잘 이해하고 있다는 것을 말씀드리기 위해 이 자리에 섰습니다. 아시다시피, 저는 그날 바다에서 아들을 잃은 사람이고, 제가 구하기로 선택한 제 아들의 친구는 바로 여러분의 목사님입니다."[329]

### 3. 예화 분석

위 예화에는 몇 명의 주인공이 등장하는가? 문장 속에는 아버지, 아들, 아들 친구 세 명이 있다. 그리고 그 예화를 말하는 자가 있고 청중이 있다. 먼저 말하는 자(발화행위자)는 ① 말하면서 느끼는 자, ② 느끼는 자를 바라보는 자, ③ 바라보는 자를 다시 바라보는 자, ④ 앞에 세 자아를 종합 재구성해서 말하는 자로 구분할 수 있다. 말하는 자가

---

[329] 우리는 위에서 말한 예화에 대해 올바른 번역과 해석을 했는지를 질문해 볼 수 있다. 만약 틀리게 번역하거나 해석했다면 도대체 올바르게 번역함의 기준이 있다는 것인가? 그리고 그 해석의 주체는 누구인가? 번역과 해석의 주체가 어떤 정황과 상황에 처했는지, 어떤 시간과 공간에서, 어떤 동기와 의도에서, 어떤 환경과 맥락에서 예화를 분석하는가에 따라 그 의미는 사뭇 다르게 번역 해석된다. 데리다가 예화를 통해서 말하고자 한 것은, 바로 다수성으로 표현될 수 있는 '차이와 다름'이 보편이라는 이름으로 표현되는 '동일성'의 당위의 횡포로부터 벗어 나는 순간을 유령의 출현으로 은유했다. 데리다에게 있어 '유령'은 기호-상징어로 기표할 수 없는 진리의 출현을 말한다.

어떤 의도와 동기를 가지고 말하느냐에 따라 발화행위는 다르게 나타난다. 발화자는 어디에서 무엇을 목적으로, 누구에게 말하는가? 둘째, 설교를 듣는 청중은 다양한 부류가 있고 각자 설교자의 발화 내용을 각각 자신의 정서 도식으로 이해한다. 청중에는 ① 스토리를 매끄럽고 보기 좋게 규정하는 십 대 아이, ② 구원받은 당시 아들 친구인 목사의 심경, ③ 그 외 침묵하는 다수의 청중, ④ 아이를 버린 아버지의 마음을 말한 설교자. 각자 존재하는 상황과 의식의 국면에서 스토리가 모두 다르게 의미화된다. 예화에서 나타나는 차이와 다름(디페랑스)을 전제한다면 다음의 질문과 독법이 가능하겠다.

① 아버지가 아들이 예수와 함께 영원으로 들어갈 것을 어떻게 확신할 수 있었는가? 만약 여러분이 그분의 아들이라면? 혹 분노, 배신, 절망? 기쁨, 안락?
② 아들의 친구가 '예수 없이 영원으로 들어간다는 생각'을 견딜 수 없게 하는 것은 그의 아버지의 생각인가? 타자가 주입한 생각인가?
③ 누구를 위한, 무엇을 위한 결정인가? '의로움, 사랑, 영원, 구원'이라고 생각한 아버지의 결단을 위해? 아들은 희생되어야 하는가? 살아남은 아들 친구의 마음은 어땠을까?
④ 기독교에서는 예수와 함께 영원으로 들어간다는(구원) 의미를 어떻게 규정하고 있는가? 그 규정은 모든 이에게 통용되는 것인가? 만약 어떤 이가 이해할 수도 없고, 받아들일 수도 없다면 그는 구원에서 제외되는 것인가? 구원이라는 개념과 규정은 누가 하는 것인가? 누가 반복하도록 강제하는가? 이 반복 강제는 누구를 위한 욕망인가?
⑤ 아버지가 아들 대신 아들 친구를 구한 것과, 하나님이 우리를 위해 그의 아들 예수를 십자가에 죽인 사건과 일치한 것인가? 유비추리 오류, 범주 계열화 오류가 아닌가?

⑥ 기독교에서 말하는 범주 계열화, 유비추리의 오류는 정당한 것인가? 혹 인과적 강제성이나 개개의 사건을 동일성으로 귀결시키는 것은 아닌가?

⑦ 위에서 말한 예화의 진실은 어디에 있는가? '진실과 사실, 그리고 진리'는 다른 것인가? 동일한 것인가? 다르다면, 위의 예화가 진실의 사건으로 받아들이기 위해 우리의 심적 태도는 어떻게 해야 하는가?

⑧ 우리 각자는 예화와 예배 참석자의 모든 주인공이 될 수 있다. 그리고 각자의 이해와 결단이 요청된다. 그러니 결단의 주체가 꼭 아버지일 필요는 없다. 결단의 주체가 물에 빠진 아들이라면, 혹은 아들 친구였다면, 십 대 아이들이라면, 침묵한 청중의 결단이라면…. 그들의 입장과 결단에 차이와 다름이 있는가? 아버지의 결단만이 참이고 진리인가?

## 4. 유령은 어디에 있는가?

동일 문장이라고 하더라도 그 문장의 번역을 소위 육하원칙(누가 언제 어디에서 왜 어떻게 무엇을)[330]에 따라 적용해 보면 그 의미가 달라진다. 또, 그 문장이 주는 영향과 효과도 다르다.[331] 우리는 어떤 사건을 만날 때, 그 사건에 대한 이해와 해석은 사람의 정서 도식(언어-표상)[332]에 따라 차이와 다름(디페랑스)를 나타낸다. 정서 도식은 일반화

---

330) 어떤 하나의 사건을 기술할 때 그 기술 언어는 육하원칙에 따라 구성된다. 이 원칙은 억압과 부인(방어)=사물 표상을 언어 표상으로=무의식을 의식화로=큰 집합에서 작은 집합으로 혹은 작은 집합에서 큰 집합으로 귀속 관계를 맺고 변주한다. 그런데 누가 육하원칙을 만들었는가? 육하원칙은 의미를 봉합하는 방향이다.

331) 누가(쓰인 글, 발화되는 글, 발화하는 글, 듣는 글), 언제(상황과 시간의 국면), 어디에서(위치, 신분, 눈높이, 주체의 위상학적 계열), 무엇을(욕구와 증상의 내용, 욕망), 왜(의도와 목적, 지향성), 어떻게(장르, 방법론) 등에 따라 예화에 담겨있는 의미는 다양하게 변주된다. 6!(펙토리얼)

332) 정서 도식(emotion scheme)은 정서적 경험과 그 의미 기제를 유발하는 기본적인 심리

된 보편성이다. 이는 '무의식'의 지배이다. 우리는 ① 앞에서 들은 이야기의 내용을 환기하면서 ② 어떻게 전개되어 갈 것인지를 예감해서 ③ 현재하는 말을 듣는다. 그러니까 ③ 현재 듣는 말은 ① 과거의 이야기와 ② 도래할 이야기를 재구성해서 듣는다. 따라서 ③현재 들리는 말은, 발화자의 '음성 그 자체'로 듣는 것이 아니라, 듣는 사람의 과거 기억(흔적) 또는 시간 의식(과거-현재-미래)으로 재구성해서 듣는 것이기에 '음성 그 자체'는 각색된다. 그래서 사람마다 듣는 것이 저마다 다르다(차이와 다름). 위 예화에서 등장하는 사람 '모두를 지배하는 일정한 의미의 방향'은 무엇인가?

'애도를 애도한다.', '해체를 해체한다.', 끊임없는 상실과 해체의 과정만이 우리가 괴물이라고 규정하는 그 의식의 구성마저도 해체한다. 그 과정에서 괴물은 새롭게 형성된다. "헛되고 헛되니, 모든 것이 헛되고 또 헛되도다." 헛됨의 자각으로 모든 현상이 헛됨으로 구성된 것을 깨달아, 다시 헛됨을 반복 자각하여 새로운 헛됨의 깨침을 생성한다.

---

적 자아 패턴이다. 도식은 일련의 조직화 원리를 의미하며 개인이 선천적으로 갖고 태어난 반응 레퍼토리와 과거 경험 때문에 구성된다. 이런 도식은 현재 내담자가 처한 상황과 상호작용하며 나아가 현재 경험을 유발한다. 도식은 매우 개인적이며 독특하다. 도식에는 각 개인 삶의 경험으로부터 우러나온 고유한 정서적 기억, 희망, 기대, 두려움 그리고 지식이 누적되어 있다. 정서 도식은 오로지 정서에만 기반 한 것이 아니다. 정서 도식에는 주관적으로 지각된 의미, 자신과 세계에 대해 통합된 감각(신체화된 습관에서 우러나오는)을 제공하는 정동, 인지, 동기 그리고 행위가 복합적으로 포함되어 있다. 그리고 이는 내담자 의식의 지향성과 밀접한 관계가 있다. 도식은 외부 세계의 복사판이 아니라 세계-내-존재로서 우리의 경험과 행위로 구성된 것이다. 이는 비언어적 수준에서 표상(부호)화하며 의식적이고 개념적인 앎보다는 존재 및 행위와 연관되어 있다. 예를 들면, 아동기 초기 기억에는 언어화되기 전의 느낌과 감각, 풍경, 소리와 냄새들로 구성된다. 따라서 정서 도식은 살아온 경험의 주관적 기록과 같다. 도식은 정서적 경험을 기억하는 기본적인 판형이며, 전체 경험을 의미 있는 단위로 통합하는 기능을 수행한다. 우리 각자가 사용하는 언어가 바로 정서 도식을 반영한다. 이 정서도식은 곧 각자의 고유한 증상을 만든다. 그러니까 증상은 곧 정서도식과 언어에서 주어진 것이다. 그렇다면 치료 또한 정서도식의 변환, 즉 언어 습관을 바꾸면 되지 않을까?

타자가 만든 의미의 문법에서 벗어나 자신만의 고유성으로 돌아가는 길이다. 괴물(유령)은 여기에 있다. 그렇다면 괴물(유령)은 언제 어디에서 어떤 심적 상태에서 나타나는가? 괴물은 유한성에서, 언어-표상-사유-현시에서만 나타난다. 언어밖에는 언어가 없다(대타자의 대타자는 없다).

인간은 언어 밖의 것을 사유하고자 하지만, 밖의 것을 사유하고자 하는 의식마저도 이미 주어진 기표 안에서 작동하는 것이다. 그래서 인간의 존재 언어는 'A는 A다'라고 동어반복 한다. 설령 인간이 'A는 B이다'라고 언표할지라도 'B'라고 언명(규정)한 것은 이미 'A'를 모사(mimesis)한 것이기에 'B'는 'A'의 영역 안에 있다. 차연(디페랑스)과 괴물(유령) 또한 유한성, 언어-표상, 사유 구조, 심적 상태(유아론)에서만 나타난다. 그밖에 일은 불가지론이다.

### 5. 유령의 출현과 반복 회귀

인간은 자신을 소화, 적응(동화), 소비, 반복하는 'A'라는 동일성의 굴레에서 벗어나지 못하는 비극적 존재이나, 부단히 그 굴레에서 벗어나고자 '끊임없이 질문'하는 존재다. '끊임없는 질문'에서 차연이 발생한다. 유령의 출현은 질문에서, 의심에서, 도마의 질문에서 생긴다. 사건은 괴물(유령)의 출현을 의미하며, 진정한 사건은 존재를 흔든다. 존재 기반을 흔드는 질문은 한계상황, 즉 상실과 죽음의 실존적 상태다. 실존적 상태는 괴물(유령)의 출현이며 이는 존재의 사건이 된다.

우리 각자가 예화에서 '사건'이 되기 위해서는 어떻게 해야 하는가? 사건이란 타자의 욕망이나 해석으로 의미가 봉합되거나 안주되는 것이 아니라, 자신에게 정직한 질문과 의심을 던지는 일이다. 정신분석에서 괴물(유령)의 출현은 증상이며, 하이데거는 이를 섬뜩함(불안)으로 설명한다. "만일 하늘이 눈에 보이는 신으로 하여금 이런 나쁜 놈들을 응징하지 않으면, 인간들은 반드시 괴물처럼 서로서로 잡아먹고 말 것이다(리어왕)." 인간의 근본 감정은 처벌과 보상, 공격과 인정, 살해와 성취, 죄책감과 명예, 타나토스와 에로스의 양면으로 이루어져 있다. 인간이 서로 잡아먹지 않으면 다른 대상에 투사해서라도 처벌과 보상의 감정을 복구할 것이다. 다행히 인간은 언어-표상을 통해 처벌과 보상을 처리한다.

진정한 단독성과 고유성은 바로 거기에 있다. 단독성과 고유성의 다른 이름은 '나만의 것', '고유명사', '서명', '관형적 표현(idiom)', '차이와 다름'이다. 이는 팔루스적-로고-중심주의의 동일성에서 이탈했다는 의미이면서도, 팔루스적 그림자에서 완전히 벗어날 수는 없다. 차이와 다름이 동일성에서 기원하기 때문이다. 그렇다면 자기 고유성은 어디에서 찾을 수 있는가? 데리다는 이를 '디페랑스'의 반복 회귀로 설명한다.

## IV. 말하기와 글쓰기 훈련: 자기해체 과정

무엇이 유령 출현을 방해하는가? 그것은 자기 확신에 기인한다. 자아(의필고아)가 만든 언어 집착이 우리 자신을 고정된 존재로 완결하고자 한다. 즉 인과적인 이해와 지식, 보편적인 고정관념, 의미의 디렉션, 이해하고자 하는 욕망의 방향은 존재의 질문을 망각하게 한다. 특히 상식과 규범에 고정화된 신념 체계는 의심과 질문을 봉합한다. 확신에 찬 과학과 종교에는 의심과 질문이 없다. 그러나 과학과 종교도 언어-표상에서 주어진다. 환상 밖의 환상은 없다. 대타자의 대타자는 없다. 인간은 언어 표상을 통해서만 욕망을 해소할 수 있다. 세계(현시된 세상)는 언어 표상으로 나타난 이미지이다. 완고함이란 사물 그 자체로 보지 않고 자기만의 관점으로, 또는 타자가 만든 고정관념으로 파악하는 것을 말한다. 그렇다면 완고함을 지우는 방법은 무엇인가? 판단중지 그리고 문자 그대로, 보편이라는 상식에 균열을 내는 것, 사이와 간극에 머무는 것, 즉 시적 표현에 있다.

위에서 거론한 예화에서 우리는 유령 출현의 가능성을 위해 다음의 질문이 필요하다.

① 좋은 이야기와 현실적인 것의 차이 → 좋은 이야기가 현실적이거나 사실적인 것을 넘어 진실한 것이 되기 위해서는 어떤 심적 전환이 필요한가?

② 옛날 선배들의 신앙과 현대 젊은이들의 신앙에는 차이가 있는가? → 옛 선인들은 신화적 이야기를 사실로, 현실로, 진실로 받아들인다. 그러나 현대인들은 신화적 이야기를 언어 지식 체계(논리-개념-표상)로 굴절해서 받아들인다.

③ 차이는 무엇을 기준으로 한 것인가? 누구의 기준인가? 기준이 '언어-표상'에 의한 것이라면 모두 픽션이 아닌가? 동일성, 일자, 기원(창조)은 반드시 있어야 하는가? 의미의 봉합을 위해 반드시 종말(아마겟돈)이 있어야 하는가? → '不一不二, 不生不滅, 不常不斷, 不來不去(하나도 아니고 둘(다름)도 아니다, 태어남도 아니고 죽어감도 아니다, 변함없이 그대로 있음도 아니고 단절함도 아니다, 오는 것도 아니고 가는 것도 아니다)'의 부정성은 폐쇄적 언어를 해체하는 데리

다식 유령의 원조이다.

데리다의 해체 철학과 유령의 개념은 단순히 학문적 논의에 그치지 않는다. 그것은 우리의 일상적 삶과 사고방식에 깊은 영향을 미치는 실천적 철학이다. 우리는 모두 언어라는 틀 안에서 살아가고 있다. 그러나 이 언어는 완벽하지 않으며, 항상 해석의 여지와 불확실성을 내포하고 있다. 이러한 언어의 특성을 인식하고 받아들이는 것이 바로 '유령과의 만남'이다.

결국, 데리다의 유령은 우리 자신의 내면에 존재하는 것이다. 그것은 우리가 당연하게 여기던 것들에 의문을 제기하고, 새로운 가능성을 모색하게 하는 내적인 힘이다. 이러한 '자기만의 유령'과 마주하고 대화하는 과정을 통해, 우리는 더 풍부하고 의미 있는 삶을 살아갈 수 있다.

해체와 유령의 철학은 우리에게 불안정성과 불확실성을 받아들이라고 요구한다. 그러나 이는 결코 허무주의나 상대주의로 빠지는 것이 아니다. 오히려 그것은 우리가 더 책임감 있고 윤리적인 존재가 되기를 요구한다. 왜냐하면 고정된 의미와 진리가 없다는 것을 인정한다면, 우리는 매 순간 우리의 선택과 해석에 대해 더 깊이 성찰하고 책임져야 하기 때문이다.

데리다 철학의 관점을 죽음교육에 적용할 때, 다음과 같은 구체적인 교육 방법을 고려할 수 있다:

### 1. 해체적 읽기와 쓰기

① 죽음 관련 텍스트의 해체적 읽기: 학생들이 죽음에 관한 다양한 텍스트(문학 작품, 철학 텍스트, 신문 기사 등)를 읽고, 그 안에 내재한 가

정과 모순을 발견하도록 한다.
② 다중 관점 에세이 쓰기: 동일한 죽음 관련 주제에 대해 서로 다른 관점에서 에세이를 작성하게 함으로써, 죽음에 대한 다양한 해석 가능성을 탐구하도록 한다.

## 2. 차연의 개념을 활용한 토론

① 시간에 따른 의미 변화 토론
: '죽음'이라는 개념이 시간과 문화에 따라 어떻게 변화해 왔는지 토론하게 한다.
② 개인적 경험 공유
: 학생들이 죽음에 대한 제 생각이 어떻게 변화해 왔는지 공유하고 토론하게 한다.

## 3. 흔적 개념을 활용한 창작 활동

① 삶의 흔적 프로젝트
: 학생들이 자기 삶에서 중요한 순간들을 기록하고, 이를 통해 자기 삶이 어떤 흔적을 남길지 상상해 보게 한다.
② 디지털 유산 워크숍
: 디지털 시대에 우리가 남기는 온라인 흔적을 토론하고, 자신의 디지털 유산을 어떻게 관리할지 계획해 보게 한다.

## 4. 현전의 환상을 넘어선 체험 학습

① 호스피스 봉사 활동

: 실제 임종을 앞둔 환자들을 만나고 돌보는 경험을 통해, 죽음의 현실
     성을 체감하게 한다.
  ② 가상 장례식 기획
   : 자신의 장례식을 기획해 보는 활동을 통해, 죽음 이후 삶의 의미에
     대해 생각해 보게 한다.

 이러한 교육 방법들의 예는 상황에 따라 다양하고 창의적으로 변용될 수 있다. 이런 방법들의 핵심은 죽음을 단순히 추상적인 개념이 아닌, 삶과 밀접하게 연관된 실제적인 문제로 인식하고 탐구할 수 있도록 돕는 데 있다. 또한, 그라마톨로지의 핵심 개념들을 실제 경험과 연결하게 함으로써, 학생들의 이해를 더욱 깊이 있게 만들 수 있다.

  ① 비판적 사고력 향상 : 해체적 읽기와 쓰기를 통해 학생들은 죽음과 관련된 고정관념과 편견을 인식하고 비판적으로 검토할 수 있는 능력을 기를 수 있다.
  ② 다양성 인식 : 차연의 개념을 통해 죽음에 대한 다양한 문화적, 개인적 해석의 가능성을 인식함으로써, 타인의 관점을 이해하고 존중하는 태도를 기를 수 있다.
  ③ 삶의 의미 재고 : 죽음을 단순히 삶의 끝이 아닌, 삶을 구성하는 필수적 요소로 이해함으로써, 현재의 삶의 가치와 의미를 더욱 깊이 있게 성찰할 수 있다.
  ④ 언어의 한계 인식 : 죽음과 같은 초월적 경험을 언어로 완전히 표현할 수 없다는 것을 인식함으로써, 언어 사용에 대한 더 깊은 이해와 겸손함을 기를 수 있다.
  ⑤ 창의적 표현 능력 향상 : 죽음이라는 추상적 개념을 다양한 방식으로 표현하고 탐구하는 과정을 통해, 학생들의 창의적 표현 능력을 향상할

수 있다.
⑥ 공동체 의식 함양 : 죽음에 관한 토론과 공유를 통해, 학생들은 서로의 경험과 감정을 나누며 더 깊은 공동체 의식을 형성할 수 있다.
⑦ 디지털 시대의 윤리 교육: 디지털 유산에 대한 고민을 통해, 현대 사회에서 개인의 책임과 윤리에 대해 생각해 볼 기회를 제공한다.

그라마톨로지를 통한 죽음교육은 단순히 죽음에 대한 두려움을 극복하는 것을 넘어, 학생들이 더 풍요롭고 의미 있는 삶을 살아갈 수 있도록 돕는 것을 목표로 한다. 이는 궁극적으로 개인의 성장뿐만 아니라, 죽음을 더 자연스럽게 받아들이고 생명의 존엄성을 존중하는 사회 문화를 형성하는 데 기여할 수 있을 것이다.

결론적으로, 죽음교육 과정을 말하기와 글쓰기에 적용하는 것은 학습자들이 삶과 죽음에 대해 더욱 깊이 있게 성찰하고, 현재의 삶을 더욱 의미 있게 살아갈 수 있도록 돕는 효과적인 교육 방법이라 할 수 있다. 이는 데리다의 그라마톨로지가 추구하는 '의미의 끊임없는 재해석과 재구성'이라는 철학적 지향점과도 일맥상통한다.

향후 교육 현장에서는 이러한 접근법을 더욱 적극적으로 도입하고 발전시켜, 죽음교육을 받은 이들이 삶과 죽음에 대한 균형 잡힌 시각으로 더욱 풍요롭고 의미 있는 삶을 살아갈 수 있도록 지원해야 할 것이다.

실천 1.
# 어린이의 상실 경험 이해와 돌봄 방법

**<내용 요약>**

이 글에서는 아동의 죽음 이해와 애도 과정을 살펴본다. 유아기부터 학령기까지 발달 단계별로 아동이 죽음을 어떻게 이해하는지 설명하고, 각 연령대에 적합한 돌봄 방법을 제시한다. 또한, 자기 죽음을 앞둔 아동은 심각한 질병을 통해 죽음을 인식하게 되며, 이에 대한 심리적 반응과 지원 방법도 다룬다. 아동의 슬픔은 발달 연령에 따라 다양한 형태로 나타나며, 이를 효과적으로 지원하는 방법들을 소개한다. 마지막으로, 아동이 상실을 겪을 때 필요한 정서적 지원과 개입 방법, 그리고 다양한 상담 방안을 논의한다.

**<핵심어>**

죽음 이해(Understanding death), 애도(Grief),
발달 단계(Developmental stages),
심리적 반응(Psychological responses),
정서적 지원 (Emotional support)

**<학습 목표>**
- 아동의 발달단계에 따른 죽음 이해 능력을 평가할 수 있다.
- 아동의 애도 과정에서 나타나는 감정과 행동을 이해하고 분석할 수 있다.
- 아동이 겪는 죽음에 대한 심리적 반응을 식별하고 설명할 수 있다.
- 아동에게 적절한 애도와 정서적 지원 방법을 제시할 수 있다.
- 아동의 죽음에 대한 반응과 그에 따른 애도 지원 전략을 실천할 수 있다.

**<적용 실천>**

- 아동의 나이와 발달단계에 맞춘 죽음에 대한 설명과 지원 방법을 적용할 수 있다.
- 아동이 애도 중일 때 감정표현을 돕고, 그들의 반응에 적합한 정서적 지원을 제공할 수 있다.
- 아동의 애도 과정에서 나타나는 다양한 반응을 인식하고, 이를 통해 적절한 상담이나 치료 방법을 적용할 수 있다.
- 아동과 가족이 함께 참여하는 애도 활동을 기획하고 실행하여, 아동이 안정적으로 애도 과정을 진행할 수 있도록 돕는다.
- 아동에게 죽음에 대한 이해를 높일 수 있는 자료나 활동을 제공하여, 건강한 애도와 감정 처리를 유도할 수 있다.

# 어린이의 상실 경험 이해와 돌봄 방법

## I. 아동의 죽음 이해

아동의 발달단계별 죽음 이해와 도움을 줄 수 있는 특징, 발달장애 아동의 죽음 이해와 도움을 줄 수 있는 특징, 자기 죽음을 앞둔 아동의 죽음 이해 관련 내용을 먼저 학습해 보도록 한다.

### 1. 아동의 발달단계별 죽음 이해와 도움을 줄 수 있는 특징

아동의 죽음 이해는 죽음에 대한 아동의 경험, 가족 구성원들이 죽음에 대해 어떻게 토론해 왔는지, 아동의 인지 기능, 성격, 문화, 종교 교육에 따라 달라진다. 아동의 죽음에 대한 반응과 이를 도울 수 있는 특징을 살펴보면 다음과 같다.(Speece, M. W., & Brent, S. B.)[333]

첫 번째 단계는 유아, 걸음마기 단계이다.
유아는 질문이나 걱정을 표현할 언어 능력은 없으나, 자신의 삶에서 특정인의 부재에 반응한다. 특히 주변 사람들의 감정을 직감하고 이에 반응한다. 유아기나 걸음마기 아동은 죽음의 불가역성을 이해하지 못하지만, 퇴행 행동이나 거식 행동을 통해 죽음에 대한 반응을 보인다. 특히 주 양육자의 죽음을 경험할 경우, 분리 불안을 보이거나 다시 돌아오기를 외치며 소리를 지르기도 한다.

---

333) Speece, M. W., & Brent, S. B. (1996). Children's Understanding of Death: Developmental and Conceptual Considerations. In Death Studies, 20(1), 123-146.

이러한 반응은 아동의 자연스러운 발달 과정의 일부로 받아들여야 하며, 아동의 슬픔을 과소평가하거나 무시하지 않도록 주의해야 한다. 이 시기의 죽음 경험은 아동이 신뢰 관계를 형성하고 있는 중요한 사람을 상실하는 것이므로, 이후 성인과의 신뢰 형성을 저해할 수 있다. 이 연령대의 아동은 어떤 상황에서도 보살핌을 받을 수 있다는 확신이 필요하며, 일관되고 친숙한 얼굴에 반응한다. 따라서 이들에게는 신체적, 정서적 안정감이 필수적이다.

두 번째 단계는 학령전기 단계이다.

이 시기의 아동은 '죽음'이 무엇인지 알고 있을지 모르지만, 죽음이 영원하고 보편적이라는 것은 이해하지 못한다(M. Nagy, 1948)[334]. 이 시기 아동은 자기중심적 성향이 있어 자신의 생각이나 행동이 죽음을 초래했다고 여긴다. 이러한 '마술적 사고'로 인해 죽음을 일시적이고 되돌릴 수 있는 것으로 믿는 경향이 있다. 또한 죽음에 관한 감정이나 의문을 표현하는 데 어려움을 겪는다.

죽음에 대한 불안은 신체적 불안감으로 나타나며, 야뇨증이나 수면 장애 등 퇴행 현상을 보이기도 한다. 그럼에도 이 시기 아동이 죽음을 경험할 경우, 그들의 인지 발달 수준에 맞는 명확하고 정확한 언어로 설명하고 적절한 답변을 제공해야 한다. 아울러 자신의 감정을 언어로 표현할 수 있도록 돕고, 일상생활의 일관성을 유지하도록 지원해야 한다.

세 번째 단계는 학령기이다.

발달적으로 이 연령대의 아동은 죽음이 최종적이고 보편적임을

---

334) Nagy, M. (1948). The Child's View of Death. In Pedagogical Seminary and Journal of Genetic Psychology, 73(1), 3-27.

대부분 이해하지만, 이해 정도는 아동마다 크게 다를 수 있다(B.L. Kenyon, 2001)[335]. 아이들은 종종 죽음이 다른 사람들에게는 일어날 수 있지만 자신이나 가족에게는 일어나지 않는다고 믿는다. 유아나 유치원 시기에 가까운 이의 사망을 경험한 아동은 사망한 이가 신체적으로 다시는 함께하지 않으리라는 것을 이해하기 시작하면서 그 죽음을 다시 체험할 수 있다. 학령기 아동은 죽음을 이전 단계보다 더 정확하게 이해하기 때문에 사용하는 단어도 달라질 수 있다. 이는 아동이 추상적인 생각과 단어를 혼동하여 사용할 수 있음을 의미한다. 학령기 아동은 죽음을 '부기맨(boogeyman)' 또는 일종의 괴물로 보거나, 공정성과 평등에 관심이 있기에 때로는 죽음을 나쁜 행동에 대한 보복으로 해석하기도 한다. 이 시기에 아동은 생물과 무생물의 차이를 이해하면서 죽음이 전염성이 있다고 믿기 때문에, 죽음이 발생할 때 후퇴하거나 불안해할 수 있다. 일부 아동은 악몽과 공포를 경험하기도 한다.

## 2. 자기 죽음을 앞둔 아동의 죽음 이해

그렇다면 생명 위협을 가하는 심각한 질병을 앓는 아동은 죽음을 어떻게 인식하고 느낄까? 큰 질병을 앓으며 죽음의 위협을 받는 아동은 진단이 내려지기 전에도 무언가 잘못되고 있다는 것을 알아차리고, 치료 방향이 정해지지 않은 경우에도 자기 죽음에 대해 인식하게 된다. 진단을 받는 바로 그 순간에도 아동은 죽음에 대한 인식이 생기게 되며, 이때 아동이나 부모 모두 극도의 스트레스를 경험하게 되고 큰 외

---

[335] Kenyon, B. L. (2001). Current Research in Children's Conceptions of Death: A Critical Review. In OMEGA - Journal of Death and Dying, 43(1), 63-91.

상의 경험을 하게 된다.(K.J. Doka, 1996, pp. 89-105)[336]. 이뿐만 아니라 아동은 계속되는 의학적 치료 과정에서의 통증과 주사와 같은 침습적 처치가 행해질 때도 마찬가지로 죽음에 대해 인식한다(류경숙, 2016).

블루본드-랑거(M. Bluebond-Langner)[337]는 학령전기 아동의 경우, 일반적 아동의 인지발달이나 정상적인 도덕적 수용 능력을 초월하여, 질병에 관한 정보를 듣는 순간에 자신의 질병이 심각하다고 여기며, 약 이름을 외우거나 부작용에 관해 관심을 두게 되고 치료의 목적에 대해서도 알게 된다고 말했다. 이런 상황에서 아동은 외로움, 불안, 두려움을 경험하게 된다. 때로는 죽어가는 아동은 자신의 상태에 대해 최소한의 정보만을 받거나 전혀 알려준 바 없어도, 스스로 병에 대한 정보를 얻게 되며, 많은 아동이 사랑하는 사람들을 보호하기 위해 알고 있다는 사실을 비밀로 유지하기도 한다. 아동의 나이, 인지 능력, 정서 기능, 가족 구조, 그리고 이전의 상실 경험에 따라 개입이 필요하다. 그뿐만 아니라 심각한 질병으로 죽음을 경험하는 아동의 형제자매에 대한 주의와 관심 또한 고려해야 한다. 그들은 자신도 병에 걸려서 죽을지 모른다는 염려를 할 수 있기 때문이다. 또한 죽어가는 자녀에게 집중되는 보살핌에 대한 원망도 살펴야 한다. 형제자매를 위한 보살핌 또한 발달과 특성에 맞는 돌봄이 필요하다(류경숙, 2016).

---

336) Doka, K. J. (Ed.). (2000). Living with Grief: Children, Adolescents, and Loss. Washington, DC: Hospice Foundation of America.

337) Bluebond-Langner, M. (1980). The Private Worlds of Dying Children. Princeton University Press.

## II. 아동의 애도와 상실 경험에 대한 이해

아동의 애도와 상실 반응에 대해 좀 더 구체적으로 알아보는 시간을 갖도록 한다.

워든(J.W. Worden)[338]은 죽음과 관련한 아동의 개인적인 경험, 생각, 감정을 '비탄(grief)'으로 정의하고, 아동이 자신의 방식대로 상실에 적응해 가는 과정을 '애도(mourning)'로 정의한다.

실버만(P.R. Silverman)(2000)은 아동의 슬픔을 상실에 대한 신체적, 감정적, 행동적, 인지적 반응으로 이해하였다.[339] 모든 연령대의 아동이 슬픔을 느끼고 반응하는데, 그 슬픔의 표현은 다양하고 발달 연령에 따라 달라진다. 그러므로 아동의 발달과 슬픔의 징후를 이해하는 것은 슬픔에 빠진 아동을 효과적으로 중재하는 데 도움이 될 것이다.

볼비(J. Bowlby)(1980)[340]는 아기들이 약 6개월에서 8개월 정도에 주양육자와 함께 대상 영속성의 감각을 발달시키면 슬픔을 느낄 수 있다고 보았으며, 퍼먼(E. Furman)(1964)[341]은 3.5세 혹은 4세 정도에 애도하는 능력이 생긴다고 말했다. 특히 도이치(H. Deutsch)(1937, pp. 227-228)[342]는 애도 반응의 부재에 관하여 아동의 자아가 애도 작업의 긴장감을 감당할 정도로 충분히 발달하지 못하여 애도 과정을 견뎌내

---

338) Worden, J. W. (2009). Grief Counseling and Grief Therapy: A Handbook for the Mental Health Practitioner (4th ed.). Springer Publishing Company.

339) Silverman, P. R. (2000). Never Too Young to Know: Death in Children's Lives. Oxford University Press.

340) Bowlby, J. (1980). Attachment and Loss, Vol. 3: Loss: Sadness and Depression. Basic Books.

341) Furman, E. (1974). A Child's Parent Dies: Studies in Childhood Bereavement. Yale University Press.

342) Deutsch, H. (1937). Absence of Grief. Psychoanalytic Quarterly, 6, 12-22.

기 위한 자기애적 자기 보호 기제를 사용한다고 보았다.

볼비(1980)의 애착 이론에 따르면, 이 시기의 유아는 주 양육자의 상실이 영구적이든 일시적이든 항의와 절망 반응을 보인다. 주 양육자의 죽음이나 분리 상황에서 유아의 지속적인 항의에도 불구하고 주 양육자가 돌아오지 않으면, 유아는 절망감을 경험하게 된다. 이러한 분리를 경험한 유아는 이후 새로운 주 양육자에게 쉽게 다가가지 않는다.

유아의 슬픔과 관련된 가장 고통스러운 감정에는 미래에 다른 사람들과 건전한 유대감을 형성하는 데 영향을 미치는 포기와 혼란의 강렬한 감정이 포함된다. 이러한 슬픔은 신체적 징후로도 나타난다. 주 양육자와 분리되어 기관에 가게 되는 아동은 성장 지연이나 발달 실패와 같이 생명을 위협할 정도의 극단적인 슬픔 반응을 보이기도 한다.

슬픔에 잠긴 유아에게는 규칙적인 영양 공급, 목욕, 낮잠 등의 일정한 생활 습관을 통해 과도한 걱정 없이 충분한 감각 자극을 받을 수 있는 일상과 풍부한 애정이 필수적이다. 또한 이들은 여러 명의 양육자보다는 한 명의 새로운 주 양육자와 더 안정적인 관계를 형성한다.

### 1. 슬픔에 대한 일반적인 반응과 설명

성인이나 아동은 일반적으로 슬픔을 인식하게 되면 안심하고 불안감이 줄어들면서 죽음에 대한 경험을 정상화할 수 있다. 교육자, 상담자, 성직자, 부모, 그리고 다른 전문가들은 이러한 징후를 "도움을 요청하는 외침"으로 인식해야 한다.

슬픔을 당한 아동의 반응은 다음과 같다(L. Goldman)(2006).[343]

① 같은 말을 반복한다.
② 자기 죽음, 건강, 친구나 가족의 건강에 대해 염려한다.
③ 죽은 사람에 대해 현재 시제로 말한다.
④ 죽은 사람이 현존하는 것처럼 느낀다.
⑤ 죽은 사람을 모방하거나 우상화하는 경향이 있다.
⑥ 학급에서 광대처럼 굴거나, 다른 사람을 괴롭히거나, 타인으로부터 철회하기도 한다.
⑦ 집중할 수 없거나 공상에 잠긴 것처럼 보인다.
⑧ 악몽을 꾸거나, 침대에 오줌을 싸거나, 퇴행 또는 집착하게 된다.
⑨ 복통이나 두통을 호소한다.
⑩ 고인과 함께 있고 싶다고 한다.

브라운과 워(E. Brown & B. Warr)(2007, p.110-111)는 아동의 슬픔(grief) 반응이 다양하며, 환경을 통제할 능력이 적기 때문에 이후 몇 년 동안 충격에 싸여 있을 수 있다고 말했다.[344] 모든 아동이 이런 반응을 보이는 것은 아니지만, 아동 대부분이 다음과 같은 14가지 반응을 보일 수 있다고 보았다.

① 죽은 사람을 찾기
② 주 양육자한테서 떨어지게 된 경우 울거나 소리 지르고 불안해함
③ 등교 거부

---

343) Goldman, L. (2004). Children Also Grieve: Talking About Death and Healing. Jessica Kingsley Publishers.
344) Brown, E., & Warr, B. (2007). Supporting the Child and the Family in Paediatric Palliative Care. Jessica Kingsley Publishers.

④ 죽은 사람과 역할 놀이를 함
⑤ 부모님을 보호하려는 의도로 슬픔을 부인하는 모습을 보임
⑥ 분노, 자책 또는 죄책감을 느낌
⑦ 슬픔, 철회 또는 우울감
⑧ 과식 또는 식욕을 잃음
⑨ 복통이나 두통과 같은 신체화 증상을 호소함
⑩ 병원이나 의사에 대해 공포심을 가짐
⑪ 수면장애
⑫ 자존감을 잃음
⑬ 집중력이나 학업에 부적응적인 태도를 보임
⑭ 학업 수행 능력이 저조함

아동이 나타내는 이러한 현상들은 이 기간에 아동이 부모의 관심을 얻기 위한 것이거나 특별한 지지가 필요하다는 것이다. 아동에게 정보를 제공하고 안심시키며 감정을 표현할 기회를 제공할 경우, 아동이 죽음을 받아들이고 상실의 아픔과 함께 살아가는 법을 배우게 될 것이다.

## 2. 슬픔에 대해 어떻게 설명할 것인가?

골드먼(L. Goldman)은 "아동은 때로 언어를 이해할 때 문자적으로 이해하므로 죽음에 관해 설명할 때 직접적이고 단순한 말이 필요하다."라고 말한다. 어린 아동에게 "죽음이란 신체가 활동을 멈추는 것이다. 보통은 매우 나이가 많거나 매우 아플 때 죽게 된다."라고 말할 수 있다.[345]

---

345) Linda Goldman, 『Children Also Grieve: Talking About Death and Healing』, Jessica Kingsley Publishers, 2004.

어린 아동과의 대화에서 다음은 슬픔의 과정을 방해할 수 있는 표현에 대한 것이다.

| 방해되는 표현 | 이유 |
| --- | --- |
| "할아버지는 긴 여행을 떠나셨다." | "왜 할아버지는 작별 인사를 하지 않았고 왜 나를 데려가지 않았나요?"라고 하면서 할아버지가 오기를 기다릴 수 있음 |
| "친구가 엄마를 잃었단다." | "그 애 엄마는 너무 큰데 어떻게 잃을 수가 있어요?"라고 이해할 수 있음 |
| "아빠가 하늘에서 널 지켜보고 있단다." | "그러지 않았으면 좋겠어요. 그건 너무 창피해요."라고 말할 수 있음 |
| "엄마가 강아지를 재웠단다." | "엄마가 강아지를 재웠다고 했어요. 나도 잠자러 가면 죽게 되나요?"라고 물을 수 있음 |
| 사탕을 많이 먹는 아동에게 "사탕을 많이 먹으면 죽을 수 있어."라는 말을 들은 아동 | 자신의 죽은 이모가 사탕을 많이 먹어서 죽었다고 생각함 |
| "하나님이 할머니를 너무 사랑하셔서 천국에 데려가셨어." | "하나님이 할머니를 너무 사랑하셔서 천국에 데려가셨어. 하나님은 나를 그렇게 사랑하시지! 않는가 봐."라고 걱정함 |

## 3. 슬픔에 빠진 아동을 돕는 방법

골드먼(2006)은 "슬픔에 빠진 아동은 그의 말을 듣고 이해하고 있다는 것을 느끼는 것이 필요하다."라고 보았다. 아동에게는 걱정, 슬픔, 분노, 공포, 수치심, 유기감, 죄책감과 같은 민감한 이슈들이 생길 수 있다. 그렇다면 어떻게 아동이 슬픔을 표현하도록 도울 수 있을까?

① 대화를 시작하고 기억을 표현할 수 있도록 함께 가족사진을 보도록 한다.

② 아동이 그들의 이야기를 계속해서 하도록 허락한다.
③ 글쓰기, 역할극, 재연과 같은 방법을 이용하여 상실에 대한 느낌이나 생각을 안전하게 표현할 수 있도록 한다. 내면의 생각을 외부로 표현함으로써 약간의 안정감을 느낄 수 있다.
④ 아동이 학교나 보건실에서 남아있는 부모에게 전화할 수 있도록 허용한다. 이를 통해 자신이나 가족이 잘 지내고 있다는 것을 확인할 수 있다. 슬픔에 빠진 아동은 자신과 가족의 건강에 대해 몰두하게 된다.
⑤ 아동이 자신의 감정을 기억하고 공유하기 위해 물리적인 물건을 만드는 기억 프로젝트를 장려한다. 메모리 북은 예술 작업, 시 쓰기, 이야기 만들기를 통해 자신의 감정이나 생각을 표현하도록 하고, 아동이 안전한 방법으로 추억을 경험할 수 있게 한다. 이는 아동이 죽은 사람에 대해 편하게 이야기할 수 있게 해주는 유용한 방법이다.
⑥ 편지 쓰기는 아동이 인지하지 못했던 감정을 표현할 수 있도록 돕는다.
⑦ 자신이 알지 못했던 감정을 표현하는 방법으로 그림그리기를 추천한다. 아동은 사랑하는 사람이 죽어가는 모습, 병원이나 장례식 장면 등을 시각화할 수 있다.
⑧ 애도 과정 동안 추억을 공유하고 외로움을 덜 느끼도록 아동과 가족을 위한 지지 그룹을 만든다.
⑨ 아동과 가족이 슬픔을 표현할 수 있는 의식을 만든다. 생전에 가장 좋아했던 레시피를 만들거나 무덤을 방문하거나 가장 좋아하는 노래를 부르는 등의 방법으로 함께 기념할 수 있다.
⑩ 애도의 과정에 아동을 포함하고, 성인은 아동이 자신의 느낌이나 생각을 표현할 수 있도록 하며, 아동과 기억을 나눈다.

워든(2008, pp. 238-260)이 소개하는 사별 아동을 위한 개입을 살펴보자. 워든은 임상 현장에서 적용할 수 있는 상담 형태로 또래 집단, 개별 상담, 가족 상담을 소개하고 있다.

먼저, 또래 집단 활동에 대해 살펴보자. 집단 활동이 아동에게 도움이 되는 내용은 다음과 같다.

① 집단은 아동에게 다른 가족들에 대한 걱정 없이 자신의 감정을 표현할 수 있는 안전하고 지지적인 환경을 제공한다.
② 집단 내에서 아동은 또래나 집단 지도자로부터 지지받는다.
③ 부모와 사별한 또래들과의 접촉은 아동이 사별을 경험한 것이 자기 혼자가 아니라고 안심시켜 준다.
④ 집단 개입은 아동이 죽음에 대해 배울 기회를 제공하고, 상실에 관한 잘못된 생각을 직면할 수 있는 장을 마련해 준다.

단, 사회적 지지가 있더라도 상실에 대해 심각하거나 병리적 반응을 보이는 아동에게는 적절하지 않다. 또한 집단 활동에서는 개별 가족의 문제를 직접적으로 다루기 어렵다는 한계가 있다. 아동기 사별에서는 가정환경이 가장 중요한 요소인데, 생존 부모가 상실에 적절히 적응하지 못할 경우 또래 지지의 효과도 크게 감소한다는 점을 유념해야 한다.

둘째, 개별 상담의 특징과 효과를 살펴본다.

개별 상담은 주로 비지시적 놀이 활동을 활용한다. 이는 아동이 놀이, 상상력, 창조적 활동을 통해 내면의 갈등과 불안을 표현한다고 보기 때문이다. 상담자는 안전한 환경에서 아동의 적응 상태를 탐색하고 애도 과정을 촉진할 수 있다. 이를 통해 아동의 죽음 개념 이해 능력, 고인과의 마지막 관계 형성 능력, 생존 가족과의 현재 관계 등 적응 문제를 파악할 수 있다.

개별 상담에서는 심상적 기법을 활용할 수 있다. 아동은 특정 상황을 상상하면서 하고 싶은 말, 용서 구하기, 미처 표현하지 못한 감정 등을 통해 고인이 된 부모와 상상의 대화를 나눌 수 있다. 또한 그림 그리기와 같은 미술 활동은 아동의 상실 경험을 창조적으로 전환하는 기회를 제공한다.

개별 상담의 장점은 복잡한 사별 경험으로 인한 심각한 행동장애와 정서장애를 가진 아동에게 적합한 치료법이라는 점이다. 특히 생존 부모가 정서적으로 안전하고 안정적인 환경을 제공하기 어려운 상황에서 유용하다. 또한 중요한 성인과의 안정적 관계 형성을 통해 아동의 회복력과 사회 적응력을 향상시킬 수 있다.

반면 개별 상담의 단점으로는 비용 효과성이 낮다는 점, 사별 아동과 생존 부모 간의 상호작용을 직접 다루지 않는다는 점, 그리고 전반적인 가족 체계의 기능과 부모 사별로 인한 일탈 행동에 충분한 초점을 두지 않는다는 점을 들 수 있다.

셋째, 가족 개입의 방법에 대해 살펴보자.

가족 개입은 가족 맥락 내에서 애도 작업을 할 수 있는 기회를 주기 위해 고안되었으며, 가족 구성원들이 함께 죽음에 관해 대화하고, 사별 후 가족 체계에 재적응하도록 배려한다. 어떤 가족 개입은 의사소통에 초점을 맞추고, 어떤 개입은 가족 재적응에 필요한 가족 역할과 구조의 변화에 초점을 맞춘다. 또 다른 접근은 문제 해결에 초점을 맞추어 사별 후에 겪는 가족의 실제 생활 문제를 다룬다.

의사소통의 방법에서 개방적인 의사소통은 가족들이 죽음에 대한 이해를 공유할 수 있게 하고, 가족 체계 내에서 사회적 지지를 제공하며, 생존하는 부모로부터 아동이 지지받을 수 있도록 해준다. 가족 상담사는 가족 개입을 하면서 사별 가족을 위해 효과적인 의사소통 기술과 해결 기술을 보여주는 모델의 역할을 할 수 있다. 또한 가족들이 죽음과 관련하여 해결하지 못한 문제들을 해결할 수 있도록 도와준다.

가족 재적응에 대한 문제와 관련하여 가족 재적응을 가족 개입의 목표로 세운 가족 상담가는 고인이 가족 내에서 했던 역할과 고인과 가족들의 고유한 관계에 대해 각별한 관심을 두는 것이 중요하다.

## IV. 개입을 위한 구체적인 활동

개입과 특별활동은 아동의 나이에 맞아야 하고, 사별 아동의 욕구를 충족시키도록 진행해야 한다. 활동의 목적은 다음과 같다.

① 다양한 애도 과업을 촉진하기
② 아동이 두려움과 걱정을 포함한 감정을 표출할 수 있는 출구를 제공하기
③ 아동의 질문에 대답하기
④ 아동의 죽음에 관한 잘못된 신념을 바꾸기
⑤ 아동이 경험한 죽음이 정상적인 한 부분이라는 것을 주제로 토론하기

개입 방법의 한 가지는 미술 활동이다. 그 내용은 다음과 같다.

① 자신이 걱정하는 것에 대해 그리기

② 자신을 매우 힘들게 하는 것 그리기
③ 자신에 대해 그리고, 단어를 사용하여 자신을 묘사하기
④ 사망한 부모나 형제와 관련된 좋은 기억 그리기
⑤ 최근의 꿈에 대해 그리기
⑥ 자신이 그릴 수 있는 가장 추한 그림그리기
⑦ 가족 그리기
⑧ 부모가 사망하기 전의 자신과 현재의 자신에 대해 그리기
⑨ 자신을 두렵게 하는 것에 대해 그리기

큰 효과를 보기 위해서는 그림을 그린 후 말하도록 격려하고, 집단 내에서 공유하도록 한다. 어떤 경우에는 거칠거나 평화롭거나 생동감 있는 음악과 미술 재료로 자유롭게 그림을 그리게 할 수도 있다.
그 외에도 진흙으로 만들기, 인형을 활용하여 인형이 대신 말하게 하기, 가족 인형 만들기, 글쓰기 활동 등을 진행할 수 있다. 좀 더 나이가 있는 아동은 신문 만들기를 통해 고인이 된 가족에 대한 자신의 감정, 생각, 질문을 쓰고, 고인과 관련된 꿈을 기록하거나 시를 쓰는 활동을 할 수 있다. 고인에게 편지 쓰기는 죽음의 종말과 가역성 같은 개념이 없는 아동에게는 적절하지 않다. 하지만 편지는 아동이 부모의 사망 전에 하지 않았거나 말하지 않은 것에 대해 용서를 구하고 싶은 경우에 적절하다. 이 편지는 보관하거나 풍선을 이용해 하늘로 날려 보내거나, 땅에 묻거나 여러 가지 방법으로 발표할 수 있다. 편지 쓰기는 현재 시제로 돌아가신 분에게 직접 쓰기 때문에 상담가와 단지 말로 하는 것보다 더욱 효과가 크다. 이야기 쓰기 활동은 사별과 관련된 책이나 동화책을 읽고 난 후 느낀 점에 대해 개인 또는 집단에서 토론할 수 있다. 토론의 주 내용은 이야기 안에서 사별한 주인공이 어떤 감정을 느끼는

지 질문하는 것이며, 자기 상실에 관한 이야기를 상담자나 집단 구성원들과 나누는 것이다.

게임은 집단 활동에 매우 유용한데, 사별 아동이 금기시되는 감정과 생각을 쉽게 표현할 수 있도록 해준다. 아동이 모두 참여하는 게임은 죽음에 대한 논의를 정상화하는 좋은 방법이며, 아동이 새로운 대처 방법과 관계 맺는 방법을 알려준다.

사별 아동이 사용하기에 적합한 게임 방법으로는 다음과 같다.

① 크레용과 다섯 개의 비어있는 카드를 제공하여 다섯 가지 서로 다른 감정을 가진 다섯 개의 얼굴을 그리게 한다. 다섯 가지 감정은 슬픈, 기쁜, 화난, 무서운, 외로운 감정이다. 각자 그림을 완성한 후, 얼굴이 밑으로 가게 하여 덮어 둔다. 한 사람씩 하나의 카드를 선택하고, 선택된 카드에 그려진 감정과 같이 자신이 경험한 감정을 말하게 한다. 또는 카드를 섞어서 무작위로 잡힌 감정을 말하게 할 수도 있다.
② 죽음에 대한 한 가지 질문을 써서 상자에 넣고 섞은 후 한 사람씩 질문을 뽑아 큰 소리로 읽고 질문과 관련된 토론을 할 수 있다.

모래놀이 치료 또한 적용할 수 있다. 아동이 자연스럽게 모래 상자를 꾸미도록 하거나, 아동에게 자신이 생각하는 천국, 부모와 함께 지낼 때와 그렇지 않을 때 등의 주제를 선정하여 모래 상자를 꾸미도록 한 후, 아동과 이야기를 나눌 수 있다.

## 실천 2
# 유치원생을 위한 그림책 활용 수업사례

**<내용 요약>**

　유아기 죽음 개념은 내기(M.A. Nagy)의 연구에 따라 3세 이전에는 죽음을 인식하지 못하고, 5세에서 9세 사이에는 죽음의 가역성을 이해하지만 보편성에 대한 인식은 부족하다. 유아에게 죽음 교육은 그들의 발달 수준에 맞춰 제공되어야 하며, 그림책은 유아의 죽음 개념을 전달하는 유용한 도구로 활용된다. 그림책은 글과 그림을 통해 유아에게 죽음의 개념을 인지하게 하고, 다양한 죽음과 관련된 개념을 효과적으로 전달할 수 있다. 창선어린이집에서는 7세 아동을 대상으로 그림책을 활용해 죽음 교육을 진행했으며, 각 책은 특정한 죽음 개념을 강조하며 유아가 쉽게 참여할 수 있는 활동을 포함했다. 이 교육은 유아가 애도 과정을 배우고, 죽음을 이해하는 데 도움을 준다.

**<핵심어>**

죽음 개념(Concept of death), 발달 수준(Developmental stage), 그림책 (Picture book), 죽음 교육(Death education)

**<학습 목표>**
- 유아기의 죽음 개념발달을 이해하고 설명할 수 있다.
- 내기의 죽음개념 발달 이론을 바탕으로 유아기 죽음 인식을 분석할 수 있다.
- 유아에게 적합한 죽음 관련 그림책을 선정하고 활용할 수 있다.
- 유아기의 애도와 관련된 발달적 특성을 이해하고 지원할 수 있다.
- 유아기 죽음 교육의 중요성을 인식하고, 이를 효과적으로 구현하는

방법을 제시할 수 있다.

**<적용 실천>**
- 유아의 죽음 개념발달에 맞춘 교육 프로그램을 개발하여 유아에게 적합한 방식으로 죽음에 대한 이해를 돕는다.
- 유아기 아동들에게 죽음과 관련된 그림책을 활용하여 감정표현과 애도를 자연스럽게 다룰 수 있도록 한다.
- 유아가 경험한 상실이나 죽음에 대한 감정을 지원하는 애도 프로그램을 설계하여 감정적 안전감을 제공한다.
- 유아가 죽음을 이해하는 과정에서 나타나는 발달적 특성을 고려해, 개별 유아의 요구에 맞는 적절한 상담과 지지를 제공한다.
- 유아와 부모, 교사를 대상으로 죽음교육을 실시하여 유아기 애도에 대한 올바른 정보와 이해를 확산시킨다.

# 유치원생을 위한 그림책 활용 수업사례[346]

## I. 유아기 죽음 개념

유아들의 죽음 이해를 연구한 내기(M.A. Nagy)는 유아들이 세 가지 주요한 발전 단계를 거친다고 보았다.

① 5세 이하의 어린이는 죽음이 되돌릴 수 없는 사실이라는 것을 인식하지 못한다.
② 5세에서 9세 사이의 아이들은 죽음을 의인화하며, 우연적인 것으로 간주한다.
③ 일반적으로 9세 이후에야 죽음이 어떤 법칙에 따라 일어나는 과정이라는 것을 인지하게 된다.

이를 연령별로 세분화해 볼 수 있다.

### 1. 3세 이전 / 죽음 인식 전 단계

3세 이전의 유아는 비록 죽음을 인지할 수 없지만, 죽음을 이해하는 방식은 가지고 있다. 내기에 따르면 이 시기 유아는 '까꿍 놀이' 같은 것을 통해 죽음을 이해한다.[347] 즉, 눈앞에 있는 대상만을 인지하고 있

---

346) 유치원생을 위한 그림책 활용 수업 내용은 『삶의 성찰, 죽음에게 묻다』에 게재한 국제공인 싸나톨로지스트, 죽음교육학자 홍명유교수의 글을 게재했음. 『삶의 성찰, 죽음에게 물어보다』, 가리온(2018)

347) Nagy, M. (1948). The child's theories concerning death. Journal of Genetic Psychology, 73, 3-27

던 대상이 사라지면 존재하지 않는다고 생각했다가 다시 나타나면 존재한다고 본다. 이는 매우 낮은 단계의 존재에 대한 인식이지만, 이를 통해 눈에 보이지 않는 존재는 없다는 의미를 경험하게 된다. 존재의 단절 또는 존재의 부재는 죽음을 인식하는 전 단계라고 할 수 있다.

### 2. 3세~5세 / 죽음의 가역성

죽음의 가역성이란 죽음이 현실과 대비해 절대적으로 돌이킬 수 없는 것이 아니고, 삶의 연장선 위에 있는 것으로 보는 태도이다. 이 시기의 유아는 죽음의 가역성을 신뢰하기 때문에 사람이 죽은 후에도 살아 있을 때처럼 계속 성장하고, 먹고, 움직인다고 생각한다. 죽음을 생의 지속 과정으로 인지하고, 죽음을 움직일 수 없는 것으로 보거나 일시적인 이별, 잠자는 상태, 하늘로 올라갔거나 여행을 갔다가 돌아오는 것과 같은 일시적인 것으로 보기 때문에 죽음의 비가역성을 이해하기가 어렵다. 그러므로 아이에게 죽음이라는 단어 대신에 잠잔다거나 하늘로 갔다고 이야기하는 것은 죽음에 대한 이해를 더욱 어렵게 할 수 있다.

### 3. 5세에서 9세 / 죽음의 최종성, 비가역성을 이해하나 보편성은 없음

이 시기의 유아는 죽음의 최종성을 받아들이며, 죽음이 다시는 돌이킬 수 없는 비가역적이라는 사실을 이해하지만, 죽음이 모든 사람에게 온다는 보편성에 대해서는 이해할 수 없다. 5세에서는 죽음이 마지막이라는 사실과 보편적이며 불가피한 것임을 인식하긴 하지만, 노인들에게만 해당이 된다고 본다. 자신들에게 죽음이 올 수 있다는 것이나 아직 젊은 엄마, 아빠가 죽음에 이를 수 있다는 사실은 알지 못한다. 6세에서는 죽음에 대해 감정적인 반응을 보이기 시작하며 두려움을 표현한다. 두려움의 문제를 긍정적인 방향으로 처리하지 못하면 죽음에 대한 막연한 공포에 사로잡힐 수 있다. 7세에서는 죽음의 원인으로서 노화, 폭력, 질병 등에 관심을 가지게 된다. 주변에서 일어나는 죽음의 다양한 원인에 대해 생각하게 된다. 8세에서는 죽음 이후에 일어날 일에 관심을 가지게 된다. 육체의 생명이 끝날 때 일어날 일들에 대해 인지하게 되고 여러 가지 결과를 생각하게 된다. 9세 이후에는 죽음이 최종단계이고 원상회복이 불가능하다는 것을 발견하고, 모든 사람이 죽는다는 보편성까지 인식하게 된다.

이상에서 살펴본 것처럼 유아의 죽음 개념은 어느 한 시점에 고정되어 있지 않다. 나이가 많아지고 인지능력이 발달함에 따라 그 개념이 달라지고 발달한다. 그러므로 유아 교육과 발달을 책임지고 있는 교사나 기관은 그들에게 적합한 죽음교육이 필요하다는 것을 인식하고 이를 제공해야 할 의무가 있다.

## II. 유아 죽음교육 방법

성장하고 있는 유아의 죽음 개념발달에 따라 적합하고 효과적인 죽음교육이 이루어져야 하지만, 현실에는 많은 어려움이 있다. 대부분의 나라에서는 유아기 교육에 있어서 죽음교육이라는 개념조차 미비한 상태이며, 그 필요성조차 제기되지 않는 경우가 많다. 이러한 현상은 죽음교육이 발달한 나라들에서도 비슷한데, 유아들의 정신적인 건강을 해치지 않으면서도 효과를 낼 수 있는 교재를 찾는 것이 어렵기 때문이다. 설령 교재를 찾아서 실시했다고 해도, 이를 통해 죽음에 대한 공포를 가중하거나 유아에게 맞지 않는 지나치게 잔인한 자료들을 사용했을 경우 의도하지 않았던 부정적인 결과가 나타날 수 있다. 그래서 그런 나라들에서도 공식적인 죽음교육은 청소년기에 이르러서야 실시되고 있는 형편이다. 인지 발달이 왕성해 추상적인 사고가 가능한 시기에 죽음교육을 하는 것이다.

이런 이유에 근거하여 노페(I.C. Noppe)[348]는 유아기에 있어서 가장 유능한 죽음교육자는 경험이라고 했다. 이는 매우 적절한 언급이라고 생각된다. 유아가 성장 과정에서 마주하게 되는 다양한 경험 중 죽음과 관련된 일들이 유아의 죽음 개념 발달에 영향을 미치기 때문이다. 연구 결과에 따르면, 사랑하는 사람을 잃는 경험이나 생명을 위협하는 질병, 또는 죽음과 폭력이 연관된 환경을 경험한 유아들이 죽음에 대해 더 성숙한 인식을 형성하는 것으로 나타났다. 즉, 삶의 과정에서 필연적으로 마주하게 되는 죽음 관련 사건들이 죽음 개념 발달의 촉매이자 교육자 역할을 하는 것이다.

그러나 이는 이론적으로만 타당할 뿐, 모든 것을 경험과 유아의 자율적 수용에만 맡긴다면 이는 교육자로서의 직무 유기가 될 수 있다. 따라서 유아 죽음교육을 위한 적절한 교재와 교육 방법을 개발하고 적용하는 것이 필요하다.

---

348) I.C. Noppe, 「유아의 죽음 개념발달」, Charles A. Corr & Donna M. Corr 편집, 『아동기 죽음과 애도에 대한 핸드북(Handbook of Childhood Death and Bereavement)』, Springer Publishing Company, 1996 / I.C. Noppe, "Children's Conceptions of Death", in Charles A. Corr & Donna M. Corr (Eds.), Handbook of Childhood Death and Bereavement, Springer Publishing Company, 1996.

< 그림책을 통한 교육 >

유아 죽음교육의 도구로서 그림책은 매우 유용하고 가치 있게 사용되고 있다. 그림책이 가지는 장점은 세 가지로 요약될 수 있다.

첫째, 그림책은 유아기에 처음으로 접하는 책으로, 그 자체로 즐거움을 주는 책이다. 그림책이 유아에게 주는 흥미와 효과는 다른 어떤 것과 비교할 수 없으며, 강력한 영향을 미치는 교육 도구이다.

둘째, 그림책은 글과 그림이 조화롭게 이루어져 있어 문자와 언어를 통해 내용을 이해하고 느끼도록 할 뿐 아니라, 시각적으로 이미지화된 그림 언어를 통해 유아에게 느끼고 생각할 기회를 준다.

셋째, 성인이 읽어서 들려주는 이야기를 귀로 들어 언어의 소리 부분에 의지하고, 그림을 보면서 언어의 이미지화에 의존함으로써 언어의 세계에 들어가 인간 체험의 교류를 경험하게 하는 독특한 매체이다. 시각과 청각을 동시에 사용하기 때문에 그 의미가 강화되는 효과를 가져온다.

그림책은 유아의 죽음 개념에 있어서 필수적인 다섯 가지 개념(인과성, 노화성, 비가역성, 비기능성(종말성), 필연성)을 효과적으로 전달할 수 있다. 임경미(2016)의 연구는 시중에 출판된 그림책을 분석하여 이 다섯 가지 요소를 반영하고 있는 책들을 소개하고 있다. 2002년도에 출판된 『백구』라는 책은 1~8세까지의 아이들에게 친숙한 애완동물인 개를 소재로 하여 죽음의 인과성을 잘 보여주었고, 『개들도 하늘나라에 가요』라는 프랑스 작가의 번역본은 죽음의 노화성에 대한 개념을 잘 보여준다. 또한 『내가 함께 있을게』라는 책은 영국 작가의 글을 번역한 것으로, 죽음의 필연성을 오리를 소재로 설명했다. 이 밖에도 장례식을 소재로 한 『맑은 날』은 죽음의 필연성을, 『나도 다 알아요: 아무도 가르쳐 주지 않는 할머니의 죽음』은 죽음의 비가역성을, 『세상에서 가장 멋진 장례식』은 죽음의 필연성을 강조하고 있다. 자세한 내용은 <표 1>을 참조 바란다.

　그림책이 유아 죽음교육에 강력한 도구임에도 불구하고, 그 선택에 있어서 고려해야 할 사항은 그들의 죽음 개념 이해도에 맞게 선택해야 한다는 것이다. 죽음의 개념조차 형성되지 않은 유아에게 죽음의 필연성이나 비가역성을 지도하는 것은 서로에게 힘든 시간이 될 수밖에 없다. 그러므로 교육 대상의 발달 상태를 정확히 고려하여 그림책을 선택할 때 성과를 극대화할 수 있을 것이다.

**표 1. 그림책에 나타난 죽음 개념 분류**

| 번호 | 서명 | 작가 | 출판년도 | 국적 | 장르 | 개념 | 소재 | 주제 유형 | 적응 연령 |
|---|---|---|---|---|---|---|---|---|---|
| 1 | 백구 | 김민기 글 권문희 그림 | 2002 | 한국 | 사실 | 인과성 | 개 | 애완동물 | 1~8 |
| 2 | 내가 함께 있을게 | 볼프 에를브루흐 글,그림/ 김경연 역 | 2005 | 영국 | 환상 | 필연성 | 오리 | 철학적 | 6~8 |
| 3 | 맑은 날 | 김용택 시, 전갑배 그림 | 2006 | 한국 | 사실 | 필연성 | 조부모 | 장례식 | 1~8 |
| 4 | 개들도 하늘나라에 가요 | 신시아라 일런트 글·그림 /신형건 옮김 | 2007 | 프랑스 | 환상 | 노화성 | 개 | 애완동물 | 1~4 |
| 5 | 짱아 | 천정철 시 이광익 그림 | 2008 | 한국 | 사실 | 비기능성 필연성 | 고추 잠자리 | 철학적 | 1~8 |

| 6 | 나도 다 알아요. 아무도 가르쳐주지 않는 할머니의 죽음 | 멜라니 플로리안 글·그림/ 이회정 옮김 | 2008 | 프랑스 | 사실 | 비가역성 | 조부모 | 사랑하는 사람 | 7 |
|---|---|---|---|---|---|---|---|---|---|
| 7 | 세상에서 가장 멋진 장례식 | 울프 닐손 글, 에바 에릭 그림/임정희 옮김 | 2008 | 스웨덴 | 사실 | 필연성 | 벌 | 장례식 | 3~8 |
| 8 | 우리 할머니는 향기 나는 마을에 산다 | 팡수전 글, 소나다노프스키 그림/ 심봉희 옮김 | 2015 | 중국 | 사실 | 인과성 노화성 | 조부모 | 사랑하는 사람 | 1~8 |

## III. 창선어린이집 죽음교육 사례

### 1. 개요

① 교회 부설 창선 꿈 작은 도서관이 2017년 책 친구 사업(문화체육관광부 주관)에 죽음교육을 주제로 한 계획서를 제출, 선정되어 2017년 7월부터 12월까지 창선 어린이집 7세 아동 10명을 대상으로 매주 2시간 30분씩 매월 10시간 수업을 진행하였다.
② 교육 목적을 달성하기 위해 시중에 판매되는 죽음을 다룬 유아들의 죽음 개념 발달에 적합한 6권의 그림책을 선정하여 사용하였다.

- 『잘 가. 개구쟁이 스턴 Bye-Bye, Big Bad Bullybug!』 미셸 에드워즈 (Michelle Edwards) 글, 그림, 장미란 역, 2014, 시공주니어

- 『미이라가 된 고양이 The Cat Mummy』 (재클린 윌슨(Jacqueline Wilson) 글, 닉 사랫 (Nick Sharratt) 그림, 햇살과 나무꾼 역, 2016, 시공 주니어)
- 『할아버지는 어디 있어요?』 (콜레트 엘링스(Colette Hellings) 글, 마리 알린 바윈 (Marie-Aline Bawin) 그림, 이정주 역, 2013, 시공주니어)
- 『위층 할머니 아래층 할머니 Nana Upstairs & Nana Downstairs』 (토미 드 파올라 (Tomie de Paola) 글 그림, 이미영 역, 2014, 비룡소)
- 『할머니가 남긴 선물』 (마거릿 와일드(Margaret Wild) 글, 론 브룩스 (Ron Brooks) 그림, 최순희 역, 2016, 시공주니어)
- 『살아있는 모든 것은』 (브라이언 멜로니(Brian Meloney) 글, 로버트 잉펜(Robert Ingpen) 그림, 이명희 역, 2016, 마루)

③ 보육교사이자 어린이 독서 지도사인 자원봉사자를 통해 교육이 진행되었다.
④ 단순한 책 읽기가 아닌 유아가 쉽게 참여할 수 있는 다양한 활동이나 체험의 가능성을 열어 놓아 교육의 효과를 높이고자 했다.

- 7월의 책 『잘 가. 개구쟁이 스턴』(미셸 에드워즈(Michelle Edwards) 글, 그림, 장미란 역, 2014, 시공주니어)의 진행 목표는 죽은 사람에 대한 좋은 기억을 되살리는 것이었다. 가까운 친구의 죽음을 받아들이는 가장 좋은 방법은 아름답게 기억하는 것이며, 그런 이별을 통해 남은 아이들의 삶이 성장한다는 것을 배웠다.

- 8월의 책 『미이라가 된 고양이』 (재클린 윌슨(Jacqueline Wilson) 글, 닉 사랫(Nick Sharratt) 그림, 햇살과 나무꾼 역, 2016, 시공주니어)의 목표는 슬픔을 이겨내는 것이었다. 가장 좋아하는 것과 그 이유를 알아보고, 그것을 잃었을 때 대처하는 방법을 토론하며 상처를 극복하

는 여러 가지 대안을 배웠다.

- 9월의 책 『할아버지는 어디 있어요?』(콜레트 엘링스(Colette Hellings) 글, 마리 알린 바윈(Marie-Aline Bawin) 그림, 이정주 역, 2013, 시공주니어)의 진행 목표는 어떻게 위로할까였다. 가족의 죽음과 장례식, 그리고 그 절차를 단순한 의전을 넘어서 아이들이 정서적으로 공감할 수 있도록 일상에서 함께 했던 따뜻한 추억들과 가족애로 슬픔을 위로하고 극복할 수 있도록 했다.

- 10월의 책 『위층 할머니 아래층 할머니』(토미 드 파올라(Tomie de Paola) 글, 그림, 이미영 역, 2014, 비룡소)의 진행 목표는 가장 예쁜 할머니였다. 가족, 친척 관계 속에서 초고령 노인들의 위태로운 모습이나 아름답다고만 할 수 없는 외모, 치매나 마비 등의 질병에 대해 열린 마음으로 대할 수 있도록 했다.

- 11월의 책 『할머니가 남긴 선물』(마거릿 와일드(Margaret Wild) 글, 론 브룩스(Ron Brooks) 그림, 최순희 역, 2016, 시공주니어)의 진행 목표는 무엇을 남길 것인가? 였다. 유산이라 하면 돈이나 집 등 물질적인 유산을 생각할 수 있지만, 함께 했던 일상과 숨 쉬는 오늘 하루가 얼마나 소중하고 아름다운 것인지, 그리고 그 속에서 돌아가신 분을 떠올릴 수 있다는 것이 얼마나 큰 선물인지, 또 그분들의 마지막을 품어드리는 일이 얼마나 의미 있는 일인지 깨달을 수 있도록 했다.

- 12월의 책 『살아있는 모든 것은』(브라이언 멜로니(Brian Meloney) 글, 로버트 잉펜(Robert Ingpen) 그림, 이명희 역, 2016, 마루)의 진행 목표는 수명과 시작과 끝에 대한 이해였다. 각 생명체는 탄생에서 죽음으로 이어지는 고유한 수명이 있음을 알고, 그 안에서 이루어지는 삶의

가치를 이해했다.

⑤ 특히 유아의 애도 과업과 관련하여 9월, 10월, 11월 석 달에 걸쳐 교육하였으며, 단순한 책 읽기가 아닌 유아가 쉽게 참여할 수 있는 다양한 활동이나 체험의 가능성을 열어 놓아 교육의 효과를 높이고자 했다.

⑥ 7월부터 12월까지 6개월간의 교육 계획은 <표 2>에 잘 나타나 있다.

**표 2. 연간계획서**

| 강좌명 | 꿈꾸는 고사리 | | | |
|---|---|---|---|---|
| 간략한 활동 내용 | 죽음에 익숙하지 않은 어린아이들에게 죽음도 삶의 한 과정이며 슬프로 당혹스러운 일이 아님을 죽음 관련된 책들과 다양한 활동들을 통해 구체화시키고 느껴볼 수 있도록 한다. | | | |
| 대상 대상 | 노년층/초등학생/6,7세 노년층/초등학생/6,7세 | 활동시간 | 수요일 14:30 – 17:00 | |
| | | 활동 인원수 | 10명 전후 | |
| 일정 | 강의 계획 | | | |
| | 목표(주제) (대상) | 선정도서 | 강의 및 활동 계획 | 준비물 |
| 6월 | 죽음 바라보기 (초등, 청소년, 성인) | 죽음준비학교 (유경) 인생수업 (엘리자베스 퀴블러 로스) | 평상시 생각하지 못했던 인생의 마지막 순간에 대해서 소개함으로써 자신의 삶을 객관적으로 바라보며 현재 삶의 소중함과 생의 남은 과업에 집중할 수 있도록 한다. 활동 : 사망기록지, 남은 생의 버킷 리스트 만들기 | 사망 기록지 양식 초, 펜 유리병 |
| 7월 | 좋은 모습 기억하기 (초등, 성인) | 잘가, 개구쟁이 스탠(미셸 에드워즈) | 가까운 친구의 죽음을 받아들이는 가장 좋은 방법은 아름답게 기억하는 것이며 그런 이별을 통해 남은 아이들의 삶이 성장한다는 것을 배운다. 활동 : 칭찬 릴레이 | 스케치북 연필 |
| 8월 | 슬픔을 이겨내기 (초등, 성인) | 미라가 된 고양이 (재클린 윌슨) | 가장 좋아하는 것과 그 이유를 알아보고 그것을 잃었을 때 대처하는 방법에 대해 토론하고 상처를 극복하는 여러 가지 대안을 배운다. 활동 : 나무판에 애완동물 그리기 | 나무판재 색연필 매직 연필 |

| 9월 | 어떻게 위로할까? (6,7세) | 할아버지는 어디 있어요? (콜레트 엘링스) | 가족의 죽음과 장례식, 그리고 그 절차를 단순한 의견을 넘어서서 아이들이 정서적으로 공감할 수 있도록 일상 가운데서 함께 했던 따뜻한 추억들과 가족애로 순화시켜 슬픔을 위로하고 극복할 수 있도록 한다.<br>활동 : 장례실 모래놀이 | 면손수건<br>패브릭마커<br>캐릭터 |
|---|---|---|---|---|
| 10월 | 가장 예쁜 할머니 (6,7세) | 위층 할머니 아래층 할머니 (토미 드 파올라) | 가족, 친척 관계 속에서 초고령 노인들의 위태로운 모습이나 아름답다고만은 할 수 없는 외모, 치매나 마비 등의 질병에 대해서도 열린 마음을 가지고 대할 수 있도록 한다.<br>활동 : 풍선에 할머니 얼굴 그리기 | 풍선<br>테이프,매직<br>박하사탕<br>투명컵,리본 |
| 11월 | 무엇을 남길까? (6,7세) | 할머니가 남긴 선물 (마거릿 와일드) | 유산이라 하면 돈이나 집 등 물질적인 유산을 생각할 수 있지만 함께 했던 일상과 숨 쉬는 오늘 하루 얼마나 수중하고 아름다운 것인지, 그리고 그 속에서 돌아가신 분을 떠올릴 수 있다는 것이 얼마나 큰 선물인지, 또 그 분들의 마지막을 품어드리는 일이 얼마나 의미 있는 일인지 깨달을 수 있도록 한다.<br>활동 : 할머니의 선물 그림 퍼즐 만들기 | 전지<br>매직<br>크레용<br>선물그림<br>퍼즐판<br>풀, 가위 |
| 12월 | 수명-<br>시작과 끝<br>(6,7세) | 살아있는 모든 것은 (브라이언 멜로니) | 각 생명체는 탄생에서 죽음으로 이어지는 고유한 수명이 있음을 알고 그 안에서 이루어지는 삶의 가치를 이해한다.<br>활동 : 나이테 그리기 | 스케치북<br>연필<br>나무판 |
| 기대효과 | | 1. 전 생애 발달과정에 따라 죽음의 개념을 이해하게 된다.<br>2. 나의 삶과 죽음에 대한 바른 인식과 태도를 개발한다.<br>3. 죽음을 삶의 관점에서 바라보고 삶에 대해 긍정적 태도를 갖게 한다.<br>4. 대량적 죽음<사고 및 천재지변>에 대한 대응력을 기른다. | | |
| 평가 방법 | | 활동 결과물, 설문지 | | |

## 2. 프로그램 실제(9월/할아버지의 죽음 애도)

9월 한 달 동안『할아버지는 어디 있어요?』란 책을 사용하여 할아버지의 죽음을 이해하고 그에 따른 적절한 애도 과업이 무엇인지 교육했다.

9월 8일 첫 수업은 할아버지의 죽음으로 인해 엄마와 아빠가 우는 내용으로 진행되었다. 이 수업은 슬프거나 아파서 울었던 경험, 그리고 엄마와 아빠가 우는 모습을 보았던 때에 관해 이야기를 나누는 것으로 시작했다. 그림 표현에 집중하며 동화책 8페이지를 읽었다. 주인공과 동생 이네스가 엄마와 아빠를 어떻게 위로했는지, 그리고 만약 내가 주인공이라면 어떻게 위로할지를 이야기했다. 마지막으로 눈물을 닦아주는 손수건을 만들었다.

9월 13일 수업은 할아버지의 죽음 때문에 친척들이 모인 내용을 다뤘다. 지난주에 이어 그림 동화를 읽어 주었다. 친척들이 모두 모이는 날과 할아버지와 함께했던 재미있는 일들에 관해 이야기를 나누었다. 주인공이 할아버지와 함께했던 추억의 활동들(빵에 잼 발라 먹기, 뒤뜰의 낙엽을 한 움큼씩 집어와 바구니에 채우기)을 하며 주인공이 느꼈을 기분을 느껴보았다. 할아버지와의 추억을 나뭇잎으로 꾸민 후 발표했다.

할아버지와의 추억을 뒤뜰의 낙엽을 한 움큼씩 모아서 바구니에 가득 채우며 주인공의 마음을 느껴보았다. 할아버지와의 추억을 그림으로 표현하고 주워 온 나뭇잎으로 멋지게 꾸며보았다. 아이들의 다양한 추억이 생생하게 표현되어 있었다.

9월 20일 수업은 할아버지의 장례식을 다뤘다. 잠과 죽음의 차이에 관해 이야기를 나누었다. 그림 동화를 읽어 주었다. 장례식 전 과정을 그림으로 설명하고, 도서관 앞 모래 놀이터에서 땅을 파고 나무 상자를 내려놓은 후 꽃을 뿌리고 예를 갖춰 직접 모래를 한 움큼씩 뿌려보았다. 장례식 그림으로 꾸며진 종이에 동화 내용을 생각하며 색칠했다.

　장례식의 과정을 그림으로 설명하고 실습도 해보았다. 도서관 앞 모래 놀이터에서 '관'을 땅에 묻고 꽃을 뿌린 후 아이들이 돌아가며 '취토'를 해보았다. 장례식 과정을 경험하지 못했던 아이들이 장례 과정의 의미를 구체적으로 이해하고 고인에 대한 예의 지키기를 놀이를 통해 배울 수 있는 시간이었다.

　9월 27일 수업은 할아버지를 보러 가는 날이며 할아버지의 기일에 묘를 방문하는 내용을 다뤘다. 가족의 구성과 확장, 그리고 친척 관계에 관해 이야기를 나누었다. 할아버지 기일에 할아버지를 보러 가는 동화의 마지막 장면을 읽어 주었다. 가족의 뿌리를 생각하며 콜라주 기법으로 가족 나무를 꾸미고 발표하는 시간을 가졌다.

　자세한 내용은 <표 3>에 잘 나타나 있다.

표 3. 9월 보고서

| 도서관 | | 창선꿈 작은도서관 | 시기 | 2017년 9월 |
|---|---|---|---|---|
| 참여대상 연령/인원 | | 6.7세 16명 내외 | 운영강사 | 정활란 |
| 회차 | 일시 | 도서명 | 프로그램 활동 내용 (독후활동 포함) | |
| 1 | 9월 8일 13:00 ~15:30 | "할아버지는 어디 있어요" 주제 -엄마와 아빠가 울어요 | 1. 슬프거나 아파서 울었던 때, 엄마나 아빠가 우는 모습을 보았던 때에 대해 이야기를 나누다.<br>2. 그림의 표현에 집중하며 동화책 8페이지를 읽다.<br>3. 주인공과 동생 '이네스'가 엄마 아빠를 어떻게 위로했는지, 그리고 내가 주인공이라면 어떻게 위로할지 이야기를 나누었다.<br>4. 눈물을 닦아주는 손수건 만들기<br>　활동 : 손수건 만들기 – 참가인원 (20명) | |

| | | | |
|---|---|---|---|
| 2 | 9월 18일 13:00 ~ 16:00 | "할아버지는 어디 있어요" 주제 – 친척들이 모였어요 | 1. 지난주에 이어 그림 동화를 읽어 주었다. 2. 친척들이 모두 모이는 날과 할아버지와 함께했던 재밌었던 일에 대해 이야기를 나누었다. 3. 주인공이 할아버지와 가졌던 추억의 활동들(빵에 잼 발라먹기, 뒤뜰의 낙엽을 한 움큼씩 집어와 바구니에 채우기)을 하며 주인공이 느꼈을 기분을 느껴보았다. 4. 할아버지와의 추억을 그리고 나뭇잎으로 꾸민 후 발표해 보았다. 5. 활동 : 추억 그림 그리고 꾸미기 – 참가인원 (9명) |
| 3 | 9월 20일 13:30 ~ 16:00 | "할아버지는 어디 있어요" 주제 – 할아버지의 장례식 | 1. 잠과 죽음의 차이에 대해 이야기를 나누었다. 2. 그림 동화를 읽어 주었다. 3. 장례식 전 과정을 그림으로 설명하고 도서관 앞 모래 놀이터에서 땅을 파고 나무 상자를 내려놓은 후 꽃을 뿌리고 예를 갖춰 직접 모래를 한 움큼씩 뿌려보았다. 4. 장례식 그림으로 꾸며진 종이에 동화 내용을 생각하며 색칠하였다. 활동 : 장례식 모래놀이, 색칠하기 – 참가인원(13명) |
| 4 | 9월 27일 13:30 ~ 16:00 | "할아버지는 어디 있어요" 주제 – 할아버지를 보러 가는 날 | 1. 가족의 구성과 확장, 그리고 친척 관계에 대해서 이야기를 나누었다. 2. 할아버지 기일에 할아버지를 보러가는 동화의 마지막 장면을 읽어주었다. 3. 가족의 뿌리를 생각하며 꼴라쥬 기법으로 가족 나무를 꾸미고 발표하는 시간을 가졌다. 활동 : 가족 나무 꼴라쥬 – 참가인원(10명) |

## IV. 유아 죽음교육의 결과

6개월간의 그림책을 통한 죽음교육을 한 후 몇 가지 뚜렷한 결과가 나타났다.

### 1. 죽음 개념 이해 증진

(1) 죽음 개념 이해

6개월간의 죽음교육에 대한 평가를 위해 아동 죽음 개념 검사를 했는데, 10명의 유아 중 대부분이 죽음에 관해 분명히 이해하는 것으로 나타났다. 결과는 <표 4>에 잘 나타나 있다. 이러한 결과는 그림책을 읽어 주기만 해도 그렇지 않은 집단과의 죽음 개념에서 유의미한 차이를 보인다는 연구 결과들과 일치한다. 책 읽기와 다양한 교육활동, 체험은 죽음에 대해 보다 사실적인 개념을 가지게 한 것으로 보인다.

예를 들어, <표 4>에 나타난 것처럼 질문 1, "모든 동물과 식물은 죽게 될까? 왜 죽을까?"에 관해 10명의 아이가 다음과 같이 답했다: "예 - 나이가 많아지니까" - 5명, "음식을 못 먹으니까" - 3명, "생명이 있으니까" - 1명. 이로써 죽음에 대한 확실한 개념을 보여주었다. 1명의 아이만이 "먹으면 살 수 있다"라고 답했다. 동식물의 죽음의 불가역성에 관한 질문 2, "죽은 동식물을 버리면 다시 살아날까? 관에 넣어 땅에 묻으면 다시 나올 수 있을까? 왜 그렇게 생각하니?"에 대해서는 다시 살아난다고 한 아이는 없었다. 이유로는 "움직일 수도 볼 수도 없으니까" - 5명, "죽었으니까" - 4명, "생명을 잃어버렸으니까" - 1명이었다. 자세한 내용은 <표 4>에 있다.

### 표 4. 죽음 개념 검사 결과

| 죽음 개념 검사 (10명) | |
|---|---|
| 1. 모든 동물과 식물들은 죽게 될까? 왜 죽을까? | 예 - 나이가 많아지니까 - 5명<br>　　 음식을 못 먹으니까 - 3명<br>　　 생명이 있으니까 - 1명 |
| | 아니요 - 먹으면 살 수 있으니까 - 1명 |
| 2. 죽은 동식물을 버리면 다시 살아날까? 관에 넣어 땅에 묻으면 다시 나올 수 있을까? 왜 그렇게 생각하니? | 예 - 0명 |
| | 아니요 - 움직일 수도 볼 수도 없으니까 - 5명<br>　　　 죽었으니까 - 4명<br>　　　 생명을 잃어버렸으니까 - 1명 |
| 3. 사람이 나이가 많아지면 어떻게 될까? 너는 어떻게 되고 엄마나 아빠는 어떻게 될까? 왜 그렇게 생각하니? | 10명 - 나이가 많아지고 늙으면 힘이 없어지고 쭈그러지고 먹지 못하게 되고 죽어요. |
| 4. 사람이 죽은 후에 다시 살아날 수도 있을까? 왜 그렇게 생각하니? | 예 - 천국에 가면 살아날 수 있으니까 - 1명 |
| | 아니요 - 숨을 쉬지 못하니까 - 3명<br>　　　 한 번 죽으면 끝이니까 - 2명<br>　　　 움직이지 못하니까 - 2명<br>　　　 잘 모르지만 살아날 수 없을 것 같으니까 - 2명 |
| 5. 죽은 사람을 땅에 묻지 않으면 다시 살아날 수 있을까? 왜 그렇게 생각하니? | 예 - 흙으로 덮지 않았으니까 - 1명<br>　　 도와주는 사람이 있으면 - 1명 |
| | 아니요 - 죽으면 못 살아나니까 - 8명 |

(2) 애도 과업에 대한 이해 및 학습

유아에게 애도 과업에 대해 교육하기는 매우 어려운 일처럼 보일 수 있지만, 그림책에 나온 내용을 기반으로 죽음을 이해하게 하고 그 뒤에 오는 상실과 비탄의 과정을 지혜롭게 마무리할 수 있는 의례를 체험하게 함으로써 애도 과업에 대한 바른 이해를 할 수 있게 되었다. 특히 고인이 된 할아버지나 할머니에 대한 추억을 되살리는 시간을 통해 비록 이곳에 함께 살고 있지는 않지만 새로운 관계를 재구성함으로써 현재 정신 속에 살아있는 고인들을 설정할 수 있게 되었다.

(3) 죽음을 논할 기회 획득

죽음교육의 큰 가치 중 하나는 사회와 가정에서 금기시되는 주제인 죽음을 공적으로 다룰 기회를 가진다는 것이다. 이것은 단순히 가르치는 사람에게만 의미가 있는 것이 아니라 유아들에게도 매우 중요하다. 왜냐하면 생애 처음으로 죽음을 공포나 상실이 아니라 새로운 의미로 바라볼 기회를 맞기 때문이다.

## 실천 3
# 초등학생을 위한 그림책 활용 수업 사례[349]

### <내용 요약>

죽음교육은 초등학생들에게 죽음을 자연스러운 과정으로 받아들이도록 돕기 위해 필요하다. 그림책을 활용한 죽음교육은 아이들에게 죽음을 이해하고, 슬픔을 표현하며 극복할 수 있는 기회를 제공한다. 다양한 그림책을 통해 죽음에 대한 가치관과 감정을 나누며, 아이들은 자신만의 방식으로 죽음을 받아들이게 된다. 또한, 죽음교육을 통해 아이들은 죽음의 보편성과 불가피성을 인식하고, 삶을 더욱 의미 있게 살아가도록 배운다. 이러한 교육은 감정을 표현하고 상실을 극복하는 데 중요한 역할을 한다.

### <핵심어>

죽음교육(Death Education), 그림책(Picture Books),
감정 표현(Emotional Expression), 가치관 (Values),
상실 극복(Overcoming Loss)

### <학습 목표>

- 초등학생이 상실과 죽음에 대한 기본 개념을 이해하고 받아들일 수 있도록 돕는다.
- 그림책을 활용하여 상실과 죽음과 관련된 감정을 표현하고 슬픔을 극복하는 방법을 학습한다.

---

[349] 초등학생을 위한 그림책 활용 수업 내용은 『삶의 성찰, 죽음에게 묻다』에 게재한 싸나톨로지스트, 임경희 선생님의 글을 게재했음. 『삶의 성찰, 죽음에게 물어보다』, 가리온 (2018)

- 죽음과 상실에 대한 가치관을 탐색하고, 개인의 신념과 정서를 존중하는 방법을 익힌다.
- 상실과 죽음을 맞이한 사람들의 감정을 이해하고, 감정적으로 지원하는 방법을 배우도록 한다.
- 죽음과 관련된 어려운 주제를 안전하고 개방적인 환경에서 탐구하고 대화할 수 있도록 돕는다.

<적용 실천>
- 그림책을 통한 감정 표현 활동: 학생들이 그림책을 읽고 죽음과 상실에 대한 감정을 자유롭게 표현할 수 있는 활동을 진행한다. 예를 들어, 그림책을 읽고 각자의 감정을 그림이나 글로 표현하도록 유도한다.
- 상실과 죽음에 대한 토론: 교실에서 죽음과 관련된 간단한 토론을 진행하여, 학생들이 자신의 생각과 감정을 표현하며 서로의 견해를 존중하는 법을 배울 수 있게 한다.
- 감정 카드 활용: 감정 카드를 활용하여 학생들이 자신이 느끼는 감정을 시각적으로 표현하고, 그 감정에 대한 이해와 공감을 돕는다.
- 위로의 메시지 작성: 상실을 경험한 사람에게 위로의 메시지나 카드를 작성하는 활동을 통해 학생들이 감정을 나누고 타인의 아픔을 이해하는 연습을 한다.
- 상실 경험 나누기: 학생들이 죽음이나 상실의 경험을 나누고, 이를 통해 자신의 감정을 표현하거나 다른 사람의 감정을 이해하는 시간을 마련한다.

# 초등학생을 위한 그림책 활용 수업 사례

## I. 죽음교육의 필요성

오래전 4학년을 맡았던 때의 일이다. 방학을 앞둔 어느 날, 소진이 어머니가 학교로 찾아와 어렵게 말을 꺼냈다. 소진이가 난소암으로 투병 중이라는 것이다. 학기 초에 몸이 약해서 종종 장기 결석을 할 수도 있다는 말을 들은 터라 선천적으로 몸이 약한가 보다 생각했지만, 그런 줄은 생각하지 못했다. 그런데 겨울방학을 앞둔 어느 날, 소진이가 숨을 거뒀다는 소식을 들었다. 소진이의 부모님은 소진이의 마지막 가는 길에 교실을 둘러보게 하고 싶다는 연락을 주셨다.

소진이의 영정 사진이 교실로 들어오는데, 나는 아이들과 함께 눈물만 흘렸다. 소진이에게도 아이들에게도 아무 말도 해주지 못한 것이다. 잘 가라고 보내기에는 너무나도 이른 죽음이었다. 무엇보다 아이들에게 친구의 죽음을 어떻게 설명해야 할지 몰랐다. 친구의 죽음을 겪어야 하는 아이들의 마음을 제때 어루만져 주지 못한 것이다.

뒤늦게 수잔 발리(Susan Varley)의 그림책『오소리의 이별 선물 Badger's Parting Gifts』을 읽어 주었다. 죽음을 소재로 한 그림책들이 점점 다양한 관점으로 선보이고 있다. 그중에서 학교 현장에 활용할 만한 책을 소개해 보겠다. 먼저, 수잔 발리의 그림책 '오소리의 이별 선물'을 살펴보자.

## 1. 죽음과 관련된 그림책 소개

　주인공 오소리는 "죽음이란 예전만큼 몸이 잘 움직이지 않아서 몸을 두고 떠나는 것일 뿐"이라고 생각한다. 친구들에게 자신은 이제 긴 터널을 지나갈 텐데 슬퍼하지 말고 마음의 준비를 잘해달라는 부탁과 함께 "긴 터널을 달려가고 있어. 모두 안녕."이라는 마지막 편지를 남기고 죽는다.
　오소리가 죽자 슬픔을 견디지 못한 친구들은 모두 모여 오소리와 함께했던 따뜻한 기억을 떠올린다. 친구들은 추억이야말로 오소리가 남기고 간 '이별 선물'이라는 것을 깨닫게 된다.　참고로, '오소리'와 관련하여 이시영의 시 '오소리'를 보면, "오소리는 긴 동면에 들어가기 전 배불리 먹고 나서 나무에서 툭 떨어져 본다고 한다. 그리하여 이 다리 짧고 뭉툭한 짐승은 몸의 어디가 안 아프면 곰처럼 씩 웃으며 그때부터 큰 발톱을 삽날처럼 들어 땅굴을 깊이 파고 들어가기 시작한다고 한다."라고 했다. 아이들뿐만 아니라 어른들도 죽음을 다룬 그림책을 통해 오소리처럼 단단히 마음의 준비를 해둘 필요가 있다. 그래야 생각지도 못한 죽음을 만났을 때 주저앉지 않고 힘을 내서 씩 웃고 살아갈 수 있기 때문이다.
　그럼, 『오소리의 이별 선물』에 대한 감상평을 한번 보자. 이 책을 읽은 한 아이는 그림책을 읽기 전에는 죽음이 정말 두려웠는데 이제는 죽음이 덜 무서워져서 그림책에게 고맙다고 했다. 또 다른 아이는 죽음은 일상에 있기도 하고 일상 끝에 있기도 한 것 같다는 말도 했다. 특히, 오소리가 죽음의 터널을 향해 달려가는 장면이 인상적이었다고 이야기했다. 즉 이 책은 아이들이 죽음을 정면으로 바라보게 해주는 책이라고 할 수 있다.

또한, 아이들에게 죽음을 다룬 그림책을 읽어 주다 보면 교사 역시도 죽음을 다르게 생각하게 된다. 『내가 함께 있을게』에서는 죽음이 늘 내 곁에 있는 친구라는 것을 인정하게 해준다. 이 밖에도 죽음교육에 활용할 수 있는 좋은 그림책이 많다. 죽음을 다루는 그림책들은 죽음이 삶을 사랑하기 위해 존재함을 깨닫게 한다.

**2. 애도를 돕기 위한 그림책 읽어 주기**

이처럼 죽음과 관련된 그림책은 죽음을 겪으며 상실감에 주저앉은 아이들에게 따뜻한 말을 건네고, 세상에 존재하는 다양한 죽음을 간접적으로 만나볼 수 있게 해준다. 좋은 죽음을 생각해 보는 것은 곧 좋은 삶을 생각하게 한다.

하지만 무엇보다 초등학생들에게 죽음교육을 하는 이유는 죽음은 어리다고 피해 갈 수 없으며, 죽음을 능동적으로 받아들이고 상실의 아픔을 잘 극복하기 위해, 그리고 죽음에 대해 어떻게 반응하는지를 간접 경험할 기회를 제공하기 위해서라고 할 수 있다.

## II. 그림책을 활용한 죽음교육의 실제

그림책을 활용한 죽음교육 수업 방법은 그림책을 읽어 주는 수업과 유사하다. 다만 주제가 죽음이라는 점이 다르다. 읽어 주고 나서 어떤 활동을 하느냐에 따라 다양한 수업을 진행할 수 있다.

## 1. 다양한 수업 활동

그럼, 죽음교육은 어떻게 시작할 수 있을까? 얼 그롤만(Earl A. Grollman)은 그의 저서 『아이와 함께 나누는 죽음에 관한 이야기』[350] 에서 죽음에 관한 대화는 간접적으로 조용하고 온화한 사랑스러운 분위기에서 접근해야 한다고 조언하고 있다. 예를 들어, 식물이나 곤충, 반려동물 또는 가족의 죽음에 대한 경험을 이야기해 보거나, 죽음과 관련된 퀴즈를 내보는 것도 좋다.

미국 일간 신문 유에스에이 투데이(USA Today)에서 본 기사에 따르면, 미국 캘리포니아 오클랜드에 있는 한 초등학교 교사가 1학년 아이들에게 퀴즈를 냈다.

> 나는 모든 것의 시작입니다. 시간과 공간의 끝이고 모든 끝의 시작입니다. 그리고 모든 장소의 끝입니다. 나는 누구일까요?

그때 한 아이가 이 퀴즈에 대한 답을 '죽음'이라고 말해서 교사는 무척이나 놀랐다. 교사는 자신의 SNS에 다음과 같은 글을 올렸다고 한다.

> 학생들은 경외감과 함께 진지하고 사색적으로 되어 갑자기 조용해졌다. 나는 정답이 글자 'e'라고 그들에게 말할 수 없었다. 그 순간에 어울리지 않는 너무나 시시한 답인 것 같아서 말이다.

어른들은 아이들이 죽음이 무엇인지 잘 모른다고 생각하지만, 그럴

---

350) Earl A. Grollman, *Talking About Death: A Dialogue Between Parent and Child*, Beacon Press, 1976년.

지 않다. 다양한 수업을 위해 첫 번째로 소감을 나누는 것이 좋다. 어떤 것이든 제한을 두지 않고 자유롭게 생각을 나누도록 도와준다. 이때 반려동물이나 조부모의 죽음을 겪은 경험을 나누면서 이야기를 이어간다.

두 번째 방법은 아이들이 스스로 함께 이야기 나눌 질문을 만들고 토론하는 활동이다. 세 번째는 '글쓰기'이다. 또한, 마인드맵으로 제 생각을 표현하고 함께 이야기를 나누는 활동도 추천한다.

### 2. 그림책 활용 죽음교육 사례 1: 『살아 있는 모든 것은』

먼저, 브라이언 멜로니(Brian Meloney)가 쓰고 로버트 잉펜(Robert Ingpen)이 그린 『살아 있는 모든 것은』이라는 그림책이 있다. 이 책은 죽음과 수명에 관한 이야기를 나누기에 좋은 그림책으로, 생명의 시작과 끝에 관한 이야기를 다룬다.

이 책은 이 세상에 살아 있는 것들이 가득 차 있고, 그들이 얼마나 오래 사는가는 저마다 다르다는 이야기를 들려준다. 생명을 가진 모든 것에게 수명이 있다는 내용을 시적인 글과 사실적인 그림으로 보여준다. 마지막에는 독자에게 '그럼, 사람은?'이라는 질문을 던진다. 그림책의 마지막 장면을 함께 읽어보자.

> "수명이 아무리 길어도, 수명이 아무리 짧아도, 시작이 있고 끝이 있는 것은 모두 마찬가지란다. 그 사이에만 있는 거지. 이 세상 모든 것이 다 그렇지. 풀도, 사람도, 새도, 물고기도, 토끼도, 아주 작은 벌레까지도. 이 세상 어디에서나!"

아이들이 스스로 만든 질문으로 마인드맵을 작성해서 함께 이야기를 나누어볼 수도 있다. 아이들이 어떤 생각들을 하고 있는지 다음과 같은 질문을 던져 본다.

Q. 먼저, 이 책을 누구에게 권하고 싶나요?
어린이1 : 활기차게 인생을 시작하고 있는 어린이와 인생이 얼마 안 남은 할머니, 할아버지께 권하고 싶어요.
어린이2 : 가족이나, 친구, 반려동물을 잃은 아이들에게 권하고 싶어요. 왜냐하면 죽음을 쉽게 설명하고 받아들이게 해주니까요.

Q. 이 책을 한 마디로 소개한다면 어떻게 소개하고 싶은가요?
어린이1 : 이 책은 한 마디로 '삶의 사전이다.'라고 말하고 싶어요. 생명이 태어나서 삶을 살고 죽는데 이것을 알기 쉽게 설명했기 때문이에요.
어린이2 : 이 책은 한 마디로 '인생'입니다. 우리가 살아가야 할 인생의 진리에 대해 깨닫게 해주기 때문이죠.

Q. 이 책을 읽고 죽음에 대해 달라진 생각이 있나요?
어린이1 : 이 그림책을 읽기 전에는 죽음이 무조건 나쁘고 무섭다고 생각했어요.
어린이2 : 죽음은 자연스러운 것이며. 생명체가 수명을 다하는 것임을 알게 됐어요.

Q. 만일 인간의 수명이 무한하다면 어떨까요?
어린이1 : 인간은 지금, 이 순간에 최선을 다하지 않고 보람도 느끼지 않을 겁니다. 죽음은 인간에게 좀 더 잘살아 보라고 보채주는 좋은 친구입니다.
어린이2 : 열심히 살지 않을 것입니다. 사람들은 성실하지 않을 것이고 세상은 불공정하고 불신과 욕으로 가득 찰 것입니다.

Q. 마지막으로 이 그림책을 읽고 죽음에게 하고 싶은 말이 있다면 무엇인가요?

어린이1 : 죽음아, 나는 네가 무서웠어. 두렵고 불신을 가졌지. 이제는 아니야. 나는 너에 대해 당당해졌어. 우리의 활기찬 인생이 끝나면 우리에게 꽃을 줘.

어린이2 : 죽음아, 너는 항상 끝을 맞이하는 생명들을 보게 되겠구나. 하지만 시작도 그렇듯 끝도 아름다운 거야, 그렇지?

작은 그림책 하나가 아이들의 생각을 바꾸고 삶의 결을 단단하게 해 주는 것을 볼 수 있다.

### 3. 그림책 활용 죽음교육 사례 2 〈무릎 딱지〉

다음으로 두 번째 책은 샤를로트 문드리크(Charlotte Moundlic)가 글을 쓰고, 올리비에 탈레크(Olivier Tallec)가 그림을 그린 『무릎 딱지』이다. 아이들이 맞닥뜨리는 죽음은 대부분 교통사고나 병으로 조부모 부모를 잃는 경우가 많다. 가족의 죽음으로 큰 충격을 받은 아이들을 위로할 때 『무릎 딱지』를 읽어 준다.

이 그림책은 갑자기 엄마의 죽음을 겪게 된 어린아이가 부정과 분노, 타협과 우울, 그리고 수용의 과정을 통해 상실의 아픔을 극복하는 과정을 담고 있다. 첫 문장은 이렇게 시작된다. "엄마가 오늘 아침에 죽었다." 주인공은 병으로 엄마가 죽자 엄마의 냄새가 집에서 빠져나갈까 봐 한여름에도 창문을 꼭 닫고 지낸다. 그러던 어느 날 넘어져 무릎을 다치자 "괜찮아, 우리 아들, 누가 우리 착한 아들을 아프게 해?"라는 엄마의 목소리를 듣는다. 무릎에 난 상처에 딱지가 앉고 그 딱지가 떨어지면 새살이 돋을 텐데, 주인공은 엄마의 목소리를 다시 듣고 싶어 일부러 딱지를 뜯어 피를 본다.

할머니가 오신다. 아이에게 다가오며 주인공에게 가슴 위에 손을 얹어 보라고 하며 "여기 쏙 들어간 데 있지? 엄마는 바로 여기에 있어. 엄마는 절대로 여길 떠나지 않아."라고 말해 준다. 그 후 주인공은 다시는 무릎 딱지를 뜯지 않고 홀로서기를 하게 된다.

다음은 이 그림책을 읽어 준 후 아이들이 쓴 글 일부이다.

**남학생**: 죽는다는 건 누구든 알지 못한다. 언제 어디서 죽을지도 모른다. 그런데 왜 학교에서는 죽음이라는 것에 대해 배우지 않을까? 죽음은 마지막이 아니다. 왜냐하면 아무도 죽고 나서를 모르기 때문이다.

**여학생**: 살아갈 인생을 보면 왠지 벅차다. 한 살부터 지금의 12살, 100살까지를 생각해보니 살아온 인생과 살아갈 인생이 상상된다. '무릎 딱지'를 읽은 시간 내내 생각과 질문이 많았다. 인생은 드라마다. 어떻게 반전을 일으킬지 모르는 드라마처럼 우리의 인생도 어떻게 될지 모른다. 나도 이 그림책의 주인공과 같은 일을 겪지 말라는 법이 없다.

**남학생**: 죽음도 좋은 점이 있다. 내가 사는 이유를 알려주고 삶의 행복을 알려준다. 우리가 영원히 살 수 있다면 삶은 행복을 느끼지 못할 것이다. 죽음이 나에게 행복을 느끼게 해주고 나를 생각하며 살게 해준다. 죽음이 없으면 내 존재의 의미도 달라질 것 같다.

**여학생**: 이 그림책을 읽고 아, 나의 지금 행동 하나하나가 나의 삶을 이루는 추억이 될 것들이구나. 그럼 매일 반복되는 생활이라도 의미 있게 살자는 생각이 들었다. 죽음이라는 단어는 결코 두려운 존재가 아니다. 죽음은 이승에서 처음이자 마지막 작별이다. 명예로운 작별….

## 4. 그림책 활용 죽음교육 사례 3: 『바니가 우리에게 해준 열 가지 좋은 일』

다음 책은 지금은 절판된 주디스 바이어스트(Judith Viorst)의 『바니가 우리에게 해준 열 가지 좋은 일』이다. 이 책은 아이들의 공감을 불러일으키기에 좋은 그림책으로, 도서관에서 빌리거나 온라인 중고도서 상점에서 구입할 수 있다. 애완동물의 죽음을 경험한 아이들에게 공감을 주고 상실 극복을 돕는 데 유용하다.

주인공은 가족 같던 고양이 바니가 죽자 방에 틀어박혀 울기만 한다. 그런 주인공에게 엄마가 다가와 바니의 좋은 점 열 가지를 잘 생각해 두었다가 바니를 묻을 때 말해 보라고 한다. 다음 날 주인공은 바니를 나무에 묻으면서 말하기 시작한다. 주인공은 바니가 용감하고, 영리하고, 재미있고, 깨끗했으며, 꼭 안아 주고 싶을 만큼 귀엽고, 잘생겼고, 새를 딱 한 번밖에 안 잡아먹었던 바니, 귀에 대고 기분 좋은 소리로 '야옹' 했던 바니, 배 위에서 잠이 들면 배가 따뜻했던 바니 등 아홉 가지를 말한다. 그러나 나머지 하나가 생각나지 않았다.

그때 아빠가 씨앗 몇 알을 땅에 심으며 흙이 씨앗을 먹이고 키울 거라고 주인공을 달랜다. 곧 줄기가 자라고 잎이 나고 꽃이 필 거라고 말한다. 그제야 주인공은 바니가 죽어서 흙이 된다는 것, 꽃을 피우는 그 멋진 일을 바니가 한다는 것을 깨닫게 된다. 그래서 주인공은 엄마에게 바니가 우리에게 해준 열 가지 좋은 일 중 마지막 일을 말한다. "엄마, 바니는 땅에 묻혀 있어요. 하지만 바니는 꽃을 키울 거예요."

아이들은 이 그림책을 읽으면서 주인공의 이야기가 마치 자신의 이야기인 듯 슬픈 표정을 지었다. 그렇다면 누군가를 잃은 아이들을 위해 우리는 어떤 행동을 해야 할까?

## 5. 그림책을 활용한 죽음교육 후 변화

죽음교육 전문가인 얼 그롤만은 '사랑하는 사람을 죽음으로 잃은 아이를 돕는 길 십계명'을 제시했다. 첫째, 죽음이라는 단어를 금기시하지 않기, 둘째, 어떤 연령이든 죽음을 애도하거나 슬퍼할 수 있다는 것을 이해하기, 셋째, 자신의 감정을 드러내는 것을 허락하기, 넷째, 학교에 누군가를 잃었다는 것을 알리기, 다섯째, 자녀의 위기를 다루기 어렵다면 주위에 도움을 요청하기. 여섯째, "네가 이 집의 어른이 되는 거야."라는 식의 대용물처럼 다루지 않기, 일곱째, 현실과 너무 동떨어지거나 건전하지 못한 이야기의 힘을 빌리지 않기, 여덟째, 어른이 최종 답안을 갖고 있다고 믿게 해서는 안 되며, 아홉째, 슬픈 감정을 드러내는 것을 두려워하지 않기, 열 번째, 어른에게 끊임없는 사랑과 지지를 받고 있다는 확신을 갖게 하는 것이다.

**표 1. 죽음을 소재로 한 그림책 자료**

| 번호 | 그림책 제목(원제) | 저자 | 죽음교육에 주는 도움 |
|---|---|---|---|
| 1 | 내가 함께 있을게.<br>(Ente, Tod und Tulpe) | 볼프 예를브루흐<br>Wolf Erlbruch | 죽음에 대한 보편적 개념 정립 |
| 2 | 유령이 된 할아버지<br>(Sa Blev Farfar et Spogelse) | 킴 푸브 오케손<br>Kim Fupz Aakeson 글<br>에바 에릭손<br>Eva Eriksson 그림 | 할아버지의 죽음<br>의식적 전환 |
| 3 | 커다란 질문<br>(La Grande Question) | 볼프 예를브루흐<br>Wolf Erlbruch | 죽음에 대한 태도 변화 |
| 4 | 나비 엄마의 손길 | 크리스티앙 볼츠<br>Christian Voltz | 엄마의 죽음<br>의식적 전환 |
| 5 | 할머니가 남긴 선물<br>(Old Pig) | 마거릿 와일드<br>Margaret Wild 글<br>론 브룩스<br>Ron Brooks 그림 | 죽음의 준비<br>의식적 전환 |

| | | | |
|---|---|---|---|
| 6 | 세상에서 가장 멋진 장례식<br>(All the Dear Little Animals) | 울프 닐손<br>Ulf Nilsson 글<br>에바 에릭손<br>Eva Eriksson 그림 | 죽음에 대한 태도 변화 |
| 7 | 무릎 딱지<br>(The Scar) | 샤를로트 문드리크<br>Charlotte Moundlic 글<br>올리비에 탈레크<br>Olivier Tallec 그림 | 죽음에 대한 보편적 개념정립 |
| 8 | 고마워, 죽어 줘서 | 다니카와 슌타로<br>谷川俊太郎 글<br>쓰카모토 야스시<br>塚本やすし 그림 | 죽음에 대한 보편적 개념정립 |
| 9 | 오소리의 이별 선물<br>(Badger's Parting Gifts) | 수잔 발리<br>Susan Varley 지음 | 죽음 준비<br>죽음에 대한 태도 변화 |
| 10 | 내 작은 친구 머핀!<br>(Adjo, herr Muffin) | 울프 닐손<br>Ulf Nilsson 글<br>안나 클라라 티돌름<br>Anna-Clara Tidholm 그림 | 죽음의 이해<br>죽음에 대한 보편적 개념정립 |
| 11 | 보고싶은 엄마<br>(Missing Mummy) | 레베카 콥<br>Rebecca Cobb 지음 | 상실의 극복<br>죽음에 대한 태도 변화 |
| 12 | 내 친구 네이선<br>(If Nathan Were Here) | 메리 바<br>Mary Bahr 글<br>케런 A. 제롬<br>Karen A. Jerome 그림 | 친구의 죽음<br>죽음에 대한 태도 변화 |
| 13 | 나는 죽음이에요.<br>(Jeg er Doden) | 엘리자베스 헬란 라슨<br>Elisabeth Helland Larsen 글 마린 슈나이더<br>Marine Schneider 그림 | 죽음의 이해<br>죽음에 대한 태도 변화 |
| 14 | 돼지 이야기 | 유리 | 동물의 죽음<br>죽음에 대한 태도 변화 |
| 15 | 쨍아 | 천정철 글, 이광익 그림 | 생태계의 죽음 의식적 전환 |
| 16 | 할아버지의 천사<br>(Opas Engel) | 유타 바우어<br>Jutta Bauer 지음 | 할아버지의 죽음 |
| 17 | 오늘은 5월 18일 | 서진선 지음 | 사회적 죽음<br>의식적 전환 |

| 18 | 할머니는 어디로 갔을까<br>(Là Où Mamie Est Partie) | 아르노 알메라<br>Arnaud Alméras 글<br>로뱅 Robin 그림 | 사후 세계<br>의식적 전환 |
|---|---|---|---|
| 19 | 이젠 안녕<br>(Harry and Hopper) | 마거릿 와일드<br>Margaret Wild 글<br>프레야 블랙우드<br>Freya Blackwood 그림 | 반려동물의 죽음 |
| 20 | 죽음은 돌아가는 것 | 다니카와 슌타로<br>谷川俊太郎 | 죽음의 이해<br>보편적 개념 정립 |
| 21 | 사과나무 위의 죽음 | 카트린 셰러<br>Kathrin Schärer 지음 | 죽음의 이해<br>보편적 개념 정립 |
| 22 | 내 친구 브로디<br>( Brodie ) | 조이 카울리<br>Joy Cowley 글<br>크리스 무스데일<br>Chris Mousdale 그림 | 친구의 죽음<br>죽음에 대한 태도 변화 |

## III. 그림책을 활용한 죽음교육 후 변화

그림책을 활용한 죽음교육은 다양한 측면에서 변화를 가져온다. 죽음의 특성을 생각해 보고 이해하게 되며, 무조건적인 부정과 두려움으로 대하던 죽음을 수긍하게 된다. 무엇보다도 죽음에 대한 가치관이 달라지고, 죽음 개념의 보편성에 대해 인식하게 되며, 되돌아올 수 없는 불 환원성과 누구에게나 오는 보편성도 깨닫게 된다. 이는 그림책의 이야기와 그림의 힘 덕분이다.

### 1. 죽음교육을 받은 후 죽음에 대한 인식 변화

죽음교육을 받기 전에는 죽음이란 죽은 사람들을 다시는 볼 수 없고, 인생의 끝이라고만 생각했다. 한 사람의 인생이 없어져 다시는 만나지 못하기 때문이었다. 그런데 그림책으로 죽음교육을 받은 아이들은 자신만의 관점으로 죽음을 바라보게 되었다. 예를 들어, 어떤 아이는 죽음을 누군가를 따라다니는 그림자라고 생각했다. 또 다른 아이는 죽음을 삶이라고 보기도 했다. 삶이 없으면 죽음도 없고, 죽음이 없으면 삶도 없기 때문이라는 것이다. 어떤 아이는 죽음이 따로 있는 것이 아니라 삶의 마지막에 있는 일부분이라고 말했다. 또 다른 아이는 죽음을 삶을 잘 끝내는 마지막 단계라고 표현했다.

한 아이는 죽음을 삶의 주인공이라고 했다. 삶의 마지막에 나타나 인생의 스토리를 마무리한다는 것이다. 그러면서도 인생의 마지막이자 처음으로 느낄 수 있는 두려움의 존재라고 보기도 했다. 또 어떤 아이는 죽음을 생명의 시작이라고 보았다. 생명이 있는 존재는 모두 죽고 새로운 생명이 태어나기 위해 누군가는 희생해야 한다는 것이다.

죽음을 마지막을 장식하는 장식품이라고 보는 아이도 있었다. 죽음은 화려하지 않아도 삶의 마지막을 멋지게 마무리한다는 것이다. 인생의 마지막 단계라고도 표현했는데, 모든 사람은 언젠가 그 마지막 계단에 오르게 되기 때문이다. 한편으로는 죽음을 삶의 보호자로 보는 시선도 있다. 죽음이 없다면 우리는 계속 살아야 하고, 그러면 인구가 늘어나 문제도 생길 것이라는 견해다. 그래서 적당할 때 우리를 데리러 오는 죽음을 우리의 보호자로 본다고 한다.

삶이 엉켜 있는 실타래라면, 죽음은 그 실타래를 다 풀고 떠나는 것이라는 의견도 있었다. 어떤 아이는 죽음을 삶의 버튼이라고 말하기도 했다. 어떤 것이 꼭 죽어야만 새것이 태어나기 때문이라는 입장이다. 한편, 죽음은 생명을 가진 것이 누릴 수 있는 혜택이라는 말에 내심 놀랐다.

## 2. 죽음교육의 필요성 인식

그렇다면 죽음교육의 필요성에 대해서는 어떤 반응을 보였을까? 죽음교육 이전에는 87%가 죽음교육을 할 필요가 없다고 했지만, 교육 이후에는 96%가 죽음교육이 필요하다고 응답했다. 누구나 겪어야 하는 죽음이며, 죽음에 대한 두려움을 줄일 수 있고 삶을 더 충실하게 살 수 있다는 것이다. 아이들의 구체적인 답변을 들어보자.

**학생 1**: 초등학생이 벌써 죽음을 알게 되면 자꾸 생각하게 되고 두려워지기 때문에 하지 않는 게 좋다고 생각합니다. 하지만 그림책으로 하는 죽음교육은 좋습니다.
**학생 2**: 처음에는 좀 꺼림칙했습니다. 아직 어린 초등학생에게 충격을 줄 수도 있기 때문이지요. 하지만 그림책으로 죽음교육을 받은 후에는 죽음에 관한 생각의 길이 열렸고 마음이 편해졌습니다. 그래서 저는 괜찮다고 봅니다.
**학생 3**: 저는 좋다고 생각합니다. 물론 마음이 약하거나 두려움을 많이 타는 학생들에게는 조금 두려울지 몰라도 우리도 언젠가는 죽을 것인데 생명의 소중함을 알게 해주면 좋을 것 같습니다. 다른 사람들도 생명이 보물 같다는 건 알지만 평소에는 별로 관심이 없기 때문입니다.
**학생 4**: 나는 죽음교육을 하는 것이 옳다고 봅니다. 왜냐하면 죽음도 우리 삶의 일부여서 학교에서는 죽음도 가르쳐야 한다고 생각합니다.
**학생 5**: 모든 생명체는 언젠가 죽음을 맞이합니다. 현재를 살아가는 우리는 삶의 마지막 순간까지 의미 있게 살기 위해 미리 준비해야 해요. 죽음을 맞이하는 순간에 후회하지 않도록 죽음교육이 필요합니다. 미리 죽음에 대해 생각하고 준비하는 과정을 통해 올바른 죽음관과 가치관을 형성할 수 있기 때문이에요.

학생 6: 알면 좋을 것 같습니다. 어린 나이에 죽음이라는 것에 대해 자기 생각을 가지고 두려움을 없애는 것이 좋습니다. 받아들여야만 하는 것이니까요.

학생 7: 초등학생들에게 죽음교육을 하면 충격을 주거나 두려워지는 아이들이 생길 수도 있습니다. 하지만 그렇다고 모든 초등학생이 그렇지는 않습니다. 오히려 더 죽음이 두렵지 않고 그것에 대해 충격을 줄일 수 있을 것입니다.

학생 8: 일반 사람들은 죽음에 대한 경계선을 가지고 있습니다. 그런데 죽음이 나쁘다고만 생각한다면 그것은 자신도 죽을 거라는 생각을 안 하기 때문입니다. 죽음에 대해 경계선을 가지고 있는 초등학생에게 죽음교육을 한다면 초등학생의 생각은 이렇게 바뀔 것입니다. 처음에는 필요 없다고 대충 듣다가 점점 죽음에 대한 경계선을 끊고 뭔가 죽음의 깊은 의미를 알게 될 것입니다. 죽음교육은 이렇게 사람의 생각을 바꿔 놓기 때문에 필요하다고 봅니다.

### 3. 죽음교육에 대한 평가

그림책을 활용한 죽음교육에 대한 평가는 매우 긍정적이었다. 10점 만점에 6점부터 10점까지 다양한 점수 분포를 보였으며, 평균 9점 이상으로 높게 평가되었다. 부정적 평가로는 그림책이 공감을 이끌어내지만 그 속에 갇힐 수 있다는 우려가 있었다. 또한 학습이 미완성이라 6학년이 되면 10점이 될 것이라는 의견도 있었다. 일부 학생들은 내용이 너무 슬프거나, 즐거운 일상 중 죽음을 떠올리게 되는 점, 그림책의 다양성 부족, 다른 교육 방법의 가능성 등을 이유로 감점했다. 영원한 삶에 대한 환상이 깨지면서 동심이 사라진다는 아쉬움도 제기되었다.

긍정적 평가의 주된 이유는 그림책 내용에 대한 높은 공감도와 간접 체험을 통한 죽음 이해 증진이었다. 재미와 감동이 있으면서도 실제 상황 대처법을 배울 수 있고, 죽음 관련 주제를 쉽게 이해할 수 있다는 점이 장점으로 꼽혔다. 또한 죽음교육을 효율적으로 진행할 수 있다는 점도 긍정적으로 평가되었다. 영화와 달리 그림책은 적절한 거리감을 유지하면서도 감동을 전달하며, 친근한 그림과 함께 자세한 내용을 전달할 수 있어 거부감이 적다는 의견이 있었다. 교사의 읽어주기를 통해 다양한 사고와 경험을 떠올리고 질문을 생성할 수 있어 내용 이해의 폭이 넓어진다는 점도 강조되었다.

이러한 결과는 아동들의 죽음에 대한 두려움 감소를 보여준다. 이는 죽음을 긍정적으로 수용하고 삶을 충실히 살아가려는 의지로 해석된다. 이러한 태도 변화는 소감 나누기, 토론, 글쓰기 등 다양한 활동에서 확인되었다. 그림책 읽기를 통해 얻은 긍정적 문장과 장면의 활용, 사후 세계에 대한 호기심, 삶과 죽음에 대한 개인적 이해가 드러났다. 인터뷰에서는 삶과 죽음에 대한 긍정적 이해가 나타났으며, 그림책 읽기와 토론을 통해 죽음의 의미와 그 이후에 대해 정서적으로 깊이 있게 탐구하는 모습을 보였다. 특히 삶의 소중함을 인식하는 태도가 두드러졌다.

아이들은 그림책의 내용을 통해 죽음 관련 기억들을 상기하고 자신의 상실 경험과 사회적 죽음을 언급할 때 그림책의 이야기를 적용했다. 이러한 과정에서 자신의 부정적 감정이 드러나고 자유롭게 표현할 수 있었다. 나아가 아이들은 죽음을 다루는 그림책을 읽고 난 후 죽음 자체에 몰입하기보다 오히려 삶의 중요성을 인식하게 되었다. 이는 죽음을 다루는 그림책이 죽음을 인식하도록 돕는 과정을 통해 자신의 삶에 최선을 다하도록 독려한다는 것을 의미한다. 특히 글쓰기 활동 결과물에는 죽음에 대한 긍정적인 이해가 세부적으로 반영되었다. 이러한 결과를 바탕으로 다음과 같은 교육적 제안을 하고자 한다.

첫째, 죽음을 다루는 그림책을 활용한 죽음교육은 죽음의 인식을 도우며 삶을 보다 충실하게 살아가도록 돕는다는 점에서 적극적으로 활용되어야 한다. 죽음이라는 주제는 아동의 교육 영역에서 피해야 할 주제가 아니라 삶의 일부분으로 반드시 가르쳐야 할 필요가 있다.

둘째, 죽음을 다루는 그림책을 활용한 죽음교육은 이야기와 그림이 잘 어우러져 죽음과 관련된 간접 체험을 돕는다. 아동의 상실 경험을 자연스럽게 표현하는 과정을 통해 치유를 돕는 점에서도 유익하다. 상실 경험은 아동들에게 큰 상처를 남길 수 있으므로, 그림책을 통한 간접 체험을 통해 상실의 감정이 자연스럽게 표출되도록 돕고 죽음의 본래성을 이해할 수 있도록 학교와 사회가 지원해야 한다.

실천 4

# 중학생을 위한 생명 존중 수업 들여다보기

### <내용 요약>

생명은 그 자체로 고유한 가치를 지니며, 한 생명을 빼앗는 것은 그 사람의 모든 가능성을 소멸시키는 행위이다. 생명 존중의 원칙은 모든 생명체에 적용되지만, 윤리적 딜레마 상황에서는 불가피하게 우선순위가 고려되기도 한다. 인간 생명의 시작점에 관한 논쟁은 낙태법과 같은 생명윤리 법제에 중대한 영향을 미친다. 자살 현상의 고찰은 개인의 생명이 타인과 사회에 깊이 연결되어 있음을 인식하게 한다. 다양한 문화적, 종교적 전통들은 생명 존중을 강조하며, 이는 생명 보호와 자살 예방 활동의 사상적 기반이 된다.

### <핵심어>

생명 존중(Respect for Life), 생명의 시작(Beginning of Life),
낙태 (Abortion), 자살 예방(Suicide Prevention),
인간 존엄성(Human Dignity), 생명 파괴 (Destruction of Life),
문화적 관점 (Cultural Perspectives)

### <학습 목표>

- 생명 존중의 중요성을 이해하고, 생명과 관련된 다양한 이슈를 올바르게 판단할 수 있다.
- 생명의 시작과 낙태 문제에 대해 성찰하고, 윤리적 판단을 내릴 수 있다.
- 자살 예방의 중요성과 관련된 실천적인 방법을 학습하고, 이를 적용할 수 있다.

- 인간의 존엄성에 대한 이해를 바탕으로, 다양한 생명 존중 활동에 참여할 수 있다.
- 생명 파괴의 문제와 그에 대한 문화적, 사회적 관점을 분석하고, 실천적인 해결책을 제시할 수 있다.

### <적용 실천>

- 생명 존중의 가치를 다양한 교육과 캠페인을 통해 생명 존중 문화 확산에 기여할 수 있다.
- 자살 예방과 관련된 상담 기법을 학습하여, 지역 사회에서 자살 예방 활동에 참여하거나 지원할 수 있다.
- 생명 존중과 관련된 윤리적 문제에 대해 지역 사회에서 열린 대화를 유도하며, 다양한 입장을 존중하는 방안을 모색할 수 있다.
- 낙태와 관련된 윤리적 문제를 바르게 다루고, 상담 및 지원을 통해 생명을 존중하는 선택을 돕는 실천을 할 수 있다.
- 인간 존엄성에 기반한 가치관을 실천하며, 다양한 생명 존중 프로젝트나 봉사 활동에 참여하여 사회에 긍정적인 영향을 미칠 수 있다.

# 중학생을 위한 생명 존중 수업 들여다보기[351]

## I. 생명의 소중함과 생명 존중의 범위

### 1. 생명의 소중함

우리는 대개 소중한 것을 잃었을 때 그 소중함을 새삼 깨닫곤 한다. 우리 삶의 소중함 역시 그것을 잃는 순간에 가장 절실히 느끼게 된다. 따라서 우리는 그 순간을 어떻게 준비할지 생각해 보려 한다.

현재 우리의 상태는 '살아있다'이다. 각자에게 그 살아있는 상태, 즉 '삶'이 주어진 것이다. 우리에게 삶이 가능한 것은 '생명'이 활동하고 있기 때문이다. 생명 활동의 징후는 심장박동, 영양소의 공급, 잠 등이다.

그렇다면 생명은 왜 소중할까? 생명은 그 자체로 소중하다. 모든 생명은 고귀하고 존중받아야 한다. 생명은 세상 어느 것과도 바꿀 수 없는 것이며, 한 번 잃어버리면 다시 찾을 수 없기 때문이다. 돈이나 명예는 다시 회복할 수 있지만, 생명은 불가능하다. 누구나 단 하나의 생명만을 가졌기 때문에 되돌릴 수도 없고 다른 것으로 대신할 수도 없다. 결과적으로 생명을 빼앗는 것은 그 사람의 전부를 빼앗는 것이 된다. 생명을 잃으면 하고 싶은 일을 할 수 없고, 사랑하는 사람과 헤어져야 하며, 행복한 삶을 누릴 수 없게 된다. 또한 생명을 잃음으로써 자신의 모든 가능성도 함께 잃게 된다.

---

[351] 중학생을 위한 생명존중 수업 들여다 보기는 『삶의 성찰, 죽음에게 묻다』에 게재한 국제공인 싸나톨로지스트, 죽음교육학자 백미화 교수의 글을 게재했다. 『삶의 성찰, 죽음에게 물어보다』, 가리온(2018)

이러한 생명의 소중함은 동서고금을 통해 생명 존중 사상으로 이어져 왔다. 불교에서는 모든 존재가 서로 연결되어 있으며, 인간도 다른 생명과의 관계 속에서 살아가므로 모든 생명을 아끼고 보살펴야 한다고 말한다. 불교에서 행하는 방생은 이러한 생명 존중 사상에 기반한 것이다. 기독교에서도 모든 생명은 하느님이 창조한 귀한 존재로, 인간은 생명을 보존해야 할 책임이 있다고 하였다. 또한 단군의 홍익인간과 동학의 인내천 사상에서는 모두 인간을 그 자체로 존중해야 하며, 인간의 생명을 소중히 여겨야 한다고 강조하고 있다.

## 2. 생명 존중의 범위

슈바이처(A. Schweitzer)의 생명 외경 사상에 따르면 생명을 유지하고 고양하는 것은 선이고, 생명을 파괴하고 억압하는 것은 악임을 강조한다[352]. 모든 생명은 소중하기 때문에 동등하게 존중하지만(동등성의 원칙), 우리는 불가피하게 살생하며 살고 있으므로 모든 생명에게 미안한 마음을 가져야 한다(사랑의 원리)고 하였다. 따라서 우리는 생명을 존중하지만, 우선순위를 두곤 한다. 그러면 생명은 어디부터 어디까지 존중해야 할까? 말벌에 쏘이면서도 벌집 제거작업을 하지 않겠다고 하거나, 암세포도 생명이라며 치료하지 않겠다는 것은 어불성설일 것이다.

---

352) 알베르트 슈바이처(Albert Schweitzer), 『문화와 윤리(Kultur und Ethik)』, 1923 / Albert Schweitzer, Kultur und Ethik, C.H. Beck Verlag, 1923 알베르트 슈바이처(Albert Schweitzer), 『생명의 외경(Ehrfurcht vor dem Leben)』, Ulrich Neuenschwander 편집, 1992 / Albert Schweitzer, Die Ehrfurcht vor dem Leben: Grundtexte aus fünf Jahrzehnten, C.H. Beck Verlag, 1992.

생명을 가진 존재에 대해 나는 어디부터 어디까지 어떻게 존중해야 할까? '나의 생명 존중 원칙'을 세워보자. 생명을 존중한다는 것에 대해 막연하게 생각하지 않고, 그 생각을 구체화하기 위함이다.

## II. 인간 생명의 시작점

### 1. 생명의 시작점

만 나이는 서양 문화권에서의 일반적인 통용기준이다. 하지만 유교권 문화에서는 태어나자마자 1살을 부여하는데, 이는 태내에서 수정된 이후부터 나이를 부여하는 것으로 인간 생명의 출발점에 대한 관점을 엿볼 수 있다. 이러한 '인간은 어느 때부터 인간인가?'라는 관점은 매우 중요하다. 인간 생명의 시작점을 정하는 것은 태내에서의 생명에 대한 보호권과 밀접하게 관련이 있기 때문이다.

- 거꾸로 학습(Flipped Learning)의 일환으로 수업 전에 학생들에게 다음과 같은 카페 활동을 제시하였다. 낙태에 대한 학생들의 생각은 어떤지 카페 글을 통해 살펴보겠다.

<카페 활동>
2014년 제2회 인간 생명 존중 문화를 위한 UCC 공모전에서 금상을 수상한 양업고등학교 M & M팀의 낙태에 관한 영상을 보고 <생각해볼 문제>에 대한 각자의 의견과 다른 사람의 의견에 대한 댓글을 올리도

록 하였다.

<생각해볼 문제>

아기의 관점에서 어쩌면 자신이 당하게 될지 모를 그 일은, 과연 무엇일까요? 부모의 관점에서 자신이 결정한 그 일은, 과연 무엇이었을까요?

인간 생명의 시작점을 정하는 것에 대한 논란은 계속됐으며, 이는 결국 낙태법을 결정하는 데 중요한 역할을 해왔다. 미국 내에서도 이는 뜨거운 논란거리로, 여성의 '자기 신체 결정권'을 옹호하는 진영, 즉 낙태는 법이 결정할 수 없는 여성의 선택이라는 주장과 낙태는 생명을 죽이는 행위라는 주장이 맞서고 있다. 특히 대통령 선거와 같은 중요한 선거가 있을 때마다 주요 쟁점으로 떠오르며, 대통령의 성향에 따라서 큰 영향을 받고 있다. 그러면 미국 내에서 가장 강력한 낙태 금지법이라고 할 수 있는 아이오와주의 '태아 심장 박동법'에 대해 알아보자.

### 2. 아이오와주 낙태법

미국 아이오와주에서는 태아에게서 심장박동이 감지되는 임신 6주 이후에는 원칙적으로 임신 중절(낙태)을 할 수 없도록 하는, 미국 내에서 가장 강력한 임신 중절 금지법을 시행하기로 하였다(2018. 5. 5. 연합뉴스). 킴 레이놀즈(Kim Raynolds) 아이오와 주지사는 2018년 5월 4일 집무실에서 어린이들이 지켜보는 가운데 '태아 심장 박동법'으로 불리는 임신 중절 규제 법안에 서명하였다. 주지사는 "이 법이 법원에서 도전받을 것이라는 점을 알고 있지만, 이것은 단지 법을 넘어서는 중요한 문제"라며 "이것은 생명에 관한 것"이라고 강조했다. 이 법은 2018년 7월 1일부터 시행되었으며, 임신 중절을 하려는 여성은 반드시 복부 초음파 검사를 받아야 하고, 만일 태아 심장박동이 감지되면 의료기관은 임신 중절 수술을 할 수 없게 된다. 단, 여성의 생명이 위태롭거나 성폭행당했을 경우, 근친상간에 의한 임신일 경우 등 일부에만 예외가 인정된다.

미국 대법원은 1973년 기념비적인 '로 대 웨이드(Roe vs. Wade)' 사건 판결을 통해 임신 후 6개월까지 낙태를 최초로 합법화하였다. 이후 일부 주들이 연방 기준보다 더 엄격한 낙태 금지법을 제정하고 시행하기도 했지만, 대법원에서 모두 위헌 결정이 나면서 낙태를 더욱 엄격히 제한하려는 시도가 무위에 그쳤다. 그러나 낙태 반대 의견을 가진 도널드 트럼프(Donald Trump) 대통령 취임 이후 대법관 구도가 바뀌면서 보수 진영은 '로 대 웨이드' 판례 변경 가능성이 커지고 있다고 기대하고 있다.

### 3. 로 대 웨이드(Roe vs. Wade) 판결

미국에서는 1970년대 초까지 대부분 주에서 임신부의 생명이 위험한 경우를 제외하고는 낙태가 불법이었다. 하지만 '로 대 웨이드' 판결은 여성의 낙태권을 사생활에 대한 기본권의 일종으로 인정하면서 낙태를 최초로 합법화한 판결이라고 할 수 있다. 1969년 텍사스주 댈러스에서 노마 맥코비(Norma McCorvey)라는 여성이 강간당해 임신했다고 주장하며 낙태 수술을 요청했다. 그러나 임신부의 생명이 위독한 상황이 아니고, 성폭행 사건에 대한 경찰 보고서가 없다는 이유로 낙태 수술을 거부당했다. 그러자 맥코비는 1970년 새라 웨딩턴(Sarah Weddington)과 린다 커피(Linda Coffe)라는 두 여성 변호사를 찾아 텍사스주를 상대로 위헌 소송을 제기하게 된다. 원고는 노마 맥코비였지만 신변 보호를 위해 가명인 제인 로(Jane Roe)를 사용했고, 소송의 피고인은 댈러스 카운티 지방 검사인 헨리 웨이드(Henry Wade)였기 때문에 소송의 명칭이 '로 대 웨이드'가 된 것이다.

이 소송은 결국 연방 대법원까지 올라가게 되었고, 1973년 1월 대법원은 7대 2로 낙태 금지가 위헌이라는 결정을 내리게 된다. 여성은 임신 후 6개월까지 임신 중절을 선택할 헌법상의 권리를 가진다고 판결하였다. 출산 전 3개월 동안은 낙태가 금지될 수 있다고 판결한 이유는 의학 전문가들이 이 3개월 동안 태아가 자궁 밖에서도 생명체로서 존중될 수 있는 기간이라고 인정했기 때문이다.

그러나 노마 맥코비는 아이러니하게도 낙태하기를 원했던 아이를 낳았고, 판결이 내려질 때 2년 6개월 된 맥코비의 아기는 이미 입양되었다. 나중에 맥코비는 당시 자신이 변호사인 사라 웨딩턴에게 속아 임신 중절 권리를 얻으려는 미끼로 이용되었다고 주장하며, 임신 중절에 대한 완강한 반대자로 전향하였다. 1998년 AP와의 회견에서 "나는 100% 생명 옹호 쪽"이라며 "극단적인 상황에서도 임신 중절을 지지하지 않는다. 강간범에 의해 임신이 되더라도 아기인 것은 분명하며 우리가 신처럼 행동해선 안 된다."라고 말했다.

### 4. 교황 요한 바오로 2세의 회칙서

낙태에 대해 가장 보수적인 입장인 가톨릭의 회칙서에서는 어떻게 규정되어 있는지 살펴보자.

'고의적 낙태는 어떤 수단에 의해서 이루어지든지, 수태에서 출생에 이르는 인간 존재의 출발 단계에서 의도적이고 직접적으로 죽이는 행위다. 낙태로 제거되는 것은 초기 단계의 인간이며, 그는 약하고 방어 능력이 없으며 최소한의 방어 수단도 가지고 있지 않다.

난자가 수정되는 그 순간부터 아버지의 생명도 아니고 어머니의 생명도 아닌 한 생명이 시작된다. 현대 유전학은 첫 순간부터 이 살아있는 존재가 무엇이 될 것인지에 대한 프로그램이 정해져 있음을 보여준다. 그것은 한 인격체가 될 것이며, 자신의 특징적인 모습들은 이미 확실하게 결정되어 있다. 수정되는 바로 그 순간부터 인간의 생명을 지닌 존재의 모험이 시작되는 것이다.'

이 회칙서에서는 생명의 시작을 난자의 수정 순간으로 정하고 있다. 그래서 가톨릭에서는 모든 종류의 고의적 낙태를 허용하지 않는다.

여기까지의 이야기를 듣고 학생들은 아이오와주의 낙태법에 대해 어떻게 생각하는지 자신의 의견을 정리해보도록 했다.

<활동 2: 학습지 질문>
인간은 어느 때부터 인간인가? 아이오와주의 낙태법에 대한 자신의 의견을 정리해보자.

## III. 인간 생명의 종결 선택권

이제 처음 질문으로 다시 돌아가서 생각해 보자. 가장 소중하게 생각하는 그 대상이 만약 스스로 목숨을 끊는다면 어떨까? 살면서 우리가 하는 무수한 선택이 있지만, 그 선택들과 자살이 다른 선택인 이유는 무엇일까?

<활동 1: 자살해서는 안 되는 이유>
- 거꾸로 학습(Flipped Learning)의 일환으로 수업 전에 학생들에게 다음과 같은 카페 활동을 제시하였다. 자살에 대한 학생들의 생각은 어떤지 카페 글을 통해 살펴보겠다.

다음 글을 읽고 자살의 문제점에 대해 생각해 보자.

<교과서 사례를 기반으로 재구성하였음>
"저의 오빠는 얼마 전 친구와의 갈등으로 인한 심리적 압박감을 견디지 못하고 돌이킬 수 없는 극단적인 선택을 했습니다. 학교생활에 잘 적응하지 못하여 또래들에게 왕따당하였다고 합니다. 우리 가족은 정말로 큰 충격과 혼란에 빠졌습니다. 부모님께서는 오빠를 그렇게 만든 사람이 당신들이라며 무척 괴로워하셨습니다. 살기 바빠서 오빠의 학교생활을 점검해주지 못했고 그렇게 감당하기 힘든 일을 혼자서 겪고 있는 줄을 모르셨기 때문입니다. 학교생활이 어떠냐고, 학교에서 별문제 없냐고 한 번이라도 물어봐야 했는데 그러지 못하셔서 이런 일이 생겼노라고 너무 괴로워하십니다. 자식이 떠났는데 더 살아 뭐 하냐시며 식음을 전폐하셨습니다. 저 역시 오빠가 그렇게 힘들어하는데 그것을 모른 채 오빠를 위해 아무것도 하지 못했다는 사실에 죄책감과 절망감을

동시에 느꼈습니다. 오빠는 사랑하는 가족을 두고 왜 그렇게 떠나야만 했을까요?"

<생각해볼 문제>

만약 내가 스스로 목숨을 끊는다면 부모님과 친구들은 어떤 고통을 받게 될까?

<활동 2: 학습지 활동 질문>
- 자기 신체에 관한 자신의 선택임에도 불구하고, 자살해서는 안 되는 이유를 생각해 보자.

## 1. 불교의 세계관

우리가 사는 세계를 표현한 불교 용어 중에 '인드라망'이라는 것이 있다. '인드라'라는 그물은 한없이 넓고, 그 그물의 모든 매듭에는 구슬이 달려 있다. 이 구슬은 서로 연결되어 있으면서 서로를 비추고 있다. 마치 인간의 삶이 서로 연결되어 있으면서 서로를 비추듯이 말이다.

'인드라망'은 인간과 인간의 관계가 서로 얽히고설켜 있음을 말해준다. 그뿐만 아니라 인간과 세상의 관계도 이러함을 나타낸다. 인간은 홀로 살아갈 수 없는 의존적인 존재이며 서로 연결된 존재이듯이, 모든 존재가 하나의 그물로서 끝없이 서로 얽혀있는 세계를 비유한 것이다. 따라서 자신의 괴로움을 견디지 못한 채 나 하나만 없어지면 된다고 생각하는 것은 옳지 않은 생각이다. 단순히 그 행위 자체로 끝나는 게 아니라, '인드라망'처럼 연결된 수많은 이들에게 커다란 영향을 미치기 때문이다.

이것을 우리 일상으로 가져와 생각해 보자. 우리 몸의 전체가 어떤 영향을 받게 되면 정상적인 세포가 이상해지면서 암세포가 된다. 암세포는 자신의 생체현상이나 주변의 조직상태 등에 상관없이 급속한 발육을 계속한다. 암세포의 무제한 증식은 결국 몸이라는 전체를 파멸시킨다. 전체인 몸은 세포에 영향을 주고, 일부인 세포는 전체에 영향을 준다.

더 나아가, 일부인 한 사람은 전체인 사회에 영향을 주고, 전체인 사회는 일부인 한 사람에게 영향을 준다. 위대하고 큰일은 사소하고 작은 일에 영향을 주고, 사소하고 작은 일은 위대하고 큰일에 영향을 준다. 내가 하는 하나의 행위는 위대할 수도 사소할 수도 있지만, 그것이 전체에 영향을 미치는 것에는 변함이 없다. 전체에 영향을 미치는 일이 사소한 일이 될 수는 없다. 그러니 아무리 작고 사소한 일일지라도 그 일은 모두 위대한 일이다. 그러므로 자신이 어떠한 일을 하든 그 일을 소중히 대해야 한다. 왜냐하면 나의 작고 사소한 행동, 일 하나가 전체인 세상에, 우주에 영향을 미치기 때문이다.

## 2. 활동 2: 브릿지 더 갭(Bridge the Gap)

<카페 활동>

<생각해볼 문제>: 우리나라에도 아래와 같은 사례가 있습니다. 만약 여러분이 브릿지 더 갭 캠페인에 참여한다면, 다리 위에 어떤 메시지를 남기겠습니까?

브릿지 더 갭(Bridge the Gap): 다리 위 희망 메시지로 3개월간 14명의 자살을 막은 여성

영국의 맨체스터주 테임사이드에 살고 있는 리사 반즈(Lisa Barnes, 46세)는 한때 자살 충동을 느껴 철교 위에서 투신자살하려 했다. 리사에게는 아이가 둘 있었고, 자식들이 엄마 없이 혼자 남겨진다고 생각하니 도저히 죽을 용기가 나지 않았다. 리사는 곧 아이들을 생각하며 마음을 고쳐먹었다. '내일은 오늘과 그리고 지난날들과 완전히 다를 수 있다'라는 희망을 품고 집으로 돌아왔다. 이후 리사는 남편에게 위로받으면서 자신처럼 자살 충동을 느끼는 사람들을 도와야겠다고 결심했다.

그때부터 리사는 사람들이 생명을 거는 장소인 다리에 자살을 예방하는 짧은 글을 써서 붙이기 시작했다. 자살자가 다리에서 몸을 던지려는 그 순간, 마음을 돌릴 수 있는 메시지를 자기 체험을 바탕으로 찾아 붙여놓은 것이다. 그녀의 브릿지 더 갭 캠페인은 그렇게 시작되었다. 지난 6월 캠페인을 시작한 이래 자원봉사자와 지역 경찰들의 도움으로 그녀의 자살 예방 메시지는 현재 22개의 다리에 부착되었다.

리사는 "마름모꼴의 노트에 '자선단체나 상담 전화 서비스에 전화를 걸어라.'와 같은 실질적인 메시지와 '고생 끝에 낙이 온다', '정말 오늘이 나쁜 것처럼 생각되더라도 내일은 끔찍하지 않을 것', '당신은 사랑받고 있다'와 같이 사람들을 안심시키고 다시 용기를 내게 하는 메시지가 담겼다."라고 설명했다. 이어 "실제, 이 조그만 노트가 3개월 동안 14명의 목숨을 구했다."라면서 "여전히 살아남아 나의 이야기로 사람들을 도울 수 있어 다행이다."라고 덧붙였다.

자신의 노트가 긍정적인 반응을 얻자, 리사는 국민 의료 보험(NHS)에 영구적인 버전의 '희망 노트'를 설치할 수 있도록 요구하고 있다. 그리고 더 많은 다리 위에 자신의 메시지를 내 걸기 위해 필요한 자금을 마련하고자 크라우드 펀딩도 시작했다. 끝으로 그녀는 "희망 노트는 긍정적인 신호를 찾고 있는 사람들을 위해 존재한다. 내가 말하고자 하는 바가 사람들에게 진심으로 전해져서 잠재적으로는 더 많은 생명을 구하는 길이 되길 바란다."라고 말했다. (2018년 8월 22일(현지 시각) 영국판 허핑턴 포스트와의 인터뷰)

### 3. 정리 및 차시 예고

교사는 톨스토이(L. Tolstoy)의 단편소설 『세 가지의 의문』에서 왕이 던진 질문에 대한 스승의 답을 소개하며 수업을 마무리했다. "인생에서 가장 중요한 시기는 바로 지금, 이 순간이며, 인생에서 가장 중요한 사람은 지금 내 곁에 있는 사람이고, 인생에서 가장 중요한 일은 지금, 이 순간, 내 곁에 있는 그 사람에게 선을 베푸는 일이다."라고 했다.

생명 존중은 지금 내 옆에 있는 사람을 선하게 대하고, 친절하게 대하며, 그 사람의 행복을 기꺼이 도와주는 일이다. 내가 지금 당장 내 곁에 있는 사람에게 베풀 수 있는 선행이 곧 생명 존중이므로, 그 구체적인 실천을 독려한다.

<차시 예고>

오늘 수업 중에 다루지는 못했지만, 더 토론해보고 싶은 주제를 포스트잇에 적어 칠판에 붙이도록 했다. 거꾸로 수업방식 일환으로 오늘 수업 중 학생들이 어려워했거나 혼란스러워하는 부분에 대해 교사가 동영상 파일을 카페에 올린다고 공지한다.

## 실천 5
# 고등학생을 위한 죽음교육 수업 들여다보기

### <내용 요약>

고등학생 대상 죽음교육은 상실과 죽음에 대한 인식을 확장하고 삶의 가치를 재발견하는 기회를 제공한다. 이 교육과정은 상실과 죽음에 관한 개인적 경험을 시각화하고 공유하는 활동으로 시작하여, 학생들이 자신의 감정을 표현하고 타인의 경험에 공감하는 능력을 기른다. 강제결합법이나 명언 만들기와 같은 창의적 활동을 통해 죽음을 다양한 관점에서 고찰할 수 있게 하며, 죽음을 앞둔 사람의 심리적 변화를 이해함으로써 상실을 경험하는 이들에게 적절한 위로를 제공하는 방법을 배운다. 궁극적으로 이 교육은 학생들이 삶의 유한성을 인식하고 "오늘 어떻게 살 것인가?"라는 질문을 통해 현재의 삶에 더 큰 의미와 가치를 부여하도록 돕는다.

### <핵심어>

죽음교육(Death Education), 긍정적 인식(Positive Perception),
시각화 사고 (Visualization Thinking),
명언 만들기(Creating Quotes), 위로의 방법(Ways of Comfort),
심리적 변화(Psychological Change), 삶의 의미(Meaning of Life)

### <학습 목표>

- 상실과 죽음에 대한 인식능력을 확장하고 건강한 태도를 기른다.
- 상실과 죽음에 대한 시각적 사고와 창의적 표현 능력을 개발한다.
- 상실과 죽음과 삶의 의미를 탐구하고 개인의 가치관을 형성한다.
- 상실과 죽음을 이해하는 심리적, 정서적 변화를 체험하고 표현한다.

- 다른 사람을 위로하고 지원할 수 있는 방법을 배우고 적용한다.

**<적용 실천>**
- 상실과 죽음을 이해하고 그 과정에서 발생하는 감정을 건강하게 다루는 법을 실천한다.
- 상실과 죽음에 대한 대처로 예술적 접근을 통해 자신의 감정을 표현하거나 다른 이들에게 위로를 제공한다.
- 상실과 죽음을 맞이한 이들을 위한 심리적 지원 활동에 참여하거나 봉사한다.
- 개인적인 경험을 바탕으로 생명과 죽음에 대한 가치관을 세우고 이를 일상생활에 반영한다.
- 상실과 죽음에 대한 교육과 상담을 통해 다른 사람들에게 죽음에 대한 긍정적 태도를 전파한다.

# 고등학생을 위한 죽음교육 수업 들여다보기[353]

## I. 어떻게 죽음을 이해할까?

죽음이라는 단어가 갖는 어둡고 무거운 이미지 때문에 많은 선생님과 학생들이 죽음교육에 부정적인 반응을 보였다. 죽음교육이 학생들에게 부정적인 영향을 미치지 않을까 걱정하는 목소리도 있었다. 하지만 고등학교에서 학생들이 죽음교육을 접하면서, 학생들과 선생님들이 죽음에 대해 조금씩 긍정적으로 생각하게 되었다.

죽음교육을 마친 후, 학생들은 활동 후기에서 "죽음의 의미에 대해 새롭게 생각해 보게 되었어요.", "죽음에 대해 깊이 생각해 볼 기회였어요.", "오늘의 소중함을 느끼고 앞으로 어떻게 살아야 할지 돌아볼 수 있어 감사했습니다." 같은 긍정적인 반응을 자주 보인다. 죽음교육을 통해 학생들은 가족의 소중함을 느끼고, 오늘 살아있음에 감사하며 정말 잘 살아야겠다는 마음의 다짐을 하면서 긍정적으로 변화하는 모습을 보여준다.

죽음교육은 고등학생들이 삶과 죽음에 대한 바른 가치관을 형성하고, 삶의 소중한 가치를 인식하여 전인적으로 성숙하게 하는 '삶의 교육'이 될 수 있다. 이제부터 학생들과 함께했던 '죽음교육' 수업 사례를 통해 고등학생들에게 왜 '죽음교육'이 필요하며 어떤 의미가 있는지 살펴보겠다.

---

[353] 고등학생을 위한 죽음교육 수업 들여다보기 내용은 『삶의 성찰, 죽음에게 묻다』에 게재한 국제공인 싸나톨로지스트, 죽음교육학자 이석주 교수의 글을 게재했다. 『삶의 성찰, 죽음에게 물어보다』, 가리온(2018).

지금부터 죽음에 대한 막연한 두려움과 공포를 줄이고, 죽음에 대한 부정적 인식을 긍정적으로 바꾸는 '죽음 이해' 수업 사례를 알아보도록 한다.

### 1. 도입: '죽음'이라는 단어로 자유 연상하기

도입부에 '죽음'이라는 단어를 칠판에 쓰고, 학생들에게 떠오르는 생각을 자유롭게 이야기하게 한다. "암울해요.", "생각하기 싫어요.", "죽고 싶지 않아요.", "언제가 나에게도 오겠지요.", "인생의 끝이요." 등 다양한 이야기가 나온다. 어떤 이야기든 상관없다. 나오는 이야기를 통해 학생들 대부분이 어둡게 생각하고 있음을 알 수 있다. 이때 학생들은 친구들의 이야기를 들으면서 "죽음에 대해 나만 이상하게 생각하는 것이 아니구나!"라는 생각하며 '죽음'에 대해 조금 편안하게 여기고 관심을 두기 시작한다.

### 2. 활동 1: 시각화 사고(Visual Thinking) 활동

다음에는 학생들과 함께 '시각화 사고(Visual Thinking)' 활동을 한다. '시각화 사고'는 생각을 글과 이미지 등을 통해 체계화하고 기억력과 이해력을 키우는 '시각적 사고' 방법이다. 학생들이 '죽음'에 대해 어떤 생각을 하고 있는지, 어떤 경험이 있는지를 좀 더 깊게 이해하기 위한 활동이다. '죽음'이라는 단어에서 떠오르는 것을 잠시 생각하게 한 후, 원하는 색깔, 생각나는 단어, 그림 등으로 종이에 표현하게 한다.

- 그림 : 학생들의 활동 실습 사례

위의 그림은 학생들이 '시각화 사고' 방법으로 '죽음'에 대한 생각을 시각화한 사례이다. 어떤 단어나 이미지가 눈에 띄는가? '어두움, 마지막, 후회, 사고, 숨 막힘, 자살, 눈물' 등 대체로 긍정적인 단어보다는 부정적인 단어가 보인다. 학생들이 어떤 생각을 하고 있는지 조금 걱정스러울 수 있다. 종이에 표현한 후, 자신이 그린 그림을 친구들에게 보여주면서 왜 그런 단어를 쓰고, 그런 그림을 그렸는지 이야기하게 한다.

'학업 스트레스', '한강' 등 눈에 띄는 단어도 있는데, 왜 그런 단어를 썼는지 학생들에게 질문한다. 그러면 학생들은 자신의 이야기나 친구의 이야기를 나눈다. 이런 대화를 통해 학생들이 죽음에 대해 어떻게 이해하고 있는지, 어떤 경험이 있는지 조금 더 깊게 알 수 있다. 또한 학생들은 지금까지 회피하거나 금기시했던 '죽음'에 조금 더 가까이 다가가게 된다.

### 3. 활동 2: '작은 죽음' 경험 나누기

두 번째 활동은 '일상에서 만났던 죽음'을 소재로 자유롭게 이야기하는 시간이다. 학생들의 활동지에는 '할아버지', '외할머니' 등 소중한 사람과 관련된 단어나 그림이 등장한다. 이때 자연스럽게 자신이 만났던 죽음과 관련된 경험(작은 죽음)을 물어보고 함께 이야기하는 시간을 갖는다. 가족, 친구, 반려동물 등 다양한 소재로 죽음과 관련된 경험을 나눌 수 있다.

두 번째 활동의 목적은 일상의 경험을 함께 이야기하는 과정에서 학생들이 죽음을 자신과 전혀 상관없는 것이 아니라 주변에서 일어나고 경험할 수 있는 자연스러운 현상임을 이해하는 것이다. 이 활동을 통해 죽음에 대한 막연한 거부감을 줄이고, 죽음을 새롭게 인식할 수 있는 준비를 할 수 있다.

### 4. 활동 3: 강제 결합법으로 죽음을 새롭게 정의하기

다음 활동은 '강제 결합법'을 통해 '죽음'에 대한 부정적 인식을 긍정적으로 전환하는 것이다. 강제 결합법(Forced Relationships)은 겉으로 보기에는 전혀 상관이 없어 보이는 두 개 이상의 개념을 강제로 연관 지어 발상의 전환을 유도하는 방법이다. 먼저 '죽음'을 긍정적으로 정의한 다양한 명언들을 제시하고, 학생들에게 명언이 갖는 메시지가 무엇인지 생각하고 이야기해 보도록 한다.

> **(명언 예시)**
> "죽음의 목적은 후회 없는 삶을 사는 것입니다." - 로먼 크르즈 나릭
> "삶은 죽음에 의하여 완성된다." - B. 브라우닝
> "죽음은 진정한 행복의 문을 열어주는 열쇠다." - 볼프강 아마데우스 모차르트
> "죽음은 인간이 받을 수 있는 최고의 축복이다." - 소크라테스
> "삶을 깊이 이해하면 할수록 죽음으로 인한 슬픔은 그만큼 줄어든다." - 톨스토이

죽음에 관한 명언에서 나타나는 역설이 있다. 겉으로 보기엔 죽음과 어울리지 않는 문장 같지만, 그 속에 숨겨진 진실이 있다. 왜 죽음이 행복의 열쇠가 되고 축복이 될 수 있을까? 어떤 면에서 그럴 수 있을까? 위 명언 중 하나를 선택하여 어떤 의미가 숨겨져 있는지 이야기하게 한다. 학생들이 자신의 일상적 경험과 관련지어 설명할 수 있다면 더욱 좋다. 이러한 활동은 학생들이 '죽음'을 보다 긍정적으로 인식하게 해 줄 수 있다.

### 5. 정리: 죽음을 주제로 한 나만의 명언 만들기

마지막으로 학생들이 자신이 직접 만든 명언을 쓰고 발표하는 시간을 갖는다. '죽음에 관한 명언 만들기 활동지'를 나누어준다.

> "죽음은 _____ 이다."
> "왜냐하면, _____ 이기 때문이다."

의 형식으로 만들도록 한다.

이때 강제 결합법에 따라 첫 번째 빈칸에 긍정적인 의미를 갖는 단어를 쓰도록 안내한다. 예를 들어, 죽음을 친구, 동반자, 스승, 축제, 열매, 아이스크림 등으로 연결할 수 있다고 설명한다. 쓴 후에는 돌아가며 친구들에게 자신의 명언을 발표하고, 그렇게 생각하는 이유를 함께 이야기하는 시간을 갖는다. 정리 활동을 하면서 죽음에 대한 학생들의 긍정적인 인식 변화의 출발을 기대할 수 있고, 또한 발표 내용을 보면서 죽음에 대한 학생들의 인식이 어떻게 변화되었는지 확인할 수 있다.

## II. 어떻게 위로할 것인가?

지금부터 죽음을 가까이 둔 사람의 심리 변화 단계를 이해하고, 상실의 아픔을 겪는 사람들을 어떻게 위로할지 '애도 상담 수업 사례'를 알아보도록 한다.

### 1. 도입

수업 도입 부분에 죽음을 앞둔 말기 암 환자의 인터뷰 내용을 함께 나눈다.

• 환자의 대사

> "할 게 너무 많아서 하느님한테 그랬어요. 지금 데리고 가지 말고 모든 것 다 포기하고 봉사하면서 살 테니까 얘네들이 사람 구실 할 수 있을 때까지만 그때까지만 --- 그때까지만 --- 아이들 옆에 있게 해달라고 --"
>
> (말기 암 환자의 인터뷰)

환자의 심리가 신과 거래하는 '타협'처럼 들리지 않는가? 죽음을 앞둔 사람들이 보이는 5가지 심리 단계 중 '타협'이라는 단계를 설명한다.

2. 학습 목표 제시

• 학습 목표
① 죽음을 앞둔 사람의 심리를 이해한다.
② 큰 상실의 아픔을 겪는 사람을 적절히 위로하는 방법을 배울 수 있다.

학생들에게 학습 목표를 제시할 때, 첫 번째 학습 목표가 두 번째 학습 목표를 위한 이론적 배경이 됨을 알려준다. 또한 죽음을 앞둔 사람들의 심리 단계를 체험하고 이해하는 활동을 하면서 언젠가는 필연적으로 찾아올 죽음을 깨닫고 직시할 수 있음을 말해준다.

### 3. 활동 1: 죽음을 앞둔 사람의 심리 변화 5단계 이해하기

죽음에 관한 연구에 일생을 바친 '엘리자베스 퀴블러 로스(Elisabeth Kübler-Ross)의 심리적 5단계'를 활용하여, 죽음을 앞둔 사람의 심리 변화 단계를 살펴본다.

| 1 | 부정(Denial) | 설마, 그럴 리가! 오진일 거야 ㅠㅠ |
| --- | --- | --- |
| 2 | 분노(Anger) | 왜 나에게 이런 일이!<br>그동안 열심히 살아왔는데!! |
| 3 | 타협(Bargaining) | 이번에만 살려주시면 더 열심히 살겠습니다. |
| 4 | 우울(Depression) | 누구와도 만나고 싶지 않고 혼자 있고 싶어. |
| 5 | 수용(Acceptance) | 자기 죽음에 대하여 인정하고 받아들인다. |

<엘리자베스 퀴블로 로스의 심리적 5단계>

① 부정(Denial)

처음 말기 암을 진단받았을 때 사람들은 믿지 않는다. '설마, 그럴 리가!' 하면서 다른 병원을 찾아가 다시 진단받기도 한다. 부정은 일종의 충격을 완화하기 위한 자기방어라고 할 수 있다.

② 분노(Anger)

그다음에는 분노의 마음이 생긴다. '왜 나에게 이런 일이! 나는 그동안 열심히 살았는데!' 하면서 하나님과 세상에 대한 분노를 느끼게 된다. 때로는 의료진에게 분노하기도 하고 가족에게 분노하기도 한다.

③ 타협(Bargaining)

어느 정도 마음의 안정을 찾아가면서 타협을 시도한다. '이번에만 살려주시면 더 열심히 살겠습니다!'라고 하면서 하나님과 타협하려 하고, 딸이 초등학교에 입학하는 것만 볼 수 있게 해달라고 하면서 생명 연장을 타협해 보기도 한다.

④ 우울(Depression)

이러한 타협이 소용없다는 것을 깨닫게 되면 절망감을 느끼고 우울함에 빠지게 된다. 아무와도 만나고 싶지 않으며, 아무 말도 하고 싶지 않은 채 혼자 있고 싶어 하는 시간을 겪게 된다.

⑤ 수용(Acceptance)

우울의 시간이 지나고 나면 비로소 자기 죽음을 인정하고 받아들이게 된다. 이처럼 간단히 설명하면 학생들은 쉽게 공감하고 이해할 수 있다.

다섯 단계를 순서대로 겪는 사람도 있지만 그렇지 않은 사람도 있으며, 마지막 5단계인 수용에 도달하지 못하고 죽는 사람도 있다는 점을 설명한다. 평소 죽음에 대해 얼마나 생각하고 어떤 마음을 갖는가에 따라 맞이하는 죽음이 다를 수 있다는 것도 함께 설명한다.

### 4. 활동 2: 라디오 드라마 만들기

두 번째 활동으로, 죽음이 자신에게 임박했다고 가정하고 자신의 심리 상태를 표현하는 활동이다. 학생들에게 자신에게 주어진 시간이 한 달밖에 없다고 가정하고, 자신의 심정이 어떨지 생각하게 한다. 조금 전 배운 5단계에 맞추어 자신이라면 어떻게 반응할 것인지 상상해 활동지에 적는다.

- 학생들의 활동지 (예시 자료)

| < 죽음의 5단계 활동지 기록 > | | |
|---|---|---|
| | 시한부 인생 | 위로하는 친구 |
| 부정 | 주변 사람들이 나에게 무슨 일이냐고 물어보면 별일 아니라고 말을 해줄 것 같다. | 같이 부정하면서 '아니야, 그럴 리가 없어'라고는 말을 안할 거 같다. 잘못 말을 하면 친구의 슬픔이 나 때문에 더 커질 수도 있기 때문이다. |
| 분노 | 열심히 잘 살고 있는 나한테 왜 이런 시련과 아픔을 주는지 모두에게 분노를 표출할 것 같다. | 이 때는 같이 화를 낼 것이다. 내 친구는 인생을 정말 부지런하고 열심히 살아왔는데 왜그러냐면서 같이 친구의 감정에 공감할 것이다. |

| | | |
|---|---|---|
| 타협 | 무슨 방법이 되었든지 내가 살 수 있는 시간을 늘려달라고 타협을 하고 주변 사람들과 마지막 인사만큼은 다 하게 해달라며 신이라는 존재를 찾을 것 같다. | 이 때도 함께 기도하며 친구의 슬픔과 걱정을 나누어 혼자 힘들어하지 않게 해줄 것이다. |
| 우울 | 받아 들여야 하는 상황이 온다해도 하루하루가 지옥같으며 모든 일에 긍정적인 나에게도 부정적으로 바라보는 나날이 될 거 같다. | 정말 잘 살아왔다고. 넌 진정한 멋진 사람이었고 내가 네 덕분에 많은 것을 배웠다고 말을 해주며 수용의 단계로 갈 때까지 도와줄 것이다. |
| 수용 | "내 정해진 운명이 여기까진가 보다." 하며 마지막 날을 계획하고 후회없는 죽음을 맞고 싶다. | 시한부 친구를 대하는 태도가 아닌, 평소대로 장난도 치며 친구의 마지막을 편안히 보내주고 친구 앞에선 절대 눈물을 흘리지 않을 것이다. |

다음으로 각자 쓴 활동지를 가지고 3~4명씩 그룹을 만들어 '아름다운 마무리'라는 제목으로 라디오 드라마 대본을 작성하는 활동을 한다. 드라마 속 상황과 인물을 설정하고 대본을 작성한 뒤, 시한부 환자, 부모, 의사, 친구 등의 역할을 맡아 라디오 드라마를 녹음한다.

- 학생들이 녹음한 음성파일 일부 삽입

친구들이 녹음한 것을 들으면서 죽음을 앞둔 다섯 가지 심리 과정을 더 잘 이해할 수 있고, 언젠가 찾아올 죽음을 진지하게 생각할 수 있다.

### 5. 활동 3: 위로의 상황극 연기

장례식장에서 유가족들에게 어떤 말로 위로할지 난감해한 적이 많

앞을 것이다. 세 번째 활동은 상황극을 통해 상실의 아픔을 겪는 주변 사람들을 어떻게 위로할지 배우는 시간이다. 부모, 친구, 혹은 정말 소중하게 생각하는 애완동물을 잃은 친구에게 그 사람의 처지에 맞게 위로할 수 있는 말을 적는다. 죽음을 앞둔 사람의 심리 변화 5단계를 고려하여 위로의 말을 하면 더 적절하게 위로할 수 있다고 설명한다. 예를 들어, 부정과 분노의 상태에 있는 사람에게 "빠른 회복을 기원할게."라는 말은 효과적이지 않음을 알려준다.

적은 다음에는 학생이 둘씩 나와서 친구에게 위로의 말을 건네는 상황극을 한다. 상황극을 마친 후엔 함께 피드백 토론하면서 어떤 말에 위로를 느꼈는지, 그리고 어떤 말에 위로가 아닌 다른 감정들을 느꼈는지 함께 생각하는 시간을 갖는다. 이 활동을 통해 상실의 아픔을 겪는 이들을 위로하는 구체적인 방법을 배울 수 있다.

### 6. 정리 활동: 말기 암 진단을 받은 친구와 가족을 돕는 방법

정리 활동으로 <말기 암 진단의 친구와 가족을 돕는 방법>이라는 자료를 보여준다.

'진심에서 우러난 격려의 메시지'
· 어려운 시련을 이겨내기 위한 메시지가 담긴 카드
· 좋은 성경 구절을 담은 카드
· 웃음을 자아내게 하는 카드(겨울철이 아닌 때에 보내는 크리스마스카드)

> **공감의 표현** "마음이 참 많이 힘들겠구나."
> 마음을 열고 대화할 수 있는 질문
> · "요즘 어떻게 지내세요?"
> · "마음은 좀 어떠신가요?"

> **전화를 가능한 한 짧게 하라.**
> · 진심 어린 마음이 아니면 전화하지 마라.
>
> **감정을 억누르는 말을 하지 마라.**
> · 울고 있을 때, '울지만' 혹은 '힘내'도 어울리지 않는다.
> · 우는 사람에게 다가서서 등을 쓰다듬어 주거나, 손을 잡아 주는 행위도 눈물로 표현하고자 하는 '감정의 과정'을 멈추게 할 수 있다.

말기 암 환자에게 필요한 것은 진심에서 우러나오는 격려 메시지이다. 우편함에 들어있는 격려 카드는 마치 마라톤 선수에게 필요한 산소와 물과 같다. 어려운 시련을 이겨내기 위한 메시지가 담긴 카드, 믿음과 확신을 심어주는 카드, 가끔은 웃음을 자아내게 하는 카드도 좋다. 겨울철이 아닌 때에 크리스마스카드를 보내면서 이렇게 글을 쓸 수 있다. '아무래도 매번 똑같은 카드를 받는 것이 좀 지루할 것 같아 성탄 카드를 보낸다.' 이러한 카드는 받는 사람과 가족 모두에게 웃음과 활기를 더해 줄 수 있다. 또 진심 어린 마음이 아니라면 전화하지 말아야 한다. 이는 마치 차를 운전하다가 사고가 난 광경을 구경하기 위해 서행 운전하는 것과 같다. 어떤 사람은 이러한 이유로 전화하기도 하는데, 이런 종류의 전화를 받게 되면 금방 왜 전화했는지 알아차리게 되어 뭔가 이용당한 기분이 들게 된다.

이와 같은 내용을 나누면서 학생들은 구체적으로 위로하는 방법을 배울 수 있다. 그리고 많은 말보다 '진심에서 우러나오는 한마디'와 '한 방울의 눈물'이 큰 위로가 될 수 있음을 깨달을 수 있다.

## III. 어떻게 살 것인가?

지금부터는 학생들이 죽음은 자신과 관련이 있는 것으로 인식하고 자신의 유한성을 깨달아서 "오늘 어떻게 살 것인가?"를 고민하는 '삶의 교육' 수업 사례를 알아본다.

### 1. 도입

도입부에는 가족을 남겨두고 삶을 정리하는 엄마가 생전에 남편과 어린 아들에게 쓴 편지를 같이 살펴본다.

- 생전에 쓴 편지

> 서준(가명)아! 엄마는 서준이가 태어났을 때 너무 기뻤고 행복했어. 서준이를 낳은 것이 엄마가 세상에서 제일 잘한 일이고 값진 일이야. 함께 놀아주지 못해서 미안해.
> 서준아! 엄마는 좀 많이 아파서 서준이보다 하늘나라로 먼저 가 있을게. 우리는 떨어져 있지만 늘 서준이 곁에서 함께 있을 것이고 마음속에서, 몸속에서 함께 있을 것이다.
> 나중에 다시 만날 때까지 늘 응원하고 함께할 거야. 사랑해, 서준아!

잠시 전 보았던 편지에 대한 느낌을 학생들과 이야기한다. 만약 자신이 그런 상황이라면 가족에게 어떤 마지막 인사를 할 것인지 나눈다.

## 2. 수업 목표 제시

• 학습 목표 : 유언장 쓰기를 통해 삶의 유한성을 인식하고 '어떻게 살 것인가?'에 대해 생각해 본다.

오늘은 죽음을 앞두고 유언장을 쓰는 활동을 하겠다고 안내한다. 이러한 활동을 통해 우리에게도 언젠가 죽음이 찾아올 수 있음을 깨닫고, 더 가치 있는 삶을 살기 위한 질문, 즉 '어떻게 살 것인가?'에 대해 생각해 볼 수 있음을 이야기한다.

## 3. 활동 1: 유언장 작성하기

선생님들이 경험했던 인상적인 장례식이나 '장례 체험' 등을 이야기하면서 진지한 분위기를 만들어 준다. "선생님도 장례 체험을 해보았어요. 영정 사진을 옆에 놓고 유언장을 작성했어요. 죽음 앞에서 숙연해질 수밖에 없었어요. 지금까지 살면서 가장 소중한 사람이 떠올랐고, 앞으로 어떻게 살아야 할지 진지하게 생각했어요.
자, 이제 여러분도 소중한 사람들과 이별해야 할 시간이에요. 아마 '미안해', '고마워', '사랑해' 등의 단어가 생각나겠지요. 올라오는 대로 솔직하게 쓰면 됩니다. 혹시 평소 장기 기증과 자기만의 장례식에 대해 생각했던 것이 있으면 함께 적어도 좋습니다."

학생들에게 이제 삶을 정리해야 한다고 생각하고 진지하게 유언장을 작성해 보자고 말한다. 장례식장에 어울리는 음악을 틀어주면 모든 학생이 엄숙한 분위기 속에서 유언장을 작성하게 된다.

- 학생 유언장 작성 사례

**유언장 1**
사랑하는 엄마, 아빠, 동생!
지금까지 함께해주어서 고마워. 하지만 그동안 고맙다고 미안하다고 사랑한다고 표현하지 못해서 미안해. 엄마! 내가 학교생활이나 친구 관계로 힘들 때마다 든든한 버팀목이 되어주어서 정말 고맙고 고마워. 근데 엄마! 엄마가 힘들 때 내가 잘 헤아려주지 못해서 미안해. 아빠! 항상 나에게 괜찮다고 잘했다고 수고했다고 내 편이 되어준 아빠! 정말 고마워. 아빠에게 표현을 많이 못 해서 미안해. 지금까지 나와 같이 살아주고 힘이 되어준 식구들! 정말 고맙고 사랑해요. (00고 사례)

**유언장 2**
내가 먼저 떠나 슬프겠지만, 그냥 잘 살았고 고생 많았고 고맙고 사랑한다는 말만 해줘. 그리고 울음으로 보내는 것보다 웃으면서 행복한 얼굴 모습으로 보내 줘. 그래야 마음이 덜 아플 것 같아. 이제 영영 못 보는 게 아니라 잠시 떨어져 있는 거야. 그곳에 내가 먼저 가 있는 것뿐이고 거기서도 열심히 살아서 나중에 만났을 때 부끄럽지 않은 내가 될 거야. 행복했으면 좋겠어. 그 누구보다 미안하고 사랑해. (00고 사례)

유언장을 작성한 후에는 본인이 작성한 유언장을 낭독하는 시간을 갖는다. 읽기 어려운 부분은 읽지 않아도 된다고 말한다. 학생들은 유언장을 읽을 때 사랑하는 가족들에게 미안함과 고마움, 지금 살아있음에 감사함 등을 표현하며 지금까지 살아온 삶을 진지하게 되돌아보게 된다. 또한 삶의 유한성을 깊이 자각하게 된다.

## 4. 활동 2: '오늘 나의 하루 삶의 의미는?', '오늘 어떻게 살 것인가?'

두 번째 활동을 시작하기 전에 선생님이 언젠가 본 '호스피스 병동의 하루'를 얘기해주면서 오늘 하루의 소중함을 깨닫는 시간을 갖는다.

- '호스피스 병동의 하루'

영상물 안에서 기자가 묻는 말에 말기 암 환자가 담담하게 대답한다.

기자 : 아침에 눈 뜨면 뭐가 제일 좋으세요?
환자 : 내가 살아있다는 거
기자 : 뭐 할 때가 가장 행복하세요?
환자 : 내가 뭐 할 수 있다는 거

이어서 장면이 바뀌어 기자는 호스피스 병동에서 일하는 간호사에게 질문한다.

"간호사님께 오늘 하루의 의미는 무엇인가요?"

"같은 24시간을 가진 사람들에게도 삶에 따라 그 하루가 얼마나 다르게 사용될 수 있는지를 여기서 근무하면서 느끼거든요. 24시간이라는 게 이렇게 소중할 수가 없다는 걸 여기서 느껴요. 평상시에 느끼던 하루는 그냥 남은 시간이 얼마인지 모르는 무한한 날들 속의 하루였는데, 여기에서의 하루는 내가 언젠가 맞이할 마지막 안에 있는 아주 소중한 하루가 되어버렸어요."

이런 이야기를 한 후 학생들에게 어떤 느낌이 들었는지 물어본다. 분위기가 무거워지기는 하지만, 학생들이 한 마디씩 덧붙인다. "잘 살아야겠네요.", "오늘 최선을 다해야겠어요.", "나에게는 평범한 하루지만 누구에게는 아주 특별한 날이 되겠네요." 등 오늘 하루의 소중함을 느꼈다는 반응이 자연스럽게 나온다. 학생들에게 '오늘이 언젠가 맞이할 마지막 순간에 떠올리게 될 소중한 하루란다'라는 말로 오늘 하루의 의미를 일깨워줄 수 있다. 오늘의 소중함을 깨달은 학생들과 함께 '그렇다면 오늘 우리는 어떻게 살 것인지' 생각해 보는 시간을 갖는다.

지금 당장 <Right now>

지나가면 다시 돌아올 수 없는 소중한 오늘을 후회 없이 살기 위해 살아있는 지금 무엇을 할지를 생각하고 <Right now> 활동지에 적도록 이야기한다. 그동안 무관심하게 지나쳤던 자기 자신과 주변의 가족, 친구, 선생님들에게 하고 싶은 말과 행동 등을 구체적으로 적은 뒤 함께 나누면서 자연스럽게 '오늘의 삶의 교육'으로 이끌 수 있다.

## 5. 정리 활동

암 투병 중 이해인 수녀가 지은 '어떤 결심'이란 시를 나누며 활동을 마무리한다.

- 시 내용

> **어떤 결심**
>
> 맘이 많이 아플 때, 꼭 하루씩만 살기로 했다.
> 몸이 많이 아플 때, 꼭 한 순간씩만 살기로 했다.
> 고마운 것만 기억하고
> 사랑한 일만 떠올리며
> 어떤 경우에도 남의 탓을 안 하기로 했다.
> 고요히 나 자신만 들여다보기로 했다.
> 내게 주어진 하루만이 전 생애라고 생각하니
> 저만치서 행복이 웃으며 걸어왔다.

시인은 죽음에 직면했을 때 삶에 대한 감사가 더 깊어지고, 주변 사람에 대한 사랑이 더 애틋해진다고 말한다. 그리고 오늘 하루의 소중함과 행복을 더 느끼게 된다고 한다.

"우리가 어떤 모습으로 태어날지는 결정할 수 없지만, 어떻게 죽을 것인지는 결정할 수 있다. '오늘 내가 어떻게 살고 있는가?', '오늘 내 삶의 모습'에 따라 맞이하는 죽음의 모습과 의미가 달라질 수 있다."라고 설명한다.

학생들에게 다음과 같은 말로 수업을 마무리한다.

> 'What do you want to be remembered for?"
> "얘들아! 죽음 이후, 사람들에게 어떻게 기억되고 싶니?"
> "그 기억은 오늘 나의 삶의 모습이란다."

실천 6

# 성인을 위한 죽음교육 수업 들여다보기
## 모리스 블랑쇼의 <문학의 공간>, '사이'로 본 죽음실천

<내용 요약>

모리스 블랑쇼의 '문학의 공간'은 문학을 단순한 장르 구분을 넘어 철학과 정신분석을 아우르는 사유의 영역으로 확장한다. 그의 사유에서 '고독'과 '사이'의 개념은 글쓰기와 죽음을 탐구하는 핵심 개념으로, 고독은 상실과 죽음을 초월한 애도의 과정으로 해석된다. 블랑쇼는 말라르메와 카프카의 작품을 통해 무위, 중성, 간극이 작동하는 특별한 공간으로서의 문학을 조명한다. 그에게 죽음은 단순한 생명의 종료가 아닌 인간이 자신의 존재를 성찰하고 실현하는 가능성의 지점이며, 이를 통해 인간은 능동적 주체가 된다. 도스토예프스키의 '악령'에 등장하는 키릴로프의 자살 사례는 자의적 죽음이 진정한 자유와 존재 실현의 가능성인지에 대한 질문을 제기한다. 블랑쇼는 궁극적으로 죽음을 단순한 소멸이 아닌 존재의 한계와 가능성이 교차하는 실천적 행위로 재정의한다.

<핵심어>

문학의 공간(Literary Space), 고독, 사이(Intermediacy),
애도(Mourning), 주체성(Subjectivity), 가능성(Possibility)

<학습 목표>

- 문학 속에서 '공간'의 개념을 이해하고, 그것이 심리적 실존적 고독과 어떻게 연결되는지 분석한다.

- '사이' 혹은 '간극'의 개념이 문학에서 어떻게 나타나며, 그것이 죽음과 애도의 과정과 어떤 관계를 맺는지 탐구한다.
- 작품 속에서 개별 주체성이 어떻게 형성되고 변화하는지 살펴보고, 그 의미를 비판적으로 평가한다.
- 문학이 죽음과 애도를 다루는 방식을 이해하고, 이를 실제 삶의 경험과 연결하여 사고한다.
- 텍스트의 주요 개념과 주제를 정리하고, 이를 바탕으로 자신의 생각을 작성한다.

<적용 실천>
- 공간과 감정의 관계를 탐색하기: 자신의 삶에서 특정한 공간이 고독, 애도, 기억과 어떻게 연결되는지 성찰하고 기록해 본다.
- '사이'의 개념을 일상에 적용하기: 사람들과의 관계에서 거리감(물리적·심리적)을 인식하고, 그 간극이 어떻게 감정과 소통에 영향을 미치는지 관찰한다.
- 죽음과 애도에 대한 개인적 서사 정리하기: 가족이나 친한 사람의 죽음을 경험했을 때 자신의 감정을 글로 정리하거나, 문학 속 애도 방식을 참고하여 감정 표현 방법을 찾아본다.
- 문학 속 주체성 개념을 자기 삶에 반영하기: 자신이 어떤 환경과 관계 속에서 변화하는지 돌아보고, 문학적 개념인 주체성을 일상에서 실천하며 더 나은 방향으로 자신의 삶을 이끌어 가는 방법을 모색한다.
- 기억의 중요성 인식하기: 일상에서 중요한 순간이나 사람들과의 추억을 소중히 여기고, 그 기억들이 자신에게 어떤 의미를 주는지 성찰하며 더욱 가치 있게 살아간다.

# 성인을 위한 죽음교육 수업 들여다보기

## Ⅰ. 들어가는 말

모리스 블랑쇼는 현대 프랑스 사상가들의 정신성이 절정에 이른 실천가로 평가할 수 있다. 그는 페르디낭 소쉬르, 베르그송, 하이데거의 사상을 기반으로 하면서 메를로 퐁티, 사르트르, 라캉, 폴 리쾨르, 푸코, 들뢰즈, 데리다와 사상적 교류를 나누었고, 나아가 장-뤽낭시, 알랭바디우의 사상으로 이어지는 철학적 맥을 형성했다. 그의 독특한 문체와 지의(旨意)는 이러한 사상사적 계보를 관통하면서도 그만의 고유한 문법을 보여주어, 독자들에게 깊은 사유의 즐거움을 선사한다.

## Ⅱ. <문학의 공간>은 어떻게 구성되어 있나?

블랑쇼는 <문학의 공간>에서 첫 번째 키워드로 '고독'을 제시한다. 고독은 신체에 깃드는 정서다. 프랑스 사상의 특징은 과학, 철학, 문학이 하나로 용해되어 있다는 점이다. 따라서 블랑쇼가 말하는 문학(작품) 공간은 단순히 문학 장르에 국한되지 않으며, 심상(心狀)의 공간을 담론으로 한 정신분석적 영역과도 교집합을 이룬다. 그가 말한 '고독'은 상실과 죽음 이후에 깃드는 비탄에 대한 '글쓰기' 작업을 통한 애도가 될 수 있다. '고독'이 정상적인 애도로 이어질 때, 그것은 끊임없이 '새로운 변화'를 일으키는 매개(사이)가 된다.

이러한 맥락에서 그가 말한 '고독'은 일정한 장소나 정형화된 패턴에 머물거나 번역되기를 거부한다. 제1부 '본질적 고독'에서 제안한 '나를 읽지 마세요'는 자신의 작품과 글이 세간의 논법으로 읽히지 않기를 바라는 희구를 담고 있다. 그는 글을 쓸 때 의도적이거나 작위적인 방식보다는 어찌할 수 없는 '가학적 붙들림'으로 쓰여지기(문신)를 바란다. 이러한 '가학적 붙들림'에 의한 글쓰기를 실천한 작가로 말라르메를 그의 작품에 초대한다. 말라르메가 경험한 고독과 글쓰기는 블랑쇼가 지향했던 무위의 깊이와 중성, 사이, 간극의 실천이기 때문이다.

제5부의 '영감'은 사이와 간극에서만 작동하는 효과일 수 있다. 카프카를 공간과 작품의 요구로 등장시킨 이유도 여기에 있다. 카프카의 작품에는 글쓰는 사람이 지녀야 할 기본 은유가 모두 담겨있기 때문이다. 말라르메의 이지튀르의 파국, 자정의 비밀, 모든 능력의 부재, 무력함, 결여, 무, 공허, 비인칭, 모호함, 위험, 주사위 던지기, 중성, 텅빈 방, 우연성 등의 키워드가 그를 감싸고 있는 분위기를 형성한다. 이는 고독과 죽음에 이르는 길에서의 글쓰기에서만 가능한 키워드들이다. 말라르메가 그러했고 릴케도 그러했다. 고독과 죽음에 이르는 길로서의 글쓰기는 자연스럽게 영감으로 이어진다.

'무위의 깊이', '중성', '사이', '간극'은 눈에 보이지 않는 것들이다. 블랑쇼에게 이러한 비가시성은 오히려 더욱 본질적이고 실재적이다. 이처럼 모호한 것의 본질은 블랑쇼에게 '죽음'의 은유로 상징화되며, 이는 일차적으로 문학적 행위 실천으로서 부재, 낯섦, 소외, 생경함, 이웃, 지우기, 우연성, 주사위 던지기, 무화(無化, nothingness)로 변주된다.

특히 블랑쇼가 말하는 사이(공백)는 '아무것도 없는 것'이 아닌, '아무엇도 없는 것으로 존재하는 그 무엇'의 '익명성'이다. 그에게 익명성은 은유다. 은유는 <하나의 기표 A가 → 또 다른 하나의 기표 B로 대체되는 것>이다. 이런 점에서 마음(심상, 인지, 의식, 정신, 감정, 영혼)은 은유에 의해 작동된다. 은유가 작동하지 않으면, 즉 하나의 기표만 주어진다면 마음을 알 수 없다. 반드시 은유로 작동되어야 마음을 알 수 있다. 두 기표 사이의 대체나 작동을 위해서는 간극이 필요하며, 이 간극은 마음이 작동하는 공간이다. 하나의 사건에 대한 개별 각자의 마음 작동은 모두 다른 양상을 지닌다. 즉 '1:多'인 것이다. 그래서 우리는 '이것이다'라고 언명할 정당성이 없으며, 이에 요청된 것이 익명성이다. 익명성은 라캉의 '대상a'이자 데리다의 '유령'이다. 과연 간극에서 무슨 일이 일어나 모두가 다른 환상을 만들어내는 것일까?

진리는 규정할 수 없는 사건의 '찰나적' 순간으로 잠깐 현시되었다가 사라진다. 마치 오르페우스가 에우리디케를 바라볼 때처럼 잠깐 나타났다가 죽음의 방식으로 사라진다. 그러나 거기에 '아무것도 없는 것'이 아니다. '아무것도 없는 것'이 스쳐 지나간 흔적 망부석에서 오르페우스와 에우리디케의 시선과 지문이 해독될 수 있기 때문이다. 이 해독이 오해를 통해서만 이해될 수 있기에, 해석자가 '이것이다'라고 강변하지 않는다면 진리의 담론은 언제나 진행형이 될 수 있다.

그래서 하이데거를 기반으로 한 현대 프랑스 사상가들은 관념적이고 정합적인 언어 논리학의 그물(언어살해)에서 벗어나, 언어 그 너머의 실재를 치밀하게 탐색하는 데 모든 에너지를 소진한다. 그래서 그들이 도달하고자 하는 낙원은 '도가도비상도', '명가명비상명', '득어망전', '비유비무', '불일불이', '부생불멸'의 중도(中道-사이-간극)이다. 블랑쇼의 언어는 도가의 '無爲而無不爲'와 불교의 '中性'을 지향한다.

불교의 <열반종요>를 읽어보면, 중성(원성실성)을 찾고자 한 치밀한 언어의 유희로 멀미가 날 정도다.

블랑쇼의 언어 또한 라캉도 데리다도 낭시도, 아감벤도 그러했듯이 머리도 없고 꼬리도 없는 글이다. 진리는 반만 말해진다. 주어도 목적어도 동사도 해체되어 비인칭이 목적어로 재귀되어 수동성으로 사라지는 글, 그래서 뭘 어찌하겠다는 것도 아니고 그냥 통나무가 굴러가듯, 굴러지는 글을 주시하면서 끝없는 무화의 글을 만들어 낼 뿐이다. 이러한 지점은 레비나스의 능동적 수동성과 정확히 조응한다.

## Ⅲ. 가능성으로서의 죽음

블랑쇼에 있어서 죽음은 '고독', '부재', '사이'의 은유이다. 그는 진리의 도래(到來)를 위해 다음의 질문을 던진다.

> "나는 죽을 수 있는가? 나는 죽을 수 있는 능력을 지니고 있는가? 이러한 질문은 빠져나갈 통로는 거부되었을 때에만 힘을 얻는다. 죽을 수밖에 없다는 불가항력적인 조건에 대한 한계상황 속에서 자기 자신에게 온 힘을 모을 수 있고 그때 인간의 염려는 자신의 죽음을 가능하게 하는데 있다."

그의 질문은 단도직입적이다. 죽음은 생명 있는 모든 것에 주어진 현상이지만, 그는 죽음이라는 현상을 넘어 인간에게 주어진 죽음의 권리, 즉 인간다움의 가능성을 실현할 죽음이 무엇인지를 묻는다. 그러면서 그 회복의 가능성은 일반 담론의 '거부(부정성)'와 실존적 '한계상황'에 처했을 때 가능한 것으로 예시한다. 어찌 보면 인간은 죽음으로 죽는 것이 아니라, 자신의 죽음에 대해 질문을 던지지 못한 채 그 질문이 지닌 '부정성'과 '가능성'을 망각한 것이 죽음일 수 있다. 그러나 자기 존재로의 가능성으로서의 죽음을 죽을 수 있다면, 그 죽음은 오히려 죽음 그 너머에 있는 무엇이 된다. 이제 그는 '부정성'과 '가능성'을 초대(기다림)하기 위해 다음의 조건을 제시한다.

"자신이 죽을 수밖에 없다는 것으로는 충분치 못하고, 자신이 죽을 수밖에 없는 존재가 되어야 한다는 것을, 두 번에 걸쳐 죽을 수밖에 없는 존재, 즉 존엄하게 극단적으로 죽을 수밖에 없는 존재가 되어야 한다는 것을 자각해야 한다."

그는 불가항력적으로 죽을 수밖에 없다는 자각만으로는 충분치 않다고 언명한다. 즉 불가항력의 신체적 죽음만이 아닌, '존재로서의 죽음'을 다시 거듭 죽이는 '존재로의 죽음'이 되어야 함을 강조한다. 여기에 인간으로서의 '소명'이 있다고 말한다. 인간다움의 가능성으로서의 존재적 죽음은 그냥 주어지는 것이 아니다. 죽음은 행해야 하는 것, 즉 하나의 임무, 우리가 능동적으로 쟁취하는 것, 우리의 활동과 힘의 원천이 되는 것이다.

이처럼 인간은 불가항력의 죽음 앞에 수동적 객체로 전락하지만, 자신의 죽음으로부터 시작하여 존재하고, 자신이 심판관이 되는 관계를 통하여 격렬하게 죽음과 관계하며, 자신의 죽음을 이루고, 스스로를 죽을 수밖에 없는 존재가 될 때 능동적 주체로 전환된다. 이 지점에서 '자신의 죽음을 죽을 수 있는 능력'이 주어지고 자신이 하는 일에 자기만의 의미와 진리성을 부여받는다. 존재자에서 존재함으로의 결정은 '죽음의 가능성' 그 자체이다. 이는 하이데거의 존재론과 맞닿아 있다.

이제 블랑쇼는 무엇이 '죽음의 가능성'인지 혹은 어떻게 '죽음의 가능성'에 이를 수 있는지에 대한 사례로 도스예스키 <악령>에 나오는 키리로프의 자살과 릴케가 지닌 죽음의 태도를 끌어내어 논의를 전개하기 시작한다.

### 1. 자의적 죽음, 가능성으로서의 죽음: 자살

블랑쇼는 도스토예프스키의 <악령>에 등장하는 키릴로프를 통해 바람직한 죽음, 존재론적 죽음에 대한 담론을 펼친다. 키릴로프는 자살 충동에 사로잡힌 인물이다. 그는 왜 그러한 충동에 사로잡힌 것일까? 그는 무언가를 증명하기 위해 자살 충동, 혹은 자발적인 자기 파멸에 빠져든다. 블랑쇼는 먼저 자살이 과연 자기 자신만의 고유한 죽음의 가능성인가를 묻는다. 이는 마치 신이 '무(無)'라고 확신하는 필연성을 자신의 죽음을 결단하여 자살로 증명함으로써 그 가능성에 이르는 것으로 착각할 수 있기 때문이다. 그는 이렇게 질문을 던진다.

> "키릴로프 그는 **진정으로 죽는가**? 그의 죽음을 통해 그는 미리 죽음으로부터 얻은 **가능성**을, 그 **자신이 되도록** 허락하는 그가 되지 않을 수 있는 능력을 다시 말해 자유롭게 자신에게 관련되어있기에 언제나 자신이 아닌 다른 자가 되고, 일하고, 말하고 위험을 무릅쓰고, 존재 없이 존재하는 그러한 능력을 입증하는 것일까?"

블랑쇼는 '죽는다'는 행위 자체를 인간 고유의 권리이자 수동적 객체로부터 능동적 주체로 형성되어가는 과정으로 본다. 즉 '죽는다'는 것은 그 자신이 되는 것이다. 여기서 그 자신이 된다는 것은 '존재'적 죽음을 의미한다. 즉 죽음을 통해 인간은 존재에 이르게 되고, 그렇게 도달한 존재적 죽음을 또 다시 무화시킬 수 있는 '존재 없이 존재하는 죽음'에 이르게 하는 가능성이 **'죽는다'**는 행위에 깃들어 있다는 것이다.

이런 의미에서 그는 어떻게 죽음에 이르기까지 끝낼 수 있는 능력, 즉 끝에서 시작되는 **능력으로서의 능동적이고 근면한 죽음**을 유지할 수 있을까를 질문한다. 그리고 그 지점에서 죽음이 여전히 **부정의 힘**으로서의 결정의 칼날이 되어, 자신의 고유한 불가능성마저 능력의 형태로 다가오는 최상의 가능성의 순간이 될 수 있을지를 묻는다.

이러한 사유의 웅얼거림 속에서 블랑쇼는 키릴로프의 '자의적인 죽음'으로 죽음의 가능성을 탐구한다. 키릴로프는 자신의 행위의 순수함과 온전함이 무한을, 미결정적 수동성을, 죽음이라는 거대한 미결정에 자신을 내려놓을 수 있는가를 알고 싶어 한다. 그는 능동적 수동성을 죽음에게 주체를 양도하여 죽음을 활동하게 함으로써, 자신의 자유를 긍정하고 죽음 그 자체에서 자신을 긍정하며, 죽음을 자기만의 고유한 것으로 만들어 죽음을 진실하게 할 수 있는가를 탐구한다.

이러한 질문은 분명 진실성으로 이끄는 질문은 될 수 있다. 예컨대 니체가 보기에는 '자연적인 죽음'은 가장 경멸스러운 조건 속에서의 죽음, 와야 할 때 오지 않는 자유롭지 못한 죽음, 비겁한 죽음이기에 키릴로프의 자의적 죽음을 긍정할지 모른다. 니체의 입장에서 삶에 대한 애정으로 인해 사람은 전혀 다른 죽음을, 우연도 놀라움도 없는 자유롭고 의식적인 죽음을 갈망해야 한다는 점에서는 그러하다. 그러나 블랑쇼가 볼 때 그러한 '자의적 죽음'은 죽음 그 자체의 가능성에 내맡기지 않는 존재로 이끄는 **'능동적 수동성'**에 멀어져 있기에 여전히 불온(不穩,

온당하지 않음)하다.

블랑쇼가 보기에 자의적 죽음은 하나의 도전처럼, 외부의 전능에 대한 도전처럼 보인다. "나는 나의 불복종을, 나의 새롭고 가혹한 자유를 확인하기 위하여 자살할 것이다." 키릴로프의 이런 시도에서, 그는 자살을 통해 신에 대항할 뿐만 아니라 자신의 죽음 속에 신의 부재를 증명하고자 한다. 다른 사람들에게 보여 주듯 자기 자신에게 신의 부재를 입증하려 한다. 키릴로프를 자살로 이끈 것은 그가 신에 대해 갖는 염려, 즉 신이 없음(無)을 증명하는 것뿐이다. 과연 그것이 자신의 존재를 투여할 만큼 그렇게 중요한 의제였던가? 오히려 그 에너지를 자신이 자신으로서 존재할 수 있음의 염려에 투여했다면 자신이 곧 신이지 않았을까?

키릴로프의 '자의적인 죽음'은 우연성과 불가항력적으로 은유되는 '신(주사위 던지기)'에 저항하기 위함이다. 자신의 의지적 결단으로 이루어진 '필연성'과 '선택적 자유의지'는 신의 우연성과 불가항력을 대체할 수 있는 것이었다. 죽음이라는 사건을 이해하고 판단하기 위해, 그가 가진 최상의 것 속에서 거기에 맞서기 위해 '신'이라는 최상의 이름이 필요했기에, 그에게 죽음은 그가 아닌 신의 것이다. 그러나 블랑쇼가 보기에 정작 본질적인 문제는 거기에 있지 않다.

블랑쇼의 관점에서, 우연성과 불가항력적인 것에 대한 저항에서 나타난 필연성과 선택적 자유의지는 신에 대항한 것이기에 자신의 것이기보다는 신(타자)의 것을 모방한 시뮬라크르(모사품)에 불과하다. 자신의 것이 아닌 한, 그 전능은 어느덧 그림자 속에 길을 잃고, 때로는 시간을 깨트리는 행복의 최면에 사로잡히며, 때로는 유치한 이데올로기로 자신을 지키려는 두려움에 던져져 대체된 것일 뿐이다. 그런 점에서 블랑쇼는 키릴로프가 겪게 되는 '자의적 죽음'을 자신의 고유한 결단이 아닌, 타자에 의해 강제된 죽음으로 진단한다. 숭고한 죽음의 능력은 무엇을 하고자 하는 자신의 '의도성'마저 탈색해야 주어지기 때문이다.

만약 존재로 이끄는 질문이 '자의적 죽음'으로 더 하지 못하고 끝난다면 그 임무는 곧 방기(放棄, 내버리고 돌아보지 않음) 된다. 신체적 죽음은 분명히 세계 속에서 끝날 수밖에 없지만, '존재로의 죽음'은 죽음의 미결정 속에서, 매번 끊임없이 죽음을 결단해야 한다. 이러한 질문은 차라리 우리의 임무가 되어야 한다.

키릴로프가 임무라고 생각한 '자의적 죽음'은 '죽음을 **마주한** 의지'로서의 임무가 아니다. 자의적 죽음은 죽음의 가능성에 대한 지속적인 질문을 차단하기 때문이다. 그렇다면 '죽음을 **마주한** 의지'로서의 임무는 무엇인가? 블랑쇼는 여기에 대한 대답으로 죽음으로 이끌어 가는 '고통의 질문'만이 '죽음을 **마주한** 의지'로 이끈다고 말한다. 이제 블랑쇼는 키릴로프의 '자의적 죽음'을 너머 인간 고유의 가능성으로서의 죽음을 릴케의 죽음의 태도에서 찾고자 한다.

### 2. 릴케의 죽음태도 : '어느 누구의 죽음'도 아닌 죽음

"오 주여, 각자에게 자신의 고유한 죽음을 주소서, 제각기 사랑과 의미와 비애를 만났던 그 진정한 삶에서 연유하는 죽음을"

어떻게 '어느 누구의 죽음도 아닌 자신만의 고유한 죽음'이 '비인칭적 죽음'일 수 있는가? 다시 말해, '비인칭적 죽음' 어떻게 기존의 말로 규정할 수 있는 '어느 누구의 죽음도 아닌 자신만의 고유한 죽음'이 될 수 있는가?

블랑쇼는 자신의 '어느 누구의 죽음도 아닌 자신만의 고유한 죽음'의 의미를 자아(ego-의·필·고·아)가 탈색한 '비인칭'에서 찾는다. 그가 말한 '비인칭'은 하이데거의 존재(Sein)와 같다. 존재의 특성은 자신이 존재 그 자체에 대해 자신의 '순수-본래성'으로 있기(존재하기) 위해 질문하는 현-존재(Da-Sein)에 있다. 질문하는 자는 '지금 여기 이 자리'에 있음을 따라 질문하게 된다. '지금 여기 이 자리'에 있는 사람(in)은 기존의 이념으로 염오(染汚, 본래-순수성이 물듦) 된 '존재자'일 뿐이다. 따라서 본래-순수성으로서의 '존재'가 되기 위해서는 '저기(out)'로 나가 질문을 해야 한다. 그것의 지속적인 실천만이 비인칭적 본래-순수성을 찾는 길이다.

릴케가 말한 '비인칭'이란, 내가 나의 고유한 현실, 나의 유일한 현실 존재에 대한 확신 속에서 죽을 수 있는 것을 의미한다. 이를테면 죽음 속에서 나는 지극히도 보이지 않고 죽음은 내 안에서 보이게 되는, 그렇게 개인적 죽음이 초월되는 상태이다. 이제 자신의 죽음은 예수가 그의 죽음을 저들의 손에 맡긴 것처럼, 저들의 손에 맡기는 '능동적 수동성'으로의 결단이 된다.

"나에게 나의 것이 아닌 죽음을 주소서, 어느 누구의 죽음도 아닌 죽음을 진정으로 죽음에서 연유하는 거기서 **내가 죽지 않아야 하는 하나의 사건**이 나에게 고유할 수 있는 오직 나에게만 일어나는 사건이 아니라, 아무 일도 일어나지 않는 비현실과 부재인, 사랑도 의미도 비애도 나에게 동반하지 않는, 이 모든 것의 순수한 비움으로서의 죽음을."

죽음을 통해서 내가 죽지 않아야 하는 사건으로서의 죽음을 죽을 수 있는 경계는 어디인가? 비록 내가 이 세상에 없어도 **기억의 흔적**이 남아 있는 자들에게 성스러운 사건이 될 수 있는 죽음은 무엇인가? 릴케의 죽음은 이상적(理想的)이며, 그것은 개인을 초월한다. 어떤 사실의 야만성도 우연의 중성도 아닌, 죽음이라는 사실 자체의 증발, 죽음 안에서의 죽음의 변주이다. 이런 완벽한 죽음을 붓다는 열반(涅槃, 죽음을 계기로 진리를 깨달은 영원한 경지)이라고 말한다.

더구나 본래적인 것을 의미하는 고유한(eigen)이라는 말의 모호함은, 그가 죽음에 대해 절대적으로 고유한 가능성으로서 말할 때 그 주위로 하이데거가 맴도는 듯한 모호함을 발생시킨다. 이 모호함은 끊임없이 다른 질문을 불러온다. 그래서 처음부터 블랑쇼의 말은 머리도 **없고 꼬리도 없다**. 진리는 그 없는 부재의 공백에서만 겨우 발그림자를 드리울 수 있기 때문이다. 진리는 언제나 반만 말해진다.

이렇게 순연한 죽음 그 자체가 가능성으로서의 죽음을 의미하고 가장 본래적인 개인의 사건이 되는 순간, 우리는 다시 낭패하게 된다. 그럴 때 우리에게 요청되는 것은 '능동적 수동성'으로의 결단에 대한 기도이다. 매번 미끄러질 수밖에 없는 우리 인간이 할 수 있었던 것은 가장 자명하게 자신의 존재를 만나는 죽음의 기도이다. 릴케는 기도 속에서 자신의 존재를 찾는다. "각자에게 자신의 고유한 죽음을 주소서." 이 죽음은 말 그대로의 죽음, 본질적인 죽음, 그리고 본질적 의미에서의 죽음이며, 본질 그 또한 릴케의 것이 된다. 죽음이 그에게서 정화되었기 때문이다. 죽음은 자신에게서 내면으로의 전환을 통해, 자신의 노래에 대한 동의와 내밀성을 통해, 순수한 죽음이, 죽음에 의한 죽음의 정화가, 그리하여 자신의 작품이, 사물들로부터 죽음의 순수함 한가운데로 이행된 작품이기 때문이다.

죽음을 죽음 자체로 고양 시키려는 노력, 죽음이 죽음 속으로 사라지는 지점과 내가 나의 밖으로 사라지는 지점을 일치하게 하려는 노력은 단순한 내면적 문제가 아니다. 이는 사물들에 대한 엄청난 책임을 포함하고 있으며, 사물들을 매개로 하여서만, 보다 훌륭한 현실과 진리의 지점으로 사물들을 고양시키도록 자신에게 위임된 움직임을 통해서만 가능하다.

### IV. 블랑쇼가 말한 문학실천은?

적합한 죽음에 이르는 병, 즉 문학과 근원적인 경험으로서의 고독은 타자를 위한(보이기 위한, 읽혀지기 위한) 것이 아닌, 자기만의 글을 쓰기 위한 출발점이다. 이는 작품과 소통을 가능하게 하는 근원적인 영감이며, 그 영감의 현시는 '자기만의 방식'으로, '자기로의 충실함'의 계기가 되는 '죽음으로의 회귀'에 있다.

그가 말한 죽음의 메타포는 유한한 인간에게 요청되는 가능성이다. 그 가능성은 자기 개인의 죽음에서 익명의 죽음으로의 지향성에 있다. 이는 신의 본질인 빈곤, 가난, 무(無)를 붙잡고 다듬는 것, 시(예술)적 승화로서의 글쓰기의 다름 아니다. 거기에는 혹독한 죽음의 고독이 배어있다. 자기가 자신에게로 이르지 못하는 성급함, 초조함, 서두름은 가능성을 방해하는 심적 기제이다. 자기동일성에 머문 글쓰기는 자신을 변화시킬 수 없다. 새로운 변화를 위해 밖에서 의 사유를 요청해야 한다. **안**(in, 한계, 제한, 통로)은 차별과 분리, 구분, 포함, 경계성으로 이루어진 보호막이지만, **밖**(out, 거부, 분리, 차별, 추상성, 확장성)

은 지향성, 경로, 연결 중심과 주변, 경계진 영역, 집합의 구성, 이행성(transitivity), 부정성의 감각을 지닌 이웃이다.

"나는 나를 바라보는 나를 바라보았다." 한 문장에 나타난 '나'는 동일한 나인가 다른 나인가? 다른 '나'라면 어떤 측면에서 다른가? 사람은 글을 쓰면서 나타난 길을 걸으며 다시 새길을 만든다. 이는 언어가 지닌 이중성의 효과이다. 위의 문장에서 나타난 1인칭 주체로서의 '나'는 다양한 사태와 국면에 처할 때마다 분열된다. 만약 분열하지 않으면 내가 누군지, 어디에서 무엇을 하고 있는지 알 수 없을 뿐 아니라, 무엇을 지향하는지도 모른다. 따라서 글을 쓰는 사람은 발화내용과 발화행위 주체, 그리고 살해된 상황과 국면 양태를 환원시키는 작업이 그의 임무이다. 이를 위해 블랑쇼는 '작위의 글쓰기에서 자연으로의 회귀'로, '의미-완결성'에서 '무의미성으로의 이행'을 강조한다. 이는 다름 아닌 자신의 한계를 벗어나 자연과 하나가 되는(자연이연) 휠더린의 시적 여정이기도 하다.

이제 '의미·의미화'에서 '무의미·무의미화'로의 여정을 위한 첫 발걸음은 먼저 일자의 권력(팔루스)으로 이루어지는 고정된 관념의 해체에 있다. 자신의 고정관념을 무화시키는 방식 즉, 익명성으로, 그리고 **저들에게서 자신이 드러날 수 있도록 허용하는 방식**, '능동적 수동성'의 실천에 있다.

**[9부와 1부 사이에서 반드시 살펴봐야 할 것들]**

죽음교육의 실천은 단순히 상실과 죽음을 다루는 기술적 접근을 넘어, '죽음교육론'이라는 심오한 학문적 토대 위에서 이루어져야 한다. 죽음교육론은 죽음을 인간 존재의 중요한 부분으로 성찰하며, 이를 통해 삶의 의미와 우선순위를 재정립하고 인간의 존엄성을 회복하는 이론적 기초를 제공한다. 이론적 배경에 기반한 실천은, 감정의 재구성, 상실 경험에 대한 적절한 대응, 각 발달 단계에 맞춘 교육적 접근을 통해 사람들에게 두려움을 극복하고 삶과 죽음을 하나로 바라보는 깊은 통찰을 가능하게 한다. 이를 통해 죽음교육은 실천적 차원에서도 지속적이고 의미 있는 변화를 이끌어낼 수 있다. 그래서 우리는 다시 '죽음교육론'으로 돌아가야 한다. 죽음과 상실을 다루는 근본적인 이론적 틀을 확립하고, 그 이론을 바탕으로 교육적 실천이 이루어져야만 죽음교육이 진정한 의미를 갖고, 인간 존재에 깊은 영향을 미칠 수 있기 때문이다.

# 참고문헌

## 제7부 실존론

Assmann, Aleida. Erinnerungsräume: Formen und Wandlungen des kulturellen Gedächtnisses. C.H. Beck, 1999.

Badiou, Alain. L'être et l'événement. Éditions du Seuil, 1988.

Beck, Aaron T. Cognitive Therapy. New York: Penguin Books, 1979.

Bazell, C.E. "Syntactic Relations and linguistic Typology." Cahiers Ferdinand de Saussure 8, 1949.

Boman, Thorleif. Hebrew Thought Compared with Greek. Trans. Jules L. Moreau, W.W. Norton & Company, 1960.

Bultmann, Rudolf. Glauben und Verstehen: Gesammelte Aufsätze. J.C.B. Mohr (Paul Siebeck), 1933-1965.

Chew, Geoffrey F. "S-Matrix Theory of Strong Interactions." W.A. Benjamin Publishers, 1961.

De Sousa, Ronald. Emotional Truth. Oxford University, 2011.

Einstein, Albert. "Zur Elektrodynamik bewegter Körper." 1905.

Evans, D. An Introductory Dictionary of Lacanian Psychoanalysis. Routledge, 1996.

Fink, Bruce. A Clinical Introduction to Lacanian Psychoanalysis: Theory and Technique. Harvard University Press, 1997.

Frankl, Viktor E. Man's Search for Meaning. Beacon Press, 1959.

Freeman, Walter J. How Brains Make Up Their Minds. Columbia University Press, 2000.

Freud, Sigmund. Vorlesungen zur Einführung in die

Psychoanalyse und Neue Folge. Gesammelte Werke XI. Fischer, 1940.

Gadamer, Hans-Georg. Wahrheit und Methode: Grundzüge einer philosophischen Hermeneutik. J.C.B. Mohr (Paul Siebeck), 1960.

Grätzel, Stephan. Dasein obne Schuld. Göttingen: Vandenhoeck & Ruprecht, 2004.

Heidegger, Martin. Sein und Zeit. Max Niemeyer Verlag, 1927.

Heisenberg, W. "Die beobachtbaren Größen in der Theorie der Elementarteilche." Zeitschrift für Physik, 1943.

Husserl, Edmund. Zur Phänomenologie des inneren Zeitbewusstseins (1893-1917). Husserliana X, Martinus Nijhoff, 1966.

James, William. The Principles of Psychology. Henry Holt and Company, 1890.

Jaspers, Karl. Philosophie. Springer, 1932.

Jünger, Ernst. Das abenteuerliche Herz: Erste Fassung: Aufzeichnungen bei Tag und Nacht (1929) / Zweite Fassung: Figuren und Capriccios (1938). Klett-Cotta, 1979.

Lacan, Jacques. Le Séminaire, Livre XI: Les quatre concepts fondamentaux de la psychanalyse (1964). Éditions du Seuil, 1973.

Laplanche, J. & Pontalis, J.-B. The Language of Psycho-Analysis. Norton, 1973.

Levinas, Emmanuel. Totalité et Infini: Essai sur l'extériorité. Martinus Nijhoff, 1961.

Lindemann. "Symptomatology and Management of Acute Grief." American Journal of Psychiatry, 1944.

Meagher, David K. & Balk, David E. Handbook of Thanatology, 2nd edition, 2013.

Merleau-Ponty, Maurice. Phénoménologie de la perception. Gallimard, 1945.

Ravaisson, Félix. De l'habitude. H. Fournier et Cie., 1838.

Saussure, Ferdinand de. Cours de linguistique générale. Eds. Charles Bally and Albert Sechehaye, Payot, 1916.

Varela, Francisco et al. The Embodied Mind. MIT Press, 1991.

Whitehead, Alfred North. Process and Reality. Macmillan, 1929.

루돌프 볼트만.『신앙과 이해』. 허혁 역, 한들출판사, 2002.

모리스 메롤로퐁티.『지각의 현상학』. 류의근 옮김, 문학과지성사, 2015.

박미연,『죽음학교본』, 가리온 2023년

박미연,『삶의 성찰, 죽음에게 물어보다』, 2018년

박미연,『웰다잉문화조성을 위한 토론회』자료집 1집: 2021, 2집: 2023

브루스 핑크.『라캉과 정신의학』. 맹정현 옮김, 민음사, 2002.

알레이다 아스만.『기억의 공간』. 변학수 외 옮김, 경북대학교출판부, 1999.

페르디낭 드 소쉬르.『일반언어학 강의』. 최승언 역, 민음사. 2006.

알렝 바티유.『존재와 사건』. 조형준 옮김, 새물결, 2013.

에드먼드 후설.『시간의식』. 이종훈 역, 한길사, 2018.

에른스트 융거.『모험적 마음』. 이규영 역, 책세상, 2005.

임병식.『감정치료』. 가리온, 2018.

임병식.『바울과 이제마의 만남』. 가리온출판사, 2001.

임병식. 「주자는 어떻게 죽음의 불안을 극복했는가?」. 『동양철학』 제43집, 2017.

임진수. 『기호형식과 주체의 정신분석』. 프러이트라캉학교, 2008.

자크 라캉. 『세미나 11』. 맹정현·이수련 옮김, 새물결, 2008.

지그문트 프로이드. 『정신분석학의 근본 개념』. 윤희기·박찬부 옮김, 열린책들, 1997.

토클라이프 보만. 『히브리적 사유와 그리스적 사유의 비교』. 허혁 옮김, 분도출판사, 1975.

펠릭스 라베쏭. 『습관에 대하여』. 최화 역주, 누멘, 2010.

한스 게오르크 가다머. 『진리와 방법』. 이길우 외 역, 문학동네, 2012.

한자경. 『유식무경』. 예문서원, 2002.

**고전 문헌**

Aristoteles. 『영혼론』(De Anima). 기원전 350년경.

Augustine. 『고백록』(Confessiones). 397-400.

Goethe, Johann Wolfgang von. 『색채론』. 1810.

Kierkegaard, Søren. 『불안의 개념』. 1844.

Platon. 『파이돈』. 기원전 399-387년경.

Spinoza, Baruch. 『에티카』.

無著. 『해심밀경』. 4세기경.

李濟馬. 『동의수세보원』. 1894.

莊周. 『장자』. 기원전 350-300년경.

# 제8부 생애발달별 죽음교육론

Astrow AB, et al. "Is failure to meet spiritual needs associated with cancer patients' perceptions of quality of care?" J Clin Oncol 25, 2007.

Bloom, A. "Death and Bereavement" in Living Orthodox in the Modern World. SPCK & Sheldon Press.

Carr, Edward Hallett. What Is History? MacMillan, 1961.

Chang SB, et al. "Prospective assessment of postoperative complications." Ann Surg Oncol 17, 2010.

Corace, B. "End-of-life Care: A Personal Reflection." Journal of Palliative Care 18, 2002.

Davis, Jon. Scrimmage of Appetite. University of Akron Press, 1995.

Ellis MR, et al. "Addressing spiritual concerns of patients." J Fam Pract 48, 1999.

Freeman, Walter J. How Brains Make Up Their Minds. Columbia University Press, 2000.

Grätzel, Stephan. Dasein obne Schuld. Göttingen: Vandenhoeck & Ruprecht, 2004.

Herman, Carla Penrod. "Spiritual Needs of Dying Patients." Oncology Nursing Forum 28, 2001.

Johnson, Mark. The Body in the Mind: The Bodily Basis of Meaning, Imagination, and Reason. University of Chicago Press, 1987.

Lee CY, Oh DW. "End-of-life care in Korean culture." Asian Bioethics Review 2(3), 1990.

Lee YJ, et al. "Quality of life and its predictors in terminal cancer patients." Korean J Hosp Palliat Care 16, 2013.

Lévinas, Emmanuel. Dieu, la mort et le temps. Éditions Grasset & Fasquelle, 1993./God, Death, and Time. Trans. Bettina Bergo, Stanford University Press, 2000.

Maruyama, N.L. "How Many Children Do You Have?" Bereavement Magazine, 1998.

McClain CS, et al. "Effect of spiritual well being on end-of-life despair." Lancet 361, 2003.

Oh PJ, Kang KA. "Spirituality and spiritual care in hospice/palliative care." Korean J Hosp Palliat Care 3, 2000.

Roberts, C. "Understanding the nature of spiritual care." Nursing Standard 13, 1998.

Solomon, M.Z. et al. Innovation in End-of-life Care. Mary Ann Liebert Publishers, 2000.

Tibbetts, E. "Learning to Value Every Moment." Death Studies 25, 2001.

Zahavi, Dan. Husserl's Phenomenology. Stanford University Press, 2003.


고수진 외. 『암성통증관리지침 권고안』 6판. 보건복지부 중앙호스피스센터, 2021.

곽성순. "호스피스 완화의료의 실천적 과제." 생명윤리 22(2), 2021.

곽성순. "임종기 환자의 영적 돌봄." 한국호스피스협회지 12, 2012.

곽성순. "호스피스 돌봄의 철학적 기초." 생명윤리 23(1), 2022.

곽성순. "말기 환자의 영적 고통에 관한 연구." 호스피스학회지 15, 2011.

국립암센터. 『호스피스·완화의료 간호사 상급 교육과정 교육자료』 2009.

국립암센터. 『완화의료팀원을 위한 호스피스완화의료 개론』. 2015.
국립암센터. 『호스피스완화의료 실무자 매뉴얼』. 2018.
김근하·임병식. 『임종영성』. 해피데이, 2010.
김분한. 『호스피스 총론』. 포널스출판사, 2013.
김창곤. "호스피스에서의 사별 돌봄." 한국호스피스완화의료학회지 15, 2012.
노유자. "호스피스 간호의 사별관리." 대한간호학회지 28, 1998.
노유자. "말기 환자의 총체적 돌봄." 간호학회지 30, 2000.
노유자 외. 『호스피스·완화의료 의미있는 삶의 완성』. 현문사, 2018.
단 자하비. 『후설의 현상학』. 박지영 역, 한길사, 2003.
마크 존슨 『마음 속의 몸』. 노양진 옮김, 철학과 현실사, 2000.
박상현. "말기 환자 돌봄에 관한 연구." 광주가톨릭대학교 석사논문, 2015.
백만기. "연명의료결정법의 실무적 과제." 생명윤리정책연구 13(2), 2019.
신아연. 『스위스 안락사 현장에 다녀왔습니다』. 과 책나무, 2022.
안원하. "호스피스 완화의료의 법적 과제." 법학연구 32(1), 2022.
엄주희. "연명의료결정제도의 현황과 과제." 법학논총 43(3), 2019.
엠마누엘 레비나스. 『신, 죽음, 그리고 시간』. 김도형 외 옮김, 그린비, 2013.
월터 프리먼. 『뇌의 마음』. 진성록 옮김, 부글, 2007.
이기헌. "호스피스 돌봄의 윤리적 고찰." 생명윤리 15(1), 2014.
이병숙 외. 『호스피스·완화간호』. 학지사메디컬, 2019.
임병식. "화해와 용서의 실천적 시론." 생명윤리와 정책 6(1), 2022.
임병식. "고통의 의미화 연구." 철학연구 156, 2020.
임병식. "사와 사자에 대한 사회적 성찰." 철학과 현상학 연구 88, 2021.

임병식. "임종 돌봄의 철학적 기초." 철학논총 102, 2020.

임병식. "죽음 교육의 실천적 과제." 생명윤리 24(1), 2023.

한영혜. "호스피스 완화의료의 현황과 과제." 보건복지포럼 269, 2019.

### 연구보고서 및 정책자료

국립연명의료관리기관. (2022). 「연명의료 결정 제도」 안내 책자.

생명윤리정책연구센터. (2011). 『연명치료 중지 및 사전의료의향서 조사연구보고서』. 의료윤리정책연구보고서 I.

생명윤리정책연구센터. (2012). 『호스피스·완화의료 제도화 방안 연구』. 정책연구보고서.

안규백 의원 등 12인. (2022). 「호스피스·완화의료 및 임종과정에 있는 환자의 연명의료결정에 관한 법률 일부 개정법률안」.

조정숙. (2022). 「연명의료결정제도의 운영현황 및 개선과제」. 연명의료 이대로 좋은가 심포지움 자료집.

한국리서치. (2022). 「존엄사 입법화 및 지원에 대한 국민 여론조사」.

국립암센터, 중앙호스피스센터. (2021). 『호스피스 전문기관 서비스 제공 안내』 6판.

보건복지부. (2021). 『호스피스·완화의료 발전방안 연구』.

『죽음학교본』. 한국싸나톨로지협회.

### 고전 문헌

孔子. 『論語』. 春秋末期(기원전 5세기경)

老子. 『道德經』. 춘추전국시대

莊周. 『莊子』. 350-300 BCE

# 제9부 죽음교육 실천론

Beck, Aaron T. Cognitive Therapy. London: Penguin Books, 1979.

Bluebond-Langner, Myra. The Private Worlds of Dying Children. Princeton: Princeton University Press, 1980.

Bowlby, John. Attachment and Loss: Volume 3. Loss, Sadness and Depression. New York: Basic Books, 1980.

Brown, Erica & Warr, Brian. Supporting the Child and the Family in Paediatric Palliative Care. London: Jessica Kingsley Publishers, 2007.

Derrida, Jacques. De la Grammatologie. Les Éditions de Minuit, 1967. /Of Grammatology. Trans. Gayatri Chakravorty Spivak, Johns Hopkins University Press, 1976.

Deutsch, Helene. "Absence of Grief." Psychoanalytic Quarterly 6: 12-22, 1937.

Doka, Kenneth J. (Ed.). Children Mourning, Mourning Children. Washington: Hospice Foundation of America, 1995.

Doka, Kenneth J. (Ed.). Living with Grief: Children, Adolescents, and Loss. Washington: Hospice Foundation of America, 2000.

Erikson, Erik H. Identity and the Life Cycle. New York: Norton, 1980.

Freeman, Walter J. How Brains Make Up Their Minds. New York: Columbia University Press, 2000.

Freud, Sigmund. Jenseits des Lustprinzips. Wien:

Internationaler Psychoanalytischer Verlag, 1920.

Furman, Erna. A Child's Parent Dies: Studies in Childhood Bereavement. New Haven: Yale University Press, 1974.

Goethe, Johann Wolfgang von. Zur Farbenlehre. Tübingen: Cotta, 1810.

Goldman, Linda. Children Also Grieve: Talking About Death and Healing. London: Jessica Kingsley Publishers, 2004.

Goldman, Linda. Life and Loss: A Guide to Help Grieving Children. New York: Routledge, 2000.

Greenberg, L. S., & Korman, L. "Integrating Emotion in psychotherapy." Journal of psychotherapy Integration 3(3): 249-265, 1993.

Grollman, Earl A. Talking About Death: A Dialogue Between Parent and Child. Boston: Beacon Press, 1976.

Husserl, Edmund. Phänomenologische Psychologie: Vorlesungen Sommersemester 1925. Den Haag: Martinus Nijhoff, 1962.

Kenyon, B. L. "Current Research in Children's Conceptions of Death: A Critical Review." OMEGA 43(1): 63-91, 2001.

Kübler-Ross, Elisabeth. On Death and Dying. New York: Macmillan, 1969.

Merleau-Ponty, Maurice. Le Visible et l'Invisible. Paris: Gallimard, 1964.

Nagy, M. "The Child's View of Death." Pedagogical Seminary and Journal of Genetic Psychology 73(1): 3-27, 1948.

Nagy, M. "The child's theories concerning death." Journal of Genetic Psychology 73: 3-27, 1948.

Nelson, Katherine. "Children's Reactions to Sibling Death."

Journal of Child Psychology 58(3): 225-237, 2016.

Noppe, I.C. "Children's Conceptions of Death." In Handbook of Childhood Death and Bereavement, edited by Charles A. Corr & Donna M. Corr. New York: Springer, 1996.

Piaget, Jean. The Construction of Reality in the Child. New York: Basic Books, 1954.

Royle, Nicholas. Jacques Derrida. London: Routledge, 2003.

Schweitzer, Albert. Die Ehrfurcht vor dem Leben: Grundtexte aus fünf Jahrzehnten. München: C.H. Beck Verlag, 1992.

Schweitzer, Albert. Kultur und Ethik. München: C.H. Beck Verlag, 1923.

Silverman, Phyllis R. Never Too Young to Know: Death in Children's Lives. Oxford: Oxford University Press, 2000.

Speece, M. W., & Brent, S. B. "Children's Understanding of Death: Developmental and Conceptual Considerations." Death Studies 20(1): 123-146, 1996.

Thompson, Lawrence. Robert Frost: The Early Years, 1874-1915. New York: Holt, Rinehart and Winston, 1966.

Wolfelt, Alan D. Helping Children Cope with Grief. New York: Routledge, 1983.

Worden, J. William. Children and Grief: When a Parent Dies. New York: Guilford Press, 1996.

Worden, J. William. Grief Counseling and Grief Therapy: A Handbook for the Mental Health Practitioner (4th ed.). New York: Springer, 2009.

데리다, 자크. 『그라마톨로지』. 김웅권 옮김. 서울: 문학과지성사, 2005.

러일, 니콜라스. 『자크 데리다의 유령들』. 오문석 옮김. 서울: 문학동네, 2016.

백미화(2025). 죽음교육개념의 재구조화 연구. 종교교육학연구, 80, 55-74.

백미화 외 2인(2023). 한국 전통 상.장례(喪.葬禮) 문화에 나타난 죽음관이 상실대처에 미치는 영향: 데리다(Derrida)의 애도이론과 관련하여. 종교교육학연구, 73, 79-94.

백미화 외 4인(2023). 청소년 죽음인식교육의 방향성 연구-중학생 대상 사례연구를 중심으로-. 한국교육문제연구, 41(1), 46-73.

백미화 외 2인(2022). 상여(喪輿)를 이용한 한국 전통 상례(喪禮)의 치유 기능과 교육적 의미: 빈상여놀이와 상여소리를 중심으로. 종교교육학연구, 71, 143-158.

백미화. 신창호(2021). 죽음교육의 목적에서 탐색한 공자와 소크라테스의 죽음관. 한국교육문제연구, 39(1), 105-124.

백미화 외 2인(2020). 인성교육 프로그램의 덕목 실천에 관한 비판적 분석: 2015년 이후에 논의한 '예, 효, 정직, 책임'을 중심으로. 안암교육학회, 26(3), 79-107.

월터 J. 프리먼, 『뇌의 마음』, 진성록 옮김, 성균관대학교 출판부, 2007

후설, 에드문트. 『현상학적 심리학』. 이종훈 옮김. 서울: 한길사, 2013.

### 고전 문헌

Comenius, Jan Amos. Didactica Magna. Amsterdam: Opera Omnia, 1657.

Comenius, Jan Amos. Via Lucis. Amsterdam, 1641.

Goethe, Johann Wolfgang von. Zur Farbenlehre. Tübingen: Cotta, 1810.

Vajracchedikā Prajñāpāramitā Sūtra (金剛經). Trans. Kumārajīva (鳩摩羅什), 5th century.

# 색인

# ㄱ

가난한 마음 412, 413, 414, 415, 419, 427, 454, 458, 528
가능성 35, 36, 37, 38, 39, 40, 41, 42, 43, 55, 58, 61, 63, 66, 69, 70, 73, 74, 75, 78, 79, 80, 81, 99, 105, 106, 120, 142, 163, 164, 167, 168, 193, 199, 200, 201, 202, 204, 208, 211, 213, 216, 220, 232, 242, 243, 244, 246, 249, 252, 274, 297, 310, 311, 341, 342, 345, 346, 351, 353, 359, 392, 409, 412, 413, 414, 418, 419, 423, 424, 428, 442, 443, 444, 445, 446, 454, 472, 485, 486, 489, 492, 493, 494, 495, 497, 510, 511, 514, 523, 537, 540, 542, 544, 545, 547, 549, 550, 552, 553, 555, 556, 657, 669, 672, 676, 677, 687, 688, 689, 690, 720, 722, 747, 751, 753, 757, 787, 792, 793, 794, 795, 797, 799, 800
가능성의 가능성 41, 424
가상 장례식 기획 690
가족 개입 706, 707
가족 인형 만들기 708
가족 재적응 706, 707
가족 중심 치료 275, 276, 278
가치적 차원 571, 582
감각 65, 66, 67, 74, 80, 81, 82, 83, 84, 86, 87, 88, 98, 107, 108, 110, 111, 113, 114, 115, 116, 123, 124, 127, 132, 134, 141, 142, 144, 145, 163, 166, 168, 171, 173, 174, 177, 178, 181, 187, 192, 195, 196, 198, 221, 237, 246, 261, 347, 298, 393, 418, 433, 434, 447, 458, 481, 537, 540, 599, 610, 616, 618, 631, 642, 644, 659, 661, 662, 684, 699, 700, 801

감정 9, 12, 13, 14, 15, 16, 17, 19, 20, 25
감정과 동일시된 자아 660
감정 도식 595, 596, 602, 603, 605, 606, 632, 633
감정 이미지 13
감정 인식 595, 604, 605, 612
감정 작동방식 119
감정 재구성 단계 604, 606
감정치료 141, 143, 145, 174, 207, 808
감정 카드 732
감정 표현 301, 653, 660, 731, 732, 788
감정학 145
감정 해소 74, 143, 642, 667
강제 결합법 765, 770, 771, 772
개별 상담 705, 706
개체성 46, 435
개체적 분리 46
거세화 651
걸음마 시기 232, 237, 285
격물 331, 337, 341, 355, 359, 360, 362, 363, 364, 365, 366, 367, 368, 369, 370, 371, 372, 373, 374, 375, 376, 378, 664
견분 128, 129, 130, 131, 666, 667
결단 41, 43, 55, 56, 102, 132, 165, 166, 170, 182, 194, 197, 206, 207, 208, 210, 212, 213, 217, 218, 220, 409, 411, 412, 413, 414, 415, 416, 418, 419, 420, 453, 459, 462, 486, 551, 569, 640, 649, 651, 655, 659, 660, 664, 679, 682, 683, 794, 796, 797, 798, 799
경청 95, 103, 314, 470, 471, 481, 548, 551, 595, 604, 605, 609, 635, 637
고유한 죽음 794, 797, 798, 799
고통 6, 7, 10, 31, 37, 46, 55, 61, 64, 66, 67, 69, 70, 76, 77, 78, 91, 93, 94, 95, 97,

103, 132, 148, 149, 161, 162, 163, 164, 165, 166, 185, 186, 212, 213, 220, 223, 227, 242, 259, 260, 267, 268, 269, 270, 277, 278, 293, 296, 306, 312, 372, 383, 384, 387, 389, 391, 393, 394, 395, 401, 409, 410, 414, 420, 434, 437, 439, 443, 449, 452, 456, 461, 462, 464, 466, 467, 468, 470, 471, 473, 475, 476, 477, 478, 479, 480, 481, 483, 486, 490, 491, 492, 493, 501, 502, 514, 515, 517, 519, 521, 522, 525, 527, 528, 529, 530, 539, 549, 551, 554, 565, 569, 594, 595, 601, 602, 608, 609, 616, 617, 618, 619, 620, 622, 623, 624, 633, 635, 636, 639, 640, 641, 645, 649, 653, 654, 655, 658, 659, 661, 679, 681, 700, 761, 797, 811, 812
고통의 의미화 461, 466, 812
고통의 지형도 6
골드먼(L. Goldman) 702
공감 15, 20
공감 능력 64, 95, 596, 635, 636
공감의 표현 778
공감적 반영 601, 618
공감(Empathy) 91, 635
공동체 의식 691
공포 36, 38, 41, 65, 66, 67, 68, 96, 124, 172, 177, 178, 213, 233, 234, 243, 251, 253, 260, 264, 265, 277, 298, 306, 469, 477, 542, 546, 559, 578, 640, 667, 697, 702, 703, 715, 716, 729, 768
관계의 종합체 51
관계 형성 단계 604
관점의 이동 597, 600, 601
교육적 실천 569, 803
교환의식 38, 214

구체적 조작 단계 246
궁리 331, 337, 341, 355, 359, 360, 362, 363, 364, 365, 366, 367, 368, 370, 372, 374, 375, 376, 378, 664
귀납적 인식 110
그라마톨로지(Grammatology) 669
그림책 활용 죽음교육 737, 739, 741
근본적 마음 상태 36, 37, 80
근원 인상 133, 134, 135, 136, 137
글쓰기 활동 635, 636, 638, 654, 669, 708, 749
금기 212, 240, 250, 709, 729, 742, 770
기분 36, 37, 41, 53, 67, 104, 172, 468, 536, 581, 597, 611, 622, 630, 632, 724, 726, 741, 778
기억의 구성 116, 122, 123, 124
기억 현상 117
기억흔적 10
기질 97, 98, 118, 123, 124, 125, 137, 141, 319, 320, 321, 322, 323, 324, 325, 326, 327, 328, 329, 330, 331, 332, 334, 335, 336, 337, 338, 339, 340, 341, 342, 343, 344, 345, 346, 347, 348, 350, 352, 353, 354, 355, 356, 357, 358, 359, 361, 362, 363, 364, 366, 367, 368, 369, 371, 373, 374, 375, 376, 377, 378, 519, 656
길들여진 죽음 7

ㄴ

낯선 느낌 42
낯섦 80, 211, 790
내면적 초월 36, 211, 428, 454
내적 힘 245, 246
노년기 발달적 과업 429
노년의 미학 452, 455

노에시스 83, 118, 120, 177, 458
노페(I.C. Noppe) 716
노화 386, 431, 435, 437, 439, 449, 450, 715, 717, 718, 719
놀이 시기 232, 237
뇌생리 체질 75
늙어감의 미학 449, 458

## ㄷ

다른 사람의 죽음 22
다양성 인식 690
단독자 37, 164, 211, 213
단어 표상 151, 648, 661, 663, 674
단탄 231
데리다(J. Derrida) 637
도덕법칙 39
도덕적 본성 319, 321, 325, 329, 331, 336, 338, 344, 353, 354, 355, 361, 371, 373, 374, 377
도덕적 자율성 33, 34, 336, 343
도착증 158, 647, 648, 675
돌봄 74, 230, 234, 235, 283, 440, 461, 462, 463, 464, 465, 466, 467, 471, 476, 477, 478, 480, 481, 482, 483, 484, 486, 490, 492, 494, 497, 509, 514, 519, 521, 522, 523, 524, 536, 537, 540, 636, 693, 695, 698, 811, 812, 813
돌봄 제공자 234, 235, 283, 467, 480, 481, 483
동등성의 원칙 754
동시성 44, 54, 131, 133, 134, 139, 177, 197, 417
동일성 31, 45, 82, 112, 113, 114, 131, 166, 167, 169, 170, 173, 179, 180, 201, 208, 212, 363, 649, 659, 664, 666, 673, 675, 677, 681, 683, 685, 686, 687, 800
동화 166, 170, 201, 252, 651, 685, 708, 724, 725, 726
두려움 38, 66, 67, 95, 96, 103, 172, 177, 178, 233, 235, 256, 265, 277, 288, 294, 383, 430, 434, 437, 439, 450, 460, 468, 469, 470, 522, 528, 529, 532, 539, 540, 548, 549, 559, 592, 593, 600, 603, 611, 617, 620, 623, 635, 637, 640, 659, 662, 667, 684, 691, 698, 707, 715, 744, 745, 746, 747, 748, 768, 796, 803

## ㄹ

라이프 사이클(life cycle) 587
라이프 이벤트(life-events) 573
라캉(J. Lacan) 150, 645
랑그(기호-기표) 644
레비나스(E. Levinas) 46
로고테라피(logotherapy) 56, 372
로클린 251, 252
리비도 73, 75, 76, 77, 143, 167, 170, 175, 181, 192, 220, 659

## ㅁ

마술적 사고 233, 247, 262, 696
마우러 251
마음의 가난 409, 410
마음의 판형 10, 12
망각 42, 120, 167, 211, 418, 419, 641, 686, 793
메타 정신 35
몸의 공간적 지각 83
몸 지각 79
무소주 46, 598
무아 46, 47, 116

무의미성 71, 801
무의식 10
무의식의 의식화 179, 673
무의식(Unconscious) 147
무화(無化) 541
문학작품 속의 상실 11
문화와 윤리 754
문화적 관점 670, 751

## ㅂ

반려동물 11
반려동물 상실 11
반복 114, 115, 117, 167, 170, 172, 173, 174, 177, 178, 179, 180, 201, 235, 241, 253, 267, 290, 385, 417, 420, 421, 434, 451, 452, 456, 468, 545, 607, 639, 641, 647, 650, 659, 661, 673, 675, 682, 684, 685, 686, 701, 740
반성적 성찰 52, 66, 178
반자도지동 172
발달 단계 223, 229, 230, 569, 583, 585, 591, 693, 803
발달단계 227, 229, 230, 234, 235, 241, 255, 270, 403, 565, 693, 694, 695
발달 수준 275, 279, 565, 696, 711
발달 이론 229, 230, 231, 236, 711
발달적 과업 229, 232, 285, 287, 289, 301, 381, 406, 429, 431, 432, 447
발달적 수준 248
발달적 특성 287, 301, 711, 712
발화주체 416, 666
발화행위 163, 179, 182, 681, 682, 801
발화 형식과 구조 647
방어 12
방어기제 73, 75

방어체계 182, 202, 658, 659
방황 35, 164, 205, 209, 427
배우자 상실 389
벨레하임 253
변계소집성 130, 131, 132, 666, 667, 668
보편적 지식체계 5
복합적인 비탄 283, 623, 624
본래성 34, 35, 37, 41, 42, 43, 53, 63, 66, 79, 749, 798
볼비(J. Bowlby) 699
부기맨(boogeyman) 697
부성 언어 673
부적응적 감정 도식 595, 602, 603, 632, 633
부적응적 신념 605, 606, 608, 622
분리 40, 43, 44, 46, 54, 64, 67, 68, 76, 77, 79, 84, 89, 90, 101, 110, 112, 119, 133, 164, 165, 167, 193, 197, 198, 204, 205, 212, 216, 233, 241, 242, 245, 251, 291, 298, 324, 328, 347, 348, 384, 420, 421, 427, 454, 457, 478, 523, 575, 650, 651, 657, 658, 695, 700, 800, 801
분석가 16, 20
불가역성 244, 245, 265, 695, 727
불가피성 243, 244, 246, 247, 298, 439, 731
불가항력적 사건 114
불안 33, 34, 35, 36, 37, 38, 39, 40, 41, 43, 49, 50, 51, 53, 55, 65, 66, 68, 69, 70, 71, 73, 74, 75, 79, 80, 81, 86, 96, 97, 163, 164, 166, 172, 173, 176, 182, 209, 211, 212, 213, 214, 219, 223, 233, 234, 243, 251, 253, 255, 256, 257, 260, 264, 265, 288, 297, 298, 385, 386, 416, 427, 428, 447, 454, 467, 468, 469, 472, 474, 475,

색인 823

477, 481, 495, 522, 523, 542, 558, 559,
578, 585, 592, 601, 603, 610, 613, 614,
631, 640, 662, 664, 667, 673, 686, 688,
695, 696, 697, 698, 700, 702, 705, 808,
809
불안 정서 35, 37, 523
불안(Anxiety) 33, 73
불트만 190, 191, 204, 217
불확실성 39, 261, 468, 481, 537, 688
뷔러 231
브렌타노 102
블루본-랑그너 257
비가역성 714, 717, 718
비기능성 244, 245, 265, 717
비물질적 지속성 244
비약 55, 56, 165, 182, 202, 219, 220
비인칭적 죽음 797
비탄 9, 11, 12, 13, 14, 15, 16, 22, 23, 76,
77, 118, 119, 120, 133, 143, 144, 158,
189, 233, 234, 255, 261, 262, 264, 265,
266, 267, 268, 269, 270, 271, 275, 276,
280, 281, 282, 283, 285, 287, 289, 295,
296, 305, 306, 307, 308, 309, 313, 315,
316, 317, 318, 389, 391, 392, 393, 395,
396, 398, 404, 405, 441, 443, 444, 445,
447, 576, 581, 619, 623, 624, 625, 642,
646, 667, 699, 728, 789
비탄 상담 11
비탄 행동 264
비탄(grief) 699
빅터 프랭클 39, 51, 62, 372, 525

## ㅅ

사건(事件, event) 45
사물 표상 9

사물표상 167, 172, 179, 181
사별 232, 233, 234, 235, 255, 256, 259,
261, 262, 263, 264, 265, 266, 267, 268,
272, 275, 276, 277, 280, 281, 282, 283,
284, 287, 289, 293, 295, 301, 305, 306,
307, 308, 309, 313, 315, 316, 318, 381,
383, 386, 391, 392, 393, 395, 396, 397,
398, 399, 402, 403, 404, 405, 437, 438,
441, 442, 443, 444, 445, 447, 476, 482,
483, 502, 572, 581, 583, 586, 589, 591,
593, 704, 705, 706, 707, 708, 709, 812
사별 아동 704, 706, 707, 709
사생관(死生觀) 587
사전연명의료의향서 24, 487, 488, 489,
498, 499, 503, 504, 505, 506, 507, 508,
509, 510, 511, 512, 590
사회적 죽음 체계 250
사회적 퇴행 234
사후 개입 275, 276, 284, 285, 313, 316
사후성 174, 179, 661
산중관화(山中觀花) 45
삶의 교육 767, 779, 783
삶의 소중함 211, 227, 487, 540, 569, 571,
722, 748, 753
상분 128, 129, 130, 131, 666, 667
상상 10
상상과 은유 10
상실 2, 3, 7, 8, 9, 10, 11, 14, 15, 20, 23,
26, 31, 35, 40, 42, 71, 73, 74, 76, 77, 78,
79, 80, 87, 96, 143, 147, 148, 149, 158,
159, 163, 164, 165, 169, 172, 180, 189,
210, 211, 212, 219, 220, 221, 223, 227,
229, 230, 231, 233, 234, 238, 239, 255,
261, 262, 265, 266, 267, 268, 269, 270,
275, 276, 277, 280, 281, 283, 284, 285,

286, 287, 288, 292, 293, 294, 298, 303, 306, 307, 309, 313, 314, 315, 316, 318, 331, 332, 351, 381, 389, 390, 391, 392, 393, 395, 396, 399, 401, 402, 403, 405, 406, 407, 414, 415, 422, 427, 435, 436, 437, 438, 440, 441, 442, 443, 444, 445, 448, 460, 468, 470, 471, 472, 474, 475, 482, 483, 486, 523, 524, 525, 539, 547, 548, 556, 558, 559, 562, 565, 569, 571, 581, 582, 583, 588, 594, 596, 603, 608, 617, 618, 619, 623, 629, 639, 640, 642, 646, 651, 654, 659, 664, 667, 668, 675, 684, 685, 693, 695, 696, 698, 699, 700, 702, 704, 705, 706, 709, 712, 728, 729, 731, 732, 735, 739, 741, 743, 748, 749, 765, 766, 772, 773, 777, 787, 789, 803
상실감 71, 210, 238, 261, 262, 266, 267, 281, 285, 396, 399, 401, 407, 438, 440, 441, 443, 444, 445, 448, 475, 581, 594, 735
상실의 치유 기제 10
상실 이후 정서 10
상징화(Symbolization) 161, 653
상처(傷處) 163
상황 윤리 6
상흔 10, 13, 20, 21
상흔(傷痕) 163
샌드위치 세대 379, 380, 382, 385, 386, 389, 390, 391
생명에 관한 결정 429, 430, 435
생명유지 장치 578
생명윤리 6
생애 발달 223, 227, 229, 231, 233, 458, 723
생애 발달 과정 229

성리학 319, 320, 321, 322, 323, 324, 329, 345, 348, 349, 377, 451
성명 7
성찰 33, 34, 40, 49, 50, 51, 52, 53, 61, 62, 65, 66, 68, 69, 74, 78, 80, 94, 100, 105, 161, 162, 178, 211, 213, 223, 320, 330, 331, 338, 340, 341, 350, 359, 364, 376, 378, 410, 411, 416, 422, 449, 460, 463, 465, 485, 500, 504, 523, 538, 550, 569, 613, 635, 636, 638, 659, 660, 666, 669, 671, 688, 690, 691, 713, 731, 751, 753, 767, 787, 788, 803, 812
성흔 10, 13
성흔(聖痕) 163
소아 완화 치료 275, 276, 278, 279
소외 42, 57, 62, 70, 80, 97, 147, 149, 171, 178, 219, 315, 413, 416, 419, 422, 577, 666, 668, 790
소크라테스(Socrates) 576
쇼펜하우어 62, 576
수다스러운 언어 41
수양 124, 319, 320, 321, 322, 323, 324, 325, 329, 330, 331, 343, 345, 348, 349, 352, 353, 354, 355, 356, 357, 358, 359, 360, 362, 364, 369, 375, 376, 377
수치심 164, 178, 213, 232, 237, 427, 559, 610, 623, 632, 633, 662, 703
슈바이처(A. Schweitzer) 754
스산한 감정 36
스티븐슨 260
슬픔 10, 14, 25
시간의식 8
시뮬라크르 220, 796
시신 처리 592, 593
시한부 인생 456, 775

신뢰와 자율성  229, 230
신체의 내부지각  83, 86
신체적 문제  91, 92
신체적 지각  73
신체화된 인지  643
실버만(P.R. Silverman)  699
실존  2, 3, 7, 10, 12, 13, 19, 20, 21, 29, 31, 33, 35, 36, 37, 38, 39, 40, 41, 42, 43, 49, 50, 51, 54, 55, 56, 57, 59, 61, 64, 66, 67, 69, 70, 71, 73, 74, 75, 78, 80, 81, 84, 86, 91, 92, 93, 95, 98, 102, 103, 104, 105, 106, 126, 132, 142, 143, 147, 148, 149, 150, 152, 156, 157, 158, 161, 163, 164, 165, 168, 171, 178, 185, 186, 187, 188, 189, 190, 191, 192, 193, 194, 195, 196, 197, 202, 204, 205, 206, 207, 208, 209, 210, 211, 212, 213, 214, 215, 217, 218, 219, 220, 221, 222, 223, 227, 245, 409, 410, 412, 413, 414, 423, 425, 427, 428, 454, 460, 464, 466, 541, 544, 545, 567, 569, 570, 600, 643, 649, 660, 668, 685, 788, 793, 806
실존의식  185, 187, 189, 196, 204, 208, 209, 210, 218, 219, 221
실존의 장악  55, 220
실존적 결단  55, 208, 220
실존적 경험  126, 185
실존적 느낌  196
실존적 드러남  57
실존적 불안  74, 86
실존적 상태  143, 600, 668, 685
실존적 상호소통  57, 61
실존적 예수  189, 194, 218
실존적 전율  171
실존적 정신역학  59
실존적 좌절  59, 70, 71
실존적 질문  33, 219, 649
실존적 체험  37, 95, 161, 189, 219
실존적 한계상황  147, 149, 211
실존적 해석  13
실존정신언어분석  7, 12, 20, 147, 148, 149, 150, 152, 156, 157, 158, 163, 197, 202
실존정신언어분석가  157
실존주의  39, 40, 49, 223
실존 치료  7, 20, 91, 93
실존해명  61
실존현상학  106
실천  2, 3, 6, 7, 8, 9, 10, 11, 13, 14, 16, 18, 20, 21, 22, 23, 24, 25, 26, 27, 31, 33, 34, 40, 47, 50, 61, 73, 74, 81, 92, 94, 108, 131, 147, 148, 159, 161, 162, 165, 176, 185, 186, 189, 202, 206, 210, 211, 212, 214, 217, 218, 223, 227, 230, 231, 256, 275, 276, 280, 288, 302, 311, 319, 320, 321, 322, 326, 327, 336, 337, 344, 345, 348, 349, 350, 352, 355, 361, 363, 366, 372, 375, 376, 380, 381, 390, 391, 393, 403, 409, 410, 411, 412, 413, 414, 415, 418, 419, 420, 421, 422, 423, 424, 425, 426, 427, 430, 431, 438, 439, 449, 450, 452, 453, 454, 459, 461, 462, 463, 465, 466, 476, 477, 486, 488, 489, 496, 503, 521, 522, 523, 524, 525, 538, 565, 569, 571, 572, 573, 585, 586, 596, 597, 636, 638, 641, 643, 646, 648, 649, 652, 654, 655, 661, 664, 670, 688, 693, 694, 711, 712, 731, 732, 751, 752, 764, 765, 766, 787, 788, 789, 790, 798, 800, 803, 811, 812, 813, 814
심리의 내재화  143, 642

심리적 공황 36
심리적 불안 255
심리적 역동성 74
심리적 자기결정 161, 162
심연 35, 38, 164, 201, 211, 213, 427, 454
싸나톨로지스트(Thanatologist) 40, 524, 556
싸나톨로지 진단지 559, 560
싸나톨로지 테라피 558, 562
싸나톨로지 프로그램 521, 524, 540, 541, 556, 558, 564
싸나톨로지(Thanatology) 40, 523

## ㅇ

아동의 애도와 상실 699
아동의 이해 229, 235
아동 죽음 개념 검사 727
아폴론과 디오니소스 667
안락사 445, 496, 500, 513, 517, 518, 519, 575, 582, 586, 590, 594, 812
안심입명(安心立命) 587
애니미즘 246, 247
애도 74, 76, 77, 78, 120, 121, 125, 126, 133, 142, 189, 233, 255, 256, 261, 262, 264, 266, 267, 268, 275, 282, 283, 292, 309, 316, 317, 389, 390, 391, 393, 395, 398, 404, 441, 444, 476, 565, 571, 581, 586, 593, 596, 598, 599, 600, 618, 619, 620, 623, 624, 659, 684, 693, 694, 699, 704, 705, 706, 707, 711, 712, 716, 722, 724, 728, 729, 735, 742, 772, 787, 788, 789, 798
애도 과업 256, 262, 266, 267, 268, 275, 707, 722, 724, 728, 729
애도 과정 120, 255, 275, 282, 283, 309, 389, 390, 476, 565, 586, 596, 693, 694, 699, 704, 705, 711
애도(mourning) 699
애착 이론 700
야뇨증 233, 696
야스퍼스((K. Jaspers) 39
야콥슨(Jakobson) 147
양심의 부름(Gewissensruf) 41
억압 12
언어-발화 사건(speech-event) 193
언어 표상 10
에릭슨 229, 231, 232, 277, 290, 381, 429, 431, 432, 587
에베하르트 융엘(Eberhard Jüngel) 187
역사적 예수 187, 188, 189, 192, 195, 211, 212, 213, 217, 218, 221
연구 범주 6
연명치료 40, 487, 488, 492, 495, 503, 813
연합과 종합(Association and Synthesis) 107
영원성 36, 177, 410, 428, 454
영적 성장(Spiritual Growth) 185
영혼의 울림 35, 156, 164, 209, 427
완곡어법 235, 281, 575
왕양명 45
욕구와 욕망 656, 657
욕망의 실존분석 649
우울증 16
원성실성 130, 131, 132, 666, 668, 792
원죄 39
원-현상(Urphänomen) 576
웩터 257, 260
유식 8, 20
유식학 116, 118, 121, 122, 127, 128, 145
유아기 죽음 개념 711, 713
유아 죽음교육 715, 716, 717, 718, 727

유한성(Finitude) 49
윤리적 행위 6
은유 10, 21, 23, 149, 155, 156, 163, 164, 167, 181, 185, 186, 187, 188, 196, 197, 198, 199, 200, 201, 202, 203, 204, 208, 227, 409, 411, 414, 422, 608, 618, 634, 645, 646, 648, 674, 681, 790, 791, 792, 796
은유와 비유 21
은유적 투사 10
의례 11
의미 31, 33, 34, 36, 37, 39, 40, 42, 45, 46, 47, 49, 50, 51, 52, 53, 55, 56, 57, 58, 59, 60, 61, 62, 63, 64, 65, 67, 69, 70, 71, 74, 78, 79, 80, 82, 83, 84, 85, 86, 87, 88, 89, 90, 92, 93, 94, 99, 100, 101, 102, 103, 105, 107, 111, 112, 113, 118, 119, 120, 121, 122, 124, 127, 128, 129, 130, 131, 132, 138, 139, 141, 142, 143, 144, 147, 150, 151, 152, 154, 155, 156, 157, 158, 159, 163, 164, 166, 168, 169, 170, 171, 172, 173, 174, 176, 177, 178, 179, 180, 181, 182, 183, 185, 186, 187, 189, 190, 191, 192, 195, 196, 197, 200, 201, 202, 203, 205, 206, 207, 209, 210, 211, 212, 213, 215, 217, 218, 219, 220, 223, 227, 229, 230, 233, 236, 240, 241, 242, 244, 249, 256, 259, 265, 266, 267, 268, 269, 275, 279, 282, 287, 289, 294, 297, 301, 303, 304, 305, 316, 321, 322, 324, 325, 326, 327, 328, 329, 330, 332, 333, 337, 343, 345, 346, 347, 348, 350, 351, 354, 361, 363, 367, 369, 372, 373, 374, 376, 377, 378, 380, 384, 386, 387, 389, 392, 393, 394, 398, 400, 403, 407, 410, 411, 412, 414, 415, 418, 419, 420, 421, 422, 423, 424, 426, 427, 430, 431, 432, 446, 447, 449, 450, 452, 453, 454, 456, 459, 460, 461, 462, 463, 464, 465, 466, 468, 470, 471, 479, 480, 481, 484, 486, 487, 488, 489, 490, 491, 492, 493, 494, 495, 496, 497, 498, 500, 501, 503, 517, 518, 524, 525, 526, 527, 531, 532, 538, 539, 543, 544, 545, 548, 551, 552, 553, 555, 559, 561, 563, 565, 569, 571, 572, 573, 575, 577, 579, 580, 581, 586, 587, 588, 589, 590, 592, 595, 598, 599, 600, 601, 604, 605, 607, 608, 609, 610, 611, 612, 617, 624, 625, 628, 629, 631, 632, 634, 635, 636, 637, 638, 639, 640, 641, 642, 643, 644, 645, 646, 647, 650, 651, 653, 655, 656, 657, 658, 659, 660, 661, 662, 666, 667, 668, 669, 670, 671, 672, 673, 674, 675, 676, 677, 681, 682, 683, 684, 685, 686, 687, 688, 689, 690, 691, 692, 693, 697, 714, 717, 722, 723, 725, 727, 731, 741, 747, 748, 749, 765, 766, 767, 768, 772, 782, 783, 787, 788, 789, 794, 795, 798, 799, 800, 801, 803, 812
의미망 형성 143, 643, 668
의미 있는 삶 52, 449, 459, 491, 586, 638, 688, 691
의미 있는 연명치료 487
의미 추구의 완결 39
의미화 7, 14, 16, 17, 26
의미화 여정 7
의사소통 능력 585, 614, 635, 636, 637
의식 8, 10, 12, 13, 20, 21
의식의 공간화 130
의식의 구성 82, 114, 119, 125, 131, 139,

142, 197, 210, 646, 660, 684
의식의 소산 38, 214
의식의 시간화 177
의지 활동의 종결 39
의타기성 130, 131, 132, 666, 667, 668
의필고아(意·必·固·我) 649
이중적 관계 37, 213
이차적 반응(secondary response) 631
인간 존재 41, 49, 50, 58, 60, 67, 71, 105, 147, 185, 200, 412, 571, 579, 759, 803
인간학 58, 59, 61, 105, 106, 227
인드라망 761
인성 변화 319, 321, 322, 323, 325, 331, 353, 360, 375
인지구조 644, 647, 653, 654, 659
인지 도식 158, 643, 645, 656
인지도식 10
인지 발달 246, 294, 696, 716
인지적 반응 699
인지적 차원 571, 581
인지치료 98, 558, 559, 562, 639, 650
임종 24
입장 변경 69
입장 조정 65, 69

## ㅈ

자기 거리두기 65, 66
자기 결정권 369, 430, 487, 488, 503, 504, 514, 515
자기 관찰 57
자기 동일성 45, 82, 112, 113, 114, 131, 666
자기동일성 8
자기 동일시 15
자기만의 문법(Personal Grammar) 653

자기반성 35, 42, 164, 211, 427, 449, 450, 454
자기성 43, 47, 81, 112, 114, 143, 144, 145, 147, 149, 150, 415, 453
자기 성찰 34, 50, 61, 320, 613, 635, 636, 638
자기소외 42
자기 연민 608
자기의식 43, 55, 86, 122, 125, 129, 137, 161, 204, 210, 213, 219
자기 이탈 55
자기이탈 219
자기 이해 57, 161, 162, 373, 382, 385, 598, 612, 614
자기 인식 36, 80, 161, 162, 579, 595
자기 재구성 161, 162
자기 정체성 33, 35, 36, 41, 42, 43, 51, 62, 79, 163, 213, 457, 523
자기 지배와 절제 52
자기 초월 49, 50, 55, 58, 61, 65, 68, 69, 71, 94, 223
자기초월 71, 94, 167, 169, 219
자기초월적 반성 94
자기 통제 232, 237, 610, 651
자기형성 213
자신을 드러냄 57
자아-개념 255, 393, 434
자아 성찰 33, 161, 162
자아실현 58, 92
자아정체성 52, 55, 114, 219, 287, 390, 525, 638
자아중심적 사고 246
자아 통합 163, 232, 429, 430, 432, 587
자아 통합(ego-integrity) 587
자아 형성의 구조 115

자아(ego) 강화 143
자유로의 이행 37, 212
자유의 가능성 39, 40, 42
자유의 본질 37
자유의 여정 35, 42, 51, 201
자유의지 35, 51, 63, 105, 131, 217, 325, 414, 416, 796
자존감 301, 310, 311, 403, 434, 440, 445, 702
자증분 128, 129, 130, 666, 667, 668
장식(藏識) 121
장횡거 45
재구성 49, 50, 64, 67, 87, 103, 104, 119, 122, 123, 125, 127, 133, 151, 152, 156, 161, 162, 168, 170, 174, 177, 179, 180, 183, 185, 186, 192, 193, 195, 197, 201, 212, 231, 257, 277, 289, 303, 361, 367, 381, 390, 391, 565, 569, 595, 597, 602, 603, 604, 605, 606, 608, 610, 614, 615, 620, 623, 624, 627, 629, 633, 639, 641, 645, 646, 647, 648, 653, 660, 661, 662, 668, 674, 682, 684, 691, 729, 760, 803
재적응의 과정 143, 145
재현 117, 135, 167, 174, 175, 179, 181, 187, 189, 192, 195, 196, 218, 221, 417, 421, 607, 610, 616, 619, 641, 656, 661, 662, 674, 676
적응적 감정 595, 602, 603, 605, 606, 610, 611, 632, 633, 659
전율 35, 163, 171, 178, 211
전인적 돌봄 461, 462, 482, 486
전 조작적 사고 단계 246
정동(Affection) 665
정서 도식 65, 562, 608, 644, 682, 683, 684

정신의 역동성 73, 78
정역학적(hydrostatic, 靜力學的) 77
정합적 일치성 145
조력 자살 582
존재 14, 19, 20
존재 강화 91, 92, 96, 97
존재론적 관점 91, 92
존재의 성찰 49, 50
존재적 가능성 38
존재적 상태 47, 409, 411, 422
종교성 189
종말론적 미래형의 실존 의식 196
종말론적 실존 의식 185, 186, 187, 220, 221, 223
종말론적 한계상황에 처한 실존의식 189
종말론적 현재형의 실존 의식 196
종자의식 121, 122, 128
죄책감 164, 178, 212, 213, 232, 234, 237, 260, 264, 317, 394, 398, 400, 401, 403, 404, 427, 440, 443, 444, 468, 469, 476, 483, 501, 527, 559, 623, 624, 625, 662, 667, 686, 702, 703, 761
주재성 319, 329, 331, 332, 338, 350, 351
주체성 5
주체의 탄생 651
주체적 열망(agentic desire) 611
주체적 자기(Subjective Self) 147
죽음교육 4, 5, 6, 7, 11, 12, 19, 21, 25, 26, 27
죽음교육의 구성 5
죽음교육의 궁극 목표 591
죽음교육의 네 가지 차원 580
죽음교육의 여섯 가지 목적 589
죽음교육의 행동 목표 588
죽음교육 프로그램 488, 572

죽음교육(Death Education) 585, 635, 669, 731, 765
죽음에 대한 가치관 488, 585, 731, 744, 766
죽음에 대한 두려움 233, 430, 433, 434, 450, 460, 468, 539, 540, 635, 691, 746, 748
죽음에 대한 부정적 인식 768
죽음에 대한 이해 234, 236, 248, 255, 287, 437, 565, 694, 706, 712, 714
죽음에 대한 태도 변화 385, 742, 743, 744
죽음의 노화성 717
죽음의 메타포 800
죽음의 불가역성 265, 695, 727
죽음의 불가피성 298
죽음의 비가역성 714, 717
죽음의 언어 571, 573
죽음의 은유 409, 411
죽음의 인격화 242
죽음 준비 272, 313, 572, 669, 743
죽음충동 167, 220
죽음학 5, 6, 8, 16
죽음학의 윤리성 6
죽음학(Thanatology) 149, 486, 571, 574
중성(원성실성) 792
증상 9, 10, 13, 16, 17, 65, 66, 68, 69, 75, 91, 98, 103, 147, 149, 150, 158, 163, 179, 208, 212, 234, 258, 416, 461, 463, 464, 467, 468, 469, 472, 475, 479, 480, 481, 497, 510, 511, 561, 613, 614, 640, 647, 650, 655, 656, 673, 683, 684, 686, 702
증자증분 128, 129, 130, 666, 668
지지 그룹 704
지지적 환경 601
지향성 31, 52, 60, 71, 79, 82, 83, 87, 103, 107, 108, 112, 116, 117, 120, 127, 133, 141, 142, 152, 157, 166, 167, 173, 210, 220, 247, 322, 323, 325, 329, 330, 345, 347, 348, 349, 350, 352, 354, 355, 356, 358, 362, 377, 426, 452, 453, 463, 465, 484, 562, 647, 648, 653, 657, 658, 660, 664, 676, 683, 684, 800, 801
직면 14, 16
직업 상실 389, 390, 391
진리의 사건 163, 194, 196, 212, 219, 457
진취성 229, 232, 237
진취성과 근면성 229
질병 31, 40, 52, 69, 73, 76, 78, 91, 93, 94, 98, 99, 100, 101, 118, 233, 236, 252, 255, 256, 257, 258, 259, 260, 261, 266, 269, 270, 272, 274, 277, 278, 279, 280, 285, 289, 299, 301, 303, 304, 305, 307, 318, 361, 381, 394, 404, 406, 407, 434, 440, 441, 442, 443, 444, 447, 469, 470, 479, 480, 482, 497, 503, 514, 526, 528, 529, 536, 564, 573, 578, 693, 697, 698, 715, 716, 721, 723
질적 도약 38, 39

## ㅊ

차연(différance) 637, 671
차이 31, 36, 57, 61, 82, 86, 110, 111, 114, 119, 120, 125, 133, 134, 135, 141, 142, 151, 166, 167, 173, 174, 175, 179, 180, 189, 201, 204, 208, 212, 213, 221, 222, 229, 234, 235, 247, 248, 249, 262, 310, 324, 325, 329, 330, 332, 333, 334, 335, 339, 340, 341, 342, 344, 351, 352, 353, 354, 359, 362, 363, 376, 377, 381, 404, 405, 413, 418, 420, 466, 483, 488, 492,

541, 615, 640, 659, 672, 673, 674, 675, 681, 682, 683, 684, 686, 687, 697, 724, 726, 727
차이와 다름 31, 82, 110, 111, 125, 133, 141, 166, 167, 179, 208, 418, 639, 659, 673, 674, 675, 681, 682, 683, 684, 686
창의적 진리 탐색 185
창의적 표현 능력 638, 690, 765
창조적 존재 161, 162
책임성 60, 271
청소년기 232, 236, 287, 288, 289, 290, 291, 292, 293, 294, 295, 297, 298, 301, 302, 303, 305, 306, 307, 308, 311, 313, 316, 317, 318, 381, 385, 399, 716
체화 74, 80, 81, 85, 86, 87, 88, 89, 90, 118, 125, 127, 132, 145, 170, 177, 206, 213, 261, 328, 372, 373, 639, 643, 645, 651, 664, 666, 674, 684, 702, 722, 755
체화된 자기 90, 639
초기 성년기 232
초기 유년기 232, 237, 292
초월 36, 41, 46, 49, 50, 55, 57, 58, 60, 61, 62, 65, 66, 68, 69, 71, 82, 94, 105, 121, 167, 169, 202, 211, 219, 223, 330, 333, 341, 344, 356, 364, 365, 427, 428, 454, 480, 542, 544, 545, 547, 549, 550, 552, 553, 555, 556, 669, 672, 690, 698, 787, 798, 799
촉발 및 탐색 단계 604
추상적 사고 249
치유 기제 10, 16
친밀감 232, 291, 294, 308, 379, 381, 403, 406, 444, 602, 603, 623

# ㅋ

카스텐바움 249, 441
카젠바흐 277
카타르시스 73, 74, 75, 76, 401
케리그마적 그리스도론 218
코메니우스(J.A. Comenius) 580
키르케고르 35, 36, 37, 38, 39, 61, 62, 79, 102

# ㅌ

타나토스 220, 686
타당화 단계 629
타당화(validation) 272, 609
타인의 얼굴 46, 420, 421
타자성 46, 62, 82, 84
타자의 언어 147, 150, 640, 643, 645, 649, 658
타타가타(thatagttha, 여래장, 불성) 47
탈 성찰(Dereflexion) 68
탈신화화 191
태아와 영아의 죽음 389, 390
톨스토이 764, 771
퇴행 75, 220, 234, 261, 443, 447, 695, 696, 701
트라우마 89, 125, 179, 180, 239, 263, 275, 276, 284, 285, 396, 596, 614

# ㅍ

파지 117, 118, 133, 134, 135, 136, 137, 138, 139, 140, 141, 177
판단중지 103, 210, 419, 425, 426, 452, 453, 687
팔루스 673, 686, 801
팔루스적-로고-중심주의 686
퍼먼 699
평가와 개입 16

평형성(Equilibrium) 667
품위 있는 임종 466, 487, 488
품위 있는 죽음 461, 462, 514, 556, 565
프로이트 57, 62, 73, 76, 77, 79, 80, 105, 121, 147, 148, 150, 151, 158, 164, 167, 168, 170, 173, 174, 175, 179, 180, 181, 198, 201, 208, 212, 229, 231, 416, 417, 421, 427, 651, 661, 674, 675
프로이트(S. Freud) 57, 231
피아제 246, 247, 294

## ㅎ

하비거스트 229, 231
하이데거 36, 37, 38, 39, 43, 61, 62, 73, 74, 79, 80, 81, 102, 119, 169, 191, 195, 208, 209, 211, 215, 455, 686, 789, 791, 794, 798, 799
하이데거(M. Heidegger) 36, 455
한계상황 2, 3, 8, 19, 20, 21, 49, 50, 51, 53, 54, 55, 61, 80, 102, 113, 147, 149, 172, 185, 186, 187, 189, 210, 211, 218, 219, 220, 221, 460, 464, 664, 668, 685, 792, 793
함양 324, 326, 341, 355, 359, 360, 364, 375, 376, 378, 586, 589, 596, 664, 691
해체주의 637
해체(deconstruction) 672
행동적 차원 571, 583
행위 경향성 140, 207, 611, 659
현상학 20, 84, 85, 91, 92, 93, 102, 103, 104, 105, 106, 107, 108, 109, 110, 112, 115, 118, 121, 122, 125, 129, 133, 134, 137, 142, 145, 169, 177, 218, 415, 417, 576, 660, 676, 808, 812, 817
현재에 머물기 617

현전성 42
현존 33, 40, 43, 93, 112, 134, 139, 149, 169, 183, 193, 196, 205, 206, 208, 210, 213, 218, 266, 267, 411, 551, 701
현-존재 36, 37, 38, 41, 42, 43, 58, 60, 79, 80, 82, 119, 208, 211, 673, 798
현-존재(Da-Sein) 798
협력적 관계 604, 605, 616, 630
호스피스 227, 279, 280, 298, 299, 305, 307, 308, 430, 435, 437, 440, 441, 461, 463, 466, 467, 472, 476, 477, 478, 479, 480, 481, 483, 484, 486, 494, 496, 504, 509, 511, 517, 518, 521, 523, 524, 525, 526, 533, 556, 562, 572, 590, 689, 782, 811, 812, 813
홀레 우시아 101
화이트헤드 45, 215
환각 81, 174, 472, 639, 675, 676
환대(hospitality) 598
환유적 대체물 673
회상 107, 116, 117, 118, 119, 120, 125, 126, 127, 135, 142, 177, 179, 210, 308, 543, 659, 660, 661
회피 66, 74, 75, 77, 87, 89, 114, 132, 144, 167, 172, 179, 180, 238, 240, 242, 246, 265, 275, 396, 414, 424, 523, 561, 571, 574, 575, 601, 611, 618, 639, 640, 641, 642, 662, 770
후설 82, 83, 93, 102, 103, 107, 108, 110, 116, 118, 120, 121, 122, 125, 127, 133, 134, 135, 136, 137, 142, 177, 210, 218, 415, 417, 425, 426, 452, 453, 458, 660, 808, 812, 817
희망 40, 57, 77, 191, 203, 208, 210, 212, 232, 310, 407, 418, 436, 471, 480, 481,

482, 492, 502, 521, 522, 525, 535, 537, 543, 588, 613, 632, 684, 762, 763, 764

히스테리 구조 10

## 죽음교육 교과서 담당 집필진 약력

### 서문 및 감수 : 임 병식

국제공인 죽음교육수련감독(FT), Ph.D
한국죽음교육학회장
죽음교육연구소장
한국싸나톨로지협회 이사장
한신대 휴먼케어융합대학원 죽음교육상담전공 교수

### 제1부 | 죽음교육론 : 신 경원

국제공인 죽음교육수련감독(FT), Ph.D, ND
한국싸나톨로지협회 협회장
국제키비탄한국본부 부총재
고려대 죽음교육연구센터 센터장
동덕여대 심신과 명상수련 담당교수
한신대 휴먼케어교육원 반려동물상실애도교육전문가 주임교수

### 제2부 | 문화·사회론 : 김 경숙

국제공인 죽음교육전문가(CT), Ph.D
고려대 죽음교육연구센터 수석연구원
한국죽음교육학회 이사
한신대 휴먼케어교육원 반려동물상실애도교육전문가 주임교수

### 제3부 | 상실론 : 성 정은

국제공인 죽음교육전문가(CT)
한국죽음교육학회 정회원
죽음교육연구소 연구원
공감코칭 이음 대표

**제4부 | 비탄·감정론 : 이 대준**
    국제공인 죽음교육수련감독(FT), D.Min
    고려대 죽음교육연구센터 책임연구원
    한국죽음교육학회 이사
    한신대 휴먼케어융합대학원 죽음교육상담전공 교수

**제5부 | 애도론 : 박 재연**
    국제공인 죽음교육수련감독(FT), Ph.D 이수
    리플러스인간연구소 소장
    고려대 죽음교육연구센터 책임연구원
    한신대 휴먼케어융합대학원 죽음교육상담전공 교수

**제6부 | 외상론 : 손 주완**
    국제공인 죽음교육전문가(CT), Ph.D 이수
    고려대 죽음교육연구센터 책임연구원
    한국싸나톨로지협회 부회장
    죽음교육연구소 연구원
    한신대 휴먼케어융합대학원 죽음교육상담전공 교수

**제7부 | 실존론 : 박 미연**
    국제공인 죽음교육수련감독(FT), Ph.D 이수
    한국싸나톨로지협회 부회장
    고려대 죽음교육연구센터 선임연구원
    창동어르신복지관 관장
    청춘만세 초안산어르신문화센터 센터장
    한신대 휴먼케어교육원 죽음교육전문가 담당 교수

제8부 | 생애발달별 죽음교육 : 이 윤주

        국제공인 죽음교육전문가(CT), Ph.D
        한국죽음교육학회 정회원
        죽음교육연구소 연구원
        한국코칭학회 이사
        한국싸나톨로지협회 강릉지부 지부장

제8부 | 생애발달별 죽음교육 : 이 예종

        국제공인 죽음교육전문가(CT), Ph.D
        고려대 죽음교육연구센터 연구원
        한국죽음교육학회 이사
        김천대학교 사회복지학과 교수

제9부 | 죽음교육실천론 : 김 기란

        국제공인 죽음교육전문가(CT)
        한국방송작가협회 다큐멘터리 작가
        한신대 휴먼케어교육원 운명과 심층심리인문학 담당 교수

제9부 | 죽음교육실천론 : 백 미화

        국제공인 죽음교육수련감독(FT), Ph.D
        고려대 죽음교육연구센터 책임연구원
        한국죽음교육학회 이사
        죽음교육연구소 연구원
        한신대 휴먼케어융합대학원 죽음교육상담전공 교수